中国海洋大学教材建设基金资助

水运工程监理

SHUIYUN GONGCHENG JIANLI

刘桂林 宁萌 编著

中国海洋大学出版社

·青岛·

内容提要

本书以水运工程监理培训统编教材（第二版）等内容为基础，同时加入《水运工程施工监理手册》等国内最新行业书籍内容，以专业领先和适用教学为目标进行编写。本书是中国海洋大学教材建设基金项目之一，以水运工程监理基础理论为核心，以应用为主线，充分考虑高校课程特点，重点突出用于"三控、两管"即质量控制、进度控制、费用控制、合同管理和信息管理的基本理论和方法。全书共分为五篇，包括水运工程监理的基本理论、进度控制、质量控制、合同管理和费用控制等内容，较为系统地阐述了水运工程监理的内容和方法。

本书可作为本、专科高等学校水运工程类监理、项目管理、工程经济等课程教学用书，也可作为相关技术人员及管理人员参考用书。

图书在版编目（CIP）数据

水运工程监理/刘桂林，宁萌编著.—青岛：中国海洋大学出版社，2010.11（2023.2重印）

ISBN 978-7-81125-283-5

Ⅰ.①水… Ⅱ.①刘… ②宁… Ⅲ.①航道工程—施工监督—高等学校—教材 Ⅳ.①U615.1

中国版本图书馆CIP数据核字（2010）第238834号

出版发行	中国海洋大学出版社
社　　址	青岛市香港东路23号　　邮政编码　266071
出 版 人	杨立敏
网　　址	http://pub.ouc.edu.cn/
电子信箱	huazhang_china@hotmai1.com
订购电话	0532-82032573（传真）
责任编辑	晓　诗　　　　　电　　话　0532-85901040
印　　制	北京虎彩文化传播有限公司
制　　版	青岛乐道视觉创意设计有限公司 LOTNO
版　　次	2011年12月第1版
印　　次	2023年2月第3次印刷
成品尺寸	210 mm × 285 mm
印　　张	24.125
字　　数	595.2千字
定　　价	69.00元

前　言

　　"卓越工程师教育培养计划"是《国家中长期教育改革和发展规划纲要（2010-2020年）》和《国家中长期人才发展规划纲要（2010-2020年）》的重大改革项目，该计划拟用10年时间，培养百余万高质量各类型工程技术人才，为建设创新型国家、实现工业化和现代化奠定人力资源基础。

　　随着我国水运工程建设事业的迅速发展，急需大量精通水运工程技术、经济、管理、法律的工程建设管理人才。我国高校工科教育的目标就是培养和造就一批适应生产、建设、管理需要，服务于第一线的高等技术应用型人才，而"卓越工程师教育培养计划"对高校培养优秀工程师提出更高的要求，这是高校工科教育面临的一个严峻的课题。加强水运工程建设项目的管理，提高水运工程施工及管理专业人员的素质，规范施工管理行为，保证水运工程施工安全和水运工程质量、进度、费用得到有效控制，需要从高校工科教育这一源头入手，培养大批水运工程监理人员、施工技术和施工管理人员。对于高校港航、土木工程、工程管理专业的学生而言，无论将来他们从事设计、施工还是直接从事监理工作，都必须预先掌握水运工程监理理论中有关的管理、法律、经济等系统化、理论化知识。这对于上述三个专业的毕业生能尽快适应设计、施工或者监理工作，提高应用监理基础理论进行工程实践的能力，具有极为重要的意义。

　　交通部推行的水运工程监理制度体系与建设部推行的工程监理制度体系（以土木工程为主）相比有着很多不同的内容。到目前为止，国内只有用于水运工程监理工程师执业资格考试培训的教材（共6册），篇幅较大，不适合本科教学和学生学习。我们根据上述培训教材自编《水运工程监理讲义》，在教师教学和学生自学过程中收到了很好的效果。由于自编讲义有其本身固有的缺陷，不仅复印的费用高，而且复印的质量也无法保证，这就会给学生学习本门课程带来诸多不便。所以，笔者组织编写了这本适合于高校水运工程监理课程教学和学生学习的教材。

　　本书以水运工程监理培训统编教材等内容为基础，同时加入《水运工程施工监理手册》等国内最新行业书籍内容，适合于本、专科高等学校水运工程监理课程教学，也可作为从事水运工程以及相关技术人员的参考用书。

　　本书共分为五篇。第一篇为水运工程监理概论，分为4章，主要内容包括水运工程监理制度、工程监理组织和工程监理的主要内容等。第二篇为水运工程进度控制，分为6

章，主要内容包括工程进度控制的基本概念，网络计划技术，工程进度控制的方法、措施、监理原则，进度拖延的原因及处理，应用Project软件进行进度控制的方法等。第三篇为水运工程质量控制，分为2章，主要内容包括质量控制的依据、原则、程序和方法，质量事故处理流程，质量控制中常用的统计方法及工具等。第四篇为水运工程合同管理，分为5章，主要内容包括三大控制中的合同管理、招投标、水运工程合同、FIDIC合同条件以及施工索赔管理等。第五篇为水运工程费用控制，分为5章，主要内容包括工程费用控制的监理原则、方法和措施，工程经济基础，招标阶段费用控制，工程计量和支付以及费用索赔等。

本书第一篇至第四篇由刘桂林编写，第二篇中第六章、第五篇由宁萌编写。本书由刘桂林担任主编，宁萌担任副主编，全书由刘桂林负责统稿、修改。在本书的校稿、排版、文字录入中，研究生王菁华、高义磊、顾晨、杜君峰、陈玉静做了大量工作。另外，在书稿的整理过程中，中国海洋大学出版社做了许多工作，在此一并表示谢意。

本书的出版得到中国海洋大学教材和出版基金的资助，在此表示感谢。

由于笔者学术见识有限，书中有不当之处，敬请各位专家、读者批评指正。

作　者

2010年11月

目 录

01

第二篇 水运工程进度控制

第三篇 水运工程质量控制

第四篇　水运工程合同管理

06

第一篇

水运工程监理概论

第 *1* 章 绪 论

1.1 我国水运工程建设近 30 年发展概况

水运是现代交通运输系统中一个重要的子系统,具有运力大、占地少、投资省、成本低、见效快等优势。加快水运工程建设,发展水运事业,对我国的社会主义现代化建设及更好地融入国际经济循环,具有极其重要的意义。

进入 20 世纪 80 年代,随着党的改革开放政策的确立,我国国民经济持续、快速、健康地发展,水运工程建设进入了一个全新的蓬勃发展时期,取得了前所未有的成就。主要表现在:水运工程建设投资大幅度增加,投资渠道呈现多元化格局;建成了一大批深水泊位,开辟了一些新港区;建成了一批大型高效率的专业化码头;内河航运建设在保持通航里程的同时,在重点建设水运的主通道长江干线、西江、京杭运河苏南段等骨干航道,改善产业密集区和重点经济区航道的通航条件方面,取得了很大的成绩;水运工程建设在广泛采用和推广新技术、新材料、新工艺方面,也取得了丰硕的成果。

21 世纪,是我国全面建设小康社会,加快推进现代化建设的新阶段。面对经济全球化趋势进一步加强、科技进步明显加快、产业结构调整日趋完善、国际竞争更加激烈的新形势,我国经济和社会发展进入了经济结构战略性调整的重要时期。这一时期也是进一步完善中国特色社会主义市场经济体制和扩大开放的重要时期,将进一步拉动对港口建设的需求,从而对水运工程建设发展理念与建设技术提出了新的、更高的要求。按有关数据显示,"十一五""十二五"期间,全国沿海港口总吞吐能力均约增加 20 亿吨,2010 年我国内河航道通过能力比 2005 年提高 40%,2020 年将比 2010 年翻一番。

据悉,2008 年是水运工程建设快速发展的一年,沿海港口新扩建泊位 275 个(其中万吨级深水泊位 152 个),新增吞吐能力 5.55 亿吨;内河港口新增吞吐能力 0.8932 亿吨,改善航道 521 千米;上海国际航运中心洋山深水港区集装箱码头、天津港北港池集装箱码头、唐山港曹妃甸港区和广州港南沙港区二期工程、长江口深水航道治理三期工程、深圳铜鼓航道工程、嘉陵江航电枢纽等重点工程项目建设进展顺利,质量管理水平不断上升。

2009 年 1 月至 4 月间,交通运输部依据《行政许可法》、《水路运输管理条例》和《国内水路运输经营资质管理规定》等有关规定,在全国集中开展国内水路运输业及水路运输服务业核查。据统计,截至2008年年底,我国共有国内水路运输企业已发展至5 966家,水路运输服务企业已发展至6 120家,个体运输户36 790户,营运船舶150 972艘。

1.2 我国水运工程项目的建设程序

水运工程项目具有与其他工程项目共同的建设程序。概括起来,其主要步骤是分为项目决策阶段和项目实施。项目决策包括根据国家长远规划、地区规划和水运行业规划进行规划选点,编制项目建议书;进行勘测、实验和各种项目建设方案的可行性研究,论证技术上的可行性和经济上的合理性,编制可行性研究报告;进行项目评估,完成项目决策。项目实施阶段包括初步设计及概算,审查批准后列入年度基本建设计划;技术设计及修正概算(当工程复杂时);施工图设计及预算;工程项目施工招投标,项目报建及项目施工;生产准备;竣工验收交付使用;保修期结束。整个建设程序如图1-1所示。

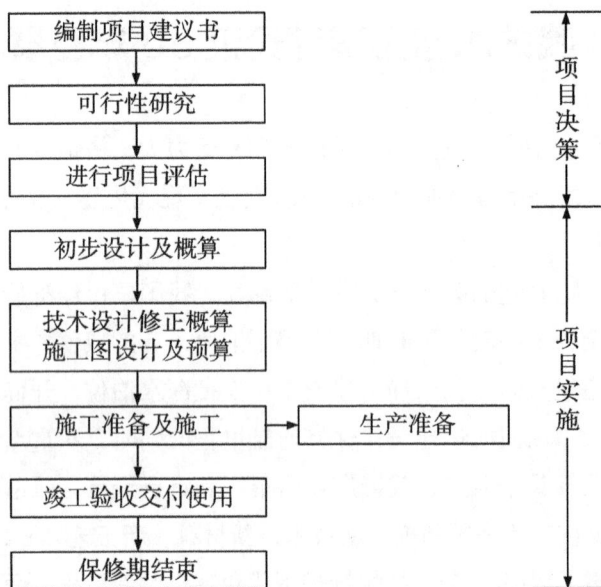

图 1-1 水运工程项目建设程序

1.3 工程项目管理模式及其在我国的应用评价

水运工程项目的实施是一个复杂的系统工程,需要采用与之相适应的管理模式和管理方法去实现。国际上通常根据工程项目的特性,选择不同的项目管理模式去组织和实施。项目管理模式的选择决定着项目组织中各参与方之间的管理协调关系。不同的工程项目管理模式潜藏着不同的风险,为工程项目选择风险集合最小的项目管理模式是项目各方所共同关注的。我国水运建设行业要提高工程管理水平,必须充分发展各种不同的项目管理模式。工程建设究竟采用哪一种模式,应当根据项目特点、项目目标、建设条件、项目环境、业主情况等多方面情况综合考虑。下面介绍几种国际上主要的项目建设模式和项目管理模式。

1.3.1 设计—招标—建造（DBB）项目管理模式

1.DBB 管理组织模式

设计—招标—建造模式（Design-Bid-Build）在国际较为通用，世行、亚行贷款项目及以国际咨询工程师联合会（FIDIC）合同条件为依据的项目多采用 DBB 模式。在我国水运行业，DBB 模式也是采用最多的一种项目管理模式。组织模式关系如图 1-2 所示。

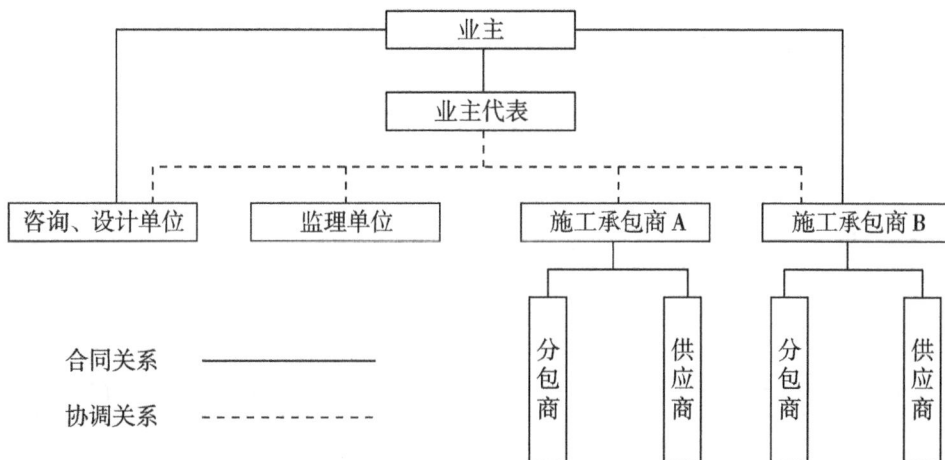

图 1-2　DBB 管理模式关系

2.DBB 模式在水运行业的适应性评价

我国目前大的港务集团公司，均设有港口建设工程指挥部和建设公司等组织机构，具有较强的项目组织和管理能力，也拥有水运工程施工能力，以自身力量来组织工程设计、招标和建造，进度、质量、费用和风险基本可控。因此，以港务集团为投资主体的工程项目，多数选择 DBB 项目管理模式。近 5 年来建设的水运工程，有 90% 以上是通过 DBB 模式完成的。但对于其他投资主体，如外资企业、非港航系统的企业等，因自身不具有港口专业项目组织和管理能力，对水运建设管理程序不熟悉，不了解水运行业的勘察设计，因此由业主来实施 DBB 模式的较少。

另外，随着港口水运工程建设规模的扩大，技术难度不断加大，项目组织管理日趋复杂，工期紧张，较小规模的港务集团下属项目管理团队往往在技术上、经验上和人力资源上不能满足需要，以其为主体来实施 DBB 模式亦相对困难。

1.3.2　建设管理（CM）模式

1.CM 组织模式

建设管理模式 CM（Construction Management），就是在项目开始阶段就雇用具有施工经验的 CM 单位参与到建设工程中来，以便为设计人员提供施工方面的建议且随后负责管理施工过程。这种模式改变了过去设计完成后才进行招标的传统模式，采取分阶段发包，由业主、CM 单位和设计单位组成一个联合小组，共同负责组织和管理工程的规划、设计和施工；CM 单位负责工程的监督、协调及管理工作，对成本、质量和进度进行监控。根据合同规定的 CM 经理的工作范围和角色不同，可将 CM 模式分为代理型建设管理（"Agency" CM）和风险型建设管理（"At Risk" CM）两种方式。组织模式如图 1-3 和图 1-4 所示。

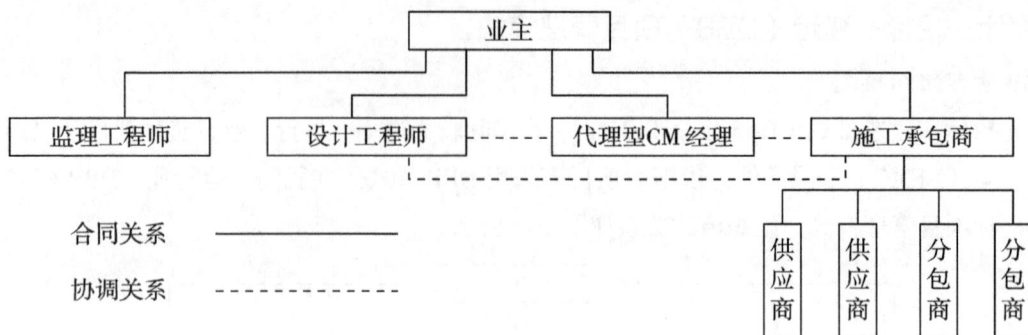

图1-3 代理型建设管理模式关系

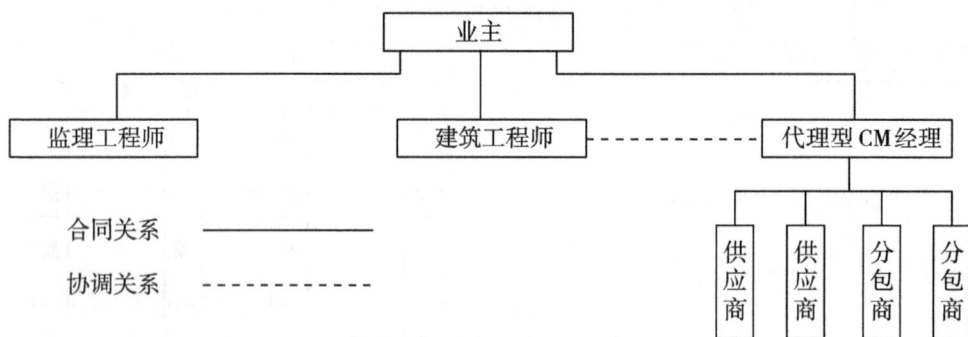

图1-4 风险型建设管理模式关系

2.CM模式在水运行业的适应性评价

CM模式在我国建筑工程行业已有应用，但在水运工程项目中还没有应用实践，分析原因主要有我国水运工程行业尚处于设计、施工企业相对独立的阶段，缺乏能够承担CM项目经理的从业人员，业主和项目管理单位对CM模式的认识不足。

从发展趋势看，CM模式应该会在我国的水运建设市场得到广泛应用。一方面，中国交通建设集团为设计、施工联合型的集团企业，具有设计、施工综合管理能力，可以承担水运工程项目的CM管理角色。另一方面，CM项目模式适用的工程项目符合水运工程的特点。水运行业施工期长、受自然条件影响大、季节性强、工序交叉多，而CM模式正是基于管理工作的复杂性而确定CM承包商这一角色来协助业主完成复杂工程的各项管理工作的。因此，我国水运行业的从业者应积极探索和实践CM模式在水运工程建设行业的应用。

1.3.3 设计、采购和施工总承包（EPC）模式

1.EPC组织模式

设计、采购和施工模式EPC（Engineering Procurement Construction）中，Engineering不仅包括具体的设计工作，而且可能包括整个建设工程内容的总体策划以及整个建设工程实施组织管理的策划和具体工作；Procurement也不是一般意义上的建筑设备材料采购，而更多的是指专业设备、材料的采购；Construction内容包括施工、安装、试车、技术培训等。

在实际运用中，根据业主委托承包商服务范围不同，还演变出设计、采购、施工管理承包模式（EPCM），设计、施工管理模式（D-B），设计、管理模式（D-M），设计、采购总承包模式（E-P），采购、施工总承包模式（P-C）等一系列总承包管理模式等。

EPC模式各方关系如图1-5所示。

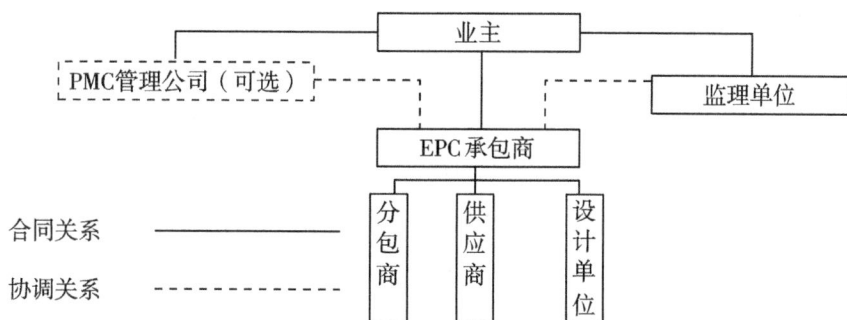

图 1-5 EPC 建设管理模式关系

2.EPC 模式在水运行业的适应性评价

近几年来，国内外通行的 EPC 工程项目合同模式已经在我国水运工程行业得到推广和应用，特别是外商独资项目、中外合资项目以及非港航企业的业主的水运项目，由于业主自身缺少专业管理队伍，采用 EPC 模式减少了业主工程管理的成本和风险。

根据 EPC 模式的特点，其所适用的工程一般规模较大、工期较长，且具有相当的技术复杂性，可以体现设计的技术龙头作用。对于部分水运工程技术相对成熟的项目，由于当地施工企业考虑自身收益，业主往往仍采用传统的 DBB 模式，使得 EPC 项目在应用上受到不同程度的制约。

另外，EPC 模式适用于工程所包含的地下隐蔽工作不多，承包商在投标前无法进行勘察的工作区域不太大的项目；否则，承包商就无法判定具体的工程量，这便会增加承包商的风险。而水运工程的特点是工程区域全部为水域，隐蔽工程多，在 EPC 投标前无法取得翔实的地质资料，因此工程量存在很大的不确定。而业主又希望 EPC 为固定总价合同，不愿意在实施过程中发生大的变更，因此，EPC 合同对水运工程承包商而言具有一定的商务风险。

从近年来水运工程勘察设计企业承担 EPC 项目的业绩和经验看，随着水运行业 EPC 承包商综合能力的提高、工程管理经验的积累以及商务合同管理和变更的规范化，EPC 项目管理和总承包模式在水运工程行业具有一定的应用前景。

1.3.4 水运工程项目管理承包（PMC）模式

1.PMC 组织模式

项目管理承包模式是指项目业主聘请工程公司或咨询公司代表业主进行整个项目过程的管理，项目管理公司在项目中被称作项目管理承包商 PMC（Project Management Contractor）。PMC 作为业主的代表或业主的延伸，帮助业主在项目前期策划、研究可行性、定义项目、安排计划、提出融资方案以及设计、采购、施工、试运行等整个实施过程中有效地控制工程质量、进度和费用，保证项目的成功实施，达到项目寿命期技术和经济指标最优化。PMC 模式的各方关系如图 1-6 所示。除 PMC 项目管理承包模式外，根据业主与管理承包商签订的合同范围和承担的责任不同，还有项目管理服务 PM（Project Management）管理模式、一体化项目管理 IPMT 模式等。

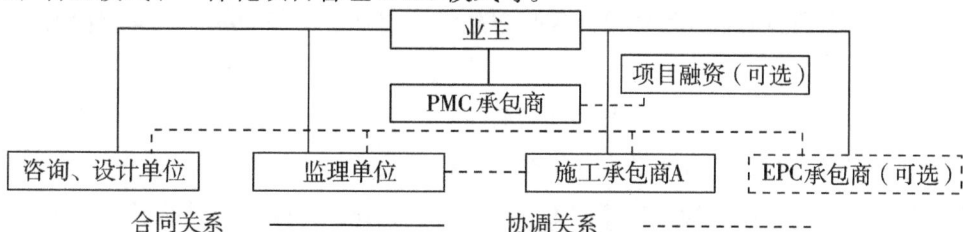

图 1-6 PMC 模式的各方关系

2.PMC 模式在水运行业的适应性评价

水运工程投资多元化、经营多元化已成为行业建设的发展趋势。目前，由外资投资或参股投资、港航企业以外的业主投资的水运工程，由于项目业主对工程基本建设程序、工程技术和专业化的项目管理不熟悉，倾向采用聘请 PMC 承包商来承担项目管理。

另外，水运工程要求实行监理制度，聘请监理单位对设计和施工进行全过程监理，以控制工程的质量、进度和费用。作为设计、施工监理业务的延伸，监理单位在承担监理工作的同时，可以为业主负责一部分管理工作，业主和监理单位签订监理加上项目管理合同，这类似于 PM 管理服务。

但同时也必须看到，水运行业的一些勘察设计单位在 PMC 管理上专业管理能力不够，缺乏项目运作的超前性和主动性，造成业主的不信任，影响了 PMC 管理模式的推行。另外，一些业主认为 PMC 承包商要求的管理费用高，通过竞标压价选择项目管理公司，直接导致管理水平的下降。

因此，PMC 或 PM 项目管理在水运工程领域具有一定的市场空间，但也存在一些需要改进的问题。

1.4 工程监理的产生和发展

1.4.1 工程监理的概念

工程监理是监理人接受业主的委托与授权，依据一定的准则，对工程项目建设过程及参与建设各方的从业行为进行监督、监控、检验和评价，并采取相应的管理措施，促使建设者的建设行为符合国家的法律、法规和技术标准，制止建设行为的随意性和盲目性，确保工程建设行为合法、科学、经济、安全和合理实现建设目标的微观监督管理活动。它是一种融工程技术、工程经济和相关法律法规为一体的全方位、全过程的动态工程管理模式。

交通部颁发的《水运工程施工监理规范》指出：水运工程施工监理是监理单位根据监理合同的要求，依据合同文件，遵照一定的准则，并采取相应的措施，从招标期到交工验收及保修期的整个施工阶段，对水运工程建设的质量、进度、费用进行控制，对合同和信息进行管理并协调参建各方关系。目前，我国工程监理主要在施工招标期、施工准备期、施工期和交工验收及保修期实施。我们把自施工招标期开始至保修期结束的工程监理称为施工监理。

1.4.2 我国工程监理的由来及发展

新中国成立后直到 20 世纪 70 年代末，我国实行高度集中的计划经济模式，工程建设以行政指令为主导，工程项目建设的参建各方由国家行政安排，工程建设管理采用政府行政监督和参建各方自我监督模式，监督的内容主要是工程建设的进度和质量。20 世纪 80 年代初实行改革开放以后，工程建设领域较早地开展了全面改革，投资开始有偿使用，建筑企业开始摆脱行政附属地位，向相对独立的商品生产者转变，追求自身利益的趋势日益突出，建筑业出现了一些问题，工程质量出现下滑趋势。工程质量单纯依靠企业自评自报水分较大，为此，建筑企业的内部保证和外部专业质量监督认证的工程管理双控体制应运而生。1983 年我国开始实施政府对工程质量监督制度。1987 年交通部基本建设工程质量监督站总站成立，各省市也相继成立了交通工程质量监督站。工程建设监督由行政监督向政府专业质量监督转变，施工企业自检、自评向第三方认证和企业内部保证相结合转变。随着改革开放的深化和社会主义市场经济的发展，建设项目的大型化、投资来源的多样化、工程建设目标的效益化、参与的主体多且存在利益差异、实施的风险大等，要求新的工程建设管理模式来适应和维护建设各方权益，我国工程监理制度应运而生。

应国际金融机构要求，国家决定在交通和能源行业进行工程建设监理试点（如鲁布格水电站引水工程、天津东突堤工程等）。开展工程监理模式试点的工程，在工程工期、投资和质量控制上都取得了很好的成效，因此1988年国务院作出了在工程建设领域中实行工程监理制度的决定。

交通部是国家试点、推行工程监理制度最早的部门之一。1986年11月开工的天津港东突堤工程，是国内使用世界银行贷款、实行土木工程国际招标并按FIDIC条款实行施工监理的第一个港口工程项目。该工程实行工程监理，工程质量明显提高，主要工程均达到了优良标准；各项工程的工期也比合同工期有所提前；工程费用都能控制在合同价款之内。天津港东突堤工程的监理实践，培养和锻炼了我国自己的监理人员队伍，为建立、推行水运工程监理制度进行了有益的探索。随后水运工程监理试点在大连港大窑湾港区、黄埔港新沙港区、宁波港北仑港区、厦门港东渡港区、大源渡航电枢纽等水运工程项目建设中陆续展开。到1991年，交通部许多水运建设项目都实行了工程监理。

在水运工程实行监理试点的同时，监理法规的建设和监理行业管理体系得以逐步完善，交通部基本建设质量监督总站及各省、市交通建设质量监督站先后制定和发布了一系列水运工程监理的规章制度。交通部先后制定和发布了《交通工程建设监理工程师注册试行办法》和《公路、水运工程监理单位监理资格审批暂行规定》（1990）、《公路、水运工程监理工程师注册办法》和《水运工程施工监理规定（试行）》（1994）、《水运工程建设市场管理办法》（1997）、《水运工程施工监理规范》和《水运工程质量监督规定》（2000）、《水运工程施工监理招标投标管理办法》（2002）、《公路、水运工程监理工程师资格考试工作暂行规定》（2004）等法规。这些监理法规的颁布与实施，加强和完善了我国水运工程监理制度建设，规范和推动了水运工程监理事业的开展。

目前，水运工程监理制度框架基本形成，监理法规体系逐步完善；水运工程监理队伍已具备一定规模，水运工程监理单位的资质及数量已基本满足水运行业建设规模要求；监理队伍的执业水平明显提高，受监工程已覆盖所有新开工建设的大中型和重点的小型水运工程项目，促进了水运工程建设项目工程质量和管理水平的提升。

我国水运工程监理行业目前仍处于发展阶段，监理工作仍存在不少亟待解决的问题。

1. 工程监理法规体系和市场体系尚待进一步完善

我们应在充分总结我国工程监理发展经验的基础上，加快建立和完善工程监理法规体系，打破地方保护和行业封锁，尽快形成全国统一开放、竞争有序的建筑市场管理体系。

2. 工程监理服务价格有待规范

工程监理的取费标准长期过低，已不能满足工程监理企业正常开展工作的需要；而且市场不够成熟，恶性竞争、违规压价的情况比较突出，严重影响了监理工作的质量，使工程监理企业无法吸引高素质的人才，造成监理人才大量流失，企业缺乏发展后劲，严重制约着监理行业的发展。

3. 部分工程监理人员素质亟待提高

我国工程监理人员的水平参差不齐，知识结构不够合理，缺乏集技术和管理于一体的复合型监理人才；总监理工程师和专业监理工程师的数量和质量不能满足监理工作需要；监理人员缺乏进一步培训提高的机会和途径。

4. 工程监理水平有待进一步提高

目前，我国相当部分工程的监理水平较低，项目监理机构组织不健全，监理工作制度不完善，监理人员的工作职责不明确；总监理工程师到位率不高，身兼数职的情况比较普遍；现场监督管理不力，缺乏先进的管理技术和手段；监理企业和监理人员的服务意识和服务水平有待提高，他们往往缺乏为企业服务的意识和观念，服务水平不高，直接损害了监理在社会上的形象。

5. 工程监理企业产权制度尚需深化改革

有相当一部分工程监理企业没有建立起现代企业制度，为数不少的工程监理企业属于国有大中型企业或事业单位的第三产业或附属企业，影响了工程监理企业自身的发展壮大，进而阻碍了工程监理行业的产业化进程。

思考题

1. 水运工程项目的建设程序包括哪些主要阶段？
2. 工程项目管理一般包括哪些模式？各自的特点是什么？
3. 试分析目前我国水运工程监理行业存在哪些主要问题。

第 2 章 水运工程监理制度

2.1 我国水运工程监理制度的基本框架

我国在水运工程建设项目实施中，实行"政府监督、社会监理、企业自检"三级质量保证制度，建设单位应按国家和交通部的规定推行工程监理和实行工程质量监督制度。

工程监理制度使工程建设管理突破了建设单位传统的"自筹、自建、自管"的小生产管理方式的局限，向社会化、专业化、现代化的管理模式转变，逐步在管理制度上建立了一种比较科学的约束机制；工程项目管理从单纯依靠行政手段向信守合同、遵循程序、讲究科学的依法管理方向迈进，促进了建设管理水平的提高。工程监理单位作为独立的第三方，受聘于项目业主、监督管理承包人的工程行为，工作中以规范标准为准绳，依据承包合同保护项目业主和承包人双方利益，形成了相互制约、相互协作、相互促进的新的工程项目管理体制。

工程实践表明，在政府有关部门监督管理之下，由项目业主、承包单位和监理单位组成的三元结构模式是当今适应市场经济发展的最佳工程管理模式，如图 2-1 所示。社会化的工程监理单位和监理工程师是监理的主体。

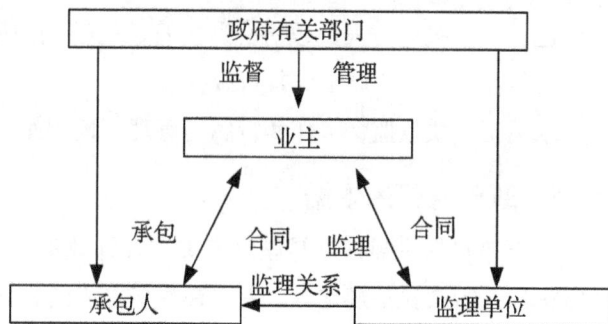

图 2-1 工程管理三元结构模式

2.2 政府监督

2.2.1 政府监督的职能

工程建设中政府监督的主要职能包括两大方面：一是制定方针政策、规章制度和规范、标准；二是对建设行为的监督和对工程质量的监督管理。由于工程建设活动涉及社会生活的方方面面，因而对建设行为的监督也就必然要覆盖与工程建设有关的众多领域，诸如对国家长远规划、部门规划及地区规划的管理，对建设项目立项的审批，对建设标准的监督控制，对工程设计及概算的审批，对年度基本建设计划的管理，对建筑市场包括工程招投标活动的监督管理，对工程报建的规定，对工程开工的审批，对工程项目涉及的有关环境保护、土地利用、文物保护、公安消防问题的监督管理，对工程设计、施工和监理单位的监督管理（包括建立工程设计、施工和监理单位的申报、审批制度），对业务范围的控制，对资质等级的核定，对证书的发放与管理，注册开业的规定及变更、停业的管理，对监理工程师的培训、考核与考试、资格审查与注册发证的管理，并对监理单位的工程监理活动的监督管理。对工程质量的监督，包括对工程质量等级的认定，对重大工程事故的管理，对材料、构件的生产、试验实行合格证、许可证制度，对竣工验收的管理等。政府监督充分运用申报、审查、许可、监督、检查、认证等手段，抑制建设行为的随意性，确保工程建设活动依法、安全、有序地进行。

2.2.2　政府监督的主管部门

水运工程监理工作由交通部实行行业管理，有关法规制度由交通部统一制定，甲、乙级监理单位及监理工程师的注册资格由交通部审批，省、自治区、直辖市人民政府交通主管部门负责水运工程专业丙级资质的行政许可工作，并根据本地区的具体情况制定相应的实施细则。

交通部基本建设质量监督总站作为交通部具体负责全国水运工程质量监督的行业主管部门。交通部派出机构设立水运工程质量监督站，具体负责该派出机构管辖范围内的水运工程质量监督工作，行使工程质量监督行政执法权。

县级以上地方人民政府交通主管部门主管本行政区域内的水运工程质量监督工作。

省级人民政府交通主管部门设立水运（交通）工程质量监督站（以下简称质监站），根据省级人民政府交通主管部门委托的权限，具体负责本行政区域内水运工程质量监督工作，行使水运工程质量监督行政执法权。

地（市）级地方人民政府交通主管部门设立水运（交通）工程质量监督分站（以下简称质监分站），根据地（市）级地方人民政府交通主管部门委托的权限，具体负责本行政区域内的水运工程质量监督工作，行使水运工程质量监督行政执法权。

水运工程质量监督工作实行属地管理一地一站。

2.2.3　政府监督的依据

政府监督的主要依据是国家有关的方针政策、法律法规，部颁的现行技术规范、规程和质量检验评定标准及行政执法规定等，诸如有关基本建设的方针政策，基本建设财务制度，土地、资源的开发、利用及管理规定，关于基本建设程序的规定，基本建设计划与投资管理规定，建筑市场管理规定，建筑工程招标投标法，环境、文物保护法，合同法，仲裁法，关于工程建设重大事故报告和调查程序的规定，关于保证基本建设工程质量的《建设工程质量管理条例》规定，关于建筑工程质量监督及质量责任的规定，建筑工程质量检测工作规定，关于工程监理单位监理工程师资质条件及注册管理办法的规定，关于开展工程质量监督的规定，建筑安装工程安全技术规定，各专业工程技术规范，各专业工程质量检验评定标准等。此外，业经批准的项目文件如规划报告、项目建议书、可行性研究报告及投资估算、工程初步设计及概算、建筑红线等也是政府监督的依据。

2.2.4　政府质量监督的内容

交通主管部门或其委托质监机构在水运工程质量监督期，对参与水运工程建设的建设单位、勘察单位、设计单位、施工单位、监理单位（以下简称参建单位）和有关人员，根据国家对有关当事人必须履行工程质量义务的规定，在以下方面实施监督：

①　对水运工程参建单位和人员的资质进行监督；

②　对有关水运工程参建单位执行国家和行业强制性标准的情况进行监督；

③　对水运工程参建单位的工程质量保证体系进行监督；

④　对水运工程项目试验检测工作的规范性、准确性、客观性进行监督；

⑤　对水运工程使用的材料、中间产品、设备及施工工艺进行监督；

⑥　对水运工程实体质量进行监督，作出工程质量鉴定和评定；

⑦　对水运工程质量缺陷、质量事故依照有关规定进行调查处理；

⑧　对有关单位的水运工程质量档案资料的完整性、规范性、客观性进行监督。

2.3　工程监理

2.3.1　工程监理及其主要特点

工程监理具有专业化、科学化、程序化和市场化的显著特点。

承担水运工程施工监理业务的监理单位（监理人），必须是具有交通主管部门批准的相应的工程监理资格和工商行政部门颁发的营业执照，具有法人资格的专业水运工程监理公司（或事务所）。承担水运工程监理的工程师，必须持有交通部颁发的水运工程监理工程师证书。可见，工程监理单位是技术密集型的、专业化的独立经济实体。它不是建筑产品的直接生产者，它受建设单位的委托，对受监工程项目的质量、进度和费用进行综合管理，并取得相应的监理报酬。

提供高水准的专业服务，就必须具有严密的科学性。众所周知，一个工程项目，其本身就是一个复杂的系统，监理工作所面临的是工程设计和工程施工中随机产生的各种技术、经济、管理和法律方面的问题。这些问题不仅复杂多变、涉及面广，而且具有很强的实践性和时间性。监理工作必须遵循事物发展的客观规律，全面、准确、及时地收集、分析和处理大量的信息，为最佳地实现项目目标作出正确的判断和及时、科学的决策。这就要求工程监理必须具有科学的管理思想，运用科学的管理方法和现代化的管理手段。没有科学化，就不可能提供高水平的服务，也就失去了在市场竞争中赖以生存的一个重要条件。

水运工程监理是一种高质量的现场工程管理，它不仅技术复杂，而且具有严格的程序规定。从项目管理的全过程来看，必须遵循基本建设程序，这是从事基本建设的规律和经验总结；从施工监理的过程而言，由于工程项目具有一次性的特点，生产过程具有明确的单件性，要求一次成功，因而施工监理必须严格按照施工程序控制每一道工序的进展；从项目界面的协调来考虑，只有事先约定各参与方之间的办事程序，才能使发包方、承包方和监理方具有共同的语言，提高办事效率，使项目开展得井然有序。

《水运工程施工监理规范》明确指出："在工程监理体制中，业主与监理单位是委托与被委托的合同关系，双方应严格履行合同条款，监理单位代表业主对工程项目进行监督管理；监理单位与承包人应为监理与被监理的关系，承包人应按国家有关规定和合同文件接受监理。监理单位与设计单位的协调应通过业主进行。监理单位应在合同确定的职责范围内，独立、公正地开展工作。"不难理解，作为建筑市场主体之一的工程监理单位，其一切行为都是企业行为，它受监理委托合同的制约，履行合同规定的职责，行使合同授予的权限，承担相应的经济责任和法律责任。作为对工程建设活动的一种横向制约，它不仅要对承包人的建设活动进行严格的监理，也要对业主的建设行为实施有效的制约，还要对业主与承包人在执行工程承包合同过程中发生的分歧与争议进行公正的调解。因此，公正性和独立性是工程监理单位市场行为能力的重要条件。

工程监理单位与业主既然是一种委托与被委托的合同关系，自然，监理单位可以不承担合同以外业主随时指定的任务。如果实际工作中出现这种需要，双方必须通过协商，以合同形式对增加的工作加以确定，并向监理单位支付相应的报酬。

2.3.2 工程监理的性质及作用

1. 工程监理的性质

（1）服务性。

指监理人通过自身良好的声誉和高水准的服务质量获取业务，为业主提供专业技术和管理服务。

（2）公正性。

公正性指监理人在提供服务时应正确地行使职权并客观公平地维护工程各方的正当权益。

（3）独立性。

独立性指监理人在提供服务时应经济利益独立、工作责任独立和身份立场独立。

（4）科学性。

科学性指监理人提供的技术服务应具备专业化、规范化、科学化、程序化的特点。

2. 工程监理的作用

（1）有利于提高建设工程投资决策科学化水平。

监理人可协助业主选择适当的工程咨询机构或者直接从事工程咨询工作，为业主提供投资决策研究，使项目投资符合国家经济发展规划、产业政策、投资方向，符合市场需求，避免项目投资决策失误，为实现建设工程投资综合效益最大化打下了良好的基础。

（2）有利于规范工程建设参与各方的建设行为。

工程建设参与各方的建设行为都应当符合法律、法规、规章和市场准则。在建设工程实施过程中，监理人可依据委托监理合同和有关的建设工程合同对承包人的建设行为进行监督管理。由于这种约束机制贯穿于工程建设的全过程，采用事前、事中和事后控制相结合的方式，因此可以有效地规范各承包人的建设行为，最大限度地避免不当建设行为的发生。

（3）有利于促使承包人保证工程质量和施工安全。

建设工程是一种特殊的产品，不仅价值大、使用寿命长，而且还关系到人民的生命财产安全和生态环境。因此，保证工程质量和施工安全就显得尤为重要。监理人员作为工程管理专业人士，有能力及时发现建设工程实施过程中出现的质量和安全问题，把好工程质量和施工安全关，避免留下质量和安全隐患。

（4）有利于实现建设工程投资效益最大化。监理人在满足建设工程预定功能和质量标准的前提下，有责任协助业主控制建设费用，控制建设工期，从而大大地提高全社会的投资效益，促进国民经济的发展。

2.3.3 工程监理的依据

交通部颁发的《水运工程施工监理规范》将水运工程施工监理的主要依据归纳如下：

① 相关的法律，法规及有关工程技术标准等；

② 依法签订的监理合同与合同文件；

③ 经批准的工程设计文件；

④ 经业主和监理工程师审查批准的施工组织设计及其他技术文件；

⑤ 业主、设计单位、监理机构和承包人在工程实施过程中有关的会议纪要和经确认的其他文字记载。

2.3.4 社会监理的职责

社会监理的职责应在工程监理合同中具体规定，根据《水运工程施工监理规范》，通常可包括如下主要职责：

① 协助业主进行施工招标；

② 编写《监理规划》和《监理实施细则》；

③ 审查承包人编制的施工组织设计及施工总进度计划；

④ 向承包人移交工程控制点并核验承包人设置的测量控制网点或基线；

⑤ 组织或参加施工图纸会审，参加设计交底；

⑥ 检查施工人员、机械、材料的进场情况，审查承包人的开工申请，签署工程开工令；

⑦ 主持或参加工地会议，并进行有关协调；

⑧ 控制施工质量，检查或检验建筑材料和构配件质量，检查施工原始记录及报告；

⑨ 对隐蔽、分项和分部工程在规定时间内进行检查验收并签认，对分项工程质量进行评定；

⑩ 组织或参加工程质量事故调查，协助审查质量事故的处理方案及其补救措施；

⑪ 检查工程进度和计划执行情况；

⑫ 审查工程变更引起的工程量变化；

⑬ 进行工程计量，审核支付申请；

⑭ 审核承包人提出的交工申请，组织初验合格后及时向业主转报；

⑮ 参与合同管理，审核索赔报告，协调各方关系；

⑯ 提交相应的施工质量评价意见和监理工作报告；

⑰ 协助业主审查竣工结算；

⑱ 审核承包人在保修期内对工程出现质量问题的处理方案和实施情况。

监理合同约定和要求的其他职责：根据工程的规模、特点、工期、环境条件等因素，组建工程项目监理机构；在现场设置相应资质的检测试验室或委托当地具有相应资质的检测试验室进行必要的检测和平行试验；应实行总监理工程师负责制，配备相应监理人员和设备等。

2.3.5 工程监理与工程咨询、工程项目管理、政府监督的联系与区别

工程监理与工程咨询、工程项目管理、政府监督之间既存在共性，也存在一定区别。

1. 工程监理与工程咨询的联系与区别（表2-1）

2. 工程监理与工程项目管理的联系与区别（表2-2）

3. 工程监理与政府监督的联系与区别（表2-3）

表2-1 工程监理与工程咨询的联系与区别

联系与区别		工程监理	工程咨询
联 系		工程监理与工程咨询，同属工程技术管理服务，世界上很多国家并没有在名称上严格加以区分，业务上一般"工程监理"包含在"工程咨询"中。在我国二者有所区别	
区 别	工作内容	工程监理指受业主委托，对工程项目实施提供委托范围内的项目管理服务	工程咨询是指咨询工程师应当事人在项目建设过程中的要求，提供相应的技术问题、经济问题、法律问题、管理问题等方面的建议、研究和论证等
	服务范围	工程监理服务于项目实施阶段，目前主要是施工阶段	工程咨询可以覆盖项目建设全过程，包括前期研究论证、项目规划设计、施工过程技术方案论证或研究、人员培训等
	工作主体	经委托的有相应监理资质的监理单位	经委托的咨询公司、监理单位、设计单位、科研院所、各专业事务所等
	资质管理	监理资质由建设行政主管部门审批和监督	咨询资质由发展与改革委员会审批
	服务对象	工程监理主要服务于项目的业主。	工程咨询在项目建设中可以受各方当事人委托，进行相关技术指导或方案研究等
	工作性质	工程监理属于管理性质的服务；根据监理合同和有关法律、法规、技术规范行使执业权力	工程咨询主要属于技术性质的服务；服务于委托当事人，为当事人提供技术咨询和技术建议

表2-2 工程监理与工程项目管理的联系与区别

联系与区别		工程监理	工程项目管理
联 系		工程监理属于业主委托范围内特定内容的工程项目管理；二者都是进行工程项目的目标管理工作	
区 别	管理内容	质量控制、进度控制、费用控制、环保控制、安全管理、合同管理、信息管理、组织协调等	项目范围管理、进度管理、费用管理、质量管理、信息交流管理、风险管理、人力资源管理、采购管理等
	管理主体	监理人	建设项目的参与各方当事人
	管理范围	我国现阶段为工程项目的实施阶段	可以是业主建设项目的全过程管理，也可以是承包人、设计人的工程参与阶段的管理
	管理性质	工程建设的管理制度	工程项目的管理组织模式

表2-3 工程监理与政府监督的联系与区别

联系与区别	工程监理	政府监督
联 系	①同属工程监理制度下的监督体系，实行工程监理的工程必须接受政府监督；政府监督涵盖工程监理从业单位执业行为和企业资质，以及从业人员的资格监管 ②质量管理目标是一致的 ③工作的依据在国家的法律法规和强制性技术规范、标准方面是相同的	

（续表）

联系与区别		工程监理	政府监督
区别	管理性质	是企业行为，它通过业主的委托取得工程监理业务，属横向管理	是政府行政行为，委托专业机构进行；具有强制性、执法性和宏观性，属纵向管理
	工作范围	工程监理包括设计监理和施工监理；施工监理包括对工程质量、进度、费用、环保、安全、合同、信息、协调等的控制与管理，实践中取决于监理委托合同的约定	政府监督从工程招投标到工程保修期结束；限于工程项目的施工质量和安全施工，政府监督的工作范围固定不变
	工作依据	除包括国家的法律法规、技术规范、标准外，还包括监理合同以及业主与承包人签订的工程承包合同	政府监督主要依据行政法规和强制性技术规范与标准
	管理主体	有相应资质的监理单位	政府委托的质量监督机构、安全监督机构
	控制方式	工程监理以巡视、旁站和平行检验等过程监督检查和工序验收为主控制工程质量，通过计量、支付管理，实现对工程质量的认可和否决	政府监督以抽查、抽检为主，并进行工程质量认证

017

2.4 监理工程师的资质条件及资质管理办法

2.4.1 监理工程师的概念

监理工程师就其专业属性而言，是个人一种任职资格，是取得监理工程师或专业监理工程师资格并承担工程项目监理的工程师，即个人通过监理业务培训、参加执业资格考试并合格者，经主管部门审定资格，予以批准注册，取得主管部门统一印制的监理工程师执业资格证书且受聘于监理人从事工程项目管理的人员。

水运工程监理工程师所从事的专业一般分为港口与航道工程、道路与堆场工程、机电工程、房建工程、铁路工程、试验检测、工程经济和合同管理等专业。

监理工程师就其职业属性而言，是一种合同任职岗位，是以建设单位为服务对象，对工程项目管理提供咨询服务的高级专业人员。总监理工程师是工程项目监理单位派往项目监理执行组织机构的全权负责人；行使监理委托合同所授予的权限，并领导、协调监理工程师的工作。监理工程师具体履行监理职责，及时向总监理工程师报告施工现场的监理情况，并领导、协调其他监理人员的工作。

2.4.2 监理工程师的素质

监理是一种知识密集型产业。监理人员不仅要精通专业知识，还要具备判断和处理涉及广泛领域问题的知识和能力，包括同其他领域的专业人员合作判断并处理问题的能力；同时，监理人员的业务属单件生产方式，受客户意志和当地条件所左右，既要维护客户利益，又要保持咨询人员判断处理问题的客观性和自主性，因而国内外对监理工程师均有较高的要求。监理工程师的素质要求见表2-4。

第一篇 水运工程监理概论

表 2-4 监理工程师的素质要求

素质构成		基本要求
职业道德		具备良好的职业道德，能"科学、公正、独立"地、全面地履行监理工程师的职责、权利和义务，有较高的社会信用，遵守法律法规和职业道德规范，维护执业声誉，努力学习和不断提高水平；具备认真负责的敬业精神、公正公平的工作态度、清正廉洁的思想品质、实事求是的工作作风
业务知识	技术	具备与本专业有关的扎实的专业理论基础知识，如港口、航道、公路、桥梁、建筑、结构、水电、机械等
	经济	具备工程技术经济知识，如可行性研究、技术经济学、经济学、投资控制、工程预决算等
	管理	掌握必要的管理理论、现代化的管理方法和管理手段，如组织论、项目管理学、运筹学、网络计划技术、计算机辅助项目管理等
	法律	熟悉相关的工程建设法律法规，如合同法、招标投标法、建筑法、建设工程质量管理条例、各种工程合同文件范本、FIDIC合同条款等
	实践经验	必须具备丰富的工程建设实践经验，包括工程设计、工程施工和项目管理等方面的经验；监理工程师的管理能力和业务水平主要来源于阅历的积累和实践中的锻炼
	工作能力	具备对项目中复杂事件的分析、判断、协调和处理能力，对各种干扰的应变能力，对各种风险的分析决策能力，即要求具有较强的组织能力、解决问题能力、协调能力、表达能力
	健康状况	应有健康的体魄、充沛的精力，能适应现场、艰苦环境中的长时间工作

2.4.3 水运工程监理工程师的资格条件

水运工程监理工程师，是指经交通行政主管部门审定资质，予以批准资格并取得相应的资格证书，按核定的监理业务范围从事水运工程监理工作的人员。

水运工程监理工程师资格分为监理工程师资格和专业监理工程师资格。其中，专业监理工程师资格又分为交通部批准的专业监理工程师资格和省、自治区、直辖市交通行政主管部门批准的专业监理工程师资格。从 2004 年开始以考代评，监理工程师和专业监理工程师通过参加交通部组织的资格考试取得资格。

根据交通部交基发〔1996〕29 号文发布的《公路、水运工程监理工程师资质管理办法》规定，取得监理工程师资格，必须具备条件见表 2-5。

表 2-5 监理工程师的资格条件

资格要求	监理工程师	专业监理工程师
政治表现	热爱中华人民共和国，拥护社会主义制度，遵纪守法，遵守监理工作职业道德	热爱中华人民共和国，拥护社会主义制度，遵纪守法，遵守监理工作职业道德
从事行业	应为长期从事公路或水运工程设计、施工、建设管理工作的专业技术人员	应为长期从事公路或水运工程设计、施工、建设管理工作的专业技术人员
学历专业	大学本科（含本科）以上相关专业	大学专科（含专科）以上相关专业
身体状况	男性年龄在65岁以下（含65岁），女性在60岁以下（含60岁），且身体健康，能胜任现场监理工作	男性年龄在65岁以下（含65岁），女性在60岁以下（含60岁），且身体健康，能胜任现场监理工作
专业资格与实践	具有高级专业任职资格；或取得中级专业任职资格后，有5年以上工程设计、施工、建设管理实践经历	具有高级专业任职资格；或取得中级专业任职资格后，两年以上工程设计、施工、建设管理实践经历

资格要求	监理工程师	专业监理工程师
培训与考试	参加交通部组织的监理从业培训和监理工程师资格考试，取得交通部颁发的《交通部工程监理业务培训结业证书》和《交通部工程监理资格考试合格证书》	参加交通部组织的监理从业培训和监理工程师资格考试，取得交通部颁发的《交通部工程监理业务培训结业证书》和《交通部工程监理资格考试合格证书》
监理专业实践	同时具有一种工程系列监理专业和一种经济系列监理专业至少各1年的监理工作实践经历	应具有一种工程系列或经济系列监理专业至少1年的监理工作实践经历

2.4.4　水运工程监理工程师资质管理

在国际上，监理工程师的注册管理制度大致有三种。一种是属地化管理制度，如美国对注册建筑师和咨询工程师的注册管理是由各州承担的，联邦政府不受理此项业务。另一种是分级管理，如日本对建筑师的注册管理就是由中央和地方分级管理的。再一种是中央政府集中管理的体制，如新加坡、我国香港这些城市型的国家和地区。

注册的资格条件一般包括学历条件、从事工程建设实践的条件、考试（考核）成绩和其他（地域、年龄、政治等）条件。注册程序主要有四个步骤，即申请、资格审查认可、考试与考核、注册登记发证。

我国水运工程监理工程师资质管理实行分级管理办法。交通部是全国公路、水运工程监理工程师资质管理的行业行政主管部门，具体负责监理工程师的资格和各等级交通基本建设项目专业监理工程师资格的审批、颁证和复查工作。各省、自治区、直辖市交通厅（局）和部属双重领导港务局、航务（运）局，是本地区、本部门监理工程师资格和专业监理工程师资格的审查、申报部门，并负责本地区小型水运基本建设项目专业监理工程师资格的审批、颁证和复查工作。交通部其他直属单位为本单位监理工程师和专业监理工程师资格的审查、申报部门。

对已获得监理工程师资格或部批专业监理工程师资格者，交通部将每3年进行一次复查。复查时，待复查人员须填写《监理工程师复查申请报告》，并按监理工程师的申报程序进行，同时须交回原相应资格证书。

对监理工程师因不能遵守监理工程师职业道德、缺乏监理工作责任心、造成不良影响者，或因监理工作失误造成工程质量事故或经济损失者，或以虚假或不正当手段获得资格者，交通行政主管部门将根据情节，分别给予通报批评、停止执业、取消监理资格并收缴证书及5年内不得申报监理工程师的处罚。对监理工程师丧失职业道德、贪污、索受贿赂、玩忽职守或因监理工作失误造成重大工程质量事故和严重经济损失并构成犯罪的，除取消监理资格收缴证书外，还将由司法机关追究其刑事责任。

2.5　监理单位的资质条件及资质管理

2.5.1　监理单位的概念

监理单位是指经其主管部门批准成立、取得监理单位资质证书、具有独立法人资格、主要从事工程监理工作的单位。水运工程监理单位是指经交通部水运工程建设主管机关批准成立，取得交通部（或交通部授权的省、自治区、直辖市交通主管部门）颁发的监理资质证书，取得营业执照，从事水运工程建设项目（包括配套、辅助工程）的工程监理业务活动，县有法人资格的咨询公司、监理公司和监理事务所。

2.5.2 对工程监理单位的要求

工程监理制度的产生是科学技术不断进步、社会分工高度专业化的结果。从事监理服务的工程项目咨询机构，往往是由不同学科、不同知识结构、不同经验的专家汇集在一起组成的高智能的专业化组织，它们在工程建设活动中的作用越来越显著。自然，人们对咨询机构的要求也是十分严格的。由于各个国家的做法不尽相同，因而其具体要求也不完全一致。世界银行、亚洲开发银行等国际金融机构对申请注册的咨询机构进行审查时，通常着重考虑以下几个方面。

1. 独立性

要求申请注册的咨询机构不受建筑承包人或器材制造商的控制和影响，即咨询企业不应是建筑承包人或器材制造商的股东或合伙人；这些厂商也不应是咨询企业的股东或合伙人，或派员参加咨询企业工作。

2. 专业能力

要求申请注册的咨询机构拥有能够胜任委托项目的专家和管理该项目的专门人才。

3. 工作业绩和经验

要求申请注册的咨询机构具有在某些地区、某种专业领域从事咨询工作的经验，并要通过某些具体项目所取得的成效来说明。

4. 声誉

就是咨询机构在同行和业主中的声望，即对业务水平、服务态度、工作成效等方面的综合评价。

2.5.3 水运工程监理单位的资质条件

监理单位的资质，是指从事工程监理业务应当具备的人员数量、技术职称、专业组成、注册资金、测试仪器的配备、管理水平、监理业绩等方面的综合能力。

水运工程监理单位是技术密集型的独立的经济实体法人。它必须有相应的组织机构，一定资质和数量的骨干成员，一定类别和数量的检测仪器设备，一定额度的注册资金，正式的开户银行和账号，固定的办公场所及明确的法人代表。

交通部发布的《公路、水运工程监理单位监理资质管理暂行规定》中，将监理单位的资质等级，按资质条件划分为甲、乙、丙三级，同时设立水运工程机电专项资质。具体要求见表2-6。

表2-6 水运工程监理单位的资质等级必备条件

条 件	甲 级	乙 级	丙 级
法定代表人资格	10年以上从事水运工程建设经历、具有监理工程师资格证	8年以上从事水运工程建设经历、具有监理工程师资格证	5年以上从事水运工程建设经历、具有监理工程师资格证
技术负责人资格	15年以上从事水运工程建设经历，有水运工程高级专业技术职称，具有监理工程师资格证；承担过大型水运工程项目总监工作	10年以上从事水运工程建设经历，有水运工程高级专业技术职称，具有监理工程师资格证；承担过中型水运工程项目总监工作	8年以上从事水运工程建设经历，有水运工程高级专业技术职称，具有监理工程师资格证；承担过小型水运工程项目总监工作

条　件	甲　级	乙　级	丙　级
技术管理人员构成	持监理工程师资格证书（含专业监理工程师资格证书）的人员不少于25人，各类专业技术人员不少于40人，其中高级工程师、经济师和会计师人数分别不少于10人、2人和2人	持监理工程师资格证书（含专业监理工程师资格证书）的人员不少于15人，各类专业技术人员不少于30人，其中高级工程师、经济师和会计师人数分别不少于5人、1人和1人	持监理工程师资格证书（含专业监理工程师资格证书）的人员不少于8人，各类专业技术人员不少于15人，其中高级工程师、经济师人数分别不少于3人、1人
技术人员专业构成	应主要包括港工、航道、工民建、测量、试验检测、合同管理等	港工、航道、工民建、测量、试验检测、合同管理等	应具有相应专业技术人员
试验检测仪器设备	经纬仪、水准仪、专用测距仪、万能材料试验机、压力机、混凝土强度快速测定仪、回弹仪、钢筋保护层测定仪、金属探伤仪、混凝土搅拌仪、胶浆搅拌机、跳桌、烘箱、混凝土取芯机	经纬仪、水准仪、专用测距仪、万能材料试验机、压力机、混凝土强度快速测定仪、回弹仪、混凝土强度快速测定仪、钢筋保护层测定仪、烘箱	应有必要的检测仪器设备
注册资金	不少于300万元	不少于100万元	不少于50万元
监理业绩	承担过两项以上大型水运工程项目的施工监理，业绩优良，社会信誉好	承担过两项以上中型水运工程项目的施工监理，业绩优良，社会信誉好	承担过两项以上小型交通工程项目的施工监理，业绩优良，社会信誉好
制度与组织	健全完善的规章制度和组织体系	健全完善的规章制度和组织体系	
业务范围	全国范围内从事大、中、小型水运工程项目监理业务	全国范围内从事中、小型水运工程项目的监理业务	省级行政区域范围内从事小型水运工程项目监理业务

2.5.4　水运工程监理单位资质管理

设立水运工程监理企业或申请兼营水运工程监理业务的单位必须具备相应的资质条件，并按交通部规定的格式填写《公路、水运工程监理企业成立资质申请表》和资质申请资料。申请资料应包括企业法人营业执照、验资报告、企业章程和制度、监理人员的监理工程师资格证书和中级职称以上人员职称证书（复印件），以及主要成员从事公路、水运监理或其他工作经历的业绩证书、主要试验检测仪器设备和装备证明。

全国水运工程监理人资质实行分级管理。交通部负责公路、水运工程专业甲级、乙级监理资质和水运机电工程专项监理资质的行政许可工作；省、自治区、直辖市人民政府交通主管部门负责公路、水运工程专业丙级资质的行政许可工作。监理人的资质实行定期检验制度，每两年由交通主管部门进行一次检验，实行监理资质动态管理。

思考题

1. 试说明我国水运工程监理制度的基本框架。

2. 试分析我国工程监理的性质及作用。

3. 工程监理和政府监督的依据有哪些？

4. 工程监理与工程咨询、工程项目管理以及政府监督的联系和区别是什么？

5. 对工程监理单位的要求有哪些？

6. 注册水运监理工程师应具备怎样的资质条件？

第**3**章 工程监理组织

3.1 工程项目监理机构的组织模式

工程项目监理机构的组织模式是组织结构模式在工程监理中的应用，主要反映工程项目监理机构内部各层次的关系及相应的命令指挥系统。根据组织机构设置的原则和工程监理自身的特点，按照建设项目的规模和环境条件不同，常用的工程项目监理机构的组织模式有如下四种：① 直线监理组织系统，② 职能监理组织系统，③ 直线职能监理组织系统，④ 矩阵监理组织系统。

以下对各种模式分别进行介绍。

3.1.1 直线监理组织系统

直线监理组织系统是直线制组织结构模式在工程项目监理机构中的应用。总监理工程师作为履行项目监理合同的总负责人对建设单位负责，并领导监理工作。监理人员的任务是在总监理工程师领导下分别进行费用控制、进度控制、质量控制、合同管理、信息管理、组织协调等方面的工作。

直线监理组织系统在我国采用很多。例如，我国南方某港施工监理机构的组织系统就采用这种模式，如图 3-1 所示。该新建港项目包括五个深水泊位，650 米驳船码头岸线和堆场、仓库及进港的铁路、道路工程，总投资 8 800 万美元，由某监理公司承担施工监理。

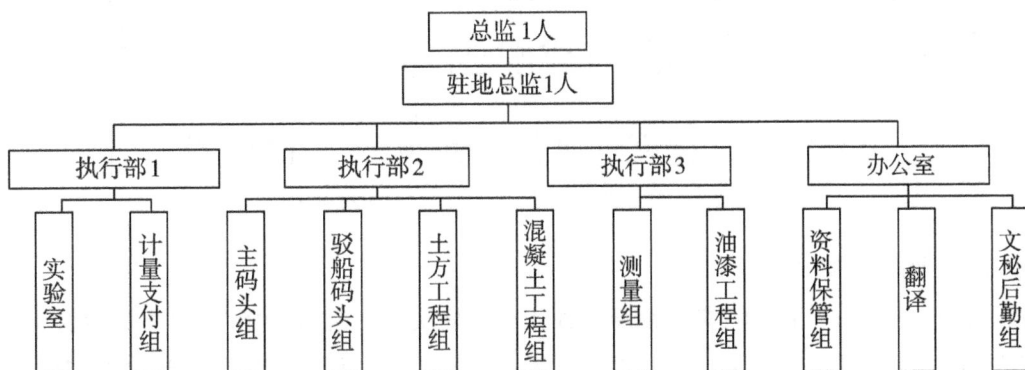

图 3-1 某港监理组织系统

该系统的突出特点是不允许越级指挥。例如，该项目监理组织系统中，总监不能直接对主码头监理组下命令，其意图必须通过驻地总监和执行部2贯彻，从而保持命令源的唯一性。

在直线监理组织系统中，监理人员有完全由工程监理单位派出的，也有由建设单位派出人员与工程监理单位一起进行项目管理的。在后一种情况下，如果建设单位有较强的管理工程建设的能力，可能会希望由建设单位自己负责项目管理，而只请专业工程监理单位作为顾问，帮助建设单位搞目标控制，这就形成了另一种监理组织系统——顾问型直线监理组织系统。在这种模式下，项目管理由建设单位自己负责，但由于建设单位方面对如何搞目标控制不熟悉，从而要聘请有足够经验和知识的顾问班子做参谋。顾问没有决策权，但有专门的工作可做，其主要作用是收集项目信息、对信息进行评价、对存在的问题提出解决方案并对各方案进行比较及帮助制定监理工作计划等。

图3-2为某港××码头施工监理组织系统图。该码头的建设单位为××建设公司，施工监理亦由该建设公司自行组织。由于它是利用世界银行贷款项目，经世界银行批准同意，建设公司聘请了新加坡SPECS咨询公司和日本OCDI公司为工程监理顾问。该码头自1987年开始施工，1993年12月5日通过国家验收并投产运行，施工中采用了多项新技术，受到国家验收委员会专家的一致好评。

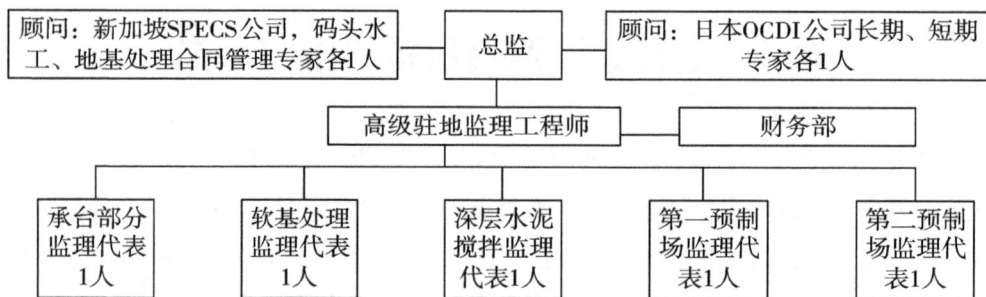

图3-2 某港××码头施工监理组织系统图

3.1.2 职能监理组织系统

在这种监理组织系统中，整个监理机构被分为若干职能部门，总监理工程师将相应的管理职责和权力交给各职能部门负责人，后者在其职权范围内直接指挥下级单位。这种形式有利于发挥各职能机构的专业管理作用，提高工作效率，由于吸收了各方面专家参加管理，减轻了总监理工程师的负担，使总监有可能集中精力履行自己的职责。这种形式的弊病在于如果职能部门较多，则各部门间的协调工作量就很大。图3-3为某港陆域形成工程施工监理部所采用的职能组织系统。

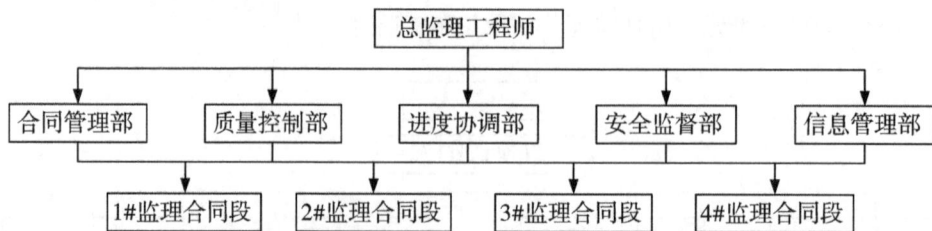

图3-3 某港陆域形成工程施工监理组织系统

3.1.3 直线职能监理组织系统

这种监理组织系统是直线职能制组织结构模式在工程项目监理机构中的应用。在这种形式中：监理机构和人员被分作两类：一是直线指挥机构和人员，按项目的区段或工程划分，他们对自己管辖的区段或工程负责，对其下属有指挥和命令的权力；另一类是职能机构及人员，按专业或职能划分，是各级直线指挥的业务助手，其一般框图如图3-4所示。

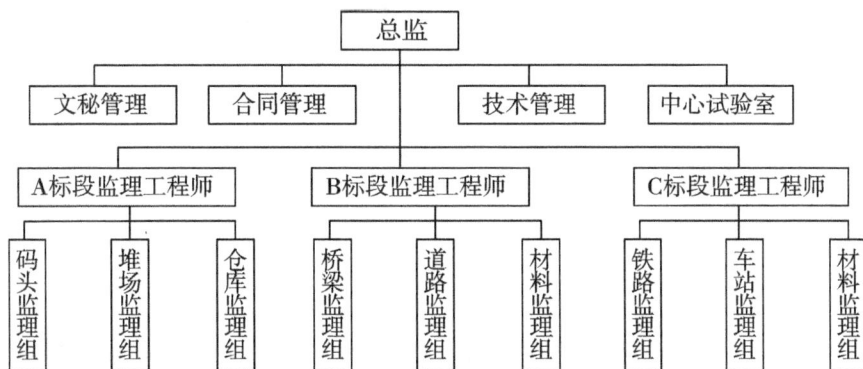

图3-4 直线职能式监理组织系统框图

直线职能监理组织系统在我国应用很广。例如，××港驳船码头工程监理就是采用这种形式，如图3-5所示。该监理小组由组长、副组长负责，下层由三个部分组成：一是现场施工监理，二是合同、计划、财务管理等职能部门，三是行政后勤和档案管理。在各部门中配有相关的管理专家、监理工程师和工作人员。

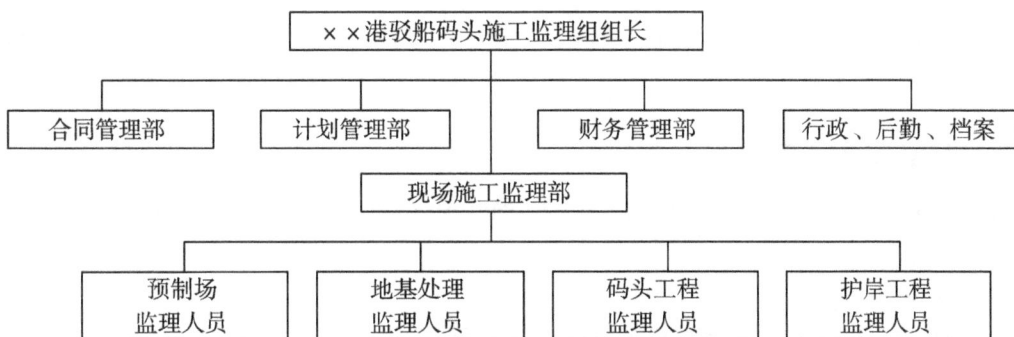

图3-5 ××港驳船码头施工监理组织系统图

3.1.4 矩阵监理组织系统

这是一种适用于大中型项目的监理组织系统，监理机构由纵向监理部门和横向监理部门纵横交叉，形成矩阵。在这种形式中：纵向管理部门的一方为稳定的工作部门，负责该部门的目标控制、合同管理、信息管理和组织协调；另一方则为一次性的工作班子，按任务组建，以适应环境的变化，使整个机构具有一定的弹性。

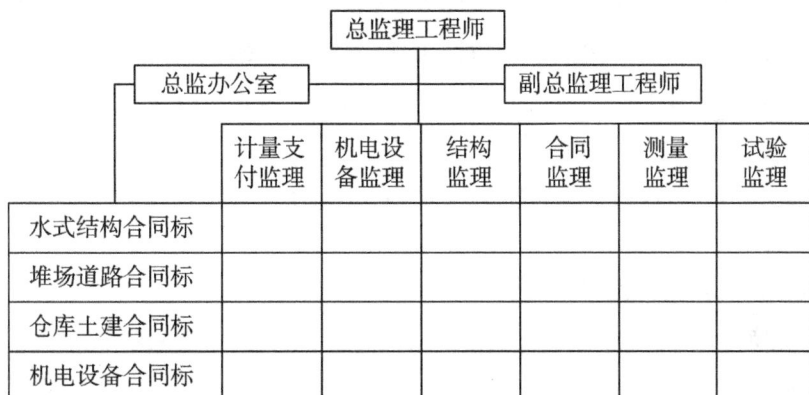

图3-6 ××港某港区一期工程监理组织系统框图

××港某港区一期工程建设项目工程施工监理采用的矩阵式组织系统，如图3-6所示。该工程项目监理班子的最高层为总监理工程师负责的总监办公室，并配备副总监理工程师一名，同时明确目标控制负责人——计量支付工程师、机电设备工程师、合同工程师、结构工程师、测量及试验工程师；在总监办公室下面设置了合同标监理组，形成以合同标监理组为主、专业职能监理为辅的矩阵式组织系统。各合同标监理组负责该合同的目标控制、信息管理、合同管理和组织协调，并明确相应的负责人，专业职能监理予以配合。

3.2 工程项目监理机构人员配置及监理设施

3.2.1 工程项目监理机构的人员构成

工程项目监理机构是监理单位根据受监工程项目的类型、规模、工期及现场环境条件组建的工程项目监理班子。这个班子通常可称作工程监理部或工程监理组。水运工程项目的工程监理机构一般可由项目总监理工程师（简称总监）、总监代表、专业监理工程师、现场监理员、测试人员和必要的行政、后勤管理人员组成。视工程的类别和规模，监理工程师和现场监理员应分专业配备，并应有足够数量和适当的比例。

3.2.2 工程监理人员的专业划分

水运工程监理人员应根据工程规模的大小和工程类别按专业配备。一般水运工程项目监理人员的专业划分可按如下几方面考虑。

1. 专业工程师

水运工程按专业性质可划分为码头工程、防波堤及护岸工程、堆场工程、设备安装工程、疏浚工程、整治工程、通航建筑工程、铁路和道路工程、土建工程等，应配备适当的人员进行技术管理，具体负责现场单项工程的工艺检查、质量检验及作业程序监督和进度控制。

2. 试验工程师

试验工程师负责试验室的试验管理和对整个项目工地试验室的材料试验和过程平行试验项目的监控，负责对承包单位的试验进行现场检验、抽样监督。

3. 合同管理与计量支付工程师

由熟悉合同条件、熟悉工程量清单又了解国家法律、法规且有经济技术和项目管理方面经验的工程师或经济师担任，对合同执行中可能出现或已出现的延期、索赔进行宏观控制和处理；对计划进度的实施进行监督和检查，负责工程计量复核，审核工程支付申请提出审核意见。

4. 测量工程师

配备测量监理工程师和测量员，负责整个项目的测量控制和核查。

5. 信息管理工程师

信息管理工程师负责落实信息管理流程，负责工程信息的收集、汇总、整理和归档管理，负责与各方的计算机信息交换等。

6. 行政管理后勤人员

行政管理后勤人员由有行政管理经验的干部担任，对行政事务及来往公函的收发、登记、行文作全面的安排管理，如文秘档案管理员、气象监测统计员、财务人员等。

3.2.3 监理设施

开展监理的建设项目一般都投资巨大，小则几百万元，多则几千万元甚至数亿元；特别是水运工程项目，不仅投资大，而且施工难度大、影响因素多，这就使得监理工作任务重，内容多，程序复杂。因此，监理工程师在执行合同过程中必须有一套完备的监控手段及良好的试验、测量设备。监理工作需要的主要设施包括中心试验室设备、测量仪器及设备、计算机、交通工具、通信设备、气象设备、照相、摄像器材和其他办公设施。

思考题

工程项目监理机构的组织机构模式有哪些？各自的优缺点是什么？

第一篇　水运工程监理概论

第 **4** 章 水运工程监理的主要内容

4.1 概 述

我国目前水运工程监理主要集中在施工阶段，主要内容包括质量控制、费用控制、进度控制、安全管理、合同管理、信息管理和组织协调，即"三控、三管、一协调"。而风险管理和目标控制贯穿于水运工程监理工作的全部过程和全部内容。工程费用控制、质量控制和进度控制、合同管理将在后面各篇中详细介绍，安全管理的内容本书不予介绍。本章主要介绍风险管理及目标控制、信息管理和组织协调的相关内容。

4.2 风险管理及目标控制

4.2.1 工程项目的风险管理

水运工程历来被认为是一项"风险事业"。在工程项目实施过程中，风险和效益是矛盾的对立统一体，它们相互对立而又相互联系、相互否定而又相互依存。在任何一项工程中，没有毫无风险的效益，也没有全无效益的风险。风险管理的目的，就是通过各种措施尽可能避免、预防、减少、转移风险，促使风险转化为效益，确保项目目标的实现。

风险，是指一段时间内影响目标实现的不利事件的发生，或由特别的因素导致发生的可能性。风险的大小，可用风险量衡量：

$$R = f(p, q)$$

式中：R——风险量；

p——风险事件可能发生的频率；

q——潜在的风险损失量。

显然，风险事件可能发生的频率越高，潜在的风险损失量越大，风险量就越大。

风险按其来源和性质区分，可分为技术性风险和非技术性风险。工程中常见的风险事件示例见表4-1。

表4-1 风险事件示例表

风险因素		典型风险事件
技术风险	设计	设计内容不完全、缺陷设计、错误或遗漏，使用规范不恰当，未考虑地质条件和施工可能性
	施工	施工工艺落后，不合理的施工方案，施工安全措施不当，应用新技术新方案的失败，未考虑现场情况等
	其他	工艺设计未达到先进性指标，工艺流程不合理，未考虑操作安全性等
非技术风险	自然与环境	洪水、地震、火灾、台风、雷电等不可抗拒自然力，不明的水文气象条件，复杂的工地地质条件，恶劣的气候，施工对环境的影响等
	政治法律	法律及规章的变化，战争和骚乱、罢工，经济制裁或政治法律禁运；国际承包中政府工程项目的拒付债务，国有化和没收外资等
	经济	通货膨胀，汇率的变动，市场的动荡，社会各种摊派和征费的变化；国际承包中的延迟付款、换汇控制等
	组织协调	业主和上级主管部门的协调，业主和设计方、施工方以及监理方的协调，业主内部的组织协调等
	合同	合同条款遗漏、表达有误，合同类型选择不当，承包模式选择不当，索赔管理不力，合同纠纷等
	人员	项目法人人员、设计人员、监理人员、一般工人、技术人员、管理人员的素质（能力、效率、责任心、品德）
	材料	原材料、成品、半成品的供货不足或拖延，数量差错，质量规格有问题，特殊材料和新材料的使用有问题，损耗和浪费等
	设备	施工设备供应不足，类型不配套，故障，安装失误，选型不当
	资金	资金筹措方式不合理，资金不到位，资金短缺

风险有其偶然性和必然性。风险的偶然性是指它的不确定性，包括风险事件发生的不确定性和风险损失的不确定性。例如，在港口工程施工中，台风可能导致风险，但在具体的某一施工时段内是否会出现台风，出现多少次台风，可能造成多大损失，则是无法事先知道的。风险的必然性是指风险因素的存在性，其发生、发展和消失是有规律的，是可以认识的。探索和认识风险的规律，把风险造成的损失限制到最小程度，是对项目目标的一种主动控制，是我们研究风险和风险管理的目的。

工程项目的风险管理是指对整个项目在规划、实施、使用阶段可能出现的各种技术性、非技术性风险进行识别、评估和控制的过程。风险识别是对可能影响项目目标实现的风险认识。它通过风险调查及信息分析、专家咨询及实验论证等手段，对项目风险进行多维分析，建立项目风险清单。风险评估是对风险出现的可能性的识别以及对项目目标影响的严重程度的估测，包括确定风险事件发生的概率，确定风险事件的发生对项目目标影响的严重程度，即潜在的损失值，分析对风险的预测水平和应付能力，为风险决策提供依据。风险控制包括风险的回避、预防、减小或转移。

风险的控制或保留，是风险决策的结果；而正确的风险决策来源于对风险的准确评估。如两伊战争期间，伊拉克的建设项目投资由于战争开支过大而不断紧缩，因而要求承包人接受延期付款或卖方信贷条件。在这种明显存在风险的情况下，是回避风险还是保留风险，无疑是必须慎重决策的。一些国际承包人决定退出这块承包阵地，因为他们认为继续承包伊拉克的延期付款项目无异于自毁。而另一些承包人则认为，两伊战争尽管还可能延续一定时间，但不至于扩大到遍及全部领土；伊拉克当时的支付能力低，但其丰富的石油资源最终会帮助他们偿还债务；如果暂不退出，则战后就有在伊拉克承包更大规模建设项目的优越条件。对同一事件的两种不同评估，导致了两种截然相反的风险决策。

对于技术性风险因素，主要应通过加强全面质量管理措施，如设计单位的全面质量管理、施工企业的全面质量管理、政府质监部门的有效监督、监理工程师的严格监理等措施，预防或减小这类风险的发生。

风险的转移包括保险转移和非保险转移方式。前者是通过保险公司以收取保险费的方式建立保险基金，一旦发生风险事件，即用保险基金给予补偿的一种转移风险的制度，如投保建筑工程一切险、安装工程一切险、建筑安装工程第三者责任险、施工机械设备损坏险、货物运输险、机动车辆险、人身意外险等。后者如通过合同的形式把风险转移给承包人，通过某种途径（如采用恰当的实施方案）将风险进行合理分配以部分转移给承包人等。在国际建筑市场上，对风险事件的认识各国有不同的规定。例如，利比亚允许将"由于港口拥挤造成工期拖延"列为人力不可抗拒因素，伊朗曾经把"当地建筑材料和水泥的短缺"列为不可抗拒因素，在 FIDIC 合同条款中对"雇主的风险"进行了严格的界定并对有关工程保险做出了详细规定。

4.2.2 目标控制原理及方法

控制是管理活动的一个重要职能。控制的目的是确保一个系统目标的实现，因此，有明确的目标时才需要进行控制。控制是施控者为了保证系统在适应外部环境变化的情况下，能完成某个（或某些）预先规定的目标的行为。

一般而言，控制系统由被控子系统（对象或过程）和控制子系统（控制器）互相联接而成，如图 4-1 所示。图中 X 是影响系统状态的外部环境的一组参数；Y 为对外部环境发生影响的一组系统状态参数。（a）为开环控制系统；（b）为闭环控制系统，它在调节过程中引入了反馈。

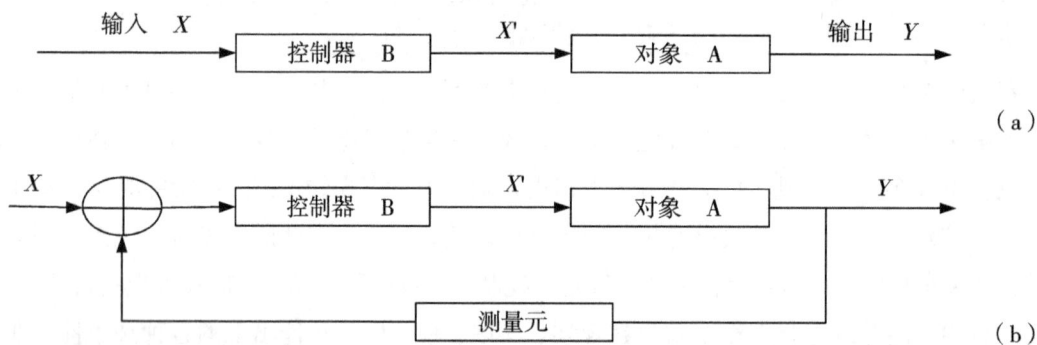

图 4-1 控制系统方框图

显然，一切控制的问题都在于把外部作用 X 变换为控制作用 X'，以求在控制对象的输出中得到某种要求的状态 Y。因此，控制器 B 应对变化着的外部环境参数 X 作出相应的反应 X'，在控制论中称这个过程为输入的校正。

把上述原理引入项目管理中的目标控制，便可以绘出图 4-2 所示的动态控制原理图。该图表明：当投入人力、物力、财力资源时，项目开始实施（即项目进展）；进展中，干扰是必然的，因而输出结果有可能偏离目标；收集实际支出、实际进度和质量检验数据；将收集的实际值与计划的投资目标、进度目标与质量目标数据进行比较，看是否有偏差：如无偏差，自然继续投入各种资源，项目继续进展；如有偏差，则分析偏离原因，进行纠偏决策并执行决策，亦即采取相应的措施进行纠偏。不难看出，图中的"工程进展"框为控制对象，亦即被控子系统；"比较"框、"分析"框和"偏差"判断框共同组成控制器，亦即控制子系统；"收集实际数据"框相应于一个测量元。

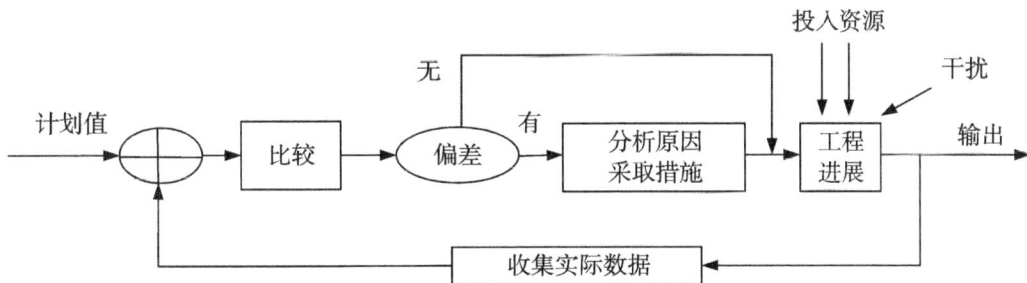

图 4-2 动态控制原理

监理工程师在控制过程中主要应做好以下几件事情：对计划目标进行论证分析；收集实际数据；进行计划值与实际值的比较；分析偏离目标的原因，进行纠偏决策，采取相应措施力争项目目标实现；向业主提出有关报表。以上这个反复循环过程，称为动态控制过程。

图 4-1 中（a）所示的开环控制亦称前馈控制，即在项目实施前，对可能影响项目计划的因素进行控制，以尽量减少计划实施过程中所出现的偏差；（b）所示的闭环控制亦称反馈控制，即将计划执行情况与计划目标值进行比较，把偏差反馈到控制系统的输入端，调整下一步的活动，使系统沿着计划轨迹运行。

项目动态控制又可以分为主动控制和被动控制。预先分析、估计目标偏离的可能性，采取预防措施，这种控制叫做主动控制。若在发现目标偏离后，分析原因，采取纠偏措施，这种控制叫做被动控制，也就是上述的闭环控制。在混凝土施工中，控制好原材料质量，严格搅拌、运输、浇捣工艺，提高混凝土施工配置强度等，都是对混凝土质量的主动控制。在施工进度控制的过程中，发现进度拖延，采取增加投入、强化施工，或采取平行流水作业，或更换承包人等，则是一种被动控制。

工程监理中强调主动控制，但也要重视被动控制，只有把两者有机地结合起来，亦即采取所谓复合控制手段，充分发挥开环控制事先预测、分析、主动控制的特长，同时吸收闭环控制事后信息反馈、比较、调节的优点，二者相辅相成，才能提供高质量的监理服务。

4.2.3 工程项目控制方法

工程项目的控制原理是动态控制：针对费用、进度、质量目标的差异和特点，控制方法上有所侧重与偏差。一般来说，工程监理的主要控制方法有以下几种。

1. 计划方法

工程项目的实施必须以合理、现实的实施计划（含目标分解计划）为基础，监理工程师通过对工程项目产生影响的社会、自然、经济、资源、技术等因素进行综合辩证分析，作出预测、评价，从而制定相应目标的重点控制、关联控制计划方案。

2. 程序方法

对于工程项目实施中的行为及过程实行程序化管理；对于计量、支付、进度计划每批开工、工程验收、文件指令等经常性工作制定严格的工作流程，促使工程项目管理工作按照程序化和规范化进行。

3. 技术方法

对工程施工中的材料、工艺、结构、产品，严格按照技术规范进行试验、量测，并依据监测数据，对承包人的工程施工发出指令或提出评价意见。

4. 现场巡视

对工程施工进展、工艺、方法、质量、安全等采用现场巡视、监督、跟踪检查，对隐蔽工程及重点工段的施工，采用现场旁站。

5. 合同监督

核查合同责任条款的规定；核查施工图纸的完备；核查现场组织机构、人员、船机、设备与投标承诺的符合性；审查承包人施工组织设计的合理、可行、可靠性；审查工程保险单据与数额，以合同精神处理工程中出现的各种合约意见分歧。

6. 会议协调

工程施工中成立工程协调小组，加强与工程各方的联系沟通，注重工程目标整体的协调。工地会议是工程协调或现场协调通常采用的方法。

7. 监理指令

监理工程师对承包合同实施行为的控制，视现场情况可采取监理指令的方法促使当事人行为或不行为。

8. 文档信息方法

建立结构清晰的工程项目信息库，明确工程监理信息交换、传送流程及管理权限；规范工程监理中的有关报告和报表格式，做好档案的建设、管理、使用与维护工作。

9. 计算机辅助管理

在工程项目的建设中，选用合适的工程项目管理软件，对工程监理中的文档、数据、资料、报表实行现代化管理，与业主实现联网交换，有利于掌握工程动态和迅速决策等。

4.2.4 三大控制目标的相互关系

工程费用、工期、质量三大目标都是影响工程项目综合经济效益的重要因素。监理工作的核心就是对这三大目标的控制。在工程实践活动中，如何科学地认识和处理这三者之间的关系，往往会有不同的观点：有认为质量最重要的，有强调进度最重要的，也有突出费用最重要的，当然也有认为三者都重要的。项目法人一般希望得到质量优、费用低、工期短的工程。

费用、进度和质量都是工程项目目标系统定义的子目标，三者之间具有对立统一的辩证关系（图4-3）。在这个目标系统中，任何一个因素发生变化，都会引起其他两个因素的相应变化。例如，适当加快工程进度，可减少间接成本的支出，降低工程费用；但当超过某一合理的施工强度时，由于投入的资源强度增加，工程费用也因之增加。如欲提高工程质量，则往往要投入较多的时间和资金，因而增加工程费用，影响工程进度；如欲降低工程费用，则有可能延长工期，降低工程质量。

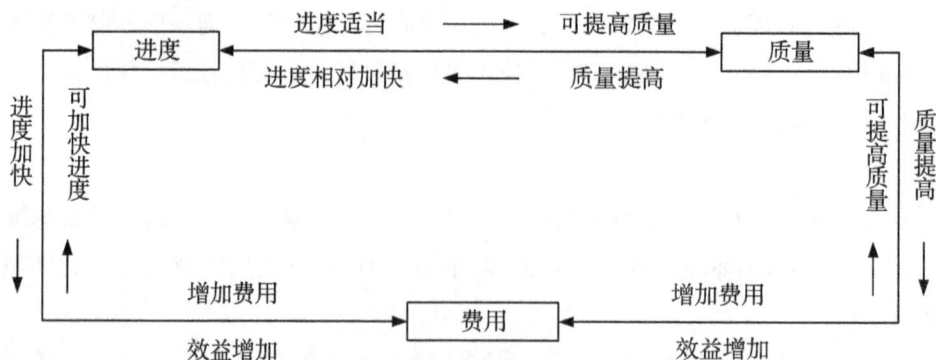

图 4-3 三大目标间辩证统一关系图

从另一方面来看，加快进度，有可能使工程提前投入使用，减少资金的利息支出，提高投资的效益；提高工程质量，可减少因质量缺陷引起的返工，减少经常性维护费用，降低运行支出，从而保证工程进度、提高投资效益。

可见，我们很难说三大目标哪个"最重要"，只是在项目建设过程中，在某一特定阶段，某个方面的矛盾相对突出而已。例如，在渠化工程施工中，进入洪水期之前可能因安全度汛的要求进度目标相对突出一些；但在基础工程施工中，质量目标又可能相对突出一些。但无论在哪种情况下，监理工程师始终必须坚持三个目标的辩证统一，从系统的角度出发，通过有效的目标控制，在矛盾中寻求、确保总目标的最佳实现。

4.3 组织协调

4.3.1 组织协调的概念

组织协调是指项目管理者通过协商、沟通、调度等方式，联结、联合、调和所有的活动及力量，促使参与各方协同一致、有序、协调地开展项目活动，从而实现项目预定目标的一种有效管理手段。

根据系统方法，总体的作用规模要比各子系统的作用规模之和为大。为了顺利实现工程项目建设目标，必须重视组织协调工作，发挥系统整体功能。由于在项目建设的不同阶段、不同部位和参加项目建设的不同单位、不同层次之间，存在着大量的界面或结合部，沟通和理顺这些结合部的关系，化解矛盾，排除时空上的干扰，组织好工序间的衔接，使工程总体建设活动能有机地协调地进行，这是组织协调的根本任务。因此在工程建设中，组织协调最为重要，也是最为困难，事关工程监理是否成功的关键。一个合格的、成功的监理工程师应该是一个善于协调的好的管理者。

4.3.2 组织协调的主要内容

工程项目实施有投资、进度、质量三大目标。为了提高质量、降低造价、缩短工期，需要一定的内外条件，如工作人员的素质及热情、项目组织的科学合理、资源供应及时、关联单位的密切配合、自然资源的合理利用、政策法规的严格执行、社会舆论的大力支持等。创造和促成以上条件，服务于项目实施的各项工作，正是项目组织协调的主要任务。

项目组织协调的内容，大致有以下几类：

① 人际关系的协调，包括项目组织内部的人际关系、项目组织与外部的人际关系等，主要解决人员与人员之间在工作上的联系和矛盾；

② 组织关系的协调，主要解决项目组织内部的分工与配合问题；

③ 供求关系的协调，包括工程项目实施中所需人力、资金、设备、技术、信息服务等，主要解决供求平衡问题；

④ 配合关系的协调，包括监理单位、项目法人、承包人、分包单位、供应单位在配合关系上协调和步调上一致，主要解决合同中的同心协力问题；

⑤ 外协约束关系的协调，主要是了解和遵守国家及地方在政策、法规、制度等方面的约束，请求执法部门的指导与许可。

4.3.3 组织协调的意义

1. 通过组织协调调动工作人员的积极性

项目目标靠人的活动去实现。无论任何人，在工作中总会遇到困难、矛盾和阻力。这些困难、矛盾和阻力往往大量表现为人与人之间的矛盾。及时了解并妥善解决这些矛盾，可以使工作人员心情舒畅、恪尽职守，从而调动其积极性。

2.组织协调可以提高项目组织的运转效率

项目组织内部协调，可使组织内部职责清楚、目标明确、考核准确、赏罚分明，从而减少矛盾，避免或减少内耗，增强组织的凝聚力，提高其运转效率。

3.通过组织协调消除项目实施过程中的各种阻力和障碍

因为每个工程都是在一定约束条件下实施的，通过管理及时而有效地协调好有关约束因素，如资源、协作、政策法规等，可以变不利为有利、化消极为积极、变硬约束为软约束，确保项目顺利进行。

4.4 信息管理

4.4.1 信息管理的概念和内容

1.信息管理的概念、特点及作用

（1）信息管理的概念

所谓信息管理是指对信息的收集、加工整理、储存、传递与应用等一系列工作的总称。它主要研究如何有效地利用信息资源，提出信息加工的条件。信息管理的目的就是通过有组织的信息流通，使决策者能及时、准确地获得相应的信息，为进行科学决策提供可靠的依据。为了达到信息管理的目的，就要把握信息管理的各个环节。

① 了解和掌握信息来源，对信息进行收集和分类。

② 掌握和正确运用信息管理的手段，对信息进行加工、储存和传递。

③ 掌握信息流程的不同环节，建立信息管理系统，利用信息进行决策。

（2）施工监理信息管理的特点

施工监理的主要方法是控制，控制的基础是信息。信息管理是施工监理工作的一个重要内容，信息管理工作的好坏，将会直接影响监理工作的成败。施工监理信息管理既具有一般信息管理的通性，又有其自身的特殊性，其特点主要表现在以下几个方面。

① 信息来源的广泛性。施工监理项目信息来自业主、设计人、承包人以及其他与工程相关的各组织与部门，来自项目可行性研究、工程设计、施工招投标、施工过程及工程保修等工程实施的各个环节，来自与工程实施相关的工程结构、工程材料、工程机电等各个专业，来自工程实施中质量控制、投资控制、进度控制、合同管理等工程管理的各个方面。施工监理信息来源的广泛性，使如何完整、准确、及时地收集信息以及合理地整理、运用信息成为监理信息管理需要解决首要问题。

② 信息处理手段的特殊性。由于工程建设特别是水运工程等基础设施建设规模大、牵涉面广、协作关系复杂，工程管理往往涉及大量的信息。监理工程师在施工监理中，既要掌握计划信息，又要掌握实际进展信息，还要对信息进行对比、分析、储存与传递。监理工程师每天都要处理大量的数据，在目前大型工程实施管理中这些信息数据仅靠人工操作处理是极其困难的，只有引入计算机信息管理手段，才能及时、准确地进行处理，为工程管理的正确决策提供及时、可靠的支持。

③ 信息具有系统性以及时空上的不一致性。施工监理信息是在一定的时空内形成的，与施工监理管理活动密切相关；同时，监理信息的收集、加工、传递及反馈是一个连续的闭合环路，具有明显的系统性。时空上的不一致性体现于在监理实施的不同阶段、不同地点都将发生、处理和应用大量的信息。

（3）施工监理信息管理的作用

施工监理信息管理对工程监理的管理产生巨大的影响，总结起来有以下几个方面：

① 信息是实施监理工作不可缺少的资源；

② 信息是监理工程师实施控制的基础；

③ 信息是进行项目决策的依据；

④ 信息是协调工程参与者之间关系的纽带。

2. 监理信息管理的内容

（1）信息的收集与传递

在监理项目实施过程中，监理信息的收集和传递是监理信息管理中两个不可分割的过程，它们是监理信息管理工作的基础。有效的信息收集可以保证监理信息的完整性和可靠性，有效的信息传递可以保证监理信息的针对性和时效性。对于监理信息的收集，在工程实施前进行监理规划时，应对工程实施各阶段将会产生的所有信息类别和项目文档进行分析，应在监理实施过程中，通过多种信息渠道主动收集；对于监理信息的传递，应分析各类信息对各层次工程管理人员的作用，明确信息流程，进行有效传递。

（2）监理文档管理

监理文档管理是指监理工程师在监理实施的过程中对监理文档所做的有序的、恰当的组织、分发、存储、检索以及查询的工作。监理文档管理具有一般文档管理的特征，又具有其独特性。监理文档管理贯穿于工程监理管理的整个阶段：从文档的产生、管理到文档的移交、归档。文档管理不同于文档的保管，其内涵包括对文档的存储、查看、编辑、查询、分发等一系列的管理内容。监理文档管理是一个有机的系统，包括被管理的文档、管理人员、管理工具、管理手段、管理制度等诸多构成要素。

（3）工作流管理

工作流可以看做用活动和活动之间的变化表示的业务流程。国际工作流管理联盟（Workflow Management Coalition，简称WFMC）对工作流的定义为：工作流是一类能够完全或部分自动执行的经营过程，它根据一系列过程规则、文档、信息或任务，能够在不同的执行者间进行传递和执行。工作流的三个要点为：

① 有多个参与者；

② 按照一定的规则进行活动（传递文档、信息、任务等）；

③ 活动的推进是自动的或部分自动的。

监理信息管理的特点，符合工作流管理应用的要点，而工作流管理应用的优点在于把管理规则和手工信息传递变成程序化的控制流程，对信息的传递进行有效的控制，提高工作效率和规范化管理水平。

（4）信息交流管理

监理信息交流管理包含两个方面：一是施工现场监理人员内部的信息交流；二是现场监理机构与业主、承包人、监理人、政府主管部门之间的信息交流。

在监理信息管理中，加强信息交流管理是至关重要的任务。信息交流的不畅或紊乱，不仅会造成大量不必要的开支，而且会间接地影响工程的进度和质量。它是导致诸如工程成本超支、工期拖延、质量缺陷以及索赔与合同争议等的首要原因。

监理信息交流是指通过对工程管理组织体系的完善和调整、信息的分类与编码、各种先进信息技术的运用，使得工程参与各方对工程信息更好地进行交换与共享。信息交流是一个动态的过程，四个基本要素即发送方（Sender）、接收方（Receiver）、交流内容（Message）、交流媒体（Medium）在交流过程中不断变化，其目的是为了共享信息资源，在工程管理组织体系中及时、准确地传递信息，以有效支持决策，从而提高组织的效率。

4.4.2 监理信息管理的实施

1. 信息的收集、整理与传递

（1）信息的收集

工程施工中各种信息资料的收集可以大致分为如下几个阶段。

① 工程建设前期的信息收集。工程项目在正式开工之前，需要进行大量的工作，这些工作将产生大量的文件资料，它们包含着丰富的工程管理信息。监理人应当收集和掌握以下资料。

ⅰ. 工程可行性研究报告及其有关资料。工程可行性研究报告是进行工程项目建设决策（包括建设规模、建设布局和建设进度等原则问题）的重要文件，也是编制工程设计文件的重要依据。通过可研报告和有关资料可以收集以下信息：

a. 工程建设的目的和依据；

b. 工程建设的规模和标准；

c. 工程建设的自然条件和施工条件；

d. 工程建设地点的选择和占地估算；

e. 工程建设的进度计划和工期目标；

f. 工程投资的资金来源；

g. 工程环境保护的措施和评估；

h. 工程的经济效益分析；

i. 存在的问题和解决办法。

ⅱ. 工程勘察资料及设计文件。通过工程勘察资料和设计文件可以收集以下信息：

a. 社会、经济情况。建设地区的社会经济发展、工程建设原材料、燃料来源、水电供应和交通运输条件、劳动力资源等资料；

b. 工程技术勘察情况。建设地区的自然条件资料，如水文、气象、地质、地形、地貌、自然灾害等资料；

c. 工程初步设计情况。如工程的规模、总体规划与布置，主要建筑物的结构形式和设计尺寸、各种建筑物的材料用量、主要技术经济指标、建设工期、总概算等；

d. 施工图设计情况。如施工设计要求，施工、安装详图，各种设备和材料的明细表，施工图设计预算等；

ⅲ. 施工招、投标文件及其有关合同文件。通过施工招、投标文件及其有关合同文件的收集，可掌握以下信息：

a. 招标人基本情况，招标文件对投标人的要求和条件；

b. 投标人基本情况，投标文件对招标文件的响应和承诺；

c. 合同签订情况，工程承包与分包情况，工程合同类型，合同内容与合同要求等。

② 工程施工过程中的信息收集。工程施工阶段是工程实体形成的过程，监理工程师的信息管理工作也主要集中在这一阶段。

ⅰ. 业主有关信息。业主作为工程建设的组织者，在工程施工过程中提供的信息对工程的实施具有重要作用。业主信息包括按照合同文件规定提供的相应条件，通过工程会议和工程指令表达对工程各方面管理的要求和意见等。监理工程师信息管理工作的一个重要方面就是应及时收集业主提供的信息。

ⅱ.承包人有关信息。承包人在工程施工过程中，对现场所发生的有关质量、进度、安全以及技术、经济和管理上的信息必须及时收集和掌握，并通过向业主、设计人、监理机构及其他方面提交报告、计划、申请等形式进行信息传递，如向监理机构报送施工组织设计、施工计划、实施情况报告、月度支付申请、各种工程质量自检报告、质量问题报告、有关技术、管理内容联系单等。

监理工程师应全面系统地收集这些信息资料。

ⅲ.施工监理的信息。施工过程中监理记录是监理工程师监理信息收集的主要方式之一。

a.监理日记。现场监理人员的日记主要包括如下内容：当天的施工条件，当天的施工内容；当天参加施工的人员（工种、数量等）；当天施工用的机械（名称、数量等）；当天发现的施工质量问题；当天的施工进度与计划施工进度的比较（若发生施工进度拖延，应说明其原因）；当天的综合评语；其他说明，等等。现场监理人员的日报表可采用固定格式，力求简明、准确。

b.监理日志。由监理机构负责人或其指定的专人记录。主要包括如下内容：当天的施工内容及质量、进度情况，当天所作的重要决定；当天对承包人发出的主要指令；当天召开的重要会议内容提要，当天监理工作安排，等等。

c.现场每日的水文、气象记录。主要内容为：当天的潮汐、水位、波浪、水流状况，当天最高、最低气温、降雨、降雪量，当天的风力及天气状况等。若施工现场区域大、工地的水文、气象条件差别较大，则应记录两个或多个地点的水文、气象资料。

d.监理月报。现场监理机构应每月向业主汇报下列情况：工程施工状况（包括工程进度、质量、安全情况）；工程款支付情况；工程进度拖延的原因分析；工程质量检查与验收情况；工程进展中主要困难与问题（如施工中的重大技术、管理问题，重大索赔事件，材料、供货困难，组织、协调方面的困难，异常的天气情况等）。

e.监理指示和指令。主要内容为：监理通知、监理联系单、变更通知、停工令、复工令等。

f.工地会议纪要。工地会议是监理工作的一种重要方法，监理工程师应充分重视工地会议，并建立完善的工地会议制度，便于会议信息的收集。工地会议纪要是工程管理文件的重要内容，每次工地会议都应有专人记录，并及时整理和提交各方签署会议纪要。

③工程竣工阶段的信息收集。工程竣工并按要求进行竣工验收时，存在大量的与竣工验收有关的信息。这些信息一部分是在整个施工过程中，长期积累形成的；一部分是在竣工验收期间，根据有关资料整理分析而形成的。完整的竣工资料应由承包人编制，经监理和有关档案管理部门审查后，移交业主并通过业主移交有关单位保存。

（2）监理信息的整理、储存和传递

①监理信息的加工整理。监理工程师除应注意各种原始信息的收集外，还要对收集来的信息资料进行加工整理，信息加工整理的深度可分为以下三个层次：一是对信息资料和数据进行简单整理和过滤；二是对信息进行综合分析，概括整理出辅助决策的依据；三是通过对信息数据应用数学模型进行统计推断，产生决策信息。

监理工程师在施工过程中，依据收集的信息进行决策或决定有如下几个方面：

ⅰ.依据进度控制信息，对施工进度状况提出意见和指示；

ⅱ.依据质量控制信息，对工程质量情况提出意见和指示；

ⅲ.依据投资控制信息，对工程费用支付和结算情况提出意见和建议。

ⅳ.依据合同管理信息，对索赔提出处理意见。

② 监理信息的储存。信息的储存是将信息保留起来以备将来应用。对有价值的原始资料、数据及经过加工整理的信息，要长期积累以备查阅。信息储存的介质主要有三种：纸、胶卷和计算机存储器。

用纸储存信息是传统的信息储存方式，随着计算机技术的发展和普及，用纸存储信息在传送、检索和统计上的不便愈加突出。而用计算机存储器存储信息在信息检索、分类、传递、汇总上的优势更为明显，且存储成本大为降低。因此，应尽量采用计算机等现代信息管理与存储手段，以节省存储时间、空间和费用。

③ 监理信息的检索和传递

无论是存入纸质档案库还是存入计算机存储器的信息、资料，为了查找的方便，在储存前都要拟定一套科学的查找方法和手段，做好编目分类工作。健全的检索系统可以使报表、文件、资料、人事和技术档案既保存完好，又方便查找。

信息的传递是指信息资料借助于一定的载体（如纸张、软盘、磁带等）在与该工程信息相关的各部门、各单位之间的传递。按照工程管理组织体系，监理信息的传递可分为监理机构内部和外部两类，对内信息的传递主要通过信息管理系统和文件传阅登记表形式进行，对外的信息传递主要通过信息管理系统和文件收发登记表进行。

业主发给承包人的函件或其他信息，监理工程师应及时传递或转达给承包人，使业主指令得以贯彻落实；承包人提交业主的函件经监理工程师审核后，应及时送交业主，使业主及时掌握工程信息。信息分发时应注意：

ⅰ.文件发送时要填写《发文登记表》，写明文件发送日期、文件名称、文件编号及文件内容等，要求文件接收人签字；

ⅱ.文件发送应做到不错送、不漏送、不延时，确保文件能准确、及时送达信息接收方，当文件需接收方批复时，应在文件规定批复的期限内督促其按时批复。

2.监理信息的管理

（1）监理文档管理

① 监理信息管理的组织设置与人员配备。监理机构应根据工程规模和项目管理模式，建立自身的信息管理部门，建立监理信息管理体系，明确人员设置、工作内容与工作职责。

ⅰ.组织设置：设置监理信息部或项目信息管理中心。监理机构信息管理中心是工程所有信息的收集中心、存储中心以及共享中心，应为工程参与各方提供文档的查询与借阅服务，但应明确文档的查询、借阅制度以及查阅权限分配。

ⅱ.人员配备：监理信息管理部门由监理机构负责人分管，应配备专门的信息管理人员，各专业或职能部门可指定监理人员兼任。当信息管理人员工作调整时，要对所管理的文档资料进行全面核对移交，确属无误后方可调离。

② 监理文档分类与编码。每一份归档管理的监理文档信息都应该根据已经确定的监理信息分类与编码要求进行分类与编码，信息管理人员对归档文件进行形式审核和信息储存，同时对相应的纸质文档文件进行手工信息编码。

③ 文档查询与借阅服务。监理信息管理部门为项目参与人员提供档案、资料总目录、分类目录或计算机数据查询服务；提供档案查询、借阅服务，在权限内提供文件、技术资料的复印件。当监理信息系统使用后，文档资料的查询分为系统查询和纸质文件查询两类。系统查询主要是根据需要在系

中输入需要查询内容的查询条件进行查询。

④ 文档移交管理。根据水运工程竣工验收的要求,所有的监理文档在工程竣工验收时应根据国家和地方工程档案管理部门的有关规定和要求进行整理和移交。监理机构除应整理好竣工监理文件外,还应检查和督促施工承包人的竣工资料整理和移交。

（2）工作流管理

工程监理的发展使其在工程管理中形成了一套相对固定的管理模式和管理流程。根据监理控制目标,运用工作流管理方式可以规范监理文档、信息的流转。

工作流管理的主要内容是收集和整理监理工作流程,通过对进度控制流程、费用控制流程、质量控制流程等监理工作流程的分析和过程分解,用最具代表性的模型元素将流转过程简单、直观地描述出来,运用计算机技术对工程管理进行动态控制,建立起各种控制流程控制台账。

以下结合监理文件处理过程,说明工作流管理模型建立的步骤。

① 确定工作流程的基本步骤和顺序（图4-4）

图4-4　监理文件处理流程

② 确定可以推动工作流程的各种角色（图4-5）

图4-5　监理文件处理流程中的角色对应

③ 补充工作流程中可能出现的意外情况（图4-6）

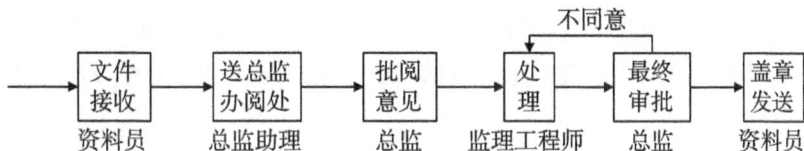

图4-6　出现意外情况的工作流程

④ 确定工作流程的整体框架（图4-7）

3. 监理信息交流管理

监理信息交流管理是指在施工监理过程中,项目参与各方对工程信息的交换与共享以及监理机构内部信息的交换与共享,它包括监理信息的交流方式以及监理信息的交流制度。

（1）监理信息的交流方式

监理信息交流方式应结合工程管理要求、信息管理水平以及网络、计算机应用水平确定。它包括使用基于网络的监理信息平台、基于网络的电子邮件系统、基于网络的视频会议系统、会议、电话、传真、文本文件等。

（2）监理信息交流制度

将例行的日常监理信息沟通方式通过制度的形式确定下来,用以规范工作方式,规定工作流程,使日常工作趋于标准化、程序化,达

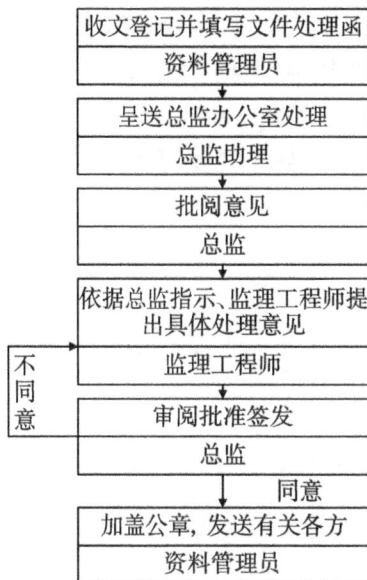

图4-7　文件处理流程图

到良好控制与交流的目的。它包括监理会议制度、监理函件制度等。例如，某施工监理项目对于信息交流管理有如下规定。

① 内部信息的交流。

ⅰ.制定来文、发文登记制度；来文总监审阅制度；发文总监审批制度；文件归档制度等。

ⅱ.一般文件传递流程为：资料员（登记）→总监理工程师（批示）→资料员（传递）→监理工程师（签证或提出处理意见）→总监理工程师（审查或批准）→资料员（盖章、发送及存档）。

ⅲ.当来文是对已使用的文件进行修改或宣布其作废时，如设计修改通知单、设计变更批复、合同修改通知等，文件传递流程为：资料员（登记）→总监理工程师（批示）→资料员（通知并收回作废的文件，更换新文件或在旧文件上加注修改的内容）→监理工程师（通知有关文件使用各方并加以监督、落实）。

ⅳ.监理机构内部应通过会议、内部文件、通知等形式将业主、设计人、监理人等有关单位的工作要求及时传递给现场监理人员，监理人员每日应将工程情况逐级汇报至总监理工程师，并按规定的格式形成书面资料。

② 外部信息的交流。

ⅰ.制定工程会议制度，工程指令业主审批制度，承包人定期书面汇报制度，监理报告（工作周报、月报、专题报告）制度等。

ⅱ.一般文件传递流程为：承包人（申请）→监理工程师（审核）→业主（批准）→承包人（实施）业主或政府主管部门的指令和要求；传递流程为：业主→监理工程师→承包人；监理指令传递流程为：监理工程师（提出要求）→业主（阅知或批准）→承包人（执行）。

4.4.3 计算机辅助监理信息管理

1.计算机辅助监理信息管理系统

为了充分发挥计算机技术在工程施工监理过程中的信息收集录入、分类汇总、储存处理、加工整理、流转检索乃至工程施工过程中的决策作用，建立计算机辅助监理信息管理系统是必要的。监理信息管理系统是以计算机为辅助手段，以系统思想为依据，建立的以监理信息收集、传递、处理、分发、存储、检索和调用的管理平台。

（1）计算机辅助监理信息管理系统的构成。

计算机辅助监理信息管理系统是一个由多个子系统组成的系统。子系统的划分与监理组织机构是密切相关的。每个子系统有处理本部门业务所需的软件，以及必要的事务性决策支持软件。计算机监理信息管理系统是由大量的单一功能的"功能模块"，配合数据库、模型库、知识库组合而成。

以监理机构主要管理部门为基本组织单元模式的监理信息管理系统基本逻辑构成如图4-8所示。

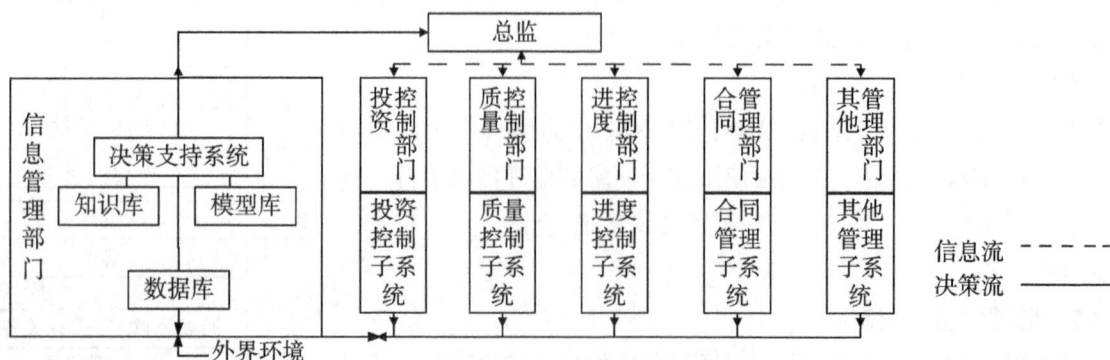

图4-8 计算机辅助监理信息管理系统基本构成

（2）计算机辅助监理信息管理系统的作用。

计算机辅助监理信息管理系统可以认为由两部分组成：一部分是信息管理系统 IMS（Information Management System），另一部分即为决策支持系统 DSS（Decision Support System）。

信息管理系统最主要的功能是提供信息数据的收集、存储、处理、使用及流通和共享的平台，并产生综合信息，为监理机构各层次、各部门、各阶段提供信息支持，架起工程建设决策者（各级、各类行政主管部门）与工程执行者（业主以及合同关系者）信息沟通的桥梁。

决策支持系统是以计算机技术为基础，借助知识库及模型库帮助，在数据库大量数据支持下，协助监理工程师利用知识、信息和模型解决多样化和不确定性问题，为监理决策提出意见和建议，起到辅助"决策"作用。

决策支持系统是 20 世纪 70 年代发展的一门新学科、发展相当快，有面向市场观测、投资决策、编制计划、生产过程控制、工程项目管理、财务及物资管理等多方面的决策支持系统。随着人工智能及计算机技术的发展，开发面向监理行业的信息管理计算机辅助决策支持系统势在必行。

2. 工程监理软件简介

工程监理在我国起步晚、发展快，是市场经济形势下出现的新生事物。工程监理相应的管理软件开发在我国也是近年才开始起步。在我国监理实践中应用较广泛的国外软件是 P3 项目进度管理软件。国内较成熟的工程监理软件有：同济大学 1990 年推出的 PMIS 监理软件包；重庆建筑大学 1992 年推出的项目进度控制软件；水电部开发公司及水利成都勘测设计研究院开发的水利水电工程建设监理软件包；郑州国创信息技术有限公司开发的"监理大师"系列软件；广州南华建设监理所与长沙理工大学联合开发的水运工程施工监理管理软件，等等。

（1）项目进度管理软件（P3）。

① P3 软件简介。P3 是 1995 年由国家建设部组织推广的工程项目管理软件。它是 PRIMAVERA SYS—TEM 公司的产品，全称是 Primavera Project Planner，简称 P3。P3 是目前在美国工程项目管理中使用最广泛的软件。P3 在我国大型工程施工监理中也得到了较多的应用。

P3 软件是在西方项目管理思想的指导下，将网络计划技术、计划评估技术和现代化的计算机技术融为一体的项目管理软件。软件通过定量分析，从工程建设的各项实施步骤中找出工序搭配更加合理、各种资源利用更趋优化的关键线路，并用人们比较熟悉的网络图或横道图的形式将工程建设形象地展现在工程人员面前。P3 软件的理论基础是广义网络计划技术、目标管理以及赢得值技术，管理思想是全面、详细计划，严密跟踪，适时对比、分析调整，严格按计划目标进行管理。

② P3 软件的功能。P3 软件功能强大，主要包括以下 6 个方面。

ⅰ.进度计算：主要是作业的时间进度、资源、费用计划。

ⅱ.进度控制：即跟踪、分析、更新工程进度计划，包括作业完成情况、资源用量、相关费用数据等，利用 P3 生成进度分析报告，并利用横道图、网络图、资源／费用直方图表、过滤器等工具评估、分析、调整进度目标计划。

ⅲ.资源费用管理，主要是为作业分配资源与费用，并利用资源费用直方图进行分析。

ⅳ.自定义视图：通过对作业数据进行编辑、过滤、筛选、汇总等过程，重新组织视图满足不同条件的需要。

ⅴ.输出各种图表：横道图、网络图、进度状态报告、进度报表、资源费用直方图表、资源费用分配曲线。

ⅵ. 其他功能：如赢得值技术；二次开发技术等。

（2）同济大学开发的建设监理软件包（PMIS）。

① PMIS简介。该软件是国内开发最早、功能较齐全的一个软件，并已用于上海地铁一号线等大型工程的监理实践。该软件能结合我国工程管理的特点，完成监理进度控制、投资控制、质量控制及合同管理和办公系统的管理。该软件工作环境是DOS、FOXBASE，也可在局域网环境下运行。

② PMIS软件的功能。

ⅰ. 投资控制：

a. 概算、预算、标底的调整；

b. 预算与概算的对比分析；

c. 标底与概、预算的对比分析；

d. 合同价与概算、预算、标底的对比分析；

e. 实际投资与概算、预算、合同价的动态比较；

f. 项目决算与概算、预算、合同价的对比分析；

g. 项目投资数据查询。

ⅱ. 进度控制：

a. 编制单代号或双代号网络计划；

b. 编制多阶网络；

c. 工程实际进度统计分析；

d. 实际进度与计划进度间动态比较；

e. 工程进度变化趋势预测；

f. 计划进度的调整；

g. 工程进度数据的查询。

ⅲ. 质量控制：

a. 项目建设的质量要求、质量标准；

b. 设计质量的鉴定记录、查询；

c. 材料、设备质量的验收记录、查询；

d. 已完成工程质量验收记录、查询、统计；

e. 项目实际质量与质量要求、标准的分析；

f. 安全事故处理记录、查询。

ⅳ. 合同管理：

a. 合同结构模式的提供和选用；

b. 合同文件、资料登录、修改、删除、查询、统计；

c. 合同执行情况的跟踪、处理；

d. 合同执行情况报表；

e. 涉外合同外汇折算；

f. 经济法规库（国内、国外）查询。

（3）监理大师——水利版。

①"监理大师——水利版"软件简介。"监理大师——建设版"是"监理大师"工程监理信息管理

系列软件产品之一。"监理大师——水利版"是在国家水利部、新疆水利水电工程监理中心、华北水利水电学院等单位的支持下，根据水利部颁布的《水利工程建设项目施工监理规范》（S1 288-2003），结合水利、水电工程建设监理业务的实际特点开发的水利、水电工程建设监理信息管理通用软件，也是目前市场上唯一的水利水电工程建设监理管理软件。

②软件的特点。

i.符合国家水利部当前施行的各种标准规范。

ii.拥有国务院、水利部、建设部和地方政府现行的水利、水电工程建设相关的法律、法规、技术标准和规范等文献；可以实现对其的增加、删除和查询等数据操作。

iii.可以同时满足对多个工程的监理需要。针对每个工程项目可以自定义其专业设置、档案管理编号、模板（水利部、建设部及部分地方模板）和其他一些工程专用信息。

iv.提供的数据表格、文本与微软 Office 完美结合。

v.查询简便，支持对整个工程项目的所有文件进行增、删、查、改等数据操作；同时，可以实现对工程文件的统计。采用树型分类显示和组合式、模糊多项选择等查询功能。

vi.可以对工程地理信息、设计图纸、用 Project 软件绘制的进度计划等文件进行浏览和更改。

vii.方便快捷地制作监理大纲、监理规划、监理实施细则、监理工作总结报告、监理合同等。

viii.操作简单，提供数据字典功能和数据模板设置功能。

ix.提供安全完备的数据保护措施，系统具有自动备份和灾难恢复的功能。

x.接口灵活、方便，可挂接任何"工程网络计划软件""计价系列软件"和"质量评定"等软件。

xi.同时提供了一些简单的工程计算功能。

xii.界面完全符合 Windows XP 风格美观大方，方便用户使用；同时，提供了快捷菜单和快捷键的定制功能，使得用户可以根据自己的使用习惯定制界面。

xiii.可以通过互联网进行升级或更新模版、资料。

xiv.支持基于角色的用户管理，数据库安全加密等安全措施，有很强的安全性。

（4）水运工程施工监理管理信息系统。

①"水运工程施工监理管理信息系统"简介。"水运工程施工监理管理信息系统"是根据交通部颁布的《水运工程施工监理规范》（JTJ 216-2000），结合水运工程施工监理业务的实际，由长沙理工大学与南华建设监理所联合开发的水运工程施工监理信息管理通用软件。

该系统通用性强、功能全面、覆盖水运工程施工监理业务工作的所有内容，严格遵守"三控三管一协调"的监理工作模式，提供了质量控制、费用控制、进度控制、合同管理、健康安全环保（HSE）、资料管理、旁站跟踪检验与检测、平行检验与检测等水运工程监理管理平台。

②系统的主要特点。

i.符合国家法律、法规和技术规范与标准，设计开发思路来源于实践，实用性强。

ii.全面包容了水运工程监理规范中规定的全部内容，涉及每一项监理工作，并可满足异地实时访问数据、多用户网络等需求，功能更加完善；同时，通过系统中用户权限的设置，可实现信息的分级使用。

iii.系统界面友好，使用简单，操作方便。以多种方式进行输入、输出、查询和结果显示等。

iv.数据统计功能丰富。系统提供了资料查询统计、质量评定数据统计、原材料检测抽检数据统计、进度数据统计分析等功能，为监理工程师的决策提供依据。

v.报表类别齐全，实用有效。系统提供了固定资产管理、监理费收取管理、质量评定、原材料检测与抽检、月/周进度统计、月/周施工强度等各类统计报表，报表的输出格式为 Excel 格式，符合监理的日常工作习惯。

vi.安全的数据管理功能。本系统网络版和单机版都有数据的导入、数据的导出和提醒用户及时备份的功能，提高了系统的安全与稳定性。

4.5 工地会议

在水运工程施工阶段，工地会议不仅是监理工程沟通情况、下达指令、协调矛盾的一种重要的、行之有效的协调方法，而且，规范化的会议制度也是监理工程师收集信息、传递信息的一种有效的信息管理制度。

工地会议通常采用协调会、调度会、专题讨论会等形式，而尤其重要的则是第一次工地会议和定期召开的经常性工程例会。

4.6 监理规划

4.6.1 概述

按照国际惯例，建设单位在选择工程监理单位时，就建设单位拟定的委托范围和职责要求监理单位提出《投标书》或《建议书》，说明监理单位一旦被委托将要派出的监理人员的规模、结构、职责，为履行合同义务而采用的组织与管理模式，项目组织、控制的方法和措施，可资利用的人员、设备、资金、技术、信息等各种资源，附有详细说明的一个或多个技术方案，详细的目标成本预算等。上述内容，是为监理单位经营目标服务的，起着承接监理任务的作用；也是监理单位一旦被委托，据以指导监理工作的《监理大纲》及必要的承诺是指导监理工作的纲领性文件。当建设单位选择确定监理单位、签订监理委托合同之后，《监理大纲》即成为监理委托合同的组成部分。监理单位在开始监理工作之前，依据《监理大纲》组建监理机构；在总监理工程师主持下，依据《监理大纲》制定监理机构更为详细的监理工作计划和安排，从而形成《监理规划》。

《监理规划》是监理单位进行工程监理的重要组织文件，起着指导监理单位内部自身业务工作的功能性作用。它反映工程监理中的费用控制、进度控制、质量控制、合同管理、信息管理和组织协调等方面工作的工作流程、方法及管理原则，是指导工程监理全过程的标准文件，是把监理工作纳入规范化、标准化、避免随意性的指导文件，也是建设单位检查、评价监理单位工作的重要依据。

工程监理服务区别于其他服务的重要特征是它的科学性，而编制一个好的《监理规划》则是监理工作科学性的重要保证。《监理规划》的编制，必须运用组织论的基本理论和组织设计的基本原则，精心规划组织结构和组织机构，明确各部门、各级人员的任务分工及管理职能分工，规范各项工作流程；运用目标管理的基本思想和基本方法，严格论证项目目标的可行性和合理性，认真分析、评价项目实施中可能存在的各种风险，逐项落实避免、减少、转移风险的有效措施，优化资源配置，确保项目目标的最佳实现。

《监理规划》如同施工单位编制用于指导施工的《施工组织设计》，但它与施工组织设计有着本质的不同，它比后者的范围要宽得多。其主要区别有以下几个方面：

首先，《监理规划》为建设单位的项目管理服务，是开展项目监理的指导性文件；《施工组织设计》是工程设计和施工文件的重要组成部分，是编制工程概预算及招标文件的主要依据，是工程施工及组织管理的指导性文件。

其次，《监理规划》反映费用控制、进度控制、质量控制、合同管理、信息管理及组织协调的主要内容工作流程；《施工组织设计》则是研究施工条件，选择施工方案，安排施工进度及施工资源投入等，是指导和组织施工的技术文件。

第三，《监理规划》可能涉及的范围包括项目设计阶段和施工阶段；《施工组织设计》只研究施工阶段的技术和组织问题。

第四，《监理规划》由工程监理单位编制，经建设单位认可后即可付诸实施；设计阶段的《施工组织计划》由设计单位编制，并要按设计文件的报批规定报批；施工阶段的《施工组织设计》由施工单位编制，并按施工文件的报批规定报批。

4.6.2 监理规划的主要内容

监理规划是监理单位为了履行委托合同，在监理工作开始前，由工程项目的总监理工程师主持，依据《水运工程施工监理规范》和《监理大纲》，结合工程特点、施工承包合同及监理机构组成，按照监理工作规范化、标准化、程序化和制度化的要求，对完成监理工作的全面计划和安排。监理规划的基本内容，根据《水运工程施工监理规范》要求，至少应包括以下几方面：

① 工程项目概述，包括项目名称、地点、建设单位、建设规模、项目组成、结构型式等；

② 监理工作依据，参见《水运工程施工监理合同范本》中合同条款第3条的约定；

③ 监理范围和目标，包括工作范围、工作内容和质量等级、进度、费用控制等；

④ 监理机构的组织形式、人员构成、职责分工和进场计划安排等；

⑤ 监理工作管理制度，包括信息资料管理制度、工地会议制度、工作报告制度和其他监理工作制度；

⑥ 工程质量控制，包括质量控制目标分解、质量控制程序、质量控制要点和质量风险控制措施等；

⑦ 工程进度控制，包括进度控制目标分解、进度控制程序、进度控制要点和进度风险控制措施等；

⑧ 工程费用控制，包括费用控制目标分解、费用控制程序和费用风险控制措施等；

⑨ 合同管理，包括工程变更、分包和索赔的管理及协调方法等。

思考题

1. 简述水运工程监理的主要内容。
2. 何为风险管理？风险识别、风险评估和风险控制的含义各是什么？
3. 举例说明风险转移包含的种类。
4. 简述项目动态控制的基本原理。
5. 工程项目目标控制的方法有哪些？
6. 试述项目质量、进度、费用三大控制目标间的对立统一关系。

7. 监理组织协调的主要内容有哪些？它的意义是什么？

8. 何为监理规划？它与施工组织设计的主要区别有哪些？

9. 试述《水运工程施工监理规范》中规定的监理规划的主要内容。

案例分析题

某监理公司受业主委托承担了某矿石码头工程的水工工程施工监理。受公司指派，由高级工程师张先生任总监理工程师并组建现场监理机构。

问题：

（1）现场监理机构一般情况下由哪些人员组成？

（2）监理机构应建立哪些监理工作制度？

（3）若张总监委托李工程师负责沉箱预制监理，并由其负责编制该项工程监理的实施细则。李工列出了《监理实施细则》编写纲要报张总监审查，问其所列内容是否正确？

《×××矿石码头工程沉箱预制监理实施细则》

（1）工程概况；

（2）监理工作依据；

（3）监理工作原则；

（4）控制目标；

（5）施工工序控制点及控制措施；

（6）采用的质量控制标准；

（7）隐蔽工程和分项工程的验收方法和程序；

（8）监理工作管理制度；

（9）合同管理；

（10）文件处理程序。

（4）为了有效控制施工进度，确保按期完工，张总监在监理机构会议上提出对工程进度计划进行动态控制，问：怎样进行动态控制？

第二篇

水运工程进度控制

第5章 工程进度控制概述

5.1 工程进度控制的基本概念

5.1.1 进度控制的概念

工程项目管理有多种类型，代表不同利益方的项目管理（业主方和项目参与各方）都有进度控制的任务，但是，其控制的目标和时间范畴并不相同。

总体来说，进度控制就是要依据合同赋予的权力，按照目标工期的要求，编制出技术上可行且经济合理的工程进度计划，并在工程实施过程中经常检查实际进度是否按计划进度进行。若出现偏差，应及时找出原因，然后采取必要的补救措施或修改调整原计划，以确保工程的按期完成。

5.1.2 进度控制的作用

进度控制是工程建设中与质量控制、投资控制并列的三大目标之一，是工程项目目标控制的核心内容。保证工程如期完工或提前完工，无论对项目法人和承包人都至关重要，关系其重大利益。对项目法人来说，按期或提前竣工能迅速形成固定资产，扩大再生产能力，具有显著的经济效益和社会效益。对承包人来说，一方面可使他能尽快得到其应得的利益，并及时将施工力量投入到新的工程上去；另一方面也能避免由于延误工期影响到今后的投标竞争。

进度控制不仅仅是保证工程项目按期完工，同时还应满足质量和经济的要求。进度目标是工程项目的三大目标之一，有效的进度控制当然应保证项目按期竣工并交付使用，但进度控制不能以工期为唯一目标，必须正确处理好进度、质量和投资的关系，应按技术规范和操作规程办事，尽可能达到均衡和连续施工，应讲究工程建设的综合效益，这是进行工程进度控制必须遵循的重要准则。

5.1.3 进度控制的主要任务

监理工程师在施工监理阶段进度控制的主要任务包括如下几方面的内容。

① 控制施工准备阶段的工作进度。

② 审批承包人提交的施工组织设计和施工总进度计划。如果一个项目由多个承包人平行承包，则监理工程师应编制一个控制性的施工总进度计划，并据此审批各承包人的施工进度计划。

③ 审批承包人根据总进度计划编制的年度计划和现金流量计划。

④ 适时发布开工令，并监督承包人尽快开工。

⑤ 在施工过程中检查和监督进度计划的实施。当工程未能按计划进度进行时，可要求承包人调整或修改进度计划，采取必要的赶工措施，以满足合同工期的要求。

⑥ 定期向项目法人报告工程进度情况。

⑦ 公正合理地处理好承包人的工期索赔要求。当工程进度可能导致合同工期严重延误时，应提出中止执行合同的详细报告，供项目法人采取措施或做出决策。

5.1.4 进度控制的方法和措施

1. 进度控制的方法

进度控制的主要方法有进度表法、工程进度曲线法、工程进度管理曲线法和网络计划技术方法四种。

（1）进度表法。

施工进度表的表示方法很多，水运工程较常用的是横道图，通常也称形象进度图。横道图是以时间为横坐标，以水平线杆表示工作，线杆的长度代表该项工作的持续时间，绘制的施工进度计划图表如 2-1 所示。利用横道图进行进度控制时，首先编制横道图施工进度计划（图 5-1 双线框），进而可编制与此进度要求相适应的机械、劳务、材料和财务收支等各种表格。

（2）工程进度曲线法。

利用施工进度表（图 5-1）进行进度控制时，横道图进度表在计划与实际的对比上，很难从整体上准确地表示出实际进度较计划进度超前或落后的程度。要全面了解工程进度计划执行情况，准确掌握总体施工进度状况，有效地进行进度控制，可利用工程进度曲线。

工程进度曲线图一般横坐标代表工期，纵坐标代表工程完成数量的累计值（或投资累计值、投资累计完成百分率或其他），将有关数据描绘在坐标纸上就可定出工程施工进度曲线。图 5-2（b）所示为某码头工程的工程进度曲线。

利用工程进度曲线控制工程施工进度时，可预先按安排的进度计划绘制一条计划的工程进度曲线，进而在同一坐标系内按实际工程进展作出实际施工进度曲线，将两者进行比较，则可掌握工程进度情况并利用它来控制工程进度。

（3）工程进度管理曲线。

由于受各种外界因素的干扰，实际施工进度不可能完全按某一曲线运行，只要将实际施工进度控制在某一区域内，则可认为施工进度处于理想状态，这种方法称为施工进度管理曲线法。

施工进度管理曲线是两条施工进度曲线组合成的闭合曲线。从理论上讲，任何工程项目的进度计划总是分为最早和最迟两种开始与完成时间的。因此，任何工程项目的施工进度计划，都可以绘制出两条曲线：其一是以各项工作的计划最早开始时间绘制的工程进度曲线，称为 ES 曲线；其二是以各项工作的计划最迟开始时间安排进度而绘制的工程进度曲线，称为 LS 曲线。两条曲线的起点和终点都分别是项目的开工时刻和完工时刻，因此两条曲线是闭合的，围成图 5-3 所示的形似香蕉的曲线，俗称香蕉曲线利用工程进度管理曲线控制施工进度时，只要实际进度点处在 ES 和 LS 两条工程进度曲线围成的香蕉形区域内，则认为工程进度合理。

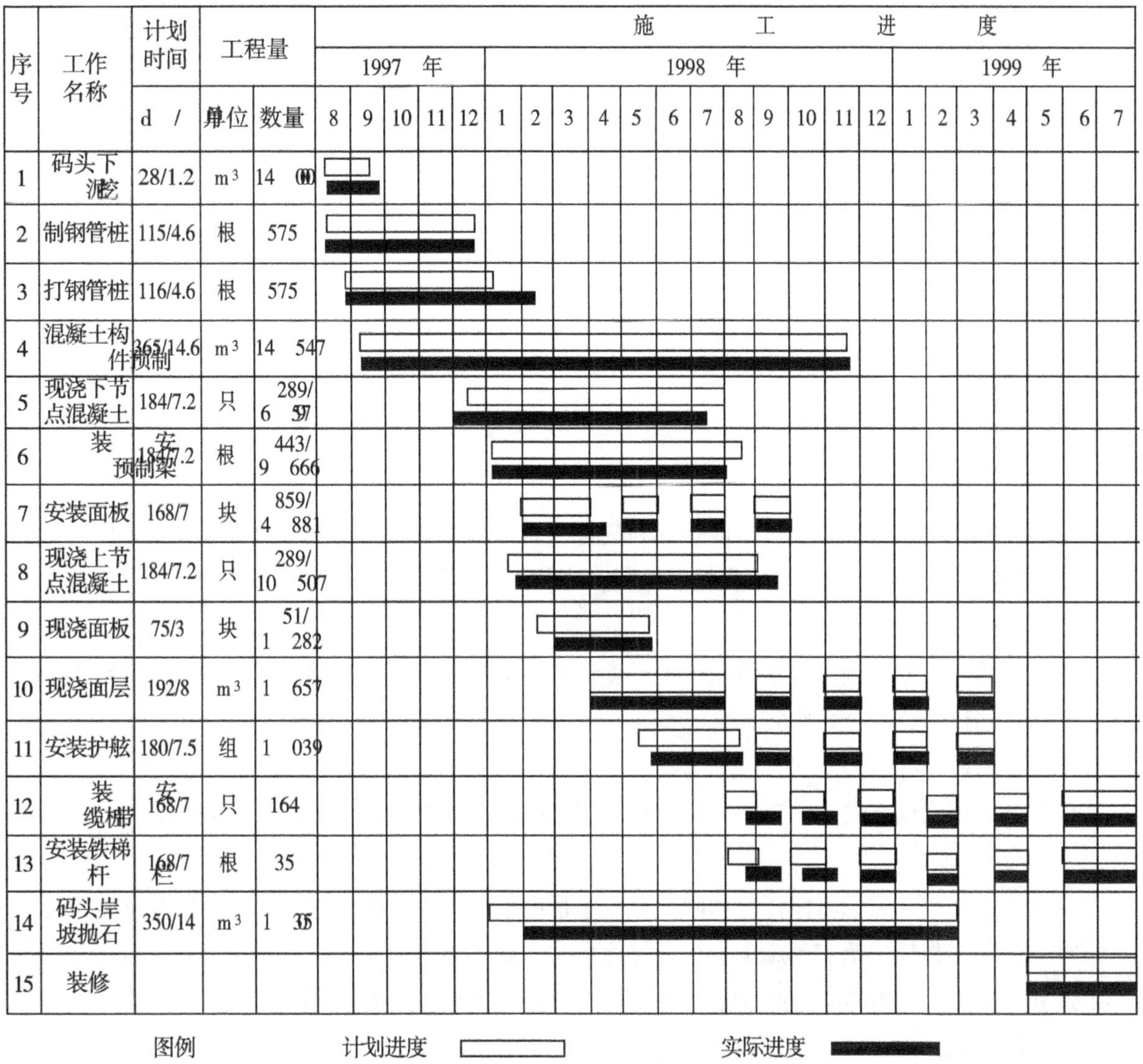

序号	工作名称	计划时间 d /	工程量 单位	工程量 数量	施工进度 1997年 8	9	10	11	12	1998年 1	2	3	4	5	6	7	8	9	10	11	12	1999年 1	2	3	4	5	6	7
1	码头下溷凝	28/1.2	m³	14 000																								
2	制钢管桩	115/4.6	根	575																								
3	打钢管桩	116/4.6	根	575																								
4	混凝土构件预制	365/14.6	m³	14 547																								
5	现浇下节点混凝土	184/7.2	只	289/6 597																								
6	安装预制梁	186/7.2	根	443/9 666																								
7	安装面板	168/7	块	859/4 881																								
8	现浇上节点混凝土	184/7.2	只	289/10 507																								
9	现浇面板	75/3	块	51/1 282																								
10	现浇面层	192/8	m³	1 657																								
11	安装护舷	180/7.5	组	1 039																								
12	安装缆梯	168/7	只	164																								
13	安装铁梯栏杆	168/7	根	35																								
14	码头岸坡抛石	350/14	m³	1 375																								
15	装修																										

图例　　　　计划进度 ▭　　　　实际进度 ▬

图 5-1　某码头工程横道图施工进度计划

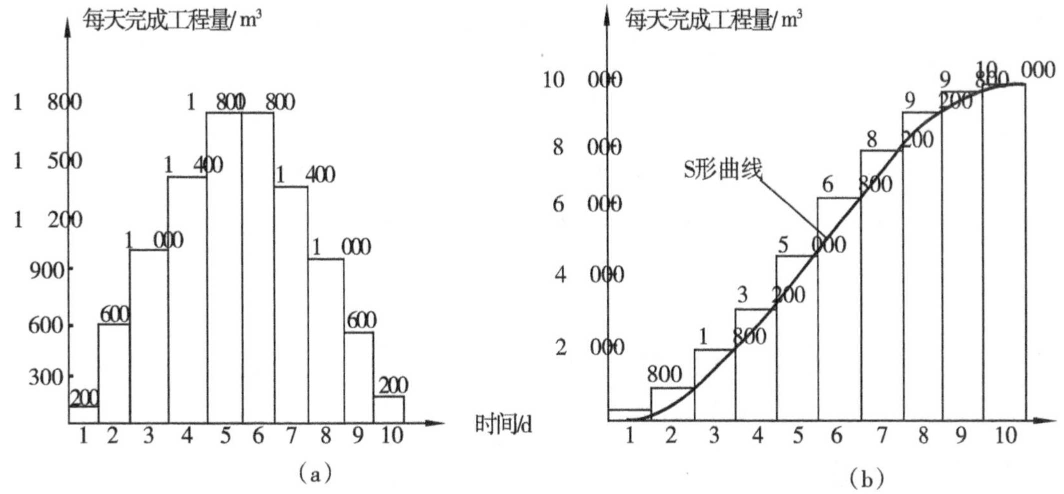

图 5-2　某码头工程施工进度曲线

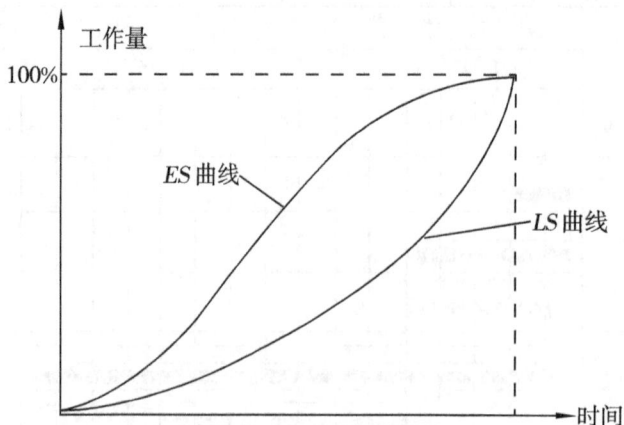

图 5-3 某码头工程施工进度管理曲线

（4）网络计划技术控制法。

网络计划技术是用于制定施工进度计划和进行工程进度控制的一种最有效方法，它可以使得工序安排紧凑，便于抓住关键，保证施工机械、人力、财力、时间均能获得合理的分配和利用。除此以外，它还有较好的可控性。

工程施工不仅可采用网络技术编制施工进度计划，更具有意义的是可利用网络技术进行工程进度控制。网络计划技术控制法详见第 8 章。

2.进度控制的措施

进度控制的措施包括组织措施、技术措施、合同措施、经济措施和信息管理措施。

（1）组织措施。

落实进度控制的人员，具体任务和职能分工；帮助承包人进行项目分解，编制符合进度目标要求的进度计划并将工作任务落实到施工班组，督促承包人做好施工机械、人员、资金和材料的组织调度工作；建立进度协调工作制度（包括协调会议）以及组织干扰因素的分析等。

（2）技术措施。

建议承包人用各种先进的技术手段和施工方法加快施工进度。

（3）合同措施。

建议项目法人采用分别发包和指定分包方式，将各合同的合同工期与进度计划协调。

（4）经济措施。

提醒项目法人按资金流量图组织好资金供应，及时做好计量支付工作，利用经济手段促进承包人尽快完成任务，按期或提前完工。

（5）信息管理措施。

准确掌握实际工程进展情况，通过计划进度与实际进度的动态比较定期提供进度比较报告，了解实现进度目标的薄弱环节，抓住施工进度的重点和难点，督促承包人实现进度目标。

5.2 网络计划技术的特点与种类

5.2.1 横道图与网络图

1.横道图计划

横道图计划以横向线条结合时间坐标等表示工程中各项工作的施工起讫时间和先后顺序，具有简单、明了、直观、易懂的优点，如图 5-4 所示。在该横道图上标有时间坐标、各项工作的施工起讫时间、工作持续时间，整个计划的进度安排和总工期都一目了然，对人力和资源的逐日消耗也便于据图统计。它是目前水运工程中应用最广泛的一种进度计划方法。

横道图计划在长期应用中，人们也发现它有许多缺点：一是横道图不能反映工作之间的逻辑关系，如图 5-4 中的支模 2 推迟一天完工对支模 3 有影响可以直接看出，但是还对哪些工序有影响则不明显；二是横道图计划对各项工作的重要程度没有反映，不能客观地突出对整个工程影响较大的重点工作，也不能从图中看出计划的潜力所在；三是由于横道图计划没有反映逻辑关系，给计划的修改和调整带来极大的困难，一旦某个工作改变，几乎整个计划要全盘修改。另外，横道图计划不能直接利用电子计算机分析计算和管理，这对现代化的大型工程的管理非常不利。

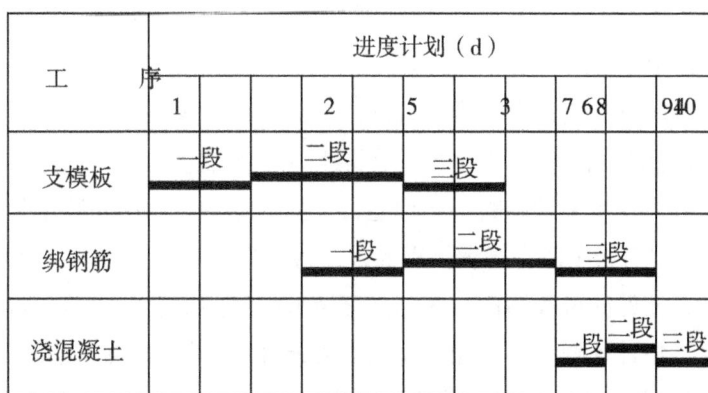

图 5-4　横道图进度计划

工程规模越大，横道图计划的上述一些缺点就越显得突出。随着现代化工程规模的扩大和对工程管理要求的提高，传统横道图计划已不能很好地适应生产和施工的需要。

2. 网络计划

网络计划是用网状图形表示的计划。网络图由节点、箭线和线路构成。在双代号网络图中，箭线表示工作，节点表示事件，线路表示计划的一种实现途径，如图 5-5 所示。

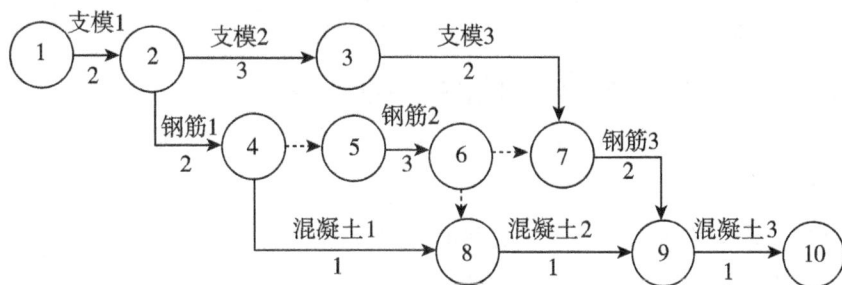

图 5-5　网络计划

网络计划把施工进度安排视为一个系统，并明确地反映出此系统各组成工作之间的相互制约与依赖关系，可以用它进行时间分析，确定哪些工作是影响工期的关键工作，以便集中精力抓施工中的主要矛盾，减少盲目性。此外，由于它是一个定义明确的数学模型，可根据一定的目标对它进行各种优化，也可在计划执行过程中进行有效的监督和控制。

网络计划技术在 20 世纪 50 年代产生于美国，60 年代就引入我国。1965 年华罗庚教授在《人民日报》上发表了介绍网络计划技术的文章，他将网络计划技术等优化方法统称为统筹法。接着，华罗庚教授多次举办统筹法讲习班，从此，我国在生产管理中开始推行网络计划技术。进入80年代后，我国网络计划技术的普及与研究都进入了一个新的阶段。随着微型计算机的普及，许多施工企业运用网络计划软件对施工生产进行动态管理，获得较好的效益。网络计划在许多大型工程施工中得到成功应用。

3. 网络计划技术的特点

网络计划技术与传统的计划管理方法相比有许多优点。从系统观点来看，一项计划应是一个系统的整体，计划的根本目的就是要使各项工作的相互关系、时间、资源构成一个系统协调的整体，并力求以最短的工期和最少的资源消耗去完成任务。同时，计划的执行进程中随时会遇到一些不可预见的新问题，因此又要求计划可以监测、控制和调节，并富有弹性。网络计划能较好地满足这些要求。

首先，网络计划与实际工程具有良好的同态性。网络计划所构制的网络模型将每一项工作按工作顺序绘制成网状图形，正确地反映了各项工作之间的逻辑关系。根据网络计划可以直观地看出计划中各项工作的先后顺序及其相互关系。

其次，网络计划具有较好的信息性。网络计划既有图示，直观反映逻辑关系；又有数示，计划中每项工作的各种时间的资源消耗量都用数字标示在图上，反映信息齐全。根据这些信息，可以计算计划中每项工作的时间参数，找出关键线路，统计逐日资源消耗量。图形和数字的双重表示，使网络计划既有定性描述，又有定量分析；既有逻辑推理的程序性，又有清晰明白的直观性。

再次，网络计划具有较好的可控性。根据网络模型提供的信息如时差、资源消耗量等，可以预测未来计划的执行情况，估计计划实施中偏离计划的可能性，有根据地修改和调整计划，使计划朝最优化方向发展。同时，网络计划中的关键线路为计划实施指出了控制重点，可以有针对性地采取措施。在网络计划实施过程中，可以将实施情况及时反馈，根据新的信息及时调整、修改计划，使计划始终处在人们的监督和控制之中。

此外，网络计划可以有效地利用计算机计算和管理，实现管理现代化。运用电子计算机，还可以对网络计划在各种情况下可能出现的情况进行仿真和预演，加强计划的可靠性。采用网络计划，可以运用多种优化方法在各种目标下对计划进行优化。这些功能都是传统计划管理方法不可能具备也不可比拟的。

5.2.2 网络计划的分类

为了适应不同任务和功能的需要，网络计划通常按以下几种方法分类。

1. 按网络形式分类

（1）双代号网络计划。

双代号网络计划以箭线表示工作，箭线之间的节点表示工作之间的连接关系，由于用箭线前后两个节点的编号表示一项工作，故称作双代号网络计划。

（2）单代号网络计划。

单代号网络计划以节点表示工作，节点之间的箭线表示工作之间的连接关系。由于只用一个节点编号表示一项工作，故称作单代号网络计划。

2. 按性质分类

（1）肯定型网络计划。

网络计划中每一项工作均肯定发生，而且每一项工作的持续时间都是确定的，这种网络计划称作肯定型网络计划。肯定型网络计划是应用最广、种类最多的网络计划。CPM、搭接网络计划、流水网络计划都属于肯定型网络计划。

（2）非肯定型网络计划。

这种网络计划主要分为两种。一种是网络计划中每一项工作及工作之间的逻辑关系都是肯定的，但其中部分或全部工作的持续时间是随机的，这种网络计划通常称作概率型网络计划。另一种是网络计划中的工作及工作之间的逻辑关系不肯定，并且工作持续时间也是随机变化的，这种网络计划通常称作随机型网络计划。研究和开发工作中的网络计划大多属于非肯定型网络计划。

3. 按工作之间的逻辑关系分类

（1）对接网络计划。

对接网络计划是工作之间逻辑关系最简单的一种网络计划。在对接网络计划中，相邻两项工作之间为衔接关系，它们之间没有时间间隔和时间搭接，只有紧前工作完成之后紧后工作才能开始。

（2）搭接网络计划。

在搭接网络计划中，相邻工作之间的逻辑关系有开始到开始、开始到结束、结束到开始、结束到结束等时间间距的约束；相连工作除有先后顺序关系外，还必须满足上述的搭接时距。

（3）流水网络计划。

流水网络计划是将流水作业原理与网络技术相结合的一种网络计划。为了保证各工种的施工连续，在流水网络计划中引入了流水步距。相连两工作之间除有先后顺序关系外，还有流水步距关系的约束。流水网络计划是专为组织流水施工而提出的。

4. 按表达方式分类

（1）时标网络计划。

以时间坐标为尺度绘制的网络计划。时标网络计划中箭线的长短根据工作持续时间长短按比例绘制，箭线的长短表示了工作持续时间的长短。这种网络计划吸取了横道图计划的优点，表达时间直观明了，实际工作中被广泛应用。

（2）非时标网络计划。

非时标网络计划也就是不按时间坐标绘制的网络计划，在这种网络计划中箭线的长短与工作持续时间的长短无关。

此外，还可按目标分为单目标网络计划和多目标网络计划；按层次分为分级网络计划、总网络计划和局部网络计划；按用途分为建设项目网络计划、单项工程网络计划、单位工程网络计划和企业网络计划，等等。

思考题

1. 监理工程师在水运工程进度控制中的任务有哪些？

2. 进度控制的方法和措施是什么？

3. 网络计划的基本原理是什么？它有何特点？常用的网络计划方法有哪些？

第6章 网络计划技术基础

6.1 双代号网络图的组成

双代号网络图由箭线、节点和线路三要素组成。

6.1.1 箭线

在双代号网络图中，用连续两个节点的箭线表示工作。网络图中的工作与日常人们所说的工作在概念上有所不同。双代号网络图中的工作有以下几种：

① 既消耗时间又消耗资源的工作。这种工作就是日常人们所说的工作。

② 只消耗时间不消耗资源的工作，如施工工序之间的技术间歇，如油漆干燥等，这种技术间歇人们日常并不称为工作，但在网络图中称为工作。

③ 既不消耗时间也不消耗资源的工作。这种工作实际上并不存在，仅仅为了正确画出网络图而人为引入的工作。

前两种工作在网络图中称为实工作，第三种工作称为虚工作。虚工作在双代号网络图中经常采用。

双代号网络图中的工作还可按其相互间的逻辑关系分为以下几种。

① 先行工作。网络图中，自起点节点至本工作之前各条线路上的所有工作都称为该工作的先行工作，如图 6-1 所示网络图中，钢筋 1、模板 1、混凝土 1、钢筋 2、模板 2 都是混凝土 2 的先行工作。

② 后续工作。本工作之后至终点节点各条线路上的所有工作，称为该工作的后续工作。例如，在图 2-6 所示的网络图中，人工养护 2、自然养护 2 都是混凝土 2 的后续工作。

③ 平行工作。可与本工作同时进行的工作，称为该工作的平行工作。例如，图 6-1 中的工作人工养护 1、自然养护 1 都是混凝土 2 的平行工作。注意，网络图中的平行工作是指逻辑关系上的平行，而并不一定是时间上的同时进行。

④ 紧前工作。在先行工作中，紧排在本工作之前的工作，称为该工作的紧前工作。例如，图 6-1 中混凝土 1 和模板 2 是混凝土 2 的紧前工作。

⑤ 紧后工作。在后续工作中，紧排在本工作之后的工作，称为该工作的紧后工作。例如，在图 6-1

中，工作人工养护2是混凝土2的紧后工作。

⑥ 起始工作。网络图中没有紧前工作的工作称为起始工作，如图6-1中的钢筋1。

⑦ 结束工作。网络图中没有紧后工作的工作称为结束工作，如图6-1中的的自然养护1和自然养护2。

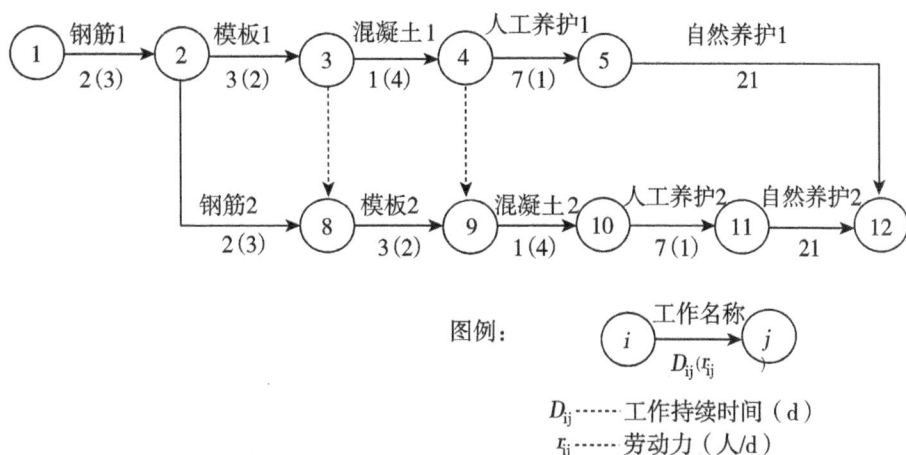

图例：

D_{ij}……工作持续时间（d）
r_{ij}……劳动力（人/d）

图6-1　网络图的组成

6.1.2　节点

在双代号网络图中，节点表示事件，事件是工作开始或完成的时间点。事件具有瞬时性，既不消耗时间，也不消耗资源，它仅仅表示工作开始或完成的瞬间时刻。事件还具有连接性，它起着连接前后工作、承上启下的交接作用。一旦某个事件实现，它的紧前工作应均已完成，它的紧后工作就都可以开始。因此，事件也是检验工作完成与开始的标志。

事件按其在网络图中的位置分为以下3种。

① 起点事件。起点事件是起始工作的开始事件。它不仅表示工作的开始，而且也是整个网络图开始的标志。

② 终点事件。终点事件是结束工作的完成事件。它不仅表示工作的完成，而且也是整个网络图结束的标志。

③ 中间事件。网络图中除起点事件和终点事件之外的所有事件都是中间事件。中间事件既表示其紧前工作的完成，又表示其紧后工作的开始。

事件根据其与工作的关系又分为两种：

① 开始事件。标志一项或多项工作开始的事件。一旦某个事件实现，标志着以该事件为开始事件的所有工作均可以开始。

② 完成事件。标志一项或多项工作完成的事件。一旦某个事件实现，标志着以该事件为完成事件的所有工作均已完成。

6.1.3　网络图

网络图是由箭线和节点组成的，用来表示工作流程的有向、有序的网状连通图形，具有连通性和方向性是它的两大特性。连通性是指网络图中每一箭线和节点都是连通在一起的，形成一个整体。方向性是指网络图中各节点之间的连接具有箭线所示的方向。

网络图中从起点节点开始，沿箭线方向连续通过一系列箭线与节点，最后到达终点节点所形成的通路称为线路。例如，图 6-2 所示的网络图中共有 4 条线路。

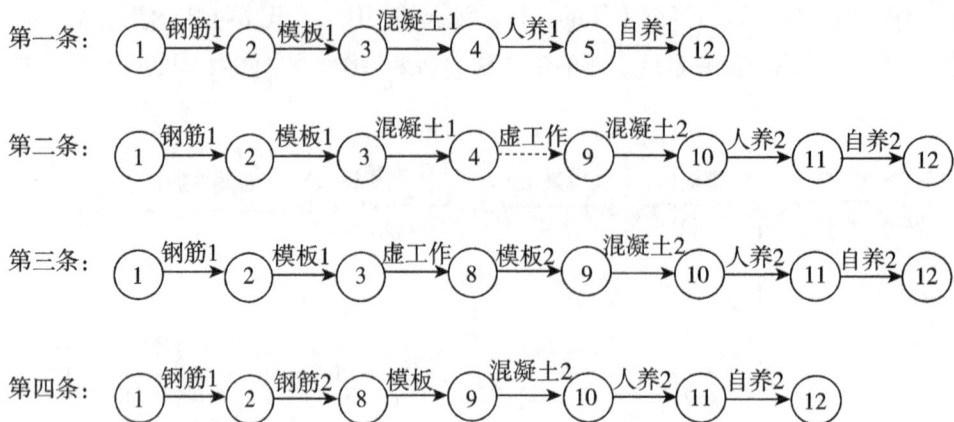

第一条：①—钢筋1→②—模板1→③—混凝土1→④—人养1→⑤—自养1→⑫

第二条：①—钢筋1→②—模板1→③—混凝土1→④----虚工作----⑨—混凝土2→⑩—人养2→⑪—自养2→⑫

第三条：①—钢筋1→②—模板1→③----虚工作----⑧—模板2→⑨—混凝土2→⑩—人养2→⑪—自养2→⑫

第四条：①—钢筋1→②—钢筋2→⑧—模板→⑨—混凝土2→⑩—人养2→⑪—自养2→⑫

图 6-2　线路图

6.2　双代号网络图的绘制方法

6.2.1　绘制的基本规则

1. 基本逻辑关系的表示

所谓逻辑关系，是指工作之间的先后顺序关系。在绘制网络图时，通常可以遵照工作之间的先后顺序关系将有关工作依次连接形成局部网络，然后按各局部网络间的内在逻辑和约束关系汇成整体网络图。因此，正确地表达工作间的逻辑关系对绘制网络图至关重要。

① A、B、C 三项工作依次进行，采用箭头箭尾相衔接的串联表示方法，如图 6-3 所示。

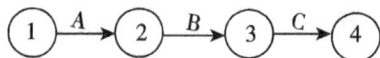

①—A→②—B→③—C→④

图 6-3　顺序作业的逻辑关系表示

② A、B、C 平行进行且同为起始工作，采用箭尾共节点的并联画法，如图 6-4（a）所示。

③ A、B、C 平行进行且同为结束工作，采用箭头共节点的并联画法，如图 6-4（b）所示。

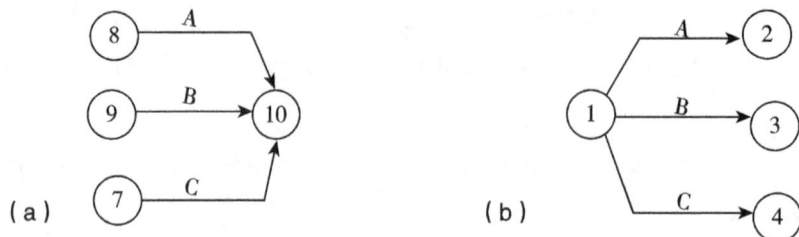

图 6-4　平行作业的逻辑关系表示

④ C、D 两工作在 A、B 工作完成后才能开始，采用图 6-5 所示的表示方法。

⑤ 若工作 D 必须在 A、B 工作完成后才能开始，而工作 C 只要工作 B 完成后就可以开始，C 与 A 无关，则需引入虚工作反映它们的逻辑关系，如图 6-6 的画法。

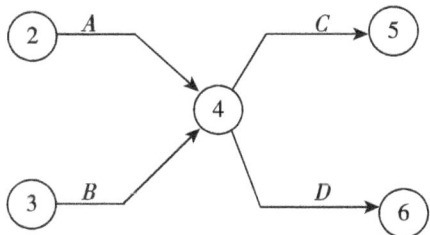

图6-5 有相同紧后工作的逻辑关系表示

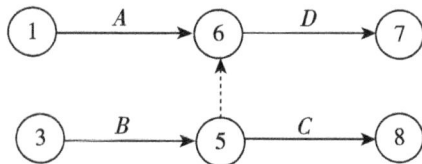

图6-6 引入虚工作的逻辑关系表示

（6）若C工作在A完成后开始，G工作在B完成后开始，D工作必须在A、B均完成后才能开始，则应引入两个虚工作表示它们的关系，如图6-7所示。

（7）若工作A开始一个d的时间后，B工作才能开始，由于工作A、B为搭接关系，则可将A分为A1、A2两段表示，如图6-8所示。

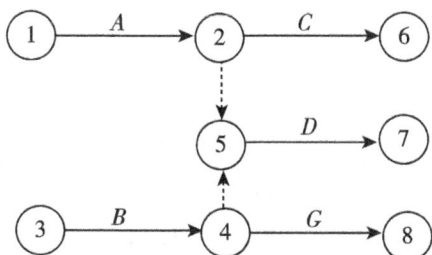

图6-7 有部分相同的紧后工作的逻辑关系表示

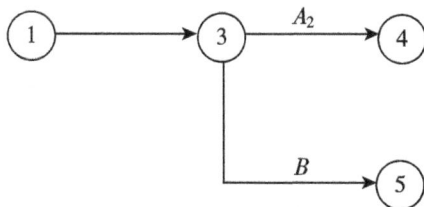

图6-8 搭接施工的逻辑关系表示

（8）A、B工作在分三段施工的施工段上分段流水施工，其逻辑关系表示如图6-9所示。

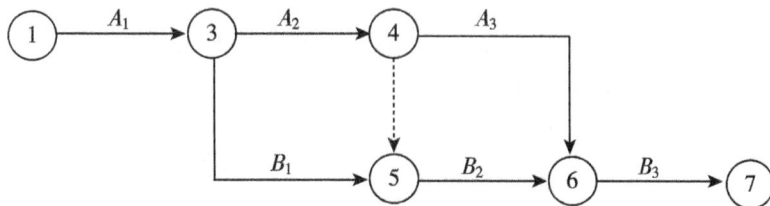

图6-9 流水施工的逻辑关系表示

在网络图中，工作间的逻辑关系是变化多端的，表6-1列出了双代号网络图中常见的一些逻辑关系表示方法。正确反映工作之间的逻辑关系的关键是虚工作的正确运用。

表6-1 双代号网络图中常见的各种工作逻辑关系表示方法

序号	工作之间的逻辑关系	用双代号网络图表示
1	A完成后进行B、C（A-B、C）	
2	A、B完成后进行C（A、B-C）	
3	C、D、E三者在A、B完成后才能开始（A、B-C、D、E）	

序号	工作之间的逻辑关系	用双代号网络图表示
4	A完成后进行C，A、B均完成后进行D（A-C、A、B-D）	
5	B、C完成后进行D，A在B之前完成（A-B，B、C-D）	
6	在A开始一个d时间后，B才能开始	
7	在A完成后，要经过一个d的时间，B才能完成	
8	A、B分为三个施工段，分段流水施工；即A_1完成后进行A_2、B_1，A_2完成后进行A_3、B_2，A_2、B_1完成后进行B_2，A_3、B_2完成后进行B_3	

2. 双代号网络图的逻辑准则

（1）双代号网络图只能有一个起点节点和一个终点节点。如有几项工作同为起始工作或同为结束工作时，通常可分别表示成图6-10（a）和（b）的形式。

（a）　　　　　　　　　　　　　（b）

图6-10 多个起始工作和多个结束工作的逻辑关系

图6-16（a）表示的网络图是错误的，应表示成图6-11（b）的形式。

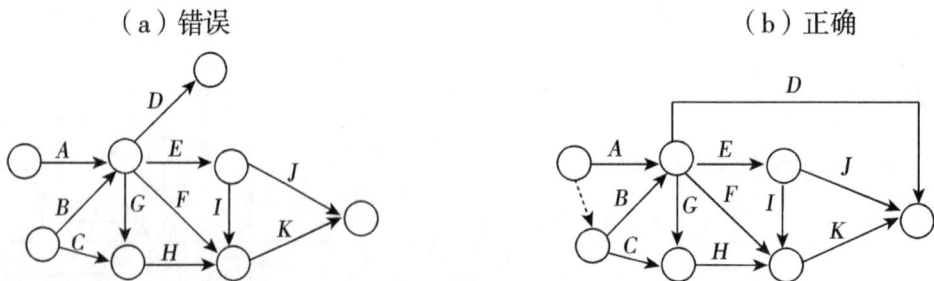

（a）错误　　　　　　　　　　　　　（b）正确

图6-11 转换"多起点"和"多终点"为单一起点和单一终点

（2）网络图中不允许出现循环线路。

如图6-12中工作2-3-4-2组成的闭合回路，使工作的逻辑关系错误。

水运工程监理

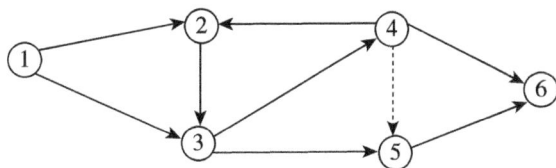

图 6-12 有循环线路的逻辑错误

（3）一张网络图中不允许出现编号相同的节点或工作。

如图 6-13（a）三项工作 A、B、C 都用①—②表示是错误的；图 6-13（b）中有三个"②"节点也是错误的；正确的表达方式如图 6-13（c）所示。

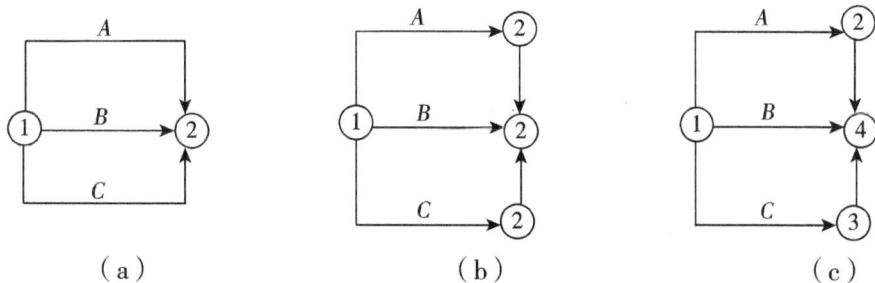

| （a） | （b） | （c） |

图 6-13 工作和节点的编号

6.2.2 网络图绘制步骤

1. 项目分解

项目分解就是要将一项工程计划分解为构成网络计划的基本组成单元（工作），它是绘制网络图的一项基本工作。项目分解一般可按其性质、组织结构和运行方式等来划分，如按准备阶段、实施阶段，按全局与局部，按专业或工艺作业内容，按工作责任或工作地点等进行分解。

项目分解应根据具体情况决定粗分或细分。对上层管理机构使用的网络计划，可以分得粗一些；对直接生产单位使用的网络计划，就需要分解得细一些。

在编制水运工程施工进度计划时，项目分解通常是在施工方案设计的基础上进行的。例如，在编制重力式码头基础施工网络计划时，在确定了基础施工方案后，将项目分解到各施工工序（见后述表6-4）。

2. 工作持续时间估计

工作持续时间应根据该项工作的工作量和劳动生产率进行估计，通常可以天或月为单位，有时也用周、旬、半月等为单位。按照工作发生的可能性，时间估计有肯定形和非肯定形两种形式。

（1）肯定形时间估计。

肯定形时间估计，即在一定施工条件下，对一项工作的持续时间只估定一个肯定的值，通常要考虑正常施工条件和加快施工条件两种情况。

① 正常持续时间。正常持续时间是指在合理的组织条件下，完成一项工作所需的时间。通常可按下式计算：

$$D_{i\text{-}j} = \frac{D_{i\text{-}j}}{S_{i\text{-}j} \times R_{i\text{-}j} \times n} = \frac{P_{i\text{-}j}}{R_{i\text{-}j} \times n} \tag{6-1}$$

式中：$D_{i\text{-}j}$——工作 $i\text{-}j$ 的正常持续时间（d）；

$Q_{i\text{-}j}$——工作 $i\text{-}j$ 的工程数量；

$S_{i\text{-}j}$——工作 $i\text{-}j$ 的人工产量定额（人工完成）或机械台班产量定额（机械完成）；

$R_{i\text{-}j}$——工作 $i\text{-}j$ 的施工人数或机械台数；

$P_{i\text{-}j}$——工作 $i\text{-}j$ 的总劳动量或机械台班数；

n——每天工作班数。

② 最短持续时间。最短持续时间是指在加快施正条件下，不可能进一步缩短的工作持续时间，它是供调整工期之用，通常由技术员、工程师、工地主任和有关专家在认真分析施工现场条件的基础上估计确定的。

（2）非肯定形时间估计。

当由于采用新技术、新工艺而缺乏定额，或者由于影响施工的因素复杂使得工作时间为不肯定时，工作时间的估计即为非肯定形。非肯定形时间估计通常采用三时估计法。此法对一项工作估计出最短、最长和最可能三种持续时间，再加权平均算出一个期望值作为持续时间。

① a——工作的最短估计持续时间，是指按顺利条件估计的，完成某项工作所需的持续时间，通常也称为最乐观时间。

② b——工作的最长估计持续时间，是指按不利条件估计的，完成某项工作所需的持续时间，通常也称为最悲观时间。

③ m——工作的最可能估计持续时间，是指按正常条件估计的，完成某项工作所需的持续时间。期望工作持续时间按下式计算加权平均值：

$$D_c = \frac{a + 4m + b}{6} \tag{6-2}$$

这样，就把非肯定形的问题转化为肯定形的问题来处理（图 6-14，箭线下方为计算出的各工作期望持续时间）。这样做实际上还是一个估计，用概率论的观点来衡量，估计偏差不可避免，但结果总是有明显的参考价值。当然，这并不排斥对每个估计都应努力做到尽可能精确的程度。

3. 确定工作间的逻辑关系

在水运工程施工中，工作间的逻辑关系可划分为以下两类。

（1）工艺逻辑。

根据已确定的施工方法，由于工艺过程的技术要求，使得执行各项工作的前后次序受到严格的相互制约。这种相互制约就是工艺逻辑。工艺逻辑是不可改变的。例如，船闸施工时必须先开挖基坑，然后浇底板和闸身，最后进行设备安装和回填工作，这个顺序不能变。

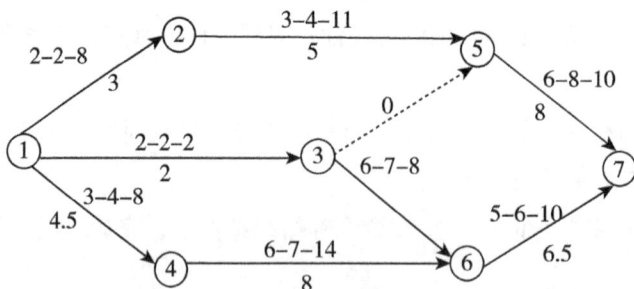

图6-14 工作持续时间的三时估计法

（2）组织逻辑。

组织逻辑是指在生产过程中，根据施工场地的空间限制、施工时间以及施工设备和其他资源等客观条件，由管理人员通过组织决策确定的逻辑关系。例如，高桩码头施工时，施工段的划分、打桩顺序的确定等。由于这种逻辑关系是人为确定的，可能会因人而异，并且不同的决策方案其经济效果也不一样，因而在决策过程中应进行反复的分析比较，做到好中选优。

在网络图中，必须正确地反映以上两种逻辑关系。为方便网络图的编制，在明确了工作间的持续时间和逻辑关系后，通常编制出一张工作一览表（见后述表 6-2）。在工作一览表中，工作间的逻辑关系通常以紧前工作和（或）紧后工作的方式表示出来。

4.绘制网络图

（1）绘制网络草图。

工作一览表编好后，按逻辑关系将有关的工作前后衔接起来，构成若干组网络的局部联系，将各个"局部联系"按它们的内在逻辑和约束关系汇集在一起，即可形成一个初步的网络草图。

绘制网络草图要求准确表示工作间的逻辑关系，其关键是虚工作的正确运用。虚工作不代表任何实际的工作，也不占用时间和消耗资源，但运用虚工作有利于表达各工作间的逻辑关系。虚工作运用要恰到好处，不可滥用，以便图面清晰。

① 虚工作的作用

ⅰ.联系作用。如图 6-6 中，用虚工作⑤→⑥将 B 和 D 两工作联系起来。

ⅱ.区分作用。如图 6-13（c）中，用虚工作②→④将 A、B 工作区分开，用虚工作③→④将 C、B 工作区分开，以避免出现编号相同的工作。

ⅲ.断路作用。虚工作能截断逻辑上毫无关系的工作之间不必要的联系。如图 6-7 中，用虚工作②→⑤将 B、C 断开，用虚工作④→⑤将 A、G 断开。

虚工作的联系作用和断路作用是相对而言的，如何用好起联系和断路作用的虚工作是绘制双代号网络图的一个难点。

② 虚工作的存在判断。在什么情况下需要运用虚工作，可以从分析工作逻辑关系中判断。判断的方法是：在组成项目的所有工作中，依次抽出两项工作，比较它们与其紧后工作的关系。

ⅰ.若两项工作具有完全不同的紧后工作，或两项工作具有完全相同的紧后工作，则不需要用虚工作。

ⅱ.若两项工作的紧后工作中，有相同的紧后工作，同时又有不相同的紧后工作，则必然在两项工作的箭头节点间需用虚工作连接。

例如，图 6-15（1）中，A、B 有相同的紧后工作 D，而 C 只是 A 的紧后工作，则 A、B 工作箭头节点间必然有虚工作。

又如，图 6-15 虚工作应用（1）和图 6-15 虚工作应用中（2），A、B 有相同的紧后工作 D，而 C 只是 A 的紧后工作，E 也仅是 B 的紧后工作，也就是说，紧后工作中有两个不相同的，故在 A、B 的箭头节点间需用两个虚工作相连。

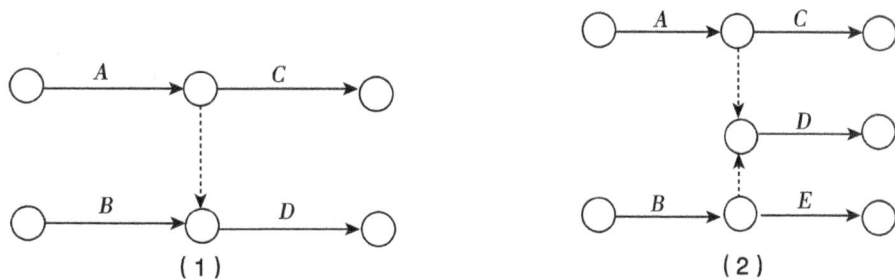

图 6-15 虚工作应用

再如，图 6-16（1）中，A、B 两项工作具有完全相同的两项紧后工作 C、D;图 6-16（2）中，A、

B 则具有完全不同的紧后工作，因而都不需用虚工作就能准确表达其逻辑关系。

图 6-16　不需用虚工作的情形

③ 虚箭线方向的确定。在明确了需采用虚工作后，虚箭线的方向可按以下原则确定：

若两工作 *A*、*B* 有相同的紧后工作 *D*，*A* 又有不相同紧后工作 *C*（假设 *C* 只是 *A* 的紧后工作），则虚箭线方向应从具有不相同的紧后工作 *C* 的工作 *A* 的完成节点指向它们相同的紧后工作 *D* 的开始节点。如图 6-15（1）中，虚箭线的方向由 *A* 的箭头节点指向 *D* 的开始节点。

（2）网络图的逻辑检查。

网络的逻辑检查包括两个方面：一是检查绘制的网络图是否满足逻辑准则的要求（如是否有循环闭合回路等），这一点一般的网络计划软件都能做；二是检查实际施工工序之间的相互关系是否有错，如果网络本身逻辑关系正确无误，这种错误就很难用计算机软件检查，必须靠人工完成。

（3）形成正式网络图。

绘制成正式网络图时，应注意如下几点：

① 构图应清晰醒目，层次分明，疏密适度，布局合理，书写工整。

② 必须突出重点，关键线路应尽可能画在中心位置，非关键路线则分别布置在其上方或下方，并用黑粗线或双箭线来突出表示关键线路。

③ 箭线宜画成水平或竖直直线，最好不要画成任意方向，必要时可画成带斜线段或竖直线段的水平箭线。

④ 网络图中不可避免的交叉箭线，必须采用"过桥"画法或指向画法。

⑤ 对规模较大的网络图，可按某种共性先绘制出各局部网络图，然后进行拼接。

（4）节点编号。

正式网络图形成后，应给每个节点编号。一项工作可用节点的代号表示，如 A 工作可用 *i-j* 表示等等。原则上编号只要不重复即可，其他方面可以任意。不过，为了计算方便和便于发现循环回路，编号最好从小到大依次进行，即保证对任何一项工作，满足完成节点号大于开始节点号（即 $j > i$）的要求。另外，为考虑今后增添工作的需要，编号可不必连续，在网络图的适当部位留有增添号码的余地。

按照完成节点号大于开始节点号的要求对网络图节点编号的顺序是：先对网络图的起点节点编号，在对网络图的其他节点编号时，必须在该节点的全部紧前节点均已编号后才能编号（图 6-17）。

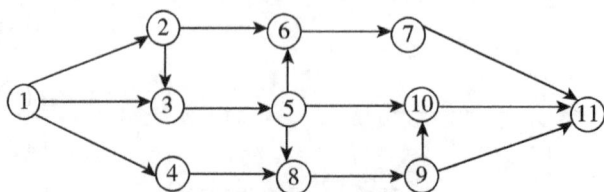

图 6-17　网络图的节点编号

6.2.3 绘图示例

【例1】某水运工程项目包括的工作及工作之间的关系见表6-2，试绘制成双代号网络图。

表6-2 工作一览表

工作名称	A	B	C	D	E	F	G	H
持续时间/天	1	5	3	2	5	6	5	3
紧后工作	D, C	E, F	E, F	G, H	H	G, H	/	/

【解】① 分析表6-2的逻辑关系，找出网络图的开始工作，先将开始工作画出。由于表6-2给出的是一项工作与其紧后工作的逻辑关系，而在紧后工作一行中没有A、B工作，故A、B工作即为本网络图的开始工作。

② 从A、B工作开始，按照表6-2的逻辑关系，依次逐步"生长"紧后工作。生长紧后工作的开始节点称为"生长点"，刚生长出来的紧后工作称为"新枝"。新枝如果还有紧后工作，那么它的完成节点就是新的生长点……，直到所有新枝不再有紧后工作，没有新的生长点产生时，最后集中到网络图的终点节点。

从生长点产生新枝的关键是虚工作的应用。如图6-18（a），A的紧后工作有D、G，B的紧后工作有E、F，C的紧后工作有E、F均可直接生成；但F的紧后工作有G、H则不能直接生成。因为比较E、F与其紧后工作的关系可知，应该有一项虚工作从具有不相同的紧后工作G的工作F的完成节点指向它们相同的紧后工作H。

③ 检查图6-18（a）中的逻辑关系是否正确，将A、B的开始节点合并，将G、H的完成节点合并，对图形进行整理后形成正式网络图，然后对节点编号，即完成双代号网络图绘制，如图6-23（b）所示。

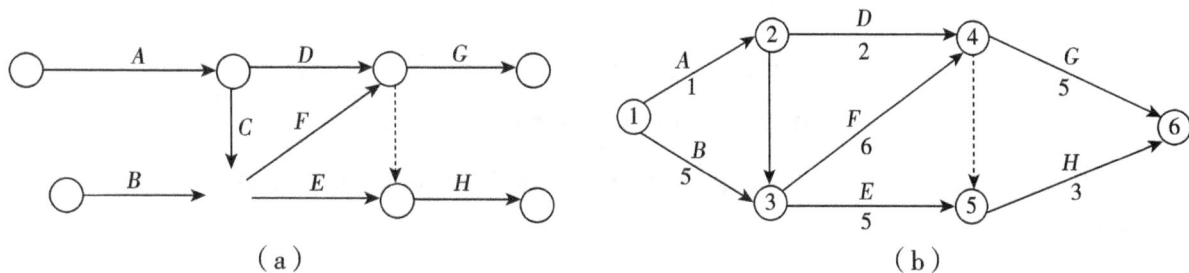

（a）   （b）

图6-18 按表6-2关系绘制双代号网络图

【例2】试按表6-3的逻辑关系绘制双代号网络图。

表6-3 工作一览表

工作名称	A	B	C	D	E	F	G	H	I	J
持续时间/天	-	-	A	A	B、C	C、D	E	E、F	G	H、I
紧后工作	3	5	4	2	6	5	3	2	4	3

【解】① 分析表6-3的逻辑关系，先将网络图的开始工作画出。由于表给出的是一项工作与其紧前工作的逻辑关系，故无紧前工作的A、B即为本网络图的开始工作。

② 从A、B工作开始，按照表2-3的逻辑关系，依次逐步"生长"紧后工作。C、D的紧前工作为A，即C、D为A的紧后工作，可直接生长。E的紧前工作为B、C，F的紧前工作为C、D，由于它们有共同的紧前工作C，又分别有不同的紧前工作B和D，因而应有一根虚箭线将D和E断开，也应有一根虚箭线将B和F断开，如图6-19（a）所示。

③ G的紧前工作为E，即G为E的紧后工作可直接生长，H的紧前工作有E、F必须有一根虚箭

线将 E 和 H 连接起来，如图 6-19（b）所示。

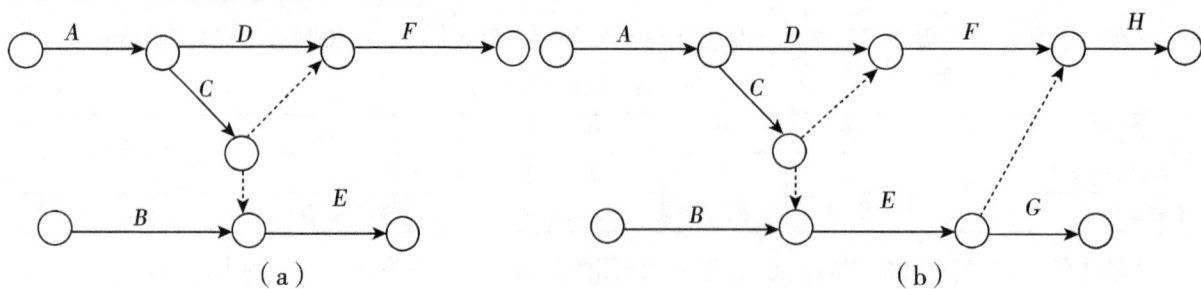

图 6-19 按表 6-3 关系绘制双代号网络图过程

（4）依此画出 I、J 工作，形成网络草图，如图 6-20（a）所示。

（5）整理后，给节点编号，形成正式网络图如图 6-20（b）。

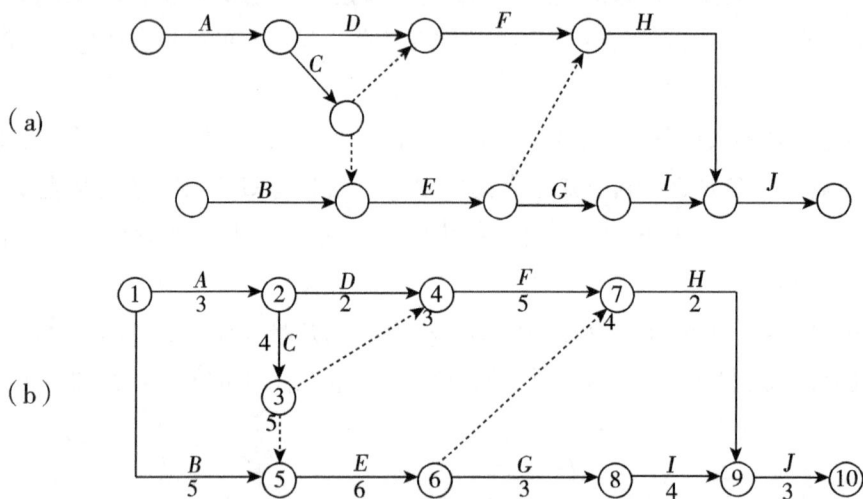

图 6-20 按表 6-3 关系绘制双代号网络图

【例 3】某重力式方块码头抛石基床分三段施工，其工序及其持续时间见表 6-4，试绘制成双代号网络图。

表 6-4 施工工序一览表

工序名称	基槽挖泥	第一施工段	抛砂	抛石	夯实	粗平	细平	极细平
持续时间 / 天	75		10	15	5	10	5	5
工序名称		第二施工段	抛砂	抛石	夯实	粗平	细平	极细平
持续时间 / 天			10	15	5	10	5	5
工序名称		第三施工段	抛砂	抛石	夯实	粗平	细平	极细平
持续时间 / 天			12	18	9	15	9	6

【解】绘制的双代号网络图如图 6-21 所示。

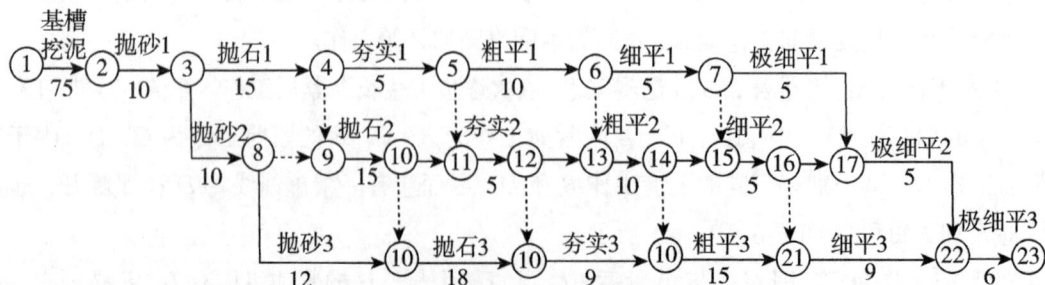

图 6-21 ×× 重力式码头基床施工网络计划图

6.3 双代号网络计划时间参数的计算

6.3.1 网络计划的时间参数

如果说网络图的建立是确定一项计划的定性指标，那么，网络计划的计算则是对这项计划的定量描述。网络计划计算的目的在于确定图上各项工作和各个事件的时间参数，找出关键线路和关键工作，为网络计划的执行、控制、调整和优化提供必要的时间依据。计算的内容主要包括：

① ET_i——事件最早时间（Earliest event Time）。它表明该事件后各工作的最早可能开始时间；

② LF_{i-j}——事件最迟时间（latest event Time）。它表明该事件前各工作的最迟必须完成时间；

③ ES_{i-j}——最早开始时间（Earliest Start time）。在紧前工作和有关时限约束下，工作有可能开始的最早时刻；

④ EF_{i-j}——最早完成时间（Earliest Finish time）。在紧前工作和有关时限约束下，工作有可能完成的最早时刻；

⑤ LF_{i-j}——最迟完成时间（latest Finish time）。在不影响任务按期完成和有关时限约束的条件下，工作最迟必须完成的时刻；

⑥ LF_{i-j}——最迟开始时间（latest Start time）。在不影响任务按期完成和有关时限约束的条件下，工作最迟必须开始的时刻；

⑦ TF_{i-j}——总时差（Total Float）。在不影响工期和有关时限的前提下，一项工作可以利用的最大机动时间；

⑧ FF_{i-j}——自由时差（Free Float）。在不影响其紧后工作最早开始和有关时限的前提下，一项工作可以利用的机动时间。

时间参数的计算方法有分析计算法、图算法、表算法、矩阵法、电算法等。本教材介绍其中的分析计算法和图算法、表算法。

6.3.2 图算法和分析计算法

图算法是直接在网络图上进行计算的方法，但它是以分析计算法所提出的网络时间参数数学模型为依据的，因此，本节将两者结合起来介绍。

图算法通常直接将网络时间参数标在图上，它适用于工作数目不太多（节点数在 20 以下）的简单网络计划计算。

图 6-22 所示网络计划，各工作持续时间标于箭线下方，用图算法和分析计算法计算其时间参数。

1. 计算各事件最早时间 ET_j

事件时间参数是以事件为对象计算的，事件最早时间是指该事件后各工作的最早可能开始时间，也就意味着该事件前面各工作的全部最早完成。计算时，根据网络图所确定的顺序关系，按照事件编号从起点事件起依次进行。由于计划从相对时间零天开始，因此，起点事件的最早时间为零，即：

$$ET_i = 0 \qquad (6-3)$$

式中：ET_1—起点事件 1 的最早时间。

其他中间事件及终点事件的最早时间，则从事件的紧前事件算起，顺各线路段到达该事件，将紧前事件的最早时间加上各线路段上持续时间之和的最大值，即为该事件的最早时间。由此可得最早时

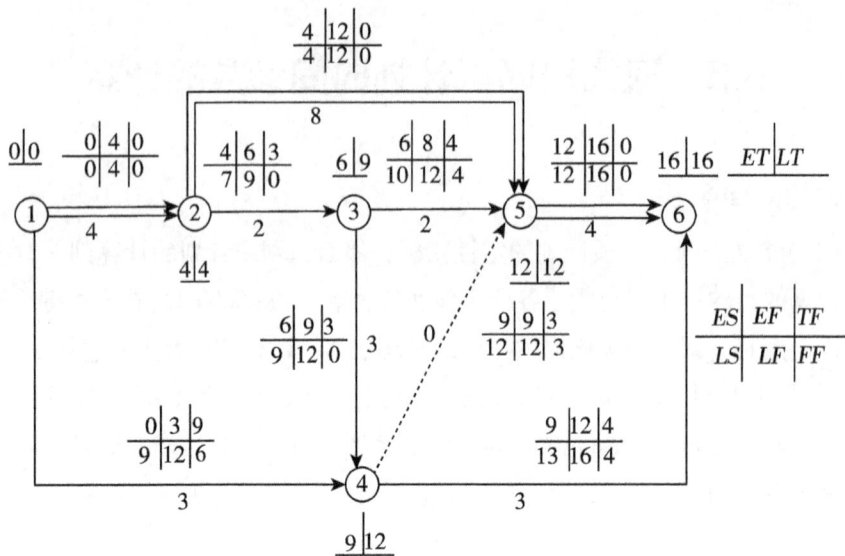

图 6-22 双代号网络计划时间参数计算例题

间的计算公式：

$$ET_j = \max\{ET_i + D_{i\text{-}j}\} \qquad (1 \leqslant i < j \leqslant n) \tag{6-4}$$

式中：ET_j——事件 j 的最早时间；

ET_i——事件 i 的最早时间；

$ET_{i\text{-}j}$——工作 $i\text{-}j$ 的持续时间。

应用式（6-4）计算事件最早时间，从起点事件开始，定 $ET_1 = 0$，然后顺箭线方向逐一算至终点事件，任一事件的最早时间等于该事件的各紧前事件的最早时间，分别加上相应工作持续时间和的最大值。由图 6-27 计算如下：

$ET_1 = 0$；

$ET_2 = ET_1 + D_{1\text{-}2} = 4$；

$ET_3 = ET_2 + D_{2\text{-}3} = 6$；

$ET_4 = \max\{ET_1 + D_{1\text{-}4},\ ET_3 + D_{3\text{-}4}\} = \max\{0 + 3 = 3,\ 6 + 3 = 9\} = 9$；

$ET_5 = \max\{ET_2 + D_{2\text{-}5},\ ET_3 + D_{3\text{-}5},\ ET_4 + D_{4\text{-}5}\} = \max\{4 + 8 = 12,\ 6 + 2 = 8,\ 9 + 0 = 9\} = 12$；

$ET_6 = \max\{ET_4 + ET_{4\text{-}6},\ ET_5 + D_{5\text{-}6}\} = \max\{9 + 3 = 12,\ 12 + 4 = 16\} = 16$。

按（6-4）原理用图算法计算时，先将起点事件最早时间定为 0。对网络中的任一事件（除起点事件外的其他事件）的最早时间计算，先在图上找出该事件的所有紧前事件，将这些紧前事件各自的最早时间加上相应的工作持续时间，取其和的最大值即为所求事件的最早时间。依此算至终点事件，即完成全部事件最早时间的计算。对图 6-22 网络进行计算，其结果标于图中相应位置。用图算法计算事件最早时间可归结为八个字："沿线累加，逢圈取大。""沿线累加"是指从网络的起点事件开始，沿着能到达所计算事件的每条线路将各工作的持续时间累加起来；"逢圈取大"是指在每一圆圈（事件）处取到达该圆圈的各条线路累计时间的最大值。

2. 计算各事件最迟时间 LT_i

事件最迟时间是该事件前各工作的最迟必须完成时间。计算时，从终点事件起，按照事件编号逆向进行。当工期有要求时，终点事件最迟时间等于要求工期；当工期没有规定时，终点事件最迟时间就等于计算工期（即终点事件最早时间），因此：

$$LT_n = \left\{ \begin{array}{ll} PT & \text{有要求工期 } PT \text{ 时} \\ ET_n & \text{无工期要求时} \end{array} \right\} \qquad (6-5)$$

式中：LT_n—网络图终点事件最迟时间；

  PT—要求工期。

其他事件的最迟时间的算法，则从该事件的紧后事件算起，逆线路段到达该事件，将各紧后事件的最迟时间减去相应线路段上工作的持续时间，取其差的最小值，其计算公式为：

$$LT_i = \min \{ LT_j - D_{i\text{-}j} \} \, (1 \leqslant i < j \leqslant n) \qquad (6-6)$$

式中：LT_i—i 事件最迟时间；

  LT_j—j 事件最迟时间。

应用式（6-6）计算时，应按式（6-5）确定出 LT_n，然后按事件编号从大到小逐一算至起点事件为止。每次计算时，从网络逻辑关系中搜索其紧后各事件，将紧后各事件的最迟时间分别减去相应工作持续时间之差的最小值，即为所计算事件的最迟时间。对图 2-22 计算如下：

$LT_6 = LT_{终点} = ET_6 = 16$；

$LT_5 = LT_6 - D_{5\text{-}6} = 16 - 4 = 12$；

$LT_4 = \min \{ LT_6 - D_{4\text{-}6}, LT_5 - D_{4\text{-}5} \} = \{ 16 - 3 = 13, 12 - 0 = 12 \} = 12$；

$LT_3 = \min \{ LT_5 - D_{3\text{-}5}, LT_5 - D_{2\text{-}5} \} = \min \{ 12 - 2 = 10, 12 - 3 = 9 \} = 9$；

$LT_2 = \min \{ LT_3 - D_{2\text{-}3}, LT_5 - D_{2\text{-}5} \} = \min \{ 9 - 2 = 7, 12 - 8 = 4 \} = 4$；

$LT_1 = \min \{ LT_2 - D_{1\text{-}2}, LT_4 - D_{1\text{-}4} \} = \min \{ 4 - 4 = 0, 12 - 3 = 9 \} = 0$。

按式（6-6）原理用图算法计算时，先根据是否有要求工期定出终点事件的 LT_n，然后由终点的紧前事件开始，逆箭线方向逐一算至起点事件为止。每个事件计算时，取其紧后各事件的最迟时间分别减去相应工作持续时间之差的最小值，填入网络图中对应于该事件最迟时间的位置，如图 6-22 所示。

用图算法计算事件最迟时间也可归结为 8 个字："逆线累减，逢圈取小"。"逆线累减"是指从网络的终点事件起逆着每条线路将计划工期依次减去各工作的持续时间；"逢圈取小"是要求在每一圆圈处取其后续线路累减时间的差的最小值。

3. 计算最早开始时间 $ES_{i\text{-}j}$ 和最早完成时间 $EF_{i\text{-}j}$

工作的最早开始时间是在领先于它的紧前工作创造出一定的条件之后，该工作有可能开始的最早时间，而该工作的紧前事件的最早时间正好说明开工条件已经具备，因此：

$$ES_{i\text{-}j} = ET_i \qquad (6-7)$$

式中：$ES_{i\text{-}j}$—i-j 工作的最早开始时间。

若一项工作以其"最早开始时间"开始，经过完成该项工作所需的持续时间以后完成，这个完成的时刻就叫做它的"最早完成时间"，由此可得：

$$EF_{i\text{-}j} = ES_{i\text{-}j} + D_{i\text{-}j} \qquad (6-8)$$

式中：$EF_{i\text{-}j}$—i-j 工作的最早完成时间。

对图 6-22 网络图计算如下：

$ES_{1\text{-}2} = ET_1 = 0$；$ES_{1\text{-}4} = ET_1 = 0$；

$ES_{2\text{-}3} = ET_2 = 4$；$ES_{2\text{-}5} = ET_2 = 4$；

$ES_{3\text{-}4} = ET_3 = 6$；$ES_{3\text{-}5} = ET_3 = 6$；

$ES_{4\text{-}5} = ET_4 = 9$；$ES_{4\text{-}6} = ET_4 = 9$；

$ES_{5-6} = ET_5 = 12$;

$EF_{1-2} = ES_{1-2} + D_{1-2} = 0 + 4 = 4$; $EF_{1-4} = ES_{1-4} + D_{1-4} = 0 + 3 = 3$;

$EF_{2-3} = ES_{2-3} + D_{2-3} = 4 + 2 = 6$; $EF_{2-5} = ES_{2-5} + D_{2-5} = 4 + 8 = 12$;

$EF_{3-4} = ES_{3-4} + D_{3-4} = 6 + 3 = 9$; $EF_{3-5} = ES_{3-5} + D_{3-5} = 6 + 2 = 8$;

$EF_{4-5} = ES_{4-5} + D_{4-5} = 9 + 0 = 9$; $EF_{4-6} = ES_{4-6} + D_{4-6} = 9 + 3 = 12$;

$EF_{5-6} = ES_{5-6} + D_{5-6} = 12 + 4 = 16$。

采用图算法计算时，只要将事件的最早时间照抄即得工作的最早开始时间，然后做一简单加法就得最早完成时间，计算结果如图 6-22 所示。

4. 计算最迟完成时间 LF_{i-j} 和最迟开始时间 LS_{i-j}

在项目工期已定的情况下，任何一项工作必定有一个受到这个工期限制的、必须完工的最迟时间。如果该项工作的完工时间不超过这个时间，就不会使后续工作及正程正期受到它的影响而推迟。这个时间就是该项工作的"最迟完成时间"，而按照事件最迟时间的定义，这样一个最迟完成时间应该等于其紧后事件的最迟时间，即：

$$LF_{i-j} = LT_j \qquad\qquad (6-9)$$

式中：LFi-j——i-j 工作的最迟完成时间。

对应于一项工作的"最迟完成时间"的开工时间，就是该项工作的"最迟开始时间"，即：

$$LS_{i-j} = LF_{i-j} - D_{i-j} \qquad\qquad (6-10)$$

对图 6-22 计算如下：

$LF_{5-6} = LT_6 = 16$; $LF_{4-6} = LT_6 = 16$;

$LF_{4-5} = LT_5 = 12$; $LF_{3-5} = LT_5 = 12$; $LF_{2-5} = LT_5 = 12$;

$LF_{3-4} = LT_4 = 12$; $LF_{2-3} = LT_3 = 9$;

$LF_{1-4} = LT_4 = 12$; $LF_{1-2} = LT_2 = 4$;

$LS_{5-6} = LF_{5-6} - D_{5-6} = 16 - 4 = 12$; $LS_{4-6} = LF_{4-6} - D_{4-6} = 16 - 3 = 13$;

$LS_{4-5} = LF_{4-5} - D_{4-5} = 12 - 0 = 12$; $LS_{3-5} = LF_{3-5} - D_{3-5} = 12 + 2 = 10$;

$LS_{3-4} = LF_{3-4} - D_{3-4} = 12 - 3 = 9$; $LS_{2-5} = LF_{2-5} - D_{2-5} = 12 - 8 = 4$;

$LS_{2-3} = LF_{2-3} - D_{2-3} = 9 - 2 = 7$; $LS_{1-4} = LF_{1-4} - D_{1-4} = 12 - 3 = 9$;

$LS_{1-2} = LF_{1-2} - D_{1-2} = 4 - 4 = 0$。

采用图算法时，只要将节点的抄于工作 i-j 的 LF_{i-j} 处，然后作一简单减法即可得 LS_{i-j}，如图 6-22 所示。

5. 计算总时差 TF_{i-j}

工作的总时差是在不影响工期的前提下，一项工作可以利用的机动时间。从图 6-22 已计算出的时间参数中可以看出，在计算工期不变的条件下，有些工作的 ES_{i-j}（或 EF_{i-j}）与 LS_{i-j}（或 LF_{i-j}）之间存在一定差值，只要工作 i-j 的开始时间在此范围内变动，则对总工期没有影响；而工作开始时间的变动超过此范围，则肯定会影响工期。因此，这个差值就是工作的总时差 TF_{i-j}，即：

$$TF_{i-j} = LS_{i-j} - ES_{i-j} = LF_{i-j} - EF_{i-j} \qquad\qquad (6-11)$$

式中：TF_{i-j}——i-j 工作的总时差。

从式（6-11）可看出，一项工作的总时差实际上也是在不影响其紧后工作按最迟开始时间开工的前提下，该工作可以利用的机动时间。

图 6-27 各工作的 TF_{i-j} 计算如下：

$$TF_{1\text{-}2} = LS_{1\text{-}2} - ES_{1\text{-}2} = 0 - 0 = 0 \text{ ; } TF_{1\text{-}4} = LS_{1\text{-}4} - ES_{1\text{-}4} = 9 - 0 = 9 \text{ ;}$$

$$TF_{2\text{-}3} = LS_{2\text{-}3} - ES_{2\text{-}3} = 7 - 4 = 3 \text{ ; } TF_{2\text{-}5} = LS_{2\text{-}5} - ES_{2\text{-}5} = 4 - 4 = 0 \text{ ;}$$

$$TF_{3\text{-}4} = LS_{3\text{-}4} - ES_{3\text{-}4} = 9 - 6 = 3 \text{ ; } TF_{3\text{-}5} = LS_{3\text{-}5} - ES_{3\text{-}5} = 10 - 6 = 4 \text{ ;}$$

$$TF_{4\text{-}5} = LS_{4\text{-}5} - ES_{4\text{-}5} = 12 - 9 = 3 \text{ ; } TF_{4\text{-}6} = LS_{4\text{-}6} - ES_{4\text{-}6} = 13 - 9 = 4 \text{ ;}$$

$$TF_{5\text{-}6} = LS_{5\text{-}6} - ES_{5\text{-}6} = 12 - 12 = 0 \text{。}$$

图算法结果如图 6-22 所示。

6. 计算自由时差 $FF_{i\text{-}j}$

自由时差 $FF_{i\text{-}j}$ 是指一项工作完成后，在不影响其紧后工作按最早开始时间开始的前提下，该项工作可以利用的机动时间的最大值。而一项工作只要能保证其完成事件按最早时间 ET_i 发生，就肯定能保证其紧后工作按最早开始时间开始。从而有：

$$FF_{i\text{-}j} = ET_j - EF_{i\text{-}j} \tag{6-12}$$

式中：$FF_{i\text{-}j}$——$i\text{-}j$ 工作的自由时差。

图 6-22 各工作的 $FF_{i\text{-}j}$ 计算如下：

$$EF_{1\text{-}2} = ET_2 - EF_{1\text{-}2} = 4 - 4 = 0 \text{ ; } FF_{1\text{-}4} = ET_4 - EF_{1\text{-}4} = 9 - 3 = 6 \text{ ;}$$

$$EF_{2\text{-}3} = ET_3 - EF_{2\text{-}3} = 6 - 6 = 0 \text{ ; } FF_{2\text{-}5} = ET_5 - EF_{2\text{-}5} = 12 - 12 = 0 \text{ ;}$$

$$FF_{3\text{-}4} = ET_4 - EF_{3\text{-}4} = 9 - 9 = 0 \text{ ; } FF_{4\text{-}6} = ET_6 - EF_{4\text{-}6} = 16 - 12 = 4 \text{ ;}$$

$$FF_{5\text{-}6} = ET_6 - EF_{5\text{-}6} = 16 - 16 = 0 \text{。}$$

图算法结果标于图 6-22 中。

7. 确定关键工作和关键线路

（1）关键工作。

网络计划中总时差最小的工作为关键工作。如果没有工期规定，则关键工作的 $TF_{i\text{-}j}$ 为 0。图 6-22 中，工作①→②、②→⑤、⑤→⑥的总时差 $TF = 0$。它们都是关键工作，其余工作则为非关键工作。

（2）关键线路。

网络计划中，自起点事件至终点事件全由关键工作组成的线路为关键线路。实际上，它也是网络计划中线路上工作总持续时间最长的线路。一个网络计划中，可能存在一条或多条关键路线，关键线路是网络计划实施中的控制重点。图 6-22 中，自起点事件①将 $TF_{i\text{-}j} = 0$ 的工作依次连接起来直至终点事件⑥所形成的线路①—②—⑤—⑥（图中用双线表示）即为一条关键线路。

网络计划中，除关键线路外的其他线路都是非关键线路。非关键线路的重要程度也各有不同。有些非关键线路其线路上工作总持续时间与关键线路非常接近（线路时差很少），这样的非关键线路称为次关键线路。"网络计划实施过程中，由于环境或计划自身的变化，次关键线路最有可能转变为关键线路，所以在计划实施中也应严密注视次关键线路。

8. 总时差 $TF_{i\text{-}j}$ 与自由时差 $FF_{i\text{-}j}$ 的关系

从图 6-23 中可以看出，某些工作的总时差与其自由时差是相互关联的。也就是说，动用本工作的自由时差不会影响紧后工作的最早开始时间，而在本工作总时差范围内动用机动时间（时差）若超过本工作自由时差范围，则会相应减少后续工作拥有的时差，并会引起该工作所在线路上所有后续非关键工作，以及与该线路有关的其他非关键工作时差的重新分配。如上例中（图 6-22）①→④→⑥线路，其中 $EF_{1\text{-}4} = 6$，$FF_{4\text{-}6} = 4$。若工作①→④动用机动时间为 4（小于 6），则对后续各工作的最早开始时间和时差均无影响；若工作①→④动用机动时间为 8（大于 6，超过 $FF_{1\text{-}4}$），则会引起④→⑥的自由时差减少2，即④→⑥的自由时差调整为 $FF_{4-6} = 4 - 2 = 2$，总时差也相应调整为 $TF_{4-6} = 4 - 2 = 2$。由于事件④的时间参数有所变化，因而也引起紧后虚工作④—⑤的时差调整：$FF_{4-5} = 3 - 2 = 1$，$TF_{4-5} = 3 - 2 = 1$。此例明确地表明了 TF_{i-j} 与 FF_{i-j} 间的关系。

工作的总时差和自由时差具有如下性质：

① 总时差不为某个工作所专有而与前后工作有关，它为一条线路（或线段）所共有；自由时差虽也不为某个工作所专有，但利用自由时差对后续工作没有影响；

② $FF_{i-j} \leqslant TF_{i-j}$。对无工期要求的网络计划，若 $TF_{i-j} = 0$，则 $FF_{i-j} = 0$；

③ 对无工期要求的网络计划，以关键线路上的事件为紧后事件的工作，则有：$TF_{i-j} = FF_{i-j}$；

④ 对无工期要求的网络计划，$TF_{i-j} = 0$ 的工作即为关键工作，由于关键线路上各工作的时差均为零，则关键线路的长度必然决定计算工期。

在实际工作中，应用时差具有重要意义。时差的应用主要有两个方面：

① 组织均衡施工。由于非关键工作具有时差，在时差范围内改变非关键工作的开始和完成时间，从而调整逐日的资源需用量，以达到均衡施工的目的。

② 合理赶工。由于决定工期的是关键工作，它不能耽搁，而非关键工作在时差范围内延误不影响工期。由此可利用时差充分调动非关键工作的人力、物力资源来确保关键工作的加快或按期完成，从而使总工期目标得以实现。

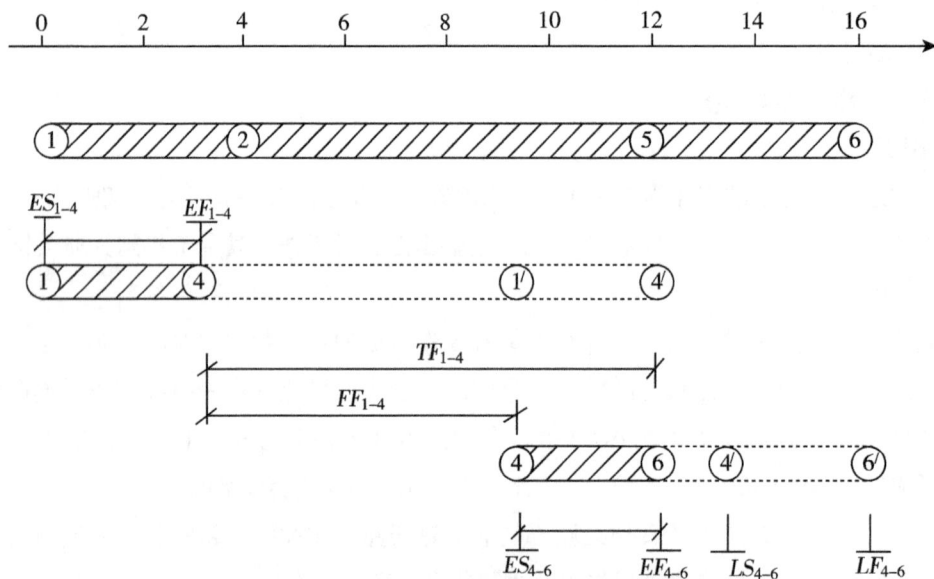

图 6-23 自由时差与总时差的关系

6.4 双代号时标网络计划

6.4.1 时标网络计划的概念

在前述网络计划中，箭线的长短不代表工作时间的长短，节点的位置在画图时也有很大的任意性，以致看起来不太直观，在工地上使用也颇感不便，不能一目了然地在图上直接看出各项工作的开始和完成时间。

为克服上述之不足，在网络计划中引入一时间坐标，让箭线长短和所在位置表示工作的时间进程，就形成了时标网络计划。

时标网络计划是网络图与横道图的结合，它表达清晰醒目、编制方便，在编制过程中就能看出前后各工作的逻辑关系，因而深受计划管理部门的欢迎。

1.时标网络计划的特点

时标网络计划既是一个网络计划，又是一个水平进度计划，能够清楚地标明计划的时间进程，便于使用。

时标网络计划在图上直接显示出各项工作的开始与完成时间，工作的自由时差及关键线路。在使用过程中，人们可以随时一目了然地确定哪些工作应该已经完成，哪些工作正在进行以及哪些工作就要开始。

由于时标网络图能清楚地表示出哪些工作需要同时进行，因此可以确定同一时间对材料、机械、设备以及人力的需要量。

当情况发生变化时，比如资源的变动或工期的拖延，就需要对按时间坐标绘制的网络计划进行修改，这对时标网络图来说是比较困难的。因为改变工作持续时间就需要改变箭线的长度和位置，这样就会引起整个网络图的变动。

2.时标网络计划的应用

编制工作项目较少且工艺过程较简单的施工进度计划，可迅速地边绘、边算、边调整。

对于大型复杂的工程，特别是不使用电子计算机时，可以先用时标网络图的形式绘制各分部工程的网络计划，然后再综合起来绘制出较简明的总网络计划；也可以先编制一个总的施工网络计划，以后每隔一段时间，再对下段时间应施工的工程区段绘制详细的时标网络计划。时间间隔的长短要根据工程的性质、所需的详细程度和工程的复杂程度确定。在执行过程中，如果时间有变化，则不必改动整个网络计划，而只对这一阶段的时标网络计划进行修订即可。

有时为了便于在图上直接表示每项工作的进程，直接指导施工，可将已编制并计算好的网络计划再复制成时标网络计划。目前，在我国已编出相应的计算机程序，可应用电子计算机来完成这项工作。

3.时标网络计划的种类

时标网络计划按其绘制方法有下面三种：

①按最早时间绘制的时标网络计划；

②按最迟时间绘制的时标网络计划；

③按一般时间绘制的时标网络计划。

上述三种时标网络计划中，又以按最早时间绘制和按一般时间绘制的应用较多。

4.时间坐标的表示方法

在时标网络计划中，时间坐标应标注在图纸的顶部和底部，见表6-5。图面较小时也可只在顶部标注。时间坐标可采用相对时间，也可采用日历时间。时间坐标中的时间单位可根据需要在编制网络计划之前确定，可以是分、小时、天、周、月、季、年等。

表6-5 时间坐标画法示例

时间/时间单位）	1	2	3	4	5	6	7	8	9	…
		网			络			图		
时间/时间单位	1	2	3	4	5	6	7	8	9	…

6.4.2 双代号时标网络计划的绘制

1. 按最早时间绘制双代号时标网络计划

（1）绘制步骤：

① 计算网络计划中各事件最早时间。

② 根据终点事件的 ET_n 确定时间坐标的范围和刻度，画出有横向坐标的表格。

③ 在有横向坐标的表格上按事件最早时间确定各节点的位置。

④ 按各项工作的持续时间长短，绘制相应工作的实线部分。工作箭线由开始节点出发，一般沿着水平方向画，箭线两端之间的长度就是按比例表示的该项工作的持续时间；如果箭线倾斜绘制，则持续时间按水平投影长度计算。

⑤ 用水平波线（或虚线）把实线部分与工作的完成节点连接起来，两线连接处要加一小圆点标明，波形线部分的水平投影长度就是该项工作的自由时差。

⑥ 两项工作之间的关系，如果需要加虚工作连接时，用垂直虚线连接或用斜向（或弯折）虚线连接。

⑦ 自终点节点开始逆箭线方向，将没有波线的工作用较粗实线连接起来，一直连到起点节点所形成的线路，即为关键线路。

⑧ 对工期较长的项目，在时标网络图的工作箭线上，标注出工作持续时间和工作名称或代号。

（2）绘制示例。

如图 6-24 双代号网络计划，试按最早时间绘制成时标网络计划。

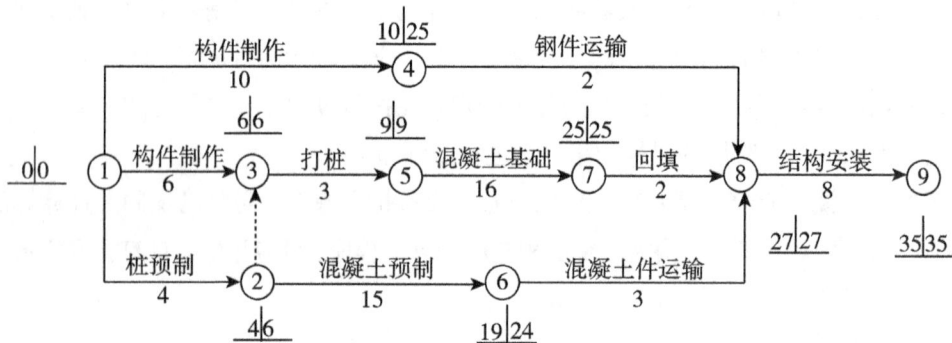

图 6-24 原始网络图

绘图结果如图 6-25 所示。

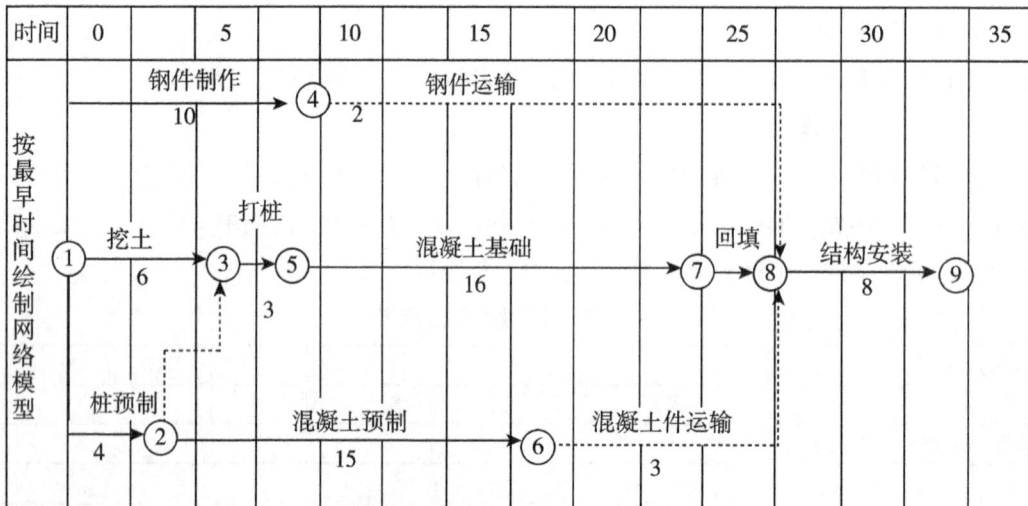

图 6-25 按最早时间绘制时标网络计划

（3）不计算时间参数直接绘制。

由于计算时间参数的过程较繁，对工作数较少、工艺过程较简单的施工项目的网络计划，也可不计算时间参数而直接绘制时标网络计划。

在绘制时要注意以下几点。

① 在定各节点的位置时，一定要在所有指向该节点的箭线全画完以后才能最后确定该节点的位置。

② 每项工作的实箭线长度，必须严格按其持续时间来画，如与紧后工作的开始节点还有距离，就补上波形线，波形线的长度就是该工作的自由时差。

③ 最好在绘制时与原来网络图的形状相近，以便检查和核对。

2. 按最迟时间绘制双代号时标网络计划

（1）绘制步骤：

① 计算网络计划中各事件的最早时间 ET_i 和最迟时间 LT_j。

② 根据终点事件的 ET_n 确定时间坐标的范围和刻度，并画出有横向坐标的表格。

③ 在有时间坐标的表格上根据各事件的最迟时间确定相应节点的位置。

④ 按各项工作的持续时间的长短沿水平方向绘制相应工作的实线部分，其箭头必须与该项工作的完成节点相连；如果箭线倾斜绘制，则持续时间应按水平投影长度计算。

⑤ 用波形线（或虚线）把实线部分（即箭尾）与该项工作的开始节点连接起来。

⑥ 用垂直虚线或斜向虚线将虚工作连接上。

⑦ 自起点节点开始顺箭线方向，将没有波线的工作用较粗的实线连接起来，一直连到终点节点所形成的线路，即为关键线路。

这里要注意的是按事件最迟时间画的时标网络图中，波形线所示的长度一般不是工作的自由时差。

（2）绘制示例。

将图 6-24 示双代号网络计划，按最迟时间绘制成时标网络计划，如图 6-26 所示。

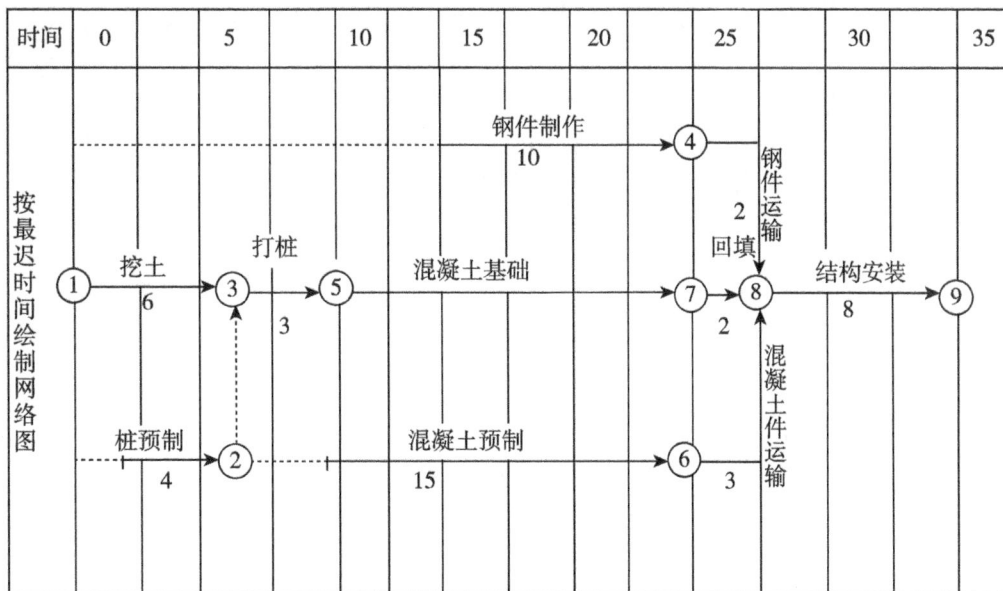

图 6-26　按最迟时间绘制时网络计划

思考题

1. 双代号网络计划绘制的基本规则是什么?

2. 双代号网络计划图绘制的步骤是什么?

3. 结合实例说明双代号网络计划图时间参数是如何计算的。

4. 双代号时标网络计划的特点是什么?

5. 双代号时标网络计划的种类有哪些? 它的绘制步骤是什么?

第**7**章 网络计划的优化

网络计划的优化，是指在满足既定的条件下，按照一定的程序和方法，不断改善网络计划的初始方案，以使整个计划系统在实施过程中以最短的周期、最少的费用和对资源作最有效的利用来运行。按优化的目标划分，网络计划优化通常分为工期优化、时间一成本优化、工期一资源优化三大类。

7.1 工期优化

工期优化是指当网络计划的计算工期不能满足预定的时间目标要求时，应设法进行调整。工期优化的方法有两类：缩短关键线路上的工作持续时间；改变网络逻辑关系。

7.1.1 缩短关键线路持续时间

这是一种在既定的网络逻辑结构基础上，改变关键线路上某些工作的持续时间，从而达到缩短网络计划工期的方法。应当注意的是，采用这种方法时，在缩短关键线路总时间的同时，也减少了非关键线路的机动时间（时差），因而在整个网络计划中会出现更多的关键线路和关键工作，所以有时不仅需要缩短原来关键工作的持续时间，而且还要缩短某些次关键线路（总时间接近于关键线路）上的工作持续时间。

一般来说，关键线路缩短（工期缩短）势必引起资源需要量的增加，可能会带来新的矛盾。因此，缩短关键线路上工作的持续时间，同时还应对非关键工作进行科学合理的组织。需要增加资源时应尽量从内部解决，特别是对那些工作时差较多的非关键工作，可能更有潜力可挖。组织的方法是：对相关的具有较大工作时差的工作，在时差范围内将其工作时间错开，从而避开资源利用的高峰；或将有关工作持续时间延长，减小该工作的资源强度，以便从中抽出部分资源支援其他需要缩短持续时间的工作。如果通过分析计算确认内部资源不足，则应考虑从外部调入资源。这也就是应用网络计划技术向关键工作要时间，向非关键工作要资源的基本思想。

7.1.2 改变网络图的逻辑关系

改变网络的逻辑关系进行工期优化，要求通过重新考虑施工作业方式、采用不同施工方法和设备、合理安排施工顺序来缩短网络计划的工期。改变网络逻辑关系包括两个方面：改变施工作业方式；合理安排工程项目的施工顺序。

1. 改变施工作业方式

四种基本的作业方式中：顺序作业方式工期最长，平行作业方式工期最短，搭接作业和流水作业方式工期介于两者之间。在条件允许的前提下，施工中一般应尽量组织流水作业，以使得资源需要量和工期两者都较合理；不便组织流水作业时，也应尽可能采用搭接施工，以缩短总工作时间。如果需要赶工，则可对其中某些关键工作改为平行作业。例如，打桩工程是桩式码头施工的关键工作，必要时可组织两艘打桩船在同一工地不同施工段同时打桩。

2. 合理安排工程项目的施工顺序

编制网络计划的逻辑基础有两大类。一类是工艺技术逻辑，这是不可违背的，如必须先打桩再浇桩帽，码头面必须先浇面板再做面层等。另一类是组织管理逻辑，它是由计划决策者人为制定的。例如，两个单独的预制构件生产，两者间没有工艺逻辑关系，可以同时生产，也可以先生产 A 再生产 B，还可以先生产 B 再生产 A，这需要组织者根据实际情况决策。网络计划的工期优化可通过对那些无工艺技术逻辑关系的工作安排出最合理的施工顺序来进行。这种寻求网络计划最优施工顺序的方法，通常也称为网络计划的流程优化。

流程优化的一种典型情况为 n 流程优化问题。某项施工任务包括 n 道施工工序，为了施工紧凑、均衡，常常把施工对象划分为 m 个施工段，由各个班组依次在各施工段完成各自的施工过程。当各施工段的劳动量大致相等时，可以组织成有节奏的流水施工，各施工段的施工顺序不难确定。但是在各施工段劳动量相差较大时便不能组织有节奏的流水作业，这时如何安排各施工段顺序，使总工期最短，便产生了 $m \times n$ 流程化问题。

例如，一个三跨单层仓库，其柱下独立杯形基础按轴线划分为 4 个施工段：A 轴、B 轴、C 轴和 D 轴，其施工过程划分为开挖、垫层、支模、扎钢筋、浇混凝土 5 个工序，各施工段各个工序的持续时间，见表 7-1。

表 7-1　柱下基础施工工序一览表

工序 ＼ 施工段	A	B	C	D
挖土	6	3	4	1
垫层	2	2	1	2
支模	3	3	2	4
扎钢筋	4	3	3	5
浇混凝土	2	1	2	2

各轴线的柱下基础可以独立施工，如何确定 A、B、C、D 的施工顺序使得总的施工时间最短，便是 $n = 5$，$m = 4$ 的 $m \times n$ 流程优化问题。

$m \times n$ 流程优化问题的求解相当复杂，下面先讨论 $n = 2$ 时的简单情形。

（1）$n = 2$ 时的 Johnson-Bellman 算法。

对于 $n \times 2$ 的流程优化问题，可以按 Johnson-Bellman 法则解决。这个法则的基本思想是：先行工作持续时间最短的要安排在最前面施工，后续工作持续时间最短的要安排在最后面施工。

应用该法则非常简单。先将各项任务的作持续时间 D_{1-j}、D_{2-j}（$j = 1，2\cdots m$）列表，每次从表中找出 D_{1-j}、D_{2-j} 的最小值。如果这个最小值是属于先行工作的，则该项任务排在最前面施工；如果这个最小值是属于后续工作的，则该项任务应排在最后面施工。从表中去掉该项任务，对剩下的各项任务再重复这一步骤，直到所有任务安排完毕。

【例】某港口仓库有 5 个独立的基础施工，每个基础包括挖基础和做基础两道工序，各工序的持续时间见表 7-2，试求出最优顺序安排。

表 7-2　工序持续时间 $D_{i\text{-}j}$ 表

工序＼基础号	A	B	C	D	E
挖基础	4	4	8	6	2
做基础	5	1	4	8	3

【解】首先找出表 7-2 中 $D_{i\text{-}j}$ 的最小值 $D_{22}=1$，它属于 B 的后续工序（做基础），故 B 基础应排在最后施工。对剩下的四个基础中，又找出最小值为 $D_{15}=2$，它属于 E 的先行工序（挖基础），故 E 基础应最先施工。对剩下的 A、C、D 中，又找出 $D_{i\text{-}j}$ 最小者为 $D_{32}=4$，它属于 C 的后续工序，在这三者中应排在最后面施工。由于原已排好 B 在当个基础中是最后施工的，故 C 应排在倒数第二个施工。如此进行下去，最后安排的最优顺序为 E→A→D→C→B。

图 7-1（a）所示为按最优顺序的网络计划，工期 $T_n=25$ 天。图 7-1（b）所示为按 A→B→C→D→E 顺序的网络计划，工期 $T_c=33$ 天，比最优计划多了 8 天。

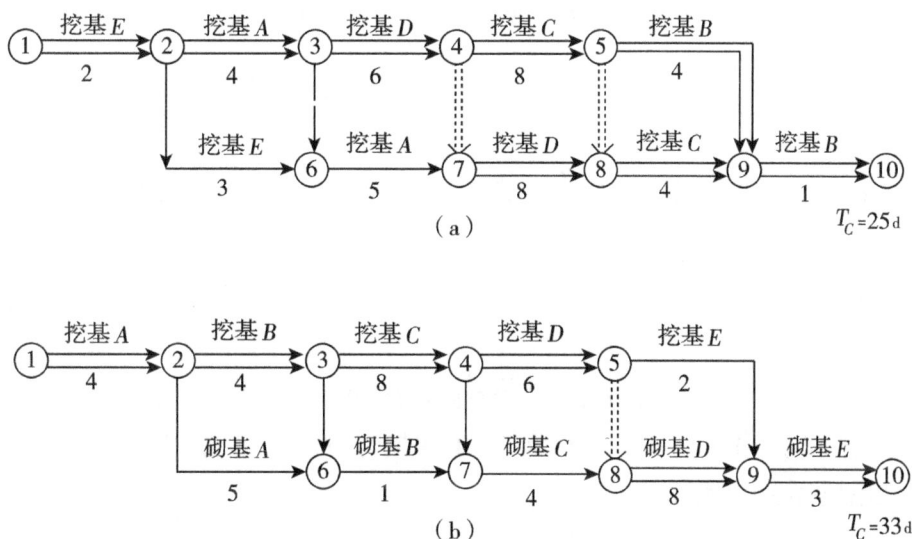

图 7-1　某仓库基础施工网络计划

（2）$n \geqslant 3$ 时的 Johnson 算法的推广

利用 Johnson 方法能求 $n=2$ 时 $n \times m$ 流程优化问题的最优解。对于 $n \geqslant 3$ 的情形，问题就复杂得多。目前，求解 $n \times m$ 流程问题的启发式算法很多。这里介绍一种简单有效精确度较高（就平均意义而言）的算法：推广的 Johnson 算法。

推广的 Johnson 方法安排施工顺序，其具体步骤如下。

① 若工序 i 在第 j 段的持续时间为 $D_{i\text{-}j}$，对所有的 j 计算：

$$b_j = \sum_{i=1}^{n-1} D_{i\text{-}j} \tag{7-1}$$

$$c_j = \sum_{i=1}^{n} D_{i\text{-}j} \tag{7-2}$$

② 在所有的 b_j 和 c_j 中选最小者，若为 b_k 将 K 排在前面；若为 c_k 将 K 排在后面。除去 K，在剩下的 b_j 和 c_j 中重复这一步骤，直至安排完毕。

【例】对于表 7-1 所示的例子，求出 A、B、C、D 四条轴线柱下独立基础的施工顺序。

①

$$b_A = 6 + 2 + 3 + 4 = 15$$
$$C_A = 2 + 3 + 4 + 2 = 11$$
$$b_B = 3 + 2 + 3 + 3 = 11$$
$$C_B = 2 + 3 + 3 + 1 = 9$$
$$b_c = 4 + 1 + 2 + 3 = 10$$
$$C_C = 1 + 2 + 3 + 2 = 8$$
$$b_D = 1 + 2 + 4 + 5 = 12$$
$$C_D = 2 + 4 + 5 + 2 = 13$$

② 最小值为 C_C，C 排在最后。除去 C，最小者为 C_B，B 排在倒数第二。再除去 B，最小者为 C_A，A 排在倒数第三。至此，施工顺序已排出，为 D—A—B—C，其网络计划图如图 7-2 所示。

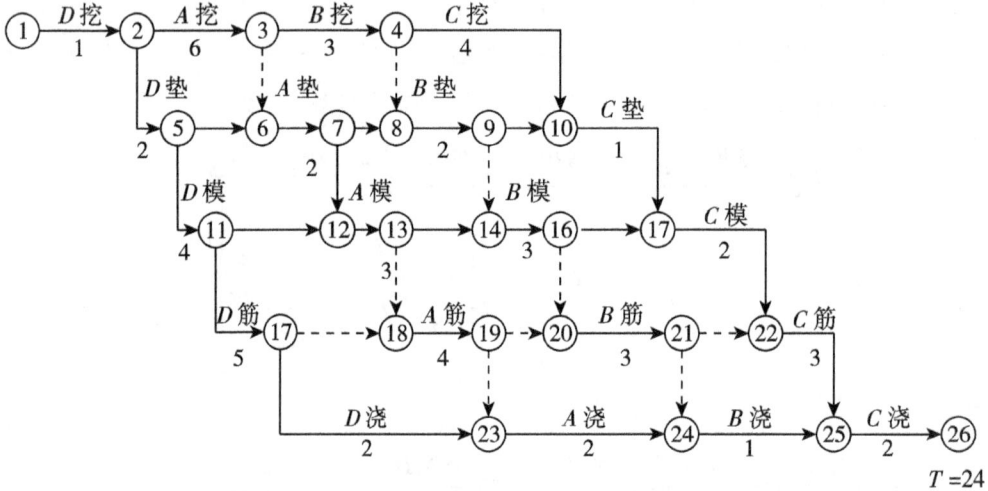

图 7-2　柱下基础施工优化网络计划

可以比较，若按自然编号 A—B—C—D 施工，总工期为 28 天，由推广的 Johnson 方法求出的施工顺序安排比自然编号顺序工期短了 4 天。

7.1.3　工期调整示例

某基础工程分两个施工段施工，施工网络计划如图 7-3 所示。该工程规定工期为 38 天，其中基槽开挖配备一台挖土机。

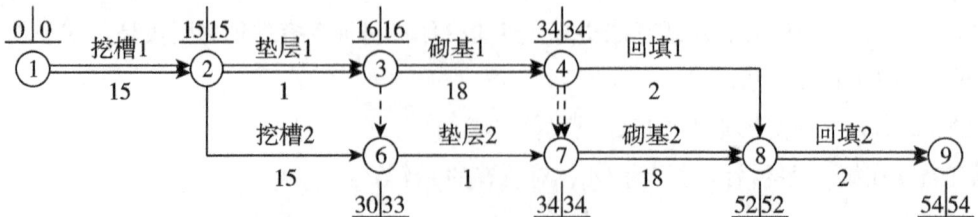

图 7-3　初始网络计划

（1）按照最初计划的网络图及各工作的持续时间。

计算节点时间参数和网络计划工期，找出关键线路。

从计算结果（略）可知，关键线路为①—②—③—④—⑧—⑨，网络计划工期 54 天，超过规定工期 16 天，需要修正原始计划。

（2）对原始计划进行初次调整。

将砌基础劳动力增加一倍，假设不影响工作效率，则砌基础的持续时间缩短为原来的1/2，网络计划变为如图7-4所示，关键线路为：①—②—⑥—⑦—⑧—⑨，工期42天，超过规定工期4天，需继续调整。

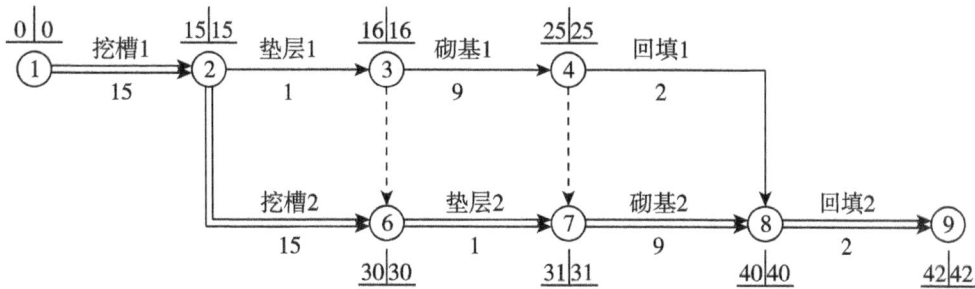

图7-4 第一次调整后的网络计计划

（3）第二次调整。

改变网络计划的逻辑关系。具体措施是：增加一台挖土机，将基槽开挖改为平行作业，网络计划如图7-5所示，关键线路为：①—②—⑥—⑦—⑧—⑨，工期36天，满足规定工期要求。

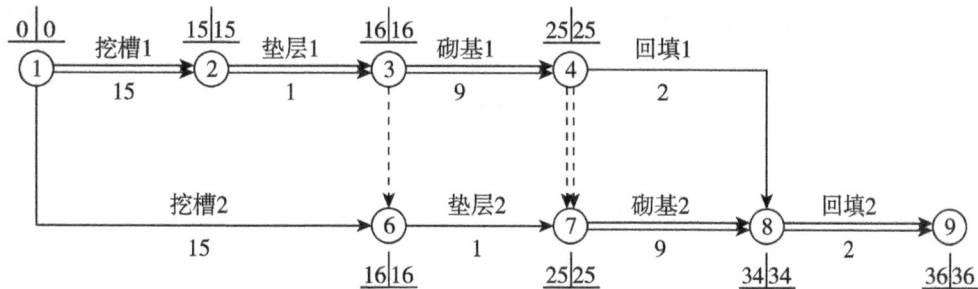

图7-5 优化后的网络计划

7.2 时间—成本优化

时间—成本优化的目的主要有两个方面：一是寻求相应于工程成本最低的计划方案；二是当网络计划的计算工期超过要求工期，或者是计划执行过程中需要加快工程进度时，确定最佳赶工途径。

7.2.1 时间—费用关系

1. 工程项目的工期——费用关系

一项工程的成本包括直接费和间接费两个部分。直接费一般指人、机、材等直接用于各工序的施工费用；间接费则指施工管理费之类的非直接生产性费用。费用与项目工期间的关系如图7-6所示。

从图7-6可知，缩短工期会引起直接费用的增加和间接费用的减少；反之，若延长工期，则会引起直接费用的减少和间接费用的增加。图中

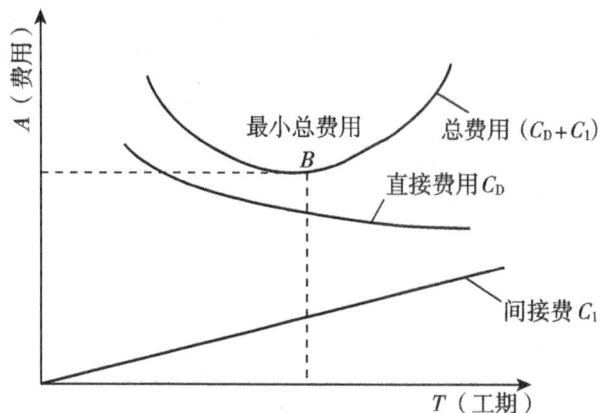

图7-6 工程项目的工期—费用曲线

总费用曲线的 B 点则是两者之和的最低点，它所对应的工期也就是要寻找的最低成本工期。

寻求 B 点的关键是要能作出工程直接费与工期及工程间接费与工期两条关系曲线。工程间接费与工期一般可假定为正比例关系，具体则可由施工单位进行管理成本分析，统计确定。工程直接费则是由工作费用构成，只有明确了工作费用，才能得出工程直接费与工期的关系曲线。

2. 工作持续时间与费用关系

根据各项工作的性质不同，工作持续时间与费用的关系有连续型和离散型两种。

（1）连续型关系。

连续型的工作持续时间与费用的关系曲线如图 7-7 所示。图中相应于费用最小的 A 点，其工作持续时间（D_n）最长，叫做"正常持续时间"。若从 A 点起，增加劳动力、设备或其他技术供应，就会缩短工作时间，加快工作进度，但费用也会相应增加。一直加快到 B 点处，已不能再继续缩短该项工作的持续时间了，此时的相应时间 D_c 就叫做"最短持续时间（D_c）"。曲线的各段斜率 $\alpha = \Delta C / \Delta t$，就是该项工程每加快一个单位时间的费用增加率或称费用率。通常为了简化，将该曲线用直线 AB 代替，此时费用率为：

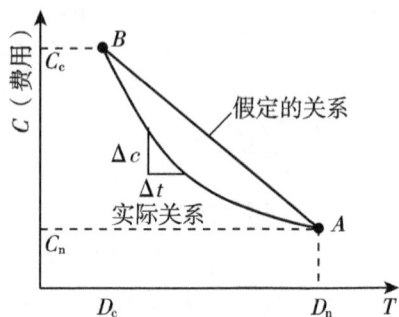
图 7-7　连续型关系

$$\alpha = \frac{C_C - C_n}{D_n - D_C} \qquad (7-3)$$

式中：α——费用增加率；

C_c——最短时间费用；

C_n——正常时间费用；

D_n——正常持续时间；

D_c——最短持续时间。

不同的工作项目，α 值也不同。所以，要缩短工程的工期，应优先缩短 α 值最小的关键工作的持续时间。在一般的情况下，若缩短非关键工作的持续时间，就会使工程费用增加，但工程的工期却并不会相应缩短。

（2）离散型关系。

离散型关系如图 7-8 所示。这种情形多为机械施工情况。图 7-8 中，在正常情况下，用 1 台施工机械，配置一个作业班组 6 天完成工作，费用为 1 100 元。若要求加快施工进度，则可增加一台施工机械和一个作业班组，则 3 天完成，施工速度加快一倍。只要机械效率充分发挥，人员组织配合没有问题，就没有工作时间为 4 天或 5 天的情况。在这种关系下，介于正常持续时间与最短持续时间之间的关系是不连续的，当然不能用线性关系推算。

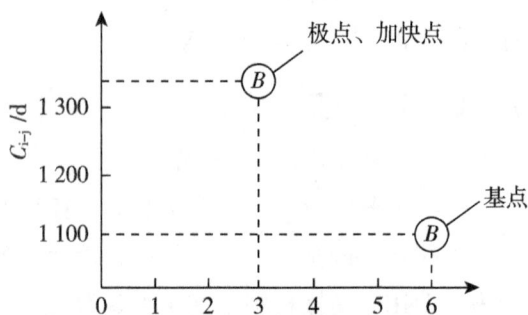
图 7-8　离散型关系

当工作持续时间与直接费的关系为离散型时，压缩后的工作持续时间值必须与某一个可行施工方案相对应。

7.2.2 渐近法

1. 原理

渐近法是在各工作均采用正常持续时间和费用的计划基础上，以关键线路上各工作的正常持续时间、最短持续时间和费用增加率为依据，综合考虑缩短关键工作持续时间的可能性、合理性以及非关键工作时差的制约关系，不断压缩网络计划的工期，从而得到一系列网络计划工期及其相应直接费的关系和各工作的进度安排。在这基础上，再将间接费叠加进去，从而可得出不同工期与相应的工程成本关系，从中找出成本最低者，所对应的工期及其进度安排即为最优。

2. 网络计划压缩的约束条件

渐近法进行时间——成本优化的核心是网络计划的压缩。在网络计划压缩过程中，各项工程可以压缩的时间可能受到以下约束限制。

（1）工作本身最短持续时间的限制。

对关键工作持续时间 D_{i-j} 进行压缩时，其可压缩的极限只能达到该工作的最短持续时间 $(D_c)_{i-j}$，因为此时即使再注入资源也不能缩短其时间了，所以一项工作可压缩的最大时间为 $X_{i-j} = D_{i-j}(D_c)_{i-j}$。

如图 7-9（a），先计算网络计划时间参数，然后选择费用率最低的关键工作②→③进行压缩，其可压缩的天数为 20d − 10d = 10d。将②—③工作的持续时间改为 10 天，形成新的网络计划如图 7-9（b）所示。

（2）工作总时差的限制。

在关键线路上的工作可能压缩的时间超过平行的非关键路线上的工作的总时差值时，它的压缩值就受到总时差的限制。继续压缩图 7-9 所示网络计划，选费用率最低（300 元/天）的关键工作①—②进行压缩，它可能压缩的天数为 6 天。但在非关键线路①—④—⑤上，$TF_{1-4} = TF_{4-5} = 4d$，当对①—②的压缩值大于 4 天时，这时关键线路就会转化为①—④—⑤，而不是原来的①—②—③—⑤，也就是说，实际工期缩短不会超过 4 天，故①—②受到它的限制只能压缩 4 天，使总工期缩短到 22 天，见图 7-9（c）所示。

（3）平行关键线路的限制。

当一个网络图中存在两条（或数条）关键线路时，如果需要缩短整个工程的工期，必须同时在两条（或数条）关键线路上压缩相同的天数。如图 7-9（c）的网络计划中两条线路均为关键线路，如需再缩短工期，就必须同时压缩关键线路①—②—③—⑤上费用率最低的工作①—②及关键线路①—④—⑤上费用率最低的工作①—④。工作①—④可能压缩值为 3 天，但工作①—②只能再压缩 2 天就达到最短持续时间，所以工作①—④只能与工作①—②同时压缩 2 天，使工期缩短到 20 天【图 7-9（d）】，相应再增加费用 2 × （300 + 100）= 800 元。

（4）紧缩的关键线路的限制。

当关键线路上各项工作的持续时间都已达到最短持续时间时，这条线路就称为"紧缩的"关键线路（Crashed Critical Path）。在网络图中存在这种紧缩的关键线路时【如图 7-9（d）中的①—②—③—⑤】，整个网络计划就不宜再进行压缩了。因为这种情况下，再压缩任何工作都不能有效地达到缩短工期的目的，反而会无益地增加费用【图 7-9（d）】。

显然，网络计划经过连续多次的优化压缩，最终将会达到具有一条或数条紧缩的关键线路的状态。

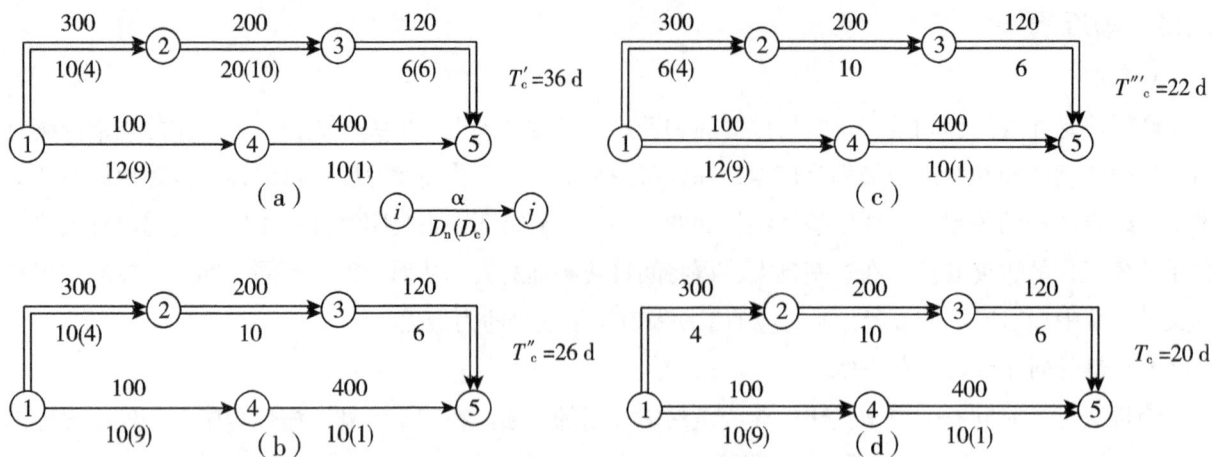

图 7-9 网络计划压缩的约束条件

（a）：300 ／ $10(4)$ → ②，200 ／ $20(10)$ → ③，120 ／ $6(6)$ → ⑤；100 ／ $12(9)$ → ④，400 ／ $10(1)$ → ⑤　$T'_c=36$ d

图例：$i \xrightarrow{\alpha} j$，$D_n(D_c)$

（c）：300 ／ $6(4)$ → ②，200 ／ 10 → ③，120 ／ 6 → ⑤；100 ／ $12(9)$ → ④，400 ／ $10(1)$ → ⑤　$T'''_c=22$ d

（b）：300 ／ $10(4)$ → ②，200 ／ 10 → ③，120 ／ 6 → ⑤；100 ／ $10(9)$ → ④，400 ／ $10(1)$ → ⑤　$T''_c=26$ d

（d）：300 ／ 4 → ②，200 ／ 10 → ③，120 ／ 6 → ⑤；100 ／ $10(9)$ → ④，400 ／ $10(1)$ → ⑤　$T_c=20$ d

3. 优化计算步骤

① 确定各工作的正常持续时间，最短持续时间和相应费用，分析持续时间与费用的关系。

② 分别计算各工作在正常持续时间和最短持续时间下的网络计划时间参数，找出关键线路。

③ 按下述方法选择压缩对象：

ⅰ. 当关键线路只有一条时，选择该线路上费用率 a 最小（或同比费用最小）的工作作为压缩对象；

ⅱ. 当关键线路有两条或两条以上时，按最小切割原理找出费用率总和（可称为组合费用率）$\sum \alpha_{i\text{-}j}$ 最小（或同比的组合费用最小）的工作组合作为压缩对象。

④ 确定压缩时间：缩短挑出的工作或工作组合的持续时间，其压缩时间值必须符合所在关键线路不能变成非关键线路，且缩短后其持续时间不小于最短持续时间的原则。

⑤ 计算增加的直接费。

⑥ 形成新的网络计划，重新计算时间参数，找出关键线路，转入第二循环的压缩。

⑦ 经过若干循环后，网络压缩结束，在同一坐标系内绘制工期—直接费关系曲线和工期—间接费关系曲线。

⑧ 两条曲线叠加，得工程成本—工期关系曲线，找出曲线最低点。

7.3　工期—资源优化

制定一项工程计划，必须考虑资源（劳动力、原材料、设备等）的供应情况。因此，在形成计划初始方案后，必须对其资源需求情况进行评价。如果资源需求脱节，则必须对计划中的某些项目进行调整，以满足可能的资源供应条件，并且尽量少延长、最好不延长工期；如果资源供应有保证，但需求分布不均衡，则应利用非关键工作的时差，在时差范围内调整某些工作项目的工作时间，以改善整个计划的资源需求分布情况。这就是网络计划工期—资源优化要解决的两类问题。前一类问题，称为资源有限—工期最短优化；后一类问题，称为工期固定—资源均衡优化。

7.3.1　资源有限—工期最短优化

1. 基本概念

（1）资源需用量曲线。

设某工程项目需要 S 种不同的物资资源，在某时间 t，工作 $i{\rightarrow}j$ 需要第 K 种资源的数量为 $r_{i{\rightarrow}j}^{(k)}(t)$，同一时间（$t$）需要第 K 种资源的工作共有 $H(t)$ 个，则该项目在时间 t 需要第 K 种资源的数量为 $\sum_{1}^{H(t)} r_{i{\rightarrow}j}^{(k)}(t)$。若项目总工期为 T，则：

$$R^{K}(t) \sum_{1}^{H(t)} r_{i{\rightarrow}j}^{(k)}(t) \qquad (t \in T) \qquad (7\text{-}4)$$

定义为第 K 种资源的资源需用量强度曲线，简称资源需用量曲线。

由于项目中每个工作对某种资源的需用量强度在一定时间内是相对不变的，因此，资源需用量曲线多为由若干段水平直线组成的锯状图形。图 7-10 为某工程项目的网络计划和相应的劳动力资源需用量曲线。

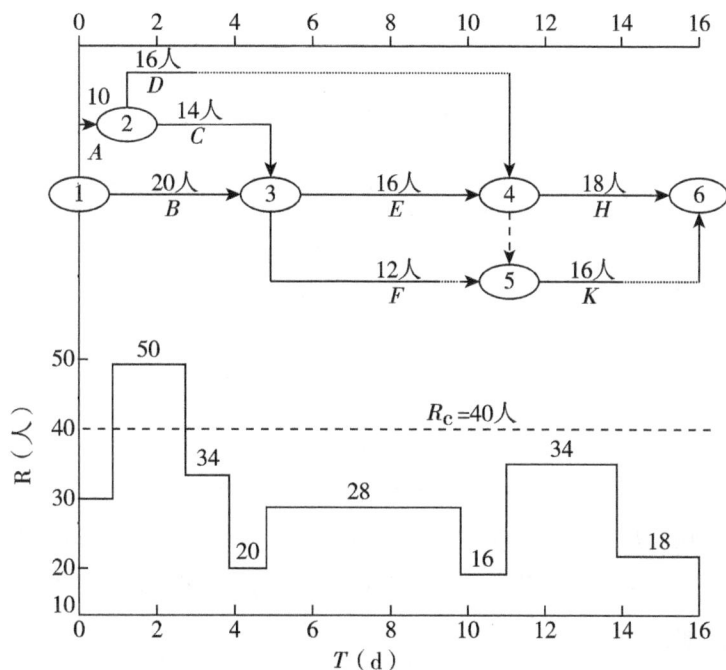

图 7-10　某项目网络计划和劳动力资源统计

（2）资源有限——工期最短优化的基本思想和基本方法。

① 按最早时间安排计划，统计各种资源需用量，绘制资源需用量曲线图。

② 逐时段检查需用量与可能的供应量情况，若在时间 t 发现第 K 种资源：$B_K(t) > A_K(t)$，应将部分工作后移。

③ 工作后移应按一定程序进行，其目的是使这种后移对工期的影响最小。

由于问题的复杂性，目前尚无一种普遍适用的求解最优解方法，只能求近似最优解。常用的求解方法有 RSM 法和编号法。限于篇幅，本书只介绍 RSM 法，并且只讨论 $S = 1$ 的情况。

2.RSM 法

（1）RSM 法的原理。

RSM（Resource Scheduling Method）法是在资源供应受到一定限制的条件下，通过分析网络中各工作后移对工期的影响情况，重新安排相关的工作项目，解决资源冲突，并使工期增加最少。

假定 P、Q、R 是某工程计划中的三项工作，其工作参数及初始计划安排见表 7-3。

表7-3 工作参数及初始计划安排表

工作	持续时间	需要起重机台数	ES	EF	LS	LF
P	5	1	8	13	8	13
Q	4	1	7	11	9	13
R	5	1	9	14	10	15

这三项工作在整个计划中的位置如图7-11所示。图中表示的是P、Q、R三项工作的局部进度关系，各项工作均按最早开始时间安排进度。如果施工中只能为这三项工作提供两台起重机，那么，从图7-42中可看出，在第10和第11这两天将发生起重机这种资源的冲突，因为在这两天期间，按原计划安排共需三台起重机。

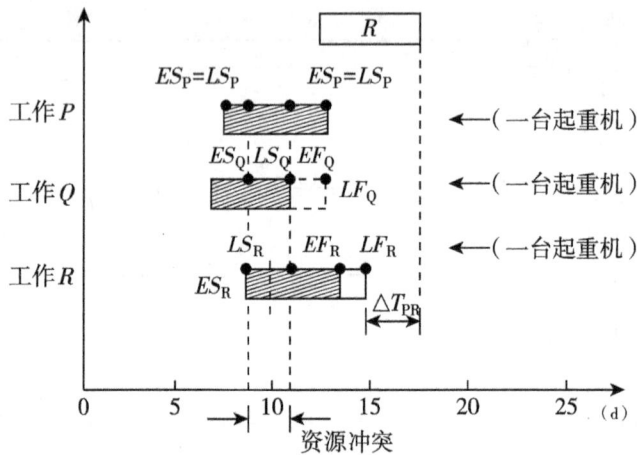

图7-11 网络计划的资源冲突

如何解决这个冲突呢？当然，本例中只要将任何一项工作推迟到另外任一两项工作之一的后面开工就行了。问题是，推迟哪一个才会使工期不延长或者延长最少呢？是将P放在Q的后面？还是将P放在R的后面？或是其他？

为了确定最优安排的法则，我们分析工作后移对工期的影响。

假设将R放在P的后面（图7-11的空白框形横道），则工期将会增长，其工期增值ΔT_{PK}可由下式计算：

$$\Delta T_{PR} = EF_R - LF_R = (EF_P + D_R) - LF_R \tag{7-5}$$

式中：D_R为工作R的持续时间。

因为　　　　　　　　　　　　$LF_R - D_R = LS_R$，

所以　　　　　　　　　　　　$\Delta T_{PR} = EF_P - LS_R。$　　　　　　　　　　　（7-6）

考虑将上式化为普遍应用的通式，假设是将工作J安排在另一工作I的后面，则工期增加值的通式为：

$$\Delta T_{IJ} = EF_I - LS_I \tag{7-7}$$

显然，要使ΔT_{IJ}最小，就必须选择EF值最小的工作安排在前面，而选择LS值最大的工作安排在后面。如果同时进行的工作都具有相同的EF和LS值，则任意安排均为最优解。如果工期增值计算为零或负值，表明不延长工期就可以解决资源的冲突。

现在再以上述安排工作P、Q、R的问题为例，从表7-3可以看到，EF值最小的工作为工作Q（$EF_Q = 11$），工作R的LS值最大（$LS_R = 10$），所以把工作R放在Q的后面是最优解。此时的工期增加值为：

$$\Delta T_{QR} = EF_Q - LS_R = 11 - 10 = 1 \text{（d）}$$

进行这样的调整以后,应当重新检查网络图中相应工作的逻辑关系,必要时加以适当修正。此外,还应当重新计算出各项工作的 ES、EF、LS、LF 等时间参数值。

应当指出,如果由外部调入资源所增加的费用,低于通过调整某些工作、延长工期来解决资源冲突所增加的费用,则应考虑采用调入资源的方案的可能性与合理性。

（2）RSM 法计算步骤。

① 计算网络计划时间参数,按 ET 绘制时标网络图,统计资源需用量;

② 检查网络计划,确定是否存在资源冲突;

③ 调整有资源冲突的时段内的某些工作,按 RSM 法调整:找出该时段内 LS 最大的工作和 EF 最小的工作;取 LS 最大的工作的开始时间为 $EF_{\min}$;

④ 绘制调整后网络计划,并重新计算时间参数,绘制时标网络图和统计资源需用量;

⑤ 将增加资源所需的费用重新调整计划增加工期所引起的损失作比较,以确定是经济方案。

7.3.2 工期固定—资源均衡优化

连续、均衡、紧凑地安排施工活动,是施工组织的一项基本原则。网络计划的工期固定—资源均衡优化就是在不改变工期的条件下,利用各非关键工作的时差合理调整某些工作的开工日期,以达到资源消耗尽可能均衡的目的。

1. 资源均衡的判定标准

资源数量在计划期内的分布状态用资源需用量曲线表示。很显然,最理想的状态就是让资源需用量曲线保持为一条水平线。但这在实际上是不可能的,资源需用量曲线总是围绕这条平均水平线上下波动。从曲线的表征形态看,波动的幅度越大就说明资源需用量越是不均衡,反之才是越均衡。但是,在资源均衡优化中需要定量地分析波动幅度的大小。常用的两个定量分析方法是方差标准和极差（或离差）标准,相应地有最小方差法和削峰法两种不同的资源均衡优化方法。

（1）方差标准。

方差 σ^2 反映整个工期内资源消耗量偏离平均消耗量的程度。

$$\sigma^2 = \frac{1}{T} \int_0^T [R(t) - R_m]^2 \mathrm{d}t \tag{7-8}$$

式中:$R(t)$——在瞬时 t 需要的某种资源数量;

R_m——资源需用量的平均值,$R_m = \int_0^T R(t)\,\mathrm{d}t$;

T——工期。

（2）极差标准。

极差 H 反映工期内最大资源消耗量偏离平均消耗量的程度。

$$H = \max \mid R(t) - R_m \mid \tag{7-9}$$
$$t \in [0, T]$$

涉及多种资源的网络计划资源均衡优化问题是相当复杂的,目前还没有一种能实际应用的最优化方法。上述对应于方差标准和极差标准的最小方差法和削峰法都是带经验性的优化,方法 j 只能求出近似最优解,但这也毫不妨碍它们在实际工程中的应用。

限于篇幅,本书仅介绍单种资源均衡优化的最小方差法。

2. 最小方差法

（1）原理。

由式（7-9），资源需用量曲线的方差为：

$$\sigma^2 = \frac{1}{T}\int_0^T [R(t) - R_m]^2 \mathrm{d}t \qquad (7\text{-}10)$$

$$= \frac{1}{T}\int_0^T R(t)^2 \mathrm{d}t - R_m^2$$

由于资源需用量曲线一般都为阶梯状（如图 7-23 所示），则有：

$$\int_0^T R^2(t)\,\mathrm{d}t = \int_0^1 R_1^2\,\mathrm{d}t + \cdots \int_{r-1}^T R_T^2\,\mathrm{d}t \qquad (7\text{-}11)$$

$$= R_T^2 + R_2^2 + \cdots R_T^2 = \sum_{n-1}^T R_n^2$$

式中：R_n 为第 n 天所需资源数量，$n = 1, 2 \cdots T$。

下面分析工作移动对平方和的影响。

由式（7-10）和式（7-11）可知，要使方差 σ^2 最小，也就是应使平方和 $\sum_{n-1}^T R_n^2$ 最小。

如图 7-13，设工作 $K\text{-}L$ 在时段（i, j）进行，也就是工作 $K\text{-}L$ 是在第 $i+1$ 天开始，在第 j 天结束。

资源需用量曲线在第 $i+1$ 天的强度为 $Ri+1$，在第 $j+1$ 天的强度为 R_j+1，工作 $K\text{-}L$ 所需资源强度为 $r_{K\text{-}L}$。

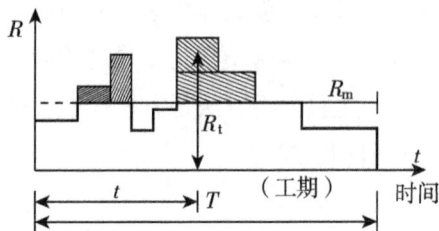

图 7-12 资源需用量曲线

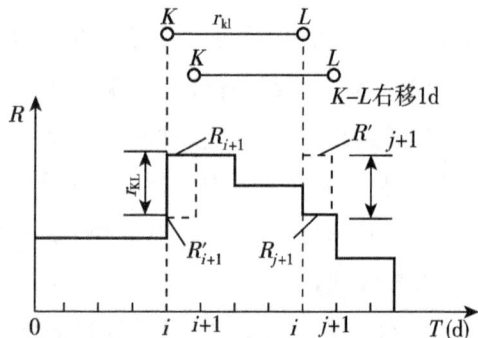

图 7-13 工作移动对资源需用量曲线的影响

先考虑工作 $K\text{-}L$ 后移 1 天的情形：

若工作后移 1 天，则第 $i+1$ 天的资源需用量减少 $r_{k\text{-}l}$（因为 $K\text{-}L$ 已移出第 $i+1$ 天），第 $j+1$ 天的资源需用量将增加 $r_{k\text{-}l}$，即：

$$R'_{i+1} = R_{i+1} - r_{k\text{-}l} \qquad (7\text{-}12)$$

$$R'_{j+1} = R_{i+1} - r_{k\text{-}l} \qquad (7\text{-}13)$$

其他各天资源需用量没有变化。

这样，资源需用量平方和 ε_1 的变化值为：

$$\varepsilon_1 = \left[(R_{j+1} + r_{k\text{-}l})^2 + (R_{i+1} - r_{K\text{-}L})^2\right] - \left[R_{i+1}^2 + R_{j+1}^2\right]$$

$$= 2r_{K\text{-}L}(R_{j+1} - R_{i+1} - r_{k\text{-}l}) \qquad (7\text{-}14)$$

令 $\qquad\qquad \Delta + R_{j+1} - R_{i+1} + r_{k\text{-}l} \qquad (7\text{-}15)$

由式（7-14）和式（7-15）可知，若 $\Delta_1 < 0$，$\sum R_n$ 就会减少。这说明将工作 $K\text{-}L$ 后移一天能使 σ_2 减少，从而资源分配更加均衡。在这种情况下就应将工作 $K\text{-}L$ 后移一天。

然后，用同样的方法继续考虑工作 $K\text{-}L$ 是否还能再向后移一天，如果能再后移就再移一天，如此继续下去直到时差用完为止。

若在分析过程中出现 $\Delta_1 > 0$ 的情况，就表明工作 $K\text{-}L$ 不宜右移一天，那么就应考虑能否将 $K\text{-}L$ 后移 2 天（在时差范围内）。

若工作 $K\text{-}L$ 后移 2 天，同理可分析出平方和 $\sum R_n$ 的变化为：

$$\varepsilon_2 = 2r_{K\text{-}L}\,(\Delta_1 + \Delta_2) \tag{7-16}$$

这时，如果 $\Delta_1 + \Delta_2 < 0$，则工作 $K\text{-}L$ 就可后移 2 天。反之，就不能后移 2 天，而应继续考虑工作 $K\text{-}L$ 能否后移 3 天……如此继续下去，直至受工作时差的约束而不允许移动为止，这样 $K\text{-}L$ 工作就处理完毕了。

按上述原则一个工作接着一个工作进行处理，直至处理完所有工作即完成一个循环。

（2）计算步骤。

① 计算网络时间参数，找出关键线路，绘制时标网络计划及资源需用量曲线。

② 按事件最早时间由迟向早的顺序，自后向前对非关键工作逐个进行分析，决定是否后移。

ⅰ. 对工作 $K\text{-}L$：计算 $\Delta_1 = R_{j+1} - R_{i+1} + r_{K\text{-}L}$。

若 $\Delta_1 \leqslant 0$，右移一天，

继续考虑再移动一天的情况；

反之 $\Delta_1 > 0$，则不移。

ⅱ. $\Delta_1 > 0$ 时，计算 $\Delta_1 + \Delta_2 = (R_{j+1} - R_{i+1} + r_{K\text{-}L}) + (R_{j+2} - R_{i+2} + r_{K\text{-}L})$。

若 $\Delta_1 + \Delta_2 \leqslant 0$，右移 2 天，

继续考虑移动一天和两天的情况；

反之 $\Delta_1 + \Delta_2 > 0$，则不移。

如此进行，直至 $K\text{-}L$ 不能移动或不宜移动为止。

③ 每个工作移动完毕后，重新计算时间参数，重作时标网络计划和相应的资源需用量曲线，然后考察下一个工作。

④ 所有能移动且宜移动的非关键工作都移动完毕后，即完成一个循环。第一个循环完成后，然后再进行第二循环的调整，直至所有工作都不能或不宜移动为止。

思考题

1. 试叙述网络计划资源有限——工期最短优化（RSM 法）的基本原理和计算步骤。

2. 在网络计划中，如何判断施工进度计划的资源强度是否均衡，写出判别公式。

3. 网络计划优化通常分为哪几类优化？各自的适用条件是什么？

第8章　工程进度的控制

8.1　工程进度控制的系统过程

工程进度控制是指在合同规定的工期内，编制出最优的施工进度计划，在执行该计划的施工中，经常检查实际进度情况，并将其与计划相比较；若出现偏差，便分析产生的原因和对工期的影响程度，采取必要的调整措施，修改原计划。如此不断循环，直到工程竣工验收。控制的总目标是项目的合同工期。监理工程师的主要工作是：

①审查和批准承包人提交的施工进度计划及各种详细计划和实施细则；

②督促承包人按计划组织施工，包括人工、材料、机械进场和资金的供应；

③经常不断地监测进度的执行情况，及时发现实际进度与计划进度的偏差；

④当产生的进度偏差可能影响总进度目标实现时，督促和帮助承包人及时调整进度安排，采取系统的进度控制措施，纠正产生的偏差，确保总进度目标的实施。

工程进度控制的工作流程如图 8-1 所示。

8.1.1　施工进度的监测

在项目实施过程中，监理工程师要经常定期地监测进度计划的执行。进度监测主要包括以下工作。

1. 进度计划执行中的跟踪检查

跟踪检查的主要工作是定期收集反映实际工程进度的有关数据。收集的方式：一是通过报表；二是进行现场实地检查。收集的数据质量要高，不完整或不正确的进度数据将导致不全面或不正确的决策。为了全面准地了解进度计划的执行情况，监理工程师必须认真做好以下三个方面的工作：

（1）经常定期地收集进度报表资料。

进度报表是反映实际进度的主要方式之一，按照监理工作制度规定的时间和报表内容，承包人经常性地填写进度报表。监理工程师根据进度报表数据了解工程实际进度。

（2）派监理人员常驻现场、检查进度计划的实际执行情况。监理人员常驻现场，可以加强进度监测工作，掌握实际进度的第一手资料，使其数据更准确。

（3）定期召开现场会议。定期召开现场会议对监理工程师与承包人及有关人员可以面对面了解实际进度情况，同时也可以协调有关方面的进度。

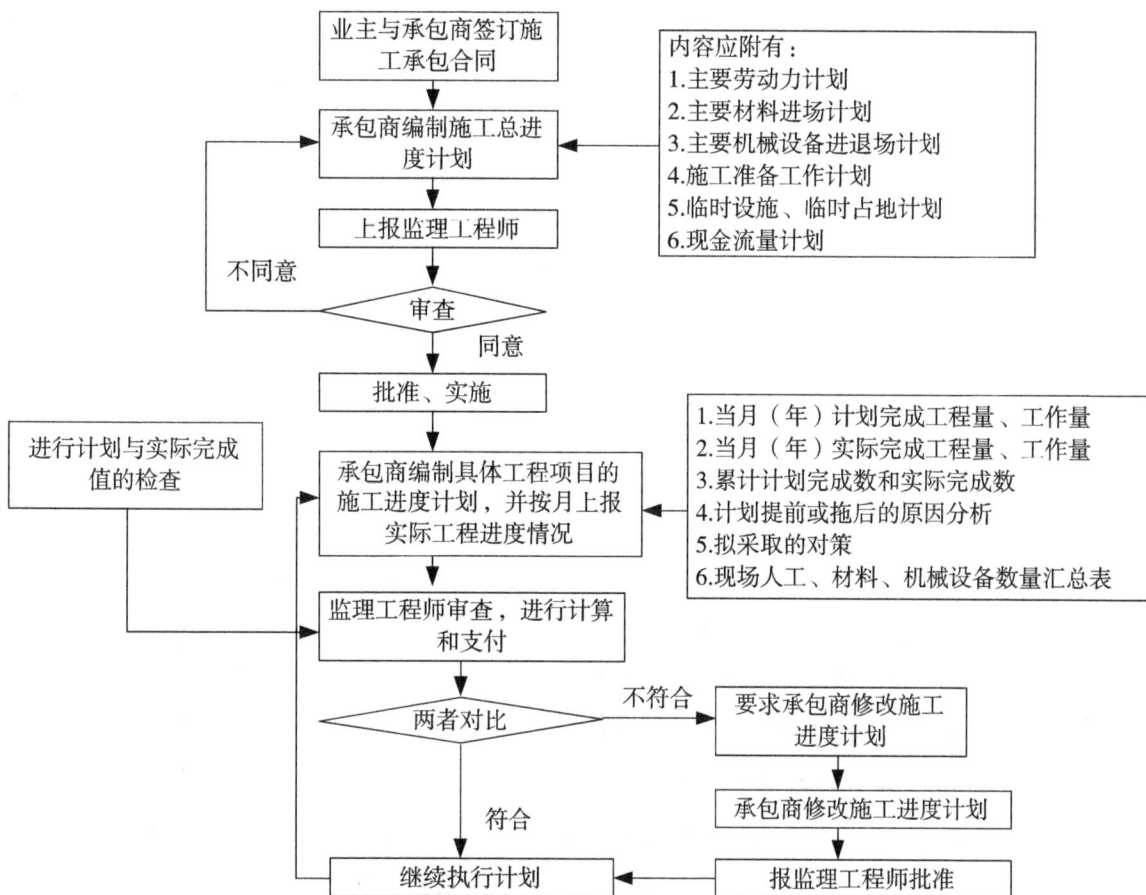

图 8-1 工程进度监理工作流程

究竟多长时间进行一次进度检查，这是监理工程师应当确定的问题。通常，进度控制的效果与收集信息资料的时间间隔有关。不经常定期地收集进度信息资料，就难以达到进度控制的效果。进度检查的时间间隔与工程项目的类型、规模、监理的对象和有关条件等多方面因素相关。可视具体情况，每月、每半月或每周进行一次。在特殊情况下，甚至可能每日进行一次。

2. 整理、统计和分析收集的数据

收集的数据要进行整理、统计和分析，形成与计划具有可比性的数据。例如，根据本期检查实际完成量确定累计完成的量、本期完成的百分比和累计完成的百分比等数据资料。

3. 实际进度与计划进度对比

实际进度与计划进度对比是将实际进度的数据与计划进度的数据进行比较。通常可以利用表格和图形进行比较，从而得出实际进度比计划进度拖后、超前还是一致。

8.1.2 施工进度的调整

在项目进度监测过程中，一旦发现实际进度与计划进度不符，即出现进度偏差时，监理工程师必须认真分析产生的原因及对后续工作和总工期的影响，并督促承包人采取合理的调整措施，确保总进度目标的实现。具体过程如下。

① 分析产生进度偏差的原因。经过进度监测的系统过程，了解到实际进度产生了偏差。为了调整进度，监理工程师应深入现场，进行调查，分析产生偏差的原因。

② 分析偏差对后续工作和总工期的影响。在查明产生原因之后，做必要的调整之前，要分析偏差对后续工作和总工期的影响，确定是否应当调整。

③ 确定影响后续工作和总工期的限制条件。在分析了对后续工作和总工期的影响以后，需要采取一定的调整措施时，应当首先确定进度可调整的范围，主要指关键节点、后续工作的限制条件下以及总工期允许变化的范围。它往往与签订的合同有关，要认真分析，尽量防止后续承包人提出索赔。

④ 采取进度调整措施。采取进度调整措施，应以后续工作和总工期的限制条件为依据。对原有计划调整，也应以保证实现要求的进度目标。

⑤ 实施调整后的进度计划。在工程继续实施中，将执行调整后的进度计划。监理工程师要及时协调有关单位的关系，并采取相应经济、组织和合同措施。

8.2　施工进度计划的审批

FIDIC 条款规定，施工单位在接到中标通知书后，应在合同规定的时间内，向监理工程师提交一份格式和细节符合要求的施工进度计划，并不论何时，当监理工程师需要时，施工单位还应以书面形式将其为工程施工而拟采用的安排、方法和总说明提交给监理工程师。监理工程师在收到施工单位提交的施工进度计划后，应给予明确的批复，并抄报给建设单位，以便取得建设单位的支持。施工进度计划经监理工程师批准后，施工单位应严格按计划执行，且应按年、月、周上报具体详细施工进度计划。

8.2.1　施工单位提交施工进度计划的内容

按 FIDIC 条款规定，在施工准备阶段，施工单位提交进度计划应主要包括以下内容的文件：

① 按规定格式和详细程度要求的施工总进度计划（横道图或网络计划）；

② 通过施工组织设计提出的主要工程施工方案和施工方法；

③ 全部支付的现金流量计划；

④ 劳动力、主要材料、主要机械需要量计划；

⑤ 临时工程和大型临时设施计划。

在将要开工前或施工过程中的合理时间内，承包人应根据监理工程师的要求提交以下阶段性进度计划文件：

① 年度进度计划及现金流量计划；

② 月（季）度进度计划及现金流量计划；

③ 周施工进度计划；

④ 主要分部（分项）工程施工作业计划。

8.2.2　监理工程师在进度控制中的主要工作

在施工准备阶段，监理工程师应认真审查承包人施工进度计划，审查承包人提交的开工申请报告，检查各方落实施工准备工作的情况，签署开工令。在工程施工过程中，还应审批各分项工程、年度、季度和月度的施工计划，控制进度目标；定期检查施工进度的执行情况，发现偏差后及时督促承包人分析原因、研究对策、采取措施，使工程进度符合合同规定的工期要求。

① 审批承包人在开工之前提交的施工总进度计划和现金流量计划，以及在施工阶段提交的各种详细进度计划和变更计划。

② 审批承包人根据总施工进度计划编制的年度、季度和月度的实施性进度计划，以及主要分部（分项）工程施工作业计划。

③ 现场检查承包人的劳动力配置、材料进场数量、机械设备进场的类型与数量等是否满足工程需

要。

④ 定期检查承包人的实际进度与计划进度是否相符。当实际施工进度拖延时，可以要求承包人采取有效措施加快施工进度，及时修改或调整施工进度计划，以使实际施工进度符合施工合同规定的工期要求，确保按期竣工。

⑤ 下达停工令和复工令。按照合同规定，因施工现场或气候原因，为了工程的合理施工，为了全部工程或部分工程的安全而导致必须停工时，监理工程师有权发布停工令，在符合合同要求时也有权发布复工令。对于承包人的过失违约或责任等原因引起工程必须停工时，监理工程师有权签发"停工通知单"，直至承包人经过整改并经验收合格后，监理工程师才有权签发复工令。

⑥ 按时签发工程计量支付证书。监理工程师应提醒项目法人按批准的现金流量计划去积极筹措资金，以便按时支付进度款。未经监理工程师签署计量支付证书，项目法人不得向承包人支付任何工程款项。

⑦ 做好进度协调工作。监理工程师的协调工作主要包括：协调项目法人和承包人之间的关系，依据合同条款公正地维护双方的利益，确保工期的按期完成；协调各承包人之间的关系，使其相互配合，保证按进度计划实施；可以定期召开监理、承包人或监理、承包人、项目法人参加的协调会议，调查影响工程进度的因素，制定措施，以保证各方协调一致地去完成进度目标。

⑧ 定期向项目法人提交工程进度报告，组织召开进度协调会议，并做好有关施工进度的记录和整理工作。当施工进度可能导致合同工期严重延误时，有责任提出中止执行施工合同的详细报告，供项目法人采取措施或作出决定。

⑨ 处理工程延期事宜。

8.2.3 施工进度计划的审批

监理工程师在收到承包人提交的施工进度计划后，应组织有关人员进行认真、仔细的审查，审查计划的符合性、合理性和现实可行性，在规定的时间内，以书面形式向承包人明确说明是否批准计划并提出修改意见。

审查的内容应主要包括以下几方面。

① 工期和时间计算的正确性。承包人提交的进度计划的各项工作的持续时间、网络计划（或横道图）时间参数和关键线路计算必须准确无误，正确绘制。

② 工期和时间安排的符合性。承包人提交的进度计划的总工期必须符合合同工期的要求。如果合同中规定有需要分阶段单独交工的项目，进度计划也必须明确符合分阶段单独交工的日期要求。进度计划的安排应适当留有余地，也必须充分考虑施工准备和完工后清理现场的时间。

③ 施工方案的合理性。计划中各施工项目的施工顺序安排要合理，施工方案可行，施工总体布置合理、方便，选用的主要施工机具的施工能力与工程量相适应，现有或临时道路、桥梁、码头、航道必须满足施工运输要求。

对受低温、高温、降雨、台风、水位影响的施工项目，尽可能安排在适宜的时间施工，并应有相应的预防和保护措施。

④ 计划目标的现实可行性。进度计划安排必须与施工工作面情况相适应；承包人拟投入的劳务、技术管理人员、施工机具的配套工作能力必须要满足计划进度的要求；各种材料、半成品、成品、构件等的供应必须有充分保证。

⑤ 进度计划的协调性。当一个项目由多个承包人施工时，各承包人的进度计划应相互协调。

⑥ 施工准备的可靠性。施工临时用地、驻地建设和四通一平是否已解决，或已有可靠的解决方案；施工测量、材料检验、试验工作是否已妥善安排；主要技术人员、劳务和施工机具的进场日期是否有

可靠保证。

（7）施工的经济性。施工应尽可能连续进行，减少不必要的中断；施工强度尽可能均衡，避免大起大落。

8.3 施工进度监测的主要方法

施工进度监测主要是进行实际完成情况与原订计划值之间的比较，以便及时发现偏差，它是进度调整的基础。施工进度监测常用的方法有实物工程量法、横道图法、工程进度曲线法、工程进度管理曲线法、网络计划技术法。

8.3.1 实物工程量法

实物工程量法是通过每隔一段时间（每周、每月）统计实际完成工程量与计划工程量进行比较的方法。

表 8-1 为 ×× 疏港公路 3 月份主要工程量完成情况表。由表可知，涉及软基处理的土工布、土工格栅、塑料排水板、路基填方施工和防护工程的砌体施工，进度严重滞后。

表 8-1 ×× 疏港公路 3 月份主要工程量完成情况表

（截止日期：2000年3月25日）

名 称		单位	合同数量	本月		累计	
				计划	实际	计划	实际
路基土石方工程	场地清理	万m²	7.5			7.5	9.5
	路基挖方	万m³	87.6	3	3	69	69.3
	路基填方	万m³	36.4	1.5	1	40.9	9.7
	结构物土方工程	万m³	1.8	0.2	0.2	1.6	1.6
	软基处理 土工布、格栅	万m²	16.4	1.2	0.4	20.1	15.8
	塑料排水板		42 075	400		46 671	19 858
	砂砾、碎石垫层	万m³	6	0.22	0.19	7.23	5.5
排水工程	地面排水	m	8 200	300	100	4 900	1 791
	涵洞	m	240.6				
防护工程	砌体工程	万m³	31 911	600		5 600	
	土工格栅	万m²	34 356				

8.3.2 横道图法

横道图法是将项目施工中检查实际进度收集的信息经过整理后，直接用横道线并列标于原计划的横道线处进行直观比较的方法。

图 8-2 中，在 1998 年 6 月 30 日检查时发现，现浇上、下节点混凝土均已完成，比原计划提前 1 个月；混凝土构件预制拖延约 2 个月；码头岸坡抛石拖延约 4 个月；安装橡胶护舷还未开工，至少拖延 1.5 个月；其他工作进度正常。这为进度控制者提供了实际进度与计划进度之间非常明确的偏差，为采取调整措施提供了重要依据。

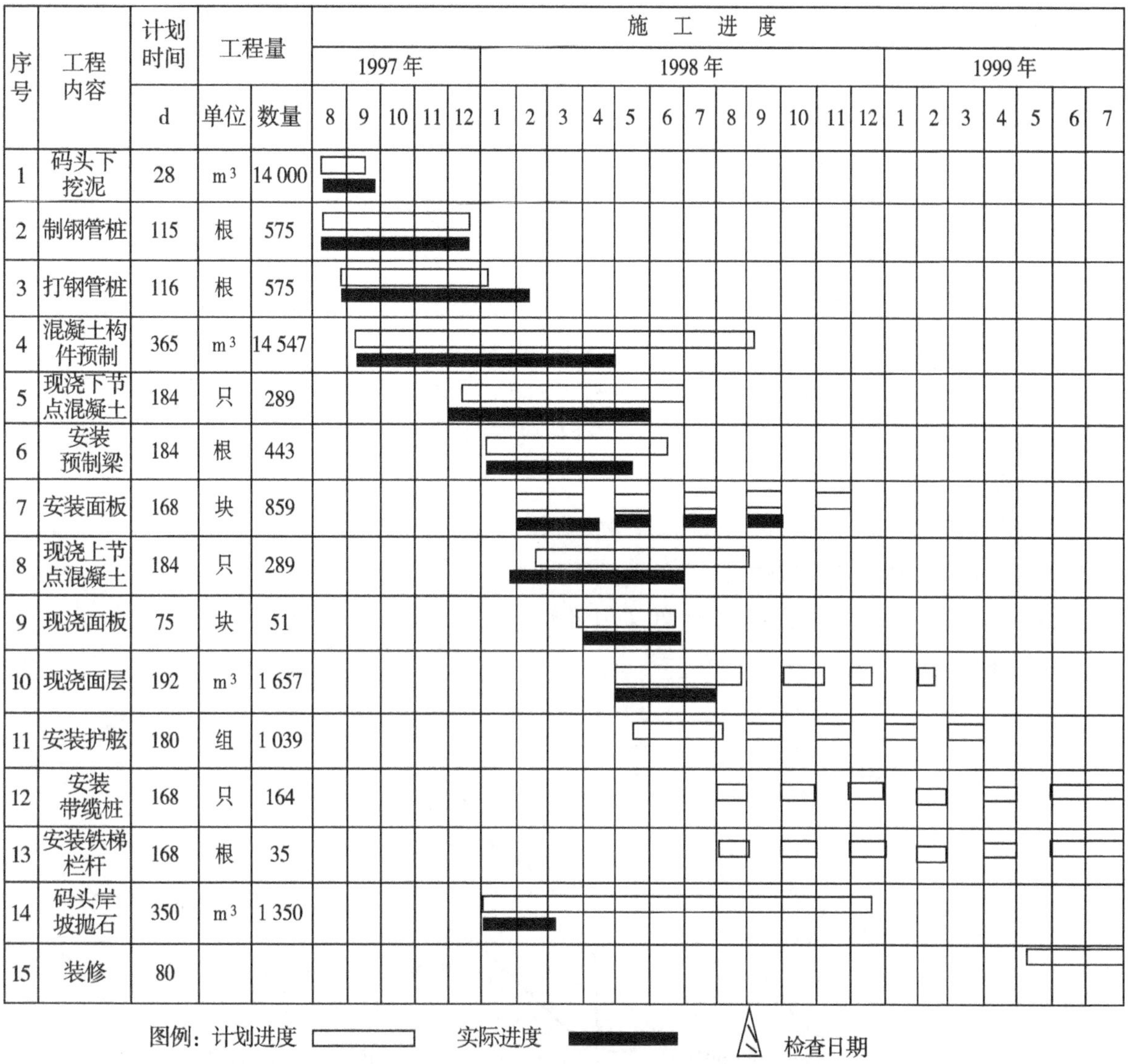
序号
工程内容
计划时间
工程量
施工进度
1997年
1998年
1999年
d
单位
数量
8 9 10 11 12 1 2 3 4 5 6 7 8 9 10 11 12 1 2 3 4 5 6 7
1 码头下挖泥 28 m³ 14 000
2 制钢管桩 115 根 575
3 打钢管桩 116 根 575
4 混凝土构件预制 365 m³ 14 547
5 现浇下节点混凝土 184 只 289
6 安装预制梁 184 根 443
7 安装面板 168 块 859
8 现浇上节点混凝土 184 只 289
9 现浇面板 75 块 51
10 现浇面层 192 m³ 1 657
11 安装护舷 180 组 1 039
12 安装带缆桩 168 只 164
13 安装铁梯栏杆 168 根 35
14 码头岸坡抛石 350 m³ 1 350
15 装修 80
图例：计划进度
实际进度
检查日期

图 8–2　某高桩码头工程计划进度与实际进度横道图

横道图法的步骤如下。

① 编制横道图计划。

② 在横道图计划上标出检查日期。

③ 将检查收集的实际进度数据，按比例（实际完成工程与总工程量之比）用涂点（黑）的粗线标于计划进度线标杆的下方。

④ 比较分析实际进度与计划进度的关系：

ⅰ. 黑粗线右端与检查日期相重合，表明实际进度与计划进度一致；

ⅱ. 黑粗线右端在检查日期左侧，表明实际进度拖后；

ⅲ. 黑粗线右端在检查日期右侧，表明实际进度超前。

8.3.3　工程进度曲线法

使用横道图法监测施工进度，能直观地反映每项工作的实际进度与计划进度的差异，但很难从整体上准确表示出实际进度较计划进度超前或滞后的程度。要从整体上掌握工程进度状况，可采用工程进度曲线法。

工程进度曲线法是在已绘制好的计划的工程进度曲线坐标内，根据检查时间累计实际完成的工作量，再绘制一条实际的工程进度曲线，进行实际进度与计划进度比较的方法。

工程进度曲线法的功能如下。

① 定性反映工程项目实际进度与计划进度的关系。如图 8-3 所示，当实际进度点处在计划进度左侧时，表明实际进度较计划进度超前；当处在右侧时，则表示拖后；若正好落在其上，则表示完全一致。

② 计算实际进度较计划进度超前或拖后的时间。如图 8-3 所示，检查时刻的实际进度点到计划进度曲线的水平距离，即表示实际进度较计划超前或落后的时间。图中，ΔT_a 表示 T_a 时刻实际进度超前的时间，ΔT_b 表示 T_b 时刻实际进度拖后的时间。

（3）预测工程进度。由于工程进度曲线的某一点的斜率反映该时刻的施工速率，因此，图 8-3 中的 ΔT_c 即表示继续按 T_b 时刻的施工进度施工，将会造成工期的拖延值。

运用工程进度曲线法的步骤是：

① 编制工程进度计划（如横道图或网络计划）；

② 按计划进度绘制相应参数的累计曲线（用细实线）；

③ 按实际进度绘制相应参数的累计曲线（用粗实线）；

④ 对两条曲线进行比较、分析。

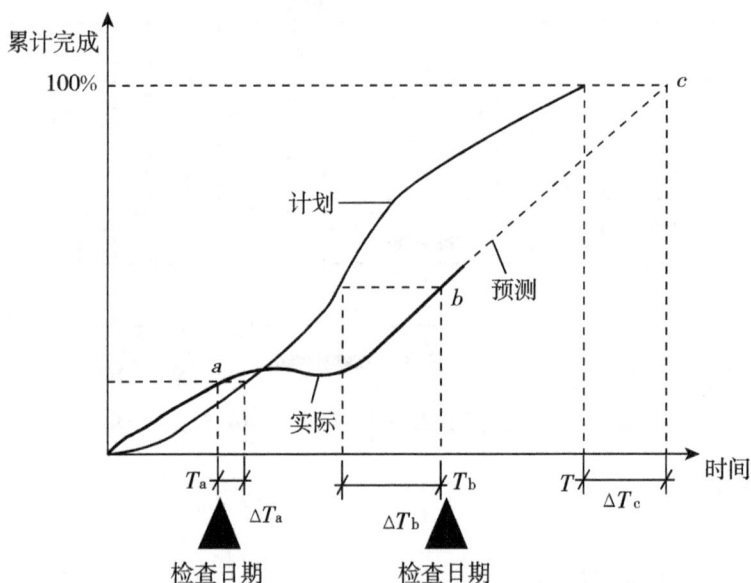

图 8-3　工程进度曲线比较图

8.3.4　工程进度管理曲线法

从工程项目网络计划可知，在保证项目工期的前提下，任何一项工作都有最早和最迟两种开始与完成时间。因此，任何一个工程项目，都可根据网络计划绘制 ES 和 LS 两条工程进度曲线。由于网络计划无论按 ES 还是 LS 安排，都是从计划的开工时刻开工到计划的完工时刻结束，因此两条曲线是闭合的。工程进度管理曲线法是通过绘制实际工程进度曲线与 ES 和 LS 两条计划的工程进度曲线进行对比、分析的方法，使实际进度点尽可能处在 ES 和 LS 两条曲线围成的区域内，如图 8-4 所示。

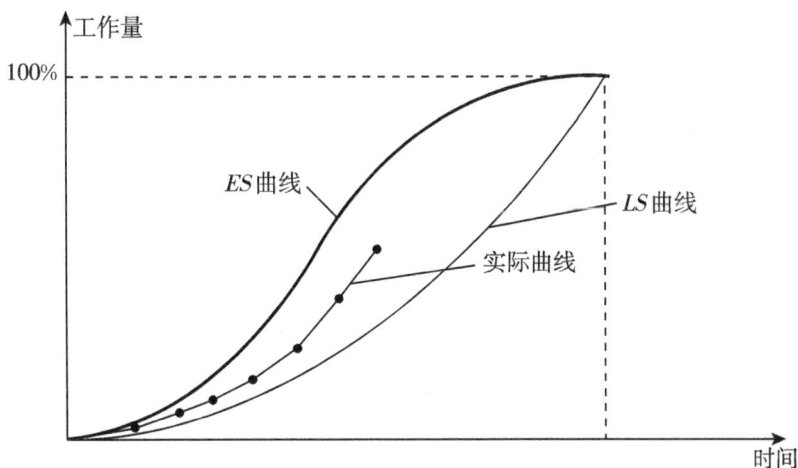

图 8-4　工程进度管理曲线图

工程进度管理曲线法的步骤如下。

① 编制工程项目网络计划，计算时间参数。

② 在同一坐标内，分别按 ES 和 LS 绘制计划进度的累计曲线。

③ 在项目实施中，根据检查时间与实际完成工作量，在 ES 和 LS 的同一坐标内绘制实际进度的累计曲线。

④ 实际进度曲线与 ES 和 LS 曲线分析比较：

ⅰ. 若实际进度曲线在 ES 曲线左方，则进度超前；

ⅱ. 若实际进度曲线在 LS 曲线右方，则进度过慢，工程进度处于危机状态；

ⅲ. 若实际进度曲线处在 ES、LS 曲线围成的闭合区域内，则进度比较适中，进度偏差处于可控范围内。

8.3.5　前锋线网络计划方法

前锋线网络计划方法是在时标网络计划图上，在检查时刻，根据实际工程进度情况，标画出实际进度前锋线，形象地描述实际进度执行情况与原计划目标差异情况的方法。

前锋线网络计划方法的步骤如下。

1. 绘制时标网络计划图

工程实际进度的前锋线是在按最早时间绘制的时标网络计划图上标画的，因此时标网络计划图应按最早时间绘制。

2. 绘制实际进度前锋线

实际进度前锋线是在计划执行的某一时刻，正在进行的各项工作的实际进度的前锋点的连线。绘制时应先标画出各线路的实际进度的前锋点，再从检查时刻的上坐标点开始，依次连接相邻线路的实际进度前锋点，最后与检查时刻的下坐标点相连，形成一条折线，这条折线就是一条实际进度前锋线（图8-5）。

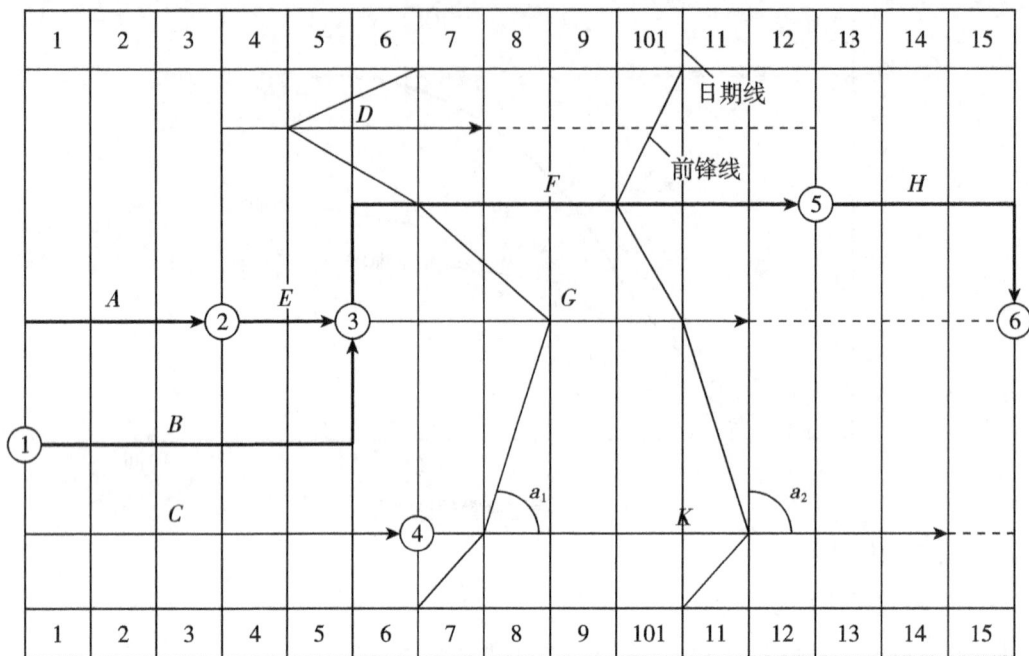

图 8-5　某工程前锋线网络计划

绘制前锋线的关键是标定该检查时刻正在进行的各项工作的实际进度前锋位置,有两种标定方法。

(1)按已完成的工程实物量来标定。

根据已完成的工程实物量,按线性关系推算所占持续时间,从工作的开始节点量取其长度确定出前锋位置。

(2)按尚需时间来标定。

有些工作的延续时间难以按工程实物量来计算,只能根据经验或用其他办法估算出来。要标定该工作的某时刻的实际进度,就估算出从该时刻起到完成该工作还需要的时间,从完成节点反过来自右到左进行标定。

3. 比较实际进度与计划进度

以检查时刻的日期线作为基准线,以实际进度的位置作为前锋点,前锋线成为一个波形图。前锋点与基准线的关系有以下三种情况:

①前锋点处在基准线前面,则该工作实际进度超前,超前的天数为二者之差;

②前锋点处在基准线后面,则该工作实际进度拖后,拖后天数为二者之差;

③前锋点正在基准线上,则该工作实际进度正好与计划进度一致。

画出了前锋线,整个工程在该时刻的实际进度便一目了然。在执行计划中按照一定的时间间隔依次画出各时刻的实际进度前锋线,就可以相当生动地描述出进度计划各个阶段的执行动态。时间间隔愈短,描述愈精确。可以设想,如果将一个进度计划执行过程中的所有实际进度前锋线按其先后顺序连续显示出来,我们将会相当直观地看到这个计划实际执行情况的整个动态过程。

4. 预测进度

在前锋线网络计划中,可通过对现在时刻和过去某时刻两条前锋线的分析比较,在一定范围内对工程未来进度和变化趋势作出预测。预测进度可利用前锋线倾角和进度比。

(1)利用前锋线倾角预测进度。

前锋线倾角是指前锋线的某一线段两条线路前锋点的连线与其下邻水平线路前进方向的夹角。在

图 8-5 中，α_1 与 α_2 为前锋线倾角。

从图 8-5 上可以直观地看到，某线路的前锋线倾角 α 的大小与该线路对于其上方相邻的那一条线路（简称上邻线路）的相对进度有关。该线路比上邻线路领先时，$\alpha > 90°$，反之 $\alpha < 90°$；两条线路齐头并进时，$\alpha = 90°$。前锋线倾角的大小变化，又与这段时间里该线路对于上邻线路的相对进展速度有关。该条线路进展速度比上邻线路快时，倾角由小变大，反之，倾角由大变小；两条线路进展速度相等时，倾角大小不变。观察前锋线倾角的大小及其变化就可以对相邻两条线路未来的相对进度作出定性的预测。

（2）利用进度比预测进度。

进度比是前后两条前锋线在其线路上截取的线路长度 ΔX 与相应的检查时间间隔 ΔT 之比，用 B 表示：

$$B = \Delta X / \Delta T$$

B 的大小反映了该条线路的实际进展速度的大小。当：

① 该线路的实际进度快于原计划进度时，$B > 1$；

② 该线路的实际进度慢于原计划进度时，$B < 1$；

③ 该线路的实际进度正好等于原计划进度时，$B = 1$。

根据 B 的大小，就有可能对该线路未来的进度作出定量的预测。一般来说，如果 i、j 分别表示前后两条实际进度前锋线，它们的时间间隔 $\Delta T = T_j - T_i$，在某条线路上截取的长度 $\Delta X = X_j - X_i$（为了计算方便，T_i、T_j、X_i、X_j 可均用时间坐标轴"绝对工期"栏的数字计算），那么，该线路在这段时间里的进度比为：

$$B = \frac{X_j - X_i}{T_j - T_i} \tag{8-1}$$

第 n 天以后该线路的前锋到达的位置为：

$$X_n = X_i + nB \tag{8-2}$$

这时该线路与原计划相比的进度差（即超前或落后的天数）为：

$$C_n = C_i + n(B - 1) \tag{8-3}$$

C_i 为现时刻该线路的进度差。C_n 得正值，表示计划超前；C_n 得负值，表示该计划落后。

思考题

1. 简述监理工程师在进度控制监理中的工作流程和主要内容。

2. 监理工程师进行施工进度调整的过程是什么？

3. 监理工程师进度控制中的主要工作是什么？

4. 监理工程师进行施工进度审查的主要内容包括哪几个方面？

5. 施工进度监测的主要方法是什么？各自有何优缺点？

6. 什么是前锋线网络计划？它的绘制步骤是什么？

第*9*章 进度拖延原因及处理

在工程建设中，工程的竣工日期应该是工程开工日期加合同规定的工期。但是，由于各种原因，有时会出现工程不能按期竣工，使完工时间延长的情况。工期延长的原因可分为两类：一类是承包人的责任，另一类是非承包人的责任。有时有些责任是很难区分的，这时监理工程师应依据合同授予的权力及有关合同条款，公正、合理地处理此类问题。

9.1 进度拖延的原因

一般来说，承包人的责任就是在合同规定的施工期限内，保质保量地完成所承包的工程，除非监理工程师根据承包人的申请，书面批准将竣工期限延长；否则，承包人应按合同条款的规定向项目法人交纳延误工期的违约赔偿费。工程的延期和延误，对项目法人、监理工程师和承包人来说都是十分重要的。

对项目法人来说，同意延期，将造成工程项目竣工工期的延长，使其不能按期投产，也可能会造成经济上的损失。

对承包人来说，获得工程延期，就可减少甚至消除由于工期延误而支付的延期损害赔偿费。出现工程延误，承包人将不能按期竣工，会增加经济损失（如违约罚金，设备租用期延长等），甚至会被项目法人采取强制分包或被驱逐出工地，造成信誉等的损失。

对监理工程师而言，在此类事件发生时，应仔细研究造成此种期限延长的原因和责任，并且考虑到：

① 同意延期将造成项目法人成本上的增加；

② 同意延期可能给承包人造成要求费用索赔的理由；

③ 拒绝承包人申请延期的合理要求，也可能导致承包人要求费用索赔。

因此，监理工程师在处理延期和延误问题时，应仔细加以研究，以便正确地向项目法人推荐公正合理的处理方案。

9.1.1 工程进度拖延的分类

工程进度拖延可分为工程延期（合同规定可能延期的）和工程延误（完全属承包人责任所造成的）两类。

1. 工程延期

凡不是由于承包人一方的原因而引起的、且合同规定可能获得延期的，属于工程延期。对此，项目法人及监理工程师应依据合同规定给承包人延长施工时间，即满足其工期索赔的要求。

工程延期产生的原因较多，如异常的天气、大海潮、人力不可抗拒的天灾、项目法人变更设计、项目法人未及时提供施工进场道路、地质条件恶劣等。

在批准工程延期时，如存在有事实证明的经济损失，且承包人已按合同规定提出了费用索赔的要求，则监理工程师和项目法人除批准工期延长外，还应依合同的规定批准承包人合理的费用索赔要求。

2. 工程延误

这是指由于承包人的责任而引起的工期延误，如施工组织协调不好、人力不足、设备不足或完好率较低、劳动生产率低、施工管理混乱、工程质量不符合合同规定的技术标准而造成的返工等。

出现工程延误时，承包人不仅不能获得工期和费用索赔，而且还要向项目法人赔偿"违约罚款"。出现工程延误时，监理工程师可依据合同授予的权力，指令承包人加快工程进度，并向项目法人报告提出采取措施的建议供项目法人决策。项目法人可能采取强制分包或终止合同等。这时，加快施工、终止合同等造成的一切经济损失，应由承包人承担。

9.1.2 施工进度拖延的原因分析

造成进度拖延的原因是多方面的，有属于项目法人方面的和监理工程师方面的原因，也有属于承包人方面的原因，有时甚至是三方面的原因都有。因此，在工程项目的建设中，项目法人、监理工程师和承包人三方，都应以客观的态度认真对待，采取有效措施，尽量避免索赔的发生，给工程的顺利进行、按期竣工创造条件。监理工程师应公正、客观、合理地评价承包人的索赔申请，对合理的、符合合同规定的索赔，应及时予以确认；对不符合合同规定的索赔，应坚决予以拒绝。承包人在提出索赔申请时，也应符合实际情况，符合合同规定的条款，并提供充分的证据，不可漫天要价，扩大事实。

1. 合同规定承包人有权提出工期索赔的内容

（1）任何形式的额外或附加工程。

这是指当项目法人与承包人的施工承包合同签订后，在施工过程中，由于设计的变更或其他条件的变化，项目法人提出增加合同外的工程项目或附加的工程，从而使承包人增加工作，延长了工程的竣工时间。例如，某承包人在土方施工中，经实际计量，石方数量比合同中工程量清单上的数量多很多，由此造成了工程进度的拖延，这时，承包人可要求延期。

（2）未能给出占有权。

这是指项目法人未能按合同规定的时间给承包人提供现场占有权和出入权，并导致承包人延误了工期。例如，承包人按施工进度计划的安排占用某部分土地，并在此时间到来之前已书面向监理工程师和项目法人提出使用此块土地的申请，而监理工程师和项目法人在此时间后超过4个星期才移交土地，从而造成承包人在工地的等待，这时，根据 FIDIC 条第44条的规定，承包人有权获得延长工期。

（3）化石的处理。

这是指承包人在工程现场施工中发现有化石、文物、建筑结构以及地质和考古价值的遗物时，应及时通知监理工程师进行处理。例如，由于监理工程师在处理这些问题时造成了承包人工期的延误，此时，监理工程师应同意延期。

（4）图纸、指令等的延迟发出。

这是指项目法人和监理工程师未能在合理的时间内按承包人提出的通知要求给承包人提供施工图纸或指令，从而耽误了承包人的施工，造成了工程的延期。

（5）工程的暂时停工。

这是指根据项目法人和监理工程师的指示，承包人暂时停止施工。当暂时停止施工的原因除了合同中另有规定的，或由于承包人一方的失误或违约导致的，或属于承包人应对其负责的，或由于现场天气条件导致的，以及为了工程的合理施工或其任何部分的安全所需的暂停之外，且造成了承包人不能按期竣工时，监理工程师和项目法人应给予承包人延长工期的权力。

（6）样品与试验。

在工程抽查中，如果监理工程师要求做的检验是属于：

① 合同中未曾指明或未作规定的；

② 合同中没有特别说明的；

③ 虽然已说明或作了规定，但监理工程师要求做的检验是在被检验的材料或设备的制造、装配或准备地点场地以外的其他地方进行。

如果检验结果表明操作工艺、材料符合合同规定的要求，但又耽误了施工进度，则监理工程师在与项目法人和承包人协商之后给予承包人延长工期。

（7）不利的实物障碍或自然条件。

这是指在工程施工中，承包人遇到了现场气候条件以外，即使一个有经验的承包人也无法合理预见到的外界障碍或自然条件（外界障碍包括诸如地下结构物、污水管道、供水管道、地下电缆、基础等，自然条件指地下土壤条件，如软土等），则承包人应立即通知监理工程师。如果监理工程师认为此类障碍或条件确实不可能为一个有经验的承包人所合理预见，且承包人为此耽误了进度，造成了工期的拖延，则监理工程师可考虑给予承包人延期。

（8）异常恶劣的气候条件。

这是指在工程施工过程中，承包人在现场遇到了特别异常恶劣的气候条件（如雨季期特别长），且是一个有经验的承包人也无法预见的情况，造成了工期的延长，此时，监理工程师可考虑给予延期。

（9）项目法人造成的延误、障碍等。

这是指项目法人在工程施工过程中，违反了合同规定的应负的责任而导致了工程的延期，如由项目法人负责采购的材料、设备未能按合同要求按时交付给承包人，项目法人不能按期支付工程进度款而使承包人因缺乏资金而无法进行施工等所造成的工程延期；或由于项目法人在现场对承包人指挥失误而导致施工秩序混乱引起的工程延期。

（10）任何其他的特殊情况。

这是指除以上原因外，属于项目法人、设计单位、监理工程师等的责任或不可抗力所造成的工程延期，例如：由于战争、叛乱，军事政变或内战，离子放射或放射性的污染，工程设计不当而造成的损失或破坏；因项目法人使用或占用部分已交的永久工程不当造成的损失或破坏；一个有经验的承包人通常也无法预测和防范的任何自然界力量的破坏；监理工程师未及时批复承包人的有关请示文件，监理工程师未及时检测验收，等等。

对于合同规定承包人可以有权获得工程延期的情况，承包人应以书面形式实事求是地提出有关工程延期的要求，并提供充分的证据，以供监理工程师和项目法人审批。

2. 由于承包人自身原因造成工期延误

（1）不能按期开工。

这是指在项目法人与承包人签订施工承包合同后，承包人未能在项目法人规定的开工时间进驻施工现场并开始施工所造成的工程拖延、工期延长，以至于使监理工程师不能按时发布开工令。

（2）设备不能满足工程需要。

这主要包括承包人按合同规定应进场的设备不能按期进场，设备数量不足，生产率达不到预定的要求；或者是设备的完好率较低，虽然进场了大量的设备，数量上满足要求，但完好率较低，实际使用的设备不能满足施工进度要求，而造成的工期延误。

（3）人力不足。

这主要包括承包人所投入的劳动力、技术人员、管理人员等不能满足工程进度计划的要求，而导致工期延误。

（4）施工组织不善。

这主要是指承包人对工地各方面的组织、管理不当造成施工程序或秩序混乱；或由于管理手段落后，使各方面的行动不能协调一致，造成工、料、机等的浪费；或由于不能充分利用现代的科学组织管理方法组织连续、均衡、协调的施工，甚至出现工人消极怠工、施工混乱等而造成的工程延误。

（5）材料短缺。

这是指承包人自行采购的材料、构件等不能按期到货，致使工程中断、停工待料所造成的工程延误。

（6）质量事故。

这是指承包人在工程施工中，未能按合同规定的技术标准和规范进行施工，从而造成工程质量不符合检测验收标准，或判定为不合格产品，而需返工或重建的工程，并因此而引起工程的延误。

（7）安全事故。

这是指承包人在工程建设中，未能遵守安全操作规程或出现意想不到的安全事故，从而造成损失和工程的延误等。

对于因承包人自身原因所造成的工期延误，项目法人也可采用反索赔的措施，以维护自己的利益。一般在合同文件中都列有工程延误的违约罚款的条款，并明确规定罚款额的计算方法。

在实际的工程建设中，造成工程延误的原因是多方面的，有时甚至是十分错综复杂的，分清属于哪一方的责任有时甚至是十分困难的。因此，作为监理工程师，就要充分地理解和掌握合同文件，当工程建设中出现延误的苗头时，应注意搜集有关的证据资料，以便作出公正合理的判断。

9.2 工程延误的处理

当工程建设由于承包人自身原因造成工程延误时，监理工程师、项目法人和承包人都应积极地采取有效措施，尽可能使工程能按合同规定的工期及监理工程师批准的展延工期完工。监理工程师在处理工程延误时，应充分地掌握合同条件，利用合同授予监理工程师的权力，根据工程延误的严重程度，运用工作指令、停工指令、停止支付进度款、要求承包人按投标书附件中规定的金额进行误期损失赔款、终止对承包人的雇用等措施，公正合理地处理工程延误事件。

9.2.1 未按施工进度计划施工处理

FIDIC 合同条件规定，承包人在接到中标通知后的规定时间内，应向监理工程师提交一份格式和细节都符合监理工程师规定的工程进度计划，并取得监理工程师的同意。当工程实际进度与已同意的工程进度计划不符合时，监理工程师可要求承包人提交一份修正的工程进度计划，承包人应及时提交。同时，监理工程师应与承包人座谈，讨论进度计划执行中存在的困难，并且尽量提供帮助。重要的是，要检查监理工程师是否存在任何工作失误而导致工程的延误，如迟作测试、未及时审批工程开工报告及有关文件等。

作为承包人，应按监理工程师的要求提供一份修正的、能保证按期竣工的工程进度计划。如未能履行这种责任，原则上项目法人有权将其逐离工地（FIDIC 第 63 条款）。

倘若监理工程师不满意承包人所提供的修正工程进度计划，应拒绝采纳。监理工程师批准修正计划，并不免除承包人履行合同的责任，且在任何时候都应有一个有效的经批准的工程进度计划在使用。但是，监理工程师应注意，提供意见和协助是必要的，但切勿指示承包人如何加快施工。此举可能导致索赔，因为按监理工程师指示的方法和措施加快进度可能会引起施工成本增加。

监理工程师必须留意，批准修正的工程进度计划仍以合同指定的竣工期限为依据；否则，将会被视为准许延长施工期限的批复。

9.2.2 施工进度过于缓慢的处理

1. 工程进度过于缓慢的处理

假如工程的进度缓慢，使工程明显无法如期完成时，监理工程师应在认为合理的时候发出通知，告知承包人工程进度过于缓慢，以引起承包人的高度重视。

承包人应尽可能采取一切有效措施，以确保工程的按时完成。假若承包人没有采取措施或措施不力，无法加快工程进度时，按 FIDIC 条件，项目法人和工程师只有两个解决办法：

① 坐视不理；

② 将承包人逐出工地。

但此两个办法都会引起许多麻烦。为此，监理工程师应尽可能作出各种尝试和努力，以改善工程进度。监理工程师的行动可能包括以下几种：

① 访问工地取得问题的第一手资料，并加以研究，找出存在问题的关键及研讨可能解决的办法；

② 邀请承包人的上级管理部门，协商可能采取的行动计划；

③ 坚持与承包人的上级管理部门保持经常的联系，召开联席会议，以加强对工程进度的监控，促使承包人履行承诺；

④ 邀请项目法人参加工地会议和上述会议，以向承包人加压。

值得注意的是，进度越延迟，问题越难以解决。因此，监理工程师对此应尽早采取有效措施。

倘若项目法人决定进入工地及将承包人逐出，则监理工程师必须确定及记明承包人于被逐时应得的款项和迄今已完工程的施工设备及临时工程的价值。

2. 工程进度受严重阻延的处理

当工程进度计划受到严重阻延且有理由确信承包人无法按期完成工程时，或确信有下列情况时，监理工程师必须及时向项目法人证实承包人违约的事实，然后由项目法人去决定是否按监理工程师所证实的违约事宜采取行动。

① 承包人放弃合同；

② 承包人未能动工或停工 28 天；

③ 虽然监理工程师提出警告，而承包人并没有遵从合同作业；或当作业时，持续地或者公然地不理会合同规定应负的责任。

项目法人可采取的行动主要有：

① 终止与承包人的合同；

② 将部分（或剩余）工程转包给其他承包人或自己完成。

项目法人在发出所采取的行动通知的 14 天后即可进驻现场和工程，并可根据需要使用其认为合适的那部分承包人的设备、临时工程和材料。

9.3 工程延期的处理

当工期拖延非承包商原因引起时，如果承包商提出延期申请，监理工程师应按照合同规定，进行认真的调查研究、计算和审核，给予承包人延长工期的权利。当然，如果采用赶工更合理，且承包人也同意赶工，监理工程师也可通过与项目法人、承包人协商，由项目法人支付额外的赶工费用，使工程项目按原竣工工期完工。

9.3.1 工程延期的申请与审批

图 9-1 所示为 FIDIC 条款规定的承包人延期申请与监理工程师的审批程序。

1. 承包人如何申请延期

根据 FIDIC 合同条款第 44.2 条规定，承包人在有理由延期完成工程或部分工程的情况下，应在发生此类事件的 28 天内，向监理工程师提出延期申请，并向项目法人递交延期申请的副本，才真正具有延期申请的资格；否则，监理工程师将不予考虑。这就是说除非承包人要求延期，否则监理工程师不必考虑延期。不过，作为监理工程师应站在公正的立场上，即使承包人未提出延期申请，监理工程师也有权给予延期（如延期是由项目法人造成的，而这种延误又肯定会影响整个工程的按期完成）。

承包人在递交了延期申请后，还应在 28 天内或监理工程师同意的其他时间内详细地列出认为有权要求延期的具体情况、证据、记录、网络进度计划图、工程照片等。

假如所发生的延期事件具有连续影响性，且承包人不能按 FIDIC 合同条款的第 44.2 所规定的 28 天内提交详细情况，则承包人应在以不超过 28 天的时间间隔向监理工程师和项目法人（副本）提交分阶段的情况报告，并在事件影响结束后的 28 天内提交最终的详细的情况报告，以便监理工程师研究审批此事件的延期申请，作出延期决定。

2. 监理工程师批准延期申请

（1）审查的主要内容。

监理工程师在收到承包人提交的延期申请后，应指示现场监理工程师及有关监理人员作好资料的记录，并检查监理组织内部有无影响工程延期的情况（如迟作测试，未及时处理承包人的有关来函等），然后对承包人的延期申请和详细的补充情况资料及证据进行细致的研究。主要应考虑的内容有：

① 此延期事件是否符合合同规定的索赔条件，如前述的任何形式的额外或附加工程、天气异常恶劣等；

② 延期事件是否会影响整个项目的按期完工；

③ 延期事件是否发生在施工进度计划中的关键线路上；

④ 延期申请所报的情况、证据、资料是否准确、符合实际等。

（2）延期审批期限。

监理工程师对延期申请的批准时间一般是不受限制的，可以在事件发生后就审查批准，也可以采用事后追溯的办法批准，即在工程项目完成时才决定。但是，不论何种情况，监理工程师应在承包人提出延期申请后的合理时间内，作出何时审批的意见并告知承包人；否则，可能引起承包人的误解。要注意由于监理工程师对延期申请未作答复而被迫加快工程进度，进而要求支付加班费用和费用索赔的情况。

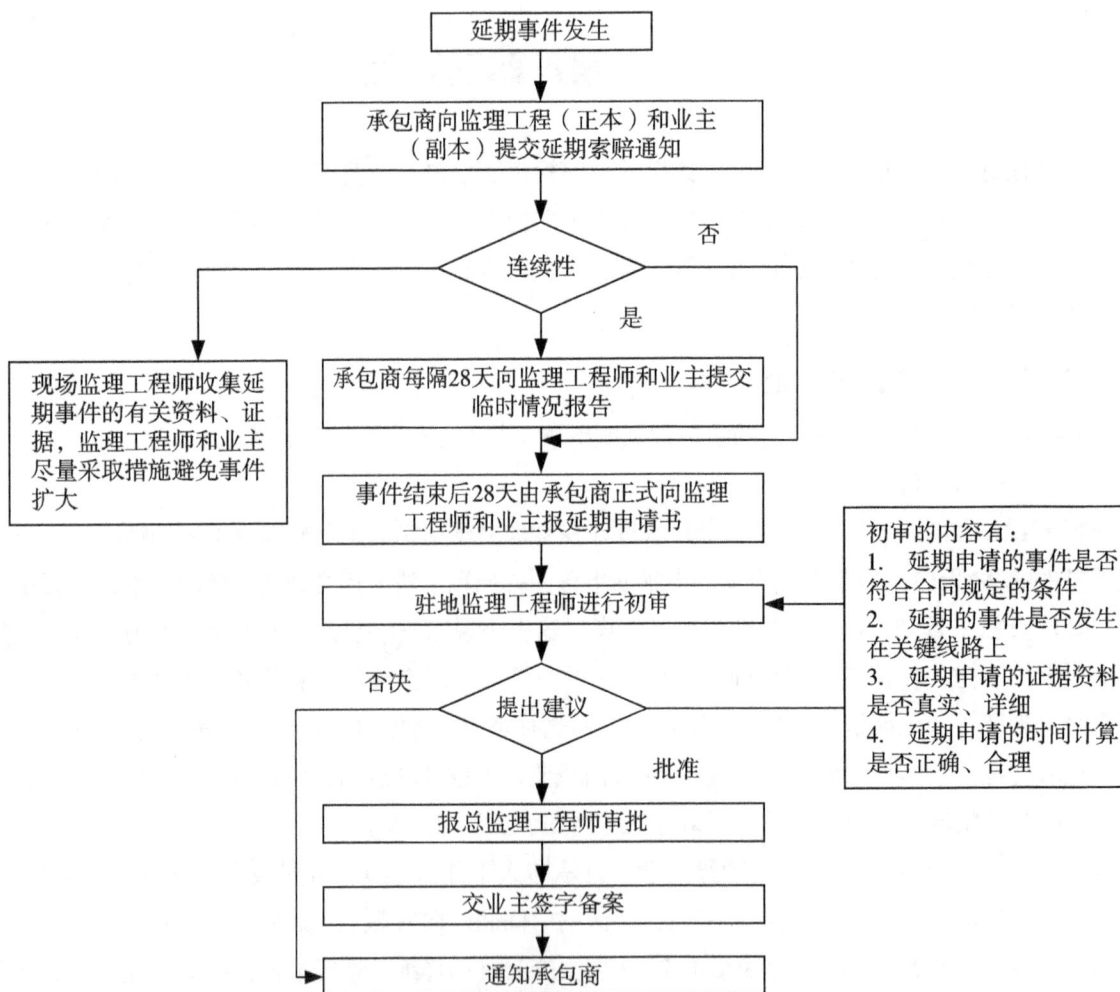

图 9-1　延期申请与审批程序图

对于事后追溯批准的办法，为了避免其他索赔的产生，监理工程师可以根据初审，与项目法人协商，给承包人一个暂定的延期时间。对于连续发生的延期事件，监理工程师可在承包人提交最后一次延期申请（即延期事件结束后 28 天内）以后进行批准。

（3）延期审批的关键。

承包人的延期申请能够成立并获得批准的条件是：

① 延期事件的发生是真实的，并有证据证明；

② 延期事件产生的原因，是在承包人所承担的责任和风险之外，且符合合同规定的延期索赔条款；

③ 延期事件是发生在已批准的工程进度计划的关键线路上；

④ 承包人在28天内（或尽可能提前）向监理工程师提供了工期索赔的申请；

⑤ 计算正确、合理。

上述五条中，只有同时满足前四条，延期申请才能成立。至于时间的计算，监理工程师可以根据自己的记录资料，作出公正合理的计算。

3. 工期索赔所必需的证据

（1）提出合同条款的法律论证部分，以证实自己提出索赔要求的法律依据。

（2）提出原合同协议工期应延长的时间数，以说明自己应获得的展延工期。

证据对索赔工作具有决定性的作用。单纯的一个文字叙述报告和亏损表，没有必需的证据，是肯定无效的。根据国际承包工程的经验，在施工过程中应始终做好资料的积累工作，建立完善的资料记录制度，认真系统地积累合同、施工进度、质量及财务收支资料。对于要发生索赔的一些工作项目，从准备向监理工程师提出索赔要求起，就要有目的地搜集证据资料，寻找合同依据，系统地对工地现场拍照，妥善保管开支收据，有意识地为索赔文件积累所必要的证据。

（3）在工程索赔工作中，一般需要以下几个方面的资料。对某些特殊的索赔项目，除下述证据资料外，还要准备专门的证据。

① 施工记录方面：

ⅰ. 施工日志；

ⅱ. 施工检查员的报告；

ⅲ. 逐月分项施工纪要；

ⅳ. 施工工长的日报；

ⅴ. 每日工时记录；

ⅵ. 同监理工程师的往来通信及文件；

ⅶ. 施工进展及特殊问题的照片；

ⅷ. 会议记录或纪要；

ⅸ. 施工图纸；

ⅹ. 同监理工程师或项目法人的电话记录；

ⅺ. 投标时的施工进度计划；

ⅻ. 修正后的施工进度计划；

ⅹⅲ. 施工质量检查记录；

ⅹⅳ. 施工设备使用记录；

ⅹⅴ. 施工材料使用记录；

ⅹⅵ. 工地气候记录等。

② 财务记录方面：

ⅰ. 施工进度款支付申请单；

ⅱ. 工人劳动计时卡；

ⅲ. 工人分布记录；

ⅳ.工人工资单；

ⅴ.材料、设备、配件等的采购单；

ⅵ.付款收据；

ⅶ.收款单据；

ⅷ.标书中财务部分的章节；

ⅸ.工地的施工预算；

ⅹ.工地开支报告；

ⅺ.会计日报表；

ⅻ.会计总账；

ⅹⅲ.批准的财务报告；

ⅹⅳ.会计来往信件及文件；

ⅹⅴ.通用货币汇率变化表。

上述的所有资料，承包人、监理工程师、项目法人都应经常地、系统地积累，以备索赔的急需。在报送索赔报告文件时，仅摘取直接论证的部分，并尽可能利用图表对比的方式并附有关的照片，使其一目了然、有说服力。同时，要根据索赔内容，查找上述资料范围以外的证据。例如，在要求延长工期时，应补充气象、水文各类资料，进行对比，以论证自然条件对工期的严重影响等。索赔报告中包括的财务方面的证据资料，除索赔人的论证外，最好附有注册会计师或审计部门的审计报告，以证明财务方面证据的正确性。

9.3.2　工程延期的计算

延期索赔的工期计算是一项十分复杂的问题，目前也没有一定的数学计算公式，这主要是由于工程的进展情况千变万化、错综复杂，具有单一性、不可重复性。因此，在延期索赔的工期计算中不可能千篇一律。本书主要介绍延期索赔计算的一些基本原则。

（1）延期的时间。

延期的时间必须是影响到整个建设项目，而不是某一单体工程或某一分包单位所承包的工程。

例如，某承包人在航道整治中的防护墙施工时，在中间有一段土地未及时征用，项目法人与监理工程师为解决这个问题花费了30天的时间，承包人要求同意延期30天。但监理工程师在停工一天后，即指示承包人转移到另一个施工地点作业。承包人共有四个施工队，影响施工的仅一个队。对此问题现分析如下：

① 停工的发生仅是承包人的一个施工队，不是整个承包人和整个建设项目，因此延期的工期不应是30天，如不考虑转移因素，延长的工期为 $30 \div 4 \approx 8$（天）。

② 停工发生后的一天，监理工程师即指示承包人转移到另一工作地点作业，而承包人也有转移的余地，对此，延长的工期应仅计算第一天的时间损失。加上承包人的这个施工队转移和返回现场的时间损失，假设转移和返回现场需6天时间，则可批准的延长工期为 $(1 + 6) \div 4 \approx 2$（天）。

但以上延期的批准，其施工的项目应处于批准的施工进度计划中的关键线路上。

（2）延期的工程项目。

延期的工程项目必须是现行的施工进度计划中的关键项目。

这是指在工程进展中，承包人的某些工程项目，虽然遇到合同条件规定可以申请延期的情况，但是，由于此工程项目不处于监理工程师批准的施工进度计划中的关键线路上，假如此事件所造成延误的时间不超过该工程项目的时差范围，也就是说没有转化为关键工作，成为新的关键线路，则此延期申请是不合理的，监理工程师应拒绝其延期。因此，在工程进展的所有时间里，都应始终有一个有效的经监理工程师批准的施工进度计划；否则，发生延期事件，将无法对照施工进度计划，监理工程师也就无法审批。

例如，某护岸工程网络计划如图9-2所示，规定工期为105天，施工过程中各工作持续时间有变，详见表9-1。当该工程进行到接近规定工期时，承包人按法定程序提出了延期30天的要求，问：监理工程师应批准延期几天？

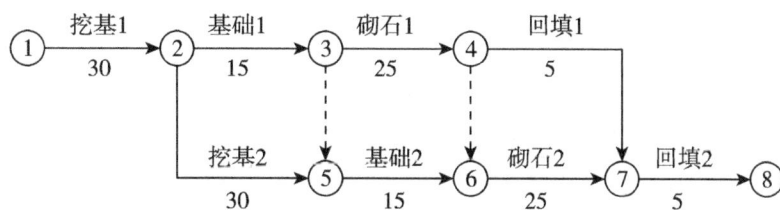

图9-2 某护岸工程网络计划

① 分析工作持续时间延长原因，统计非承包人原因造成的工作持续时间延长值，见表9-10。表9-10中，挖土机晚进场和材料不合格都属于承包商自身原因，不应统计进去。

② 考虑非承包人原因造成的工作持续时间延长值后，重新计算网络计划的工期为131天，故应批准的工期应为26天，而不是30天。

表9-1 工作持续时间延长值表

工作代号	持续时间延长原因					
	挖机进场拖延	地质条件有变	意外下雨	材料不合格	业主原因	非承包人原因造成的总延长值
挖基1	5	8	2			10
挖基2		6	4		2	12
基础1					4	4
基础2				10		——
砌石1						——
砌石2		3				3
回填1		3				3
回填2					1	1

在此例中，26天正好是关键线路上各项工作持续时延长值之和（ΔD挖$_1$ + ΔD挖$_2$ + ΔD砌$_2$ + ΔD填$_2$ = 10 + 12 + 3 + 1 = 26）。若由于设计原因，引起基础1的持续时间延长了20天，即非承包人原因造成的基础1的持续时间延长值为24天。经计算，这时，网络计划工期应为138天，则应批准的工期延长值为33天。这时，33天就不再是关键线路上各项工作持续时间延长值之和，因为该网络计划的关键线路已由①→②→⑤→⑥→⑦→⑧转化为①→②→③→④→⑥→⑦→⑧。

（3）异常恶劣的气候条件不是简单地与平均、正常的天气作比较，而是要与一定时期（如20年）的统计资料及一定周期（如5年）会出现一次的异常情况进行比较。

这是由于承包人应按招标文件规定进行现场自然条件和技术经济条件的调查，取得有关统计基础资料后才能投标报价，而天气异常恶劣情况，是指一个有经验的承包人也无法预料情况。

例如，某工地土方工程施工，承包人称遇到异常恶劣的天气情况，要求给予延期。承包人对延期申请的理由申述如下：

① 投标时考虑了气候的影响，并以每月下雨不能施工的时间为6天作了估计；

② 现在现场记录的每月下雨天数超过 6 天（雨天＝下雨逾 10 毫米日子）；

③ 要求延期天数为每月雨天超过 6 天的数量。

实际、估计和预料之外的下雨天数见表 9-2。

表 9-2　实际估计和预料之外雨天（d）统计表

月	实际下雨天	估计下雨天	预料之外的下雨天
4	19	6	13
5	5	6	
6	8	6	2
7	11	6	5

④ 根据表 9-11 分析，预料之外的下雨天数为 20 天，再考虑每一下雨天再加 1/2 天的等待时间，因此，要求延期的天数为 20 ＋ 20÷2（等工地变干）＝ 30（天）。

监理工程师对此延期申请经分析后答复如下：

① 按 FIDIC 条款第 44 条，原则上接受因恶劣天气影响的延期申请；

② 但承包人延期天数的计算方式不能接受。

原因是：

① 投标时对下雨的估计假设必须合理，也就是说，应以统计数据为基础；

② 按 FIDIC 合同条件第 44 款说明的天气必须是异常恶劣。

因此，监理工程师认为应取 20 年的统计资料 5 年一遇的降雨天数为对比值。经调查统计，其 5 年一次出现的情况较差的下雨天数为 4 月份：12 天；5 月份：9 天；6 月份：7 天；7 月份：11 天，因此，预料之外的下雨天数为 4 月份 19 － 12 ＝ 7（天）；6 月份：8 － 7 ＝ 1（天），共有 8 天。同意承包人将这一预料之外的异常恶劣天气的天数加 1/2 天等待时间。

最后，批准承包人的延期天数为 8 ＋ 8÷2 ＝ 12（天）。

9.3.3　工程延期的控制

发生工程延期事件，不仅影响工程的进展，而且会给业主带来损失。因此，监理工程师应做好以下工作，以减少或避免工程延期事件的发生。

1. 选择合适的时机下达工程开工令

监理工程师在下达工程开工令之前，应充分考虑业主的前期准备工作是否充分，特别是征地、拆迁问题是否已解决，设计图纸能否及时提供，以及付款方面有无问题等，以避免由于上述问题缺乏准备而造成工程延期。

2. 提醒业主履行施工承包合同中所规定的职责

在施工过程中，监理工程师应经常提醒业主履行自己的职责，提前做好施工场地及设计图纸的提供工作，并能及时支付工程进度款，以减少或避免由此而造成的工程延期。

3. 妥善处理工程延期事件

当延期事件发生以后，监理工程师应根据合同规定进行妥善处理，既要尽量减少工程延期时间及其损失，又要在详细调查研究的基础上合理批准工程延期时间。

此外，业主在施工过程中应尽量少干预、多协调，以避免由于业主的干扰和阻碍而导致延期事件的发生。

思考题

1. 进度拖延的类型有哪些？对监理工程师而言主要应防止哪些类型的延期？

2. 进度拖延的原因有哪些？按合同规定承包人有权提出工期索赔的理由有哪些？

3. 如果施工进度缓慢，监理工程师可采取哪些措施督促承包人加快施工进度？

4. 简述延期索赔的申请与审批程序。

5. 审批延期申请的主要内容有哪些？

6. 延期申请成立的条件是什么？

第 *10* 章 应用 Microsoft Office Project 进行项目进度管理

项目管理是一门实践丰富的艺术与科学。就其核心而言，项目管理是一种融合技能与工具的"工具箱"，有助于预测和控制组织工作的成果。除了项目，组织还有其他工作。项目（如港口工程项目）与持续业务（如工资单服务）截然不同，因为项目是临时性的工作，产生唯一性的成果或最终结果。凭借优秀的项目管理系统，可以解决以下问题：

① 要取得项目的可交付成果，必须执行什么任务，以何种顺序执行？

② 应于何时执行每一个任务？

③ 谁来完成这些任务？

④ 成本是多少？

⑤ 如果某些任务没有按计划完成，该怎么办？

⑥ 对那些关心项目的人而言，交流项目详情的最佳方式是什么？

良好的项目管理并不能保证每个项目一定成功，但不良的项目管理却会是失败的成因之一。

Microsoft Office Project 2007 是最常用的工具之一。本章将介绍如何使用 Project 建立项目计划（包括任务和资源的分配），如何使用 Project 中扩展的格式化特性来组织和格式化项目计划的详细信息，如何跟踪实际工作与计划是否吻合，以及当工作与计划脱轨时如何采取补救措施。

10.1 创建新项目计划

本节将粗略浏览一下 Project 界面并介绍在 Project 中创建新计划的必要步骤。

10.1.1 使用 Project 管理项目

Microsoft Office Project 2007 系列包括的产品众多，具体有以下几种。

① Microsoft Office Project Standard 2007 用于项目管理的基于 Windows 的桌面应用程序。此版本为单一项目管理人员设计，并且不能与 Project Server 交互。

② Microsoft Office Project Professiona1 2007 基于 Windows 的桌面应用程序，包括 Standard 版的完整特性集，还有使用 Project Server 时需要的项目团队计划和通信功能。Project Professiona1 加上 Project Server 是 Microsoft 的企业项目管理（Enterprise Project Management，EPM）产品的代表。

③ Microsoft Office Project Server 2007 基于内联网的解决方案。结合 Project Professiona1 使用时支持企业级的项目合作、时间表报表和状态报表。

④ Microsoft Office Project Web Access 2007 使用 Project Server 时所用的基于 Internet Exp1orer 的界面。

⑤ Microsoft Office Project Portfo1io Server 2007 组合（Portfo1io）管理解决方案。

10.1.2 启动 Project Professiona1

☆ 重要提示

本章使用的是 Microsoft Office Project Professiona1 版本。如果不能确定使用的 Project 版本，有一种简单的方法可以解决：启动 Project 后，查找"协作"菜单，它位于"报表"和"窗口"菜单之间。如果有此菜单，表明版本为 Project Professiona1；如果没有，则为 Project Standard。也可在启动 Project 后，单击"帮助"菜单中的"关于 Microsoft Office Project"，出现的对话框会提示使用的是何种版本。

在此练习中，将启动 Project Professiona1，基于模板（包含一些初始数据，可作为新建项目计划的起点）创建文件，查看默认 Project 界面的主要区域。

① 在 Windows 任务栏上，单击"开始"按钮，显示"开始"菜单。

② 在"开始"菜单上，指向"所有程序"，单击 Microsoft Office，然后单击 Microsoft Office Project 2007。

根据在 Project Professiona1 中设置的企业选项的不同，可能会被提示登录或选择一个 Project Server 账户。如出现提示，请完成步骤③，否则跳至步骤④。若无登录提示则跳至⑦。

③ 如果"登录"对话框（图 10-1）显示，在"配置文件"框中选择"计算机"，然后单击"确定"。

选择此选项会将 Project Professiona1 设置为独立于 Project Server 工作，并有助于确保使用的文件数据不会无意中发布到 Project Server。

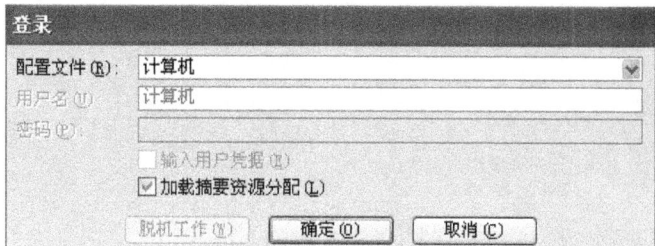

图 10-1 "登录"对话框

④ 单击"工具"|"企业选项"|"Microsoft Office Project Server 账户"，显示"Project Server 账户"对话框，如图 10-2 所示。

⑤ 注意当前账户值：

ⅰ. 如果当前账户值不是"计算机"，单击"手动控制连接状态"，单击"确定"，然后完成步骤⑥；

ⅱ. 如果当前账户值是"计算机"，单击"取消"，然后跳过步骤⑥。

选择"手动控制连接状态"会导致启动 Project Professiona1 时提示用户选择要使用的账户，这有助于确保使用的文件数据不会无意中发布至 Project Server。

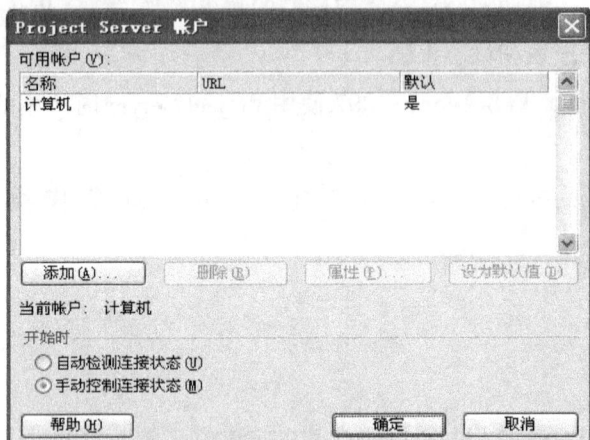

图 10-2 "Project Server 账户"对话框

⑥ 关闭并重启 Project Professiona1。如果提示选择配置文件，单击"计算机"，然后单击"确定"。此时显示 Project Professiona1，如图 10-3 所示。

图 10-3 Project Professiona1 主界面

在 Project 工具栏中，并不是每一个工具栏的所有按钮都会显示，这要依据对计算机屏幕分辨率的设置以及用户最常使用的工具栏按钮而定。如果本章提及的按钮没有显示在工具栏中，单击工具栏上"工具栏选项"下拉箭头，显示可用的其他按钮。

如果用户使用过其他 Office 应用程序或正在更新旧版本的 Project，你会对 Project 窗口的主要界面元素很熟悉。下面简单介绍一下。

ⅰ.主菜单栏和快捷菜单提供 Project 指令。

ⅱ.工具栏提供对常见任务的快速访问，大多数工具栏按钮对应于某一菜单栏命令。弹出的屏幕提示会描述你指向的工具栏按钮。Project 会根据你使用特定工具栏按钮的频率来为你定制工具栏。最常用的按钮会在工具栏上显示，而较少使用的按钮则暂时隐藏。

ⅲ.项目计划窗口包含活动的项目计划（我们将 Project 要处理的文件类型称为项目计划，而不是文件或进度表）的视图，活动视图的名称会显示在视图左边缘上，此例中为"甘特图"视图。

ⅳ."键入需要帮助的问题"框用于快速查找在 Project 中执行常见操作的命令。只需输入问题，按 Enter 键即可。本书会给出一些建议性的问题供你在框中输入，以获得某特定特性的详细信息。如果你的计算机连接到因特网，搜索查询会访问 Office Online（微软网站的一部分），显示的结果会反映微软提供的最新内容。如果计算机没有连接到因特网，搜索结果会局限于 Project 的帮助内容。

接下来会查看 Project 中包含的模板，并根据其中之一创建项目计划。

⑦ 单击"文件"菜单中的"新建"，此时会显示"新建项目"窗格。

⑧ 在"新建项目"窗格中，在"模板"下单击"计算机上的模板"，显示"模板"对话框。

⑨ 单击"项目模板"标签，屏幕如图 10-4 所示。

连接到 Project Server 时，会显示另一个选项卡"企业模板"

图 10-4 "模板"对话框

⑩ 单击"开办新业务"（可以需要向下滚动项目模板列表才能看到），然后单击"确定"。Project 根据"开办新业务"模板创建项目计划并关闭"新建项目"窗格。屏幕应与图 10-5 相似。

115

第二篇　水运工程进度控制

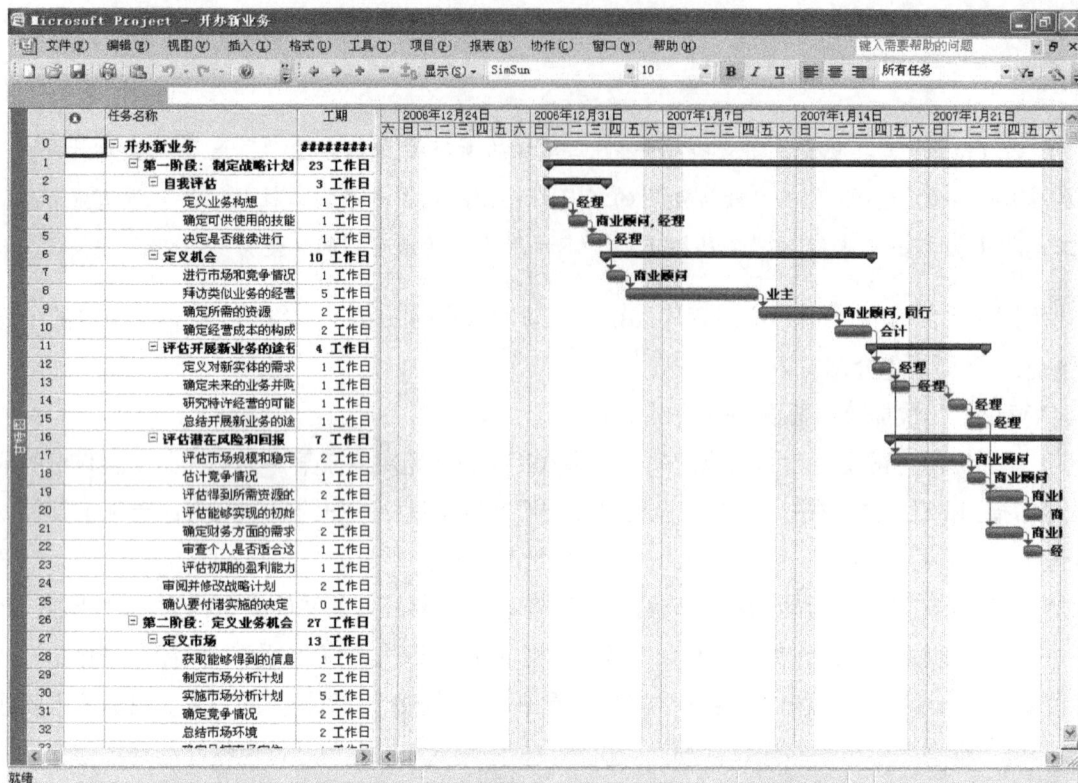

图 10-5 "开办新业务"模板

10.1.3 视图

Project 中的工作区称为视图。Project 包含若干视图,但通常一次只使用一个(有时是两个)视图。使用视图输入、编辑、分析和显示项目信息。默认视图(Project 启动时所见)是"甘特图"视图,如图 10-6 所示。

通常,视图着重显示任务或资源的详细信息。例如,"甘特图"视图在视图左侧以表格形式列出了任务的详细信息,而在视图右侧将每个任务图形化,以条形表示在图中。"甘特图"视图是显示项目计划的常用方式,特别是要将项目计划呈送他人审阅时。它对于输入和细化任务详细信息及分析项目是有利的。

在此练习中,将以"甘特图"视图启动 Project,然后切换到突出项目计划不同部分的其他视图。最后,学习复合视图,以便更容易聚焦于特定的项目详细信息。

① 单击"视图"菜单中的"资源工作表"。此时,"资源工作表"视图代替"甘特图"视图,如图 10-7 所示。

"资源工作表"视图以行列格式(称为表)显示资源的详细信息,一行显示一个资源。此视图是工作表视图的一种。另一种工作表视图称为任务工作表视图,用于列出任务的详细信息。注意,"资源工作表"视图并没有告诉用户资源所分配到的任务的任何信息。如想查看此类信息,需要切换到不同视图。

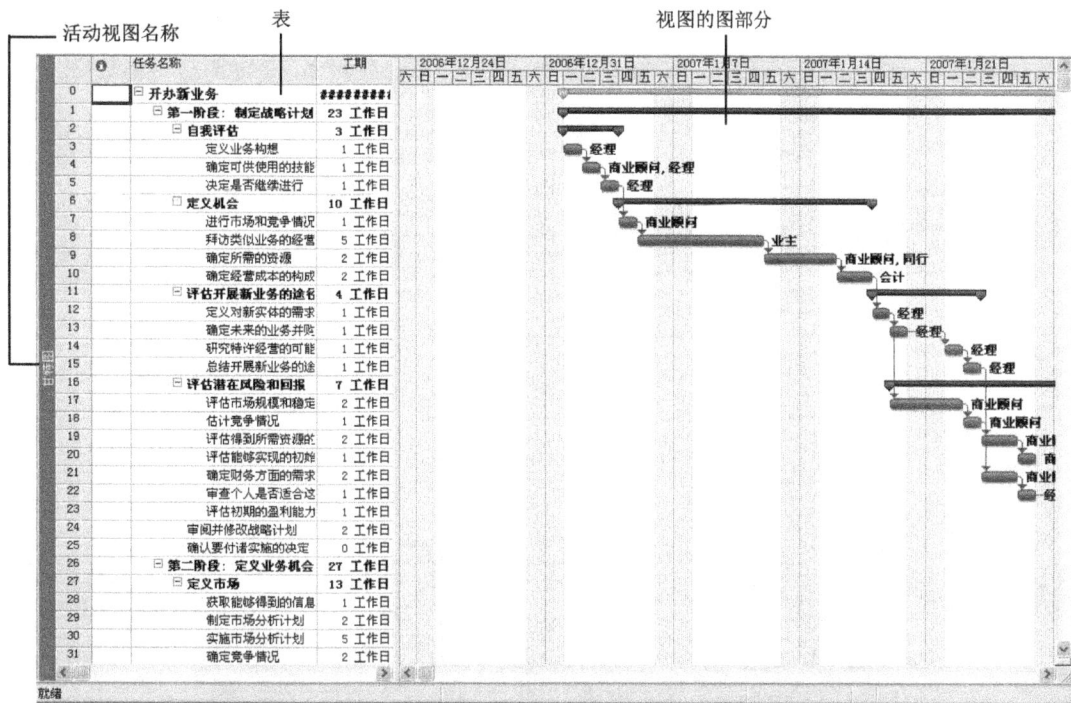

图 10-6 "甘特图"视图

图 10-7 "资源工作表"视图

② 单击"视图"菜单中的"资源使用状况",此时,"资源使用状况"视图代替"资源工作表"视图。此使用状况视图将每一个资源所分配到的任务组织在一起。另一种使用状况视图是"任务分配状况"视图,其用途与前一种视图相反,用于显示分配到每一个任务的所有资源。使用状况视图也可以将每一个资源的工时分配以不同时间刻度显示,如每天或每周。

③ 单击"视图"菜单中的"任务分配状况"。此时,"任务分配状况"视图代替"资源使用状况"视图。

④ 在视图左侧的表部分,单击"定义业务构想"(第三个任务的名称)。

⑤ 在"标准"工具栏上,单击"滚动到任务"按钮。视图的时间刻度一侧可滚动显示每一任务的工时值,如图 10-8 所示。

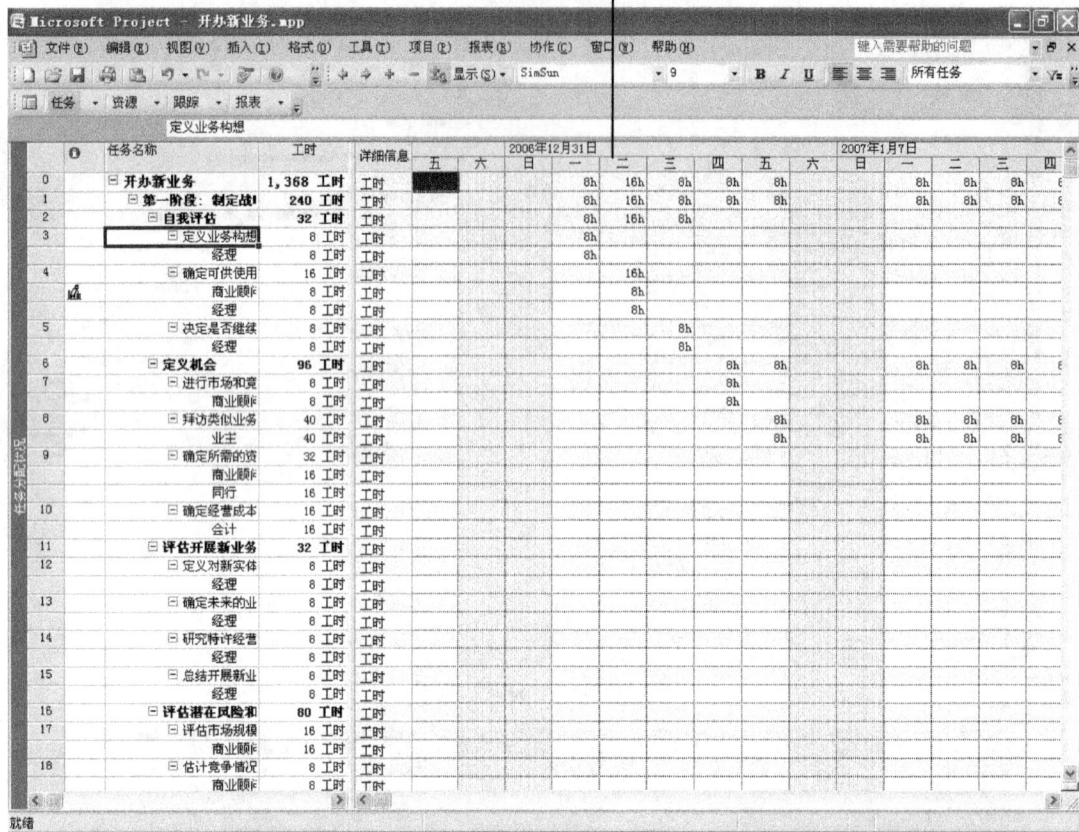

图 10-8 单击"滚动到任务"后的"任务分配状况"视图

使用状况视图是用于查看项目详细信息的相当复杂的方式，下面将切换到更简单的视图。

⑥ 单击"视图"菜单中的"日历"，显示"日历"视图，如图 10-9 所示。

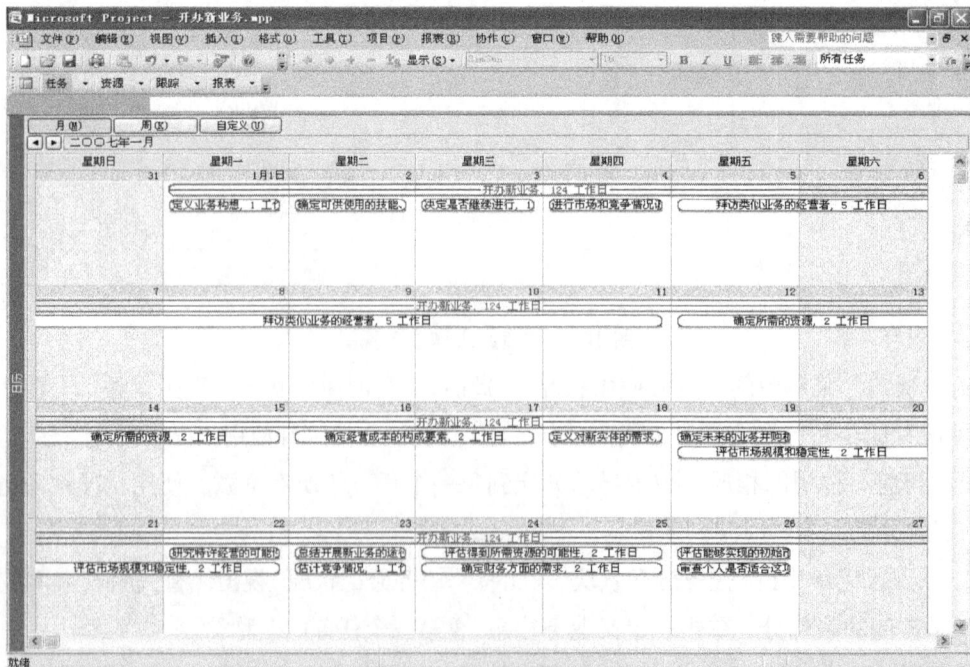

图 10-9 "日历"视图

这种简单的月或周的概略视图没有前一视图中的表结构、时间刻度或图元素。任务条会显示在它们各自被排定的起始日期中。如果任务的工期长于一天，条会延展跨越数日。

项目管理中的另一常用视图是网络图。

⑦ 单击"视图"菜单中的"网络图"，显示"网络图"视图，如图 10-10 所示。使用滚动条查看"网络图"视图的不同部分。

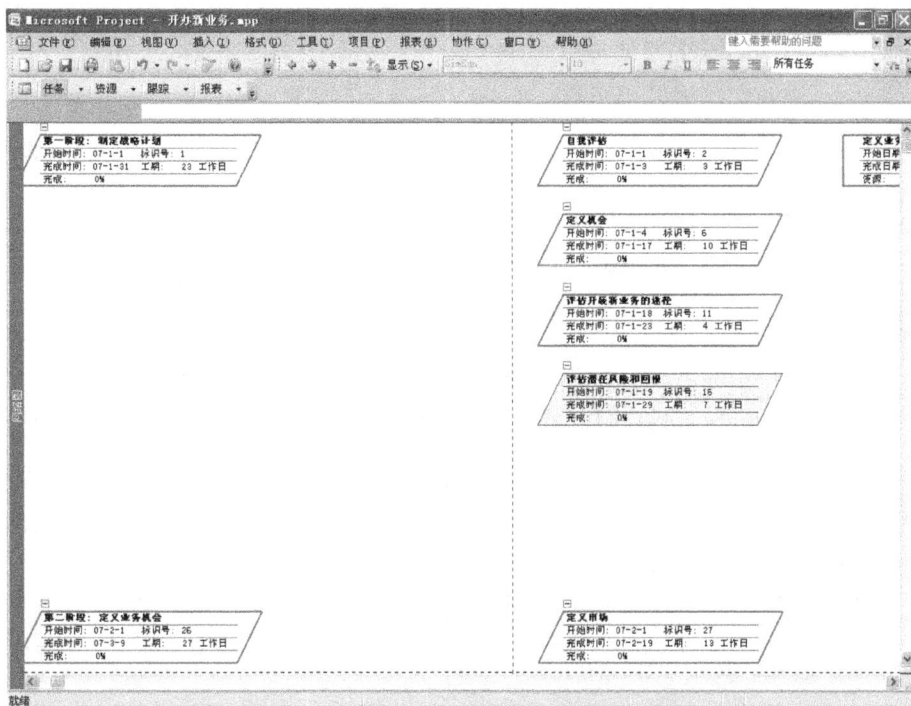

图 10-10 "网络图"视图

此视图重点强调任务关系。"网络图"视图中的每个框或节点显示某个任务的详细信息，框之间的线表示任务间的关系。和"日历"视图一样，"网络图"视图没有表结构，整个视图就是一个图。

在本练习的结尾将介绍一下复合视图。复合视图将项目计划窗口拆分为两个窗格，每个窗格包含不同视图。此时的视图是合成视图，因此选择一个视图中的任务或资源会导致另一视图显示所选任务或资源的详细信息。

⑧ 单击"视图"菜单中的"其他视图"，显示"其他视图"对话框。此对话框列出了 Project 中所有预定义的可用视图。

⑨ 在"视图"框中，单击"任务数据编辑"，然后单击"应用"，显示"任务数据编辑"视图，如图 10-11 所示。

此视图是预定义的拆分屏幕或复合视图，"甘特图"在上窗格中，"任务窗体"在下窗格中。窗体是本章介绍的最后一个视图元素。窗体用于显示所选任务或资源的详细信息，类似于对话框，可以在窗体中输入，修改或审阅这些详细信息。

⑩ 如果"甘特图"部分选择的不是任务 3，即"定义业务构想"，请单击此任务名称。

任务 3 的详细信息显示在视图的"任务窗体"部分中。

⑪ 在"甘特图"部分中，单击任务 4 的名称，即"确定可供使用的技能、信息和支持"。

拖动分隔条可改变两个窗格的大小
"甘特图"视图在上窗格中

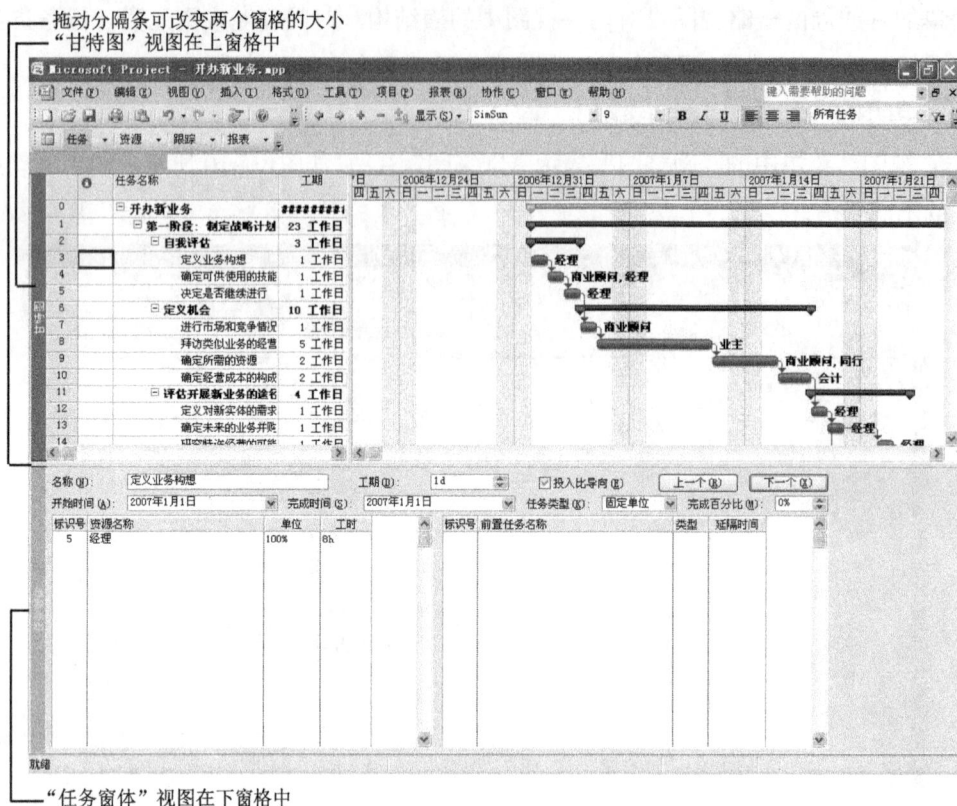

"任务窗体"视图在下窗格中

图 10-11 "任务数据编辑"视图

任务 4 的详细信息显示在任务窗体中。

　　　除了使用预定义的复合视图，还可以自行选择显示两个视图，方法是单击"窗口"菜单中的"拆分"。Project 窗口被拆分为两个窗格后，单击上窗格或下窗格，然后选择想要显示的视图。如要返回单一视图，单击"窗口"菜单中的"取消拆分"即可。

　　重要的是要理解，在所有上述视图和 Project 的所有其他视图中，所看到的只是一个项目计划同一详细信息集的不同方面。一个单一的项目计划可能包含许多数据，以至于无法一次显示完全。使用视图，可以帮助用户只关注特定的详细信息。

　　下面将介绍更多视图，进一步关注最密切相关的项目信息。

10.1.4　报表

　　项目包含两种类型的报表：表格报表用于打印；可视报表用于将 Project 数据输出到 Excel 和 Visio。可视报表使用 Project 中的 Excel 和 Visio 模板来生成设计美观的图表。

　　可以直接将数据输入报表。Project 包括数个预定义的任务和资源报表，可以使用它们来获得想要的信息。

　　在下面的练习中，将在"打印预览"窗口中查看一个报表，然后生成一个可视报表。

　　① 单击"报表"菜单中的"报表"，显示"报表"对话框，其中显示 Project 中可用的 6 大报表种类，如图 10-12 所示。

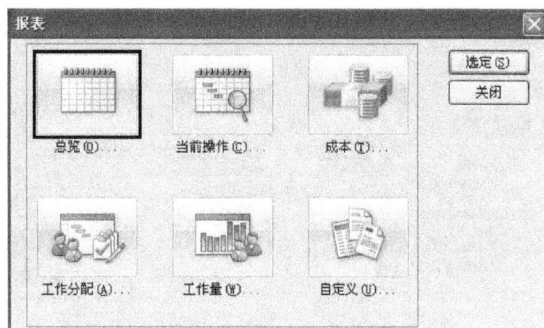

图 10-12 “报表”对话框

② 单击“自定义”，然后单击“选定”按钮。“自定义报表”对话框显示，列出了 Project 中所有预定义的报表和所有已加入的自定义报表。

③ 在“报表”列表中，单击“资源（工时）”，然后单击“预览”按钮。Project 在“打印预览”窗口中显示“资源（工时）”报表，如图 10-13 所示。

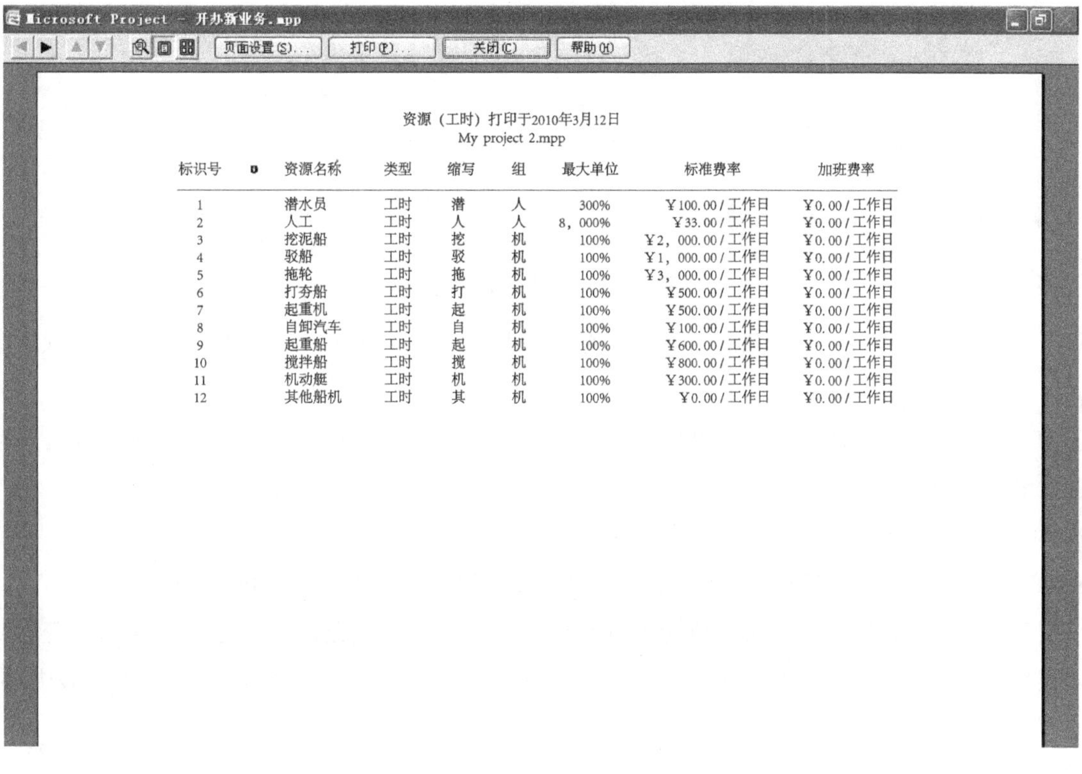

资源（工时）打印于2010年3月12日
My project 2.mpp

标识号	资源名称	类型	缩写	组	最大单位	标准费率	加班费率
1	潜水员	工时	潜	人	300%	￥100.00/工作日	￥0.00/工作日
2	人工	工时	人	人	8，000%	￥33.00/工作日	￥0.00/工作日
3	挖泥船	工时	挖	机	100%	￥2，000.00/工作日	￥0.00/工作日
4	驳船	工时	驳	机	100%	￥1，000.00/工作日	￥0.00/工作日
5	拖轮	工时	拖	机	100%	￥3，000.00/工作日	￥0.00/工作日
6	打夯船	工时	打	机	100%	￥500.00/工作日	￥0.00/工作日
7	起重机	工时	起	机	100%	￥500.00/工作日	￥0.00/工作日
8	自卸汽车	工时	自	机	100%	￥100.00/工作日	￥0.00/工作日
9	起重船	工时	起	机	100%	￥600.00/工作日	￥0.00/工作日
10	搅拌船	工时	搅	机	100%	￥800.00/工作日	￥0.00/工作日
11	机动艇	工时	机	机	100%	￥300.00/工作日	￥0.00/工作日
12	其他船机	工时	其	机	100%	￥0.00/工作日	￥0.00/工作日

图 10-13 预览“资源（工时）”报表

此报表为项目计划中可用资源的完整列表，类似于“资源工作表”视图中所见。如想放大观看，可移动鼠标指针（形如放大镜）到报表的特定部位，然后单击。再次单击则返回全页预览。

④ 在“打印预览”工具栏上单击“关闭”按钮。

“打印预览”窗口关闭，“自定义报表”对话框再次显示。

⑤ 在“自定义报表”对话框中，单击“关闭”，然后再次单击“关闭”，关闭“报表”对话框。

接下来创建一个可视报表，以便仔细查看总的资源工作量及其在项目生命周期中的可用性。此练习要求计算机上安装有 Microsoft Office Excel 2003 或更高版本，如果没有，请跳至步骤⑪。

⑥ 单击“报表”菜单中的“可视报表”，显示可视报表对话框，其中列出了 Project 中所有预定义的可视报表，如图 10-14 所示。

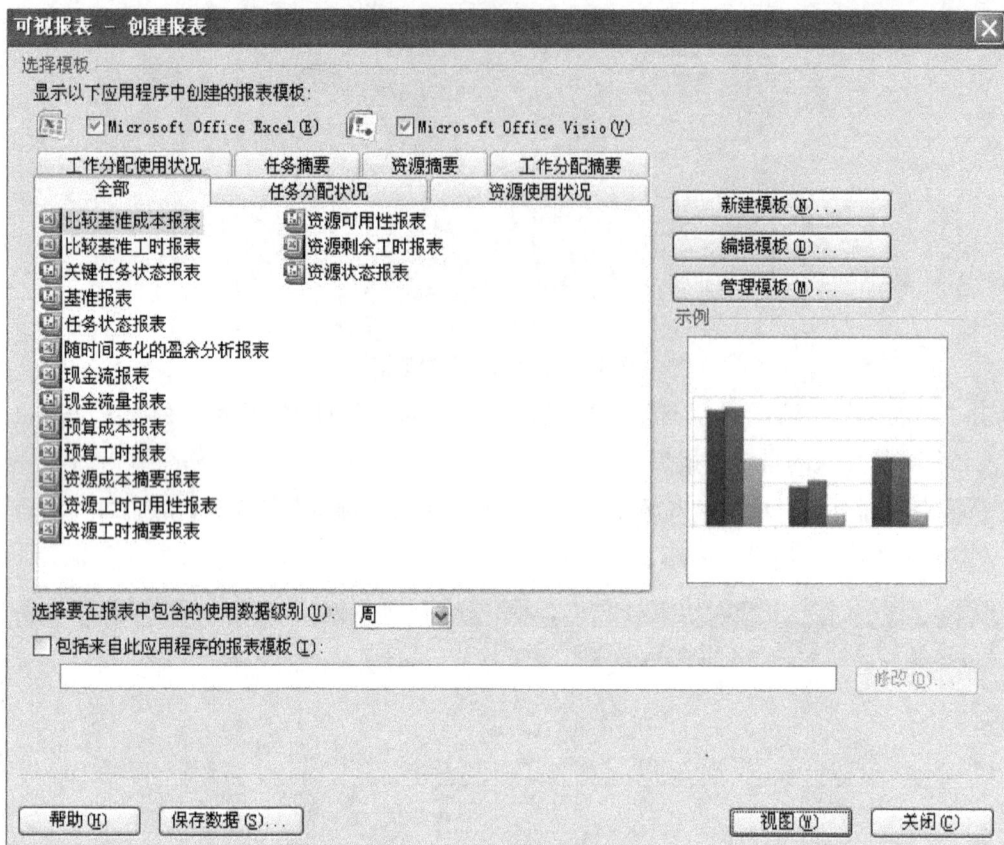

图 10-14 可视报表对话框

对于每一个可用报表而言，Project 都会将数据输出到 Excel 或 Visio，然后在上述任一程序中生成图表。

⑦在"显示以下应用程序中创建的报表模板"选项区中，确保选中 Microsoft Office Excel，并且"全部"选项卡处于可见状态。

⑧单击"资源剩余工时报表"，然后单击"视图"。

Excel 启动，Project 将资源数据输出到 Excel（此过程可能会花一点时间），如图 10-15 所示。

"图表 1"工作表中包含了每个资源实际和剩余工时的多层线条图表。也可以通过"资源摘要"工作表查看图表反映的数据。因为图表是基于 Excel 的数据透视表的（"资源摘要"工作表中可见），所以可调整数据和相应的图表。

⑨关闭 Excel 并且不保存可视报表。

⑩单击"关闭"，关闭可视报表对话框。

在练习的结尾，关闭用于学习视图和报表的文件。

⑪单击"文件"菜单中的"关闭"，关闭"开办新业务"计划。在被提示是否保存修改时，单击"否"按钮。

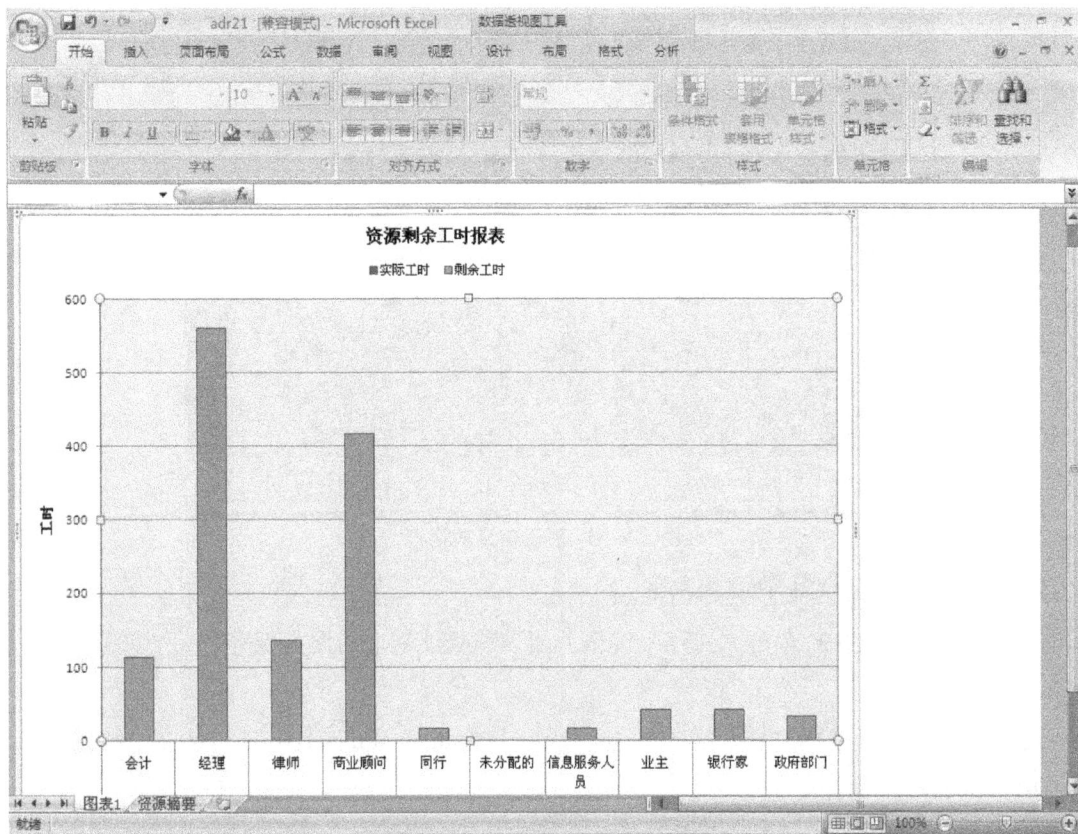

图 10-15　资源剩余工时报表

10.1.5　创建新项目计划

项目计划本质上是用户为参与的实际项目的某几方面的内容（用户预想会发生的以及希望发生的，二者最好差别不大）构建的模型。此模型关注实际项目的某些（不是全部）方面：任务、资源、时间框架及其相关成本。

正如用户所预期，Project 主要关注时间问题。用户可能想知道项目的计划开始日期、完成日期或两者。但是，使用 Project 时，只需指定一个日期：项目的开始日期或完成日期。为什么？因为输入项目的开始日期（或完成日期）和项目工期后，Project 会自行计算其他时间。记住，Project 不只是一个进度信息的统计库，它还是一个日程安排工具。

大多数项目应该使用开始日期来安排进度，即使用户知道项目必须在某一期限完成。从开始日期安排进度的后果是所有任务都会尽早开始，并会提供最大程度的日程安排的灵活性。在后文中，在处理一个以开始日期进行日程安排的项目时，可以通过实际操作领略到这种灵活性。

既然用户已经对 Project 界面的主要部分有了大概了解，现在可以创建用户使用的第一个项目计划。在下面的练习中，将创建新的项目计划。

① 单击"文件"菜单中的"新建"。在"新建项目"任务窗格中，单击"空白项目"。Project 新建一个空白项目计划，接下来，设置项目的开始日期。

② 单击"项目"菜单中的"项目信息"。显示项目信息对话框。

③ 在"开始日期"框中，输入或选择"2008 年 1 月 8 日"，如图 10-16 所示。

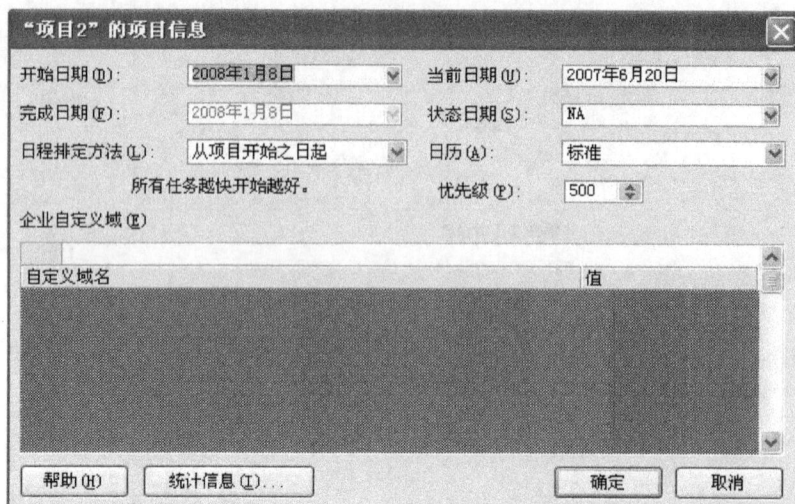

图 10-16　项目信息对话框

④ 单击"确定"，关闭项目信息对话框。

⑤ 在"标准"工具栏中，单击"保存"按钮。因为项目计划之前没有保存过，所以显示"另存为"对话框。

⑥ 定位到硬盘上想保存的目标文件夹中，如 \My Documents\Project2007\ 文件夹。若无 Project2007 文件夹，请自己创建。

⑦ 在"文件名称"框中，输入 My Project 1。

⑧ 单击"保存"，关闭"另存为"对话框。

Project 将项目计划保存为 My Project 1。

可以指示 Project 按预定间隔自动保存激活的项目计划，如每隔 10 分钟保存一次。单击"工具"菜单中的"选项"，在"选项"对话框中，单击"保存"标签，选择"每隔"复选框，然后指定时间间隔。

10.1.6　设置非工作日

本练习中引入日历——这是在 Project 中为每个任务和资源安排工时的主要控制手段。在客户学习中，会用到其他类型的日历。在本章中，只使用项目日历。

项目日历为任务定义常规的工作时间和非工作时间。可将项目日历视为组织的正常工作时间。例如，周一到周五的早上 8 点到下午 5 点，中间有 1 小时的午餐休息时间。用户的组织或特定资源在此正常工作时间内可能存在例外日期，如法定假日或带薪假期。在后面的章节中会解决资源休假问题，此处解决项目日历中的法定假日问题。

① 单击"工具"菜单中的"更改工作时间"。显示"更改工作时间"对话框，如图 10-17 所示。

② 在"对于日历"框中，单击下拉箭头。显示的列表包含 Project 中的 3 个基本日历，具体如下所述。

ⅰ. 24 小时：没有非工作时间。

ⅱ. 夜班：夜晚轮班安排，周一晚到周六晨，时间从晚上 11 点到早上 8 点，中间有 1 小时休息时间。

ⅲ. 标准：传统的工作日，周一到周五的早上 8 点到下午 5 点，中间有 1 小时午餐休息时间。

只能有一个基本日历作为项目日历。对本项目而言，将使用"标准"基本日历，因此让它保持选中状态。

用户知道在 1 月 28 日全体职员有个集体活动，在那一天不应该安排工作，因此将那一天记为日历的例外日期。

③ 在"例外日期"选项卡中的"名称"域中输入"全体员工集体活动"，然后单击"开始时间"域。

④ 在"开始时间"域中，输入 2008-1-28，然后按 Enter 键。

用户应该已经在"例外日期"选项卡上部的日历中或在"开始时间"域的下拉日历中选中该日期，如图 10-18 所示。

此日期已被定为项目的非工作时间。在对话框中，该日期有一下划线，并呈深青色，表明是例外日期。

⑤ 单击"确定"，关闭"更改工作时间"对话框。

要验证对项目日历的更改，向右滚动"甘特图"视图的图部分（右侧），直到显示 2008 年 1 月 27 日。和周末一样，1 月 28 日格式化为灰色，表明是非工作时间，如图 10-19 所示。

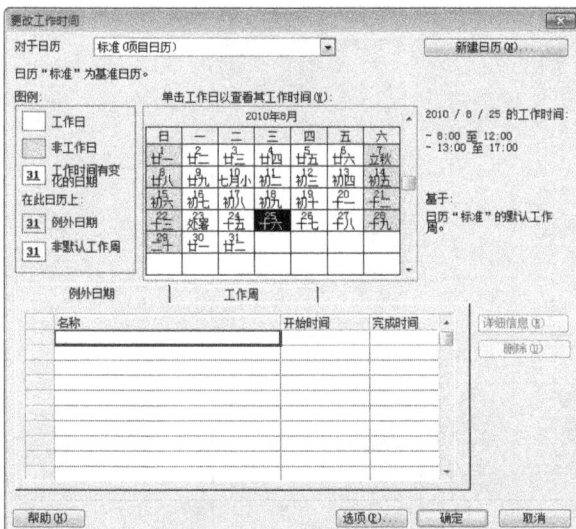

图 10-17 "更改工作时间"对话框   图 10-18 设置例外日期

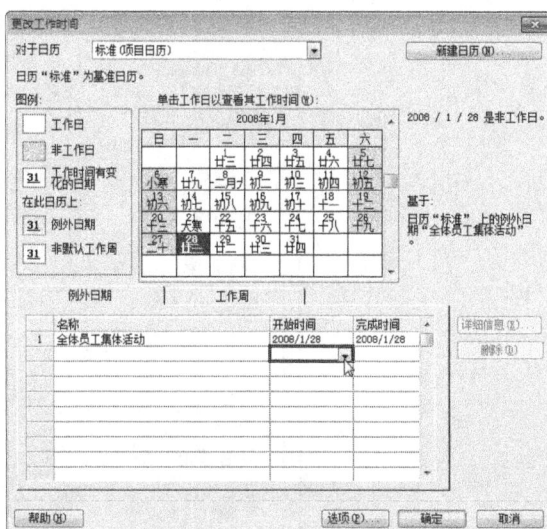

1 月 28 日(周一)是非工作日，在甘
特图中格式化为灰色(表示周末)

图 10-19 查看项目日历的更改结果

> 提示
>
> 如想了解日历的更多详情，在"键入需要帮助的问题"框中输入 Overview of using calendars in Project。

10.1.7 输入项目属性

和其他 Microsoft Office 程序一样，Project 会跟踪一些文件属性。其中一些属性是具统计意义的，如文件被修订了多少次。其他属性包括用户想记录的项目计划的信息，如项目经理的名字或支持文件搜索的关键字。在打印时，Project 也会利用页眉和页脚的属性。

在下面的练习中，将输入一些属性，这些属性用于稍后打印项目信息或其他用途。

① 单击"文件"菜单中的"属性"，显示属性对话框。

② 如果"摘要"选项卡不可见，请单击"摘要"标签。

③ 在"主题"框中，输入项目主题内容。

④ 在"作者"框中，输入自己的名字。

⑤ 在"经理"框中，输入经理的名字或保留空白。

⑥ 在"单位"框中，输入所在单位名称。

⑦ 勾选"保存预览图片"复选框，如图 10-20 所示。

下一次，此文件在"打开"对话框中出现时，如果对话框的"预览"视图选项处于选中状态，则会显示一幅小图像，此图像会显示项目的前几个任务。

⑧ 单击"确定"，关闭对话框。

关闭 My Project 1 文件。

图 10-20 修改属性

10.1.8 小结

① Project 产品系列包括 Project Standard，Project Professional，Project Server 和 Project Web Access。通常，Project Standard 用于桌面应用，而后三个则组合使用以构建 EPM 解决方案。

② Project 有别于其他列表保存工具（如 Excel）的关键因素之一就是 Project 拥有可以处理时间的日程安排引擎。

③ Project 包括数种高级模板，这些模板可作为全新项目计划的良好起点。

④ Project 中的主要工作区是视图。通常一次显示一个（有时是两个）视图。"甘特图"视图是 Project 中默认的也是最为人熟知的视图。

⑤ Project 包括大量内置报表，这些报表设计用于查看（不是编辑）Project 数据。

⑥ 可以使用 Project 中的日历来控制何时可安排工作。

10.2　创建任务列表

本节内容：

① 输入任务信息；

② 估计并输入任务持续的时间；

③ 创建里程碑来跟踪重要事件；

④ 分阶段组织任务；

⑤ 通过链接任务创建任务间的关系；

⑥ 在备注中记录任务的详细信息并插入对因特网内容的超链接；

⑦ 核查项目计划的总体工期。

10.2.1　输入任务

任务是所有项目最基本的构件，它代表完成项目最终目标所需要做的工作。任务通过工序、工期和资源需求来描述项目工作。在本章后文中，会处理两种特殊类型的任务：摘要任务（即 Summary Task，它概括了子任务的工期、成本等）和里程碑（表明项目生命周期中的重大事件）。

确保已启动 Microsoft Office Project 2007。

新创建一个项目。

① 单击"文件"菜单中的"保存"，显示"另存为"对话框。

② 在"文件名"框中，输入 My Project 2，然后单击"存"。

③ 在"任务名称"列标题下的第一个单元格中，输入"施工准备"，然后按 Enter 键，如图 2-21 所示。

输入的任务会被赋予一个标识号（ID）。每个任务的标识号是唯一的，但标识号并不一定代表任务执行的顺序。

Project 为新任务分配的工期为一天，问号表示这是估计的工期。在甘特图中会显示相应的任务条，长度为一天。默认情况下，任务的开始日期与项目的开始日期相同。

④ 在"施工准备"任务名称下输入下列任务名称，每输入一个任务名称，按一下 Enter 键。

基础	基槽开挖	基床抛石	基床夯实	基床整平	墙身结构
预制方块	方块安装	上部结构	现浇胸墙	现浇管沟	管沟盖板预制
管沟盖板安装	回填及面层	抛石棱体	倒滤层	土石方回填	面层混凝土
码头设施	轨道梁混凝土	轨道安装	系船柱安装		
护舷安装	护轮坎施工				

完成此步骤后，应总共输入 25 个任务，如图 10-22 所示。

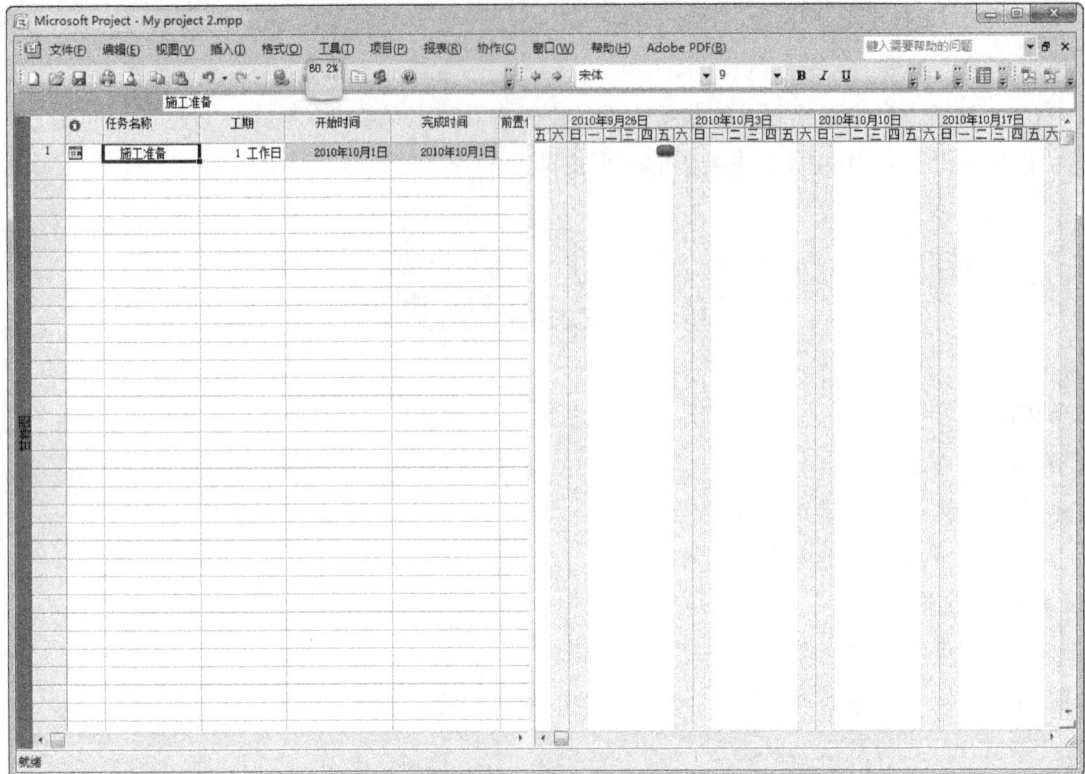

图 10-21　输入任务名称

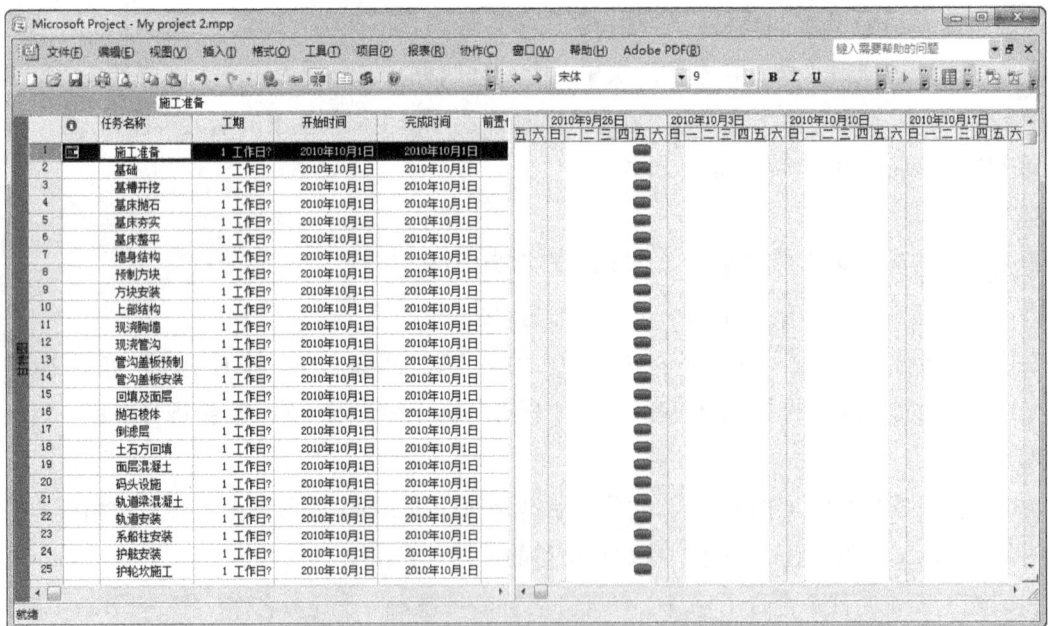

图 10-22　25 个新任务

10.2.2　估计工期

任务的工期是用户预期的完成任务所需的时间。Project 能处理范围从分到月的工期。根据项目的范围，用户可能希望处理的工期的时间刻度为小时、天和星期。

例如，项目的项目日历定义的工作时间可能是周一到周五的上午 8 点到下午 5 点，中间有 1 小时午休时间，晚上和周末为非工作时间。如果用户估计任务将花费的工作时间为 16 小时，用户应该在工期中输入 2 天，将工时安排为两个八小时工作日。如果工作在周五上午 8 点开始，那么可以预料在下周一下午 5 点之前工作是不能完成的。不应将工作安排为跨越周末，因为周六和周日是非工作时间。

可以通过计算任务最早的开始日期和最晚的完成日期之间的差值来确定项目的总工期。项目工期也受其他因素影响，如任务关系。因为 Project 区分工作和非工作时间，所以任务的工期并非一定与经过的时间相关。

在 Project 中，可以对工期使用缩写，见表 10-1。

表 10-1　工期的缩写形式

缩　写	代　表	含　义
m	min	分
h	hr	小时
d	day	天
w	wk	周
mo	mon	月

可以安排任务在工作和非工作时间执行。为此，可为任务分配占用的工期（Elapsed Duration）。在工期前加上缩写 e 表示占用的工期。例如，输入 3ed 表示连续的三天。可以对某一个不能直接控制但对项目而言很关键的任务使用占用的工期。例如，建筑项目中可能有"灌注地基"任务和"去除地基模具"任务，那么应该也有"等待混凝土凝固"任务，因为在混凝土凝固之前不会去除模具。"等待混凝土凝固"任务应有占用的工期，因为混凝土凝固经过的是连续的日期，不管它们是工作时间还是非工作时间。如果混凝土凝固需要 48 小时，可以在该任务工期内输入 2ed，将任务安排在周五上午 9 点开始，预期任务会在周日上午 9 点完成。但是，在大多数情况下，用户在 Project 中使用的是非占用的工期。

Project 对表示工期的分、时使用标准值：1 分等于 60 秒，1 小时等于 60 分，但是，可以为表示项目工期的天、周和月定义非标准值。单击"工具"菜单中的"选项"，在"选项"对话框中，单击"日历"标签，如图 10-23 所示。

本章的练习使用默认值：每天 8 小时，每周 40 小时，每月 20 天。

在下面的练习中，将为每个创建的任务输入工期。在创建这些任务时，Project 为每个任务输入估计的工期：一天（"工期"域中的问号表示此工期是估计值，尽管实际上在完成任务之前，应该将所有的任务工期都视为估计值）。按照以下步骤输入工期。

① 单击"工期"列标题下属于任务 3 即"基槽开挖"的单元格，则任务 3 的"工期"域被选中。

② 输入 10 天，然后按 Enter 键。

③ 按照表 10-2 为余下任务输入工期。

如果设置为每天 8 小时，则输入两天的任
务工期等于输入 16 小时

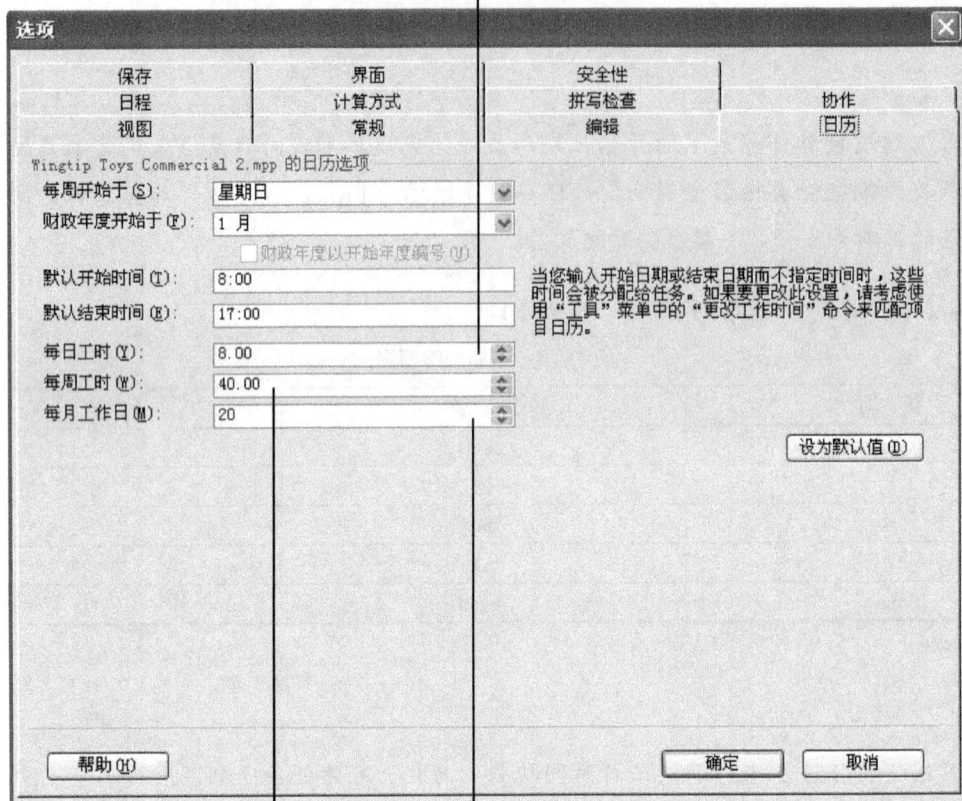

选项

保存	界面	安全性	
日程	计算方式	拼写检查	协作
视图	常规	编辑	[日历]

Wingtip Toys Commercial 2.mpp 的日历选项

每周开始于 (S): 星期日

财政年度开始于 (F): 1 月

☐ 财政年度以开始年度编号 (Y)

默认开始时间 (T): 8:00

默认结束时间 (E): 17:00

每日工时 (Y): 8.00

每周工时 (W): 40.00

每月工作日 (M): 20

当您输入开始日期或结束日期而不指定时间时，这些
时间会被分配给任务。如果要更改此设置，请考虑使
用"工具"菜单中的"更改工作时间"命令来匹配项
目日历。

设为默认值 (D)

帮助 (H)　　　　　　　　　　　　　　　　确定　　取消

如果设置为每周 40 小时，则输入三
周的任务工期等于输入 120 小时

如果设置为每月 20 天，则输入一个月的任务
工期等于输入 160 小时(8 小时/天×20 天/月)

图 10-23 "日历"选项卡

表 10-2 余下任务的工期设置

任务 ID	任务名称	工 期
4	基床抛石	15天
5	基床夯实	4天
6	基床整平	10天
7	墙身结构	按Enter键跳过该项任务
8	预制方块	20天
9	方块安装	10天
10	上部结构	按Enter键跳过该项任务d
11	现浇胸墙	20天
12	现浇管沟	20天
13	管沟盖板预制	10天
14	管沟盖板安装	2天
15	回填及面层	按Enter键跳过该项任务
16	抛石棱体	5天
17	倒滤层	5天
18	土石方回填	30天
19	面层混凝土	20天
20	码头设施	按Enter键跳过该项任务

任务 ID	任务名称	工　期
21	轨道梁混凝土	5天
22	轨道安装	3天
23	系船柱安装	2天
24	护舷安装	1天
25	护轮坎施工	2天

完成步骤（3）后，可以看见甘特图中任务条的长度发生改变，如图 10-24 所示。

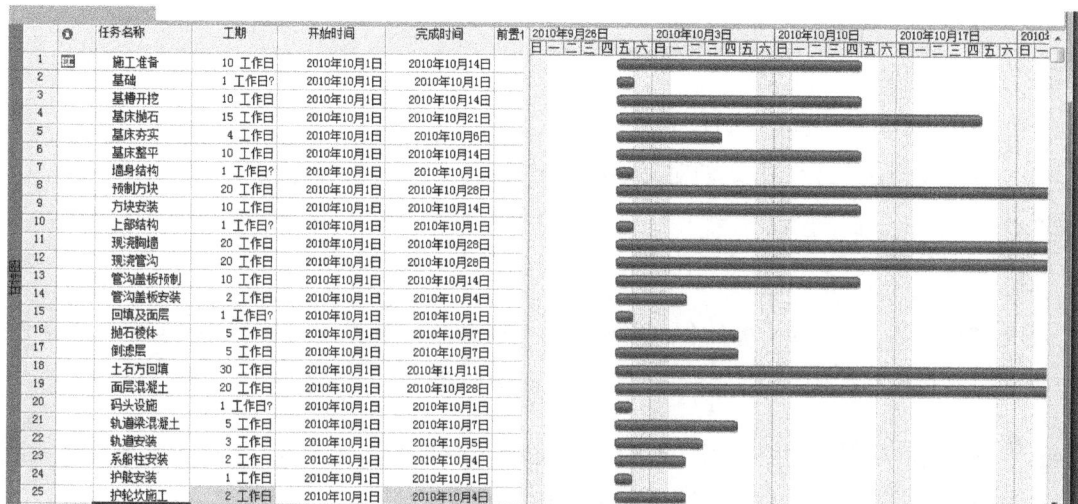

图 10-24　输入工期后，任务条长度的变化

项目管理重点：如何提出精确的任务工期

在估计任务工期时，应该考虑两条总的原则。

① 总的项目工期通常与任务工期相关，长期项目的任务工期比短期项目的任务工期长。

② 如果按照项目计划跟踪进度（如第二篇的第 6 章所述），必须考虑跟踪项目任务的详细程度。例如，如果项目长达数年，那么以分或小时为单位来跟踪任务是不实际甚至是不可能的。通常，应该用至关重要的细节或控制的最低水平来度量任务工期，但不能再低于这些水平。

书中提供了用户在本书中使用的项目的工期，但对于真实项目而言，通常需要自己估计任务工期。工期的估计值可参考以下信息：

① 以前类似项目的历史信息；

② 负责完成任务的人员的估计值；

③ 有类似项目管理经验的人员的专业判断；

④ 承担类似项目的专业或行业组织的标准。

对于复杂项目而言，可能需要综合考虑以上信息来估计任务工期。因为不准确的任务工期估计值是项目风险的主要源头，所以得出恰当的估计值是值得花费气力的。

一个常用的经验规则称为 8/80 规则。此规则建议值位于 8 小时（一天）和 80 小时（10个工作日或两个星期）之间的任务工期通常是可管理的工期。工期少于一天的任务可能过于琐碎，工期长于两个星期的任务可能过长而无法严格管理。现实中存在许多合理的原因需要打破此规则的限制，但对于项目中的大多数任务而言，此规则还是有借鉴意义的。

10.2.3 输入里程碑

除了跟踪要完成的任务外，用户可能还希望跟踪项目的重大事件，如项目的预生产阶段何时结束。为此，可以创建里程碑。

里程碑是在项目内部完成的重要事件（如基床夯实的结束）或强加于项目的重要事件（如申请资金的最后期限）。因为里程碑本身通常不包括任何工作，所以它表示为工期为0的任务。

在下面的练习中，将创建一个里程碑。

① 单击任务6的名称：基床整平。

② 在"插入"菜单中，单击"新任务"。

Project 为新任务插入一行，并重新对后面的任务排序。

> 也可按 Insert 键，在所选任务上方插入一个新任务。如要插入多个新任务，先选择多个任务，然后按 Insert 键，Project 会插入同样数量的新任务。

③ 输入"基床夯实验收"，然后按 Tab 键，移动到"工期"域。

④ 在"工期"域中，输入0天，然后按 Enter 键。

此里程碑就加入计划了，如图10-25所示。重复①～④，完成"抛石基床验收"的里程碑创建练习。

在甘特图中，里程碑表示为黑色菱形

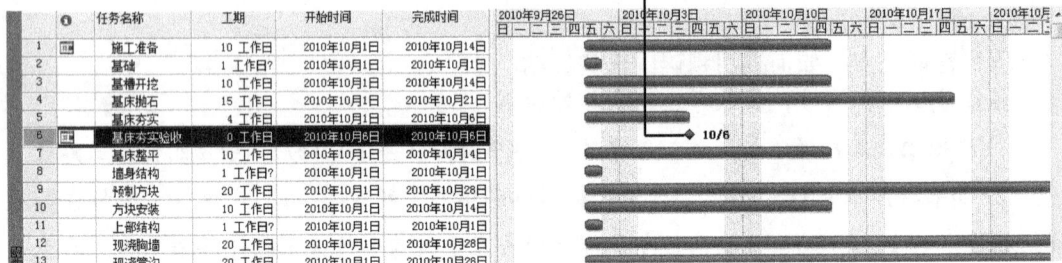

图10-25 加入里程碑

> 也可以将工期为任意长度的任务标记为里程碑。双击任务名称，显示"任务信息"对话框，然后单击"高级"标签，在选项卡中勾选"标记为里程碑"。

10.2.4 分阶段组织任务

将代表项目工作主要部分的极其相似的任务分为阶段来组织是有益的。回顾项目计划时，观察任务的阶段有助于分辨主要工作和具体工作。例如，较常见的有将电影或视频项目分为以下几个主要工作阶段：前期制作、制作和后期制作。可以通过对任务降级或升级来创建阶段；也可以将任务列表折叠到阶段中，很像在 Word 中使用大纲。在 Project 中，阶段表示为摘要任务。

摘要任务的行为不同于其他任务。不能直接修改摘要任务的工期、开始日期或其他计算值，因为这些信息是由具体任务（称为子任务，它们缩进显示在摘要任务之下）派生的。在 Project 中，摘要任务的工期为其子任务的最早开始时期与最晚完成日期之间的时间长度。

在下面的练习中，将通过缩进任务来创建两个摘要任务。

① 选择任务 3 到任务 8，如图 10-26 所示。

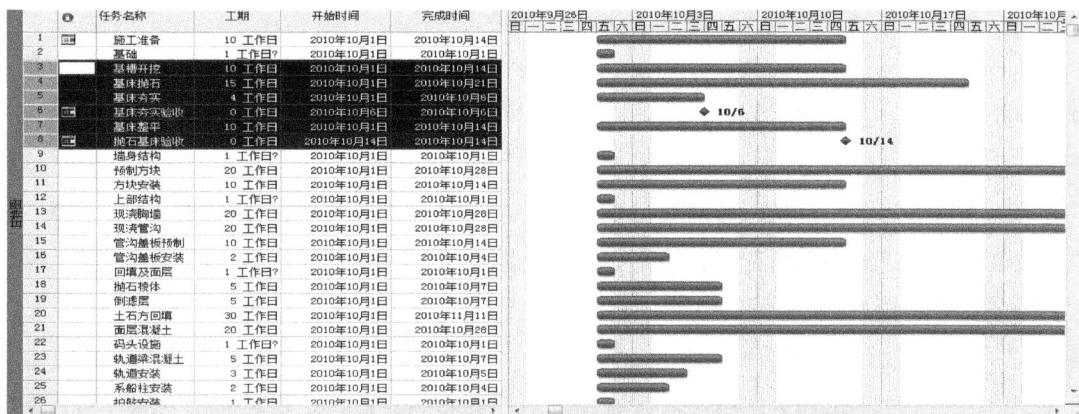

图 10-26 选择任务 3 到任务 8

② 在"项目"菜单中，指向"大纲"，然后单击"降级"。

也可在"格式"工具栏中单击"降级"。

任务 2 变为摘要任务。甘特图中显示一个摘要任务条，并且摘要任务名称格式化为粗体，如图 10-78 所示。

③ 下一步，选择任务 10 到任务 11 的名称。

④ 在"项目"菜单中，指向"大纲"，然后单击"降级"。

任务 9 变为摘要任务，并且甘特图中显示另一个摘要任务条，如图 10-28 所示。

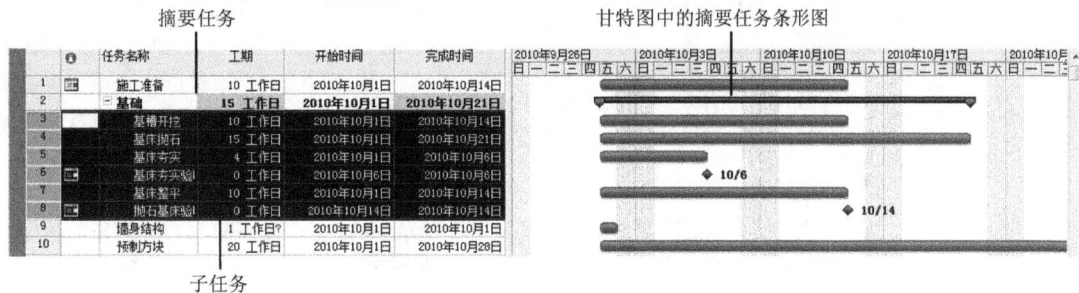

图 10-27 任务 2 变成摘要任务

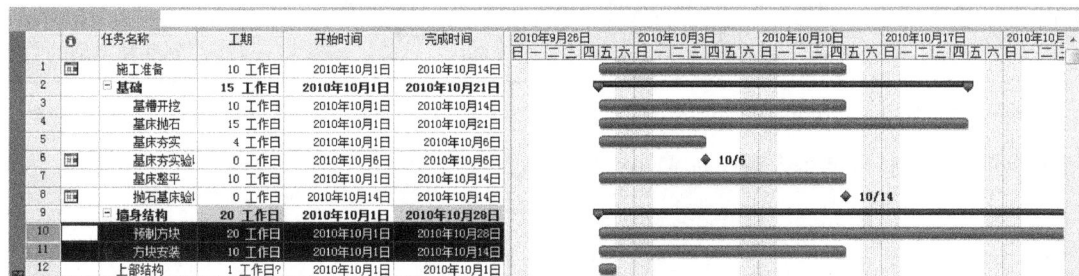

图 10-28 任务 9 变成摘要任务

10.2.5　链接任务

Project 要求任务以特定顺序执行。例如，本例中基床挖泥结束经验收后，方可进行基床抛石工作施工。这两个任务之间存在完成—开始关系（也称为链接或依赖关系）。此种关系有两类：

① 第 2 个任务的执行必须晚于第 1 个任务，称为序列；

② 第 2 个任务只能在完成第 1 个任务后执行，称为依赖。

在 Project 中，第 1 个任务（基床挖泥）称为前置任务，因为它在依赖于它的任务之前。第 2 个任务称为后续任务，因为它在它所依赖的任务之后。同样，任何任务都可以成为一个或多个前置任务的后续任务。

尽管听起来有点复杂，但是任务间的关系可以总结为如可以通过创建任务间的链接来建立任务间的关系。通常，项目计划中的所有任务的开始日期为同一天，即项目的开始日期。在下面的练习中，将使用不同方法来创建多个任务间的链接，因此创建的是完成—开始关系。

表 10-3 所示的是四种关系类型。

日程安排引擎（如 Project）的用途之一就是说明任务间的关系并处理对安排好的开始日期和完成日期的修改。例如，用户可以修改任务工期或将任务从任务链中移除，而 Project 会相应地重新安排任务。

在 Project 中，任务关系的表现形式多种：

① 在"甘特图"和"网络图"视图中，任务关系表现为连接任务的线；

② 在表（如"项"表）中，前置任务的任务标识号会显示在后续任务的"前置任务"域中。

可以通过创建任务间的链接来建立任务间的关系。通常，项目计划中的所有任务的开始日期为同一天，即项目的开始日期。在下面的练习中，将使用不同方法来创建多个任务间的链接，因此创建的是完成—开始关系。

表 10-3　4 种关系类型

任务间的关系	含　义	甘特图中的外观	示　例
完成—开始（FS）	前置任务的完成日期决定后续任务的开始日期		电影场景的拍摄必须在编辑之前
开始—开始（SS）	前置任务的开始日期决定后续任务的开始日期		审读剧本和编写分镜头脚本及安排拍摄日程关联密切，它们理应同时进行
完成—完成（FF）	前置任务的完成日期决定后续任务的完成日期		需要特殊设备的任务必须在设备租期结束时完成
开始—完成（SF）	前置任务的开始日期决定后续任务的完成日期		编辑室何时空闲决定着前期编辑任务必须何时结束（极少用到此种类型的关系）

首先，创建两个任务间的完成—开始依赖关系。

① 选择任务 3 和任务 4 的名称，如图 10-29 所示。

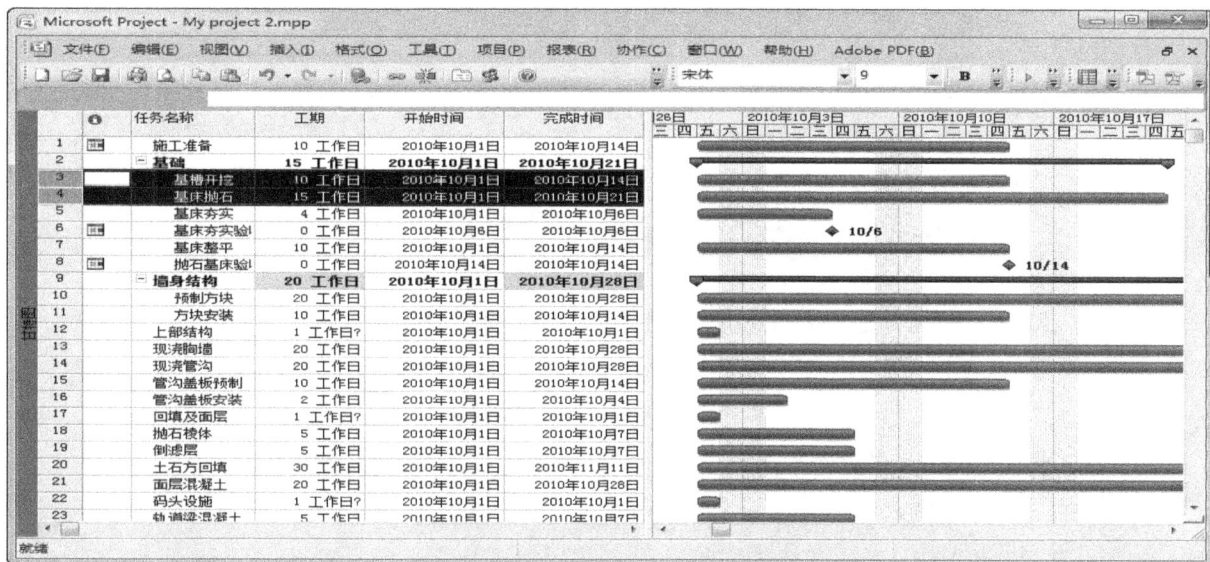

图 10-29　选择任务 3 和任务 4

② 在"编辑"菜单中，单击"链接任务"。

也可单击"标准"工具栏中的"链接任务"按钮来创建完成－开始依赖关系。

任务 3 和任务 4 以完成—开始关系链接。注意，Project 将任务 4 的开始日期修改为任务 3 完成之日的下一个工作日（跳过周末），"基础"摘要任务的工期也相应变长，如图 10-30 所示。

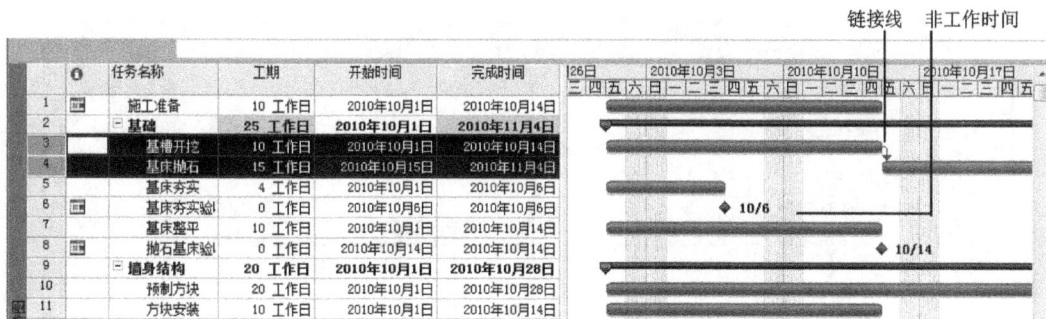

图 10-30　链接任务 3 和任务 4

如要取消任务链接，选择要取消链接的任务，然后单击"标准"工具栏中的"取消任务链接"按钮；也可以在"编辑"菜单中单击"取消任务链接"。如果想取消完成—开始关系任务链中某一个任务的链接，Project 会在剩余的任务间重新建立链接。

接下来，将一次性链接几个任务。

③ 选择任务 4 到任务 8 的名称。

④ 在"编辑"菜单中，单击"链接任务"。

任务 4 到任务 8 以完成—开始关系链接在一起，如图 10-31 所示。

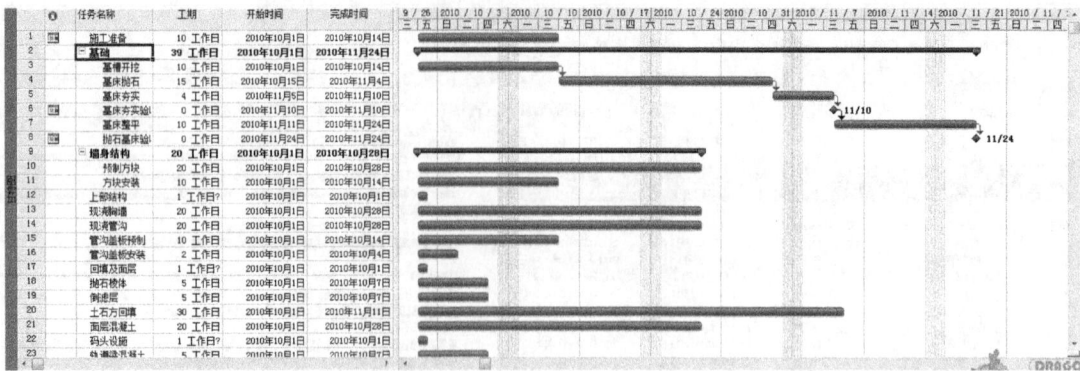

图 10-31　链接任务 3 到任务 6

接下来，将以不同方式链接两个任务——使任务 10 成为任务 11 的前置任务。

⑤ 选择任务 11 的名称。

⑥ 在"项目"菜单中，单击"任务信息"。

也可以单击"标准"工具栏中的"任务信息"按钮。

"任务信息"对话框显示。

⑦ 单击"前置任务"标签。

⑧ 单击"任务名称"列标题下的空白单元格，然后单击显示的下拉箭头。

⑨ 在"任务名称"列表中，单击"预制方块"，然后按 Enter 键，结果如图 10-32 所示。

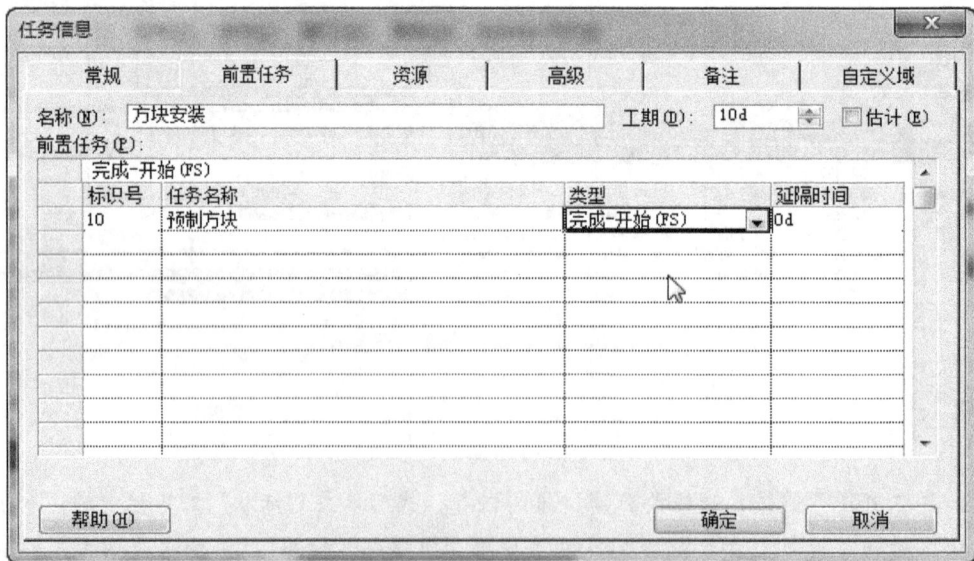

图 10-32　将任务 11 设为前置任务

⑩ 单击"确定"，关闭"任务信息"对话框。

任务 10 和任务 11 以完成—开始关系链接在一起。

作为本练习的结尾，还将链接剩余的分项任务，并链接摘要任务。

⑪ 选择任务 2 和任务 9 的名称。选择任务 2 的名称，按住 Ctr1 键，再选择任务 2 的名称。这是在 Project 的表中选择不相邻项的方法。

⑫在“编辑”菜单中，单击“链接任务”，链接两个摘要任务。

链接摘要任务时，可以直接链接摘要任务（如前所述），或者将第一个阶段的最后一个任务与第二个阶段的最后一个任务链接。两种情况下的最终安排结果是相同的，但是建议直接链接摘要任务，以便更好在反映两个阶段的承接关系。但是，不能将摘要任务与它自己的子任务链接。这样做会导致循环安排问题，因此 Project 是不允许的。

⑬如果需要，可以向右滚动“甘特图”视图的图部分，直到显示项目计划的第二个阶段，或在日期上右键选择“显示比例”，再选择“完整项目”，全景显示，如图 10-33 所示。

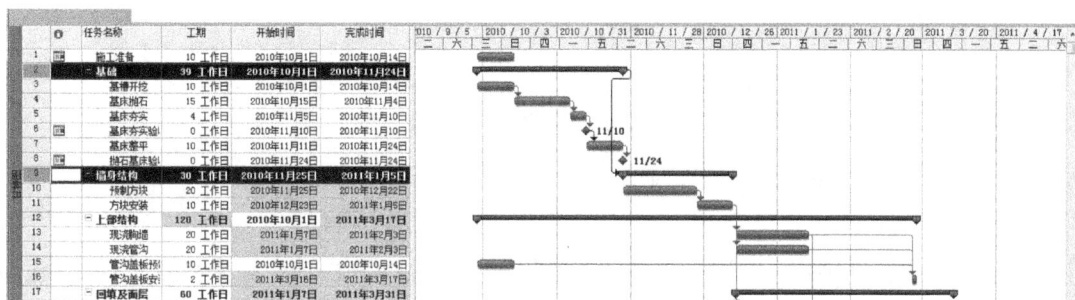

图 10-33　链接两个摘要任务

也可以直接在甘特图中创建完成—开始关系。指向前置任务的任务条，直到指针变成指向四周的星状。然后向上或向下拖动鼠标指针到后续任务的任务条。当拖动鼠标指针创建任务关系时，指针图像变成链节形状。

10.2.6　记录任务

可以在备注中记录任务的额外信息。例如，用户可能希望详细描述任务，但希望任务名称保持简洁。可以在任务备注中添加细节信息。这样，信息保存在 Project 文件中，可以轻松查看或打印。

备注有三种类型：任务备注、资源备注和分配备注。可在“任务信息”对话框的“备注”选项卡中输入和查看任务备注（也可在“项目”菜单中单击“任务备注”命令，打开“备注”选项卡）。Project 中的备注支持众多文本格式化选项，甚至可以在备注中链接或存储图像或其他类型的文件。

超链接用于将特定任务连接到存储在项目计划之外（另一个文件、一个文件中的特定位置、因特网网页或内联网页面）的附加信息。

在下面的练习中，将输入任务备注和插入超链接来记录某些任务的重要信息。

①选择任务 4 的名称：基床抛石 s。

②在“项目”菜单中，单击“任务备注”。

也可单击“标准”工具栏中的“任务备注”按钮，或者右击任务名称并在显示的快捷菜单中单击“任务备注”。

Project 显示"任务信息"对话框，并且"备注"选项卡处于可见位置。

③ 在"备注"文本框中，输入要添加的任务备注，如图 10-34 所示。

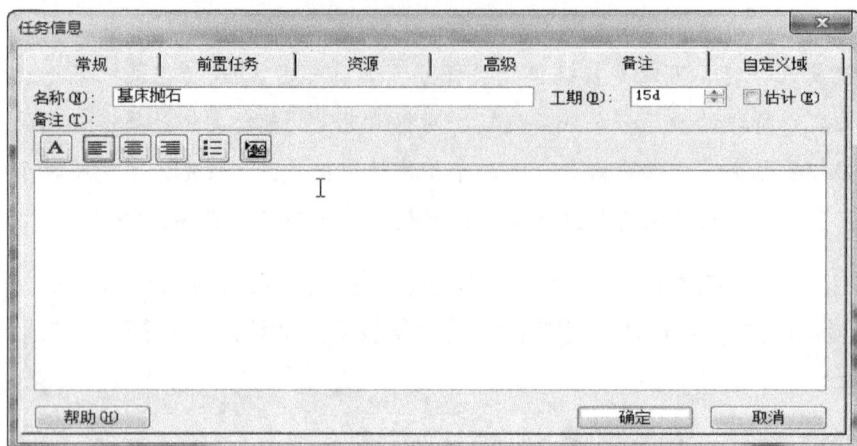

图 10-34　输入备注

④ 单击"确定"。在"标记"列中会显示一个记事本的图标。

⑤ 指向记事本图标。

备注内容会显示在屏幕提示中。如果备注过长导致不能在屏幕提示中完全显示，可以双击记事本图标以显示备注的完整文本。

10.2.7　检查任务工期

现在，用户可能想知道项目预期会花多长时间。用户并没有直接输入总的项目工期，但 Project 根据单个任务的工期和任务关系已经计算出这些值。查看预定的项目完成日期的简便方法是通过"项目信息"对话框。

在下面的练习中，将看到根据用户输入的任务工期和关系而得出的当前的总工期和预定的完成日期。

① 在"项目"菜单中，单击"项目信息"，显示项目信息对话框，如图 10-35 所示。

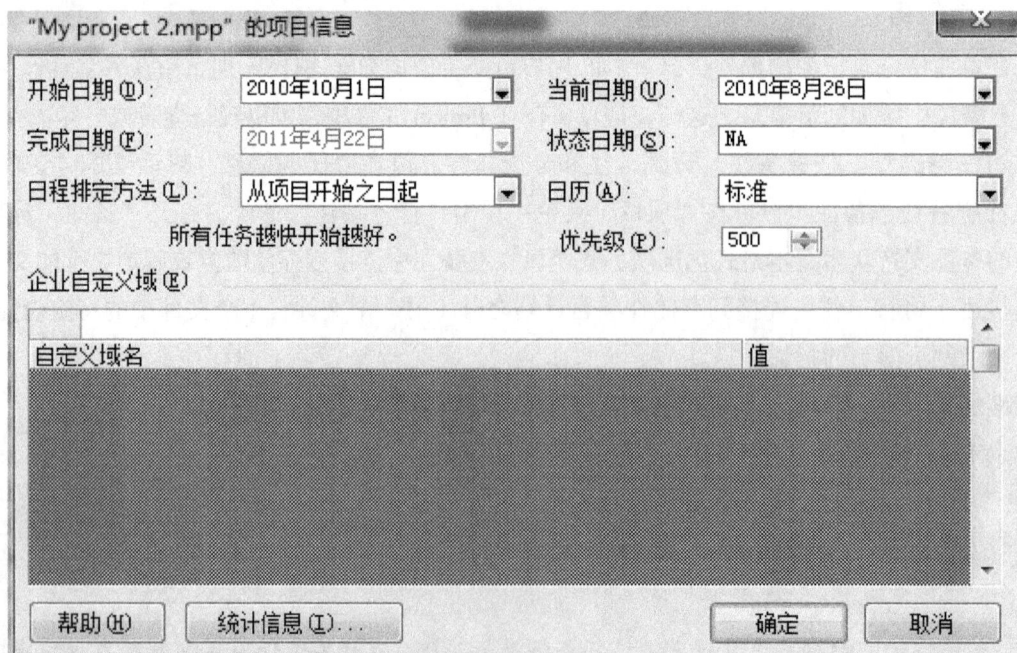

图 10-35　项目信息对话框

② 注意，完成日期为 2010 年 8 月 26 日。

不能直接编辑完成日期，因为此项目是设置为根据开始日期安排日程的。Project 根据完成任务所需的总工作日数来计算项目的完成日期，而开始之日为项目的开始日期。在制定项目计划时，对开始日期的任何修改都会导致 Project 重新计算完成日期。

接下来，将查看工期的详细信息。

③ 单击"统计信息"按钮，显示项目统计对话框，如图 10-36 所示。

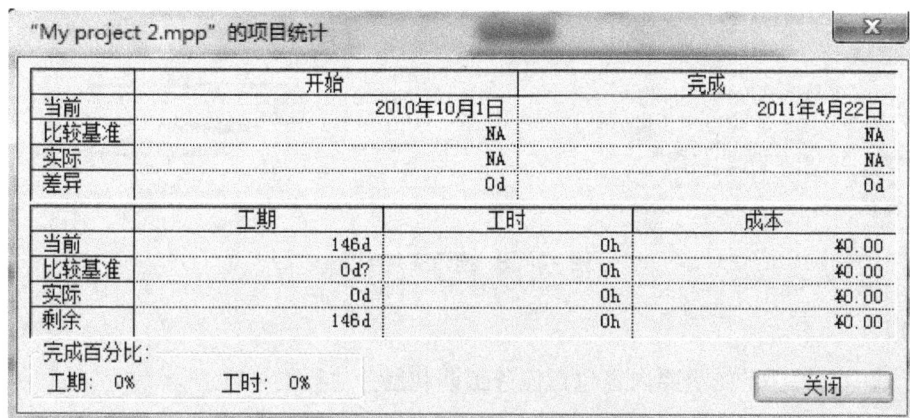

	开始		完成
当前	2010年10月1日		2011年4月22日
比较基准	NA		NA
实际	NA		NA
差异	0d		0d

	工期	工时	成本
当前	146d	0h	￥0.00
比较基准	0d?	0h	￥0.00
实际	0d	0h	￥0.00
剩余	146d	0h	￥0.00

完成百分比：

工期：0%　　工时：0%　　　　　　　　　　　　　关闭

图 10-36　项目统计对话框

目前还不需要注意对话框中的所有数字，但是当前完成日期和当前工期值得留意。工期为项目日历中项目的开始日期和完成日期之间的工作日数。

④ 单击"关闭"按钮，关闭项目统计对话框。

接下来，将通过更改"甘特图"视图中的时间刻度来显示完整的项目。

⑤ 在"视图"菜单中，单击"显示比例"，显示"显示比例"对话框，如图 10-37 所示。

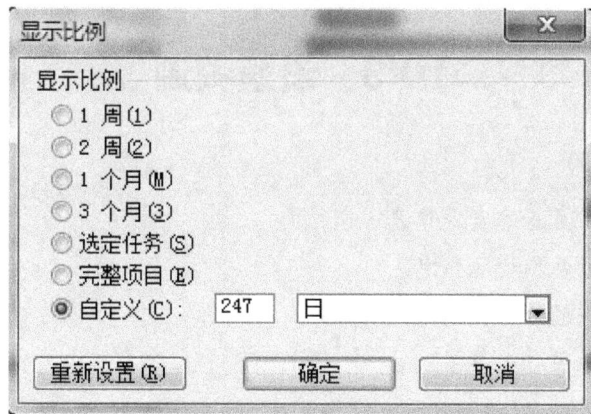

图 10-37　"显示比例"对话框

⑥ 单击"完整项目"，然后单击"确定"。

屏幕上显示完整的项目，如图 10-38 所示。

也可以单击"放大"和"缩小"按钮来更改"甘特图"视图的时间刻度。

可以在"甘特图"视图中看到项目的总工期。

关闭 My Project 2 文件。

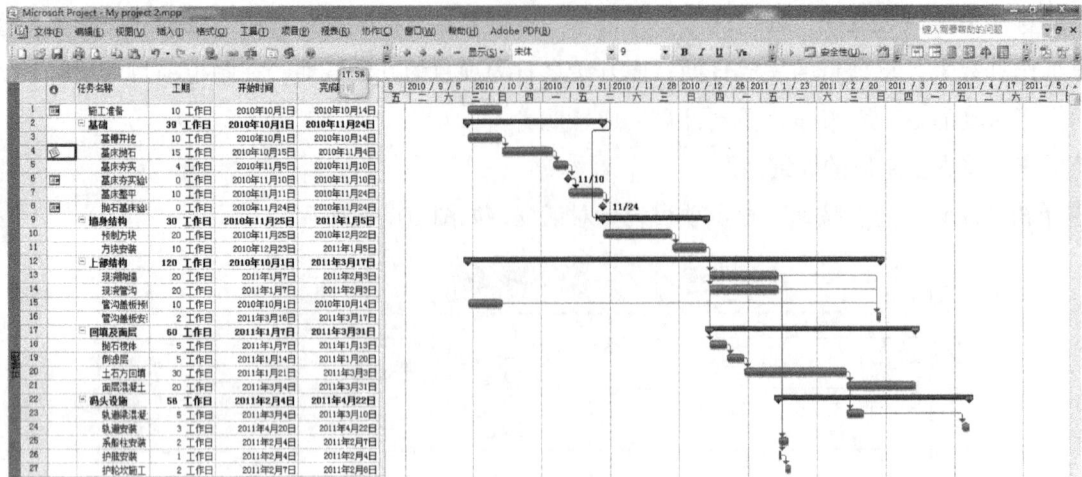

图 10-38 显示完整项目

10.2.8 小结

① 项目计划中有关任务的重要内容包括任务工期和任务执行的顺序。

② 任务链接或关系会导致一个任务的开始或完成影响另一个任务的开始或完成。常见的任务关系是务关系是完成－开始关系。在此关系中，一个任务的完成控制另一任务的开始。

③ 在 Project 中，项目的阶段表示为摘要任务。

④ 可以使用任务备注记录附加的细节信息，也可以创建到因特网的超链接。

⑤ "项目信息"对话框（"项目"菜单）是查看项目计划关键值（如预定的完成日期和工期）的绝佳途径。

10.3 设置资源

本节内容：

① 为执行项目的人员设置基本资源信息；

② 输入项目所用设备的基本资源信息；

③ 输入项目所消耗材料的资源信息；

④ 输入成本资源信息以进行财务跟踪；

⑤ 为工作资源设置成本信息；

⑥ 改变资源对于某项工作的可用性；

⑦ 在备注中记录资源的额外信息。

资源包括完成项目中任务所需的人员和设备。Microsoft Office Project 2007 关注资源的两个方面：可用性和成本。可用性决定了特定资源何时能用于任务以及它们可以完成多少工作；成本指的是需要为资源支付的金钱。另外，Project 支持两种其他类型的特殊资源：材料和成本。

用户不需要在 Project 中设置资源并将它们分配到任务，但是如果没有这些信息，在管理进度时效率可能会降低。在 Project 中设置资源会花费一些气力，但如果项目是由时间或成本限制控制（几乎所有复杂项目都由某一因素控制或由两者控制），那么值得花些时间进行设置。

10.3.1　设置人员资源

Project 使用三种类型的资源：工时、材料和成本。工时资源是执行项目工作的人员和设备。本节将首先着重介绍工时资源，然后在后文介绍材料和成本资源。

表 10-4 列出了一些工时资源的示例。

表 10-4　工时资源示例

工时资源	示　例
以名字区分的单个人员	张三，李四
以职务或职能区分的单个人员	项目经理、总工程师
具有共同技能的一组人（将这种具有交换性的资源分配给任务时，不必关心分配的到底是哪个资源，只要此资源拥有需要的技能）	电工、木工、钢筋工
设备	挖掘机、起重船

设备资源不需要是可随身携带的，一个固定的场地或一件机器都可视为设备。

所有项目都需要人员资源，而有些项目只需要人员资源。Project 可以帮助用户在管理工时资源和监控财务成本方面做出更明智的决策。

在下面的练习中，将为几个人员资源设置资源信息。

① 确保已经启动 Microsoft Office Project 2007。

② 然后选择想打开的文件，如 My Project 2。

③ 在"视图"菜单下，单击"资源工作表"。我们将使用"资源工作表"视图来帮助设置重力式码头项目的初始资源列表。

④ 在"资源工作表"视图中，单击"资源名称"列标题下的第一个单元格。

⑤ 输入"张三"，然后按 Enter 键。

Project 创建一个新资源，如图 10-39 所示。

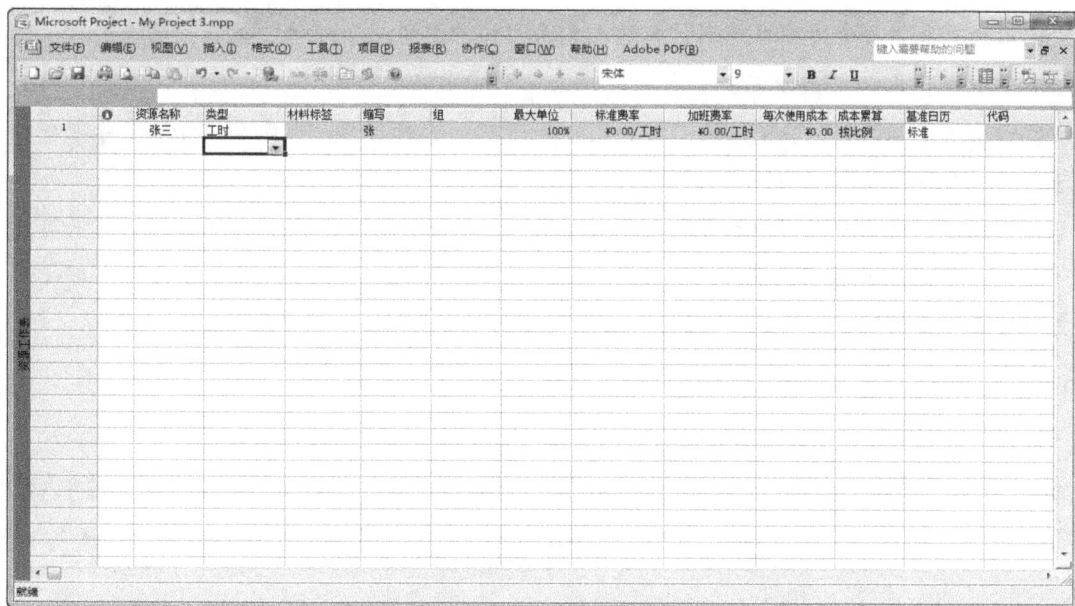

图 10-39　创建新资源

下面输入一个代表多个人员的资源。

⑥ 在"资源名称"域中的最后一个资源下，输入"潜水员"，然后按 Tab 键。

⑦在"类型"域中，确保选择的是"工时"，然后按几次 Tab 键，移到 Max.Units（最大单位）域。

"最大单位"域表示资源可用于完成任务的最大工作能力。例如，指定资源张三的"最大单位"为 100%，表示张三可将 100% 的时间用于执行分配给他的任务。

⑧在"潜水员"的"最大单位"域中，输入或选择 300%，然后按 Enter 键，结果如图 10-40 所示。

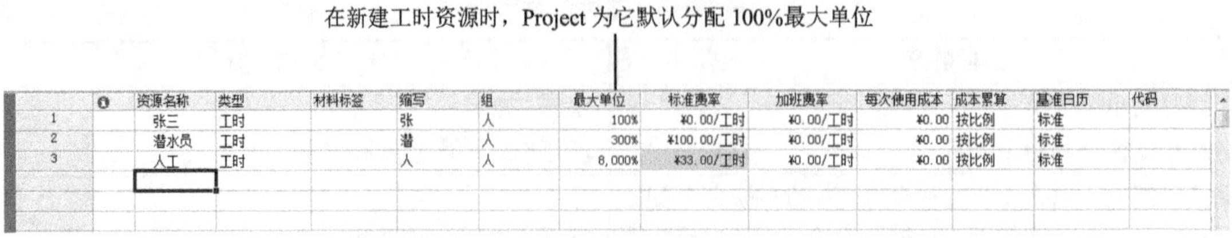

在新建工时资源时，Project 为它默认分配 100% 最大单位

	①	资源名称	类型	材料标签	缩写	组	最大单位	标准费率	加班费率	每次使用成本	成本累算	基准日历	代码
1		张三	工时		张	人	100%	¥0.00/工时	¥0.00/工时	¥0.00	按比例	标准	
2		潜水员	工时		潜	人	300%	¥100.00/工时	¥0.00/工时	¥0.00	按比例	标准	
3		人工	工时		人	人	8,000%	¥33.00/工时	¥0.00/工时	¥0.00	按比例	标准	

图 10-40 更改"潜水员"的"最大单位"域

名为"潜水员"的资源不是代表单个人员，而是表示一类称为"潜水员"的具有交换性的人。因为资源"潜水员"的"最大单位"设为 300%，所以每天可以安排三个"潜水员"全职工作。在计划阶段，不知道这些"潜水员"究竟是谁并没有关系，可以继续进行一些总体规划。

提示

可以根据需要为"最大单位"域输入小数或整数格式（.5，1，2），而不是百分率格式（50%，100%，200%）。要使用小数或整数格式，在"工具"菜单下，单击"选项"，然后单击"日程"标签。在"工作分配单位显示为"框中，选择"十进制数"。

注意

在 Project 中，工时资源名称可以代表特定的人（如张三）或特定职务（如潜水员）。要使用用户和将要查看项目计划信息的人最易明白的名称。问题的关键是谁将查看这些资源名称以及他们如何区分这些资源。用户选择的资源名称出现在 Project 和任何由 Project 输出的信息中。例如，在默认的"甘特图"视图中，资源名称会出现在该资源所分配到的任务的任务条旁边。

资源可以指已经在职的人员或是稍后才有人入职的岗位。如果所需的资源岗位没有全部到岗，可能没有真实的人名用来输入。这种情况下，在 Project 中设置资源时，可使用占位符名称或职务。

10.3.2 设置设备资源

在 Project 中，设置人员和设备资源的方式是完全相同的，因为人员和设备都是工时资源。但是，必须注意在如何安排这两种工时资源时的重要区别。大多数人员资源的一个工作日不会长于 12 小时，但设备资源却可以连续工作。而且，人员资源在他们所执行的任务中是灵活应变的，而设备资源则更固定一些。

不需要跟踪项目中使用的所有设备，但可能会在下列情况下设置设备资源。

①多个小组或人员同时需要一件设备完成不同任务时，设备可能被超量预订。

②需要计划和跟踪与设备有关的成本时。

在下面的练习中，将在"资源信息"对话框中输入设备资源的信息。

① 在"资源工作表"视图中，单击"资源名称"列中的下一个空单元格。

② 在"标准"工具栏上，单击"资源信息"按钮，出现"资源信息"对话框。

> 可以双击某个资源名称或"资源名称"列中空单元格来显示"资源信息"对话框。

③ 如果没有显示"常规"选项卡，单击"常规"标签。

在"常规"选项卡的上半部，可以看到"资源工作表"视图中显示的域。Project 中信息类型很多，通常工作时至少会用到两种：表格和对话框。

④ "资源名称"域中，输入挖泥船。

⑤ 在"类型"域中，单击"工时"，结果如图 10-41 所示。

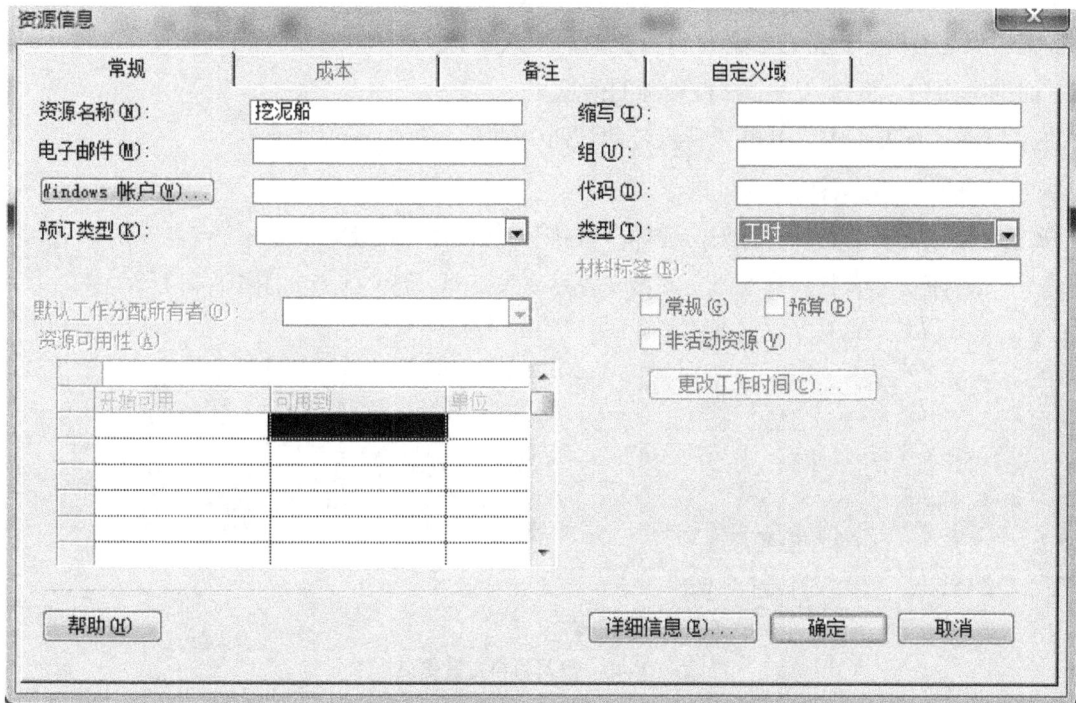

图 10-41 利用"资源信息"对话框增加资源

⑥ 单击"确定"，关闭"资源信息"对话框，返回"资源工作表"视图。

此资源的"最大单位"域值为 100%，接下来将修改此百分率。

> 也可双击"资源名称"列中的空单元格来使用"资源信息"对话框创建新资源。注意用此种方式创建新资源时，不能输入"最大单位"值，但在创建资源后可以在对话框或"资源工作表"中编辑该值。

⑦ 在"挖泥船"的"最大单位"域中，输入 100%，然后按 Enter 键。

⑧ （根据自己的偏好）直接在"资源工作表"中或在"资源信息"对话框中输入设备资源的信息。

无论使用何种方式，要确保"类型"域中选择的是"工时"，结果如图 10-42 所示。

		资源名称	类型	材料标签	缩写	组	最大单位	标准费率	加班费率	每次使用成本	成本累算	基准日历	代码
1		张三	工时		张	人	100%	¥0.00/工时	¥0.00/工时	¥0.00	按比例	标准	
2		潜水员	工时		潜	人	300%	¥100.00/工时	¥0.00/工时	¥0.00	按比例	标准	
3		人工	工时		人	人	8,000%	¥33.00/工时	¥0.00/工时	¥0.00	按比例	标准	
4		挖泥船	工时		挖	机	100%	¥0.00/工时	¥0.00/工时	¥0.00	按比例	标准	
5		泥驳	工时		泥	机	100%	¥0.00/工时	¥0.00/工时	¥0.00	按比例	标准	
6		拖轮	工时		拖	机	100%	¥0.00/工时	¥0.00/工时	¥0.00	按比例	标准	
7		打夯船	工时		打	机	100%	¥0.00/工时	¥0.00/工时	¥0.00	按比例	标准	
8		起重机	工时		起	机	100%	¥0.00/工时	¥0.00/工时	¥0.00	按比例	标准	
9		自卸汽车	工时		自	机	100%	¥0.00/工时	¥0.00/工时	¥0.00	按比例	标准	
10		起重船	工时		起	机	100%	¥0.00/工时	¥0.00/工时	¥0.00	按比例	标准	
11		搅拌船	工时		搅	机	100%	¥0.00/工时	¥0.00/工时	¥0.00	按比例	标准	
12		机动艇	工时		机	机	100%	¥0.00/工时	¥0.00/工时	¥0.00	按比例	标准	
13		其他船机	工时		其	机	100%	¥0.00/工时	¥0.00/工时	¥0.00	按比例	标准	

图 10-42　输入设备资源

10.3.3　设置材料资源

材料资源是消耗性的，随着项目的进行会耗尽。在建筑项目中，材料资源包括沙子、钢筋和混凝土等。在 Project 中使用材料资源主要是为了跟踪消耗率和相关的成本。尽管 Project 不是用于跟踪库存的完善系统，但它有助于更好地掌握材料资源的消耗速度。

在下面的练习中，将输入一个材料资源的信息。

① 在"资源工作表"中，单击"资源名称"列中的下一个空单元格。

② 输入"混凝土"，然后按 Tab 键。

③ 在"类型"域中，单击下箭头，选择"材料"，然后按 Tab 键。

④ 在"材料标签"域中，输入"立方米"，然后按 Enter 键，结果如图 10-43 所示。

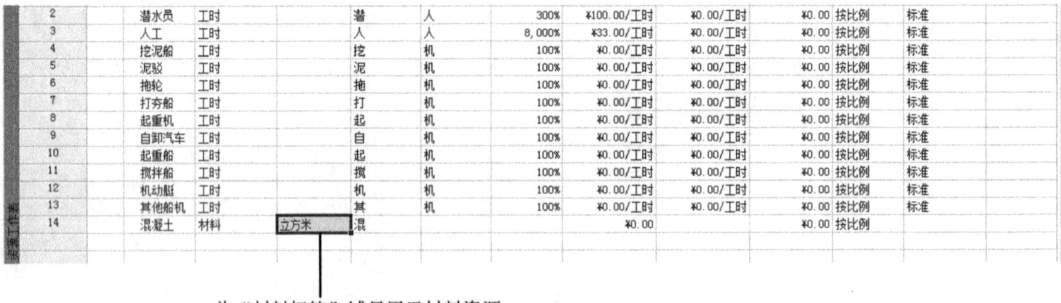

2		潜水员	工时		潜	人	300%	¥100.00/工时	¥0.00/工时	¥0.00	按比例	标准	
3		人工	工时		人	人	8,000%	¥33.00/工时	¥0.00/工时	¥0.00	按比例	标准	
4		挖泥船	工时		挖	机	100%	¥0.00/工时	¥0.00/工时	¥0.00	按比例	标准	
5		泥驳	工时		泥	机	100%	¥0.00/工时	¥0.00/工时	¥0.00	按比例	标准	
6		拖轮	工时		拖	机	100%	¥0.00/工时	¥0.00/工时	¥0.00	按比例	标准	
7		打夯船	工时		打	机	100%	¥0.00/工时	¥0.00/工时	¥0.00	按比例	标准	
8		起重机	工时		起	机	100%	¥0.00/工时	¥0.00/工时	¥0.00	按比例	标准	
9		自卸汽车	工时		自	机	100%	¥0.00/工时	¥0.00/工时	¥0.00	按比例	标准	
10		起重船	工时		起	机	100%	¥0.00/工时	¥0.00/工时	¥0.00	按比例	标准	
11		搅拌船	工时		搅	机	100%	¥0.00/工时	¥0.00/工时	¥0.00	按比例	标准	
12		机动艇	工时		机	机	100%	¥0.00/工时	¥0.00/工时	¥0.00	按比例	标准	
13		其他船机	工时		其	机	100%	¥0.00/工时	¥0.00/工时	¥0.00	按比例	标准	
14		混凝土	材料	立方米	混			¥0.00		¥0.00	按比例	标准	

此"材料标签"域只用于材料资源

图 10-43　输入材料资源信息

注意不能为材料资源输入"最大单位"值。因为材料资源是消耗性的，不是工作的人或设备，所以不用"最大单位"值。

10.3.4　设置成本资源

在 Project 中使用的第三种也是最后一种类型的资源是成本资源。可以使用成本资源表示与项目中任务有关的财务成本。工时资源（如人员和设备）可以有相关的成本（每个工作分配的小时费率和固定成本）。成本资源的主要作用就是将特定类型的成本与一个或多个任务关联。成本资源的常见类型包括为了核算而要跟踪的项目支出的类别，如会议、差旅或培训。和材料资源一样，成本资源不工作，对任务的日程安排也没有影响。但是，在将成本资源分配给任务并指定每个任务的成本数额时，可以看到该类型成本资源的累计成本，如项目中总的旅行成本。

① 在"资源工作表"中，单击"资源名称"列中的下一个空单元格。

② 输入 Travel，然后按 Tab 键。

③ 在"类型"域中，单击下箭头，选择"成本"，然后按 Enter 键。

10.3.5　输入资源费率

几乎所有项目都有财务方面的考量，并且成本限制决定了许多项目的范围。跟踪和管理成本信息可以让项目经理解答以下重要的问题：

① 根据任务工期和资源估价得出的预计总成本是多少？

② 是否使用了昂贵的资源来做廉价资源可做的工作？

③ 在项目生命周期中某特定类型的资源或任务会花费多少钱？

④ 如何分配项目中特定类型（如差旅）的支出？

⑤ 花钱的速度是否能让资金维持到项目计划的工期结束？

在下面的练习中，将输入每个工时资源的成本信息。

① 在"资源工作表"中，单击"挖泥船"的标准费率域。

② 输入 2000，然后按 Enter 键。

"标准费率"列中出现挖泥船的标准小时费率。注意默认的标准费率是以小时计的，而工程上常用工作日计，所以这里要改变单位。

③ 在"工具"中，单击"选项"，选择"常规"选项卡，将"默认标准费率""默认加班费率"中的"h"改为"d"，结果如图 10-44 所示。

		资源名称	类型	材料标签	缩写	组	最大单位	标准费率	加班费率	每次使用成本	成本累算	基准日历	代码
1		张三	工时		张	人	100%	￥0.00/工时	￥0.00/工作日	￥0.00	按比例	标准	
2		潜水员	工时		潜	人	300%	￥0.00/工作日	￥0.00/工作日	￥0.00	按比例	标准	
3		人工	工时		人	人	8,000%	￥2,000.00/工作日	￥0.00/工作日	￥0.00	按比例	标准	
4		挖泥船	工时		挖	机	100%	￥0.00/工作日	￥0.00/工作日	￥0.00	按比例	标准	
5		泥驳	工时		泥	机	100%	￥0.00/工作日	￥0.00/工作日	￥0.00	按比例	标准	
6		拖轮	工时		拖	机	100%	￥0.00/工作日	￥0.00/工作日	￥0.00	按比例	标准	
7		打夯船	工时		打	机	100%	￥0.00/工作日	￥0.00/工作日	￥0.00	按比例	标准	
8		起重机	工时		起	机	100%	￥0.00/工作日	￥0.00/工作日	￥0.00	按比例	标准	
9		自卸汽车	工时		自	机	100%	￥0.00/工作日	￥0.00/工作日	￥0.00	按比例	标准	
10		起重船	工时		起	机	100%	￥0.00/工作日	￥0.00/工作日	￥0.00	按比例	标准	
11		搅拌船	工时		搅	机	100%	￥0.00/工作日	￥0.00/工作日	￥0.00	按比例	标准	
12		机他船机	工时		机	机	100%	￥0.00/工作日	￥0.00/工作日	￥0.00	按比例	标准	
13		其他船机	工时		其	机	100%	￥0.00/工作日	￥0.00/工作日	￥0.00	按比例	标准	
14		混凝土	材料	立方米	混			￥0.00		￥0.00	按比例		

图 10-44　在"标准费率"域中输入值

④ 按相同步骤为给定资源输入标准费率。

项目管理重点：获得资源成本信息

在大多数项目中，工时成本占成本的绝大部分。要充分利用 Project 提供的强大的成本管理功能，项目经理应该了解与每个工时资源相关的成本。对于人员资源，要获得此信息则比较困难。在许多机构中，只有高级管理和人力资源专家才知道项目中所有资源的费率，他们会将这些信息视为机密。根据机构的政策和项目的优先级，用户可能不能跟踪资源的费率。如果不能跟踪此种信息，项目经理的工作效率会有所降低，不过项目发起人应该会理解这种限制。

10.3.6　为单个资源调整工作时间

Project 针对不同用途使用不同类型的日历。在下面的练习中，将着重介绍资源日历。资源日历控制资源的工作时间和非工作时间。Project 使用资源日历决定何时安排特定资源的工作。资源日历只用于工时资源（人员和资源），不用于材料或成本资源。

最初创建项目计划中的资源时，Project 为每个工时资源创建资源日历。资源日历的初始的工时设置与标准基准日历（Project 中内置的日历，提供的默认工作日程安排为周一到周五，早上 8 点到下午 5 点）的设置完全吻合。如果资源的所有工作时间都与标准基准日历的工作时间吻合，则不需要编辑任何资源日历。但是，很有可能某些资源的工作时间与标准基准日历不完全吻合，例如：

① 工作时间机动；

② 假期；

③ 资源在项目中不可用的其他时间，如培训时间或出席会议的时间。

对标准基准日历所做的任何修改会自动反映到基于标准基准日历的所有资源日历中，但是，对资源工作时间所做的特定修改不会受影响。

> 如果资源只能兼职为项目工作，用户可能希望项目中资源的工作时间设置能反映出兼职的日程安排，如每天早上 8 点到中午 12 点。但是，更好的方法是调整资源的可用性，将其"最大单位"域设为 50%。修改资源的整体可用性可使我们只关注为项目工作的资源的生产能力而不是工作进行的特定时间。在"资源工作表"视图（在"视图"菜单中单击"资源工作表"显示此视图）中为资源设置最大单位。

在下面的练习中，将为单个工时资源指定工作时间和非工作时间。

① 在"工具"菜单中，单击"更改工作时间"，出现"更改工作时间"对话框。

② 在"对于日历"框中，选择"张三"。

"张三"的资源日历出现在"更改工作时间"对话框中。"张三"告诉你 8 月 26 日到 27 日，即周四到周五他不能工作，因为他计划检查设备。

③ 在"更改工作时间"对话框的"例外日期"选项卡中，单击"名称"列下的第一行，输入"张三检查设备"。

对日历例外日期的描述是为了方便提示用户和日后查看项目计划的其他人。

④ 单击"开始时间"域，输入或选择"2010-8-26"。

⑤ 单击"完成时间"域，输入或选择"2010-8-27"，然后按 Enter 键。结果如图 10-45 所示。

Project 不会在上述日期为张三安排工作。

> 要为资源设置部分工作时间的例外（如一天中资源不能工作的某时段），单击"详细信息"按钮。在"详细信息"对话框中，可以对资源可用性创建重复的例外日期。

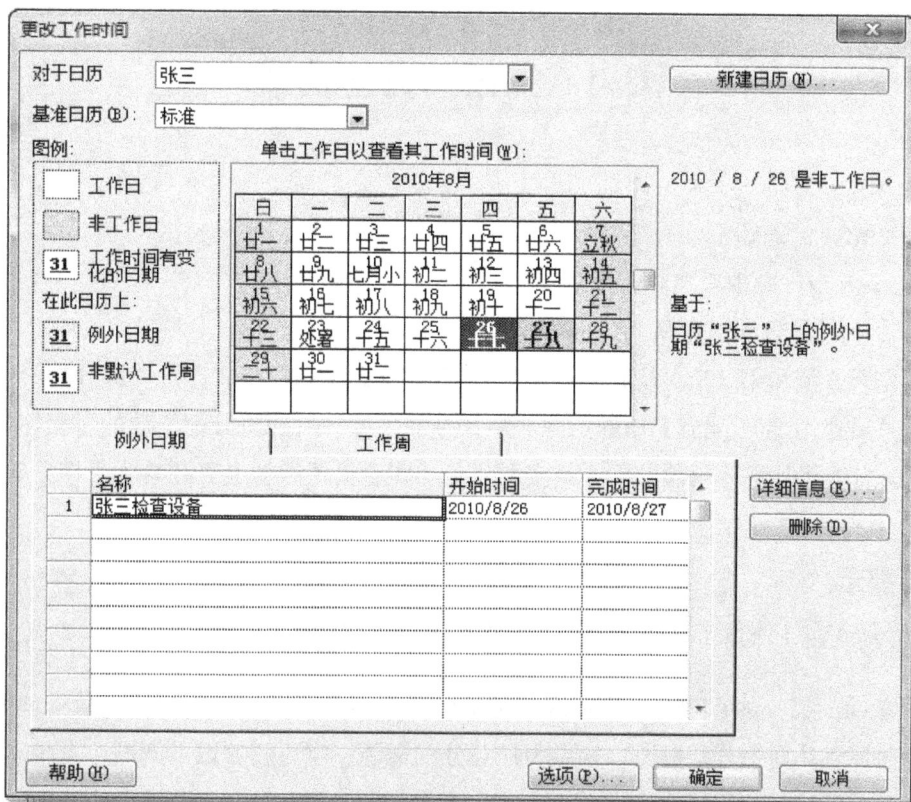

图 10-45　修改张三的资源日历

10.3.7　记录资源

前面曾介绍过可将任务、资源或分配的信息记录在备注中。例如，如果资源有适合于项目的多项技能，则最好记录在备注中。这样，备注保存在项目计划中，可以方便查看或打印。

在下面的练习中，将输入资源备注以记录电视广告项目中承担多个角色的资源。

① 在"资源名称"列中，单击"挖泥船"。

② 在"项目"菜单中，单击"资源备注"。

Project 显示"资源备注"对话框，且"备注"选项卡处于可视位置。

③ 在"备注"框中输入内容，然后单击"确定"。

"标记"列中出现备注图标。

④ 指向备注图标，备注内容出现在屏幕提示中。如果备注过长不能在屏幕提示中完全显示，可以双击备注图标来显示备注全文。

10.3.8　小结

① 在项目计划中记录资源信息有助于更好地控制谁来做、做什么以及成本是多少。

② 在项目中是人员和设备资源执行工作。

③ 成本资源说明项目中费用支出的类型。

④ 材料资源随着项目的进行逐渐消耗。

10.4　为任务分配资源

本节内容

① 为任务分配工时资源；

② 控制 Project 如何安排额外的资源分配；

③ 为任务分配材料和成本资源。

如果阅读完第 2 节和第 3 节，应该已经创建了任务和资源。现在准备将资源分配给任务。工作分配（assignment）是为任务匹配能工作的资源。从任务的角度，可能将分配资源的过程称为任务分配；从资源的角度，可能将其称为资源分配。其实两者是一回事，任务加上资源等于工作分配。

⭐ 重要提示

本章提及的资源是工时资源（人员和设备），除非特别说明是材料或成本资源。

在 Microsoft Office Project 2007 中将资源分配给任务并不是必需的，用户可以只处理任务。但是有许多理由支持在项目计划中分配资源。如果为任务分配资源，就可解答以下问题：

（1）谁应为任务工作以及何时工作？

（2）用户是否掌握完成项目所需工作的确切资源数？

（3）用户是否希望资源在不能工作的时间工作（如资源休假时）？

（4）用户是否将资源分配给过多的任务，以至于超出了资源的生产能力？换言之，是否过度分配资源？

在本节中，将分配资源给任务。用户将为任务分配工时资源（人员和设备）以及材料和成本资源，并观察工时资源的分配应在何处影响任务工期，以及不应在何处影响。

10.4.1　为任务分配工时资源

分配工时资源给任务，可使用户跟踪资源工作的进度。如果输入资源费率，Project 将为用户计算资源和任务成本。

前面曾介绍过资源的工作能力用"单位"（用于度量人工量）度量，并记录在"最大单位"域中。除非另外指定，Project 会将资源的 100% 的单位分配给任务，即 Project 假设资源的所有工作时间都可分配给任务。如果资源单位少于 100%，Project 会分配该资源的最大单位。

在下面的练习中，将为项目计划中的任务做初始资源分配：

① 确保已启动 Microsoft Office Project 2007；

② 然后选择想打开的文件，如 My Project 2；

③ 在"工具"菜单中，单击"分配资源"。

出现"分配资源"对话框，在其中可以看到在第 3 节中输入的资源名称，还有一些额外资源。除了已分配的资源通常显示在列表顶部外，"分配资源"对话框中的资源都是按字母顺序排列的，如图 10–46 所示。

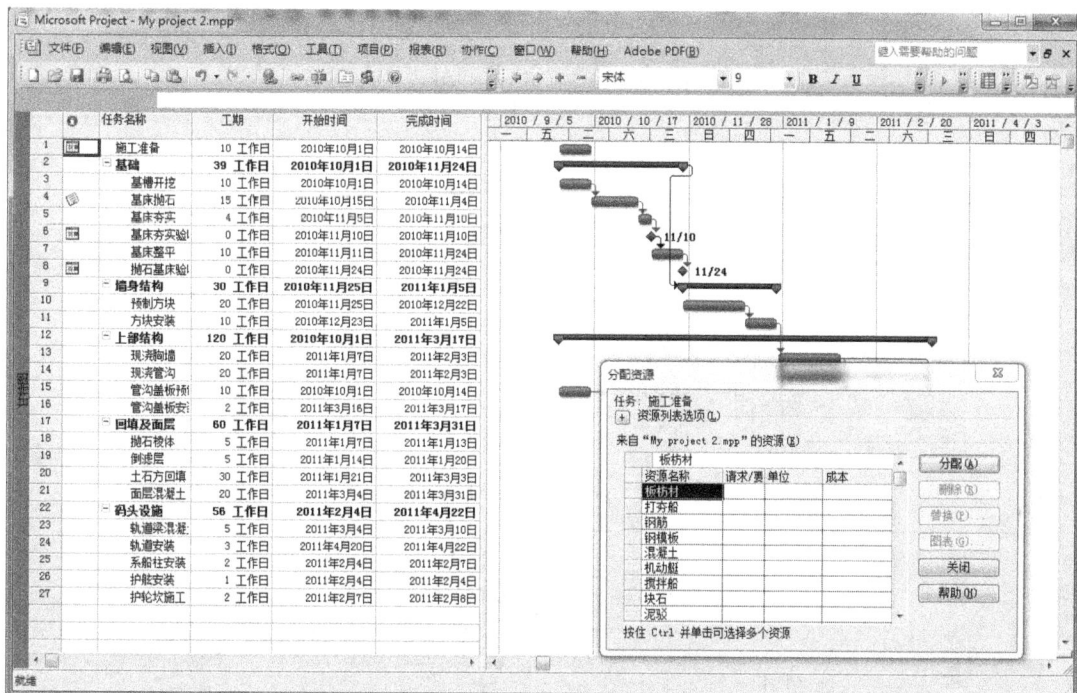

图 10-46　"分配资源"对话框

④在"任务名称"列中，单击任务 3。

⑤在"分配资源"对话框的"资源名称"列中，单击"挖泥船"，然后单击"分配"按钮。

成本值和勾选标记会出现在"挖泥船"名字的旁边，表明用户已将他分配给编写脚本的任务。因为"挖泥船"的成本标准费率记录在案，所以 Project 会计算分配的成本（"挖泥船"的标准费率乘以他被安排的工作量），在"分配资源"对话框的"成本"域中显示 20 000.00。

接下来会更仔细地查看影响任务 3 的设定值，并会使用一种名为"任务窗体"的更方便的视图。

⑥在"窗口"菜单中，单击"拆分"，结果如图 10-47 所示。

Project 将窗口分为两个窗格：上窗格是"甘特图"视图，下面是"任务窗体"视图。

在任务窗体中可以看到此任务基本的日程安排值：工期为 10 天，工时为 80 小时，分配单位为 100%。因为任务窗体方便查看任务工期、单位和工时值，所以此时让它继续显示。

接下来，将同时分配两个资源给任务。

⑦在"任务名称"列中，单击任务 4，即基床抛石。

⑧在"分配资源"对话框中，单击"驳船"，按住 Ctrl 键做非连续的选择，单击"块石"，然后单击"分配"。

"驳船"和"块石"的名字旁边会显示勾选标记和计算出的分配成本，表明用户已将它们两位分配给任务 3。可以在任务窗体中看到最后的分配信息（每个资源的单位和工时）和任务的工期，如图 10-48 所示。

☆疑难解答

如果要分配多个资源，但却不小心只分配了一个资源，可以撤销分配，方法是在"编辑"菜单下，单击"撤销分配资源"。

在练习的结尾，将剩余的任务做初始的资源分配。

任务的资源名称旁边有一个勾选标记在"分配资源"对话框中,分配到所选　　甘特条形图的旁边显示所分配的资源的名称

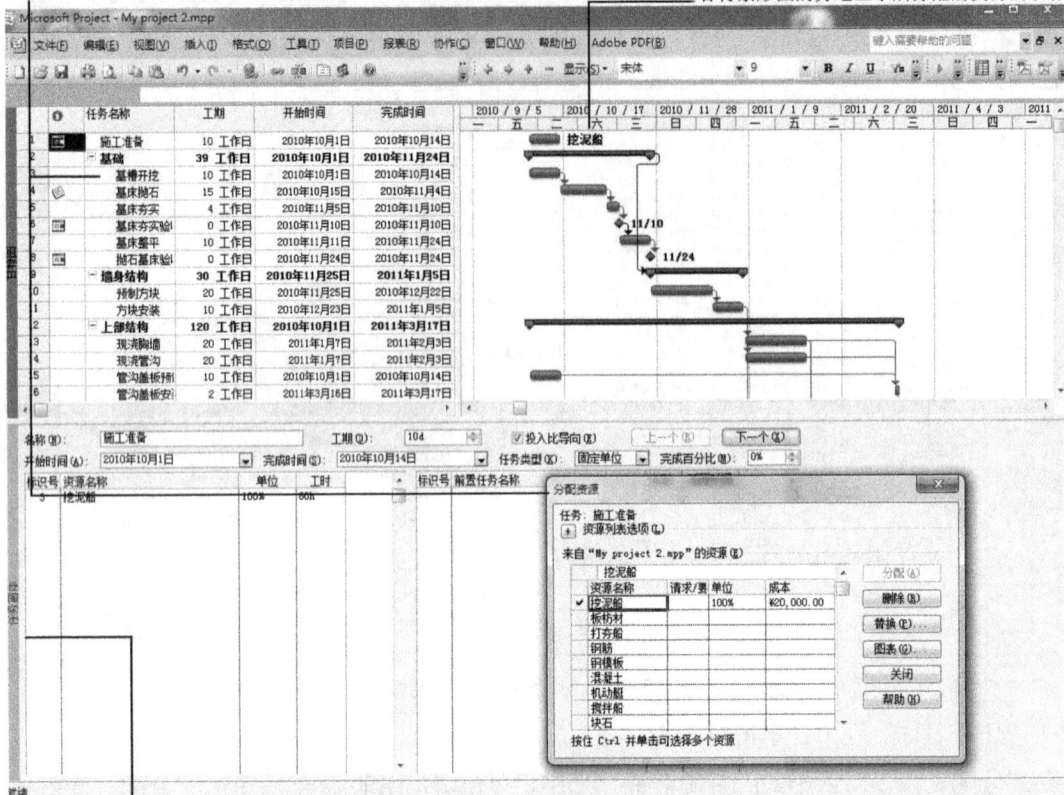

在"任务窗体"中可以看到所选任务的工期、工作分配单位和工时的详细信息

图 10-47　拆分窗体

所选任务的名称也在此显示

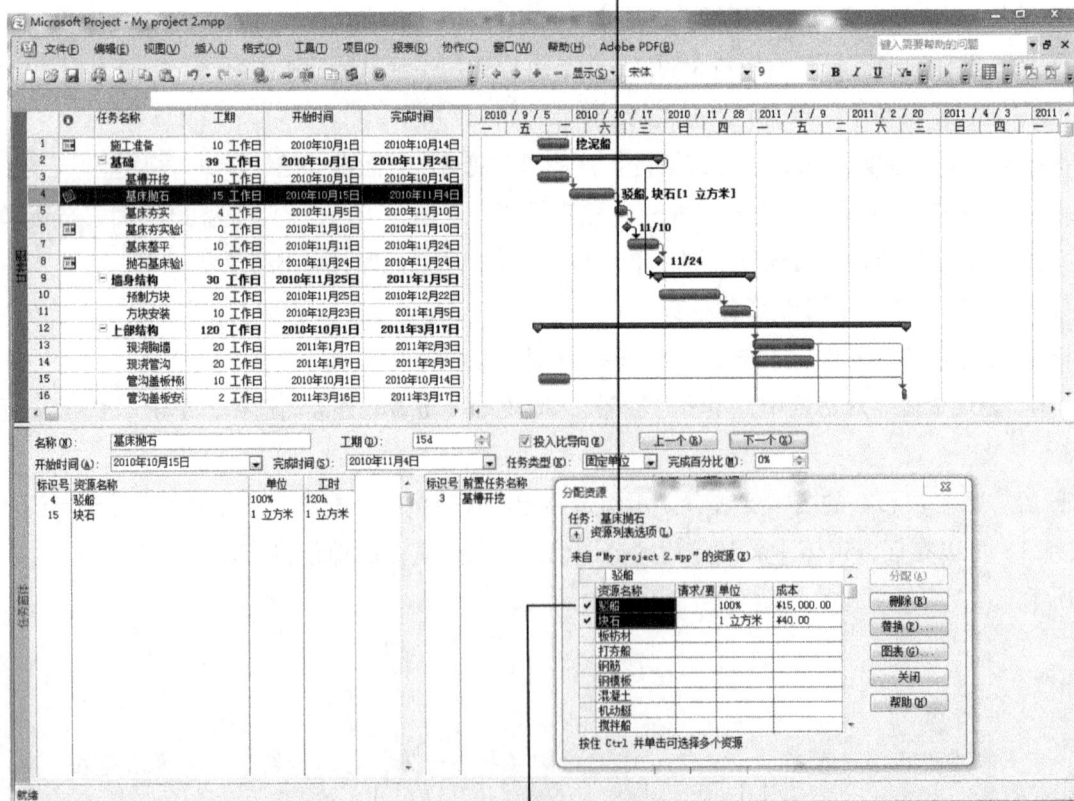

所分配的资源显示在列表顶部

图 10-48　分配两个资源给任务 4

10.4.2 为任务分配材料资源

在第 3 节中,用户创建了名为"混凝土"的材料资源。如第 3 节所述,随着项目的进行,材料资源会被用尽或耗尽。在分配材料资源时,可以采用下列两种方式之一来处理消耗和成本。

① 将单位固定的一定数量的材料资源分配给任务。Project 将资源的单位成本乘以分配的单位数量来决定总成本(在接下来的练习中使用此方法)。

② 将价格可变的一定数量的材料资源分配给任务。Project 会随着工期的改变调整资源的数量和成本(本章为入门学习,不涉及此方法)。

在下面的练习中,将为任务分配材料资源"混凝土",然后输入单位固定的消耗量。

① 在"任务名称"列中,单击任务 13 的名称,即现浇胸墙。

② 在"分配资源"对话框中,选择资源"混凝土"的"单位"域。

③ 输入或选择 4 000,然后按 Enter 键。结果如图 10-49 所示。

Project 将"混凝土"分配给任务,并计算出该分配的成本为¥1 320 000。

因为"混凝土"是材料资源,它不能工作,因此分配材料资源不会影响任务工期。

在所分配到的任务的甘特条形图旁边也会显示材料资源标签值

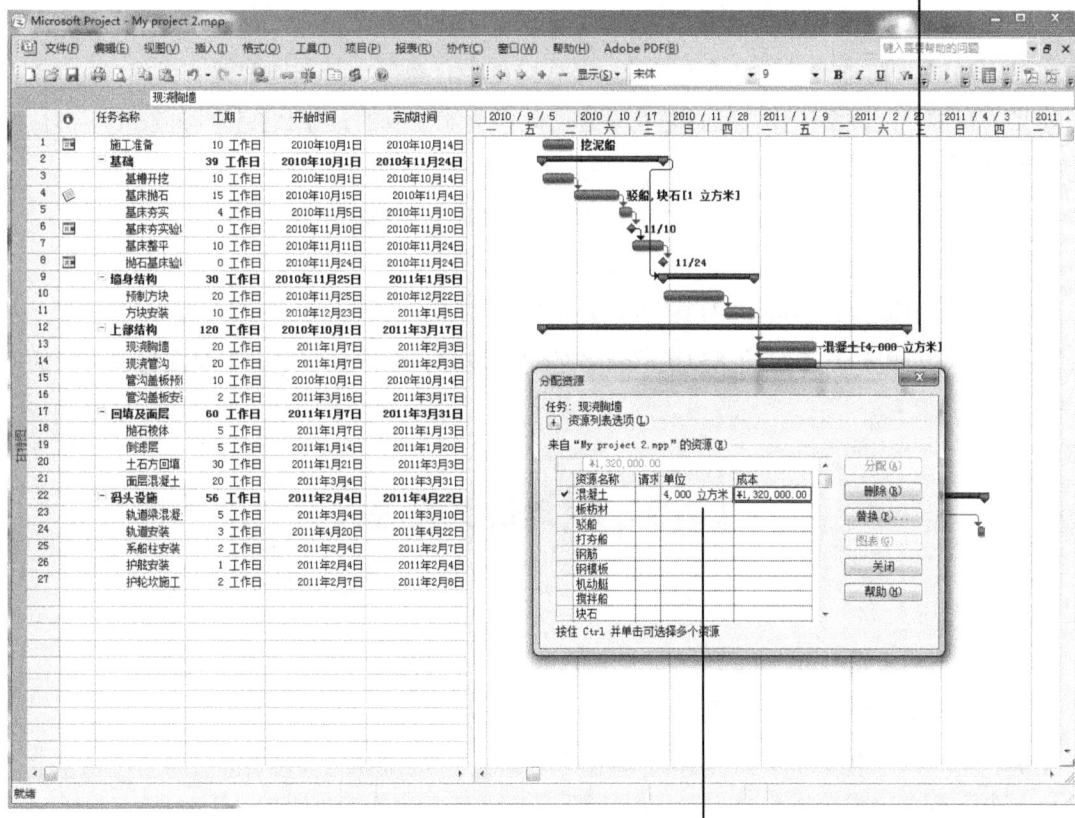

为任务分配材料资源时,在"单位"列中会显示材料资源的标签值

图 10-49 分配材料资源

10.4.3 为任务分配成本资源

如果阅读了第 3 节,应该记得成本资源用于表示与项目中任务相关的财务成本。和材料资源一样,成本资源也不工作,不会影响任务的日程安排。成本资源可能包括要进行预算和财务监管的费用支出的类型,这些支出类型和工时或材料资源的成本是分开的。一般来说,任务可以发生的成本包括以下

几种。

①工时资源成本，如人员的标准支付费率乘以他们执行任务所花的工时。

②材料资源消耗成本，等于材料资源每单位的成本乘以完成任务所消耗的单位量。

③成本资源成本，它是分配成本资源给任务时输入的固定金额。尽管可以在任意时间编辑该金额，但此金额不受任务工期或日程安排任何改变的影响。

对于重力式码头项目而言，用户可能希望为特定任务输入计划的差旅和餐饮成本。因为项目的工作还未开始，此时这些成本只代表预算或计划成本（实际上，用户应该将目前 Project 在日程安排中计算的所有成本都视为计划成本，如包括为任务分配工时资源产生的成本）。稍后可以输入实际成本，以与预算比较。

①如果此时未选中任务 1 即施工准备，在"任务名称"列中单击它。

②在"分配资源"对话框中，选择成本资源的"成本"域。

③输入 500，然后按 Enter 键。

Project 将该成本资源分配给任务。可以在"分配资源"对话框中看到分配给任务 1 的所有资源及其成本。

10.4.4 小结

①在 Project 中，在将工时资源（人员或设备）分配给任务后，任务通常就有了相关的工时。

②如果为资源分配过多工作，超过它在一定时间内所能完成的，那么在该时间段中它们被称为

③过度分配。

④必须在将资源分配给任务之后，才能跟踪资源的进度或成本。

⑤Project 采用下列日程安排公式：工期 × 单位＝工时。

⑥将材料资源分配给任务可使用户跟踪消耗情况。

⑦将成本资源分配给任务可使用户关联任务的财务成本，而不是产生自工时或材料资源的成本。

10.5 跟踪任务进度

本节内容

①保存日程中的当前值作为基准；

②通过特定日期记录任务的进度；

③记录任务完成比例；

④输入任务的实际工时和工期。

迄今为止，用户都是在关注项目规划——在实际工作开始前制定和沟通项目的详细信息。当开始工作时，也就开始项目管理的下一阶段：跟踪进度。跟踪意味着记录项目细节，如谁做什么工作，何时完成工作，成本是多少。这些细节通常称为实际值（actual）。

跟踪实际值对于正确管理是非常重要的，这与只是规划一个项目不同。项目经理必须了解项目团队的表现情况以及何时采取正确的行动。正确地跟踪项目进展并对比原始计划可解决以下问题：

①任务是否按计划开始和完成？如果没有，影响项目完成时间的是什么？

② 资源完成任务的时间是多于还是少于计划时间？

③ 超过预期的任务成本是否增加了项目的总成本？

Microsoft Office Project 2007 支持多种跟踪进度的方式。跟踪方法的选择取决于用户、项目发起人和其他项目干系人所需要的信息详细程度或控制程度。跟踪项目的精密细节需要额外工作，这些工作可能来自用户，也有可能来自为项目工作的资源。

因此在开始跟踪进度之前，应该确定需要的信息的详细程度。跟踪的详细程度有以下几种：

① 记录按日程进行的项目工作。此种方式只适用于项目的所有方面完全按计划实施的情况。这种可能性不大。

② 记录每个任务的完成比例，既可记录精确值，也可记录增长比例，如 25%，50%，75% 或 100%。

③ 记录每个任务或分配的实际开始时间、实际完成时间、实际工时、实际工期和剩余工期。

④ 跟踪某时间段分配级别的工作。这是最详细的跟踪方式。在此处会记录每天、每周或其他间隔的实际工时值。

因为在项目的不同部分需要不同的跟踪，用户可能需要在一个项目中结合使用上述方式。例如，对高风险任务的跟踪要比对低风险任务的详细。在本节入门学习中，会执行上述方式中的前三种。

10.5.1 保存项目的基准

制订项目计划之后，项目经理最重要的活动之一就是记录实际值以及评估项目的执行情况。要正确判断项目的执行情况，需要对比原始计划。原始计划称为基准计划或基准。基准是项目计划中重要值的集合，如计划的开始时间、完成时间，任务、资源和分配的成本。保存基准时，Project 会对当前值进行"快照"，并保存在计划中以备将来对比之用。

基准中保存的特定值包括任务、资源和分配域，还有按时间分段（timephased）域，见表 10-5。

表 10-5 基准域

任务域	资源域	分配域
开始时间	工时和分段工时	开始时间
完成时间	成本和分段成本	完成时间
工期		工时和分段工时
工时和分段工时		成本和分段成本
成本和分段成本		

> 按时间分段域显示按照时间分布的任务、资源和分配值。例如，跟踪一个计划工时为 5 天的任务，可以每周、每天或每小时进行，并可查看每时间增量的特定基准工时值。

应该在以下情况中保存基准：

① 制订出的计划以尽可能地周详（但并不意味着开始工作后，不能向项目中添加任务、资源或分配，因为通常是不可避免的）；

② 还未开始输入实际值，如任务的完成比例。

假设重力式码头项目计划已经过周密的制订，项目的实际工作即将开始。在下面的练习中将保存该项目的基准，然后会查看基准的任务值。

① 确保已启动 Microsoft Office Project 2007。

② 然后选择想打开的文件，如 My Project 2。

③ 在"工具"菜单下，指向"跟踪"，然后单击"设置比较基准"。

"设置比较基准"对话框出现，如图 10–50 所示。

用户将使用对话框的默认设置来设置整个项目的比较基准。

④ 单击"确定"。

Project 保存比较基准，尽管甘特图视图中没有任何迹象表明已修改了某些内容。接下来会看到保存比较基准引起的某些改变。

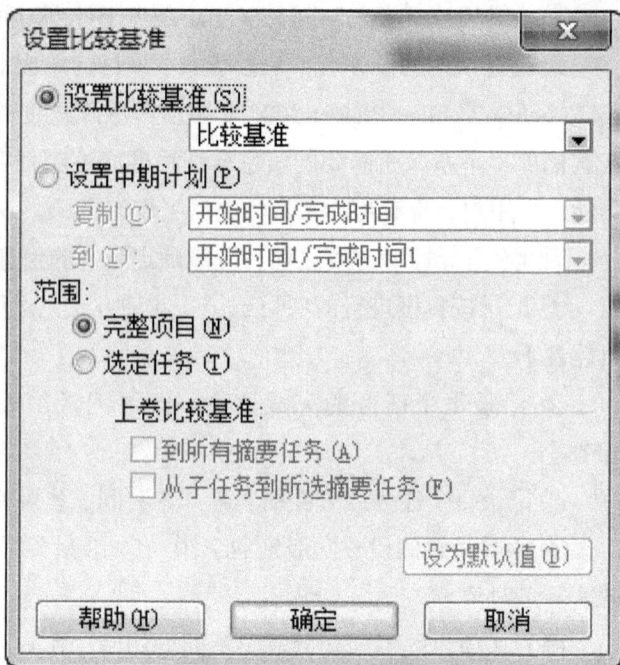

图 10–50 "设置比较基准"对话框

可以在单一计划中设置 11 个基准（第 1 个称为比较基准，其余的依次命名为比较基准 1……比较基准 10）。对于规划阶段比较长的项目而言，保存多个基准是非常有用的，因为在规划阶段中可以需要对比不同的基准值集。例如，在计划的细节改变时，用户会希望每月保存和对比基准计划。要清除以前设置的基准，单击"工具"|"跟踪"|"清除比较基准"。如需从 Project 联机帮助中了解更多基准的信息，在帮助的"搜索"框中输入 create base1ine。

⑤ 在"视图"菜单下，单击"其他视图"。

"其他视图"对话框出现。

⑥ 在"视图"框中，单击"任务工作表"，然后单击"应用"按钮。

因为"任务工作表"视图不包括甘特图，因此可用空间更大，可以看到表中更多的域。现在切换到"任务工作表"视图的"差异"表。"差异"表是包括比较基准值的几个预定义表之一。

⑦ 在"视图"菜单中，指向"表：项"，然后单击"差异"。

也可右击活动表的左上角的"全选"按钮来切换到不同的表。

"差异"表出现。此表包括两类开始时间和完成时间，即日程排定的和比较基准给出的，二者并肩排列（图 10–51），以便于比较。

因为还未发生实际的工作，而且也未修改排定的工作，所以开始时间值与比较基准开始时间值是相同的，完成时间亦然。在实际工作被记录之后或稍后调整了计划，日程排定的开始时间和完成时间可能不同于比较基准的值，到时会在"……时间差"列中看到二者的差值。

	任务名称	开始时间	完成时间	比较基准开始时间	比较基准完成时间	开始时间差	完成时间差
1	施工准备	2010年10月1日	2010年10月14日	2010年10月1日	2010年10月14日	0 工作日	0 工作日
2	基础	2010年10月1日	2010年11月24日	2010年10月1日	2010年11月24日	0 工作日	0 工作日
3	基槽开挖	2010年10月1日	2010年10月14日	2010年10月1日	2010年10月14日	0 工作日	0 工作日
4	基床抛石	2010年10月15日	2010年11月4日	2010年10月15日	2010年11月4日	0 工作日	0 工作日
5	基床夯实	2010年11月5日	2010年11月10日	2010年11月5日	2010年11月10日	0 工作日	0 工作日
6	基床夯实验收	2010年11月10日	2010年11月10日	2010年11月10日	2010年11月10日	0 工作日	0 工作日
7	基床整平	2010年11月11日	2010年11月24日	2010年11月11日	2010年11月24日	0 工作日	0 工作日
8	抛石基床验收	2010年11月24日	2010年11月24日	2010年11月24日	2010年11月24日	0 工作日	0 工作日
9	墙身结构	2010年11月25日	2011年1月5日	2010年11月25日	2011年1月5日	0 工作日	0 工作日
10	预制方块	2010年11月26日	2010年12月22日	2010年11月26日	2010年12月22日	0 工作日	0 工作日
11	方块安装	2010年12月23日	2011年1月5日	2010年12月23日	2011年1月5日	0 工作日	0 工作日
12	上部结构	2010年10月1日	2011年3月17日	2010年10月1日	2011年3月17日	0 工作日	0 工作日
13	现浇胸墙	2011年1月7日	2011年2月3日	2011年1月7日	2011年2月3日	0 工作日	0 工作日
14	现浇管沟	2011年1月7日	2011年2月3日	2011年1月7日	2011年2月3日	0 工作日	0 工作日
15	管沟盖板预制	2010年10月1日	2010年10月14日	2010年10月1日	2010年10月14日	0 工作日	0 工作日
16	管沟盖板安装	2011年3月16日	2011年3月17日	2011年3月16日	2011年3月17日	0 工作日	0 工作日
17	回填及面层	2011年1月7日	2011年3月31日	2011年1月7日	2011年3月31日	0 工作日	0 工作日
18	抛石棱体	2011年1月7日	2011年1月13日	2011年1月7日	2011年1月13日	0 工作日	0 工作日
19	倒滤层	2011年1月14日	2011年1月20日	2011年1月14日	2011年1月20日	0 工作日	0 工作日
20	土石方回填	2011年1月21日	2011年3月3日	2011年1月21日	2011年3月3日	0 工作日	0 工作日
21	面层混凝土	2011年3月4日	2011年3月31日	2011年3月4日	2011年3月31日	0 工作日	0 工作日
22	码头设施	2011年2月4日	2011年4月22日	2011年2月4日	2011年4月22日	0 工作日	0 工作日
23	轨道梁混凝土	2011年3月4日	2011年3月10日	2011年3月4日	2011年3月10日	0 工作日	0 工作日
24	轨道安装	2011年4月20日	2011年4月22日	2011年4月20日	2011年4月22日	0 工作日	0 工作日
25	系船柱安装	2011年2月4日	2011年2月7日	2011年2月4日	2011年2月7日	0 工作日	0 工作日
26	护舷安装	2011年2月4日	2011年2月4日	2011年2月4日	2011年2月4日	0 工作日	0 工作日
27	护轮坎施工	2011年2月7日	2011年2月8日	2011年2月7日	2011年2月8日	0 工作日	0 工作日

图 10-51 "差异"表

看过某些比较基准域后，可以输入一些实际值了。

10.5.2 根据日程跟踪项目

跟踪进度的最简单方法就是报告实际工作正准确地按计划进行。如果有一个为期 5 个月的项目已经进行了 1 个月，这个月中所有任务的开始和结束都按日程安排进行，那么就可以快速将这些记录在"更新项目"对话框中。

在该项目中，假设从保存基准起已过一些时日，工作已经开始，而且到目前为止情况良好。在下面的练习中将记录项目的实际值，将工时更新为一具体日期。

① 在"视图"菜单中，单击"甘特图"。

"甘特图"视图出现。

② 在"工具"菜单中，指向"跟踪"，然后单击"更新项目"。"更新项目"对话框出现。

③ 确保"将任务更新为在此日期完成"选项为选中状态。在邻近的日期框中，输入或选择"2010年 12 月 9 日"，如图 10-52 所示。

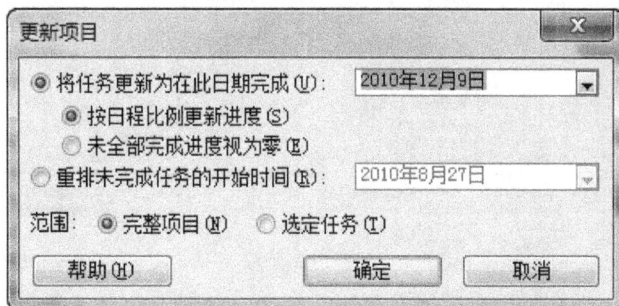

图 10-52 "更新项目"对话框

④ 单击"确定"。

Project 记录在 2010 年 12 月 9 日之前开始的任务的完成百分率。然后会在甘特条形图中绘制这些任务的进度条以显示进度，如图 10-53 所示。

水运工程监理

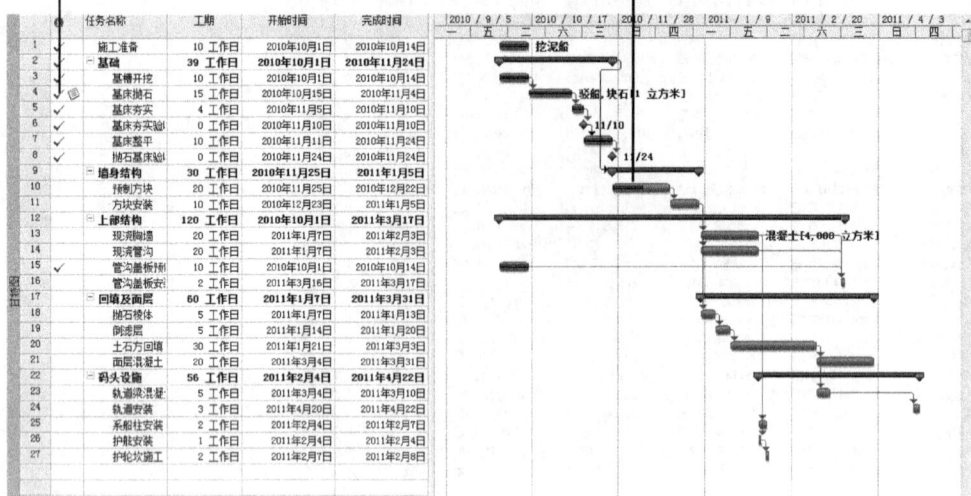

已完成的任务的"标记"列中会显示勾选标记　　　进度条表明任务已完成的部分

图 10-53　在甘特条形图中显示进度

在"甘特图"视图中，进度条显示每个任务的完成比例。因为任务1和任务8已经完成，所以这几个任务的"标记"列中出现对钩，而且相应的甘特条形图中的进度条是满格的。

10.5.3　输入任务完成比例

在开始某一任务的工作之后，可用百分比快速记录工作进度。在输入非0值的完成百分比后，Project 会改变任务的实际开始日期以匹配计划的开始日期。然后 Project 会根据输入的百分比计算实际工期、剩余工期、实际成本和其他值。例如，如果指定一个为期4天的任务已完成50%，则 Project 计算出任务实际工期已有两天，剩余工期还有两天。

156

可以使用"跟踪"工具栏快速设置任务的进度

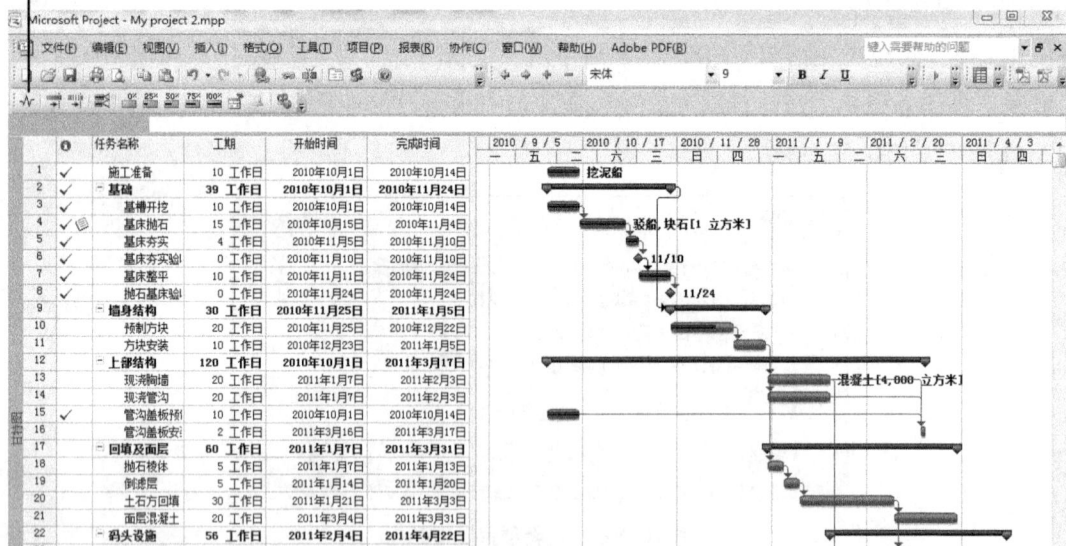

图 10-54　"跟踪"工具栏

下面是输入完成比例的方法。

① 使用"跟踪"工具栏（在"视图"菜单中，指向"工具栏"，然后单击"跟踪"）。此工具栏包

含快速记录任务完成比例（0，25，50，75或100%）的按钮。

② 在"更新任务"对话框（在"工具"菜单中，指向"跟踪"，然后单击"更新任务"）中输入任意百分比。

ⅰ.在"视图"菜单中，指向"工具栏"，然后单击"跟踪"。"跟踪"工具栏出现，如图10-54所示。

ⅱ.单击任务10的名称，即预制方块。

ⅲ.在"跟踪"工具栏上，单击"100%完成"按钮。

Project按照日程安排记录任务的实际工时，并在甘特条形图将进度条延伸到满格。

接下来将更仔细地查看任务的甘特条形图，并为一个不同的任务输入完成百分比。

ⅳ.单击任务11的名称，即方块安装。

ⅴ.在"跟踪"工具栏上，单击"50%完成"按钮。

Project按照日程安排记录任务的实际工时，并在甘特条形图中绘制了一定长度的进度条。注意，尽管任务11 50%的工作都已完成，进度条却并未占据甘特条的一半。这是因为Project以工作时间衡量工期，但甘特条的长度却包括非工作时间，如周末。

ⅵ.在"甘特图"视图右边的图部分，将鼠标指针悬停在任务11的甘特条形图中的进度条上。当鼠标指针变成一个百分符号加上一个右箭头时，Progress屏幕提示出现，如图10-55所示。

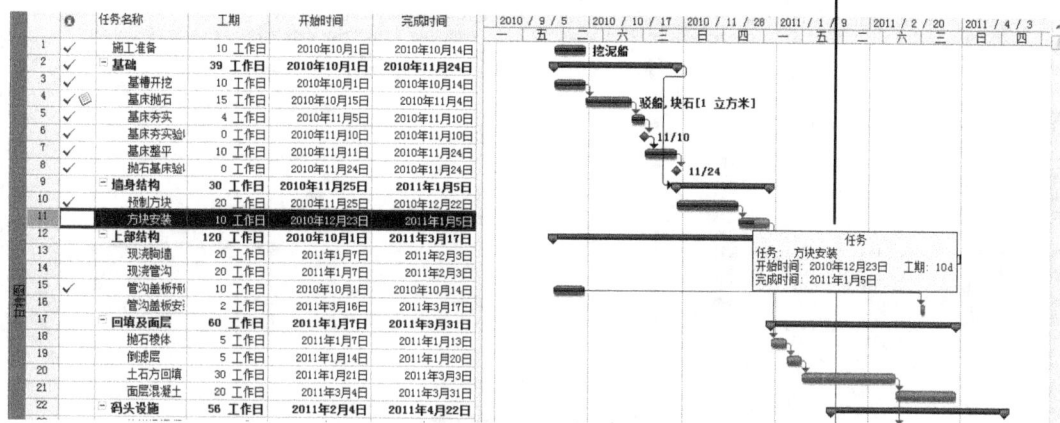

图 10-55 Progress 屏幕提示

Progress屏幕提示显示了任务的完成百分比和其他跟踪值。

到目前为止，已经记录了日程中已开始的和已结束的实际工时。这些对某些任务可能是准确的。不过，通常需要记录那些实际工期长于或短于计划工期，或者开始时间早于或晚于计划时间的任务的实际值。这是下一小节的主题。

10.5.4 输入任务的实际值

保持日程最新的更为细化的方法是记录项目中每个任务的实际发生情况。可以记录每个任务的实际开始日期、完成日期、工时和工期值。输入这些值后，Project会更新日程，并计算任务的完成比例。Project使用下列规则。

① 输入任务的实际开始日期时，Project移动计划的开始日期，使其与实际开始日期吻合。

② 输入任务的实际完成日期时，Project移动计划的完成日期，使其与实际完成日期吻合，并将任

务设置为 100% 完成。

③ 输入任务的实际工时值时，Project 重新计算任务剩余的工时值（如果有）。

④ 输入任务的实际工期时，如果它少于计划的工期，Project 会从计划的工期中减去实际工期来确定剩余工期。

⑤ 输入任务的实际工期时，如果它等于计划的工期，Project 将任务设置为 100% 完成。

⑥ 输入任务的实际工期时，如果它多于计划的工期，Project 会调整计划的工期，使其与实际工期吻合，并将任务设置为 100% 完成。

假设已过了几天，该项目的工作已开始进行。在练习中将记录某些任务的实际工时值及另一些任务的开始日期和工期。

① 如果没有选中任务 11 的名称"方块安装"，请单击它。

② 在"视图"菜单中，指向"表：项"，然后单击"工时"。

"工时"表出现，如图 10-56 所示。此表包括计划工时列（列标题为"工时"）和实际工时列（列标题为"实际"）。在更新任务时将涉及这两列的值。

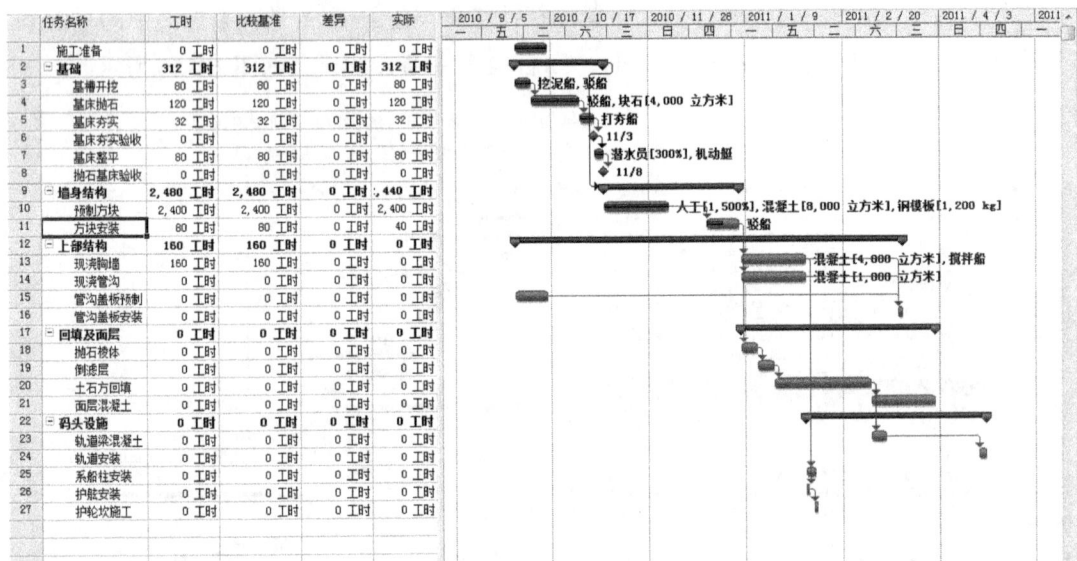

图 10-56 "工时"表

在"甘特图"视图的图部分，可以看到任务 11 已部分完成。在"工时"表中，可看到实际工时值为 40 小时。下面为此任务记录大于预期的实际工时值。

③ 在任务 11 的"实际"域中，输入或选择 90，然后按 Enter 键，结果如图 10-57 所示。

Project 会记录任务 11 的已完成工时为 90 小时，并延伸任务 11 的甘特条以表明工期变长，重新安排后续任务。

现在假设已过去一段时日。在练习的结尾将输入"墙身结构"阶段任务的实际开始时间和工期。

④ 在"任务名称"列，单击任务 10，即预制方块。

此任务的开始时间比计划晚了一个工作日，工期总共为 22 天。下面在"更新任务"对话框中记录此信息。

⑤ 在"工具"菜单中，指向"跟踪"，然后单击"更新任务"。

子任务的实际工时汇总到摘要任务

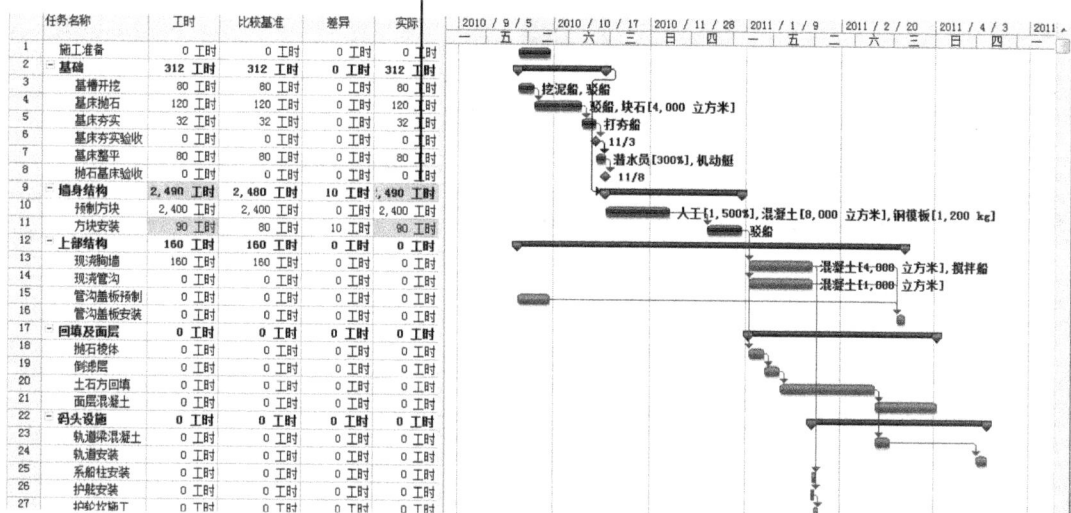

	任务名称	工时	比较基准	差异	实际
1	施工准备	0 工时	0 工时	0 工时	0 工时
2	- 基础	312 工时	312 工时	0 工时	312 工时
3	基槽开挖	80 工时	80 工时	0 工时	80 工时
4	基床抛石	120 工时	120 工时	0 工时	120 工时
5	基床夯实	32 工时	32 工时	0 工时	32 工时
6	基床夯实验收	0 工时	0 工时	0 工时	0 工时
7	基床整平	80 工时	80 工时	0 工时	80 工时
8	抛石基床验收	0 工时	0 工时	0 工时	0 工时
9	- 墙身结构	2,490 工时	2,480 工时	10 工时	2,490 工时
10	预制方块	2,400 工时	2,400 工时	0 工时	2,400 工时
11	方块安装	90 工时	80 工时	10 工时	90 工时
12	- 上部结构	160 工时	160 工时	0 工时	0 工时
13	现浇胸墙	160 工时	160 工时	0 工时	0 工时
14	现浇管沟	0 工时	0 工时	0 工时	0 工时
15	管沟盖板预制	0 工时	0 工时	0 工时	0 工时
16	管沟盖板安装	0 工时	0 工时	0 工时	0 工时
17	- 回填及面层	0 工时	0 工时	0 工时	0 工时
18	抛石棱体	0 工时	0 工时	0 工时	0 工时
19	倒滤层	0 工时	0 工时	0 工时	0 工时
20	土石方回填	0 工时	0 工时	0 工时	0 工时
21	面层混凝土	0 工时	0 工时	0 工时	0 工时
22	- 码头设施	0 工时	0 工时	0 工时	0 工时
23	轨道梁混凝土	0 工时	0 工时	0 工时	0 工时
24	轨道安装	0 工时	0 工时	0 工时	0 工时
25	系船柱安装	0 工时	0 工时	0 工时	0 工时
26	护舷安装	0 工时	0 工时	0 工时	0 工时
27	护轮坎施工	0 工时	0 工时	0 工时	0 工时

图 10-57 输入任务 11 的实际工时

提示

也可单击"跟踪"工具栏中的"更新任务"按钮。

"更新任务"对话框出现。此对话框同时显示任务工期、开始时间、完成时间的实际值和计划值以及剩余工期。在此对话框中，可以更新实际值和剩余值。

⑥ 在对话框左边的"实际"部分的"开始"域中，输入或选择"2010 年 11 月 9 日"。

⑦ 在"实际工期"域中，输入或选择 22d，如图 10-58 所示。

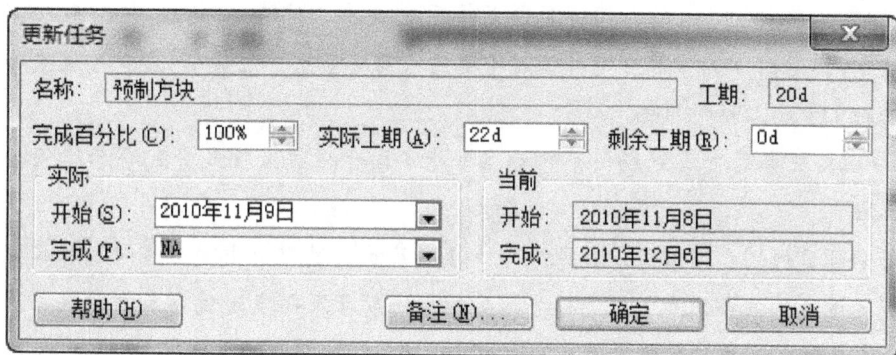

图 10-58 "更新任务"对话框

⑧ 单击"确定"。

Project 记录下任务的实际开始时间和工期及计划和实际的工时。这些值也影响到"墙身结构"摘要任务（任务 9），更改之处突出显示，如图 10-59 所示。

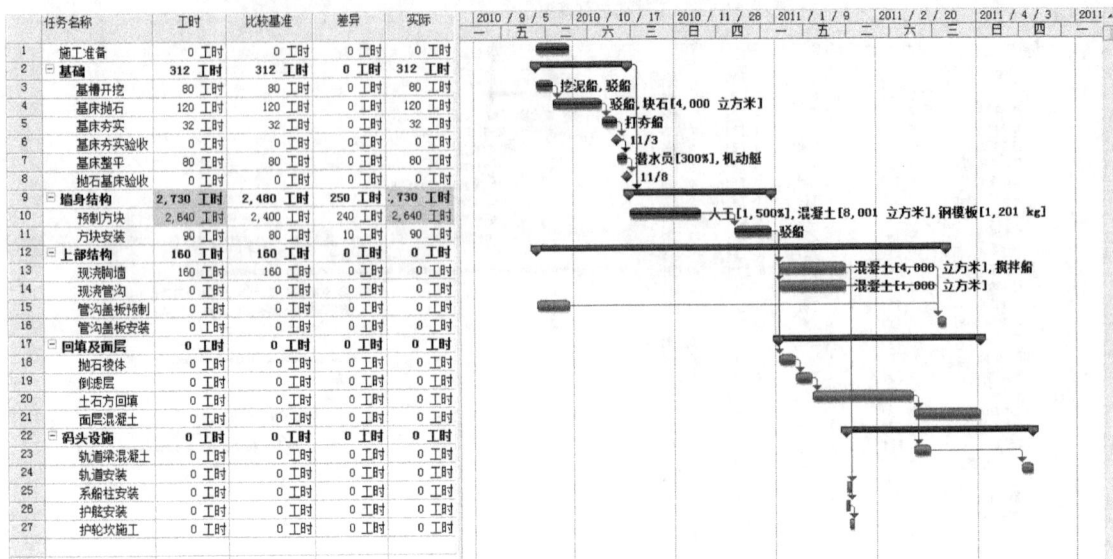

图 10-59　更新任务后，影响之处突出显示

项目管理重点：项目是否按计划进行？

正确地估计项目的状态是需要技巧的。考虑下面的问题：

① 对于大多数任务而言，估计完成比例是很困难的。工程师何时完成新发动机生产线设计的 50%？程序员何时完成软件模块代码的 50%？在很多情况下，报告工作进度都是"赌运气"，因此必然存在风险。

② 任务工期中已过去的时间并不总是等于完成的工时值。例如，任务最初需要的工时相对较少，随着时间的推进会增加工时（称为"前轻后重"任务）。当工期过去一半时，完成的工时少于总工时的 50%。

③ 分配给任务的资源完成任务的标准可能不同于项目经理或分配给后续任务的资源确定的标准。

良好的项目规划和沟通可以避免或减少在项目执行过程中出现上述问题和其他问题。例如，制定适当的任务工期和状态报告周期应该有助于及早发现偏离基准的任务，以便做出调整。判断任务完成的标准是有完备的文档说明，且被各方认同，这也有助于防止出现不合格现象。不过，大型、复杂的项目通常都会偏离基准的。

10.5.5　小结

① 在跟踪项目计划的实际工时之前，应该设置基准。基准是对初始项目计划的快照，用于日后与实际进度对比，以判断项目是否处于正轨。

② 真正的项目管理工具（如 Project）相对于维护列表的工具（如 Excel）的一大优势就是可以跟踪项目计划的实际工时。在 Project 中，跟踪的实际工时信息详略程度可不同。

③ 在开始跟踪后，要正确估计项目的状态需要 Project 中记录的准确数据，解读数据时还需要运用自己良好的判断力。

第三篇

水运工程质量控制

第 *11* 章 概 述

11.1 质量控制的依据

11.1.1 质量控制的任务

监理质量控制的任务主要是根据费用、工期和其他情况综合考虑、设定质量目标，并控制建设的全过程实现这一设定的目标。监理的具体工作为检查施工单位是否按照合同规定施工，审查承包人的质量控制体系和措施，核实质量文件，对施工依据的文件和技术要求进行认可，对施工质量进行监督，对施工准备工作、分项工程（包括隐蔽工程）、分部工程、单位工程进行验收、检查和签认，以及对施工质量进行检验评定。

11.1.2 质量控制的依据

① 国家有关的法律和法规。

② 国家、交通部、有关地区颁布的有关规范和标准；对涉外工程必须符合所在国家的法律法规和标准。

③ 经上级批准的设计文件（包括修改图纸和设计变更通知单）。

④ 建设单位与监理单位签订的委托监理合同中有关质量控制的权利和义务条款。

⑤ 施工招投标文件以及建设单位与承包人签订的工程承发包合同中的质量控制条款。

⑥ 施工协调会有关质量问题的决定。

设计图纸和技术规范规定了水运工程的质量标准和要求。在施工阶段，监理应严格要求施工单位按照设计图纸和技术规范注明的材料性能、施工要求和允许偏差等有关规定进行施工；未经监理工程师同意，不得引用其他任何标准或变更技术要求。

设计图纸和技术规范是对工程的具体要求，而合同条款是要求施工单位执行规范、按图纸施工及有关特定要求等的法律保证，只有将二者结合起来才能确保质量达到规定的水平。

11.1.3 水运工程质量控制依据的技术规范和标准

工程建设的技术规范和标准是工程设计、施工必须严格遵守的准则，因此在具体的工程建设中必须执行现行有效的技术规范和标准，它是确保工程设计、施工质量的基础。

港口工程质量控制依据的技术规范和标准,主要有交通部颁布的《港口工程质量检验评定标准》(以后一般简称为"港工标准")、《水运工程施工监理规范》、各种码头的设计施工规范和相关的数十种配套规范及规程（以后一般简称为"港工规范"）。

航道工程质量控制依据的技术规范和标准,主要有交通部颁布的《疏浚工程质量检验评定标准》(简称"疏浚标准")、《船闸工程质量检验评定标准》(简称"船闸标准")、《航道整治工程技术规范》(简称"整治规范"）等 10 多种相关的技术规范和标准。

水运工程建设标准体系如图 11-1 所示。

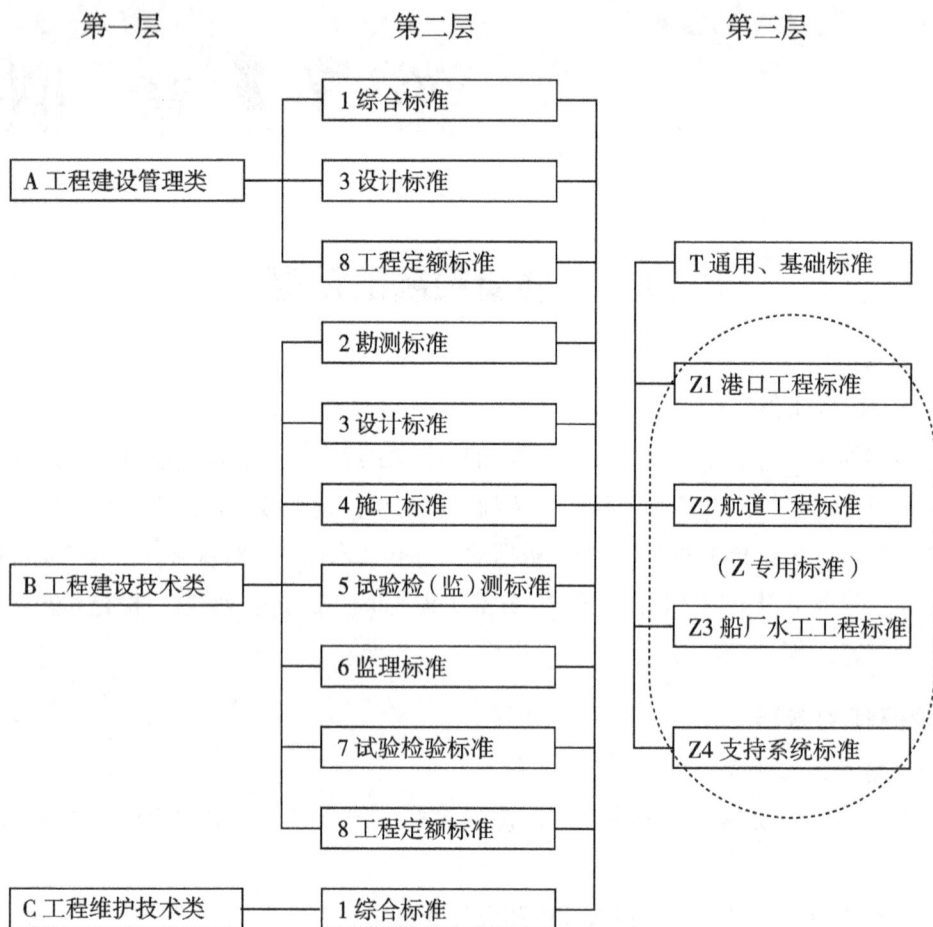

图 11-1 水运工程建设标准体系结构框图

11.2 港航建筑工程质量检验评定方法简介

11.2.1 港航建筑工程分项、分部和单位工程的划分

1. 分项工程

一般按建筑施工的主要工序（工种）划分分项工程,其中部分对工程有重要影响的分项工程又定为主要分项工程。

2. 分部工程

按建筑物的主要部位划分分部工程，其中对整体建筑物有重要影响的分部工程又定为主要分部工程。

3. 单位工程

按工程的使用功能、结构型式、施工和竣工验收的独立性划分，具体规定如下：

① 码头工程，按泊位划分单位工程；

② 防波堤工程，按结构型式和施工及验收的分期划分单位工程；

③ 干船坞、船台和滑道工程，各为一个单位工程；

④ 栈桥、引堤、独立护岸和防汛墙工程，各为一个单位工程；工程量大、工期长的同一结构型式的护岸工程，可按1 000米左右划分为一个单位工程；

⑤ 港区内道路工程组成一个单位工程；

⑥ 港区内堆场工程按结构型式和施工及验收的分期划分单位工程；

⑦ 工程量较小的附属引堤、引桥、护岸和码头过渡段等，各作为一个分部工程参加所在单位工程的质量评定。

在执行以上七条规定时，要注意"施工及交工验收的独立性"的规定，凡不具备独立性的，不能作为一个单位工程。例如，在一些栈桥码头中（重力墩式和高桩墩式），其两侧均可停靠船舶进行装卸作业，在设计上也明确为两个泊位，但因其分项、分部工程均是共用的，故只能作为一个单位工程。同时，还要注意突出建筑物的整体工程质量和使用功能，对工程质量较小的附属构筑物和配套设施，如高桩码头后方的引桥、护岸、板桩码头和端部护岸、船坞和船台口门的翼墙、护岸以及码头、船坞、船台上面的给排水、供电照明安装工程，不要另划单位工程，而应按其类别作为一个或几个分部工程。总之，在施工前应根据工程实际情况，对单位工程和分部、分项工程作出明确划分，以便质量等级评定与统计口径一致。

11.2.2 分项、分部和单位工程质量等级标准

港口工程的质量检验评定按照分项工程、分部工程、单位工程实行"三级评定"。由于不允许有不合格工程交付使用，故其质量等级只分为"合格"和"优良"两级。

1. 分项、分部和单位工程质量的等级

分项、分部和单位工程质量均分为"合格"和"优良"两个等级，其等级标准规定如下：

（1）分项工程。

分项工程质量等级评定由主要项目，一般项目和允许偏差项目三个部分的检验评定组成。

① 合格：

i. 主要项目必须全部符合"标准"的相应规定；

ii. 一般项目应基本符合"标准"的相应规定；

iii. 允许偏差项目（实测项目）的测点实测值有70%及其以上在允许偏差范围内，其余虽然超出允许范围，但不影响正常使用。

② 优良：

i. 主要项目和一般项目必须全部符合规定；

ii. 允许偏差项目（实测项目）的测点实测值有90%及其以上在允许偏差范围内，其余虽然超出允许范围，但不影响正常使用。

对于需要进行综合评定的预制或现场浇注的混凝土和钢筋混凝土、钢结构和钢桩制作等分项工程，应按设计图纸所划分的单元进行全部或抽样检验，按单元评定其质量等级，计算该种构件的优良品率。在全部合格的基础上，优良品率达到 60% 及其以上，则该种构件的质量评为优良；不足 60% 的评为合格。对施工分段完成的其他分项工程，在该分项工程全部完成后，将各段的检查评定资料汇总后再作综合评定，确定其质量等级，按综合评定结果参加分部工程质量的评定。

（2）分部工程。

① 合格：所含分项工程的质量必须全部合格。

② 优良：所含分项工程的质量必须全部合格，其中有 50% 及其以上评为优良，且主要分项工程（在分项、分部工程名称表中注"△"者）全部优良。

在评定分部工程的质量时，模板、钢筋、伸缩缝、沉降缝、系网环制作与安装、铁梯制作与安装分项工程不参加评定，但必须有分项工程质量检验资料、检验评定和隐蔽工程验收记录。

（3）单位工程。

① 合格：所含分部工程的质量必须全部合格；单位工程的质量检验资料，按单位工程质量综合评定表的规定进行整理，基本齐全；外观质量的观感评分得分率达到 70% 以上。

② 优良：所含分部工程的质量必须全部合格；其中 50% 及其以上评为优良，且主要分部工程（在分项、分部工程名称表中注"△"者）全部优良；单位工程的质量检验资料，按规定进行整理，基本齐全；外观质量的观感评分得分率达到 85% 及其以上。

2. 分项工程中的主要项目、一般项目和允许偏差项目

① 主要项目是主要原材料、构配件的质量、性能和涉及结构安全、耐久性及主要使用功能的项目，在条文中采用"必须""严禁"的用词者，如钢筋品种、规格必须符合要求。

② 一般项目是对工程的耐久性、使用功能和外观有一定影响的项目在条文中采用"应""不应"和"不得"的用词者，如钢筋焊接接头的外观要求。

③ 允许偏差项目是允许偏差的项目，如打桩偏位等。

3. 分项工程质量不符合规定时的处理方法

分项工程的质量不符合规定时，必须进行处理，并应按下列规定确定其质量等级：

① 返工重做的可重新评定质量等级；

② 经加固补强能达到设计要求的，其质量可定为合格，但其数量超过本分项工程中总数量的 5% 时，该分项工程不得评为优良；

③ 分项工程中某些构件或部位，其混凝土或砂浆标号，因偶然原因，试块失去代表性，无法正确判断其工程质量时，经检测单位鉴定能够达到设计要求的，其质量可定为合格；

④ 经检测单位鉴定达不到原设计要求，但经设计单位签认能满足结构安全和使用功能要求的，可定为合格，但其所在的分部工程不得评为优良。

11.3 各施工时期质量控制的内容

为了对工程质量进行有效的控制，通常将工程施工阶段划分为施工准备期、施工期和交工验收及保修期。

11.3.1 施工准备期

① 按国家有关规定办理工程质量监督手续。

② 对施工队伍的资质进行审核。对于施工总承包人选择的分包单位，须经监理工程师资质审查认可后，才能进场施工。

③ 组织设计交底和图纸会审。

④ 检查并向承包人移交施工现场的测量控制点坐标及高程，并督促施工单位进行校核。

⑤ 审核施工单位提交的施工方案和施工组织设计，保证工程质量具有可靠的技术措施。

⑥ 对工程所需原材料、零配件质量进行检查和控制。使用量大的工程材料、零配件和量大价高的重要产品，可到生产厂家对其产品质量体系进行考察，经认可后再采购、订货。材料进场应有产品合格证，并按有关规定进行抽检；无产品合格证和抽检不合格的材料、零配件不得在工程上使用。未经监理工程师签字认可，建筑材料、建筑构配件和设备均不得在工程上使用和安装，施工单位不得进行下一道工序的施工。

⑦ 对永久性生产设备或装置，应按审批同意的设计图纸组织采购订货，这些设备到场后监理应参与检查验收。对于从国外引进的机械设备，应在交货合同规定的期限内开箱逐一查验。

⑧ 对施工中将采用的新技术、新工艺、新材料，应审核其试验报告及技术鉴定书。

⑨ 审查施工单位质量自控系统及现场质量管理制度（含现场会议制度，质量检查制度、质量统计制度、质量事故报告及处理制度等）。

⑩ 施工中的关键工种，如试验工、电焊工等应持有上岗证。

⑪ 核查对工程质量有重大影响的施工机械、设备（规格与性能），凡不能保证工程质量要求的机械设备不得在工程中使用。

⑫ 检查落实建设单位按合同要求需提供的施工条件以及征地拆迁、四通一平等完成情况。

⑬ 按规定提前发布航行通告，并在施工区域的适当位置设立警告牌。

⑭ 把好开工关，严格执行施工许可制度。未经监理工程师对施工的各项准备工作检查、批准并发布开工令的工程不得开工。

11.3.2 施工期

施工期是施工阶段的主要时期。在施工期,监理单位必须有足够的人员长驻工地。对大、中型工程,在施工期要求设计单位也应派有关人员常驻现场。

1. 分项工程（工序）质量控制

分项工程是质量控制的重点,分项工程质量控制是整个建设工程质量控制的基础,并能据此来达到对整个施工过程的质量控制。监理工程师必须严格控制分项工程的施工质量,凡是上道工序不合格,就不能进行下道工序施工。其具体内容如下。

① 检查工序控制措施,把影响工序质量的因素都纳入受控状态,并及时审核由施工单位提交的质量统计分析资料和管理图表。

② 严格执行工序间交接检查,经检查合格方可进行下道工序施工。

③ 重要工程部位,监理应进行复检试验或技术复核。

④ 复核设计变更和图纸修改。

⑤ 认真行使质量监督权。在下列情况下,监理工程师有权下达停工令:

ⅰ.施工中出现质量异常情况，经提出后，施工单位未采取改进措施，或改进措施不力，未使质量情况发生好转趋势；

ⅱ.隐蔽作业未按规定时间提前通知监理验收而进行覆盖；

ⅲ.对已发生的质量问题未进行有效处理而继续作业；

ⅳ.擅自变更设计进行施工；

ⅴ.使用没有产品合格证的工程材料，或擅自替换、变更工程材料。

⑥ 全面准确掌握并及时分析质量动态，通报工程质量状况，必要时可召开现场质量会议；

⑦ 对完成的分项工程，按相应的质量评定标准和方法，对分项工程进行检查验收。验收合格，则填写《分项（隐蔽）工程质量评定表》；

⑧ 分项工程的质量等级评定，应在工序交接验收的基础上由该项目工程技术负责人填写并由持证上岗的专职质量员和监理工程师共同核定。

2. 分部工程质量控制

分部工程施工结束，监理工程师在接到施工单位填写的《分部工程验收通知单》后，将《分项（隐蔽）工程质量评定表》汇总编写到《分部工程质量评定表》中，然后进行现场复验和内业资料检查。检查不合格，发出整改通知要求整改；检查合格，则由专职质量员和监理工程师填写《分部工程质量评定表》，并共同进行质量等级评定，然后签认，进入下一分部工程施工。对基础分部工程和主要分部工程的质量等级，尚需由企业的技术负责人和质量监督部门共同核定。

11.3.3 交工验收及保修期

要严把交工验收的质量关，未经验收合格的工程不得交付使用。

1. 交工条件

① 单位工程已按设计图纸和施工合同规定完成了各项工程的施工。

② 各分项、分部工程检验全部合格，无隐患。

③ 工程上存在的主要表面缺陷已按规范或有关标准修补完毕，工程施工范围场地整洁。

④ 有完整的技术档案（工程业务联系单，设计变更通知）和施工管理资料（施工记录、事故处理、施工结算、竣工图），有工程使用的主要建筑材料、建筑构配件和设备的进场试验报告，分项、分部工程检测记录，主体工程沉降、位移观测资料。

⑤ 有工程施工单位签署的工程保修书。保修书必须明确建设工程的保修范围、保修期限和保修责任。

⑥ 施工单位提出交工验收的书面申请。

2. 交工验收

单位工程施工结束，监理工程师接到承包人《交工验收申请书》后，即按交通部大中型项目验收办法，组织有关部门（包括设计和有关管理部门）进行工程初验，进行现场实测实量，检查质量保证资料，经审核初验合格后，报业主和政府质量监督部门，提出工程交工验收申请。

业主接到《交工验收申请书》后，即与监理共同组织交工验收。监理工程师参与交工验收的主要工作有：

① 审核施工单位提交的竣工图；

② 组织工程的试运转；

③ 按相应的质量评定标准和办法，进一步对完成的单位工程进行检查、验收，审核施工单位提交

的有关工程质量的检查、评定报告及其他技术性文件；

④ 督促承包人整理有关工程质量的资料文件，并编目、归档。凡未经监理签字的资料不能进入档案；

⑤ 水运工程建设实行质量保修制度，交工验收时监理应审查承包人工程保修期的质量保修计划。

3. 保修期

根据质量终身责任制的规定，建筑物（或建筑物的组成部分）在规定的合理使用期限内，在正常使用情况下，由于设计或施工质量问题造成了建筑物（或建筑物的组成部分）的损坏，设计或施工单位应对此负责。

① 督促承包人结束扫尾工程和进行的工程修补，督促承包人完成竣工图纸和资料的编制和整理工作；

② 定期检查工程运行中的质量状况，鉴定造成工程损坏的责任，督促设计和施工单位进行质量回访；

③ 在保修期内工程损坏，监理工程师在查清责任后应督促承包人保修，防止缺陷继续扩大，并对修补的实施仍要从原材料、工艺等方面进行监督控制；

④ 建设工程在保修期限和保修范围内发生施工引起的质量问题的，施工单位应当履行保修义务，并对造成的直接损失承担赔偿责任；

⑤ 在工程交付使用后一定时期内应对工程进行检查，对沉降，变形观测资料进行整理，并分析工程的质量状况，工程中发现的缺陷必须及时修复完好并且确保工程不留隐患；

⑥ 为了使监理资料、信息流程达到规范化的要求，根据施工阶段质量监理程序，监理工程师和施工单位应填写规范化表格。

11.4　质量控制的程序和方法

11.4.1　质量控制程序

监理工程师应对所监理的工程项目进行分析，确定重要环节，明确各个环节的控制关键点和具体要求，并据此制定各个环节以及整个工程施工中质量控制的工作程序。

图 11-2 为工程施工各个时期质量控制的一般性程序。

分项工程质量的好坏是质量控制的基础，所以应该特别重视分项工程质量的监控。图 11-3 是分项工程施工质量监控的程序图。在整个质量控制过程中，应强调施工单位必须自检合格后才能申请监理验收。自检不合格，监理有权要求施工单位先自检合格后再验收。

质量控制应根据施工工艺的复杂程度和质量特性的要求，对生产过程中的每道工序进行分析，选择对控制质量有重要影响的重点部位、重点工序和重点质量因素作为"质量控制点"。无论是操作、工序、材料、机械、施工顺序、技术参数、自然条件、工程环境等，都可以作为"质量控制点"。来设置。所选择的质量控制点应准确和便于有效控制，质量控制点设置的原则为：

① 对产品的使用性能、寿命、可靠性、安全性等有严重影响的关键质量特性、关键部位或重要影响因素；

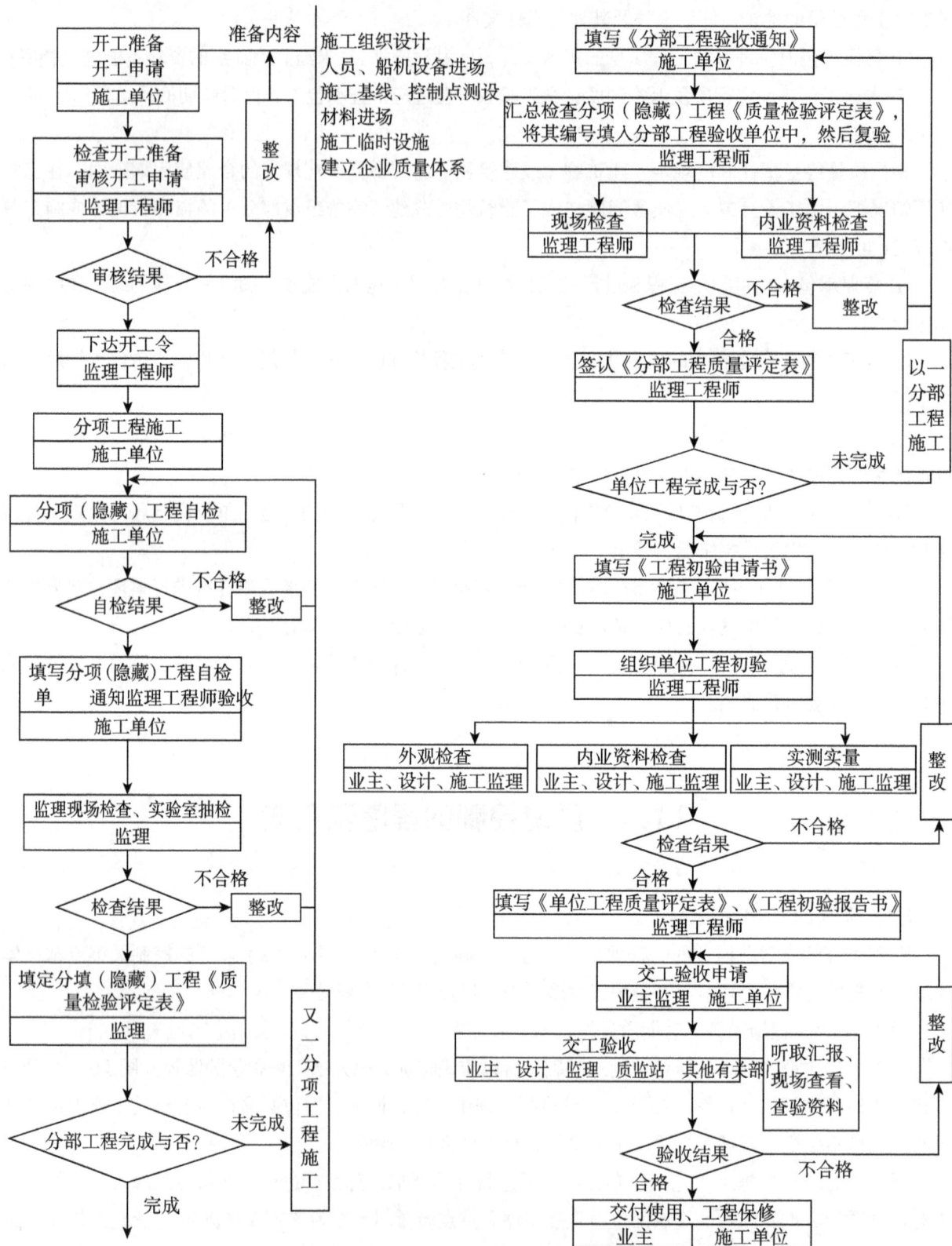

图 11-2　施工阶段质量控制程序图

② 对工艺上有严格要求、对下道工序的工作有严重影响的关键质量特性部位；

③ 质量不稳定、出现不合格品多的工序；

④ 用户反馈的重要不良（质量通病）项目；

⑤ 涉及贵重紧缺物资或可能对生产安排有严重影响的关键项目。

"质量控制点"的设置是加强施工过程中质量控制的有力措施。

图11-4为钻孔灌注桩工程的施工监理程序图，该程序对灌注桩施工监理分为5个环节，即前期技术审查工作；原材料、半成品质量控制；单桩施工质量控制；竣工验收；监理资料整理。图中矩形框内为施工单位应完成的工作；菱形框内则为监理的工作。其质量控制点为：桩孔定位，确认有效桩长，控制沉渣厚度和浇筑混凝土。一般地说，监理对控制点都要进行检查、测量和旁站监督。

11.4.2 质量控制方法

如前所述，监理工程师在质量控制方面的主要任务是对施工活动进行全面监理，执行质量管理任务，包括检查施工单位是否按照合同规定施工，保证业主得到符合合同规定和设计要求的工程质量，保证建筑物和设施建成后安全、可靠地运行。监理在施工阶段的质量控制主要是通过审核有关技术文件、报告，旁站巡视、监督和试验及直接检查等方式和方法来实现。

1. 监理质量控制应遵循的原则

根据全面质量管理的原理，在质量控制方面监理应遵循这样的原则：事前指导，事中监督，事后验收。监理工程师在工作中应该做到热情服务，超前监理，严格要求，一丝不苟，坚持公正，廉洁自律。

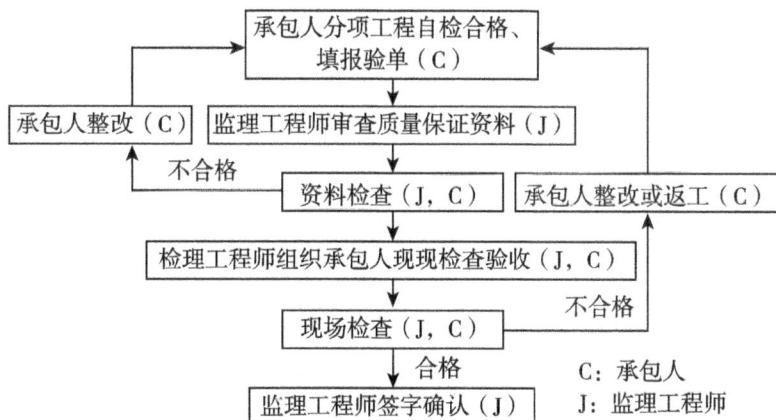

图11-3 分项工程施工质量监控程序图

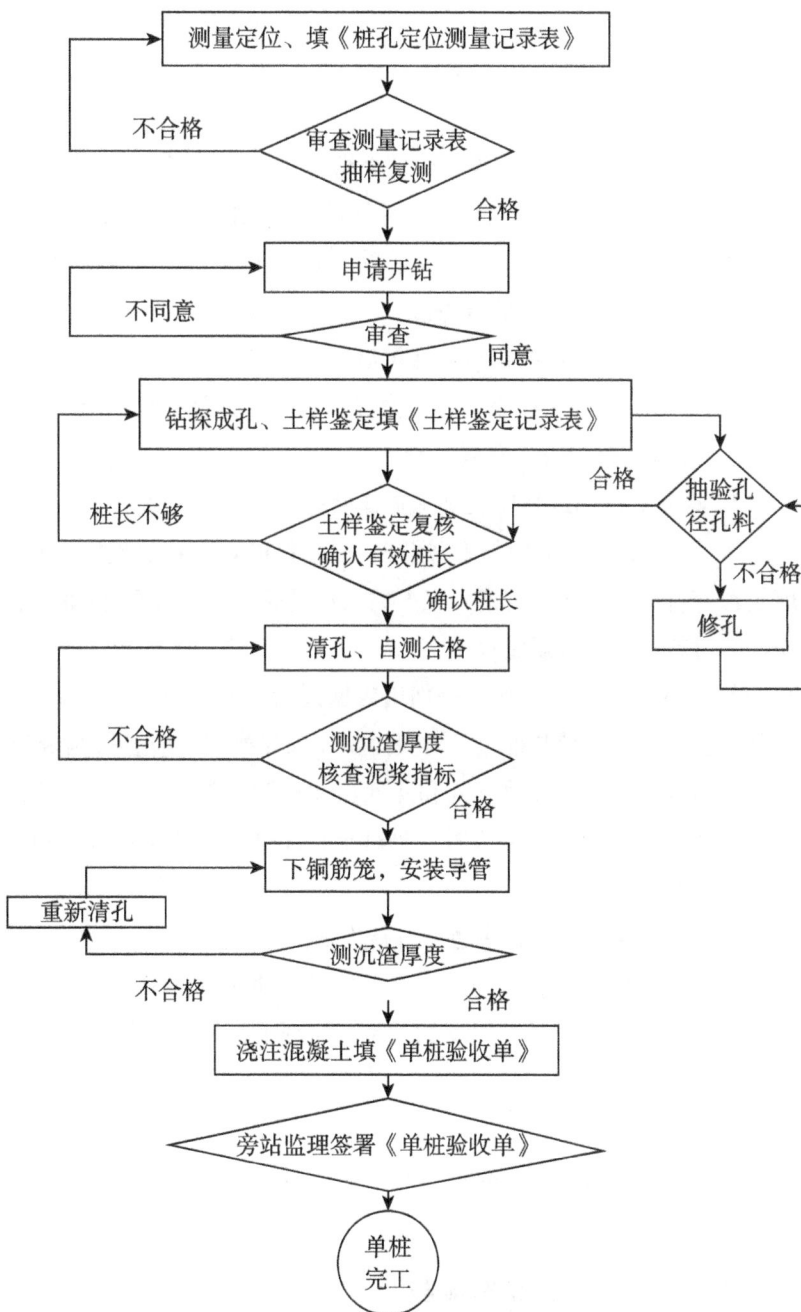

图11-4 灌注桩单桩施工监理程序图

2. 审核有关技术文件、报告或报表

监理工程师代表业主审核有关技术文件、报告或报表，其具体内容有：

① 审查进入施工现场的各分包单位的技术资质证明文件；

② 审批施工单位的正式开工报告，然后下达开工令；

③ 审查施工单位提交的施工方案和施工组织设计，确保工程质量有可靠的技术措施；

④ 审核施工单位提交的有关材料、半成品的出厂合格证和质量检验报告；

⑤ 审查施工单位提交的反映工序质量动态的统计资料或管理图表；

⑥ 审核设计变更、修改图纸和技术核定书；

⑦ 审核有关工程质量事故处理报告；

⑧ 审核有关应用新工艺、新技术、新材料、新结构的技术鉴定书；

⑨ 审核施工单位提交的关于工序交接检查，分项、分部工程质量检查报告；

⑩ 审核并签署现场有关技术签证、文件等。

3. 现场质量监督

① 监理工程师或其代表（监理小组或监理员）应常驻现场，进行质量监督与检查。

i. 开工前检查。目的是检查是否具备开工条件、开工后能否保证工程质量和顺利、连续地进行施工。

ii. 工序交接检查。工序交接，特别是对工程质量有影响的工序应进行工序交接检查。

iii. 隐蔽工程覆盖前的检查。

iv. 停工后复工前的检查，认可后下达复工令。

v. 分项、分部工程完工后的检查，认可后签署验收记录。

vi. 随班日常检查（巡视、旁站）。

② 监理工程师或其代表进行质量检查的具体方法如下。

i. 目视检查。指通过现场巡视，以直接能观察到的现象来判断工程质量状况进行的检查，施工顺序是否符合施工方案的规定，工人的操作是否正确，混凝土的坍落度是否稳定，材料的成色是否正常；使用的材料是否符合规定等。

ii. 测量和试验。按照"一切用数据说话"的原则，对于施工单位提交的资料，凡属一般工序项目指标，主要进行审核与抽查，对关键工序项目指标则应进行测量和试验，为工程质量检验提供数据。

a. 测量。这是监理对标高和几何尺寸控制的重要手段。开工前监理人员要对施工放线进行检查，不符合要求不准开工。验收时，要对验收部位各项几何尺寸进行测量，不符合要求的要进行整改，无法整改的要返工。

同时，在施工图过程中也要进行大量测量检查。

b. 试验。材料或成品的某些质量状况必须通过试验才能进行判断，试验所得的数据是监理工程师确认材料和工程质量必不可少的，包括材料的性能、各种混合料的配比、成品的强度都必须要有试验的数据。

4. 质量控制的经济手段

监理应以工程图纸、合同和法规为依据，以经济为纽带，充分利用计量支付手段，对不合格工程不予计量支付。

11.4.3 监理记录和监理报告

监理记录和监理报告是监理工程师全面、有效地管理承包合同的重要工作环节，也是工程竣工后管理维护部门进行工作的重要资料。监理人员必须根据监理程序的有关规定做好监理记录和监理报告。

1. 监理记录

（1）工地会议记录。

工地会议记录包括工地每一次会议和日常例会的记录。在这些会议中，凡有关工程质量的汇报、讨论、决定等均应准确记录，作为质量控制的补充依据。

（2）现场记录。

现场监理人员必须每天利用统一表式或以日志的形式记录工地上所发生的事情。其记录内容大致如下：

① 记录所辖工程范围内的机械、劳力的配备和使用情况；

② 每日气象及水文情况；

③ 工程施工部位、完成数量、技术问题和技术措施等；

④ 材料供应及储备情况；

⑤ 现场试验项目及结果；

⑥ 缺陷和质量事故的记录。

（3）试验室记录。

试验室记录包括监理试验室和对施工单位试验室工作情况的记录：

① 试验工作内容（包括样品登记、试验方法及结果）；

② 施工单位试验室的仪器和设备的配备及技术状况，试验人员的技术水平及变更情况；

③ 监理对施工单位试验室提出需改进的建议；

④ 监理试验室试验的结果及其与施工单位试验结果的异同以及对结果的分析处理意见。

（4）设计变更记录。

施工中的设计变更都是局部性的，大多是应业主和施工单位的请求而进行的，应包括：

① 设计变更的原因；

② 业主对设计变更的意见；

③ 变更情况的概述和设计变更的审批。

（5）竣工记录。

① 现场监理人员或项目监理工程师应对竣工验收组织活动、质量检查结果作好详细记录；

② 驻地工程师办公室则应有专人整理施工单位提供的资料，并与现场监理人员的验收记录进行核对；

③ 将有关竣工资料整理归档。

2. 监理报告

监理报告是各级监理人员，根据工作进展情况及存在问题，用报告的形式向总监理工程师、业主和监理公司作的工程情况汇报。报告可分为月报、质量事故报告和最终报告。月报是监理工作的定期阶段汇报，质量事故报告是发生重大施工质量事故后的专门报告，最终报告是对监理工作的最终概括和总结。

监理报告中对质量控制的汇报应包括如下几方面内容。

① 工程质量的评价。报告对工程质量情况应用具体的检测数据来表达，如实反映工程质量的好坏并分析其原因，总结经验和教训，切忌报喜不报忧。

② 质量事故。报告中写明质量事故发生的时间、地点、项目、原因、损失估计等，同时写明事故发生后采取了哪些补救措施及其效果。

③ 工程变更。对每次工程变更应说明引起变更的原因、批准机关、变更项目的规模、技术指标的变化、工程量增减、投资增减的估计等。

11.5　监理试验室

监理为了对工程施工质量实行有效的控制，需要对承包人的自检结果进行核查，包括对各种原材料的物理力学性能、混凝土强度和土方工程的密实度等进行符合性抽样试验。为此，监理需要设置自己的专门试验室。

11.5.1　监理试验室的设置与人员设备配置

① 监理应根据所监理工程规模的大小和施工特点，设置相应的监理专用试验室。

② 试验人员主要根据工程规模、施工合同的技术要求以及工程特点进行配备，同时应考虑与整个工程监理机构的设置相适应。

③ 试验室的仪器配置应比较先进，种类和数量应按功能要求和工程规模来决定。

④ 若受条件限制不能设置自己的专用试验室，那监理可以自己取样和制作试件，委托有一定资质的第三方的试验室（中心）进行试验，或监理借用施工单位工地试验室的仪器设备自己做试验，施工单位应提供方便。

⑤ 如施工单位也没有试验条件时，施工单位和监理双方约定共同取样和制作试件，并委托有一定资质的第三方的试验室（中心）进行试验，对试验成果双方都给予承认。

11.5.2　监理试验室的职责及主要工作

① 监理试验室主要是检查、核实施工单位现场试验室的试验数据。

② 审查施工单位试验室人员的资质，检查试验仪器、设备，并要求定期进行检定。

③ 旁站施工单位取样、制作试件和进行试验的过程，在此过程中，如对施工单位的试验结果有疑问时，重新进行试验检测。

④ 对完工项目进行验收检测，并及时将试验结果反馈给监理工程师。

⑤ 向监理工程师提供试验统计报表和管理试验统计报表。

11.6　质量问题和质量事故处理

由于影响工程质量的因素经常会变动，其结果必然会使工程质量产生波动。这些波动有的较大，有的较小，有的是许可的，有的是不许可的。作为监理工程师必然会遇到工程质量问题和质量事故的处理。

11.6.1 质量问题的处理

1.处理的一般方法

① 应有可靠的资料和数据证明缺陷或严重缺陷的存在。

② 当工程质量与规范规定的标准有少量差距时，监理应着重注意分析原因，以促使施工单位在今后的工程中防止类似问题发生，同时提出建议，要求施工单位改进。

③ 当工程质量出现严重缺陷和损害时，监理工程师应指令暂停施工，并要求施工单位写出报告，立即纠正错误的施工方法，并对缺陷部位进行修补或返工。对于不合格工程不予计量签认。

④ 当工程质量出现了严重缺陷，监理工程师已发出停工指令，而施工单位仍然继续施工时，监理应再次书面指令施工单位停工，并同时书面报告业主和质监站，指明缺陷的危害性和应拆除工程的部位。必要时也可另行安排其他施工队伍拆除严重缺陷工程和重建。被拆除工程所付费用可以从付给施工承包人的费用中扣除。

⑤ 当工程施工发生了严重质量缺陷或质量事故以后，必须做到"三个不能放过"：

ⅰ.事故或严重缺陷的原因不明、责任不清不能放过；

ⅱ.防范事故或缺陷再次发生的措施不落实不能放过；

ⅲ.事故（严重缺陷）的责任人和有关施工人员没有从中受到教育不能放过。

2.对一些暂时不很清楚的复杂质量问题处理的方法

（1）试验验收。

要求进一步对缺陷部位进行检查、试验,一般可采用取样试验、无损检测,对断桩可进行探模、动测,或直接对结构物进行荷载试验、超荷载试验。

（2）召开专家论证会。

在港航工程中如冲刷、淤积造成对建筑物的危害往往是很复杂的，需要听取各方面专家的意见，方能取得较好的处理方法。

（3）加强定期观测。

由于某些建筑物的损坏程度，如沉降、位移等尚未稳定，有些缺陷需要较长时间的观测，特别是河流的冲淤变化有很多不确定因素，通过业主与承包人协商，可采取加强定期观测的办法来处理。

11.6.2 质量事故

水运工程质量事故分质量问题、一般质量事故及重大质量事故三类。

1.质量问题

在施工及质量保修期，因质量较差影响工程正常使用，需经返工或修复才能达到合格要求，造成直接经济损失在10万元以下的，称为质量问题。

2.一般质量事故

工程质量低劣，达不到合格标准，造成工程永久性质量缺陷，直接经济损失在10万~100万元之间的事故。

一般质量事故分为两级：

① 一级一般质量事故——直接经济损失在50万~100万元，或造成小型水工建筑物降低使用标准；

② 二级一般质量事故——直接经济损失在10万~50万元，或造成主体工程因永久性缺陷而使用不便，或严重影响建筑物美观。

3. 重大质量事故

工程倒塌、报废、降低使用标准，造成人身伤亡或重大经济损失的事故。

根据损失大小（100 万～1 000 万元及以上）、伤亡人员的多少和建筑物破坏情况，重大质量事故又分成一级重大质量事故、二级重大质量事故和三级重大质量事故。

11.6.3 质量事故处理

发生质量事故以后，特别是发生重大质量事故以后，按国家规定应以最快的方式迅速向上级报告并及时书面上报。发生质量事故以后应立即采取有效措施救护伤员，保护好现场，防止事故扩大，移动物件时应做出标志，应拍照、录像留下资料，并协助有关部门做好调查处理。

质量事故的调查处理，按照统一领导、分级负责的原则进行。重大质量事故和一般质量事故分别由交通部和省级交通行政主管部门（交通厅）负责查处。

1. 质量事故报告的内容

质量事故报告应包括下列内容：

① 事故调查报告（时间、地点，设计、施工、监理的单位，事故发生的简要经过，造成的损失及伤亡情况）；

② 事故原因分析；

③ 事故处理方案及采取的技术措施和事故控制情况；

④ 处理的依据；

⑤ 事故的原始资料（现场物证拍照或录像）和各种原始记录；

⑥ 处理施工的检查、验收记录；

⑦ 事故的结论。

2. 事故处理的结论

事故调查清楚后，应及时处理，应返工的返工，可修补的进行修补。对质量事故处理最后应作出明确无误的结论，不能含糊其辞，其结论一般有如下 6 种形式：

① 事故已处理好，可继续施工；

② 隐患已排除，结构安全可靠；

③ 经修补处理后，已满足安全使用要求；

④ 基本满足使用要求，但附有限制条件；

⑤ 对耐久性有、无影响的结论；

⑥ 对外观有、无影响的结论。

重大质量事故的处理程序如图 11-5 所示。

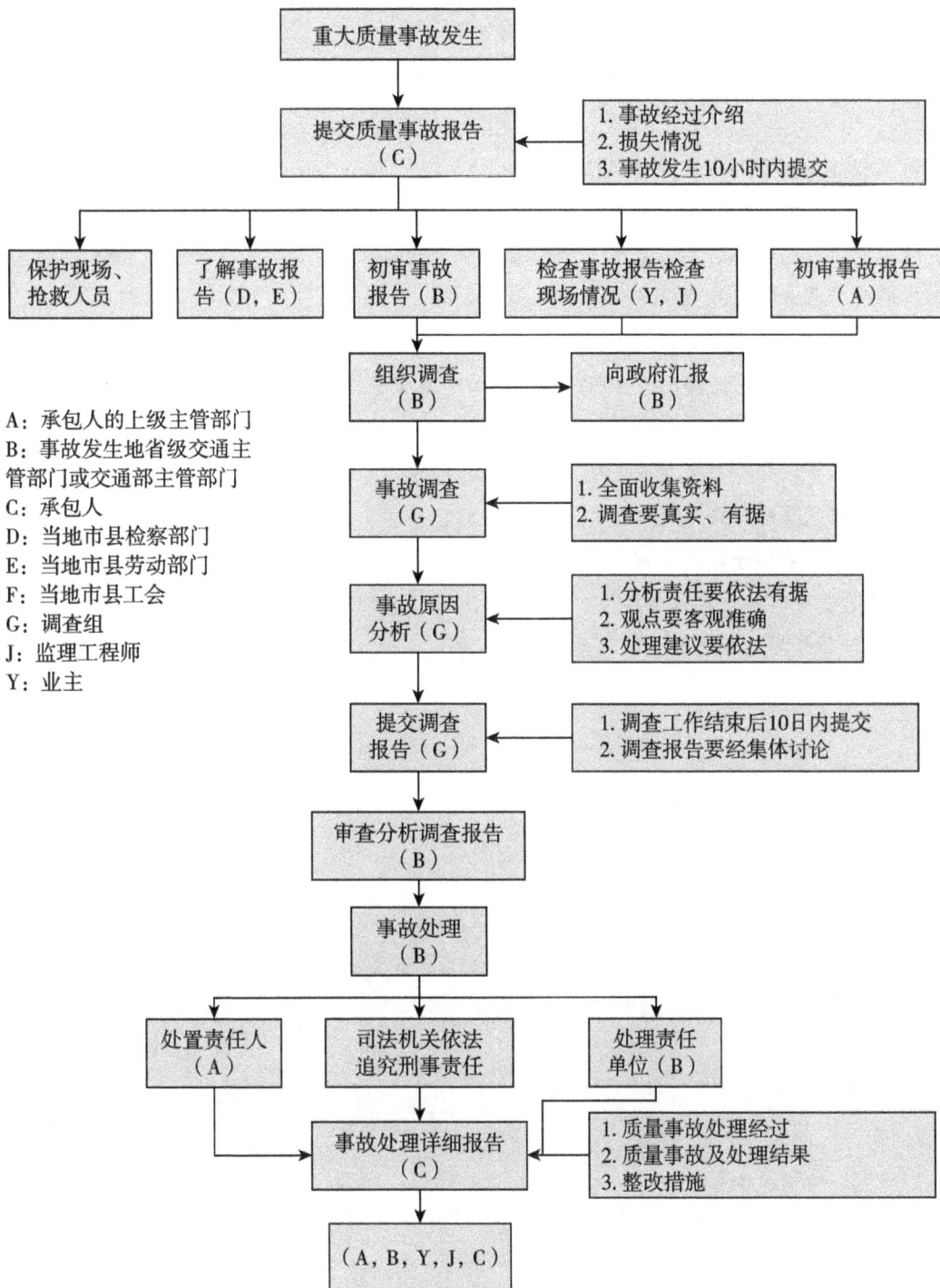

图 11-5 重大质量事故处理程序框图

思考题

1. 水运工程质量控制的任务是什么?

2. 水运工程质量控制的依据是什么?

3. 水运工程质量控制依据的技术规范和标准体系是什么?

4. 港航建筑工程分项、分部和单位工程如何划分?

5. 如何进行港口工程质量的评定?

6. 施工阶段质量控制包括哪几个时期?各个施工时期质量控制的主要内容有哪些?其中哪个时期是目标控制的重点?

7. 试描述施工阶段分项工程质量控制的程序是怎样的。

8. 质量控制点设置的原则是什么?

9. 质量控制的方法和手段有哪些?

10. 监理试验室有哪些主要任务?

11. 如何进行质量问题和质量事故的处理?

第*12*章 质量控制中常用数理统计方法和工具

12.1 质量波动及统计量表示法

12.1.1 质量波动

对于任何一种产品,不可能也没有必要要求每件产品的质量完全一样。同样,对于水运工程中所用材料的质量或构筑物的修建质量,也不可能是丝毫不差的。例如,在混凝土施工中,即使同一批混凝土的质量特性值也是参差不齐的,但只要这些数据以一定的概率落在规定的范围之内,就可以认为这批混凝土是合格产品。

以上情况说明,工程上的质量特性是会发生波动的,造成工程质量波动的原因是由于 4M1E(指 Man(人)、Machine(机器)、Material(物)、Method(方法)和 Environments(环境))五大因素发生了变动。按照质量因素变动对生产过程影响的程度和消除它们的可能性不同,可将这些因素分为两大类。

1. 经常作用的因素

又称正常波动或随机误差。例如,在混凝土工程中的水泥实际标号、砂石料含水量和混凝土试模尺寸微小变动等,这一类波动在大规模的生产过程中是不可能完全避免的,可以允许在一定限度内存在,并看做是正常的。

这类波动所引起的质量特性值的随机误差,具有以下特点:

① 误差的出现无确定的规律性,无法预知,大多具有偶然性;

② 随着对同一质量特性值测量次数的增多,这种误差平均值趋近于零;

③ 对同一质量特性值,数量相等、符号相反的随机误差出现的频率大致相等;

④ 值小的随机误差,比值大的随机误差出现的频率要大。

2. 可避免的因素

这种波动称为异常波动或系统误差。例如,混凝土工程中所用水泥品种的变化将对混凝土的强度产生显著影响,这些因素的作用比较大,一般是有办法也有必要把它们找出来,加以调整或消除的。

这类波动引起的质量特征值的系统误差，具有以下特点：

① 系统误差可能是一个常数，或是某种因素的函数；

② 多次重复测量某一相同质量特征值，系统误差可重复出现，且正负号不变；

③ 测量所得的结果，经过修正，可接近实际值（真值）。

12.1.2 统计量的表示方法

1. 统计量中的数据

科学的质量管理工作必须通过科学的方法收集反映产品质量特性的各种试验数据，以便用于控制生产工序质量，分析质量问题，检验产品的质量合格率。

但是，即使人们竭尽努力、认真负责地收集各种必要的数据，这些数据往往也并非立即可用。例如，在新修建好的港内或进港道路的路基上进行弯沉值测量，其结果往往是参差不齐的。这就需要我们从大量的数据中去粗取精，去伪存真，对数据进行科学的整理和分析，尽可能充分和正确地从中提取有用的结果。因此，所谓数据就是指客观地反映事实的资料和数字。

作为质量特性值的数据，一般可分为两类：一类称为计量值，另一类称为计数值。

计量值是作为连续量所测得的质量特性值，如长度（m）、质量（kg）、强度（MPa）等。

计数值是以个数计的特性值，如产品的不合格品数、回填土压实度不合格测点数等。不合格品数除以检验个数所得的不合格品率也是计数值。

为了利用统计方法进行质量控制，在叙述统计量表示方法之前，首先介绍统计量中的总体、个体和样本以及它们之间的联系。

2. 总体、个体和样本

总体是指所研究对象的全体，又称母体。组成总体的每个基本单位称个体，如整批混凝土预制板中的每块预制板。总体所含个体的多少叫做总体的容量，用 N 表示。

总体的性质是由构成它的每一个个体的性质决定的。所以，要了解总体的性质，就应该了解总体的每一个个体的性质。

但是，要了解总体中每一个个体的性质是困难的，因为：

① 在许多情况下，总体所含的个数数目甚多，事实上不可能都进行研究。例如，回填土压实度的测定，每平方米测一点，则在回填面积较大时，这在时间、人力、物力上都是做不到的；

② 了解个体的性质有时需要做破坏性试验。如果要了解每一个个体的性质，则将导致总体的破坏，这是与我们生产的目的相违背的；

③ 即使总体中个体数目不多，试验也不具备破坏性，但我们仍然希望节省人力和时间，能以更经济的方式了解总体的性质。

样本是从总体中随机抽取若干个体而组成的集体。抽取样本的过程称为取样。例如，1 000m² 回填土面积中测定 20 个点的压实度 $K_{i=1\sim20}$，$K_{i=1\sim20}$ 称为该回填土压实度总体的样本。

样本可以分为试样和抽样。试样是在工序进行过程中为了判断生产状况而抽取的样品；抽样则是全部加工完毕后为了了解和评定产品质量而抽取的样品。样本中所含样品的数目叫做样本的大小或样本容量，用 n 表示。上例中回填土压实度 K 的样本容量 $n = 20$。

用抽样所得的样本数据判断总体的性质，常因这种信息的不完全性和不确定性，使做出的判断并无绝对把握，而冒判断错误的风险。这种风险的大小，可用概率的知识计算出来。

总体和样本的关系可用图 12-1 表示。

3. 统计量的表示方法

当数据比较多的时候（如 100 个以上），可绘制直方图来近似
地描述总体的性质，这样能一目了然地了解其分布状态。当数据比
较少时，为了定量地表示分布的性质，常用平均值和散差来定量地
表示统计数据的性质。

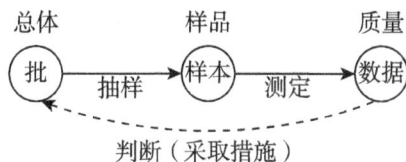

图 12-1　总体和样本的关系

（1）平均值。平均值是各个数据相加之和除以数据个数所得之值，即算术平均值。总体平均值常
用 μ 表示，样本平均值常用 $\bar{X}$ 表示。

例如，观测值分别为 X_1，X_2，$\cdots$，X_n 时，其平均值可用下式计算：

$$\bar{X} = (X_1 + X_2 + \cdots + X_n)/n = \left(\sum_{i=1}^{n} X_i\right)/n \tag{12-1}$$

平均值表示数据分布的位置，即表示分布的中心。平均值的单位与测值相同。

将数据按大小顺序排列，位于正中间的数是中位数。有时候，也用中位数（中心值）来代替平均值。
例如，在确定混凝土一组试件（三块）抗压强度时规定，如果三个测定值中的最小值或最大值中有一
个与中间值之差超过中间值的 15%，则取中间值作为该组试件的抗压强度值；若最大和最小值与中间
值相比均超过中间值的 15% 时，则该组试验无效。这里所说的中间值，即一组试件强度数据的中位数。
中位数用 $\tilde{X}$ 表示。当观测数据的个数为偶数时，则取中间两个数的平均值为中位数。

（2）散差。散差表示统计量分布的尺度。作为散差的标准，一直使用的有极差、标准偏差或
方差等。

① 极差：极差是观测数据中最大值与最小值之差，用 R（Range，范围）表示，可由下式计算：

$$R = X_{max} - X_{min} \tag{12-2}$$

$R \geqslant 0$，与观测值的单位相同。极差 R 通常在数据个数小于 10 时采用。如果数据个数多时，可以
将 4 个或 5 个分为一组，分别求出每一组的极差 R_i，然后将各组的极差平均值 $\bar{R} = \left(\sum_{i=1}^{n} R_i\right)/n$ 作为散
差的标准。

② 标准偏差：对于 n 个观测值 X_1，X_2，$\cdots$，X_n，其标准偏差 S 有两种计算方法。

i. 当 n 较大，称有偏标准偏差，用 S_1 表示：

$$\begin{aligned} S_1 &= \sqrt{[(X_1 - \bar{X})^2 + \cdots + (X_n - \bar{X})^2]/n} \\ &= \sqrt{[\sum(X_i - \bar{X})^2/n]} \end{aligned} \tag{12-3}$$

或

$$S_1 = \sqrt{[\sum X_i^2 - (\sum X_i)^2/n]/n} \tag{12-4}$$

ii. 当 n 较小时，称无偏标准偏差，用 S_2 表示（在很多情况下常用 S 表示 S_2）：

$$\begin{aligned} S_2 &= \sqrt{[(X_1 - X)^2 + \cdots + (X_n - X)^2]/(n-1)} \\ &= \sqrt{[\sum(X_i - X)^2/(n-1)]} \end{aligned} \tag{12-5}$$

当 $n \geqslant 30$ 时，S_1 与 S_2 的差别很小。

标准偏差所表示的是每个观测数据以其平均值为基准的差别大小，S 愈小表示观测数据愈均匀。
上面公式中：$(X_i - \bar{X})$ 称为偏差，$\sum(X_i - X)^2$ 称为偏差平方和；$n-1$ 称作自由度，用 f 表示；$[\sum(X_i - \bar{X})^2]/(n-1)$ 称作方差，用 S^2 表示。

样本标准偏差 S 是总体标准偏差 σ 的估计值，其单位与观测值的单位相同。方差 S^2 的单位是观
测值单位的平方。

极差一般是在与标准偏差或方差有联系时才采用，单独采用极差的情况较少。极差不能作为总体散差的尺度参数，它只是作为一个统计量，即作为表示试样散差的量而运用的。

样本特征数与总体数字特征对照表见表 12-1。

表 12-1 样本特征数与总体数字特征对照表

名称	样本特征数	总体数字特征
均值	$\bar{X}=\dfrac{1}{n}\sum\limits_{i=1}^{n}X_i$	$\mu=E\xi$
方差	$S^2=\dfrac{1}{n-1}\sum\limits_{i=1}^{n}(X_1-\bar{X})^2$	$\sigma=D\xi$
标准差	$S=\sqrt{\dfrac{1}{n-1}\sum\limits_{i=1}^{n}(X_i-\bar{X})^2}$	$\sigma=\sqrt{D\xi}$
变异系数	$C_V=S/\bar{X}$	$C_V=\sqrt{D\xi}/E\xi=\dfrac{\sigma}{\mu}$

【例】观测得某码头堆场垫层材料一组试件抗压强度（Mpa）结果如下：

$$2.95，3.20，3.08，3.09，3.12，3.21，3.11$$

根据这些数据求 $\bar{X}$、R、S^2、S_2。

【解】

$$\bar{X}=(\textstyle\sum X_i)/n=(2.95+3.02+3.09+3.12+3.21+3.11)/7\text{Mpa}=3.11\text{Mpa}$$

$$R=X_{max}-X_{min}=(3.21-2.95)\text{Mpa}=0.26\text{Mpa}$$

$$S^2=\sum_{i=1}^{n}(X_i-\bar{X})^2/(n-1)=0.0451/6(\text{Mpa})^2=0.0075(\text{Mpa})^2$$

$$S_2=\sqrt{S^2}=0.087\text{Mpa}$$

（3）变异系数 C_V。

变异系数是用平均值的百分率表示标准偏差的一个系数。由于在测量各种不同质量特性数据时，标准偏差的误差有波动，故用变异系数表示波动的大小，其计算公式为：

$$C_V=(S/\bar{X})\times100\% \tag{12-6}$$

（4）用计算器计算统计量。

利用计算器的统计计算功能来计算统计量十分快捷，通常是在 S_D 或 STAT 方式下进行。一般步骤为：

① 计算器进入统计计算方式（S_D 或 STAT）；

② 清除内存（按［KAC］键）；

③ 输入数据，每按一个数据，就按一次［DATA］键；

④ 按有关统计量的键，即刻就显示希望得到的统计量。

12.2 质量数据及其分布特征

12.2.1 随机变量的概念

在各种试验中的随机事件也可以用随机变量来表示。例如，要从 2 000 件预制混凝土圆管中抽取 10 件，"其中有 ξ 件不合格品"，这一事件就可以用 ξ 来表示。ξ 取不同的值，就代表不同事件发生：

当 $\xi=0$ 时，表示没有不合格品；

当 $\xi = 1$ 时，表示有 1 件是不合格品；

当 $\xi = 2$ 时，表示有 2 件是不合格品；

……

像 ξ 这种能表示随机现象各种结果的变量，就称为随机变量。如果 ξ 取某一值 K 时，所代表的事件概率为 P，可记为：

$$P_{(\xi = K)} = P$$

从整体中抽取的观测值 X 的平均值 $\bar{X}$，样本标准偏差 S，极差 R，容量为 n 的样本的不合格品个数，不合格品率等，都是随机变量。

随机变量一般有两种类型：一是离散型，其取值可以是有限个，也可以是无限多个。例如，码头堆场基层每 100m^2 测定 1 个点的沉陷值，共测 44 个沉陷值，其中有 5 点超出容许沉陷值；二是连续型，其取值是连续的，如汽车开动时发生的噪声水平、混凝土的强度等。

随机变量有一定的分布形式，在质量检验中常用的正态分布、二项分布、泊松分布和超几何分布。这些分布在《概率论和数理统计》教材中有相应介绍，本章不再赘述。

12.3 数据的整理和分析

如前所述，工程质量会发生波动。由于质量的波动，自然会引起质量检测数据的参差不齐，有时还会发现一些明显过大或过小的异常数据，我们称这些数据为特异数据或可疑数据。特异数据出现的原因有多种，可能是试验条件的变化，也可能是检测对象质量分布不均匀，或者由于测试操作者缺少经验等。如果有特异数据混入整个质量检测数据之中，将可能导致对检测结果分析判断出完全不同的结论（错误结论）。因此，在进行数据分析以前，有必要对这些特异数据作甄别处理或将其从整个数据中剔除。

甄别处理特异数据的准则有 3σ 准则、肖维勒准则、格拉布斯准则、狄克松准则等。

12.3.1 3σ 准则

如果质量检测数据的总体服从正态分布 $X \sim N(\mu, \sigma^2)$，由 3σ[①]原则知，对于每个质量数据落在区间 $(\mu - 3\sigma, \mu + 3\sigma)$ 内的概率为 99.73%，而落在这个区间外面的概率仅为 0.27%，即 1 000 次测量中只可能出现 3 次。因此，在有限的测量中发生这种情况的可能性是很小的，而一旦有这样的数据出现，则可认为它是可疑数据，应予以剔除。

当总体的标准差 σ 未知时，以样本标准差 S 估计 σ，并以 3S 代替 3σ。3σ 准则比较适用于样本容量 $n > 50$ 的情况。

判断方法如下：

设 $X_1, X_2 \cdots X_K, X_n$ 是从总体中抽取的样本，其中 X_K 为过大或过小值。

① 计算数据的平均值 $\bar{X}$，如总体标准偏差 σ 未知时，同时求出样本标准偏差 S；

② 计算 $| X_K - \bar{X} |$，如果：

---

① 任何服从正态分布的随机变量 ξ 取值与平均值 μ 的距离不超过 3σ 的可能性占 99.73%，超出范围的可能性以 0.27%，几乎是不可能的了。在质量控制实际工作中，常用所谓 3σ 原理：即对于服从正态分布随机变量，以为其取值范围为 $(\mu - 3\sigma, \mu + 3\sigma)$，其理论依据就在于此。

$$| X_K - \bar{X} | > 3\sigma \qquad\qquad (12-7)$$

则将 X_K 剔除，否则保留。

12.3.2　肖维勒准则

设 X_1，$X_2\cdots$，X_n 是从总体抽取的样本。

肖维勒准则判断特异数据的方法如下：

① 计算样本平均值 $\bar{X}$，如总体标准偏差 σ 未知时，同时求出样本标准偏差 S；

② 对样本中最大或最小的值 X_i，计算 $| X_i - \bar{X} |$，如果：

$$| X_i - \bar{X} | > f_n\sigma \quad （\sigma \text{未知时以} S \text{估计} \sigma） \qquad (12-8)$$

则将 X_i 剔除，否则保留。上式中 f_n 是与样本容量 n 有关的系数，可查表 12-2。

表 12-2　肖维勒准则 f_n 数值表

n	f_n	n	f_n	n	f_n
5	1.65	19	2.22	50	2.58
6	1.73	20	2.24	60	2.64
7	1.79	21	2.26	70	2.69
8	1.80	22	2.28	80	2.73
9	1.92	23	2.30	90	2.78
10	1.96	24	2.31	100	2.81
11	2.00	25	2.33	150	2.93
12	2.04	26	2.34	185	3.00
13	2.07	27	2.35	200	3.02
14	2.10	28	2.37	250	3.11
15	2.13	29	2.38	500	3.29
16	2.16	30	2.39	1000	3.48
17	2.18	35	2.45	2000	3.66
18	2.20	40	2.50	5000	3.89

12.3.3　格拉布斯准则

设 X_1，$X_2\cdots$，X_n 是从总体中抽取的样本。

格拉布斯准则判断特异数据的方法如下：

（1）计算样本平均值 $\bar{X}$，如总体标准偏差 σ 未知时，同时求出样本标准偏差 S；

（2）对样本中最大或最小的值 X_i，计算 $| X_i - \bar{X} |$，如果

$$| X_i - \bar{X} | > g_0(\alpha, n)\sigma \quad （\sigma \text{未知时以} S \text{估计} \sigma） \qquad (12-9)$$

则将 X_i 剔除，否则保留。

上式中 $g_0(\alpha, n)$ 是一个与样本容量 n 及给定的检验水平 α（即把不是可疑的数据错判为可疑数据而被剔除的概率）有关的系数。α 通常取 0.05 和 0.01，$g_0(\alpha, n)$ 的值列于表 12-3 中。

表 12-3　格拉布斯准则 $g_0(\alpha, n)$ 数值表

n	α		n	α		n	α	
	0.01	0.05		0.01	0.05		0.01	0.05
3	1.15	1.15	12	2.55	2.28	21	2.91	2.58
4	1.49	1.46	13	2.61	2.33	22	2.94	2.60
5	1.75	1.67	14	2.66	2.37	23	2.96	2.62
6	1.94	1.82	15	2.70	2.41	24	2.99	2.64
7	2.10	1.94	16	2.75	2.44	25	3.01	2.66
8	2.22	2.03	17	2.78	2.48	30	3.10	2.74
9	2.32	2.11	18	2.82	2.50	35	3.18	2.81
10	2.41	2.18	19	2.85	2.53	40	3.24	2.87
11	2.48	2.23	20	2.88	2.56	50	3.34	2.96

格拉布斯准则比较适用于样本容量 $n \leqslant 25$ 的情况。

12.3.4 狄克松准则

前面三种在总体标准差 σ 未知时，均需求出样本标准偏差 S，实际应用中比较麻烦，而狄克松准则用极差比的方法，可得到简捷而严密的结果。

判断方法如下：

设 X_1，$X_2 \cdots$，X_n 是从总体中抽取的样本。

（1）将 n 个样本观测值按值太小，依次从小到大排列如下：

$$X_{(1)} \leqslant X_{(2)} \leqslant \cdots\cdots \leqslant X_{(n)}$$

其中，$X_{(1)}(i = 1，2，\cdots，n)$ 表示按值大小将样本观测值重新排列后，处于第 i 位置的样本值。

（2）对于不同的样本容量 n，从表 12-4 中查出相应的统计量 γ_{ij}（例如 $n = 12$），并且判断样本的最大值 $X_{(n)}$ 是否为可疑数据时，采用统计量：

$$\gamma_{21} = \frac{X(n)-(n-2)}{X_{(n)} - X_{(2)}}$$

表 12-4 狄克松准则统计量 γ_{ij} 表

n 范围	γ_{ij}	检验最小值 $X_{(1)}$	检验最大值 $X_{(n)}$
$3 \leqslant n \leqslant 7$	γ_{10}	$\dfrac{X_{(2)} - X_{(1)}}{X_{(n)} - X_{(1)}}$	$\dfrac{X_{(n)} - X_{(n-1)}}{X_{(n)} - X_{(1)}}$
$8 \leqslant n \leqslant 10$	γ_{11}	$\dfrac{X_{(2)} - X_{(1)}}{X_{(n-1)} - X_{(1)}}$	$\dfrac{X_{(n)} - X_{(n-2)}}{X_{(n)} - X_{(2)}}$
$11 \leqslant n \leqslant 13$	γ_{21}	$\dfrac{X_{(3)} - X_{(1)}}{X_{(n-1)} - X_{(1)}}$	$\dfrac{X_{(n)} - X_{(n-2)}}{X_{(n)} - X_{(2)}}$
$14 \leqslant n \leqslant 25$	γ_{22}	$\dfrac{X_{(3)} - X_{(1)}}{X_{(n-2)} - X_{(1)}}$	$\dfrac{X_{(n)} - X_{(n-2)}}{X_{(n)} - X_{(3)}}$

（3）由给定的检验水平 α，从表 12-5 中查出临界值 $\gamma_{ij,\ \alpha}$，如 $n = 12$，$\alpha = 0.05$ 时，由表 12-5 查出临界值 $\gamma_{21,\ 0.05} = 0.546$。

表 12-5 狄克松准则临界 $\gamma_{ij,\alpha}$ 表

统计量	n	$\alpha = 0.05$	$\alpha = 0.01$	统计量	n	$\alpha = 0.05$	$\alpha = 0.01$
γ_{10}	3	0.94	0.988	γ_{22}	14	0.546	0.641
	4	0.765	0.889		15	0.525	0.616
	5	0.642	0.780		16	0.507	0.695
	6	0.560	0.698		17	0.490	0.577
	7	0.507	0.637		18	0.475	0.561
γ_{11}	8	0.554	0.683		19	0.462	0.547
	9	0.512	0.635		20	0.450	0.535
	10	0.477	0.597		21	0.440	0.524
γ_{21}	11	0.576	0.679		22	0.430	0.514
	12	0.546	0.642		23	0.421	0.505
	13	0.521	0.615		24	0.413	0.497
					25	0.406	0.487

（4）由样本观测值计算 γ_{ij}，如果：

$$\gamma_{ij} > \gamma_{ij,\alpha} \qquad\qquad (12\text{-}10)$$

则判断 $X_{(n)}$［或 $X_{(1)}$］是可疑数据，应予剔除，否则保留。如 $n = 12$，$\alpha = 0.05$ 时，由样本观测值计算 γ_{21}，当 $\gamma_{21} > \gamma_{21,\,0.05} = 0.546$ 时，将 $X_{(n)}$ 剔除，否则保留。

12.3.5 应用上述四种判断准则时的注意点

① 剔除可疑数据时，首先应对样本观测值中的最小值和最大值进行判断，因为这两个值极有可能是可疑数据。

② 可疑数据每次只能剔除一个，然后按剩下的样本观测值重新计算，再做第二次判断，如此逐个地剔除，直到所有剩下的值不再是可疑数据为止。不允许一次同时剔除多个样本观测值。

③ 采用不同准则对可疑数据进行判断时，可能会出现不同的结论，此时要对所选用准则的适用范围、给定的检验水平的合理性，，以及产生可疑数据的原因等作进一步的分析。

【例】对一盘混凝土，取 15 个试件进行抗压强度试验，测试结果如下：（单位：Mpa）

31.2，33.1，30.5，31.0，32.3，31.2，29.4，24.0

30.4，33.0，32.2，31.0，28.6，29.2，30.3

试判断这些数据中是否混有可疑数据。

【解】分别用不同准则进行判断，以此进行比较：

（1）3σ 准则：

$$n = 15,\ X_{\max} = 33.1,\ X_{\min} = 24.0,$$

首先，怀疑最小值 24.0。对数据进行统计计算，得 $\bar{X} = 30.49$，$S = 2.23$，$3S = 6.69$。

$$|\,24.0 - 30.49\,| = 6.49 < 6.69 = 3S$$

说明此值在 $3S$ 内，不应剔除。

其次，怀疑最大值 33.1。同上计算，得：

$$|\,33.1 - 30.49\,| = 2.61 < 6.69 = 3S$$

故 33.1 应保留。全部数据中均无可疑数据，无须剔除。

（2）肖维勒准则：

由 $n = 15$，查表 12-2 得 $f_n = 2.13$，并计算出：

$$\bar{X} = 30.49,\ S = 2.23$$
$$f_n S = 2.13 \times 2.23 = 4.75$$

首先，怀疑最小值 24.0，由于

$$|\,24.0 - 30.49\,| = 6.49 < 4.75 = f_n S,$$

故认为特异数据 24.0 应剔除。

对剩下的 14 个样本观测值重新计算得 $\bar{X}' = 30.96$，$S' = 1.37$，由 $n = 14$ 在表 12-2 中查出 $f_n = 2.01$，并算出 $f_n S = 2.10 \times 1.37 = 2.88$。再对其中的最大值 33.1 和最小值 28.6 怀疑。因

$$|\,33.1 - 30.96\,| = 2.14 < 2.88$$

及

$$|\,28.6 - 30.96\,| = 2.36 < 2.88,$$

所以认为 33.1 和 28.6 均应保留。

至此，全部数据中已不再含有可疑数据。

采用格拉布斯准则和狄克松准则也可得出应剔除 24.0 特异数据而保留其他数据的结论。

由此例计算结果表明，3σ 准则相对于其他准则在特异数据取舍方面偏于保守。

12.4 常用数理统计工具简介

在质量管理和质量控制中，需要利用大量数据和资料，并对它们进行科学的整理，才能作出科学的判断，以便找出原因、解决问题。目前为进行质量管理和质量控制所收集和整理数据的常用数理统计工具有如下 7 种：① 直方图；② 排列图；③ 因果图；④ 调查法；⑤ 分层法（或称分类法）；⑥ 控制图；⑦ 相关图。下面只对前面五种简单地介绍它们的要点或基本原理，而对控制图将用专门章节进行介绍。

12.4.1 直方图

在质量管理和质量控制工作中，直方图能将产品质量特性值分布情况直观地表示出来，因此，它是一种常用的有效工具。

直方图有频数直方图和频率直方图两种，其中又以频数直方图使用较多（图 12-2）。样本数据频数直方图，是指将样本观测值 X_1，X_2…，X_n 进行适当的分组，然后计算每一组中数据的个数（频数），以样本取值范围为横坐标，以频数为纵坐标，将按样本序列划分的组及其频数的柱状图连续画在图中而得。

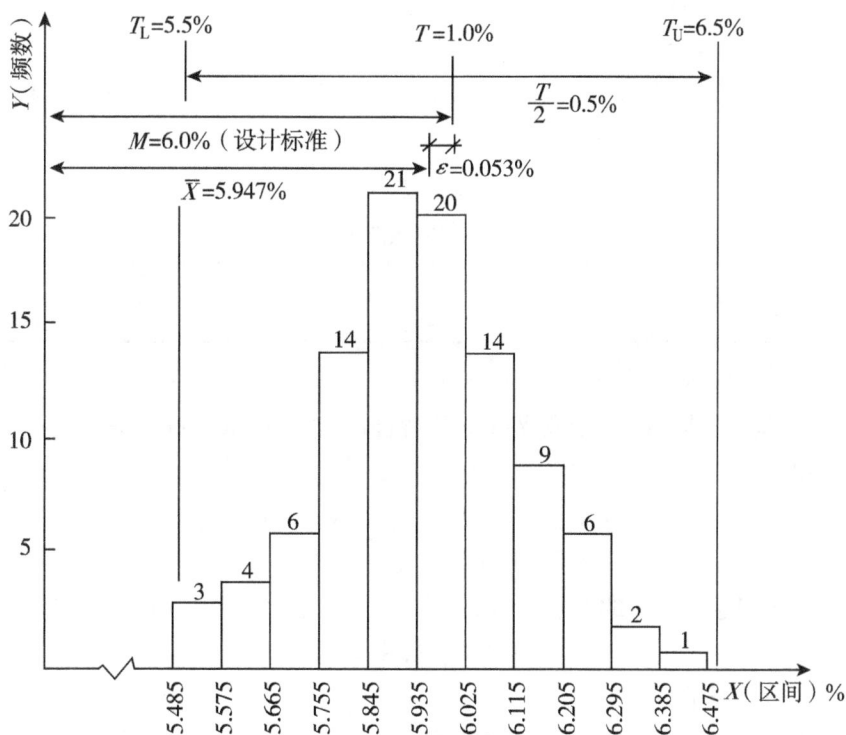

图 12-2 频数分布直方图

1. 直方图的作图方法及计算

下面，以实例说明直方图的作图方法及有关统计特征值的计算。

【例】某沥青混凝土拌和场，连续拌和 100 天，每天抽提一次油石比，将其记录列于表 12-6，设计油石比 6.0%，施工允许偏差 ±0.5%，作频数分布直方图并计算有关特性值。

【解】① 收集数据。一般应不少于 50 ~ 100 个数据，本例的 100 个数据见表 12-6。

表 12-6 数据表

顺序	油石比数据（%）	最大	最小	极差
1	6.12 6.35 5.84 5.90 5.95 6.14 6.05 6.03 5.81 5.86	6.35	5.81	0.54
2	5.78 6.22 5.94 5.80 5.90 5.86 5.99 6.16 6.18 5.79	6.22	5.78	0.44
3	5.67 5.64 5.88 5.71 5.82 5.94 5.91 5.84 5.68 5.91	5.94	5.64	0.30
4	6.03 6.00 5.95 5.96 5.88 5.74 6.06 5.81 5.76 5.82	6.06	5.74	0.32
5	5.89 5.88 5.64 6.00 6.12 6.07 6.25 5.74 6.16 5.66	6.25	5.64	0.61
6	5.58 5.73 5.81 5.57 5.93 5.96 6.04 6.09 6.01 6.04	6.09	5.57	0.52
7	6.11 5.82 6.26 5.54 6.26 6.01 5.98 5.85 6.06 6.01	6.26	5.54	0.72
8	5.86 5.88 5.97 5.99 5.84 6.03 5.91 5.95 5.82 5.88	5.99	5.82	0.17
9	5.85 6.32 5.92 5.98 5.90 5.94 6.00 6.20 6.14 6.07	6.32	5.85	0.47
10	6.08 5.86 5.96 5.53$^\triangle$ 6.24 6.19 6.21 6.43* 6.05 5.97	6.43	5.53	0.90

注：表中画*者为最大，画△者为最小。

② 数据分析与整理。从 100 份沥青混凝土油石比抽提试验报告单中找出最大值、最小值，并计算其极差，即全体数据中：

最大值 $\qquad X_{max} = 6.43$

最小值 $\qquad X_{min} = 5.53$

极差值 $\qquad R = X_{max} - X_{min} = 6.43 - 5.53 = 0.9$

③ 确定组数与组距。通常先定组数，后定组距。组数用 B 表示，应根据收集数据总数而定（表 12-7），组距用 h 表示，其计算公式为：

$$h = R/(B-1) \qquad\qquad (12-11)$$

表 12-7 组数表

数据个数	50以内	50~100	100~250	250以上
分组数	5~7	6~11	7~15	10~30

本例中取组数 $B = 11$，则组距 $h = 0.9/10 = 0.09$。

④ 确定组界。为避免数据恰好落在组界上，组界值的数据要比原数据的精度高一位。其中第一组组界值可由下式求出：

$$(X_{min} - h/2) \sim (X_{min} + h/2) \qquad\qquad (12-12)$$

本例中第一组界值为（5.53 - 0.09/2）~（5.53 + 0.09/2）= 5.485 ~ 5.575。

第二组的组界下限等于第一组的上限组界值，第二组的上限组界值则等于下限值加上组距，即为

$$5.575 + 0.09 = 5.665$$

余后各组的组界依次类推。

⑤ 编制频数分布统计表。组界值确定后，按组号、统计频数、频率（相对频数）列表，见表 12-8。

表 12-8 频数分布统计表

序号	分组区间	频数	频率	序号	分组区间	频数	频率
1	5.485~5.575	3	0.03	7	6.025~6.115	14	0.14
2	5.575~5.665	4	0.04	8	6.115~6.205	9	0.09
3	5.665~5.155	6	0.06	9	6.205~6.295	6	0.06
4	5.775~5.845	14	0.14	10	6.295~6.385	2	0.02
5	5.845~5.935	21	0.21	11	6.385~6.475	1	0.01
6	5.935~6.025	20	0.20	合计			1.00

⑥ 画频数分布直方图。如图 12-2 所示。显然在直方图中,如果产品数量不断增加,分组越来越细,直方图就转化为一条光滑的曲线,即正态分布曲线（图 12-3）。

⑦ 几个特性值的计算。若需对两个以上频数分布进行比较,用数值定量地表示差异时,应将频数分布直方图所显示的特性予以数量化,在画出频数直方图后,还要计算以下几个统计特征值。

ⅰ. 平均值。

由式（12-1）得

$$\bar{X} = [X_1 + X_2 + \cdots X_n] / n = \frac{1}{n} \sum_{i=1}^{n} X_i = 5.947$$

ⅱ. 标准偏差

由式（12-5）得:

$$S = \sqrt{\frac{(X_1 - \bar{X})^2 + (X_2 - \bar{X})^2 + \cdots + (X_n - \bar{X})^2}{n-1}} = 0.182\%$$

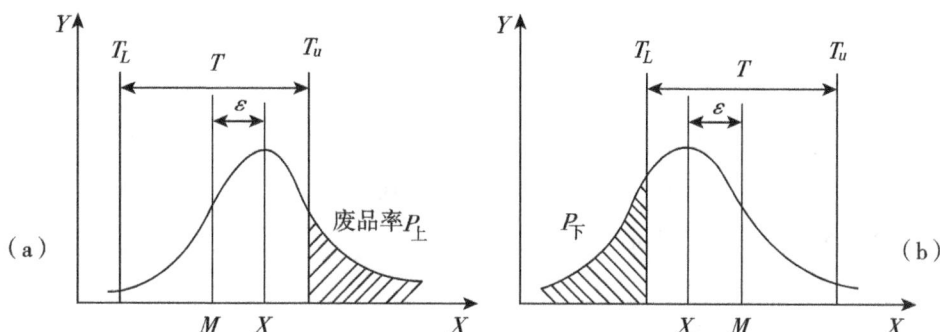

图 12-3 分布中心与公差中心偏离

ⅲ. 变异系数

由公式（12-6）得:

$$C_V = (S/\bar{X}) \times 100\% = 0.180/5.948 \times 100\% = 3.06\%$$

ⅳ. 工序能力指数

工序能力指数是指工序处于稳定状态下的实际生产合格产品的能力,是公差标准范围（或施工允许偏差）与该工序施工精度的比值。在一般情况下（即公差带中心与分布中心重合时）用字母 C_P 表示,其计算公式为:

$$C_P = T/6S \tag{12-13}$$

式中:T——公差标准范围。

本例为 5.5% ～ 6.5%,即 $T_l = 5.5\%$, $T_U = 6.5\%$

得 $T = T_U - T_l$ 值代入式（12-13）得:

$$C_P = (6.5 - 5.5)/(6 \times 0.182) = 0.916 \leqslant 1$$

按判断标准（表 12-9）说明本例工序能力不够,需要从人、机器、材料和工艺方法等方面去查找影响工序能力的因素进行改进。

表 12-9 C_p 值的判断标准

C_P 值	工序能力判断
$C_P > 1.33$	工序能力满足要求,但 C_p 值越是大于1.33,说明工序能力还有潜力,应考虑标准是否过严,工序是否经济
$C_P = 1.33$	理想状态
$1 < C_P < 1.33$	较理想状态,但 C_p 值接近或等于1时,则有发生不合格的可能,应加强管理
$0.67 \leqslant C_P \leqslant 1$	工序能力不够,应采取改进作业方法或进行全数检查等必要措施
$C_P < 0.67$	工序能力非常不足

当分布中心偏离标准公差中心时（图 12-8）对 C_p 值须作修正。C_p 值的修正就是把计算所得的 C_p 值乘一个修正系数：

$$K' = 1 - K \qquad\qquad (12-14)$$

$$K = \frac{|M - \bar{X}|}{T/2} \qquad\qquad (12-15)$$

式中：K'——修正系数；

$\quad\ K$——相对偏移量；

$\quad\ M$——标准公差范围的中心值，$M = (T/2) + T_L$，本例中 $M = (0.5 + 5.5)\% = 6.0\%$；

$\quad\ \bar{X}$——实际标准质量分布范围的中心值；

$\quad\ T$——标准公差范围，$T = T_u - T_L$，本例中 $T = 1.0\%$。

图 12-8 中，ξ 为分布中心与公差中心绝对偏移量，按下式计算：

$$\xi = |M - \bar{X}| \qquad\qquad (12-16)$$

本例 $\xi = |6.0 - 5.947|\% = 0.053\%$。

工序能力指数 C_p 值，用 $C_p K'$ 表示：

$$C_p K' = C_p (1 - K) = (T/6S)(1 - K) = 0.916 \times (1 - 0.053/0.5) = 0.82 < 1$$

由此更说明本例施工工序能力不足。

2. 频数分布直方图的用途

（1）估算可能出现的次品率。

首先明确工程标准质量要求（包括标准的计量单位和上下界限值）；根据平均值 $\bar{X}$ 和标准偏差值 S；计算不合格率（P），公式为：

$$P = P_u + P_L \qquad\qquad (12-17)$$

式中：P_u——超出上限（上界限 P_u）的不合格率；

$\quad\ P_L$——超出下限（下界限 P_L）的不合格率。

P_u 及 P_L 由相应系数 $K_{a\text{上}}$ 及 $K_{a\text{下}}$ 在正态分布概率系数表查附表 $\Phi(K_a)$，再由 $[1 - \Phi(K_a)]$ 计算而得 $K_{a\text{上}}$ 和 $K_{a\text{下}}$ 的计算为：

$$K_{a\text{上}} = |T_u - \bar{X}|/S \qquad\qquad K_{a\text{下}} = |T_L - \bar{X}|/S \qquad\qquad (12-18)$$

【例】仍用前例表 12-6 数据。确定标准质量要求的油石比为 6.00%，允许上下波动 0.5%。

已知 $\bar{X} = 5.947\%$，$S = 0.182\%$，$T_u = (6.00 + 0.50)\% = 6.50\%$

$$T_L = (6.00 - 0.50)\% = 5.50\%$$

【解】由式（12-18）得：

$$K_{a\text{上}} = |T_u - \bar{X}|/S = |6.50 - 5.947|/0.182 = 3.04$$

查附表概率表，当 $K_{a\text{上}} = 3.04$ 相应超出的概率 $[1 - \Phi(3.04)]$ 为 0.0012。

$$K_{a\text{下}} = |T_L - \bar{X}|/S = |5.50 - 5.947|/0.182 = 2.46$$

当 $K_{a\text{下}} = 2.46$ 相应超出的概率 $[1 - \Phi(2.46)]$ 为 0.0069，

故不合格率 $P = 0.0012 + 0.0069 = 0.0081$ 即 0.81%。

本例也可认为是全部合格。

（2）判断质量分布状态。

作完频数直方图后，可以从图形判断工程质量是否正常。

正常的质量分布状况通常呈正态分布图形，即近似于左右对称的山峰型。异常的质量分布状况呈孤岛型、折齿型、双峰型，左（右）侧缓坡型、绝壁型（图 12-4）。

（3）可观察标准公差中心与实际生产分布中心的偏离情况。

如图 12-5 所示，图中 T 是公差标准范围；PL 是产品实际质量分布范围。

（4）考察工序能力。

通过频率分布直方图计算工序能力指数（C_p），可以正确决定工程产品质量指标的公差界限为设计和施工部门制定各种规范、规程及规定质量检查方案提供数据；可以实事求是地反映工序实际的加工能力，用数据表示出来，客观而充分地反映生产操作者的努力程度，有利于提高工程质量。

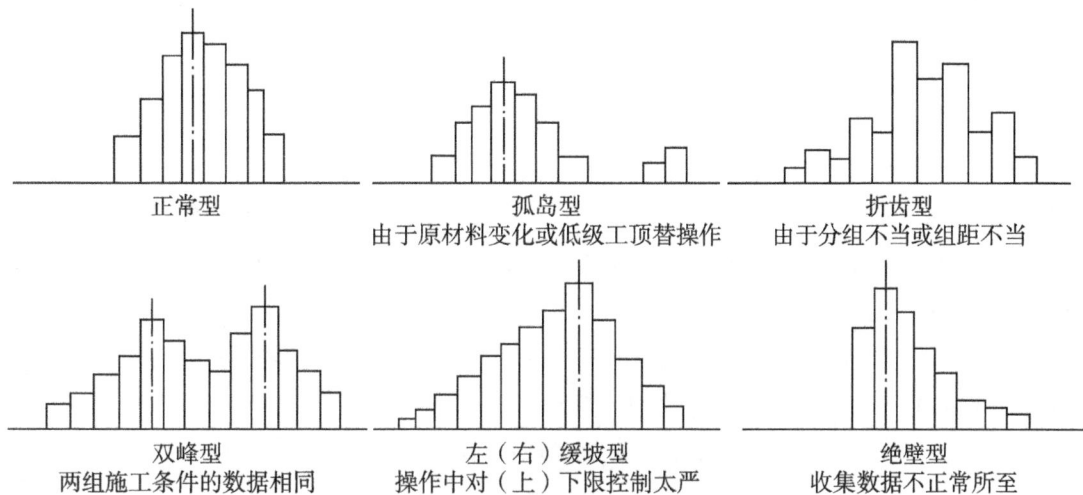

正常型	孤岛型 由于原材料变化或低级工顶替操作	折齿型 由于分组不当或组距不当
双峰型 两组施工条件的数据相同	左（右）缓坡型 操作中对（上）下限控制太严	绝壁型 收集数据不正常所至

图 12-4　直方图（判断质量分布）

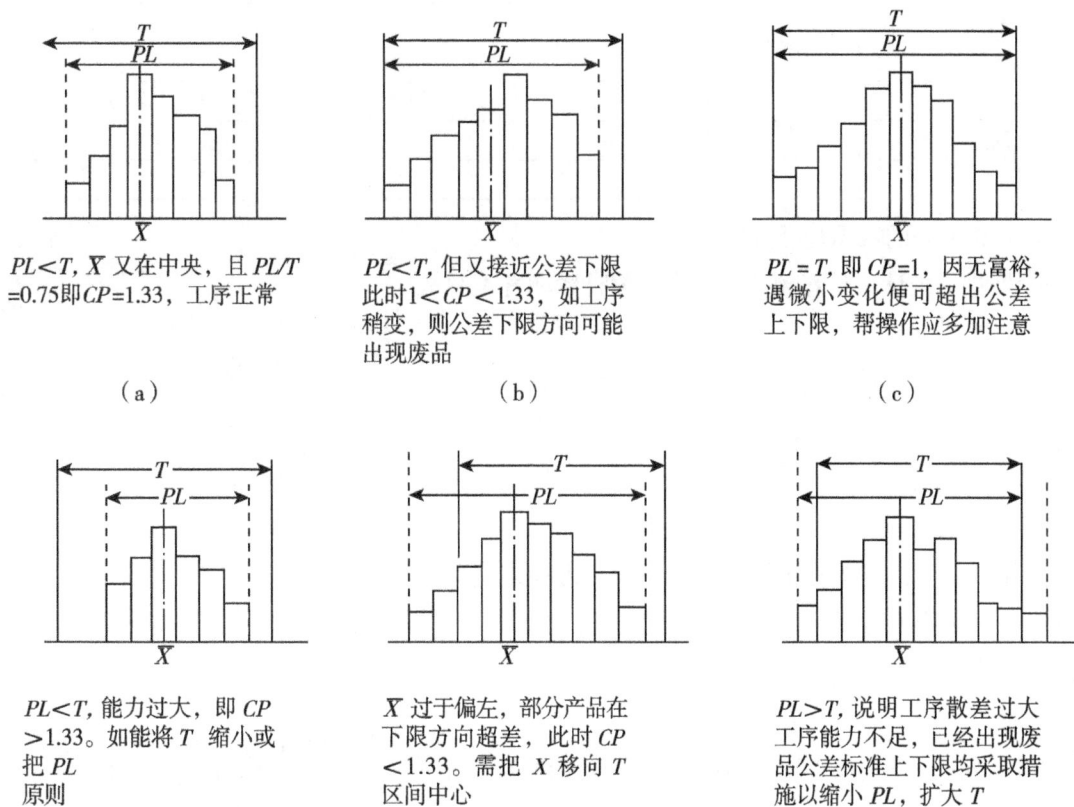

（a）$PL<T$，X 又在中央，且 $PL/T=0.75$ 即 $CP=1.33$，工序正常

（b）$PL<T$，但又接近公差下限，此时 $1<CP<1.33$，如工序稍变，则公差下限方向可能出现废品

（c）$PL=T$，即 $CP=1$，因无富裕，遇微小变化便可超出公差上下限，帮操作应多加注意

$PL<T$，能力过大，即 $CP>1.33$。如能将 T 缩小或把 PL 原则

X 过于偏左，部分产品在下限方向超差，此时 $CP<1.33$。需把 X 移向 T 区间中心

$PL>T$，说明工序散差过大工序能力不足，已经出现废品公差标准上下限均采取措施以缩小 PL，扩大 T

图 12-5　直方图（判断施工能力）

12.4.2 排列图

排列图又称巴雷特图，简称巴氏图。巴雷特（Uibrado Pareto）是意大利经济学家，他在研究社会财富分配时，发现少数富人占有国家绝大多数的财富，提出所谓"关键的少数和次要的多数"的关系。后来美国质量管理专家朱兰（J.M Juran）将巴氏法则应用于质量管理，作为在改善质量活动中寻找主要问题的一种工具，即分析从哪里人手解决质量问题以提高经济效益。巴氏图是找出影响质量主要因素的一种有效工具。

巴氏图中有两个纵坐标，一个横坐标，几个矩形和一条曲线。左边的纵坐标表示频数（件数、点数、金额等），亦即表示各种影响质量因素发生或出现的次数；右边的纵坐标表示频率，亦即各影响因素占诸因素的比率（以百分比表示）。横坐标表示影响质量的各种因素，按其影响程度的大小从左到右依次排列。每个影响因素都用一个矩形表示，矩形的高度表示频数（频率）的大小。再根据各种影响因素的频率作累计频率曲线，这条曲线即巴雷特曲线。

通常把各影响因素累计频率分为三区：0 ~ 80%为A区，此区域内的因素为主要影响因素；80% ~ 90%为B区，是次要因素；90% ~ 100%为C区，为一般因素。质量工作应重点抓住A类因素，采取对策，提高产品质量。

【例】某港口工程的构件预制场，在一段时间内，质量问题较多，经抽样调查，发现138个样品质量问题见表12-10。试绘制排列图并分析主要因素。

表 12-10 质量问题调查汇总表

项目	不合格品		累计频率（%）
	频数	频率（%）	
强度不足	78	56.6	56.6
蜂窝麻面	30	21.7	78.2
局部露筋	15	10.9	89.1
振捣不实	10	7.2	96.5
早期脱水	5	3.7	100
合计	138		

【解】① 将调查的数据进行分类。

② 按分类进行统计，计算频数、频率和累计频率并汇总成表（见表12-10）。

③ 以各影响因素（从大到小）为横坐标，左右两边画两个纵坐标，左边纵坐标表示频数，右边纵坐标表示频率（以百分比表示）作出各因素的直方图。

④ 作第一个直方图从左下到右上的对角线（图12-6），从该线段终点作第二个直方图对角线的平行线段，再在终点作第三个直方图的对角线平行线段，直至所有直方图对角线的平行线段均连接完成。这条连线是各影响因素的累计频率曲线，也就是巴雷特曲线。

⑤ 观察排列图。其中，"强度不足"和"蜂窝麻面"两项的累计频率为0 ~ 80%，故判"强度不足"和"蜂窝麻面"为影响预制构件质量的主要因素，应采取措施，加以改善。

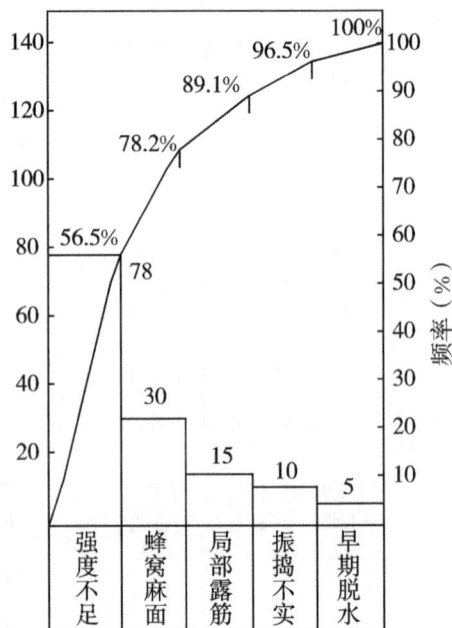

图 12-6 排列图

12.4.3 因果图

因果图就是对质量问题（即观测结果）有影响的一些重要的因素加以分析和分类，并在同一张图上把它们的关系用箭头表示出来，以对因果作出明确系统的整理。由于因果图形如鱼骨状或树枝状，故又称"鱼骨图"、"树枝图"。因果分析图的具体形式如图 12-7 所示，它是某工程混凝土质量不合格的因果分析。

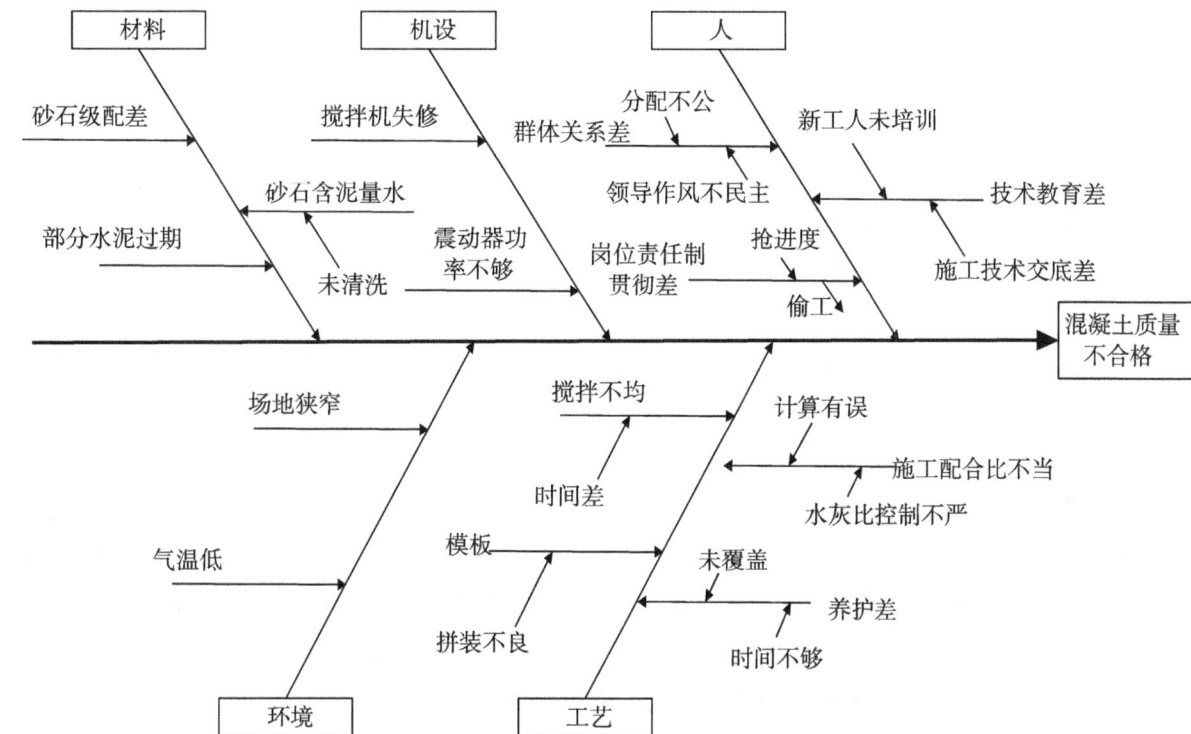

材料：砂石级配差、部分水泥过期、砂石含泥量水、未清洗

机设：搅拌机失修、震动器功率不够

人：分配不公、群体关系差、新工人未培训、领导作风不民主、抢进度、技术教育差、岗位责任制贯彻差、偷工、施工技术交底差

环境：场地狭窄、气温低

工艺：搅拌不均、时间差、模板、拼装不良、未覆盖、时间不够、计算有误、施工配合比不当、水灰比控制不严、养护差

→ 混凝土质量不合格

图 12-7 某工程混凝土强度不足的因果分析图

12.4.4 调查表

在质量控制中，常用的统计分析调查表是一种收集数据的方法。为了质量控制，必须要利用来自实际生产过程中的数据，这就需要在生产实际中收集。统计分析用的调查表就是利用统计表进行数据收集、整理和原因分析的一种工具。

采用调查表收集数据，首先要明确其目的是什么：是为了控制工序或是为了弄清原因和结果的关系，还是为了调查材料强度？因为目的不同，采用调查表的格式和内容也不同。常用的格式有：① 调查缺陷位置的统计分析调查表；②工序内质量特性分布统计分析调查表；③按不合格项目分类统计分析调查表等。

表 12-11 为质量调查表的例子。

表 12-11 港区道路基层填筑质量调查表（调查长度 200m）

编号	调查项目	允许范围	检测 10 点（处）结果										不合格点数
			1	2	3	4	5	6	7	8	9	10	
1	压实度（%）	>97	97.5	98.1	93.5	97.1	99.1	98.5	97.4	97.1	99.5	98.0	1
2	平整度（mm）	<10	8	3	5	6	8	11	9	13	6	7	2
3	厚度（cm）	27~33	29	32	31	30	33	29	32	30	30	31	0
4	强度（Mpa）	>2.5	2.6	2.7	2.9	3.0	2.4	3.2	3.1	2.8	2.7	2.6	1

12.4.5 分层法

分层法又称分组法、分类法，是分析工程质量最基本的方法之一。它是将所收集的数据按不同的目的分门别类地加以归纳，再按其他方法将分类后的数据加工成图表。在统计分析工程质量时，常按如下方法进行分类：

1. 按工程组成部分分类

可分为疏浚工程、整治工程、渠化工程、港口工程、排水工程、通信导航工程，其他人工构筑物工程、附属设施安装工程等。

2. 按施工检查项目分类

这种分类可在按组成部分分类的基础上细分。

（1）在疏浚工程中，有设计通航水域内的水深、宽度、超欠挖等；

（2）在渠化通航建筑物工程中，有基础开挖、墙后回填、混凝土工程或砖石砌筑、钢结构及金属构件制作安装工程等；

（3）在港口工程中，有基槽开挖、码头建筑、起重运输、设备安装、陆域回填、港区道路和仓库堆场等。

对于港口航道工程的建筑或构筑物可根据工程的不同要求，提出各种检查项目，均可采用分层法进行质量问题的检查分析。

3. 按施工时间分类

水运工程施工属野外作业，施工质量常受季节和时间的影响，因此，做好施工记录、载明各种施工项目的不同施工时间，对分析质量问题很重要，故施工记录应注明项目，工序的施工年、月、旬、日、昼夜等，以便分别进行统计，从统计资料中找出质量的规律性。

4. 按施工时期或施工班组分类

水运工程施工常以工程项目配置施工队伍或以班、组承建某一工程项目。在进行统计分析时，可按不同的施工工艺和操作方法分类，或按工人的技术等级、性别、年龄分类，或按料场、材质分类，或按检测手段、质量事故分类。

上述各种逐次分层、逐次分解的分析统计数据的方法，可使质量管理和质量控制工作层层深入、层层解剖，进而层层解决问题。

12.5 控制图的应用

控制图又叫管理图。它是通过统计计算找出上、下控制线和位于中部的中心线，从控制图上特性值点子按顺序排列的情况判断生产状况是否处于正常的稳定状态的工具。控制图是休哈特（Shewhart）博士于1924年发明，并于1926年发表的一种实用的管理方法。它把统计学应用于"发现异常"，成为控制生产过程的一种有用的工具。控制图是一种动态控制方法，它可以较及时地发现生产过程是否稳定、工艺过程的质量状态是否正常和预防不合格品的产生等，具有一般静态统计方法所没有的功用。目前，控制图在混凝土工程中已得到较广泛的应用。

12.5.1 控制图的应用意义

为了调查生产或工作是否处于稳定状态，发现并及时清除生产或工作过程中的失调情况，可以采用专门设计的控制图。

例如，对某种零件的生产过程检测的尺寸数据，每测 10 个零件的尺寸，共测定 15 天，作静态方法的频数直方图，如图 12-8 所示，再用所测的 150 个数据绘制成平均值 $\bar{X}$ 和极差 R 的控制图，如图 12-9 所示。

由图 12-14 所示的点画曲线，可发现最初几天 $\bar{X}$ 数据偏小，以后逐渐增大，还可以观察到前面有 2 天的极差较大,后面的极差也逐日上升。这些趋势和问题,在频数直方图（图 12-8）中是无法发现的。由此说明，控制图可以使我们容易观察到随时间序列变化的数据动态，能够掌握新的信息。

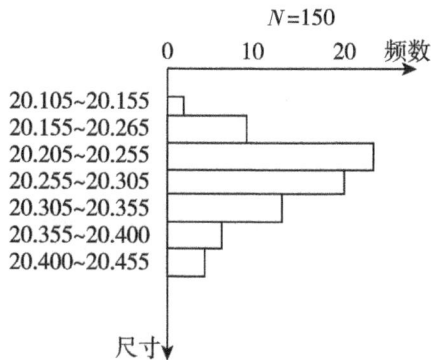

图 12-8　频数分布直方图　　　　图 12-9　$\bar{X}$ 及 R 控制图

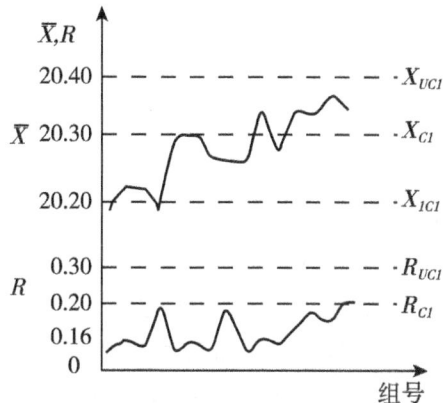

在任何情况下，按一定的标准（包括设计标准、材料标准、工艺标准、工作标准等）制造的大量同类产品间总是存在差别的。在水运工程施工中，由于施工人员技术水平的差别、材料的地方性、设备在野外作业故障率高以及环境的影响等等原因，工程质量变化更是经常发生的。对于随时间序列施工的构筑物或半成品，采用控制图的方式对质量进行控制是非常合适的。

在控制图中，可按照区分偶然因素和系统因素的数理统计的典型分布规律及公差要求，定出两条平行的上下控制界线和位于中部的中心线，在生产过程中，定期抽取试样，测得其样品的质量特性值，将测得的数据用点子按时间序列——描绘在具有坐标的控制图上，即可观察这些点子落于图中的位置。若点子落在控制界限之中，表示生产无废品发生；若点子越出控制界限或者点子排列不正常，则可判断有异常原因存在，生产过程处于不稳定状态，这时则应采取措施加以消除。

12.5.2　控制图的种类

根据使用目的、计算方法及统计量的不同，可以作成不同种类的控制图，现分述如下。

1. 按使用的目的分类

（1）工程分析用控制图。

这类控制图主要用于对工程进行分析，研究工程要求达到的指标和选用的设备、原材料、工艺及人员等的合理性和经济性等。

（2）工程管理用控制图。

这类控制图主要用于既定设备工艺条件下调查生产过程及产品是否稳定的情况。

2. 按控制界限的计算方法分类

（1）3σ 方式控制图。

这类控制图上的控制线是以 $\mu \pm 3\sigma$ 为上、下界限，这时，在控制线范围内的概率为 0.9973，超出此范围的概率仅为 0.0027。我国、美国和日本等国都采用这种控制图。

（2）概率界线方式控制图。

在生产过程稳定的状态下，以统计量超出控制界限的概率所取定的值来确定控制界限，如超出控制界限的概率为 0.05，0.001 等，所确定的控制界限为 $\mu \pm 1.96\sigma$ 和 $\mu \pm 3.291\sigma$。英国、北欧一些国家多采用这种控制图。

以上两种方法所确定的控制图无本质上的差别，根据这两种方式所确定的控制界限也相差无几。

3. 按所取用的统计量不同分类

按这种方式分类可分为七种：

① 单值控制图（X 控制图）；

② 平均值及极差控制图（$\bar{X}—R$ 控制图）；

③ 中位数与极差控制图（$\tilde{X}—R$ 控制图）；

④ 不合格数控制图（P_n 控制图）；

⑤ 不合格率控制图（P 控制图）；

⑥ 缺陷数控制图（C 控制图）；

⑦ 单位缺陷数控制图（u 控制图）。

其中，前三种用于质量特性值中的计量值，后四种用于质量特性值中的计数值。目前，在混凝土工程的质量管理和控制中，主要用前两种，即单值控制图和平均值与极差控制图。

12.5.3 控制图的作法

下面主要介绍单值控制图（X 控制图）、平均值与极差控制图（$\bar{X}—R$ 控制图）的作法。其他类型控制图的作法，请读者参看工业产品质量管理方面的专著。

1. 单值控制图（X 控制图）的作法

（1）单值控制图的坐标。

单值控制图横坐标表示按时间序列排列的样品顺序号，纵坐标表示质量特性值。

（2）单值控制图中心线和上、下控制线。

中心线 $CL = \mu$

上控制线 $UCL = \mu + 3\sigma(S)$

下控制线 $LCL = \mu + 3\sigma(S)$

（3）作图并描点。

在坐标图上以细实线画中心线 CL，虚线画上下控制线（UCL、LCL）。按时间顺序将特性值用"·"在图上标记，然后相邻点之间用细线相连。若某点超出控制线范围，则用"。"表示。

单值控制图如图 12-10 所示。

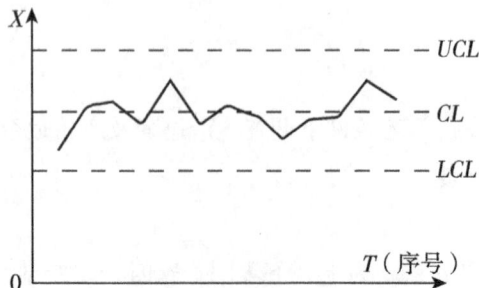

图 12-10　单值控制图

2. 平均值与极差控制图（$\bar{X}$—R 控制图）的作法

平均值与极差控制图，是平均值 $\bar{X}$ 的控制图与极差 R 控制图同在一图的一种形式。其中，$\bar{X}$ 控制图主要是观察工序平均值的变动，R 控制图主要是观察分布的幅度，即散差的变化。作图时，需先将观测数据作适当分组，求出每组的平均值 $\bar{X}$ 与每组的极差 R，分别在 $\bar{X}$ 和 R 控制图上打点。

$\bar{X}$—R 控制图与其他控制图相比，提供的信息多，检出力好，是研究工序和生产异常的有效方法。目前，$\bar{X}$—R 控制图在工业生产及混凝土强度控制方面均有较广泛的应用。

（1）$\bar{X}$—R 控制图的原理。

① 总体与试样的关系及 $\bar{X}$ 的分布。只要产品总体分布始终不变，则生产过程基本处于稳定状态。了解总体分布状态的方法是"抽样分析"，即抽取总体中部分样品进行测试，以试样性质来代表总体性质，并根据有关理论来判断总体的状态。

如果总体的分布服从正态分布 $X \sim N(\mu, \sigma^2)$，根据概率中心极限定理，当试样大小足够大时（每组试样 $n > 2 \sim 3$），其平均值 $\bar{X}$ 趋于正态分布。由此，可通过调查试样平均值的分布来判断总体的分布（图 12-11）。表示总体与平均值 $\bar{X}$ 的分布情况。

② 极差 R 的分布。如果总体的分布服从正态分布 $X \sim N(\mu, \sigma^2)$，以 R 表示总体中抽取每组数据大小为 n 的式样的极差，根据极差分布的理论可知，当式样足够大时（每组数据 $n > 2 \sim 3$），极差 R 的分布也趋于正态分布。R 的分布如图 12-12 所示。

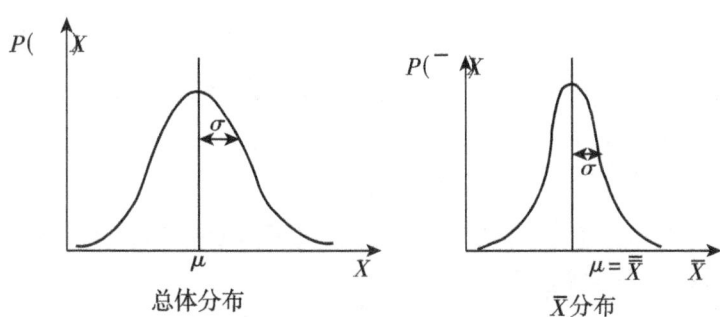

图 12-11　总体分布与 $\bar{X}$ 分布

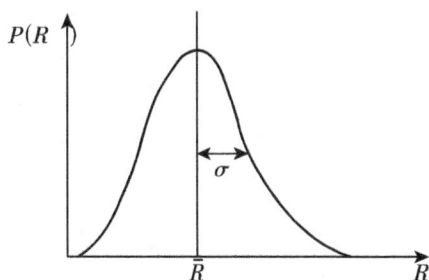

图 12-12　极差的分布

（2）$\bar{X}$—R 控制图控制线的确定。

① $\bar{X}$ 控制图的中心线和上下控制界限线。由数理统计按照 3σ 方式可得 $\bar{X}$ 控制图的中心线和上、下控制界线如下：

$$\left.\begin{array}{l} CL = \bar{\bar{X}} \\ UCL = \bar{\bar{X}} + A_2 R \\ LCL = \bar{\bar{X}} - A_2 R \end{array}\right\} \qquad (12\text{-}19)$$

式中：A_2——由表 12-12 查得。

② R 控制图的中心线和上下控制界限线。同上所述，由数理统计按照 3σ 方式可得 R 控制图的中心线和上下控制界限。

$$\left.\begin{array}{l} CL = R \\ UCL = D_4 R \\ LCL = D_3 R \end{array}\right\} \qquad (12\text{-}20)$$

式中：D_4、D_3 为随试样大小而变的系数，可由表 12-12 查得。当 $n \leqslant 6$ 时，D_3 值小于零，但 R 不可能为负，这时 LCL 不存在，故表中当 $n \leqslant 6$ 时的 D_3 值未予列出。

表 12-12 系数 A2、D4、D3 表

式样大小 n	A_2	D_4	D_3	式样大小 n	A_2	D_4	D_3
2	1.86	3.27	—	7	0.42	1.92	0.08
3	1.02	2.57	—	8	0.37	1.86	0.14
4	0.73	2.28	—	9	0.34	1.82	0.18
5	0.58	2.11	—	10	0.31	1.78	0.22
6	0.48	2.00	—				

（3）作图。

根据抽样数据的来源可分为两种情况考虑：一是如果生产条件与过去基本相同，且生产又相当稳定，则可遵照已往经验数据来确定中心线和上、下控制界限；二是如无可靠的经验数据，可以在近期生产过程中抽取试样，测定质量特性数据，再按如下步骤进行。

① 选取数据。对能与今后生产工序状态基本一致的生产过程（如原材料、工艺方法、取样方法所用设备等均应相同或接近），抽取试样测定质量特性数据，从中选取一定数量的数据，一般为 50 ~ 200 个。

② 数据分组。分组应注意如下事项：

ⅰ. 从技术上可认为是大致相同的条件下所收集的特性数据应分在同一组内。

ⅱ. 组中不应包括不同性质的数据。

这样的目的，是为了保证组内仅存在偶然因素的影响；否则，会使组与组之间的散差加大，不能反映数据的本来面目。

分组数目为 20 ~ 25 组，每组 2 ~ 6 个数据为宜，即 n = 2 ~ 6。

③ 填写数据表并计算 $\bar{X}$ 和 R。数据表中一般应记录工程项目、施工单位、质量特性、计量单位、标准界限或允许误差、取样时间、部位及个数、施工设备等。填写数据时，应尽可能把数据来历记载清楚，这对分析研究控制图，寻找非偶然因素的异常原因是十分重要的原始资料。

数据表的形式可参考表 12-13。将数据填入数据表中之后，先计算分组数据的平均值 $\bar{X}_i$ 和极差 R_i，再计算各组平均值的平均值 $\bar{\bar{X}}$ 和各组极差的平均极差 $\bar{R}$。

（4）计算控制界限。

按数据计算出平均值 $\bar{\bar{X}}$ 和平均极差 $\bar{R}$ 后，即可用式（12-19）和式（12-20）计算 $\bar{X}$ 和 R 的中心线和上、下控制线。

（5）作控制图和描点。

在坐标纸上按适当比例分格，以实线画中心线 CL，以虚线画上、下控制线 UCL 和 LCL。然后按每组数据 $\bar{X}_i$ 和 R_i 打点描图，一般的点子用"·"标记，用细线逐点相连。如果某点飞出控制界线外，可用"。"标记。

【例】现要求对混凝土进行强度控制，因无历史统计资料，即在施工的前阶段抽取试样测得 50 组数据，绘制混凝土强度 $\bar{X} - R$ 控制图，然后按此控制界限分析以后生产的混凝土强度平均值及极差分布的情况。

【解】① 将抽取试样的强度测定值填入 $\bar{X} - R$ 数据表中（表 12-13）。其中，前 50 个数据共分 10 组，用以确定 $\bar{X}$ 及 R 的控制界限；后 50 个数据也分成 10 组，用以观察混凝土生产状态是否稳定。

② 用前 50 个数据共 10 组，分组计算各组的 $\Sigma \bar{X}_i$，$\bar{X}$ 和 R 值，填入表 12-13 的右侧对应栏中。

③ 确定 $\bar{X}$ 和 R 的控制界限，根据 n = 5，查表 12-12 得 $A_2 = 0.58$，$D_4 = 2.11$，D_3 无数字，表明 R 控制图元下控制界线。按式（12-19）和式（12-20）分别计算 $\bar{X}$ 控制图和 R 控制图的 CL、UCL 和 LCL，写入表 12-13 下方。

表 12-13 数据表

工程名称	水泥混凝土面层		质量特性	混凝土抗压强度		试样	尺寸(cm)	15×15×15
部 位	堆 场		计量单位	MPa			个数	隔天1组5个
施工单位	××公司	标准界限	最大	40		试验者	×××	
施工时间	1999.4.1		最小	30		制表者	×××	
	1999.10.20		施工方式	机拌、机捣		表号	C—01—008	

组号	测 定 值（MPa）					总计 ∑X_i	平均值 $\bar{X}$	极差 R	备注
	X_1	X_2	X_3	X_4	X_5				
1	33.3	37.6	34.1	37.2	32.9	175.1	35.0	4.7	
2	34.5	32.3	39.3	30.2	33.3	169.6	33.9	9.1	
3	33.0	37.5	39.0	34.4	36.0	179.8	36.0	6.0	$\bar{\bar{X}}$=34.9MPa
4	37.5	33.7	34.2	36.4	34.0	175.8	35.2	3.8	
5	39.1	38.3	32.6	35.3	39.5	174.8	35.0	6.9	
6	37.2	37.0	35.8	36.0	36.9	182.9	36.6	1.4	
7	32.0	35.5	36.3	34.5	32.1	170.4	34.1	4.3	
8	33.2	34.1	37.1	32.1	34.4	170.9	34.2	5.0	
9	32.7	32.2	34.9	35.1	38.0	172.9	34.6	5.8	
10	34.4	35.4	32.6	32.8	37.6	172.8	34.6	5.0	$\bar{R}$=5.2MPa
11	35.5	35.8	32.6	34.6	31.8	170.3	34.1	4.0	
12	38.6	39.7	34.2	34.0	31.5	178.0	35.6	8.2	
13	36.2	36.4	31.4	35.3	35.7	175.0	35.0	5.0	
14	37.2	30.5	34.8	34.6	34.1	171.2	34.2	6.7	
15	36.0	35.8	38.9	34.5	34.2	179.4	35.9	4.7	
16	34.9	37.5	35.8	30.9	35.0	184.1	36.8	6.6	
17	35.9	33.4	35.9	32.3	30.7	168.2	33.6	5.2	
18	35.9	35.4	34.0	37.5	39.1	181.9	36.4	5.1	
19	38.9	36.0	35.0	34.6	35.9	180.4	36.1	4.3	
20	36.3	34.3	31.3	32.6	33.2	167.7	33.5	5.0	

$\bar{R}$ 控制图 CL=34.9	R 控制图 CL=5.2	n=5 A_2=0.58 D_4=2.11 D_3=____
UCL=34.9+0.58 ×5.2=37.92 UCL=34.9+0.58 ×5.2=31.88	UCL=5.2×2.11=10.97 UCL=____	

④ 用厘米格纸绘制 $\bar{X}$ 和 R 控制图的 CL、UCL、LCL 线，并将测定的强度数据各组平均值点在图中（图 12-13）。

⑤ 观察控制图，$\bar{X}$ 或 R 全部点子落在控制界限之内无异常，说明生产是稳定的。

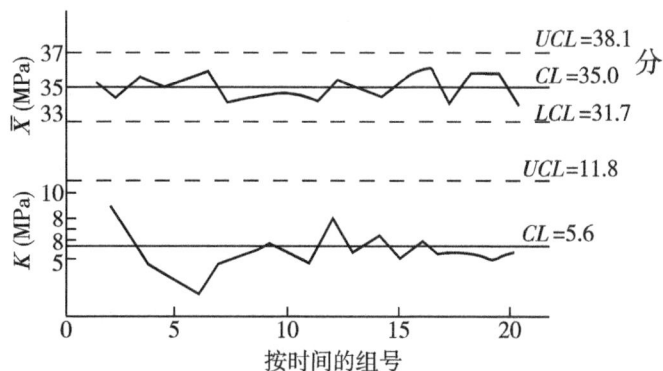

图 12-13 混凝土强度的 $\bar{X}$—R 控制图

12.5.4 控制图的应用

1. 控制图的观察分析

应用控制图进行质量管理和控制的目的，是为了使生产过程或工作过程处于"控制状态"。所谓控制状态，是指生产过程仅受偶然因素的影响，产品质量或工程质量的特征值分布较为稳定，基本上不随时间变化或随时间序列变化幅度较小，亦即稳定状态；反之，如产品质量或工程质量的特性值分布波动幅度很大，则为非控制状态或称异常状态。判断生产过程是否处于稳定状态的标准，可归纳为以下三条原则：

① 控制图上的点子全部或几乎全部不超过控制界限；

② 点子在中心线附近居多，两侧约各占一半左右；

③ 点子的排列没有规律性。

在使用以上原则时，应有一定数量的观测数据，用少量数据作控制图容易产生错误的判断。

① 生产过程稳定状态。控制图上的点随时间序列随机排列，并符合上述三条原则。

② 生产过程不稳定状态。点子分布不符合以上三条原则的生产过程，视为非稳定状态，或非控制状态。例如"多次同侧"，就是点连续出现在中心线一侧，连续上升或连续下降；周期性变动；接近，点接近控制界限线，或点子集中在中心线部分。

2. 生产中控制图绘制注意事项

为了对生产中的工序质量进行控制，需要事先设计一个标准的控制图，以便及时将取得的数据在控制图上打点。绘制控制图时应注意以下几点。

① 在生产过程较稳定时，先抽取 25 个（组）以上的样本。

② 如果遇有个别点恰在或越出控制界限，则将该点剔除，然后重新计算控制界限，重新绘制控制图和打点，直到所有点均落在上下控制界限之内为止。该图即为标准控制图。

③ 在使用标准控制图时，生产条件必须与该标准控制图取得数据的条件相同，否则得不出正确的结论。

12.5.5 控制图控制线的修正

在施工期间，虽然管理是连续进行的，但在一段时间后工程状态总会发生变化，如工艺有改进、原材料有变化、操作工人由不熟练变为熟练等。在状态发生变化以后如仍沿用原来的控制线进行控制就不恰当了，这时就需要对控制线进行修正。状态有新的变化后，就应取新的数据当做样本进行控制线计算；即使工艺过程、原材料和取样方法没有改变，时间长了也应定期对控制图的控制线进行修正。

思考题

1. 引起施工过程中质量波动的因素分为哪些类型，各具有什么特点？

2. 统计量的表示方法有哪些？

3. 甄别处理特异数据的准则有哪些？各自的适用范围是什么？

4. 常用的数理统计工具有哪些？各是如何判断的？

5. 某试样的监测值为：2.82，2.68，2.35，2.50，2.54，2.60，2.49，分别用 3σ 准则、肖维勒准则、格拉布斯准则和狄克松准则判断数据内有无舍弃的特异数据。

6. 什么是控制图？控制图是什么绘制出来的？

7. 怎样利用控制图来判断生产是否处于正常状态？

8. 绘制直方图的步骤是什么？如何运用直方图判断生产过程的工序能力？

9. 如何绘制因果图？

第四篇

水运工程合同管理

第*13*章 水运工程合同管理概述

13.1 监理工程师的合同管理

13.1.1 合同管理的性质、任务与作用

1. 合同管理的概念与性质

监理工程师受业主委托对承包人的行为和工程建设的过程进行监理,其主要依据之一是建设工程合同。承包人与工程建设有关的施工活动,应符合建设工程合同的约定。与此同时,业主或发包人亦应承担合同约定的责任并履行其义务,即当事人双方均应按合同办事。因此,广义来说,监理工程师在施工阶段的监理工作,都属于合同管理的范畴。

虽然建设工程合同是发包人与承包人为完成某项工程建设任务而订立的规定当事人双方权利和义务的协议,似乎合同的订立与履行只是当事人双方的事情,但在合同的订立、履行和管理过程中,还要涉及其他几个方面,尤其是合同管理机关。因此,就一般意义上的合同管理是指两个层次的管理:一个是管理合同的政府有关部门,如工商行政管理部门和其他有关行政主管部门;另一个是履行合同的当事人双方对合同的管理,如发包人的合同管理和承包人的合同管理。

本章所述及的合同管理是属于第二个层次的管理,主要是指发包人的合同管理。而监理工程师受业主(发包人)委托,代行业主部分或全部的合同管理职责,显然是属于发包人合同管理性质,故本章除另有所指外,所讲到的合同管理均指监理工程师受业主委托,根据委托监理合同所赋予的权限,代表业主对工程承包合同所进行的管理。

所谓监理工程师的合同管理就是指监理工程师受业主委托,根据委托监理合同的要求和所赋予的权限,为实现监理目标,运用管理职能和管理方法,对工程承包合同的订立和履行的行为及过程所进行的全部管理活动,如规划、组织、协调、检查、监督及问题处理等。这里所要指出的是,监理工程师在进行合同管理时,对当事人双方的所有合同行为都要进行管理,不只是对承包人的管理。履行合同是当事人双方的义务。

监理工程师的合同管理既不同于政府有关部门的监督管理,也不同于合同当事人的管理。其具有以下性质。

① 合同管理属于合同内部的。横向的管理，而政府有关部门的管理是外部的、纵向的管理。

② 合同管理具有微观性，是针对合同履行过程中的具体问题进行的管理，如工程延期问题、工程质量问题、工程分包问题、工程变更问题、计量支付问题、中间验收和竣工验收问题以及索赔问题等。

③ 合同管理具有监理行业特性，即首先具有委托性，其合同管理需要业主的委托和授权，应在委托范围内从事合同管理并行使权力；其次具有服务性，合同管理是在监理工程师为业主提供技术和管理服务中进行的，寓合同管理于技术服务之中；第三具有公正性，监理工程师在合同管理过程中要坚持"双维护"原则，即既要维护业主的合法利益，同时又要维护承包人的合法权益，应站在公正的立场上，当好公正的第三方；第四具有相对独立性，即监理工程师在合同管理中应站在第三方的立场上，独立行使业主所赋予的合同管理权限，依据合同和事实提出自己的意见，自主地进行合同管理；第五具有科学性，监理工程师在进行合同管理时，是以科学的监理手段、监理方法、监理程序对工程进行监理的，是以事实为依据，坚持以数据说话，用文字档案作凭证，这样容易分清责任，更能有效地进行合同管理、减少合同纠纷。

④ 合同管理具有目的性，监理工程师的合同管理是为了实现业主的工期、质量和投资目标而采取的手段，其工作具有明确的目的性。此外，在 FIDIC 合同条件下，监理工程师的合同管理还具有权威性，表现为：一是监理工程师下达的指令是承包人施工的依据之一；二是在对合同条款有歧义时，应以监理工程师的解释为准。

2. 合同管理的主要任务

监理工程师对水运工程合同管理的主要任务是为了实现监理目标，保证合同能够依法订立、顺利履行。监理工程师通过对合同条款的拟定或选择、合同谈判、合同签订进行咨询和组织，通过加强合同分析和合同文件及档案管理，通过采取组织措施、经济措施、信息管理手段以及其他管理方法，进行认真、公正的监理；通过对合同的履行、变更等进行组织、指导、督促、检查、协调、控制以及对合同纠纷进行调解和处理，充分保证当事人双方的合法权益，防止和制止违约行为的发生等一系列的合同管理工作，以促进工程建设顺利进行和合同标的完整的实现。

为完成上述任务，监理工程师应做好如下几个方面的工作。

① 在大型水运工程建设项目中，现场监理班子中要设有专门的合同管理人员；建立健全合同管理制度、程序和工作流程，为业主提供合同及其管理方面的咨询意见和信息，代表业主对合同条款进行解释，并做好合同档案的管理和合同分析工作。

② 根据合同对工程建设的过程和参建者的行为进行有效的控制，督促和监督承包人严格执行和全面履行合同，督促和协调业主全面履行合同规定的义务，保障当事人双方的合法权益。

③ 严格控制和正确处理合同变更，尽量防止合同争执的出现。若此种情况一旦发生，应及时协调和处理，减少损失，并做好有关索赔的管理工作。

④ 定期向业主提供合同实施报告，为业主提供可靠的、及时的资料、建议和意见，以便使业主做出正确的决策。

3. 合同管理的作用

在水运工程建设中，承发包双方为了完成建设任务，依法签订了规定当事人双方权利义务的协议——合同，因此当事人双方在工程建设过程中，都应严格按合同规定的权利来履行各自的义务。由于水运工程建设的特点，合同履行的环境是经常发生变化的，加之当事人双方主观意识、各自利益的驱动以及管理不善等因素作用，使得合同在履行中遇到障碍而发生变更，甚至引起争议和纠纷，故此需要加强合同控制和管理。除了当事人双方应加强合同管理以保障履约的可靠性外，作为受业主委托进行工程建设监理的监理工程师，在合同管理方面更有着不可替代的作用。

① 监理工程师加强合同管理可以有助于监理目标的实现。监理工程师的工作的目的的是实现业主所要求达到的目标，即费用目标、工期目标和质量目标。而这三个目标的实现均与建设工程合同有关。合同是实现目标的约束条件，是监理工程师进行目标控制的法律依据和强有力的手段。监理工程师通过加合同管理，就可以有效地保障工程建设的顺利进行，有助于监理目标的实现。

② 监理工程师加强合同管理，有助于充分维护业主的经济利益，也有利于保障承包人的权益。建设工程合同规定了当事人双方的经济关系，合同一经签订，当事人双方的经济利益就通过合同联系在一起。业主的经济利益与承包人的经济利益是有差别的，各自都有其追求的目标。例如，承包人可能通过降低成本来获取收益、增加利润收入，但这样做就有可能损害工程的质量；而业主则期望在有限的费用下能获得质量尽可能高的工程建筑物，双方利益不一致，就会出现矛盾，甚至引起合同争执和纠纷，使其得不到很好的履行。如何调解双方的利益冲突，主要应依据建设工程合同，而监理工程师则是这一调解人的扮演者。监理工程师加强合同管理,有助于减少矛盾、避免冲突,降低损失和防止（或减少）索赔事件的发生。这样，就会更好地维护当事人双方的合法权益。

③ 监理工程师加强合同管理，可以维护合同执行的严肃性和合同的法律地位，提高履约效力。我国实行的是社会主义市场经济，市场经济是法制经济。各项经济活动都要依法办事。在水运工程建设中，承发包双方所依据的基本法律文件就是依法签订的工程承包合同。任何一方不按合同规定的义务履行合同,就是违约,就应承担相应的法律和经济责任。如果不加强合同管理,违约行为就会时有发生,而发生违约行为后不进行处理,合同就失去了法律的严肃性,成为一张废纸,合同的标的就无法实现。我国工程建设中的经验和教训足以说明此点。

④ 监理工程师由于其特殊地位和作用，加强合同管理更有利于合同标的的实现。监理单位是建设市场主体中独立的第三方，具有独立性、公正性、科学性和服务性。尽管监理工程师是受业主委托进行监理和合同管理，但他是站在公正的立场上，依据合同约定，坚持实事求是的原则，公平对待双方当事人。监理工程师加强合同管理，不但要管理承包人，而且要使发包人的管理规范化，使双方都能守约、充分履行合同。在实践中，监理工程师对承包人的合同管理，似乎争议不大，但对发包人即业主方进行合同管理，往往使监理工程师处于尴尬境地，业主可能不理解、不支持。如果在我国索赔制度能得到实际的贯彻和执行，监理工程师对发包人的合同管理防止其违约，实质上是维护业主的利益，使其不因违约引起承包人索赔而造成损失。

⑤ 监理工程师加强合同管理，有利于监理工作的规范化、科学化、标准化和程序化。

13.1.2 合同管理的主要内容

1.合同管理的种类

对监理工程师来说，合同管理的内容分成几个方面。

（1）合同存在过程分为合同签订管理和合同执行管理。

合同签订管理包括合同签订前管理和合同谈判签订管理两方面内容。合同签订前管理，对监理工程师来说，主要是受业主委托对投标人的资格、资信和履约能力进行预审，替业主或协助业主草拟合同条款或选择适用的标准合同文本。在合同谈判签订中的管理工作，主要是帮助业主准备谈判所用的资料和文件、主要的合同条款的分析、有关投标人的意图及可能讨价还价的内容，为业主应采取的策略提供咨询意见；在合同谈判过程中进行协调，维护业主的权益，使得合同条款能满足双方当事人的要求，通过谈判使各方意见一致。这个阶段监理工程师的工作主要应保证两条：一是在条款上应维护业主的正当权益；二是使合同成为有效合同。此外，还要对合同成立的条件加以管理，如鉴证或公证、承包人的履约担保等。更确切地说，此阶段的管理工作主要是咨询和服务工作。

合同执行中的管理主要是合同控制，处理有关合同变更、纠纷及索赔事宜等，是监理工程师的合同管理的主要阶段。

（2）管理内容分为合同履约管理（合同控制）和合同文档管理。

合同履约管理亦称合同控制，就是根据合同条款的规定，在工程施工过程中，对当事人双方的建设行为和工程建设的过程进行有效的控制和监督，保证合同顺利执行。

合同文档管理亦称合同控制，属监理档案管理的一部分，是对包括合同在内的以及与合同有关的文件、信函、电报、电传、传真、电子数据交换和电子邮件，各种记录、证明、录像、照片、纪要、报告、图纸以及说明等进行的归类、编码、整理、存放、保管、检索、分析和使用等系统管理工作。合同档案是工程技术档案的组成部分，是合同履行的真实记录和有效的法律证据。因此，合同档案管理非常重要。

2. 施工阶段合同管理的主要内容

对水运工程来说，监理工程师的合同管理工作主要是在施工阶段。在此阶段中，合同管理的主要工作如下：

① 工程分包管理；

② 工程变更管理；

③ 工程延期管理；

④ 合同索赔管理；

⑤ 合同纠纷的调解；

⑥ 合同支付管理；

⑦ 合同档案管理；

⑧ 工程保险管理。

13.1.3 监理工程师合同管理的主要职责与权限

监理工程师在工程监理中的基本职责与权限，一般应在工程监理委托合同和建设工程合同中给出明确的规定。正如前面述及的那样，监理工程师在施工阶段的监理工作都是与合同管理密切相关的。因此，监理工程师在质量控制、进度控制与费用控制方面的权限与职责亦为合同管理所必备的。但就狭义的合同管理方面的权限与职责来说，主要体现在如下几个方面：

1. 监理工程师合同管理的主要权限

具体权限应由业主在相关合同中明确：

① 检查工程分包内容及分包人；

② 检查工程延期和费用索赔报告；

③ 检查处理工程变更；

④ 审核签署支付证书和竣工结算；

⑤ 验证有关交工文件工程保修证明文件（FIDIC 为颁发移交证书与缺陷责任证书）。

2. 监理工程师合同管理的主要职责

① 熟悉、理解和掌握建设工程合同条款及有关合同文件的内容，认真执行监理合同；

② 监督承包人和提醒发包人按合同规定的内容履行各自的义务；

③ 加强合同控制，维护业主的正当利益；

④ 加强合同档案管理，做好合同分析工作。及时、准确地为业主提供合同履行的信息。

13.1.4 合同管理与监理目标控制

对监理工程师来说，其主要工作是通过采取经济的、技术的、组织的和合同的措施或使用此类手段，对承包人的建设行为和工程施工的过程实施监理，最终实现监理目标。因此，把目标控制作为监理工作的中心任务，这主要是受项目管理理论的影响。根据 FIDIC 的定义，咨询工程师在被业主授权管理合同时才能成为工程师。就施工阶段监理工作的本质而言，其主要的或基本的工作是合同控制及合同管理，而衡量合同标的实现或完成好坏的标准是监理目标。监理三大目标既产生于合同的约定，又受合同执行的制约。所以，监理目标控制除了采取科学的和有效的方法和手段外，主要是取决于合同控制或管理的好坏。满足合同要求的行为和过程是可行的，既满足合同要求又达到目标要求的建设行为及施工过程是令监理工程师满意的。达到这样要求的监理工程师的工作又是令业主满意的，因此是理想的。所以，合同管理与目标控制相互联系、相互制约、相互依赖、相互作用、相辅相成，统一于工程建设和监理工作的全过程，是目的和手段的关系。合同管理与监理目标控制关系如图 13-1 所示。

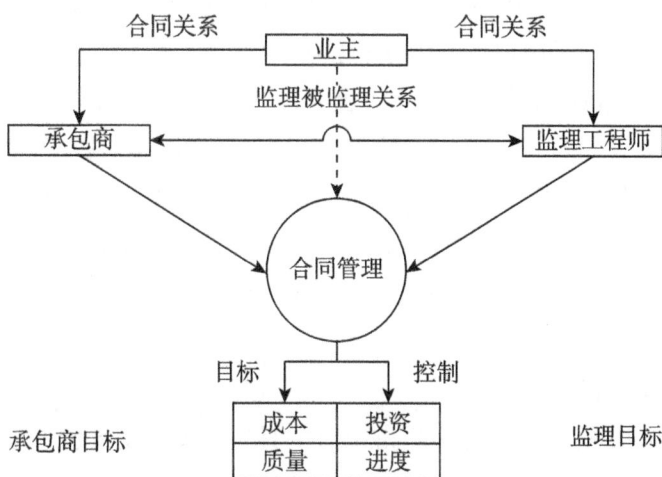

图 13-1　合同管理与监理目标控制关系图

需要说明的是，由于我国的有关法律法规对合同当事人的称谓在不同的情况下是不同的，因此在本书的不同章节中将会出现不同的名称。例如，我国习惯称之为建设单位的一方，在不同的情况下其名称可能有业主（雇主）或项目法人、发包单位或发包方或发包人、招标单位或招标方或招标人；与建设单位签订建设工程合同的另一方其名称可能有承包商或承包单位或承包方或承包人、投标单位或投标方或投标人，或直接称为勘察单位、设计单位、施工单位、安装单位以及设备供应单位等。这些名称在不同的场合是有差别的。而业主（雇主）和承（分）包商的称谓是借用国外的合同语言。

13.2　工程分包的管理

13.2.1　在工程分包中监理工程师的管理

工程分包中，选择合格的分包商是保证工程质量的重要条件。因此，监理工程师对分包商（包括一般分包商和指定分包商）应进行严格的审查和有效的管理。

1. 选择分包商的审批程序

根据 ISO 9000 族标准的要求，分包商的选择属于分供方评定和客户提供产品的控制的范畴，承包商应重点对分包商的质量保证能力和履约能力进行评定，将合格者列入合格分供方名单中，建立其档案。具体选定时，应首先从合格分供方名单之中选择；否则，应进行评定。对于监理工程师或业主推荐或指定的分包商，也应先看是否在合格者名单之中；不在，应进行分供方评定，若不合格可以拒绝。

（1）一般分包商的审批程序。

① 承包商根据拟分包工程的内容和范围，从合格的分包商档案中选择条件合适的分包商，并对其施工能力、企业财务、社会信誉等以及其他有关的情况进行对比选定分包对象。

② 承包商初步选定分包商后，向监理工程师提出分包申请报告。报告内容包括：

ⅰ. 分包工程的内容与范围，工程价值及占合同总价的比例；

ⅱ. 分包商的情况：包括资质、能力、企业规模、业绩、简历、财务状况等；

ⅲ. 分包协议：除有商务、法律条款外，还应有分包项目的施工工艺、分包商设备及到场时间、材料供应情况等。

（2）监理工程师审查承包商的申请报告。主要对"分包申请报告"进行详细审查，着重对分包商是否有能力按照合同条件完成分包的工程任务进行核实。

（3）监理工程师对分包商的调查。对基本符合分包条件的，监理工程师应做进一步调查后，再做结论，其目的是考核承包商所报告的分包商情况是否属实。所以，监理工程师应前往该分包商过去完成的且又与本次工程相似的工程中去了解分包商的技术水平、能力和设备等。如果监理工程师对分包商的各方面能力满意的话，则以书面形式予以确认。承包商收到监理工程师的书面确认后，则立即与分包商签订合同，并将副本报送监理工程师备案。对不具备分包项目资格的分包商，监理工程师不予确认，并向承包商指明原因。

（4）指定分包商的审批程序。

① 业主或监理工程师根据招标文件或合同的规定，编写需要指定分包工程的招标文件了，提出指定分包商的候选人。

在颁发指定分包招标文件前应当与（总）承包商交换意见，因为本招标文件将要成为分包协议的一部分，事前沟通是非常必要的。

② 承包商在接到指定分包商的候选人名单后，应看是否在合格者名单之中；若不在，则进行分供方评定，对不合格者应提出更换请求。

③ 业主或监理工程师根据各分包商投标情况以及包括资格、技术、信誉等因素选择分包商并通知承包商。

④ 业主或监理工程师选定的分包商在充分与（总）承包商协商的基础上与之签订分包合同。由于承包商需要对指定分包商进行协调和管理并对其行为承担连带责任，因此业主应向承包商支付管理费或由分包商支付此项费用。

2. 对分包商的管理

由于分包商进入工程施工的时间较晚，对合同条件也不太熟悉，因此监理工程师对分包商的管理就更为重要。监理工程师对分包商的管理应体现于以下几个方面。

（1）要严格坚持监理程序。

这里所说的监理程序是指合同范围内任何工作，凡属应由监理工程师确认的，承包商必须遵从并按已获监理工程师批准的施工程序及顺序作业；然后经自检合格后，填写申请报告，再由监理工程师进行核查、审批或确认的工作程序。按照监理程序进行各项工程施工活动，这是承包商必须严格遵守的原则，否则将导致施工现场的混乱，工程质量也无法保证。对分包工程也不例外。为制止分包商忽视监理程序而进行施工的行为，在分包商进场后，由监理工程师或者监理工程师指令承包商向其交代各项监理程序，要求分包商严格执行。监理工程师一旦发现分包商有违反监理程序行为，则应立即停止其施工。

（2）鼓励分包商参加工地会议。

分包商是否参加工地会议则由承包商决定，但是监理工程师应建议承包商鼓励分包商参加工地会议。因为这样做不仅便于检查他们的工作，也能够使分包商了解整个工程情况，从而认清分包项目与整个工程的关系，提高他们执行工程计划的自觉性。

（3）检查分包商的现场工作情况。

监理工程师针对下述三个方面对分包商的现场情况进行监督和检查。

① 设备情况。设备数量、型号和技术状态应满足标书中所述的条件；否则，分包协议将是很难实现的，甚至影响整个工程的进行。所以，监理工程师必须进行现场核实。

② 施工人员情况。按照协议中确定的技术骨干和主要管理人员必须在现场工作，分包商也应健全自身的质量控制系统。

③ 关于工程质量标准。不论何种形式的分包，工程的技术标准只有一个，就是合同规定的标准，监理工程师则按合同规定的标准监督施工和验收。

（4）对分包商的制裁。

为保证工程质量和避免不规范施工给工程带来损失，监理工程师应根据情况采取必要措施对分包商的违约行为进行有效的制裁。

① 停止施工。分包商必须按照合同规定施工，严格执行监理程序。若有忽视合同规定且经监理工程师指出后不改正者，监理工程师有权停止他们的施工，直到工作得到改进为止。

② 停止付款。对于工程质量未达到合同有关标准时，监理工程师有权拒绝付款。情况严重的，监理工程师以采取停止支付其分包的一切款项等措施，以强化分包商的合同意识。

③ 驱逐分包商。由于分包商无力去完成分包合同或是技术能力差、自身管理混乱等，又无视监理工程师的书面警告，那么，监理工程师将建议业主对分包商予以驱逐，这是 FIDIC 合同条件规定的。但在实际工程中一般应尽量避免采取驱逐的办法，因为采用这种措施后将会产生很多纠葛。

监理工程师采取对分包商的制裁措施时，应将所有的指令或通知主送总承包商，由其处理与分包商之间的各项事宜。

对分包商只有进行严格的管理和控制，才会收到好的效果，对合同的完成会起到积极的作用；否则，不仅会影响工程质量和进度，同时还会造成很大经济损失，这是被无数事实证明了的。对此业主、监理工程师和承包商都要有足够的认识，相互配合，共同管理，确保工程按合同要求完成。在对分包商的管理中，监理工程师要注意两点：一是不能抛开承包商去直接管理分包商，向其下达指令，而是通过承包商来实施管理；二是管理的依据是承包合同而不是分包合同。

13.3　工程变更管理

在实施一项水运工程承包合同的过程中，由于工程项目自身的性质和特点、设计图纸的深度、不可预见的自然因素与环境条件的变化以及合同双方当事人基于对工程进展有利着想等原因，都会引起对工程的变更需求。概括起来，就是随着对客观存在的认识不断深化，必将产生不断修改原拟定的设想或方案，引起工程的变更。作为监理工程师需要与业主、承包商协商，正确处理好工程变更问题，有利于三大控制目标的实现。

13.3.1　工程变更的含义及其范畴

工程变更的含义包括两个方面；既包括工程本身进展形式、工程数量、工程质量要求及标准等方面的变更，同时也包括合同方面的任何形式的、内容的、数量的变更等。

工程变更的范畴比较广泛，合同文件的任何一部分的变化都属于工程变更的范畴。主要有如下几种。

1. 设计图纸的变更

即在施工前或施工过程中，对设计图纸任何部分的修改或补充都需要通过工程变更的形式作出决定。

2. 施工次序的变更

所谓施工次序包括经过监理工程师批准的施工计划安排的次序和合同文件中规定的施工次序，也包括施工工艺的次序。按 FIDIC 合同条件的规定，施工次序的改变工程变更。

3. 施工时间的变更

对于经过监理工程师批准的承包商施工计划中安排的开工时间或完成的时间，若业主或工程师对此提出改变，一般也需要采用工程变更的形式。

4. 工程数量的变动

对工程量清单中的数量的增加或减少，若监理工程师认为有必要，则也要采取工程变更的形式进行。

5. 技术规范的变更

若监理工程师认为技术规范有严重缺陷，需要进行必要的修改时，则监理工程师也应以工程变更的形式发出指示。

6. 合同条件的修改

如果业主与承包商根据工程的需要，经双方协商同意对合同条件进行某些方面的修改，待双方签订有关修改部分的协议书后，也要按工程变更形式由监理工程师发出变更的指令。

13.3.2　工程变更的有关规定

我国对设计变更规定了两点，即：

①变更超过原设计标准和规模时，须经原计划审批部门批准，取得追加投资和计划指标；

②送原设计单位审查，取得相应图纸和说明。

由承包商提出变更时，应在上述两条基础上，经业主同意后，由监理工程师签发工程变更通知单。若由业主或监理工程师提出变更时，也须在上述基础上，并经与承包商协商后由监理工程师向承包商发出工程变更通知。若是因为业主或监理工程师提出的变更要求而导致的费用增加或承包商的损失，应由业主承担，延误的工期相应顺延。

212

对此，FIDIC 合同条件规定："工程师如认为有必要时，可以对本工程或其任何部分的形式、质量或数量做出任何变更，并为此目的或根据他认为适当的任何其他理由有权指令承包人，而承包人则应根据工程师的指令进行工作。"又规定："上述任何变更，均不应以任何方式使合同作废或无效，但是所有这类变更（如果有）的结果应该根据第 52 条规定进行估价。但是，如果发出本工程的变更令是因承包人的过错、承包人违反合同或承包人责任造成的，则这种违约引起的任何额外费用应由承包人承担。"还规定："没有工程师的指令，承包人不能讲行任何这样的变更。但是，任何工程量的增加或减少如果不是本条款项下发出的指令的结果，而是由于其工程量超过或少于工程量清单中的规定，则该项增加或减少不需要任何指令。"

国外在工程承包中使用 FIDIC 合同条件时，一般用于单价合同，也就是说凡是在投标书工程数量表中列的工程单价经评标认可且在谈判时没有进行改动或在谈判协议上已确定的，在实施过程中，工程数量虽有增加或减少，但都不按工程变更处理，除此而外的部分应按工程变更处理。因此，规定工程变更的同时监理工程师应与业主、承包商事先商定好工程变更部分的工程单价，以便业主或承包商掌握变更后的工程总价。

13.3.3 监理工程师在工程变更中的主要工作

监理工程师在工程变更管理中起着决定变更与否的重要作用。因为监理工程师在监理过程中用自己的知识为工程服务，对工程变更的必要性和可能性以及现场资料掌握得比较多。所以无论是承包商还是为主提出工程变更，都必须由监理工程师核准和发出工程变更指令。变更指令应不迟于变更前 14 天以书面形式发出。工程变更的程序如图 13-2 所示。

图 13-2 为承包商提出变更的程序，若为业主或设计单位提出变更，其程序可以简化。承包商提出的工程变更，多数是为了方便施工，也有设计方面存在的不足的原因。业主提出变更，多数是由于政府及有关部门的要求，也有市场变化要求。监理工程师提出工程变更，多数是设计中的不足或是变更后能降低工程造价。

监理工程师对工程变更应进行审查，其原则是：

① 变更后的工程不能降低损害工程质量和使用标准；

② 变更后在技术上必须可行，并且又必须可靠；

③ 变更后的工程费用要合理；

④ 变更后的施工工艺不宜复杂，一般也不应影响工期。

监理工程师要与业主、承包商商定变更后的价格，处理好变更价格可使业主和承包商对合同价格的调整做到心中有数，而且有时还起着调动承包商积极性的作用。一般承包商应在变更设计确定后 14 日是提出变更价款的报告，经监理工程师和业主确认后调整合同价款。变更合同价款可按以下方法进行确定：

① 合同中已有适用于变更工程的单价的，按此单价计算；

② 合同中只有类似于变更工程的单价，参照此单价确定变更价格；

③ 合同中没有适用于或类似于变更工程的单价的，由承包商提出适当的价格，由监理工程师审查，并在与业主和承包商沟通后确定，或由监理工程师审查后报业主确定；

④ 合同约定的其他变更计价方法。

提交工程变更报告（C）
- 1. 变更理由
- 2. 变更数量
- 3. 变更后果

不合理

审查工程变更报告（J）
- 1. 变更理由是否充分
- 2. 变更数量计算是否准确
- 3. 变更后有哪些影响

合理

不同意

审批工程变更报告（X）
- 1. 建设目标有无矛盾
- 2. 有无增加工程费用

C：承包人
X：业主
S：设计单位
J：监理工程师

小型变更　重大变更　不同意　同意

修改设计（S）
- 1. 与原设计有无矛盾
- 2. 进行概算修改

审查（上报）修改设计（X.J）——工程有重大变更时应报上级主管部门批准

签订补充协议（X.C）——明确因工程变更而增减的费用

签发变更通知（J）

承包商实施（C）

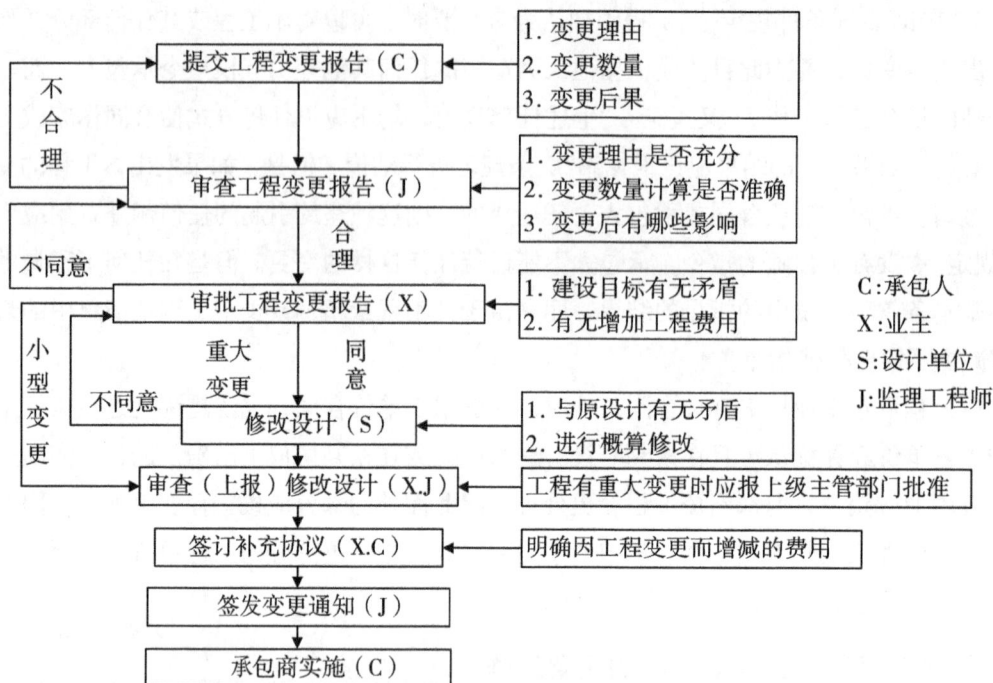

图 13-2　工程变更处理程序图

监理工程师在工程变更中要编制工程变更文件，包括：

① 工程变更令。可采用监理业务通知单的格式填写变更令，说明变更的理由和变更的概况、工程变更估价及对合同价的影响。

② 承包商接到监理工程师的工程变更联系单后需申报工程变更费用申请表。工程变更的工程量清单与合同中工程量清单形式基本相同，但工程变更的工程量清单每个项目都需填写变更前、后的单价、数量和金额，便于计算由于工程变更对合同价的影响。

尚须有工程量计算记录及有关单价确定的资料依据，需要有变更后工程计量方法的说明。

③ 设计图纸。图纸是工程的语言，是交工档案的重要组成部分。只有取得设计图纸才能依此施工、验收和结算。因此，对工程变更需要有相应的设计图纸、计算书和有关标准规定。

13.4　工程延期管理

13.4.1　工程延误与延期

在水运工程的施工过程中，经常遇到各种影响因素干扰工程的正常进行，致使工期延长。造成工期延长的原因中大致分为两种情况：一是由于承包商的原因造成施工期的延长，称为工程延误；二是由于承包商以外的原因造成工期的延长，称为工程延期。工程延误和工程延期都导致工程不能按照承包合同规定的竣工日期完成，但是它们是属于两种不同性质的问题，其最明显的特征是合同明确阐明造成拖期的原因不同，则业主与承包商将承担不同的责任。

由于工期延误导致工期的延长，其所发生的一切损失由承包商自己承担，承包商不仅要支付为加快施工进度而增加的额外支出，而且还要向业主支付一笔误期损失赔偿费用（当承包商采取措施仍然还没有达到正常进度，即合同规定的进度时）。由于承包商以外的原因导致的工程延期，承包商除了要求展延工期外，而且还要求业主提供因此而引起的一切费用损失的补偿。所以说，无论是工程延误还是工程延期，最终都会造成建筑物或构筑物使用时间的推迟和给对方带来一定的经济损失。

造成工期延期的原因如下。

（1）工程量的增加。

由于监理工程师发出的工程变更指令增加了工程量，必然相应的延长了工期。

（2）合同条件中涉及的任何可能造成延期的原因。

① 延期交图。监理工程师未能按照承包商被批准的施工进度计划在合理的时间内向承包商提供施工设计图，造成施工的延误或中断。若合同中规定承包商提供施工图纸，则不属上述情况。

② 工程暂停。若承包商根据监理工程师的指令，暂停部分或全部工程的施工，而且暂停的原因又不属于由承包商造成的，由此而导致了工程的延期。

③ 延迟占用场地。业主应随着工程进展及时地向承包商提供施工场地，这是合同中规定的业主的义务。不论什么原因或理由，业主未能按被批准的施工进度计划在合理的时间内向承包商提供施工场地或通道，而导致工程的拖延或中断。

④ 开挖现场发现文物等。由于承包商在现场施工中在地下发现了文物或化石，按规定应保护好现场并报告国家文物保护部门，因此中断了工程进行或拖延了工程工期。例如，某经济技术开发区海堤工程施工过程中发现了古代文物，为此处理而停工近两个月。

⑤ 进行合同规定以外的检查。由于承包商按照监理工程师的指令，对工程进行了合同规定以外的检查，而且检查的结果表明，被检查的项目达到了合同规定的规范标准，因此而导致了工程的中断和延长。

⑥ 不利的外界条件影响。在承包商施工过程中，若遇到了既使一个有经验的承包商也无法预料到的外界障碍或条件而导致工程的延期或中断，如航道封堵、与地方因陆域、水域或赔偿引起纠纷等。

⑦ 业主未按规定时间付款。由于业主未按规定的时间向承包商支付工程进度款，或者拖延付款时间太长，致使承包商无法继续进行工程施工，则承包商有权通知业主及监理工程师暂停工作或减缓工作速度，则由此导致工程延期和中断。

（3）异常恶劣的气候条件。

承包商在施工过程中遇到了恶劣的气候条件而导致了工程延期或中断。一般在合同中或设计资料中都规定了每月海上施工天数以及施工中的最大风浪标准。凡在合同或设计文件中规定的界限以内的气候条件，不属于异常恶劣的气候条件。

（4）业主的干扰和阻碍。

按照合同规定，承包商的施工组织设计和工程施工进度计划由监理工程师审核批准后，承包商按照批准的计划进行施工即可。业主不能对承包商的工程活动进行指挥和干预，业主任何干预承包商的行为都可能构成对承包商的干扰和阻碍，将导致工程施工的中断或延期。所以明智的业主只能通过监理工程师的管理和工地会议进行商定和调整。

（5）承包商自身以外的其他原因。

承包商自身以外的任何原因（如不可抗力）造成工程施工的中断或拖延，监理工程师都应当按照合同条件的规定，实事求是地与业主批准承包商的工程延期。这是监理工程师处理工程延期的总的原则。

在合同执行期间，经过监理工程师审核经业主批准的工程延期，所延长的时间都属于合同工期的一部分，则延长的工期加上原合同工期即为新的工程竣工的时间。

13.4.2　工程暂时停工及处理

在工程施工期间，无论是业主、监理工程师的原因，还是承包商的原因，都可能造成工程暂时停

215

第四篇　水运工程合同管理

工的事情发生。这种暂时停工可能是部分工程，也可能是全部工程。在暂时停工期间，承包商应积极采取措施妥善地保护好本工程，或者是监理工程师认为必须保护好的任何工程部分。对工程的保护一是保护工程的安全，再就是在停工期间使其损失最少。譬如，在台风到来之前，由于工程没有完成设计的断面构造，特别是港口水工建筑工程中的防护工程，必须在台风到来之前予以保护好，避免造成更大损失，如坡度放缓、面层进行人工块体覆盖等，目的是保护好堤身不被台风造成的风浪击毁。

凡是在监理工程师的指令下工程发生的暂时停工，其原因不属承包商的，监理工程师都应给予适当的延长工期，并且补偿承包商由于停工造成的费用增加。这种费用增加和工期延长应在监理工程师与业主及承包商协商后确定

暂时停工若是由承包商的某种失误或违约导致的，那么承包商除应妥善保护好工程外，其损失和责任应由承包商承担。

13.4.3 监理工程师对工程延期的管理

由于监理工程师有责任对工程进度进行全面控制，因此，监理工程师要对工程施工过程中出现的问题及承包商执行合同的情况有比较全面的了解，及时处理承包商提出的工程延期申请，并在对工程延期处理方面遵守一定的管理原则和审批程序。

1. 处理工程延期的一般程序

根据 FIDIC 合同条件，在延期事件发生的 28 天内承包商应向监理工程师提出工程延期的意向通知，并在"意向通知"发出后的 28 天内，向监理工程师提交详细的申述报告，说明造成延期的理由及有关方面的详细情况。监理工程师认为所发生的事件属于工程延期性质，接到申述报告后可做出延长工期的临时决定，延期时间不应大于最终批准的延期时间。监理工程师应及时地调查，在事件结束后的 28 天内承包商应向监理工程师提交最终的详细报告。监理工程师应在与业主、承包商进行协商之后，再做决定。我国水运工程施工合同范本规定：延期事件发生后 5 天内就延期的内容、天数和因此发生的费用支出向监理工程师提出报告，监理工程师收到此报告后 5 天内报业主确认并予以答复，以确定施工期延长的天数和费用；逾期未予答复，承包商则视为其申请已被确认。处理工程延期的一般程序如图 13-3 所示。

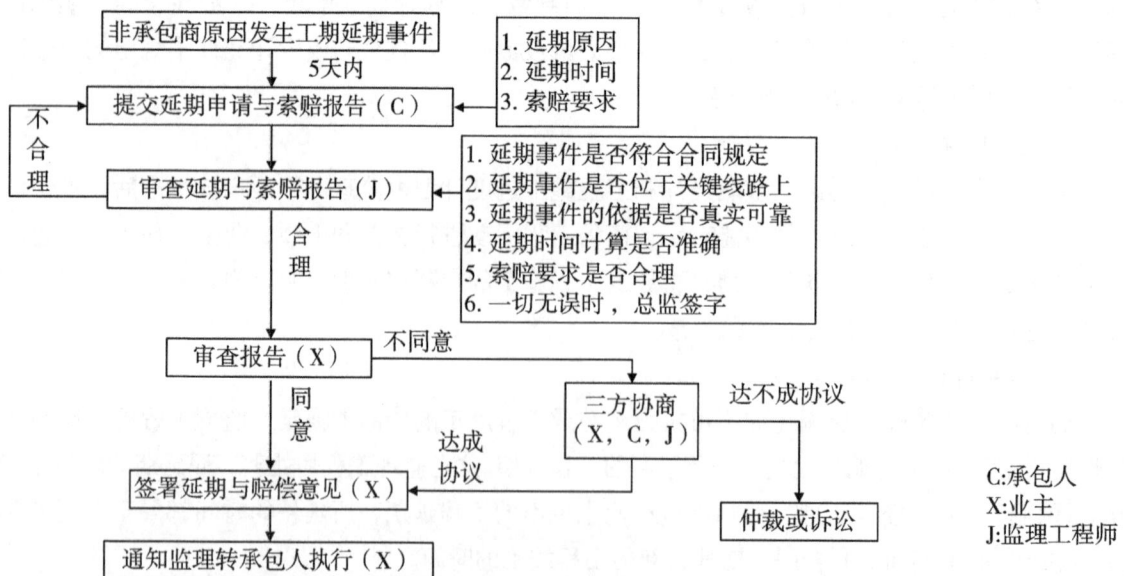

图 13-3 工程延期审批程序图

为了使工程延期的申请与审批程序化、规范化，除有详细报告外，还要按施工监理规范要求使用

一定格式的表式进行延期申请及审批。

2. 监理工程师审批工程延期的原则

（1）应符合合同条款的要求。

监理工程师批准的工程延期，必须符合合同条款的规定，即导致工程拖延的原因必须是属于承包商以外的，凡是承包商自身原因造成的任何延误，都不能批准为工程延期。

（2）延期的工作应位于关键线路上或超过其总时差。

监理工程师审批的另一个原则是，发生延期事件的工作必须在关键线路上或超过其总时差。只有关键线路上或超过总时差的项目的延期，才能构成对整个工程工期的影响。凡发生延期事件的工程部位不在关键线路上且不超过总时差的，不能批准工程延期。

（3）依据实际情况，实事求是。

监理工程师批准的工程延期必须符合实际情况。承包商对延期事件发生后的各类有关细节要详细记载，及时向监理工程师提交详细报告。监理工程师也要对现场施工情况进行详细考察和分析，做好各种有关记录，从而使监理工程师审批的工程延期能够符合实际情况。

在工程中为减少和避免发生工程延期，监理工程师应经常提醒督促业主做好以下几方面的工作：

① 业主应做好施工前期的准备工作。

i. 及时提供施工场地，做好"三通一平"工作，办理好各种与施工有关的手续，保证承包商及时进入施工现场。

ii. 抓好设计工作，以保证能及时地向承包商提供由业主负责提供的设计文件。

iii. 做好付款的准备工作。工程款在施工中起着润滑剂作用，拖延付款将影响承包商的流动资金周转，甚至于影响工程的各项准备工作，以至于造成工程的停工或延期。

② 施工中业主应多做协调工作而少或不进行干预。

业主直接干预承包商的工作，往往成为承包商要求索赔的根据，严重的会使承包商无法进行工程施工。所以，聪明的业主是不去干涉承包商的工作的，而是放手让监理工程师进行管理。

监理工程师也应做好减少工程延期的工作，主要体现在以下几方面。

i. 在合适的时机下达开工令。当业主在开工前的准备工作完成后即可下达开工令。在下达开工令之，应与业主协商检查有无遗漏在开工前应完成的工作。

ii. 提醒业主履行职责。随着工程的进展，提醒业主根据合同规定及时提供给承包商供施工或临时性使用的场地并按合同履行自己的职责（如付款、甲供材料或设备的供应等）。

iii. 妥善处理好延期事件。当延期事件发生后，监理工程师应根据合同规定妥善处理，即根据现场实际情况，在可能的条件下，指令承包商进行不受延期事件影响的项目或工程部位的施工，以尽量减少延期的时间和损失。

另外，监理工程师应及时对延期事件进行调查，合理确定延期的时间并批准之。需要说明的是，监理工程师对工程延期的批准事先应获得业主的同意及批准。

13.5 质量控制与费用控制中的合同管理

对于质量控制和费用控制的内容将在专门的本章中讲述，本节仅就有关合同管理的程序问题加以论述。

13.5.1　质量控制中的合同管理程序

在工程监理过程中，监理工程师的一项很重要的工作就是控制工程的质量。在施工阶段，其控制的重点为原材料检验、隐蔽工程及中间工程验收、竣工初验及竣工验收。而合同管理工作的重点是在这些工作达不到合同规定的要求时应按何程序处理及分清各方责任。

1. 材料及设备检验

（1）甲供材料和设备。

业主（甲方）责任：

根据《建设工程质量管理条例》规定，甲方（建设单位）供应材料和设备的合同责任为：甲方应当保证建筑材料、建筑构配件和设备符合设计文件和合同的要求。一般在合同中应约定甲方供应材料设备一览表。一览表应包括所供应的材料设备的种类、规格、型号、数量、单价、质量等级、提供的时间和地点等。甲方应按一览表内约定的内容提供材料设备，并向承包商（乙方）提供其产品的合格证明。若甲方供应的材料设备与一览表不符时，可按下列情况处理：

① 当材料设备的种类、规格、型号和质量等级等与一览表不符时，乙方可拒绝接收保管，由业主运出现场并重新采购；设备到货时如不能开箱检验，乙方可只验收箱子的数量，尔后乙方开箱时应请监理工程师及甲方代表到场查验，若出现缺件或质量等级、规格等与一览表不符时，由甲方负责补足或更换。

② 到货地点与一览表不符时，甲方负责运至一览表指定地点。

③ 到货时间早于一览表约定的时间，由甲方承担由此发生的保管费用；到货时间迟于一览表约定的时间，发生工程延期的，工期顺延，甲方赔偿由此造成的乙方损失。

④ 甲方供应的材料设备进场后需要重新检验或试验的，由乙方负责，但费用由甲方承担。

⑤ 乙方检验通过之后又发现甲方供应的材料设备本身存在质量问题的，甲方仍应承担重新采购及拆除重建的追加合同价款，并相应顺延由此延长的工期。

乙方责任：

乙方应按甲方或监理工程师通知的时间参加甲供材料设备验收，并负责进行标识和妥善保管，以防止未经批准就使用或不当处理。同时提供适当的贮存条件，在贮存期间应进行定期检查，查明质量状况，防止变质、丢失和损坏。自材料设备验收接管后，除去材料设备本身的质量问题外，其他责任和风险已由甲方转移给乙方，乙方应承担因贮存、保管、安装、维护不当所造成损失的责任。

监理工程师的工作程序：

① 根据工程进展和合同约定，监理工程师应提前提醒业主供货并约定进场时间．应在货物进场之前不少于 24 小时通知承包商派人参加验收和接货。

② 监理工程师组织甲乙双方对照一览表对甲供材料设备进行验收。

③ 若甲供材料设备符合要求，甲乙双方签署材料设备交接验收单，甲方应将材料设备的有关保证资料副本交给乙方，乙方按要求负责照管使用；否则，甲方更换，重验。

（2）乙供材料设备的验收程序。

① 承包商应在材料设备进场之前不少于 24 小时通知监理工程师验收，并准备好验收资料。

② 在验收时监理工程师有权要求复检。若验收不合格，监理工程师应拒绝签字，书面通知承包商在规定时间内将不合格的材料设备清退出场，重新采购合格产品，并承担由此发生的费用，工期不予

顺延。

③ 若监理工程师不能按时到场验收。而事后发现材料或设备不符合设计或标准要求时，仍由乙方负责修复、拆除或重置。并承担所发生的费用，由此拖延的工期可以顺延。

④ 尽管经过监理工程师验收，在而后的使用或调试中监理工程师也有权随时检查和检验，若发现材料或设备本身质量存在问题时，由承包商负责修复、拆除或重新购置，并承担所发生的费用，由此延误的工期相应顺延。

2. 过程检验

① 一定遵循承包商自检合格后才能报请监理工程师检验的程序。

② 经监理工程检验后达不到合同约定的标准时，监理工程师应书面通知承包商按要求返工，直到符合约定标准。

③ 因承包商原因达不到标准的，由其承担返工费用，工期不予顺延。若因业主原因达不到标准的，由业主承担返工费用，工期顺延。

④ 经检查验收合格后又发现承包商原因引起的质量问题，由其承担责任，赔偿业主的直接损失，工期相应顺延。

3. 隐蔽工程及中间验收

① 承包商应对隐蔽工程或中间验收部位进行自检，在自检合格后至少在验收时间48小时之前填单向监理工程师申报验收。监理工程师在接到报验单后的48小时内进行验收。

② 若验收合格，监理工程师应在不超过24小时的时间内在验收记录或报验单上签认，承包商可继续施工；若监理工程师在规定时间内不签字又无说明，则承包商可认为监理工程师已批准，可继续施工，监理工程师事后应予以确认并补办签认手续。

③ 若验收不合格，监理工程师应书面通知承包商返工。承包商应在监理工程师限定的时间内整改或返工并重新报验，所发生的费用由承包商承担，延误的工期不得延长。

④ 对于重要的隐蔽工程（如设置为停止点），监理工程师未参加验收或验收后没有正当理由而不签字，乙方应停工等待验收或签认，由此造成的费用增加由业主负担，工期顺延。

4. 重新检验

无论监理工程师是否参加验收，当其提出已经隐蔽的工程需重新检验时，承包商应按要求进行剥露，并在验收后按标准重新覆盖或修复。检验合格，业主承担由此发生的全部追加的合同价款，赔偿承包商损失，并相应延长工期；检验不合格，承包商承担发生的全部费用，工期不予顺延。

5. 试车

（1）设备安装工程经承包商检查具备单机无负荷试车条件。

由承包商组织试车，并在试车前48小时书面通知监理工程师。联动试车由业主主持。

（2）监理工程师按通知要求的地点、时间参加试车。

试车通过，监理工程师审查试车记录并签字。

（3）若试车达不到验收要求、按以下三种情况处理。

① 属设计原因，业主办理修改设计，承包商按修改的设计重新安装，业主承担修改设计、拆除及重新安装的全部费用和追加合同价款，工期相应顺延。

② 属于设备制造原因，承包商采购的，由其负责修理或重新购置、拆除及重新安装的费用，工期不予顺延。若为业主采购的，则应由其承担上述各项费用及追加合同价款，工期相应顺延。

③ 属于承包商施工或安装原因，监理工程师在试车后 24 小时内提出修改意见，承包商整改后重新试车，并承担整改和重新试车的费用，工期不予延长。

6. 竣工验收

① 工程具备竣工验收条件，承包商 7 天内按规定整理完整的竣工验收资料和竣工申请报告报送监理工程师。监理工程师在 7 天内对申请和资料提出审查意见并报业主审批；资料不符合要求的，承包商应补充完善再报。

② 监理工程师组织业主承包商和设计单位等进行竣工初验。初验不合格的项目，承包商按监理工程师的要求整改，满足要求后再重新报验，并承担相应的由自身原因造成的修改费用。

③ 经过初验后，承包商形成正式竣工验收报告，报请业主组织有关政府主管部门及有关行业主管部门或监督检查机构进行专业项目的检查验收（如建筑工程、水运工程、消防工程、环保工程、劳动卫生、电力工程、通信工程等专项验收）。业主应在收到承包商的报告后 14 天内组织验收。由于承包商原因，工程质量达不到约定的质量标准，承包商承担违约责任。若业主在收到承包商竣工验收报告 14 天不组织验收，或验收后 7 天内不提出修改意见，应视为竣工报告已被认可，从第 15 天起（或验收后第 8 天起），由业主负责工程照管并应承担一切意外风险。在经专项验收合格后，承包商将工程交付业主使用，办理工程移交证书，承包商开始承担保修责任。由业主在试运行（生产）后组织正式的项目竣工验收。

13.5.2 费用控制中的合同管理

1. 工程预付款

① 监理工程师应按合同约定，及时通知业主按期支付约定数额的预付款。

② 若业主不按约定给付预付款，承包商在约定预付款时间的 10 天后向监理工程师发出要求业主给付预付款的通知。监理工程师接到通知后应立即通报业主，提醒业主按约给付承包商预付款，并指出若不按约付款而可能产生的后果。

③ 若业主收到通知后仍不按要求支付，承包商可在发出通知的 10 天以后停止施工。业主应从约定应付之日起向承包商支付应付款的同期银行贷款的利息，并承担违约责任。

2. 工程进度付款

① 承包商按规定完成合格的工程数量后，应通知监理工程师参加计量，监理工程师对计量结果签证。

② 承包商计量确认后 3 天内提出付款申请报监理工程师审核签证，监理工程师审核后提出付款意见报业主审查批复。

③ 承包商在约定支付时间没有接到业主支付的进度款的 10 天以后，向监理工程师提出催款通知。

④ 监理工程师在接到催款通知后应迅速与业主协调。若业主确有困难，可与承包商协商，经同意后签订延期付款协议，业主可延期支付，但业主应支付延期支付期间的应付款的同期银行贷款利息。

⑤ 若承包商不同意延期支付且无能力继续施工，承包商可以在再发出催款通知未果后暂时停止施工，或确认业主已无能力支付工程款时，按合同约定可部分或全部解除合同，业主承担违约责任。

3. 竣工结算

① 承包商在竣工验收 30 天内向业主递交竣工结算报告及完整的结算资料。

② 业主在接到竣工结算报告后在合理的时间内（在合同的专用条款中约定，一般 14 天）进行审查并予以确认，然后在 7 天内按合同约定支付工程结算价款。

③ 承包商在接到竣工结算价款后，在 14 天内将已竣工工程交付业主。

④ 若业主不能按期结算工程价款，业主在收到结算报告后合同约定时间 7 天内的第二日起支付拖

欠工程价款的利息，并承担违约责任。承包商不可办理工程移交，并在 2 个月内催告业主付款。

⑤ 若在 2 个月后，业主仍不支付工程结算款，承包商可以与业主协议将工程折价出售，也可以将工程依法拍卖，承包商应享有优先受偿权。

在现实当中，监理工程师对费用控制方面的权力相对较弱，存在着业主拖欠工程款现象，而现行法律对业主不按期付款的约束较严，因此监理工程师在帮助制定合同条款时，应确定合理的支付时间，并反复提醒业主到期付款，以免引起索赔和承担违约责任，造成不必要的损失。

13.6 合同纠纷的协调与处理

在水运工程施工合同的履行过程中，不可避免地会出现一些违约事件，致使各种争端经常发生。其原因是水运工程施工合同涉及的问题比较广泛和复杂，它包括地质勘探、工程测量、潮汐波浪、物资供应、现场施工、竣工验收、缺陷责任及其修复过程，而每一项进程中也都可能牵涉劳务、质量、进度、监理、计量和付款。这些都需要在合同中明确规定并要求双方全面而严格地执行。因此，合同执行中不发生任何变化和争端是很困难的。另外，水运工程施工合同履行期较长，难免会遇到客观环境条件、法律法规、经济政策的变化；由于这些变化，使合同存在某些缺陷、考虑不周或双方理解不一致之处。特别是几乎所有合同条款都与工程成本、价格、计量支付和相应的责任与义务等发生关系，直接影响到业主和承包商的权利、义务和经济利益，致使合同的双方各持己见，彼此发生分歧、争议和争端。

凡是当事人对合同是否成立、成立的时间、合同内容的解释、合同的履行、违约的责任，以及合同的变更、中止、转让、解除、终止等发生分歧和争执，也包括对监理工程师的任何意见、指示、决定、签证或估价方面的不同意见，均为争端的内容。由此可见，在履行合同过程中发生纠纷和争端是不可避免的。

业主和承包商因合同发生争议，一般采取下述方式解决：

① 向合同条款约定的机构或人员要求调解；

② 向合同条款约定的仲裁机构申请仲裁；

③ 向有管辖权的人民法院起诉。

通常对双方发生争议的处理程序是：首先应由监理工程师进行协调；协调不成，可请（自愿）工程所在地的合同管理机关进行行政调解，一般是指工商行政管理部门的调解；调解不成或在规定的期限内不能做出调解时，任何一方可在规定的期限后提请约定的仲裁机构进行仲裁或向人民法院起诉。

13.6.1 合同纠纷的协调

在实行监理的工程中，在业主与承包商发生争议时，双方中的任一方可立即把此争议提交监理工程师要求其做出决定。例如，FIDIC 合同条件就对此做出了明确规定。由监理工程师做出决定，可以较快、较经济地解决争端。实际上，在执行合同期间发生的争端，绝大部分通过监理工程师进行协商是可以得到解决的。

进行合同纠纷的协调工作一般应是总监理工程师的职责，故应由总监理工程师主持业主和承包商的纠纷协调工作。在特殊情况下，也可以由监理公司中的资深人员（如总工程师、经理或副经理等）

来协调,以避免参与合同管理的监理工程师不能妥善处理甲乙双方的争议。对于具有法律性质的争端,总监理工程师应在听取法律专家咨询后再作决定,这将使问题解决得更合理、处理得更完善。

对合同纠纷进行协调的工作程序和要求是:首先应由合同当事人的一方或双方就有争议或争端事宜写出书面报告提交给总监理工程师,同时将副本提交给对方,总监理工程师根据书面报告中的问题进行调查核实,取得证据;其次,总监理工程师依据合同文件及有关施工中形成的各种文件和记录及有关法律、法规、规范、标准等进行分析、评价,确定争议双方各自的责任;然后,分别听取各方的意见并摆明事实,进行反复的劝解和协调工作;最后,做出监理工程师的协调决定。FIDIC 合同条件要求监理工程师要在接到争议书后的 84 天内做出决定。FIDIC 合同条件规定,除争议双方过友好解决或仲裁裁决修改监理工程师的决定外,承包人和业主对监理工程师的决定应付诸实施。

承包商或业主双方中的任何一方若对总监理工程师的协调决定不满意,双方仍可友好协商或要求合同管理机关进行调解。FIDIC 合同条件规定:如果业主或承包商中任何一方对监理工程师解决争端的决定不满意,或者监理工程师未能在他接到有关争端文件后 84 天内将其所作决定的通知发出,则业主或承包商可在收到决定之后的 7 天内或上述 84 天到期后 7 天内,将有关争端提交仲裁机构,并将仲裁意向通知另一方,将副本呈交监理工程师。与我国规定不同之处在于可不必经过合同管理机关调解。

13.6.2 合同争议的行政调解

合同争议的调解是劝导当事人和解的一种方法。根据调解人的性质,分为行政调解和民间调解。合同争议的行政调解是行政机关依法劝导争议双方当事人和解、解决合同争议的一种方式。合同争议调解的行政机关一般应是管理合同的工商行政管理部门。所依据的行政法规是国家工商行政管理局制定的《合同争议行政调解办法》。工商行政管理部门进行合同争议调解的原则是:

① 自愿原则;

② 公平、合理、合法原则;

③ 不公开原则。

调解的程序为:

(1)申请。

合同当事人若要求工商行政部门进行合同争议调解,应向其递交合同争议调解申请书。申请书应当写明申请人和被申请人的名称或者姓名、地址、法定代表人姓名、职务,申请的理由和要求,申请日期等。同时,应向调解机关提供有关证据材料和相关的法定文件(如合同书、代理人委托书等)。

(2)受理。

工商行政管理部门在收到调解申请书后,应指派专人审查此申请书。并于 5 日内做出是否受理的决定。受理的条件为:

① 当事人自愿接受调解;

② 申请人是与本案有直接利害关系的当事人;

③ 有明确的被申请人、具体的调解请求和事实根据;

④ 符合合同争议行政调解的范围。

(3)调解。

调解机关应指派一至两名调解员进行调解。调解的时间、地点应提前通知双方当事人,以便其做好准备。调解时,可由双方当事人陈述理由和主张。调解员在充分听取双方当事人的意见的基础上进行劝导,促成双方当事人互相谅解,达成和解协议,并做好调解笔录。

（4）终结。

当调解成立时，可由双方当事人自愿签订调解协议或新的合同。该调解协议或新的合同具有法律约束力，受法律保护。调解终结后，不论当事人和解与否，都应制作调解终结书，写明争议的主要事实、当事人的请求和调解结果，并由调解员署名，加盖合同争议调解专用章。调解终结书可送达当事人。合同争议的调解时限为受理之日起2个月。

13.6.3 合同纠纷的仲裁

在工程竣工之前或之后均可申请仲裁。但在工程进行中业主、监理工程师及承包商各自的义务均不得以仲裁正在进行为理由而加以改变。

监理工程师在合同纠纷仲裁中的工作主要有两方面：一是提供证据，所提供证据应实事求是，符合合同规定并应公正。在仲裁庭调查情况时，应积极配合，提供真实情况；二是监理工程师应监督各方按合同约定，继续进行工程施工，保证工程能顺利地进行并符合要求。

FIDIC 合同条件对仲裁的说明为：监理工程师的决定不作为最终有约束力的决定；仲裁员有权弄清、审核及修改与争议有关的工程师的意图、指令、决定、证书或估价；争议双方任何一方向仲裁人申诉的证据或论据，均不限于已向监理工程师为其作出决定而提供的内容和范围；尽管监理工程师在协调时已经作出决定，但这并不免除其在仲裁员面前作为证人的资格。

有一点作为监理工程师应该清楚，不管合同争议采取何种方式解决，除合同已经被中止或终止，承包人应在各种情况下全力进行施工，不得以停工或怠工来要挟业主让步解决合同争议；否则，承包人就构成了新的违约，即对于争议而言，国际惯例是"打官司和干工作两不误"。

思考题

1. 试述监理工程师合同管理的性质

2. 监理工程师合同管理的主要任务是什么？

3. 监理工程师合同管理的主要作用是什么？

4. 试述合同管理与监理目标控制的相互关系。

5. 一般分包商和指定分包商的差别是什么？他们的审批程序各是什么？

6. 工程变更的含义和范围是什么？

7. 监理工程师对工程变更进行审查的原则是什么？

8. 分析造成工程延期的原因有哪些。

第 *14* 章 水运工程招投标

14.1 水运工程招标投标概述

14.1.1 工程建设招标投标制

招标投标是招标发包和投标承包的总称。国家为加强对招标活动的管理制定了专门的法律,使其成为一种依法存在的管理体制,亦称之为招标投标制,并与项目法人责任制、工程监理制和合同管理制一同构成我国建设中的四项基本管理制度。

过去在计划经济时期,我国水运工程建设都是使用行政手段,采用指令性计划分配建设任务,指定施工单位。这种办法存在着缺乏竞争,施工企业无压力、无动力,往往产生工程造价增高、工期拖延、工程质量得不到保证的弊端。随着改革开放的不断深入和市场经济的发展,以往计划经济体制下的建设任务分配方式,已严重地阻碍了生产力的发展,必须进行改革,要按商品生产和市场经济的规律来组织生产和工程建设。招标投标制是市场经济中一种大宗商品的交换方式,具有较强的竞争性。它是依据价值规律、市场需求规律和竞争机制来管理社会化生产的一种经营管理制度,是建设市场运行中的基本要求。其特点是由唯一的买主(或卖主)设定标的,招请若干个卖(买)主通过秘密投标进行竞争,从中选择中标者与之达成交易协议(即签订合同),随后按协议(合同)要求来实现标的。这种方式符合国际惯例,是国际上工程建设领域中普遍运用的承发包方式。

推行招标投标制的原则是公开、公平、公正和诚实信用,鼓励竞争,防止垄断,等价有偿,优胜劣汰,并遵守《招标投标法》和《反不正当竞争法》;其目的是缩短工程建设工期,确保工程质量,控制工程造价,提高投资效益,防止地方保护、暗箱操作和腐败现象的发生。我国自 1983 年推行招标投标制以来已取得了良好的效果,对促进建设行业和企业提高工程质量、缩短工期、降低造价、改善经营管理、提高竞争能力起到了推动作用。《招标投标法》的颁布实施,对进一步规范建设市场秩序和招标投标活动起到促进和保障作用。

水运工程,特别是港口和航道枢纽工程,一般都具有投资大、工期长、质量要求高、建设技术复杂等特点,属于基础设施工程,是"大宗"商品。因此,工程建设任务(包括勘察、设计、监理、施工安装、设备采购供应等）应采用招标投标方式来完成。

14.1.2 工程招标与投标的概念

1. 标的概念

所谓标，一方面是指标价，也就是采用比价方式承包工程时各竞争者所标出的价格；另一方面也是指标的物（包括提供技术和服务），即工程承包人出售的商品。

2. 工程招标的概念

工程招标就是发包人（买方）根据拟建工程项目的有关内容和要求，通过公告或通知等形式，招引或邀请有承包能力的承包人如设计、施工、安装或制造和服务等卖方）报价，利用标价这一经济手段从中优选承包者的一种委托方式。

对于发包人来说，招标就是择优。通过招标来选择他认为的最优秀者。由于工程的性质和评价标准的不同，择优的标准也可能有不同的侧重，择优标准可以是最优技术、最佳质量、最低价格和最短工期。以上四个方面都得到满足是比较难的，因此发包人应综合比较，有所侧重地选择承包人。

为了能顺利地完成工程建设任务，在选择承包人后，甲乙双方必须签订建设工程合同，以规定当事人的权利及义务关系。因此，建设工程合同是招标投标制的必然要求，是实现标的的法律凭证。

3. 工程投标的概念

工程建设的投标是承包人为争取获得工程建设任务而进行的竞争活动，也是承包人获取建设任务的主要方式。

工程投标是投标人在认真研究招标文件的基础上，根据招标人的要求和条件，通过调查研究，权衡价格、工期、质量、物资条件、对手及风险等关键因素，在规定的期限内向招标人递交投标文件，提出报价，通过竞争获取承包工程的过程和方法。

既然是竞争，参加投标的单位就不止一家，因此。不应把投标只看成是工程造价的竞争，实际上也是企业之间比实力，比信誉，比管理水平，比技术和技巧的竞争。通过竞争可以促进承包者提高经营管理水平，提高技术进步和实力，提高信誉和竞争能力。最终达到降低工程造价，确保工程质量、缩短建设工期，提高投资效益的工程建设总目标。

承包人中标后，应与发包人（招标人）签订工程承包合同。通过在建设中全面履行合同的规定和要求，最后实现标的。

14.1.3 工程招标的种类与方式

1. 招标的种类

我国工程建设招标的种类有工程项目招标、设备和材料招标、勘察设计招标和施工安装招标以及监理招标。对于工程监理工作来说，目前所涉及的招标工作主要是施工招标。

（1）工程项目招标。

工程项目招标的主要目的是为了保证投资的经济效益，根据不同的建设条件，优选建设地点和建设单位（或项目法人或业主）。这种竞争方法适用于那些不涉及特定地区或可以不受资源限制的大中型建设项目。一般水运工程项目受地域影响大，这种方式往往采用较少。

（2）设备及材料招标。

建设项目业主（主要是大中型项目）通过招标方式来选择所需的通用设备、专用设备、非标准设备和材料的供应单位。这种方式在港口建设中是经常使用的，如专用运输设备、起重设备、集装箱装卸设备等。

设备（材料）招标必须具备以下条件：

① 具有批准的设计任务书、初步设计；

② 具有设计单位确认的设备（材料）清单；

③ 投资及建设进度安排已落实。

设备（材料）招标也属大宗交易，通常在报刊上公开发布招标通告，投标人购买标书，按指定地点，按时投标报价。招标单位在预定地点当众开标当场决标，随后双方签订供货合同；小批量器材不值得公开招标时，可采用向若干厂家发函询价，要求限期报价。收到报价单后，经比较选定，商签购销合同。

（3）工程建设全过程招标。

这种全过程招标一般是从项目勘察设计、设备材料询价与采购、工程施工安装到竣工验收交付使用实行全面招标，进行工程项目总承包。因此，投标者应是具有总承包能力的工程承包公司。

（4）工程设计招标。

实行设计招标的目的是鼓励竞争，促进设计单位企业化、设计成果市场化，打破地区部门的界限，提高设计单位的管理水平和推动科技进步，通过优化设计和提高设计质量以实现业主的降低工程造价、缩短工期、提高投资效益的建设目的。

工程设计招标是指对工业、交通项目和重要的民用建筑实行的设计方案招标，可以是一次性总招标，也可以分单项、分专业招标。中标单位承担初步设计和施工图设计。

实行招标的建设项目，必须具备以下条件：

① 具有经过审批机关批准的设计任务书；

② 具有开展设计必需的可靠基础资料；

③ 成立了专门的招标组织并有专人负责。

工程设计招标在港口工程建设中已经成为一种重要的委托设计方式。

（5）工程施工招标。

工程施工招标是为工程施工确定承包人，以便将工程项目施工阶段的任务全部或部分委托施工单位完成，而施工单位则应通过投标竞争来获取生产任务，是工程施工任务承发包的主要方式。

施工招标可以是一个建设项目，也可以是单项工程、单位工程或专业工程的招标。交通部专门拟定了《水运工程施工招标投标管理办法》，作为水运工程施工招标的规范。

2. 工程招标方式

工程招标的方式主要有两种，即公开招标、邀请招标。

（1）公开招标。

所谓公开招标是指招标人以招标公告的方式邀请不特定的法人或者其他组织投标，即招标人通过报纸或专业性刊物以及互联网发布招标通告，公开招请承包商参加投标竞争，凡符合规定条件的承包商都可自愿参加投标的一种招标方式。

这种招标方式竞争性强、招标范围广、选择余地大，可以达到打破垄断，获得较低的标价。但招标人审查投标人资格和标书的工作量大、招标费用多，而投标人的中标几率小、风险大。国家发展与改革委员会的《工程建设项目招标范围和规模标准规定》要求：依法必须进行招标的项目，全部使用国有资金投资或者国有资金投资占控股或者主导地位，应当公开招标。《水运工程施工招标投标管理办法》规定：单项合同估算价在200万元人民币以上的或单项合同估算价虽低于200万元人民币，但项目总投资额在 3 000 万元人民币以上的水运工程必须公开招标。

（2）邀请招标。

邀请招标是招标人根据自己的经验、情报信息或招标代理或咨询（监理）公司推荐，选择几家（不少于三家）有承担该工程能力、信誉较好的承包商，发函邀请他们参加投标。其特点是省去资格审查阶段的工作量，花费的费用少，时间节省。对投标人来说，因投标的单位少，中标机会增大；但对招标人来说，这种方式选择范围小，竞争性较差，标价可能较公开招标要高。这种方式一般适用于特殊工程项目或特殊情况，如：工程项目性质特殊，要求具有专门技术和能力的承包商方能胜任该种工程的建设；或工期要求紧；或保密原因；或采用公开招标未能获得中标单位。这是一种有限招标方式。《招标投标法》规定，国家和地方的重点项目若要采用邀请招标，必须经过国家发展和改革委员会或省级人民政府批准。

14.1.4 工程承包方式

工程招标的种类与工程承发包方式是密不可分的，对不同的工程承包方式宜采用不同的招标方式。

工程承包方式是指承发包双方之间经济关系的形式，也是合同形式。受承包内容和环境影响，其方式是多种多样的。按承包的范围或内容分，有建设全过程承包（项目总承包）、阶段承包（如施工承包）和专项（业）承包（如土石方、疏浚等）；按承包者所处的地位分，有总承包、分包、独立承包、联合承包等；按合同类型和计价方法分，有固定总价合同承包、计量估价合同承包、单价合同承包、成本加酬金合同承包。从承包方式可以看出，承包方式与招标形式有关，二者是密切相关的，构成了工程建设承发包的主要模式。

14.2 水运工程施工招标

14.2.1 水运工程施工招标应具备的条件

实行招标的水运工程项目，必须具备如下基本条件：

① 有持有相应资质证书的设计单位编制并经审定的施工图设计，或在特定条件下有经过审批机关批准的初步设计和工程概算；

② 征地拆迁工作已基本完成落实，能保证分年度连续施工；

③ 有交通行政主管部门核验工程项目报建手续；

④ 资金或者资金来源已落实。

除以上基本条件外，还应满足当地建设主管部门的其他要求的条件。

14.2.2 施工招标程序

施工招标的一般程序如图 14-1 所示。

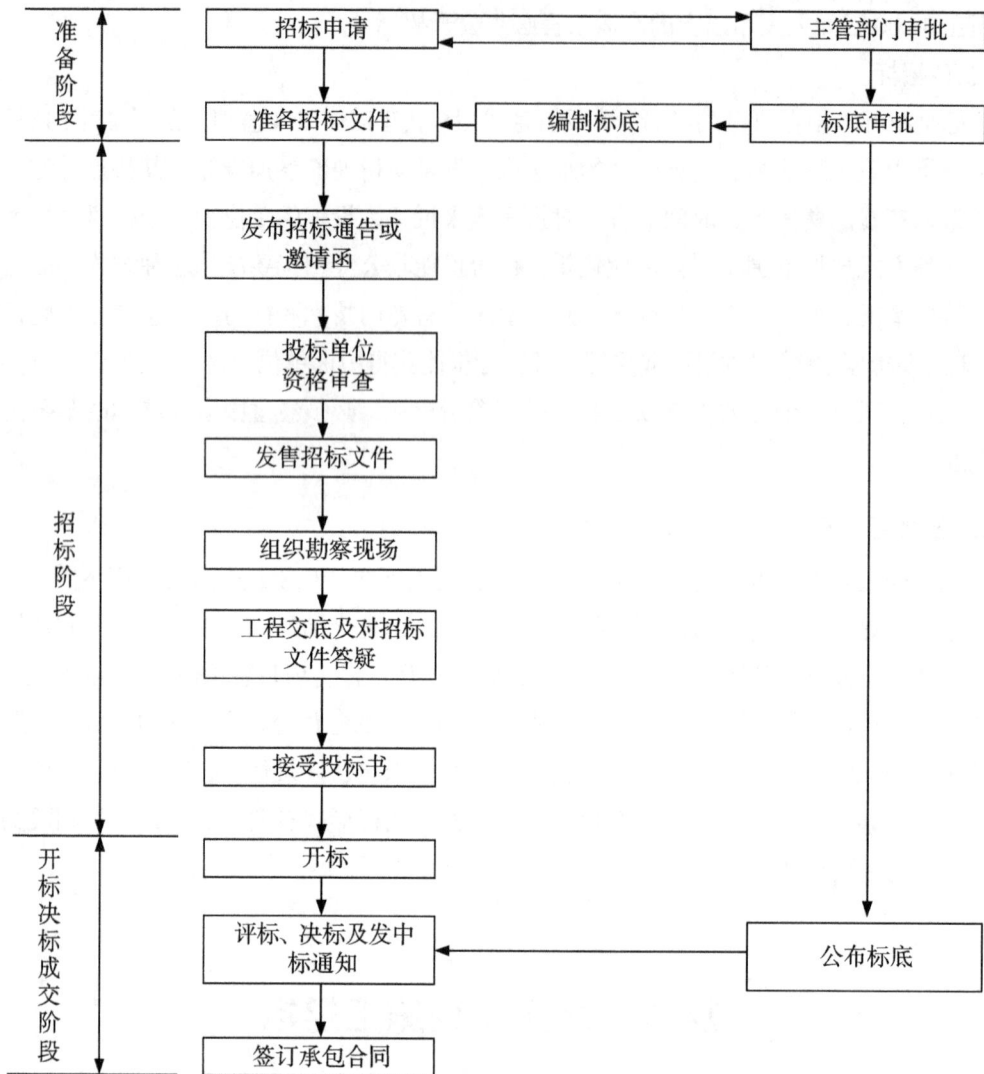

图 14-1 施工招标的程序

14.2.3 施工招标文件内容

编制施工招标文件是施工招标工作中的一项很重要的内容，其编制得好坏直接关系到招标工作能否正常进行，而且影响授标以后能否顺利地执行合同，因此必须认真编写，字斟句酌反复推敲，准确完善。根据招标工程的内容、任务、条件及招标方式不同，招标文件的内容也不尽相同，但一般应包括以下两部分：

1. 商务条款部分

（1）招标指南。

这部分内容应包括投资来源、工期要求、投标方式、资格审查、对标书的澄清、评标原则和评标方法、招标截止日期、开标时间和地点、投标保证金、履约保证金等。

（2）合同主要条款。

这部分内容包括分项单价和总价、付款和结算方法、主要材料供应办法、主包和分包、所用的规范和标准、检查与检验、设备试车和验收、奖罚办法、不可抗力及仲裁等和有关监理工程师监理职责条款。

2. 技术条款部分

这部分内容应包括以下几方面。

① 工程综合说明包括工程名称、规模、地点、发包范围、工程内容、设计单位等及可供使用的场地、给排水、供电、道路及通信设计等。

② 设计图纸和设计说明，包括规划、建筑、结构、工艺设备等方面必要的设计资料和有关技术说明，如对工程的要求做出清楚而详尽的说明，以便于投标单位能有共同的图纸理解；对环境和风险因素做出说明；质量标准和运用的施工验收技术规范；有关特殊要求及设备要求，等等。

③ 主要工程量清单和单价表。

④ 有关水文、地质、气象资料。

⑤ 有关施工管理组织措施、各分项工程之间的衔接与要求、开竣工日期、工期要求等。

⑥ 竣工验收文件内容。

⑦ 保证期（保修期及保险期）内承包人的责任。

招标文件由项目业主单位负责编写，也可聘请或委托咨询工程师或监理工程师编写，还可委托招标代理机构代理。但招标文件一经发出，不得擅自更改。如确需要改变，应经招标主管部门同意后迅速（应在投标截止日期前 15 天）以书面形式正式通知各投标人，作为与标书具有同等地位的文件；否则，造成投标人的经济损失，招标人应予以补偿。为了使得招标工作更加规范化，交通部对水运工程施工招标内容提出了要求。其中提出公开招标文件应包括四个方面的内容：

第一卷　投标邀请书、投标须知、合同条件

第一章　投标邀请书

第二章　投标须知

第三章　合同协议书

第四章　合同通用条款

第五章　合同专用条款

第二卷　技术规范

第六章　技术规范

第三卷　投标文件

第七章　投标文件及保证书格式

第八章　工程量清单与报价表

第四卷　技术资料与图纸

第九章　自然条件与勘测资料

第十章　施工图纸

14.2.4　招标公告或招标邀请书的内容

招标人的招标申请经主管部门批准，并准备好招标文件之后，即可发出招标公告或招标邀请书。

1. 招标通告

采用公开招标方式时，应在工程所在地的工程交易中心发布信息，同时视工程性质和规模在当地或全国性报纸或公开发行的专业刊物上或互联网上发布招标公告，其主要内容有：

① 招标人的名称和地址、获取招标文件的办法；

② 招标依据；

③ 工程概况：工程名称、地点、工程类别、规模、招标方式、施工期和资金来源等；

④招标方式、时间、地点及报送投标申请书和资格审查文件的起止时间；

⑤对投标人资质和资信的要求；

⑥对投标申请书和资格审查申请文件内容的要求；

⑦其他事项。

2. 招标邀请书

采用邀请招标方式时，应由招标人向预先选定的承包商发出邀请函。邀请函内容包括函首（邀请某投标人前来参加某工程施工投标的意向）、主要事项（包括工程简况、送递的招标文件名细、投标须知和要求、注意事项等）和函尾（招标单位名称、地点、通信地址、号码及联系人等）。

14.2.5 标底的编制与审定

制定标底是招标的一项重要准备工作。标底是招标工程的预期价格，是衡量投标人标价合理性的尺度，是发包工程财务准备的依据。虽然工程招标以后确定的发包价格（合同价）不一定是标底，但它却是约束合同价和衡量招标优劣的重要依据。标底是评标的依据之一。

工程施工招标的标底由招标人负责编制，可自行编制，也可以委托造价师事务所编制。一个招标项目只允许有一个标底。标底应控制在批准的设计概算或修正概算之内。标底在开标之前应严加保密，不得泄漏。

根据我国目前的确定水运工程造价的方式，标底编制的方法主要有两种。一种是以施工图预算作为确定标底的依据，即根据施工图及国家和地区的有关定额（包括取费标准）、材料预算或市场价格和施工方案来编制标底。这种方法是目前确定标底的主要方法，适用于在施工图基础上的施工招标。另一种是适应于在初步设计阶段进行招标的工程，可以在其批准的初步设计概算或修正概算内依据初步设计文件和概算定额或指标确定标底。

随着改革的不断深入，社会主义市场经济体制的建立以及建设市场的发育与完善，那种在计划经济体制下的确定工程价格及标底的方式已被打破，随之而来的是依据市场价格、供求关系、竞争机制来确定工程价格或标底。

交通部曾规定，实行整个项目招标的部直属的大中型及限额以上的工程项目，以及实行单项工程招标的上述项目的主体工程，其标底由交通部审定。其他工程项目的标底，由地方交通主管部门或项目主管部门或招标管理部门审定。标底的审定时间应在投标单位报送标书之后进行，在开标之前完成，一般的中小型工程在7天以内，复杂的大型项目在14天以内。

需要说明的是，《招标投标法》和交通部的有关管理办法中并未要求必须编制标底，可以进行无标底招标。

14.2.6 招标资格审查

水运工程建设是专业性比较强的建设工程，不同于一般的建筑工程，需要专业施工队伍承建。为了确保工程的顺利完成，水运工程招标实行资格审查制度，即在发售标书之前，招标单位必须对拟投标的承包商的企业营业范围、资质等级、人员、技术、财务、设备、信誉及工程业绩等状况进行严格的资格审查，对承担该工程的能力做出评估。对于像水工主体工程、疏浚、通信导航、变配电、大型机电设备安装、高层土建建筑物等工程，还必须具有相应专业的施工执照。

一般在发出招标公告或招标通知书或资格预审通告中，都要求拟投标人在递交投标申请书的同时，按要求递交投标人资格审查申请文件。其主要内容应包括：

① 资格审查申请书；

② 投标人营业执照、所有制性质；

③ 投标人的资质等级证书和资信证明、固定资产净值、专业技术人员构成、施工设备等；

④ 投标人的经营管理状况，近三年完成主要施工项目的情况，施工质量情况，同类工程实绩，近三年资产负债表、损益表，施工项目获奖情况及有关证明，社会信誉等；

⑤ 正在承担的施工项目，拟承担本项目的人员、技术负责人和设备情况；

⑥ 如有分包，必须提供分包单位的有关证明资料，但项目主体工程不得分包；

⑦ 其他。

资格审查的程序，一般是投标人按招标人发售的《水运工程项目施工招标资格审查申请文件》的要求填报资格调查表，同时交验有关证件（或复印件）；如果是联合体，则每个成员都要填报，其资质按联合体成员中的是最低资质确定。招标人审查后，确定出合格的申请投标人的短名单，如若为公开招标，应将此短名单报招标管理机构审查核准，然后分别对合格的和不合格的投标人发出书面通知。合格的投标人可以按要求购买招标文件并在投标截止日期之前递交有效的投标文件。属于以下情况之一者，其资格审查申请文件为无效：

① 未按期送达资格审查申请文件；

② 资格审查申请文件未盖公章；

③ 法定代表人（或其授权的代理人）无签字（或印鉴）；

④ 未按规定要求填写；

⑤ 填报的内容失实。

14.2.7 开标、评标与定标

1. 开标

由招标人主持，在预先规定的时间（为提交投标文件截止时间的同一时间）、地点（有的地区规定在工程交易中心），在所有投标人（法定代表人或委托代理人）、招标管理部门的代表，必要时公证部门及标底编审单位等的代表参加下，当众打开标箱，由投标人的代表或公证人员检查并确认标书密封完好，封套书写符合规定，没有疑义字符或标记，然后由工作人员逐一启封标函，宣布各投标单位标书的要点，如投标人名称、项目或标段、报价、工期、质量目标及主要施工方案等，并在表册上进行登记，由投标人代表核对无误后签字确认。这个过程叫做开标。它标志着投标阶段结束，评标定标阶段开始。

开标的时间、地点及要求在招标书中都有明确的规定。从招标文件发出之日起至开标之日（亦为投标截止日）的间隔时间，一般是视工程规模、招标范围及招标方式而定。交通部规定不得少于 20 天。对于中小型工程一般不超过 28 天，对于大型项目以及限额以上项目一般也不超过 56 天，特殊的不超过 3 个月。

开标方式有以下两种。

① 当众开标，当场决标。此种方式也叫开硬标，当众启封标函，宣读报价、工期、质量、施工方法和主要技术措施后，招标人组织评标委员会评标，当场确定并宣布中标人。这种方式透明度高、速度快，但要求高，评标难度大，适用于对投标人比较了解、单位不多且由一两项指标（如报价）即可作为决策依据时的情况。这种方式多用于以经评审后的最低投标价确定中标人的定标方法。

② 当众开标,过后定标。这种方式与前者开标的形式基本相同,所不同点是不当场定标。开标后,投标人退场,招标人组织评标委员会成员对标书进行审查、分析、评比,最后决策定标,发中标通知书。这种方式可为评标定标留有足够的时间和余地,便于选择合适的承包人,适用于竞争单位较多,实力相当、报价相差不大、招标单位对投标单位不够十分了解需要慎重选择等情况。这种方式多用于采用综合评价法定标,应用较多。

在投标截止日期和时间递送投标文件的投标人少于3个的,不能开标,应依法重新招标。

2. 评标

所谓评标,就是招标人对投标人报送的投标文件进行全面审查,对报价、工期、质量等条件进行综合分析、评比和优选的过程,它是定标决策的依据。

评标活动应遵循公平、公正、科学、择优的原则进行,评标的准则是报价合理、方案可行、技术先进、工期合理、工程质量和安全措施可行以及社会信誉良好等。

评标方式是由招标人依法组建专门的评标委员会负责评标。该委员会由招标人的代表和有关技术、经济方面的专家组成。成员人数为7人以上的单数,其中专家人数不得少于成员总数的2/3。专家一般从招标管理机构的专家库中随机抽取,特殊项目可由招标人直接确定。专家应当是从事相关专业领域工作满8年并具有高级职称或者具有同等专业水平且熟悉有关招标投标的法律法规并具有与招标项目相关的实践经验,能够认真、公正、诚实、廉洁地履行职责的人员。要求评委不得与投标人有利害关系,评标委员会成员的名单应报交通行政主管部门核备,并在定标之前保密。在评标过程中,评标委员会可以要求投标人对其投标文件中含义不明确的内容作必要的澄清或者说明(书面形式),但此澄清或说明不得超出投标文件的范围或者改变投标文件的实质性内容。评标委员会按照招标文件确定的评标标准和方法进行初步评审和详细评审。初步评审主要是确定投标文件是否为有效和是否存在着重大偏差。所谓重大偏差是指:

① 没有按照标文件要求提供投标担保或者提供的投标担保有瑕疵;

② 投标文件没有投标人授权代表签字和加盖公章;

③ 投标文件载明的招标项目完成期限超过招标文件规定的期限;

④ 明显不符合技术规范、技术标准要求;

⑤ 投标文件附有招标人不能接受的条件;

⑥ 不符合招标文件中规定的其他实质性要求(如计算错误、严重丢项等);

⑦ 交通部规定:设有标底的,应参考标底,若投标报价超过标底5%以上或低于标底15%以下的。

存在着上述重大偏差情形之一的投标文件为未能对招标文件做出实质性响应,应视为废标。经初步评审后合格的投标人数少于三家时,评标委员会可以否决全部投标,招标人应当重新招标。详细评审是对经初审合格的投标文件依据招标文件规定的评标方法,对其技术部分和商务部分做进一步的评审、比较。详细评审的方法有两种:经评审的最低投标价法和综合评估法。

经评审的最低投标价法是评委会根据招标文件中规定的评标价格调整方法对所有投标人的投标报价和投标文件的商务部分作必要的价格调整,形成经评审的投标价,则能够满足招标文件的实质性要求的、经评审的最低投标价的投标人应为中标候选人。这种方法适用于具有通用技术、性能标准或者招标人对其技术、性能没有特殊要求的招标项目。

不宜采用经评审的最低投标价法的招标项目一般应采用综合评估法。综合评估法是依据招标文件的规定,对投标文件中的技术部分和商务部分的特征项目进行量化(可以折算成货币单位也可以打分),

给出其特征值，然后进行加权平均，算出各投标的综合评估价或者综合评估分，其中量值最高的投标即为最大限度地满足招标文件规定的各项综合评价标准的投标，应当推荐为中标候选人。采用综合评估法评标时，评委应对各投标人按照评分项目及评分标准逐项独立评分，最后由评委会主任或其委托工作人员统计，按获分高低排序。评标委员会完成评标后，形成书面评标报告，并推荐合格的中标候选人。

3. 定标

通过评标，确定最佳投标人的过程叫做定标（有时也称决标）。定标主要由招标人决策。招标人根据评标委员会提出的书面评标报告和推荐的中标候选人确定中标人，也可以授权评标委员会直接确定中标人。

定标的原则一般应是：标价合理，工期有保证，质量能保证，施工方案先进合理，材料使用合理，社会信誉好等。《招标投标法》规定：中标人的投标应当符合下列条件之一：

① 能够最大限度地满足招标文件中规定的各项综合评价标准；

② 能够满足招标文件的实质性要求，并且经评审的投标价格最低，但是，投标价格低于成本的除外。

交通部规定，低于标底 15% 为废标。所以在确定中标单位时不能只看哪家的标价低就确定哪家中标，还要看其能力、信誉、工期和质量保证措施是否可靠。在实践中，不少单位宁可赔本也压低报价以便获标，然后在施工中想方设法追加工程款，形成钓鱼工程，这是要提醒业主注意的。

在确定中标人之前，招标人不得与投标人就价格、投标方案等实质性内容进行谈判。国家规定：使用国有资金投资或者国家融资的项目，招标人应当确定排名第一的中标候选人为中标人。只有在排名第一的候选人放弃中标或因不可抗力提出不能履行合同，或者招标文件规定应当提交履约保证金而在规定的期限内未能提交的，招标人方可确定排名第二的中标候选人为中标人。排名第二的候选人因以上提及的同样原因不能签订合同的，招标人可以确定排名第三的中标候选人为中标人。

开标仪式后，一般应在 30 天内完成评标定标工作。招标人应在确定中标人后 10 天内，将评标结果和评标报告报交通行政主管部门核备；在主管部门接到评标结果和评标报告 10 天之内进行审核确认；之后，由招标人发中标通知书给中标者，并通知其他投标。中标通知书对招标人和投标人具有法律效力。中标通知书发出后，招标人改变中标结果的或投标人放弃中标项目的，应当依法承担法律责任。招标人与中标人应在发出中标通知书后的 30 个工作日之内签订合同，并在此期间返还未中标人的投标保函或投标保证金。

思考题

1. 工程招标的形式有哪些？公开招标适用的范围是什么？
2. 水运工程施工招标具备的条件是什么？
3. 施工招标的程序是什么？
4. 试述招标资格审查的主要内容是什么。
5. 简述水运工程开标、评标和定标的具体程序是什么。

第*15*章 水运工程合同

15.1 水运工程合同的概念及特征

水运工程合同属于合同法第 16 章建设工程合同中的一种，是水运工程建设过程中诸多合同中最重要的合同，也是监理工程师进行施工阶段合同管理的主要依据。本章将对水运工程合同进行较详细介绍。

15.1.1 水运工程合同的概念

水运工程合同是作为平等主体的发包人与承包人针对水运工程建设而设立、变更、终止相互权利义务关系的协议，是承包人进行水运工程建设、发包人支付价款的合同。水运工程合同的主体（当事人各方）是进行水运工程项目建设投资、发包和管理的项目法人和进行工程承包且具有相应资质的水运工程的勘察、设计与施工的企业法人；水运工程合同的客体是新建、改建和扩建的水运工程建设项目与技术改造项目；水运工程合同的内容为完成水运工程项目的勘察、设计、施工安装所明确的当事人双方的权利义务关系。因此，水运工程合同包括水运工程勘察、设计、施工合同。

15.1.2 水运工程合同的特征

水运工程具有工程量大、技术复杂、工期长、综合性强等特点，因此水运工程合同履行时间长，合同内容变更多，组成合同的文件也比较多。水运工程合同有如下特征。

（1）国家对水运工程合同予以特殊监督和管理。

由于这种合同是针对工程建设项目而订立的，其标的为不动产，工程完成后具有不可移动性，需要长期发挥效能，为经济建设和人民生活服务，一般属于大型基础设施项目，经济意义重大，涉及国计民生问题。因此，国家有必要对它进行全方位监管，从工程招投标、合同订立、履行、工程验收等环节都要受到国家严格的监督与管理。

（2）合同的标的为专业性很强的基础设施建设工程。

水运工程合同的标的是大型的不动产建设项目，是水运交通基础设施项目，其专业性很强，具有专门的勘察、设计、施工技术标准和规范，从事此类工程的勘察、设计、施工以及监理都必须取得专门的水运工程相关资质和从业人员资格，国家对水运工程实行行业管理。不同于一般的建筑工程，合同的履行有其特殊性。

（3）合同的类型属要式合同。

水运工程合同的承建人（承包人）必须是经过批准的具有相应水运工程资质的特定法人。

水运工程合同的订立与履行要求有一定的程序。例如，经过可行性研究批准立项后，制定了计划任务书之后，才能订立勘察设计合同；有了一定的设计文件后，才能订立施工合同等。水运工程合同属于典型的要式合同，这是国家监督和管理的需要。

（4）水运工程合同内容。

体现了项目法人责任制、招标投标制、工程监理制和合同管理制。

15.2 水运工程施工合同的订立

15.2.1 签订水运工程施工合同的法律依据

我国人大和国务院颁布的《中华人民共和国合同法》和《建设工程承包合同条例》是水运工程施工合同签订的主要法律法规依据。

水运工程招标文件、投标文件和中标通知书作为合同订立过程的邀约邀请、邀约和承诺文件是签订合同内容的直接依据。

另外，交通部公布的港口工程施工合同范本（试行）作为规范水运工程合同的格式，也是签订水运工程合同条款的依据。

15.2.2 签订水运工程合同的原则

1. 严肃性原则

工程施工合同是工程项目实施的法律依据，它把当事人的责任、义务、权利都纳入了法制系统。合同一经签订，就对当事人产生法律约束力。因此，自觉执行合同条款，自觉履行合同义务是合同当事人一切行为的最高准则。任何一方违反合同条款给对方造成损失时，受损失方有权依法提出索赔，任何其他人都无权干涉当事人依据法律履行合同。

2. 自愿与对等原则

发包人和承包人是合同当事人双方，经济法律地位是平等的，双方平等地享有权利，平等地承担经济义务，没有主从关系，不允许有一方压服他方的现象存在。任何一方都不得将其意志强加给另一方，更不允许一方借助行政手段干预对方。总之，合同当事人的权利和义务是对等的，合同的变更或解除需经双方共同认可。

3. 严密性原则

水运工程不是一般的加工定制产品，它耗资巨大、合同工期长、涉及的行业多，合同主体具有连带权利、义务关系，如工程中勘察、设计、采购和运输等诸环节，因此客观上要求合同条款细微严密，尽可能面面俱到，考虑到各种可能发生和一切容易引起纠纷的因素。国际工程承包合同条款就认真地体现了这一原则，在合同条款的拟定、合同索赔的处理、合同纠纷的协调、合同变更的程序上都作了严密的规定。我国交通部制定的港口工程施工合同范本（试行），其目的也在于充分考虑可能发生的情况，以免发生经济纠纷和保证工程顺利进行。

4. 强制性原则

水运工程承包合同的执行具有强制性，合同当事人有权要求对方按合同履行义务，否则就要承担法律规定的责任。

水运工程一般为大中型建设工程项目，其承包合同是根据国家规定的程序和国家批准的投资计划、计划任务书等文件签订的，因此必须强制执行，否则将影响到国家宏观计划的实现。

5. 协作性原则

我国是社会主义国家，承、发包双方的目的都是为了我国的现代化建设，所以要强调合同双方的协作精神。协作是前提，以合同作为保证。

15.2.3 签订水运工程承包合同的外部条件

签订水运工程施工合同，必须具备一定的外部条件，只有这些外部条件成立时合同才能有效，并且保证双方都能履行合同，以免引起不必要的纠纷。签订水运工程承包合同的外部条件包括以下几方面内容：

① 初步设计和总概算已经被批准；

② 投资已列入国家和地方基本建设计划，限额资金已落实；

③ 有满足承包要求的设计文件及技术资料；

④ 场地、水源、电源、气源、运输道路已具备或将在开工前完成；

⑤ 材料和设备的供应能保证工程连续施工；

⑥ 合同当事人双方均具有法定资格；

⑦ 合同当事人双方均具有履行合同的能力。

除上述基本条件外，当事人双方在签订承包合同前还要注意以下问题。

① 以上这些基本条件也是工程项目招标的必要条件。一个工程项目招标后，引来许多施工承包企业前来竞争，耗费大量人力、物力。由于以上条件不具备而不能签订合同，这不仅给发包方带来信誉上损失，也给承包单位造成经济损失。退一步讲，即使签订合同，由于条件不具备，资金、设计、材料、设备不落实，拟建工程不能在预定的时间内连续施工，则工期、造价就达不到设计要求呈被动局面，将给国家和社会带来重大损失。因此，我们必须充分重视工程承包合同签订的基本外部条件，国家基本建设主管部门和合同签订单位更要采取有效措施进行监督，确保国家和企业的利益不受损害。

② 实行招标承包制，给施工企业造成了强大的外部压力。企业必须改善经营管理、提高技术水平，真正在实处与对手竞争，做到工期短、质量优、造价低，才能在竞争中取胜。但是，有一些企业为了能够中标，不顾本身的承受能力，一再压低标价甚至低于企业成本，承包后为了盈利不惜弄虚作假、偷工减料，最终使企业丧失信誉，使发包方遭受损失，国家吃亏。对这种情况应引起发包方的重视，在决标阶段就要认真分析各标的情况，综合工期、造价、质量三方面选出最优标。签订合同前应对其履约能力进行审查，并通过履约保证予以约束。

③ 给企业以自主经营权，减少政府的行政干预，采取招标投标的形式订立合同。

15.3　水运工程施工合同当事人的权利义务及责任

发包人和承包人在签订了水运工程施工合同后，就意味着当事人双方各自履行相应的义务，承担相应的责任，同时也享有相应的权利。当有一方违反合同时，另一方则有权追究他的经济责任。在合同中，当事人一方的权利就是对方的义务，或者说一方应尽的义务就是对方享有的权利。

15.3.1　发包人的责任

根据专用条款约定的内容和时间，发包人（甲方）应分阶段或一次完成以下的工作。

1. 提供场地条件

负责办理土地、水域征用，青苗、树木赔偿，房屋拆迁，清除地面、地下、架空、水上和水下障碍物等工作。按合同专用条款中约定的时间、位置、面积和高程向承包人（乙方）提供施工场地。

2. 提供水电与交通条件

负责按合同专用条款中约定的时间、地点开通公共通道与施工场地间的道路，提供供水、供电、通信等线路接点及施工船舶临时停泊水域，并保证施工期间的畅通。

3. 提供施工条件

办理征地许可、航行通告、抛泥区许可证和码头岸线审批等施工所需的各种手续。向乙方提供本工程征地范围地形图，办理临时用地的申报手续。协助解决对乙方施工有干扰的外部条件。

4. 提供技术资料

按合同专用条款约定的时间和数量向乙方提供工程地质报告以及水准点、坐标控制点等技术资料，并组织进行设计交底及现场交验。甲方对其提供的上述资料的真实性负责，乙方则对上述资料的理解和应用负责。

5. 任命甲方代表

甲方应在合同协议书签署后 7 天内任命代表，行使合同约定的甲方权力，负责履行合同的约定的甲方义务，并将此任命书面通知乙方。甲方更换其代表时，应提前 7 天通知乙方。同时，也应将对工程监理机构和对（总）监理工程师的授权通知乙方。

6. 付款

按本合同约定的期限和办法向乙方支付工程价款。

7. 发布工程指令

按本合同的约定，及时向乙方发布工程指令，签发图纸，确认工程进度报表，检查隐蔽工程并办理各种验收或签认手续。

8. 竣工验收

按本合同约定及时组织竣工验收，办理竣工结算。

发包人可以将上述部分工作委托承包人办理，双方在专用条款内约定，其费用由发包人承担。

发包人不按合同约定完成以上义务，导致工程延误或给承包人造成损失的，赔偿承包人的有关损失，延误的工期相应顺延。

15.3.2　承包人的责任

承包人（乙方）应按本合同有关约定承担下述责任。

1. 施工准备

负责施工现场的布置和临时设施的施工。在本合同约定的期限内，向监理工程师提交详细的施工组织设计、施工进度计划及开工申请报告。按合同约定的时间、规格和数量及时到位施工船机和设备。

2. 提交报告及报表

根据工程施工情况及监理工程师的指令及时向监理工程师提交隐蔽工程验收通知、工程质量自检报告、竣工验收申请报告及工程事故报告等，并按时提交月度、季度施工作业计划、用款计划及工程完成情况统计表。

3. 确保工程进度与质量

按设计文件、技术标准及批准的施工组织设计的要求进行施工和材料检验，建立健全施工质量保证体系。

4. 提供条件

按招标书或本合同专用条款的约定，为监理工程师的现场工作提供办公、住宿、交通和通信等条件。

5. 负责工程的保护与保修

对已完工的建筑物和已安装的设备，在交付甲方前应负责保护。保护期间发生损坏，由乙方无偿予以修复。若因甲方提前使用造成损坏，修复费用由甲方承担。工程竣工验收合格后，在合同约定的保修期内，对属于乙方责任造成的任何缺陷，乙方应无偿修复。

6. 任命乙方代表

在合同协议书签署时任命代表（即项目经理），乙方代表应具有国家或交通部颁发的项目经理资质证书并常驻工程现场，负责履行本合同约定的乙方义务和管理本合同工程的施工。乙方更换其代表时，应事先征得甲方同意并提前 7 天通知监理工程师。

7. 遵守政府法令和规章

施工过程中应遵守政府的各项法令和规章，特别是交通、卫生、安全、消防及环境保护等方面的法令和规章。

8. 接受工程监理

接受监理工程师在甲方授权范围内依据本合同对施工的监督和管理，执行监理工程师发布的工程指令，参加监理工程师或甲方主持的工程会议。

9. 临时停泊设施

自行解决施工船舶的临时停泊设施，并按有关部门批准的位置和方式停放。

10. 沉没物品处理

采取一切措施，防止施工船舶、设备及材料的沉没。若发生沉没时，对妨碍交通和其他部门正常作业的均应立即向海监部门报告，并设置浮标或障碍指示灯，直至打捞工作完成为止，所发生的费用由责任方承担。

15.3.3 监理工程师

监理工程师不是水运工程合同的当事人，但为确保工程质量和安全，控制施工进度和工程投资，甲方可委托监理单位对工程实施监理，乙方应接受监理。

1. 监理工程师

监理单位委派的总监理工程师在水运工程合同中称监理工程师，其姓名、职务、职权由发包人在合同的专用条款中写明。监理工程师按《水运工程施工监理合同》的约定行使职权。

甲方应在监理工程师进驻现场前，将监理工程师的职责和权限以书面形式通知乙方。监理工程师在甲方授权范围内，依据本施工合同独立、公正地行使监理职权。

监理工程师在甲方授权范围内所发生的一切行为，均视为甲方行为。

除合同中有明确的约定或经发包人同意外，监理工程师无权解除施工合同中约定的承包人的任何权利与义务。

2. 监理工程师的委派与指令

监理工程师可委派监理工程师代表，行使合同约定的自己的职权，并可在认为必要时撤回委派。委派和撤回均应提前7天报告甲方并以书面通知乙方。委派书和撤回通知作为施工合同的附件。

监理工程师代表在监理工程师授权范围内向承包人发出的任何书面形式的函件，与监理工程师发出的效力相同。

承包人对监理工程师代表向其发出的任何书面形式的函件有疑问时，可将此函件提交监理工程师，监理工程师应进行确认。工程师代表发出指令有失误时，监理工程师应进行纠正。

监理工程师的指令应以书面形式交给乙方代表。确有必要时，工程师可发出口头指令，并在48小时的给予书面确认，承包人对监理工程师的指令应予执行。监理工程师不能及时给予书面确认的，承包人应于监理工程师发出口头指令后7天内提出书面确认要求。监理工程师在承包人提出确认要求后48小时内不予答复的，视为口头指令已被确认。

承包人认为监理工程师指令不合理，应在收到指令后24小时内向监理工程师提出修改指令的书面报告，监理工程师在收到承包人报告后24小时内作出修改指令或继续执行原指令的决定，并以书面形式通知承包人。

紧急情况下，监理工程师或监理工程师代表要求承包人立即执行的指令或承包人虽有异议，但监理工程师或监理工程师代表决定仍继续执行的指令，承包人应予执行。因指令错误发生的追加合同价款和给承包人造成的损失由发包人承担，延误的工期相应顺延。

监理工程师应按合同的约定，及时向承包人提供所需指令，批准并履行约定的其他义务。由于监理工程师未能按合同约定履行义务造成工期延误，发包人应承担延误造成的追加合同价款，并赔偿承包人有关损失，顺延延误的工期。

3. 监理工程师的更换

如果需要更换监理工程师，发包人应至少提前7天以书面形式通知承包人，后任监理工程师继续行使合同约定的监理工程师的职权和义务，不得更改前任监理工程师做出的书面承诺。

监理单位不得任意更换驻工地的监理工程师；如需更换，须得到发包人的批准。

15.3.4 乙方代表（项目经理）

1. 乙方代表的任命和更换

乙方代表是承包人派驻施工现场的承包方的总负责人。他代表承包人负责施工的组织、实施。

乙方代表的水平影响施工的质量和进度。乙方代表的姓名、职务已在投标书中写明，是评标中考虑的一个因素，但仍需将乙方代表的姓名、职务在合同专用条款内写明；一旦确定后，承包人不得随意更换。

承包人如需更换乙方代表，应至少提前7天以书面形式通知发包人，并征求发包人的同意，方可更换；发包人可以与承包人协调，建议更换发包人认为不称职的乙方代表。

乙方代表更换后，继续履行前任的权利和义务，不得更改前任做出的书面承诺。

2. 乙方代表的职责

（1）代表承包人向发包人提出要求和通知。

承包人依据合同发出的通知，以书面的形式由乙方代表签字后送交监理工程师。

（2）组织施工。

乙方代表按发包人认可的施工组织设计（施工方案）和监理工程师依据合同发出的指令组织施工。在情况紧急且无法与监理工程师联系时，乙方代表应当采取保证人员生命和工程、财务安全的紧急措施，并在采取措施后 48 小时内向监理工程师送交报告。责任在发包人或第三人，由发包人承担由此发生的追加合同价款，相应顺延工期；责任在承包人，由承包人承担费用，不顺延工期。

15.4 施工合同范本介绍

施工合同除具有一般合同的特点和作用外，还具有其特定作用。它的突出作用有两点：其一是明确工程发包人和承包人在工程施工中的权利、义务关系；其二是工程施工阶段实行社会监理的依据。

国内外的一些部门把大量的施工合同文书加以归纳、提炼，从中选出每一合同文书都必须具备的带有共性的项目和内容，制定出适合于该类合同需要的、具备比较固定的合同条款项目每一项条款又可以让当事人按实际情况和意志填写具体内容或数字等内容的合同文本,这就是施工合同的示范文本。国际工程适用 FIDIC 施工合同条件,将在下章介绍。国内水运工程现采用《港口工程施工合同范本（试行）》。

15.4.1 施工合同范本的构成

施工合同由三个部分组成：

第一部分 合同协议书；

第二部分 合同通用条款；

第三部分 合同专用条款。

15.4.2 合同《协议书》的基本内容

《协议书》是施工合同范本中的总纲性文件。虽然其文字量不大，但却规定了合同双方当事人最主要的权利义务，规定了组成合同的文件及合同当事人对履行合同义务的承诺。双方当事人都要在协议书上签字、盖章，因此具有很高的法律效力。合同协议书指明具体的甲方、乙方为兴建指明的工程达成的七点协议。

1. 词语定义

与合同通用条款中规定的含义相同。

2. 合同文件的组成和解释顺序

下列文件构成整个合同不可分割的整体，各文件相互补充，若有不明确或不一致之处，以下列次序在先者为准：

（1）双方商定的补充协议或合同期内经双方签署的备忘录；

（2）合同协议书；

（3）双方签署的合同谈判备忘录；

（4）合同专用条款；

（5）合同通用条款；

（6）中标通知书、投标书和招标书；

（7）与本合同有关的其他文件。

3. 合同价款

填入按合同约定的方式、方法计算的、按中标决定的支付乙方按照合同要求完成工程内容的价款总额。

4. 合同施工期

填入双方议定的本合同工程的施工期。可填写多少个月(天),或自某年某月某日至某年某月某日。

5. 双方的承诺

合同当事人双方立约：保证按照本合同的约定，承担和履行各自的全部责任和义务。

6. 合同生效与终止

本协议书由双方法定代表人或其授权的代理人签署并加盖公章后生效。工程经竣工验收合格、保修期满、合同总价款及保修金结清后合同终止。

7. 合同份数

本协议书正本二份，双方各执一份，具有同等法律效力；副本若干份，双方各执若干份，当副本与正本不一致时，以正本为准。

协议书的最后是甲乙双方签字、盖章之处，并要注明签字日期，各自单位的地址、联系电话、传真号码、邮政编码及开户银行、账号；最后写明签约日期及签约地点。

15.4.3 合同《通用条款》的基本内容

《通用条款》是对承发包双方的权利义务做出规定，除双方协商一致对其中的某些条款作了修改或补充外，双方都必须履行。《通用条款》具有很强的通用性，基本上可以适用于各类水运工程。

《通用条款》共有 22 条 102 款。简介如下。

1. 一般规定

共有 5 条。第 1 条词语定义共用 20 款解释合同涉及的 20 个专用名词和用语。这些词语的定义是根据水运工程施工合同的需要而制定的，它可能不同于其他文件或词典的定义或解释，除合同的《专用条款》另有约定外，不能任意解释。第 2 条合同文件说明了其组成和解释顺序，规定了设计文件和补充设计文件的提供和提出。第 3 条合同范围指明应在专用条款中约定工作内容、范围及工程界限等。第 4 条技术标准规定了对工程应采用的技术标准。第 5 条语言、法规和联系方式则规定以汉语文本为准，适用我国的法律法规和部颁有关规章和合同专用条款约定的法规，工程有关各方的一切联系均以书面形式为准。

2. 双方的责任

共有 3 条。第 6、7 条规定了发包人和承包人的责任，而第 8 条则对工程监理和监理工程师的工作进行了规范。

3. 施工期和施工组织设计

第 9 条和第 10 条规定了进度控制方面的内容。

4. 质量控制

第 11 条规定了对工程材料设备及工程本身质量检验、验收、评定及监督的规定。

5.合同价款与支付

第12条规定了合同价款的计算、调整和支付，工程量的确认等投资控制的内容。

6.设计变更

第13条规定了各方提出设计变更的程序和确定变更价款的方法。

7.施工安全

第15条规定了施工安全措施和责任及事故处理的责任。

8.竣工验收与结算

第18条规定了工程竣工验收申请、程序、资料和结算的责任。

9.争议、违约、索赔与赔偿

第20条规定了争议的解决方式、违约的处理、索赔的程序及甲方要求乙方赔偿的情况。

10.合同的管理及其他

共有6条。分别对转让与分包、保险、工程保修、奖励以及合同的中断与中止做出了规定。

15.4.4 施工合同专用条款

专用条款内的多数条款都是空白的，需要由发包人承包人双方协商后，将一致意见写入相应条款内。双方协商的依据如下。

1.法律、行政法规

依据法律、行政法规是订立施工合同的最基本原则，必须遵守。因此，双方在协商专用条款内容时，必须遵守国家法律和行政法规，不得与其相抵触；否则，所签订的施工合同就是无效的。

2.通用条款

合同的通用条款内有许多处需要在专用条款内约定具体内容。因此，合同双方要将通用条款中需要在专用条款内约定的事项进行协商确定。

3.发包人与承包人双方的约定和施工场地的情况

水运工程具有工程地点固定、施工流动、施工工期长和涉及面广等特点，使合同双方都要结合具体工程，在施工准备、施工过程和竣工结束后做大量工作，而许多工作都是涉及对方的。因此，双方都要依据各自的工作情况和涉及对方的情况以及施工场地的环境、条件等，在专用条款内，协商约定结合本工程的具体的条款内容。

但是，在施行招标投标制时，通常的做法是发包人起草招标文件，包括专用条款的内容，承包人依据其条件进行投标。中标后，在此基础上签订水运工程合同。

合同专用条款是对通用条款的补充、完善或具体化，两者条款编号相对应。应对照同一条款一起阅读和理解。如果合同通用条款与合同专用条款之间有不一致之处，以合同专用条款为准。

15.5 合同履行的要点

水运工程施工合同的履行主要是进度控制、质量控制和投资控制，这是合同管理的主要内容。

15.5.1 进度控制

进度控制是施工合同管理的重要组成部分。承包人应当在合同协议书中规定施工期内完成全部工程内容并使工程达到竣工验收标准。如果在合同中约定的工期再加上经监理工程师确认并经甲方批准的施工期延长的期限内不能按期竣工，承包人应承担违约责任。

1. 施工期

（1）开工。

乙方应在合同专用条款中约定的期限内，向监理工程师提交开工申请报告，经监理工程师审查并报甲方批准后，监理工程师应在合同专用条款中约定的期限内发布开工令。乙方应在开工令中指定的日期内开工。

（2）延期开工。

乙方因故不能按期开工时，应在接到开工令后3天内向监理工程师提出延期开工申请报告，监理工程师应在接到乙方报告后3天内作出答复。若监理工程师在3天内未予答复，则视为已同意乙方要求，竣工日期相应顺延；若监理工程师不同意延期要求，或乙方未在规定的时间内提出延期开工要求，则竣工日期不予顺延。

甲方征得乙方同意以书面形式通知乙方后可推迟开工日期，由此给乙方造成的直接经济损失，由甲方承担，竣工日期相应顺延。

（3）施工期延长。

出现下列情况时，经监理工程师确认并报甲方批准，施工期可以延长：

① 设计变更或工程量增加造成工程延期；

② 不可抗力或地质条件变化造成工程延期；

③ 甲方原因造成工程延期；

④ 合同专用条款中约定的其他情况。

凡发生上述情况之一时，乙方应在5天内就延期的内容、天数和因此发生的费用支出向监理工程师提出报告，监理工程师在收到报告后5天内报甲方确认并予以答复，以确定工期延长的天数和费用。若监理工程师逾期未予答复，则可视为乙方的要求已被甲方确认。

非上述原因，工程不能按期竣工，乙方承担违约责任。

（4）暂停施工。

在确有必要时，监理工程师可以通知乙方暂停施工，并在24小时内向乙方提出具体处理意见，乙方应按监理工程师的要求暂停施工。乙方在落实了监理工程师的处理意见后，并在接到监理工程师提出复工通知后，才能继续施工。

停工责任在乙方时，停工损失由乙方承担，施工期不予延长。若由于监理工程师的指令错误或停工责任在甲方时，乙方停工的经济损失由甲方承担，由此影响的施工期相应延长。

（5）提前竣工。

甲方如希望工程提前竣工，可在合同专用条款中约定奖励条件。如果在本合同执行中，甲方要求工程提前竣工，应与乙方进行协商并签署提前竣工协议，乙方应按此协议修订施工进度计划，报监理工程师审批后实施。

（6）阶段工期。

若有阶段工期要求的，在合同的专用条款中约定。

2. 施工组织设计

（1）施工组织设计的提交。

乙方应在合同专用条款中约定的期限内，将施工组织设计提交给监理工程师审查。施工组织设计的主要内容应包括施工进度计划、施工工艺流程及说明、材料供应与检验、施工场地平面布置、施工质量保证措施、施工人员组成、施工船机配备和施工安全措施及施工对环境影响的保护措施等。

施工进度计划应按照网络图关键线路或主要工作横道图进行控制，并应包括每月预计完成的工作量和形象进度。

（2）施工组织设计的审批。

监理工程师应在收到乙方施工组织设计后 7 天内提出审查意见并提请甲方审批，甲方应在接到审查意见后 7 天内予以审批。

审批时，若甲方提出修改意见，乙方应对施工组织设计进行修改和补充，并在接到审批意见后 7 天内向监理工程师提交修改和补充报告；经监理工程师确认后，乙方应按确认后的施工组织设计组织施工。若监理工程师及甲方未在上述限定的时间内提出修改意见或审批，可视为乙方施工组织设计已被甲方批准。

（3）施工进度计划的修订。

如果监理工程师认为工程实际施工进度不符合经甲方批准的施工进度计划时，乙方应按监理工程师的要求对施工进度计划进行修订，并提出保证工程在合同约定的施工期内完成的具体措施，经监理工程师审核并报甲方批准后执行。

3. 竣工验收

竣工验收是进度控制中的一个重要环节，是检验工期是否延误的重要标志。

（1）验收申请。

乙方应在工程完工且具备竣工验收条件后 7 天内向甲方及监理工程师提交工程竣工验收申请报告和工程竣工资料。监理工程师接到验收申请和竣工资料后 7 天内予以审查，提出审查意见，并报甲方审批。若工程及竣工资料符合要求，甲方应在接到申请报告 14 天内组织验查意见，并报甲方审批。若工程及竣工资料符合要求，甲方应在接到申请报告 14 天内组织验收；若工程或竣工资料达不到要求，乙方应按监理工程师的合理要求，对工程或竣工资料予以整修或补充，并重新申请验收，由此而产生的费用和施工期的延误由乙方负责。若监理工程师或甲方未能在合同规定的期限内对工程及竣工资料进行审查和组织验收，由此产生的经济损失由甲方承担，并相应延长施工期。

（2）验收程序。

① 甲方根据乙方提交的竣工验收申请报告和竣工资料，确定验收时间并通知有关各方。

② 甲方组织有关单位按合同约定的内容，对工程建设的各个环节进行审查，听取有关单位对工程管理、设计、施工和监理情况的汇报，审阅工程竣工资料，查验现场，并对工程遗留或存在的问题提出处理意见。

③ 质量监督站对工程质量等级进行评定。

④ 经验收合格，甲乙双方办理工程交接手续。

⑤ 工程验收合格，竣工日期为乙方送交竣工验收申请报告的日期；需要修改后才能达到竣工验收合格的工程，其竣工日期应为修改后提请甲方验收的日期。

15.5.2 质量控制

在施工过程中质量控制是合同履行管理的重要环节，是双方当事人的主要责任，也是监理工程师合同管理工作的主要内容。

1. 材料设备的质量控制

① 工程所用材料、设备除在合同专用条款中约定由甲方供应外，均由乙方按照设计和技术标准的要求自行采购、运输、检验和保管。

② 所有用于工程的材料、设备应有产品合格证书，工程材料应具备由具有相应资质等级的材料检验单位出具的材质证书或试验报告。

③ 材料和设备进场时，乙方应通知监理工程师参加验收，监理工程师有权要求复检。对于设计和技术标准要求不符的材料和设备，监理工程师有权拒绝验收，并由乙方运离施工现场；在材料使用和设备安装过程中，监理工程师有权随时检查和检验，乙方应提供必要协助。若检验发现材料或设备不合格时，该批材料或设备不能用于本工程，乙方应负责拆除、修复及重新采购，并承担由此发生的一切费用；若检验表明材料或设备符合要求，则由甲方承担由此发生的一切费用，施工期相应延长。

甲方供应的材料、设备的产品合格证书副本应交给乙方，甲方应对其质量负责。

2. 乙方质量自检

本合同工程各分项工程、分部工程完成后，乙方应进行质量自检。质量自检不合格时应自行返工，因返工所发生的费用自行承担，延误的施工期不予延长；自检合格后，向监理工程师提交自检报告并通知监理工程师进行验收。

3. 分项工程的质量检查

① 主要分项工程开工前，乙方应将材料、设备和人员进场情况及施工工艺向监理工程师报告，经监理工程师同意后才能开工。

② 上道工序施工完成并经监理工程师验收合格签认后，乙方才能进行下道工序的施工。

③ 在施工过程中，乙方应随时接受监理工程师及其委派人员对材料、工艺流程和操作的检查，并按监理工程师的指令进行返工。若因乙方原因造成返工和施工期延误，返工费用由乙方承担，施工期不予延长；若因监理工程师的不正确指令造成乙方经济损失或施工期延误，则有关费用由甲方承担，施工期相应延长。

4. 隐蔽工程验收

① 乙方在自检合格并签署隐蔽工程自检记录后，填写隐蔽工程验收申请单，在覆盖前48小时通知监理工程师进行验收。监理工程师在接到乙方通知48小时内进行验收，经监理工程师验收合格并在验收记录上签认后，乙方可进行覆盖和继续施工；若验收不合格，乙方应按监理工程师的要求整改并重新申请验收。

② 若乙方未经验收而自行覆盖，监理工程师有权要求剥开或开孔检查，由此造成的损失由乙方负责；若监理工程师在接到验收申请和验收通知48小时内未能进行验收，而乙方已自检合格，则可自行覆盖。监理工程师事后应予确认并补办签认手续。

③ 若监理工程师认为确需对已签字验收并覆盖的隐蔽工程进行复查，乙方应协助复查。若复查结果表明质量合格，由此而引起的一切费用由甲方承担，影响的施工期予以延长；若复查结果表明质量不合格，乙方应进行返工并按上述规定重新申请验收，由此引起的一切费用及施工期延误由乙方负责。

5. 试验与检验

试样、试件应按技术标准的要求送到具备相应资质等级的检验单位进行试验或检验，并及时将试验或检验结果提交监理工程师审查。监理工程师认为必要时，有权指定取样送检验单位复检。

6. 质量等级与监督

工程施工质量应达到本合同约定的技术标准的要求以及合同专用条款中约定的质量等级。

若因乙方原因使工程质量达不到约定等级，甲方有权要求乙方返工，返工费用由乙方承担，施工期不予延长。若返工后仍达不到约定等级时，乙方应承担赔偿责任。若因甲方原因使工程质量达不到约定等级，乙方应根据甲方要求进行返工或修整，甲方承担返工与修整费用，并相应延长施工期。

本工程的质量监督，由质量监督站负责，甲乙双方均应接受其对工程质量的监督与检查。

7. 竣工质量资料

除合同专用条款另有约定外，乙方提交的竣工资料应包括下列主要内容，竣工资料提交的份数在合同专用条款中约定。

① 竣工图纸和资料。

② 工程质量自评报告。

③ 阶段验收和隐蔽工程验收资料。

④ 工程材料及设备试验与检验资料。

⑤ 沉降及位移观测资料。

⑥ 竣工工程整体尺度测量报告。

⑦ 施工报告。

⑧ 竣工结算报告（办理完竣工结算后提交）。

8. 保修期的质量控制

保修期从工程竣工之日起算，水工工程保修期为一年整；疏浚工程不设保修期；其他工程的保修期在专用条款中约定。阶段验收工程的保修期从阶段验收竣工之日起算。

乙方在工程保修期内有责任返修因乙方原因造成的任何工程缺陷或损坏，返修费用由乙方承担。因甲方使用不当或其他非乙方原因造成的损坏，乙方应协助修复，费用由甲方承担。

保修期内，对应由乙方负责的返修内容，乙方应在接到返修通知后14天内开始实施返修，并在甲乙双方商定的时间内修理完毕；否则，甲方有权委托其他单位或人员进行修理，其费用由乙方承担。

15.5.3 费用控制

合同价款及其支付是合同履行中最重要的内容之一。一般应注意以下四个方面的支付。

1. 合同价款与支付

（1）合同价款的计算与支付。

本合同工程的承包方式、合同价款的计算与支付应按合同专用条款中约定的办法执行。

（2）合同价款的调整。

除合同专用条款另有约定外，发生下列情形之一时合同价款可作调整：

① 经监理工程师确认甲方批准的工程量增减和设计变更；

② 国家或地方工程造价管理部门公布价格和费率调整；

③ 一周内非乙方原因造成的停水、停电、停气累积超过8小时、使乙方受到损失时；

④ 合同约定的其他增减或调整。

乙方应在上述情况发生后14天内，将调整的原因和金额通知监理工程师。监理工程师在接到乙方通知后7天内予以确认并报经甲方批准答复，甲方应在监理工程师接到乙方通知后10天内予以答复，逾期未予答复，可视为乙方的要求已被甲方批准。

（3）工程预付款支付。

甲方应按合同专用条款约定的期限和数额向乙方支付工程预付款，并按合同专用条款中约定的期限和比例逐次扣回。甲方未按合同支付预付款时，乙方可在约定预付款到达日10天后向甲方发出催付款的通知。若甲方收到通知后仍不能按要求付款，乙方可在发出通知10天后暂停施工，甲方从应付款之日起向乙方支付应付款项的利息，并承担违约责任及乙方的停工损失。

（4）工程量确认。

乙方应按合同专用条款中约定的期限，向监理工程师提交已完成工程量的报表。监理工程师收到报表后3天内审核签认。

若监理工程师接到报表后3天内未提出异议，乙方报工程量视为已被监理工程师确认。

若监理工程师对乙方所报工程量有异议，乙方应协助监理工程师对已完工程量进行核实并重新核报。

若乙方拒绝协助监理工程师对已完工程量进行核实或不重新核报，则以监理工程师核实的工程量为准。

（5）进度款支付。

甲方根据合同专用条款中约定的时间和办法，依据监理工程师确认的工程量向乙方支付工程进度款；若甲方在合同约定的支付日期10天内未予支付，乙方可向甲方发出催付款的通知，甲方在收到乙方通知后仍不能按要求支付，乙方可在发出通知10天后暂停施工，甲方承担延期支付的利息和违约责任及乙方的停工损失。

（6）延期支付工程款。

如经乙方同意并签订延期付款协议，甲方可延期支付工程价款。

2. 设计变更引起的费用

由甲方提出的变更和设计造成的变更，增加的费用由甲方承担；乙方提出的变更经工程师同意设计单位审查同意甲方批准后，费用协商处理。

发生上述变更后，按下述方法计算其变更工程单价和价款：

① 合同中有适用于变更工程的单价，按合同已有的单价计算；

② 合同中有类似于变更工程的单价，以此单价作为基础确定变更单价；

③ 合同中没有适用和类似的单价时，由甲乙双方商定变更单价；

④ 合同专用条款约定的其他计算方法。

属由甲方承担的费用，乙方应在双方商定的时间内，按上述方法提出变更价款，报监理工程师审查，经甲方同意后调整合同价款和竣工日期。若甲方不同意乙方提出的变更价款，应在乙方提出后14天内与乙方协商；若协商不成，双方可提请工程造价管理部门裁定。

3. 竣工结算

竣工验收合格后，乙方应在30天内向甲方提交结算报告，办理竣工结算。甲方接到结算报告后14天内审核确认，并在确认后7天内将应支付乙方的工程款支付给乙方。

甲方在确认结算报告后7天内未将工程款支付给乙方，从确认结算报告后第8天起按施工企业向银行计划外贷款的利率向乙方支付拖欠工程款项的利息，并承担违约责任。

4. 保修金

保修金的数额在合同专用条款中约定，一般为工程合同价款3%左右。甲方应在保修期满后7天内，将保修金和按合同专用条款约定利率计算的利息一起返还乙方。

除上述费用之外，施工过程中还会涉及安全施工、专利技术、地下文物及障碍物及环保开支等费用，甲乙方应在合同专用条款内约定或临时协商解决。

15.6　施工合同的履行管理

15.6.1　不可抗力与保险

1. 不可抗力

不可抗力是指合同当事人不能预见、不能避免并不能克服的客观情况，它包括社会事件、自然灾害和意外事件。

（1）不可抗力的范围。

指因战争、动乱、空中飞行物体坠落或非甲乙方责任造成的爆炸和火灾，以及合同中约定等级以上的风、浪、雪、雨、地震、洪水、冰和海啸等对工程造成损坏的自然灾害。

（2）不可抗力发生后双方的工作。

不可抗力发生后，乙方应迅速采取措施，尽量减少损失，并在 24 小时内向甲方及监理工程师通报损害情况，7 天内向甲方及监理工程师提交损失情况、清理和修复费用以及施工期延误的报告。

不可抗力造成停工或破坏时，甲乙双方经过协商后由甲方给予合理补偿，但此类补偿不包括因乙方防范措施不当而造成的损失和应由乙方承担的费用。清理与修复工作的责任和所需费用，由甲乙双方另签补充协议或共同签署备忘录约定。

（3）不可抗力费用的承担。

因不可抗力发生而产生的费用，由甲乙双方分别承担：

①工程本身的损害由甲方承担；

②人员伤亡由其所属单位负责；

③乙方设备、船舶和机械的损坏由乙方承担。

2. 保险

保险是一种受法律保护的分散危险、消化损失的经济制度。工程保险包括财产保险和人身伤亡保险。

（1）建筑工程一切险。

承保各类民用、工业和公用事业建筑项目，在建造过程中因自然灾害或意外事故而引起的损失。

（2）第三者责任险。

承保在工程施工过程中因发生意外事故造成工地及邻近地区第三者的人身伤亡、疾病或财产的损失。

（3）工伤事故险。

也称人身意外险，一般是承包人对其施工人员进行的人身意外事故保险。

（4）机器损坏险。

承保大型机械设备在使用期间发生损坏的保险。

施工合同规定双方保险义务分担如下：

① 本工程的建筑工程一切险和第三者责任险的投保在合同专用条款中约定，一般由甲方承担；

② 本工程的施工人员、船机设备的保险，由乙方负责。

15.6.2　工程的转让与分包

水运工程施工合同一经签署不得转让。

主体工程不得分包。若部分分项工程确需分包时，须取得甲方同意。乙方应将分包合同副本提交甲方备案。

乙方对施工合同所承担的全部责任和义务，不受分包的影响。监理工程师有权对分包人的施工质量、施工安全和施工进度进行监督。分包人的任何违约与疏忽，均视为乙方的违约与疏忽。

分包合同的签订，不改变施工合同的主体关系，也不解除双方的权利与义务，发包人与分包人不存在直接的合同关系。分包人对承包人负责，承包人对发包人负责。

分包工程价款由承包人与分包人结算，发包人不能与分包人进行结算。

15.6.3　争议、违约、赔偿与奖励

1. 争议

合同当事人在履行施工合同过程中发生争议时，应协商解决，或者提请主管部门进行调解。如能解决争议，则协商的补充协议或调解书就是合同的组成部分，其解释顺序排在原有合同文件的前面。若协商及调解无效，双方可选用以下方式之一处理：

① 双方达成仲裁协议，向约定的仲裁机构申请仲裁。

② 向有管辖权的人民法院起诉。

争议发生后，除双方均同意停工外，双方都应继续履行合同；否则，视为违约。

2. 违约与赔偿

任何一方不按合同履行自己的责任和义务，均为违约。

（1）甲方违约及责任承担。

甲方违约包括不按合同约定支付预付款、工程款及工程结算价款，没有按合同规定履行其他应承担的责任和义务；监理工程师没有按约完成工作给乙方造成损失的也视为甲方违约。

甲方承担违约责任的方式有赔偿损失、支付违约金、顺延工期和继续履行。

（2）乙方违约及责任承担。

乙方违约主要包括：

① 施工质量达不到合同专用条款约定的等级；

② 因乙方原因延误了施工期；

③ 施工中因乙方原因造成工程重大损失。

发生上述情形之一时，甲方可按合同专用条款中约定的办法和标准要求乙方赔偿。同时，甲方也可要求乙方支付违约金、采取补救措施和继续履行。

3. 奖励

乙方积极履行合同责任，当符合下述情况之一时，甲方可按合同专用条款中约定的标准和方法，给予乙方奖励：

① 工程施工质量高于合同专用条款约约定的等级；

② 按甲方要求提前竣工。

15.6.4 合同的中断、终止与解除

1. 合同中断

由于政策的变化和甲乙双方之外的原因（通常是不可抗力）导致工程停建或缓建，使施工合同不能继续履行，视为合同中断。

合同中断后，乙方应妥善做好已完工程和已购材料、设备的保护工作和工程的移交工作。按甲方的要求将施工船机和人员撤离现场。甲方应为乙方撤离现场提供必要的条件，并按合同约定支付已完工程价款和赔偿乙方因合同中断所造成的直接经济损失。

2. 合同终止

施工合同在工程竣工验收合格、乙方将工程移交甲方和竣工结算完毕后，除有关保修条款外，其他条款终止。保修期满，甲乙双方结清保修金后，保修条款终止。

3. 合同解除

施工合同订立后，当事人应当按合同的约定履行。但是在一定的条件下，合同没有履行或者没有完全履行时，当事人也可以解除合同。上述因政策改变和不可抗力使合同中断即是合同解除的特例。除此之外，尚有如下情形可以解除合同。

（1）合同的协商解除。

施工合同成立之后，完全履行之前，双方当事人通过协商一致可以解除施工合同。

（2）当事人一方违约时的解除。

甲方不按合同约定支付工程款，双方又未达成延期付款协议；乙方违反分包规定，将工程肢解后转包给他人；合同当事人一方其他严重违约行为使施工合同不能履行时，另一方可要求解除合同，但应提前14天通知违约方，由此造成的经济损失由违约方承担。

合同解除时，双方应进行结算和清理，因为合同权利义务的终止，不影响合同中结算和清理条款的效力。

思考题

1. 水运工程合同的主要特征是什么？

2. 我国水运工程施工合同的法律依据是什么？

3. 签订水运工程合同的原则是什么？

4. 签订水运工程承包合同的外部条件是什么？

5. 水运工程施工合同中发包人和承包人的责任各是什么？

6. 施工合同范本由哪些部分构成？

7. 合同文件的组成和解释顺序是什么？

8. 不可抗力的含义、范围是什么？因不可抗力发生的费用，合同双方如何承担？

第 *16* 章 国际工程合同与 **FIDIC** 合同条件

16.1 国际工程与国际工程合同

16.1.1 国际工程

1. 国际工程的概念

所谓国际工程是指一个工程项目的参与者来自不止一个国家，并且按照国际上通用的工程项目管理模式和国际惯例进行管理的工程。

国际工程有两层含义。其一是指境外工程，即工程所在地在境外，工程建设应按工程项目所在国的有关法律和规定或国际惯例进行，如我们到国外或境外承包工程。其二是指虽然工程项目所在地点为本国内，但涉及到国际上的投资（或贷款）或国外业主或国外的承包商参与的工程建设。这主要是指利用世界银行或亚洲开发银行贷款或外国政府贷款的工程建设项目。一般意义上，我们讲的国际工程是指到境外去从事的工程建设活动。因此，国际工程也称为涉外工程。

按所从事的国际工程业务划分，国际工程涉及两个领域：一是国际工程咨询；另一个是国际工程承包。前者的主要工作包括为业主提供可行性研究、工程设计、专利技术、工程监理或项目管理等技术和管理服务，相当于我国的工程建设咨询和监理业务，只是其服务范围更宽一些。

2. 国际工程的特点

从事国际工程与从事国内工程相比，具有如下主要特点：

（1）合同的国际性。

国际工程合同的国际性，一是指签订合同的当事人双方属于两个不同的国家或地区，如国际工程承包是由一国的承包商为承担另一国的工程项目的建设而和该项目的业主订立合同，作为当事人一方的承包商须在外国履行其全部或大部分合同义务，即合同的履行地对承包商来说在国外；二是国际工程合同往往要涉及多国的法律，要受到相关法律的制约，因此各方在商定合同条款时各项条款均不能违反当事人本国的法律，必要时双方当事人还会选择国际法或国际惯例作为合同的约束和规定；三是国际工程合同的付款条件，绝大多数都是规定了支付两种及以上的货币，一般是一种为当地货币（可能是"软"币），另一种是国际可流通货币（一般选"硬"币）；四是如果当事人双方在执行合同中发生纠纷，经协商而不能解决，提交仲裁时，通常也是提交第三国或国际仲裁机构进行仲裁；五是对工程规范和技术标准的采用也具有国际性，不像国内工程中只在合同中写上按现行规范和标准执行即可，而国际工程必须在招标文件或合同附件中将所采用的规范及标准的名称及内容一并给出，以便按此执行和验收。因此，国际工程合同不同于国内工程合同，具有明显的国际性。

（2）工程具有综合性。

国际工程的范围大，涉及面广，如国际工程包含国际工程咨询和国际工程承包。国际工程咨询的业务范围很广，其服务的对象可以是业主，也可以是承包商，还可以是国际金融机构或贷款银行。而国际工程咨询公司本身也可以与承包商一起联合投标承包工程项目。国际工程承包既可以是施工承包，也可以是设计施工总承包，甚至进行 BOT 模式；可以是一家单独承包，也可以几家联合承包；可以承包劳务、设备制造或供应、工程设计、施工、安装、调试，还可以提供技术、专利，甚至资金。它是一项涉及勘察设计、采购、施工、安装、人员培训，以及土木工程、机械电气工程和技术转让等的综合性工程承包。在合同实施过程中，不仅是当事人的行为，还涉及到多方面的关系。例如，业主方面有他的咨询（监理）公司、业主代表及投资贷款银行的代表等；承包商方有合伙人、代理人和分包商、材料供应商等；还涉及银行和保险公司一类的担保人和关系人。

（3）按照严格的合同条件和国际惯例管理工程。

国际工程的参与者不能完全按照某一国的法律或靠某一行政指令来管理工程，而是采用在国际上通用的且较严格的合同条件和工程管理的国际惯例进行管理。国际惯例是指适合于国家与国家之间（就公法性质而言）或适用于国际贸易和海事活动（就国际私法性质而言）的在一定范围被人们所熟知，经常地、反复地采用并被认为具有普遍的约束力的某种做法或方法。国际惯例不是国际或国家法律，惯例用于填补法律规定的空缺，当其被法律明示或默示或不违背法律及一国的社会公众利益时，产生法律效力。例如，在国际工程中采用 FIDIC 合同条件、实行工程师管理制度、合同纠纷的仲裁方式、索赔制度、工程保险制度、投标和履约保证制度等都是国际工程有关管理中的惯例，一般都纳入合同条款，对各方产生约束力；且合同各方对待合同非常严肃。认真研读，一是为了避免在履行中因对合同规定不了解而出现违约行为，另一方面也为限制对方或进行索赔或反索赔提供依据。

（4）具有较大的风险性。

这是因为国际工程要求承包人具有很高的经营管理水平和先进的施工技术手段。在承包的工程项目建设中，要受到很多条件的制约和影响，其中有些影响因素和条件是承包人自己无法估计到和控制的，孕育着很大的风险。由于土木工程项目合同金额大、施工期长，项目所在国的政策和法律的改变以及政局的风云变幻难以预测，以及货币贬值、承包市场激烈竞争，这些都将直接影响到材料设备价格的变化，影响到工人的工资，影响到承包人对设备的转移和外汇的转移。这些条件的变化决定着承包人的盈亏。诸如金融危机、石油危机、战争、内乱、国际制裁等都会给国际工程造成重大的影响。因此说，国际工程具有较大的风险。

16.1.2 国际工程合同

1. 国际工程合同的含义

国际工程合同是指一国的当事人为取得酬金，以自己的人力、物力和技术，在他国境内承包兴建该国政府或业主投资兴建的工程项目或为其提供咨询和管理服务所签订的协议。在构成此合同的三大要素中，总有一个或两个要素发生在境外，因此此合同属于涉外工程合同。按照国际工程的业务划分，国际工程合同分为国际工程咨询合同和国际工程承包合同。为了能使从事国际工程业务的公司更好地开展业务，避免因合同条款上发生争执或产生歧义以至在合同履行中产生纠纷，按国际惯例，一般当事人双方协议采用国际上比较通用的且规范和全面严谨的标准合同条件，这就是国际工程合同条件。

2. 国际工程承包合同的种类

国际工程承包合同从不同的角度，根据不同的标准，可以有多种分类方式，通常的分类如下。

（1）根据承包内容分类。可以分为工程设计承包合同、工程施工承包合同和总体承包合同等。

工程设计承包合同是某工程项目的业主与设计咨询公司或咨询人之间为该项目的设计而签订的承包合同。承包的内容包括承包人为业主提供设计方案和施工图纸，以及在施工阶段提供设计监理（相当于我们国家的设计代表工作）。

对某项工程的施工进行承包而签订的合同称为工程施工承包合同，承包的内容是承包人负责按发包人提供的图纸要求完成项目的施工任务。

对工程设计和施工同时进行承包而签订的合同叫做总体承包合同（A11-in Contract）。它又可分为统包合同或"交钥匙"合同（Turnkey Contract）、半统包合同（Semi-Turnkey Contract）、产品到手承包合同（Product in Hand Contract）和分项承包合同（Separate Contract）。其中，统包合同是指由承包方与发包方之间直接签订某项工程的全部任务的协议，包括从方案的选择、规划、勘察、可行性研究、设计材料供应、施工和安装到操作人员培训、试车投产等，直到产品质量、数量及原材料消耗达到设计要求后，再移交给发包人的合同。半统包合同是指由一个承包人统包一个工程项目的全部技术和建设工作，直到该工程项目符合合同规定的各项指标和效率，但不必对产品的质量、数量、原材料消耗标准负责的合同，又称半交钥匙合同。产品到手合同是指承包人不仅必须履行从勘察、设计施工交付使用的各项建设任务，而且还必须承担在工程使用后一定时间内的技术指导、设备维修和技术培训等任务，并保证能按照合同规定的各项指标生产出合格产品的合同。分项承包合同是指发包方将一项总的工程分为若干部分，每个部分包含一个或几个子工程项目，分别与若干承包人签订的合同，各承包人只对自己所承担的项目负责，而整个工程项目由发包人负责协调组织。

此外，还有阶段发包方式（Phased Construction Method）合同，也称为CM方式（Construction Management Approach）合同；建造—运营—转让（Build-Operate-Transfer，简称BOT）模式合同。BOT合同模式的合同主体为：

① 东道国政府（Host Government）/部委（Ministry）/公营部门机构（Public Sector Agency），为项目的建议、立项和最终所有者。

② 特许或私营项目公司，为项目的承办、融资、运行者，在项目经营期内拥有特许权，可以自行经营也可以出租，一般由承包商、设备供应商及维修和经营项目的公司所组成的联合体。保险公司、国际金融机构、某些基金会或东道主政府都可能成为其股东。

③ 施工联合集团（Construction Consortium），为项目的交钥匙固定总价合同的承包商，负责设计、建造、设备采购、安装和调试等项工作，这种方式多用于国家的大型的基础设施建设，如道路、桥梁、交通隧道、供水、排污、废物处理、港口、电站、电信和一些工业项目。

（2）根据计价和支付方式分类。可分为总价合同、单价合同和成本加酬金合同。

总价合同（1ump-s1im Contracts）是指承包人同意按照当事人双方在合同中确定的总价，负责完成合同规定的全部工程任务的合同。它是最通用的一种合同形式。适用于业主已有详细的设计，预先能比较准确地估计出工程的总造价，并以此总合同价发包给承包商。通常是通过投标竞争来确定合同总价。它又分为固定总价合同（Fixed Price Contract）和可调整的或浮动的总价合同（Adjustable Price Contract）两种。固定总价合同的特点是其价格不随外部条件的变化而变动，承包商不得以此变动向业主要求补偿。这种合同形式对承包商来说风险较大。可调整的总价合同的特点是双方在合同中约定，当某种因素使价格的变化超过一定范围时，可以调整合同价。风险为承包商和业主按比例分担。

单价合同（Unit Price Contract），又称按量计价合同（Admeasurement Contract），是总价合同的一种变形。它是根据承包商自己在投标时或其他方式拟定的单价和价格，按照已完成的工程量进行结算的一种计价合同。其特点是量变价不变。一般又分为工程量表合同和单价表合同。前者是招标文件中列有工程量清单，由承包商报价确定单价，执行中单价不能变，而工程量可按实际结算。FIDIC《土木工程施工合同条件》即属于此种合同形式。但该合同条件又规定在某项目实际完成的工程量超出或少于工程量表中规定的工程量的 25% 以上时，可以对该项目的单价进行调整。而后者是只列出工程项目名称，但无工程量，承包商要对各给出项目报出单价，最后按实际完成的工程量乘以所报单价计算合同价格，又称之为纯单价合同（Straight Unit Price Contract）。这种合同形式适用于没有详细图纸就进行招标的情况。单价合同对承包商来说没有工程量风险，但有单价风险。

成本加酬金合同（Cost Plus Fee Contract）是指承包商为完成工程项目和合同中规定的其他任务所实际发生的成本，再加上业主向承包商支付的一笔酬金和应得的利润而确定的合同价格的一种合同形式。此种合同又分为成本加百分率酬金合同、成本加固定数目酬金合同、成本加奖金合同以及最高限额成本加固定酬金合同。这种合同的特点是成本费实报实销，对承包商来说承担的风险是最小的，一般适用于特殊工程项目（如军事或国防项目）的承包。

（3）根据发包人身份分类。可以分为主包合同和分包合同。

主包合同（Main Contract）是由发包人（业主）同承包人（商）直接签订的合同，双方之间存在着直接的权利和义务关系。分包合同（Sub—Contract）是主包合同的承包人（即主承包人）将自己所承包的工程项目中的一部分分包给其他承包人（即分承包人）而签订的合同。

（4）其他分类。

其他分类如单独承包合同和联合体承包合同、工程承包合同和机电设备制造安装合同以及劳务合同等。

3. 国际工程合同条件简介

国际工程合同条件是一种供国际工程参与者选择使用的标准格式合同文本。使用标准格式的合同条款有明显的优点，有利于平衡各方之间的权利和义务关系，尤其能公平地在合同各方之间分配风险和责任。大多数情况下，由于权利和义务关系明确，则避免了履约程度低下、成本增加以及由于施工合同各方彼此之间缺乏应有的信任而引起的争端。

使用标准合同条件不仅有利于顺利地完成合同，而且很可能使标价有所降低，这是因为投标者熟悉合同规定的适用条件。由于投标者熟悉合同条件，所以他们的估价也将是准确的，而不必过多地考虑资金的额外备用问题。同时，标准合同条件有利于合同管理人员的工作，这将提高合同管理人员的工作效率和业务水平。

目前国际工程上常用的合同条件主要有国际咨询工程师联合会（FIDIC）编制的各类合同条件、英国土木工程师学会的"ICE 土木工程施工合同条件"、英国皇家建筑师学会的"RIBA/JCT 合同条件"、美国建筑师学会的"AIA 合同条件"、美国承包商总会的"AGC 合同条件"美国工程师合同文件联合会的"EJCDC 合同条件"、美国联邦政府发布的"SF–23A 合同条件",等等。其中,以 FIDIC "土木工程施工合同条件"、"ICE 土木工程施工合同条件"和"AIA 合同条件"最为流行。

大部分国际通用的施工合同条件由"通用条件"和"专用条件"两部分组成。通用条件是指对某一类工程都适用,如 FIDIC《施工合同条件》对各类土木工程如房屋建筑、工业厂房、公路、桥梁、水利、港口、铁路、机场等均适用。专用条件则是针对一个具体的工程项目,根据项目所在国和地区的法律法规的不同,根据工程项目的特点和业主对工程建设的不同要求而对通用条件进行具体化、修改和补充。

（1）FIDIC 合同条件。

FIDIC 是国际咨询工程师联合会（Federation Internationa1e Des Ingenieurs Conse11s）的法文名称的缩写,它是各国咨询工程师协会的国际联合会。FIDIC 合同条件是一个系列合同条件。过去最常用的有五个合同条件,即《土木工程施工合同条件》(简称红皮书)、《业主／咨询工程师标准服务协议书》(简称白皮书)、《电气与机械工程合同条件》(简称黄皮书)、《设计—建造和交钥匙工程合同条件》(简称橘皮书)和《土木工程分包合同条件》(简称赭皮书)。1999 年 FIDIC 在原合同条件的基础上进行重新编写又出版了最新的《施工合同条件》(简称新红皮书)、《永久设备和设计—建造合同条件》(简称新黄皮书)、《EPC 交钥匙项目合同条件》(简称银皮书)及《合同简短格式》(简称绿皮书)四个合同条件文本。

（2）ICE 合同条件。

ICE 是英国土木工程师学会（The Institution of Civi1 Engineers）英文名称的缩写。它是设在英国的国际性组织,是根据英国法律具有注册资格的教育、学术研究与资质评定的团体。ICE 在土木工程合同方面具有很高的权威性,它编制的土木工程合同条件在土木工程界具有广泛的应用。ICE 属于固定单价合同格式。同 FIDIC 合同条件一样,ICE 合同条件是以实际完成的工程量和投标文件中的单价来控制工程项目的总造价的。ICE 也为设计—建造模式制定了专门的合同条件。同 ICE 合同条件配套使用的还有《ICE 分包合同标准格式》,供承包商与分包商签订分包合同时使用。

（3）AIA 合同条件。

AIA 是美国建筑师学会（The American Institute of Architects）英文名称的缩写。AIA 在美国建筑界及国际工程界具有较高的威信。AIA 出版的系列合同文件在美国建筑界和国际工程承包界特别在美洲地区应用广泛。AIA 制定和发布的合同条件主要用于私营的房屋建筑工程,共有五个系列：A 系列是用于业主与承包商的标准合同文件,不仅包括合同条件,还包括承包商资格申报表、保证标准格式等；B 系列是用于业主与建筑师之间的标准合同文件,其中包括专门的用于建筑设计、室内装饰工程等特定情况的标准文件；C 系列是用于建筑师与专业咨询机构之间的标准文件；D 系列是建筑师行业内部使用的文件；G 系列是建筑师在企业及项目管理中使用的文件。其中,"施工合同一般条件 A201"是 AIA 合同文件的核心。

16.2 国际工程招标投标

16.2.1 国际工程招标投标的特点

国际工程招标投标除了和国内工程招标投标有相同点外,还具有其他特点。特点之一是国际性。

招标对象不局限于本国，而是面向世界各国、各地进行招标，凡符合招标中要求条件的各国承包商都可以投标。特点之二是竞争性。国际工程竞争非常激烈，国际工程承包与劳务市场已被国际上几大承包公司所占据，像我国这样的发展中国家想打入国际承包市场并占有一席之地，往往要花费很大力量去竞争角逐；即使是国内利用"两行"贷款的项目，我们自己的承包与施工队伍在国际工程招标面前，也往往败下阵来。特点之三是法规的特殊性。国内工程完全可按本国的法律和有关规定进行建设活动。参与国际工程招投标，要按照所在国的法律和规定工作，要参照国际惯例进行招投标的各项活动。特点之四是价格的市场性。国际工程投标报价工作不同于国内，标价的编制方法和单价的确定具有明显的市场经济的特点。价格要随行就市。还有，价款的表示要涉及外币，因此也要涉及汇率问题。这些特点都是要在招标投标中加以注意的。

16.2.2 国际工程招标方式

国际工程招标方式基本上可以归纳为两大类，即公开招标和限制性招标。

1. 国际公开招标（Internationa1 Competitive Bidding）

公开招标的含义是招标活动处于公共监督之下进行的。这种招标将按"国际竞争性招标（ICB）"的程序和条件或工程所在国制定的公开招标法规和程序进行。公开招标通常公开发表招标通告。它可以在适当的报刊或互联网上登广告，或将通告寄给具有潜在投标能力的国家在该工程所在国的大使馆或领事馆，也可以直接寄给某公司。这种招标方式具有广泛性和公开性，凡愿意参加该工程投标的公司都可按通告要求时间和地址购买或领取有关工程介绍材料和资格预审表格。只有经过预审并符合要求的公司，才能购买招标文件和参加投标。

公开招标一般均公布投标截止日期、开标日期、时间和地点，并在招标机构所有决策人员和投标人在场的情况下当众开标。开标的结果——各投标人的报价和投标文件的有效性均应公布，并由出席开标的招标机构所有决策人员在各承包商的每份标书的报价总表上签字，以表示从此时到授标前任何人不得修改报价。

在公开招标中，开标是当众进行的，评标和决标却是秘密进行的，但必须遵循规定的程序和原则，坚持公平合理。在评标期间，评标组织可以要求投标人回答或澄清其投标书中某些不清楚或含混的问题，但无权要求或接受承包商调整标价；只有在评出中标者之后，通过议标和商签合同时，根据双方的讨价还价，方可调整最后的合同价。

除非招标文件中另有规定或报价明显不合理，公开招标一般应将标授予最低报价者。这种招标如前所述，竞争性强，透明度高，是一种比较理想的招标模式，一般国际经济机构如世界银行、各地区开发银行资助的工程或物资采购都采用这种方式。这种方式也称为国际竞争性招标。

2. 限制性招标（1imited Tendering）

限制性招标也称选择性招标（Se1ecting Bidding or shopping）。这种方式是在招标中附带一些限定条件而不能实现公开招标。这种招标方式有以下几种。

① 排他性招标。贷款国要求长期贷款的工程只向贷款国的承包商招标，排除第三国的承包商，甚至借款国的承包商与第三国承包商合作投标也排除在外。

② 指定性招标。由工程项目业主指定某些他认为资信可靠和能力适应的公司参加投标。

③ 邀请性议标。由项目业主专门邀请少数公司各自报价和分别议标。

④ 地区性招标。由于资金来源属于某一地区的组织，如阿拉伯基金、沙特发展基金、地区性开发银行等，仅限于该组织的成员国的公司参加投标。

⑤ 保留性招标。仅允许本国承包商投标，或保留某些部分给本国承包商。这种方式的招标，由于附加了一些限定条件，会造成不公平竞争。但这种方式在一些国家和地区还是应用得比较多的。

在国外，一些私营项目大多采用议标的方式。

16.2.3 国际工程招标投标程序

1.招标投标程序

招标投标过程是工程的承发包过程，也是工程项目业主和承包商之间相互选择最后成交的活动过程。招标是以业主为主体进行的活动，投标是以承包商为主体进行的活动，而两者又是招标投标总活动中不可分开的两个方面。因此，图 16-1 的程序图将两者合并给出。图中实线部分是业主的程序线，虚线部分指承包商的程序线。

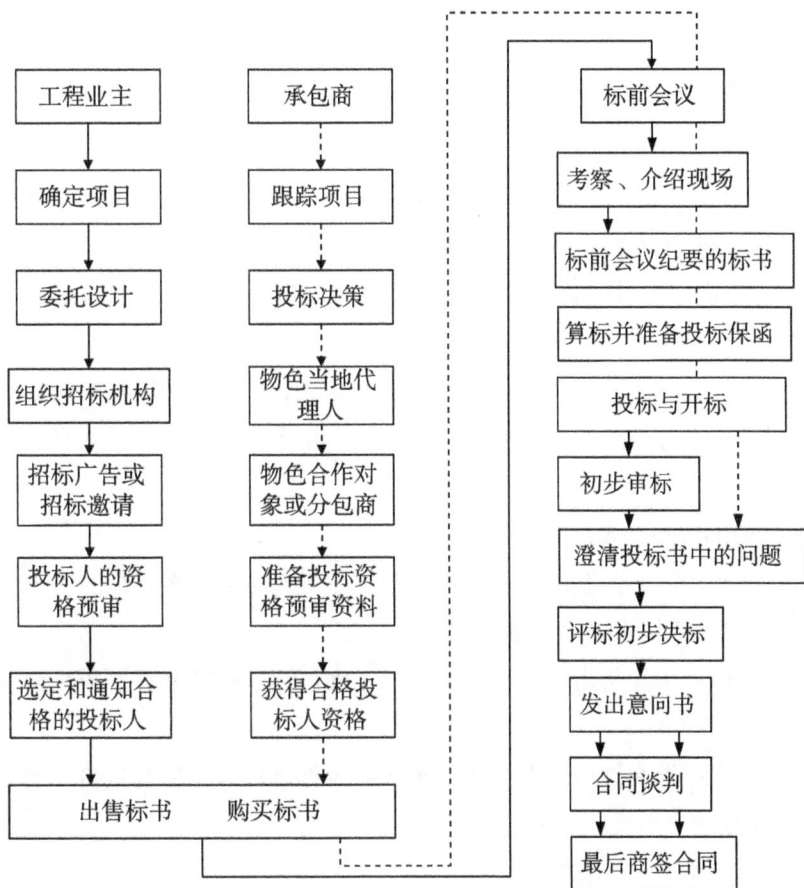

图 16-1　国际工程招标投标程序图

2.公开招标投标中的国际惯例

由于各国对招标投标过程和活动的要求不同，招投标程序和有关内容也较难统一，但大多数国家在国际工程招标投标过程中一般采用各国都能接受的通用做法——国际惯例。现仅就公开招标规则中的一般国际惯例加以介绍。

（1）关于招标通告。

公开招标的项目，一般均在官方的报纸上公布招标通告，并可将招标通告通知有关国家驻在该国的大使馆和领事馆。

招标通告的内容通常包括：招标业主的名称和项目名称；资金来源、项目地点、招标工程内容及招标范围简要说明；计划开、竣工日期；发售招标文件的地点和时间；购买招标文件的费用，投标保证金数额，等等。

若在发售招标文件之前需要进行投标人资格预审，可以在招标通告中将招标文件换成资格预审申请表，并注明递交资格预审资料的截止日期。

（2）关于资格预审。

在国际工程招标中，对投标单位进行资格预审是不可缺少的步骤之一，其实质就是业主对报名参加投标的众多承包商的技术水平、财务实力和施工能力进行调查，从中选择出具有适合该工程承包能力的若干个承包商进行投标，以减少后期的工作量及提高中标率，减少工程建设中的风险。

凡是需进行投标人资格审查的项目，应当准备一份投标申请书，供愿意参加投标的承包商填写。申请书实质上就是资格预审文件，一般包括以下三个方面的内容。

① 由业主准备的工程简介。这个简介要比招标通告中对工程的介绍要详尽一些，以便承包商能够了解该工程的某些细节，使其做出是否参加投标资格预审和参加投标的决策。

② 对投标人的限制条件，如对于参加投标的公司是否有等级和国别的限制，或是否有承包过此类工程的经验。

③ 要求拟投标人填报的质询表格和应随申请书一起递送的其他资料。其中，包括关于施工经验的质询，即过去和现在的施工履历和业绩；关于施工计划和施工机械设备的质询；关于工程承包方式；主要项目经理的姓名和国籍，劳务人员的组织，机构设置情况；关于财务状况的证书，主要是提交资产负债表及证明人。

有的申请书中还有宣誓书等。一般应当规定资格预审申请书和递交资料的份数，每份递送的地点和时间，并明确文件使用的语言文字。应明确是否必须具有当地代理人，是否必须报送代理人协议和提供代理人的基本情况。

（3）关于招标文件的准备与发出。

一项工程在招标之前，必须准备好正式的招标文件，其内容和前面介绍的国内施工招标文件的内容基本相同，其重点主要在于以下三个方面。

① 投标者须知。投标者须知是指导投标单位如何正确进行投标的文件。投标者须知所应包括的基本条款有：

ⅰ. 收标，它是在取得招标文件后，有兴趣的承包商应将承包该工程的报价（投标书）密封后于规定日期以前交送指定地点的业主代表手中的说明；

ⅱ. 合同文件的拟定单位（如 FIDIC）；

ⅲ. 向投标者解释招标文件、说明投标者在发现招标文件中的问题或有不清楚的地方应该用何方式（书面）向谁询问，以及被询问人用何种方式（书面补遗）对提出的问题予以解答或澄清，补遗应成为标书的正式组成部分；

ⅳ. 投标书的编制和提交。这里提出对投标书的编制要求、采用语言和正本副本要求、提交方式及时间要求，以及提交后可否更改、用何种方式更改等；

ⅴ. 业主拒绝投标书的权利；

ⅵ. 投标保证书；

ⅶ. 施工现场的勘察时间和地点；

ⅷ. 投标的充分条件，即保证标价合理、准确和正确；

ⅸ. 更改和备选方案；

x. 投标日期和开标日期的推迟。

xi. 保密要求。

② 投标保证书。投标保证书是由业主认可的银行或其他担保机构出具的文件。其内容是向业主担保。投标人的标书被接受之后，一定同业主签订承包合同，不得反悔而中途退标；否则，将没收保证书规定的担保金额，以赔偿业主的损失。担保金额一般为标价的 2% ~ 5%，或业主规定的具体数额。保证书通常由投标人和担保人共同签署，也有由担保人单独签署的。

③ 合同条件。合同条件是国际工程招标文件中的重要组成部分，其目的在于使投标人预先明确其在中标后的权利、义务和责任，以便在报价时充分考虑这些因素。合同条件通常由业主委托咨询机构起草。一般应说明合同所依据的法律及合同文本所用的语言，然后列出合同主要条款。以往在国际上广泛采用的合同条件文本是国际咨询工程师联合会（FIDIC）编写的《土木工程施工合同条件》，现已出版了 1999 年版的新的四部 FIDIC 合同条件。

招标文件只售给获得投标资格的投标人。招标文件的正本一般均盖有主管招标机构的印鉴，这份正本作为投标文件的正本交回。应当规定招标文件是保密的，不得转让他人。

（4）标前会议。

一般在投标人须知中都注明了标前会议的日期，若有变更应及时通知已购买了招标文件的投标人。标前会议的目的主要是统一澄清投标人提出的各类问题。这些问题都是在研读标书中发现的，有的是不明白，有的可能是错误。这些问题都应以书面形式在规定日期寄送给招标机构。标前会议一般均在工程所在国境内召开。一般在标前会议中还要组织投标人到现场考察。这对投标是非常重要的，关系到能否正确报价，应当在投标须知中写明标前会议及现场考察费用由投标人自理。标前会议中对各种问题的答复应整理成书面材料，作为招标文件的一部分下发给投标人。标前会议还应最后确定开标日期。

（5）收标和开标。

收标一般是在招标文件指定地点设有投标箱，并由招标人委派专人负责保管。收标后应将盖有接收日期的收据给投标人，以证明是在规定投标截止日之前投入的。在投标截止日期和时间一到，应立即封闭投标箱，以示投标到此结束。

对于公开招标的项目，都应由招标委员会主持举行开标仪式。在此仪式上，应当众拆开所有的标书，宣读其标价；在投标致函中已说明自动降低的价格也一并宣布。会上还应拆阅各投标人递交的银行保函，并检查保函金额及开保银行是否有效。保函不符合规定要求的，投标为废标。

（6）澄清问题、评标和决标。

评标是由专门的评审委员会或技术委员会负责进行的。首先应研究开标会议上宣布的标价较低的前几名投标书，发现问题或出入可以分别召请投标人前来答辩，澄清问题。这种澄清问题完全是为了搞清标书中的某些问题，而不是议标或对被邀请的投标人的偏爱。评标时不仅研究报价，还要对工期、进度、质量保证措施和财务安排等方面的技术性内容进行综合比较。一般是将在技术、工期和财务安排方面没有严重缺陷或错误的最低标作为第一候选对象推荐给招标委员会。但还要推荐一两名候补对象（一般为第二标或第三标）作为备选替代。最低标不一定就中标。若最低标与其他投标人的标价相差甚大，甚至低于标底很多，往往造成业主担心该承包商能否完成该项工程，有时不敢过于冒风险授标于最低标。当招标委员会做出中标裁决后，即可向选定对象发出授标意向信，通知中标人在规定时间内同工程招标人最后议标或商签合同。也可以不做中标决定，而向前三名投标人发出进行议标的意向信，通过谈判最终确定中标人。

（7）中标和商签合同。

虽然在招标文件中已经有了明确的合同条件以及合同协议书，而且得标者在投标书中明确表示接受标书中的条件，承认在规定授标期限内投标书具有约束力，但业主和承包商还是愿意进一步就合同条款进行协商，甚至还可以讨价还价，以便最终确定合同价格和合同条款。在正式签订合同之前，中标人应向业主提交一份由银行或保险公司开具的履约保函，出保单位应是业主认可的。若承包商不能交出履约保函，则按弃权处理并没收其投标保证金。如果中标的承包商不按期签约或中途撤标，应视为违约也应没收其投标保证金并给予其他制裁。

16.3 FIDIC《施工合同条件》

16.3.1 FIDIC《施工合同条件》概述

FIDIC《施工合同条件》（Condition of Contract for Construction）是在 FIDIC《土木工程施工合同条件》的基础上重新编写的。FIDIC《土木工程施工合同条件》共出版了 4 版，第 1 版于 1957 年发行。第 4 版是于 1987 年出版发行的，1992 再次修订重印。与第 3 版相比，主要有如下改动为：第二部分（专用条件）已从备忘录形式扩展为一整套全面展开的示范条款，并单独装订成册。这就能够使第一部分（通用条件）以印刷形式附在标书文件中，作不变的证据。对第一部分不作任何改动，如果要求任何改动，则须通过第二部分中某一条款来体现；疏浚和填筑工程已被编入第二部分，不再列出。FIDIC《土木工程施工合同条件》已为我国工程界所熟知。

FIDIC《施工合同条件》（1999 年第 1 版，由于封皮颜色仍为红色，又称新红皮书）的主要应用条件与 FIDIC《土木工程施工合同条件》基本相同，即可用于由雇主或由其委托的设计工程师设计，在施工过程中由工程师为业主进行项目管理，以单价合同为计价基础的施工合同，但其适用范围由土木工程扩展到包括房屋建筑、土木工程、电力、机械等各类工程的施工。

在我国，不论是在国境外承包的工程，还是世界银行、亚洲开发银行或其他国际金融机构提供贷款的工程建设中，都普遍碰到了国际惯例的做法，如招标投标制、工程监理制等，并在承包合同中采用了 FIDIC《土木施工合同条件》，而且取得了一定的经验。例如，大连的大窑湾港区工程即是采用 FIDIC 合同条件进行管理的工程。京（北京）津（天津）塘（塘沽）高速公路为我国第一条世界银行贷款的高速公路，一方面采用了 FIDIC 合同条件进行管理，另一方面注重提高业主、监理工程师和承包商各方的素质，不仅工期和造价得到了有效的管理，而且工程质量也达到了国内最高水平，得到了中外专家的好评。实践证明，采用 FIDIC 合同条件，是适应社会主义市场经济的需要，是开拓国际市场的需要，也是推行监理制度的需要。正是借鉴了 FIDIC 合同条件，我国才制定和完善了适应国情的建设工程合同示范文本。加入 WTO 以后，我国再次面临着学习和使用国际上通行的合同条件进行合同管理的问题。因此，学习 FIDIC 合同条件仍然是需要的。

16.3.2 FIDIC《施工合同条件》的组成、特点

1.FIDIC《施工合同条件》的组成

FIDIC《施工合同条件》第 1 版，共有四部分组成，即通用条件、专用条件编制指南、争端裁决协议书格式投标函、合同协议书格式。

（1）通用条件。

通用条件共分20条，163款。其作用是明确双方的权利和义务关系。通用条件部分，是在总结以往工程的合同管理经验的基础上编写的，它是针对各类工程施工和合同管理中常见的问题，依据有关的法律进行示范性的规定。这些规定有的不需要做任何改动，有的需要在专用条件中予以进一步说明和修改，有的必须在专用条件或投标函中予以明确。例如，通用条件的第1.1.2款中定义了雇主、承包商、分包商和工程师等词的含义，但又同时指出，这些词所指的具体对象必须在投标函及附录中具体填入相应的人或单位。通用条件的编制原则是尽可能地全面和细致，使用时对不需要的条款只需在专用条件中相应条款中注明不采用即可，避免重新填写条款。通用条件的具体内容可大致分为四类：费用控制的条款、进度控制条款，质量控制条款，规章、法规及其他条款。

这些条款并不是截然分开的和相对独立的，因此，在理解和应用FIDIC《合同条件》时应当全面阅读，特别是对那些相互联系的条款应重点阅读和理解。

（2）专用条件。

专用条件的作用，是对通用条件进行补充和修正，使合同条件能够适应不同的国家地区的不同项目的实际情况。正因为专用条件是依据实际情况和具体对象而制定的，所以专用合同条件在合同文件中占有重要的地位。通用条件与专用条件共同构成制约合同各方权利和义务的条件。因此，具体合同编写时都应编写专用条件，才能使合同条件更具有针对性和可用性，并且专用条件在合同文件中的优先顺序高于通用的条件。一般专用条件对通用条件的修正和补充有以下三种形式。

① 填入具体内容。通用条件中有一部分条款没有具体内容，或有些条款明确了具体的约定在专用条件中加以说明，这类条款在专用条件中必须加以说明。

② 修正合同条款。根据本工程的特点，在专用合同条件中，可以对通用条件的任何条款进行适合本工程的任何修正。例如，通用条件中通常是由工程师来行使合同管理的权力，如要求工程师在行使某种权力之前应获得业主的批准，则必须在专用条件中规定。

③ 增加合同条款。在专用同条件中，除在通用条件的20条163款号之内按条款号一一对应修正、补充外，必要时也可增加条款数量。这要依据工程的具体情况而定。如法律方面条款、技术条款和经济、财务方面的条款。

（3）争端裁决协议书格式，投标函、投标函附录及合同协议书格式。

由于新红皮书引进了采用争端裁决委员会来代替以往版本由工程师解决争端的做法，故在合同条件后面给出了雇主、承包商和被任命的裁决委员之间的协议的有关条款共选用。

投标函是由承包商填写并签署的并被雇主（业主）接受的投标报价书。主要内容为："我方研究了实施上述之工程的合同条件、规范、图纸、工程量表、资料表、所附附录和编号×××的补遗，我们以 ×××（以支付货币填写）金额或按照合同条件可能决定的其他此类金额作为报价，按照本投标书（包括以上所有文件）去实施,完成上述工程并修补其中任何缺陷。""在制定和签署一份正式的协议书之前，本投标书连同你方的书面中标通知，应构成在我们双方之间具有约束力的合同。" 投标函是合同文件的重要组成部分，且优先于合同专用条件。

投标函附录是投标函的补充文件。它与投标函一起构成了投标文件的重要组成部分，用于说明业主和承包商对合同项目的某些重要约定，包括业主、承包商、工程师的定义（以往版本应在专用条件中定义）；通信方式、合同语言、适用法律；进场、正常工作和竣工时间；履约保证金、误期赔偿、暂定金额；以及价格调整、支付规定、工程设备和材料、保险等有关比例和数量的规定，争端解决和区段定义等。其中，大部分内容由业主填写，少部分由承包商填写。以往由专用条件确定的有关内容现在都在投标函附录中约定，这是新红皮书的一大特点。

协议书是合同的首要文件，其内容包括签约日期、发包方、承包方、工程名称、构成合同的文件目录、协议生效日期、公证人、发包方、承包方签字。

2.《施工合同条件》的特点

新版《施工合同条件》与《土木工程施工合同条件》相比具有如下特点。

① 从总体框架上借鉴了 FIDIC 1995 年出版的《设计—建造与交钥匙工程合同条件》格式，跳出了英国"土木工程师协会（ICE）"的框架，由原红皮书的 72 条 194 款变为 20 条 163 款，共定义了 58 个关键词，其中新增的 30 个关键词是原红皮书没有的，并且每个关键词的定义更为确切。

② 内容上做了较多的改动与补充，条款顺序也重新进行了合理调整，其中采用原版内容只有 33 款，进行补充和改动较大的有 68 款，新编写的条款有 62 款。在内容编写上遵循的宗旨是将通用条款写得多一些、详细一些，用户不用时可以删除，尽量减少在专用条款中编写附加条文。

③ 新版合同条件表现出更多的灵活性，使得既符合世界银行要求，也给了雇主选择余地，如履约保证的格式。

④ 新版合同条件更强调了对知识产权的保护，专门增加了"知识产权和工业产权"一款，对雇主和承包商各自对哪些文件可保留版权和知识产权以及文件的适用许可范围等做了明确的规定。

⑤ 新版合同条件对雇主和承包商双方的职责和义务，以及工程师的职权都做了更为严格而明确的规定。例如，设置了"雇主的资金安排"一款，对雇主的资金安排和支付提出了要求，以保障承包商的利益。对承包商的工作提出了更严格更具体的要求，如要求承包商按照合同建立一套质量保证体系；承包商每月应向工程师提交月进度报告，此报告应随其中支付报表的申请一起提交；若承包商不按规定去延长履约保证的有效期或业主向承包商索赔成立后承包商不按期支付此项款额或雇主要求修补缺陷而承包商未按期进行修补等，雇主有权没收承包商履约保证；对工程的检验和维修提出了更高的要求，等等。

⑥ 索赔争端与仲裁方式及规定发生了变化。新版合同条件中承包商向雇主索赔的明示条款明显增多，并且工程师对承包商索赔要求答复的日期有了明确的时间限制（42 天内）。在解决争端时加入了争端裁决委员会（DAB）方式和工作步骤，既有雇主方和承包商方各提名一位 DAB 委员由对方批准，合同双方再与这二人协商确定第三位委员任主席共同组成 DAB，由 DAB 裁决合同双方争端；如有一方不同意裁决意见，则可提交仲裁。

16.3.3 FIDIC《施工合同条件》第一部分"通用条件"基本内容

FIDIC《施工合同条件》第一部分为通用条件，共编写了 20 条为：一般规定，业主，工程师，承包商，指定分包商，职员和劳工，工程设备、材料和工艺，开工、延误和暂停，竣工检验，业主的接受，缺陷责任，测量和估价，变更和调整，合同价格和支付，业主提出终止，承包商提出暂停和终止，风险和责任，保险，不可抗力，索赔、争端和仲裁。为了便于学习，可将这 20 条内容按其顺序和性质划分成为八个方面，分述如下。

1.一般规定

这部分内容为通用条件的第一条，共包括 14 款。

（1）定义。

本版合同条件共定义了 58 个措词和用语，其中 30 个是新出现的。

（2）解释。

凡指当事人或当事人各方的词应包括公司和企业以及具有法人资格的任何组织。单数形式的词也包含复数的含义，反之亦然。

（3）通信联络。

合同中涉及的有关批准、证书、同意、决定、通知和要求等项必须以书面形式为通信联络方式，且不得无故扣押或拖延。

（4）法律和语言。

合同受投标函附录中规定的国家或地区法律的约束，并以投标函附录中规定的主导语言编写的合同版本为正版，以此表述优先。

（5）文件的优先顺序。

构成合同的文件应互为说明、互为补充，合同文件执行的优先顺序为：

① 合同协议书（如有）；

② 中标函；

③ 投标函（包括其附录）；

④ 专用条件；

⑤ 通用条件；

⑥ 规范；

⑦ 图纸；

⑧ 资料表以及其他任何构成合同之一部分的文件。

如果在上述文件中出现含混或矛盾时，工程师应给出必要的澄清和解释。

（6）合同协议书。

除非另有协议，否则双方当事人应在承包商接到中标函（如有）后的 28 天内按照专用条件所附格式签订合同协议书。费用由业主承担。

（7）转让。

没有一方的事先同意，另一方不得转让整个或部分合同，或合同项下的任何好处或利益。

（8）文件的保管、提供和使用。

规范和图纸由业主保管，承包商的文件在工程移交给业主之前由其自行保管。承包商应在现场保留一套完整的文件供工程师在合理的时间内查阅。

（9）拖延的图纸或指示。

若因必要的原因致使图纸或指示未能及时送达给承包商，可能造成工期拖延或中断施工，则承包商应事先通知工程师，承包商可以依此索赔。

（10）业主使用承包商的文件。

（11）承包商使用业主的文件。

业主和承包商对由自己编写的设计文件享有版权和其他知识产权，双方可以通过签订协议给予对方复印、使用及传输上述文件的许可，但未经一方同意，另一方不得为第三方复印、使用、传输上述文件。

（12）保密事项。

（13）遵守法律。

（14）共同的与各自的责任。

若承包商为联营体或联合集团时，则各当事人在履行合同时均向业主承担共同的和各自的责任，各当事人应指定其中一人作为负责人，有权管辖此联营体或联合集团及每个成员。没有业主的事先同意，承包商不得改变其组成或法律单位。

2.各方及当事人的权利与义务

（1）业主。

业主的主要义务有：按规定时间为承包商提供施工场地，否则承包商有权索赔工期、费用和利润；帮助承包商获得工程所在国的相关法律文本并帮助其获得法律要求的各项许可、执照和批准；业主有责任保证其雇员或其他承包商配合本承包商的工作，并遵守现场安全和环保规定；按合同约定向承包商支付工程款，并应承包商请求向其提供资金安排计划，如若实质性变更付款计划，应向承包商说明，需要承包商垫资，应向承包商开具支付保函（这是一新增条款，以往都是承包商向业主开具预付款保函）。

业主的权利有：如果业主根据合同认为因承包商的责任给自己造成了损失，可以向承包商提出索赔，包括索赔工期（延长缺陷责任期）和费用和利润等。

（2）工程师。

工程师由业主任命并与其签订咨询服务协议，如果业主要更换工程师，则必须提前不少于 42 天发出通知以争得承包商同意，否则不得更换。工程师的职责和权力为：工程师应履行施工合同中规定的以及可由合同合力推断的职责和权力；如果要求工程师在行使某种权力之前需要获得业主批准，则必须在合同专用条件中规定，若未得到承包商的同意，业主不得对工程师的权力进一步加以限制；对工程师的限定有：

① 无权修改合同；

② 无权解除任何一方合同规定的职责、义务或责任；

③ 所作的任何批准、审查、同意、检查、指示、建议和检验并不能解除承包商对此事项应负的合同责任。

工程师可随时对其助理授权或撤销授权，助理在授权的范围内向承包商发出的批准、审查、开具证书等行为与工程师具有等同的效力。但对于任何工作、工程设备和材料，如果工程师助理未提出否定意见并不构成批准，工程师仍可拒绝验收；承包商对工程师助理的决定有异议时，可提交工程师确认、否定或更改。

承包商仅接受工程师及其授权的助理的指示，这种指示应为书面形式；如若为口头指示，承包商应在该指示发出后 2 日内书面要求确认；若工程师或其助理在接到确认函后 2 个工作日内未答复，则此确认函已构成工程师或其助理的书面指示。

工程师在作出决定前，应与业主和承包商协商并力争达成一致；如果达不成一致，可根据合同规定自行做出一个公正的决定；承包商应遵守工程师的决定，如有异议，可提出索赔或仲裁。

（3）承包商。

承包商的一般义务如下：

① 按照合同规定及工程师的指示进行设计、施工和修补缺陷；

② 提供工程所需的工程设备、承包商的文件、人员、货物等以及其他物品和服务；

③ 要对一切现场作业和施工方法的完备性、稳定性和安全性负责；并对承包商的文件、临时工程和按合同规定的设计负责，即使上述各项工作须由工程师批准，如果出现错误也必须由承包商承担责任；

④ 如果承包商负责部分永久工程设计，则应对其设计的永久工程负责并保证完工后能达到共同规

定的目的，并在竣工检验之前按规范要求向工程师提供竣工文件及操作和维修手册。

另外，对履约保证、分包商、合作、放线、安全生产、质量保证、现场数据、接受合同款额的完备性、不可预见的外界条件、道路和路线、货物的运输、承包商设备、环境保护、电、水、燃气、业主的设备和免费提供的材料、进度报告、承包商现场工作等方面的职责作了规定。

（4）指定分包商。

承包商对指定分包商的支付要依据合同的规定及工程师的证明，用暂定金额支付并加入合同价格中。若承包商无正当理由扣留或拒绝支付时，业主有权直接向指定承包商付款，并从承包商的款项中扣回。

（5）职员和劳工。

本款对承包商的职员和劳工的雇佣、工资、工作条件、健康及安全、工作时间、承包商的监督、承包商的人员等项责任做了规定。

3. 工程质量控制

（1）工程设备、材料和工艺。

① 实施方式。承包商应以合同规定的方法，按照公认的良好惯例来制造工程设备、生产和制造材料及实施工程。

② 样本。承包商要事先向工程师提交所用材料的样本和有关资料，以便得到同意。

③ 检查和检验。业主人员有权在合理时间进入所有现场和获得天然材料的场所，并在生产、制造和施工期间对材料、工艺进行检查，承包商应提供一切方便。未经工程师的检查和批准，承包商对工程的任何部分不得覆盖、掩蔽和包装；否则，工程师有权要求承包商打开这部分工程供检验并自费恢复原状。对合同中规定的检验，由承包商提供所需人员和工具。检验的时间和地点由承包商与工程师商定。工程师可以通过变更方式改变合同规定的检验位置和详细内容，或指示承包商进行附加检验。工程师参加检验应提前 24 小时通知承包商，如若工程师未能如期参加检验，承包商可以自行检验，工程师应确认此检验结果。承包商要及时向工程师提交具有证明的检验报告，待规定的检验通过后，工程师应签发检验证书。若按工程师的指示对某项工作进行检验或由工程师的延误导致承包商遭受了工期、费用及合理的利润损失，承包商可提出索赔。如果检查或检验结果为不合格时，工程师可以拒收并说明原因，则承包商应立即修复，工程师按合同规定再行检查或检验直至合格为止。无论是否通过了检查或获得了检验证书，如果工程师认为设备或材料有不符合合同规定之处，可随时指示承包商将其移走、替换或重建。工程师还可随时指示承包商实施为保护工程安全而急需的任何工作。若承包商未及时遵守上述指示，业主可雇佣他人完成此工作并进行支付，有关金额由承包商补偿给业主。

（2）竣工检验。

① 承包商的义务。承包商应将竣工文件及操作和维修手册提交给工程师，之后将其准备接受竣工检验的日期提前 21 天通知工程师，并在该日期后的 14 天内由工程师指定日期进行竣工检验。检验合格，则承包商应向工程师提交一份有关此检验结果的证明报告；若检验不合格，工程师可拒收该工程或区段，并责令承包商修复缺陷，此修复的费用和风险由承包商自负。工程师或承包商有权要求重新检验。

② 延误检验。因业主原因延误竣工检验，承包商可以按合同规定进行索赔；因承包商原因延误竣工检验，工程师可要求承包商在接到通知后的 21 天内进行竣工检验。若承包商超出此时间仍未检验，则业主可自行进行竣工检验，其风险和费用均由承包商承担，并认为此竣工检验是在承包商在场的情况下进行的且其结果应视为准确有效。

③ 未能通过竣工检验的处理。对于按规定进行重新竣工检验仍未通过时，工程师有权指示再一次进行重新检验；如果不合格的工程（或区段）基本达不到原使用或盈利目的的，业主可拒收此工程（或区段）并从承包商处得到相应的补偿；若业主同意，也可以在扣减与不合格工程相当的合同价格后接受颁发接收证书。

④ 业主的接收。承包商认为工程已完工并可移交，应在移交日期之前的 14 天内向工程师提出颁发接收证书的申请。工程师接到该申请后，对检验结果满意，即可颁发接收证书；不满意时，可驳回其申请，承包商应补充和完善后再行申请。若在工程师接到申请后的 28 天期限内既不驳回也不颁发接收证书，而工程或区段又符合合同规定，则应视为第 28 天已颁发了接收证书。业主应接收已颁发了竣工证书的合格的竣工工程并负责其照管，而承包商应在接收证书之前将地表恢复原状。若业主同意，工程师可对永久工程的任何部分颁发接收证书。在没有颁发接收证书之前，业主不得使用该部分工程；否则，应视为业主已接收了该部分工程并承担相关责任。

（3）缺陷责任。

① 缺陷通知期。从接收证书注明的工程（或区段）的竣工日期开始进入工程（或区段）缺陷通知期。承包商应按业主的指示对工程中出现的各种缺陷进行修补、重建或补救，但业主应有义务通知承包商。属承包商原因的，由承包商承担相应费用；否则，按变更处理。若因承包商原因的缺陷或损坏致使工程或工程的主要部分达不到原定使用目的，则业主有权通过索赔要求延长缺陷通知期，但最多不得超过 2 年。

② 履约证书。通知期满后的 28 天内，承包商履行了规定的义务并通过了对工程的检验后，工程师应尽快向承包商颁发履约证书。

4. 进度控制

（1）工程开工。

开工日期应在承包商接到中标函后的 42 天内或在专用条款中规定。工程师应至少提前 7 天将开工日期通知承包商，承包商应在开工日期后尽快开工。

（2）竣工时间。

竣工时间为从开工日期算起的合同中规定的整个工程或某个区段的完工时间。承包商应在此时间内通过竣工检验并完成合同中规定的所有工作。

（3）进度计划。

在接到开工通知后的 28 天内，承包商应向工程师提交详细的进度计划。当进度计划与实际进度或与承包商履行的义务不符时，或工程师根据合同发出通知时，承包商应修改原进度计划并向工程师提交。

（4）竣工时间的延误与赶工。

① 如果由于以下原因致使承包商不能按期竣工，承包商可以索赔工期：

i. 工程变更或合同范围内某些工程的工作量发生实质性变化；

ii. 根据合同条款承包商有权获得延长工期（如外界干扰引起的延误）；

iii. 异常不利的气候条件；

iv. 传染病或公共当局的行为导致承包商不能获得充足的人员货物；

v. 业主、业主人员或业主的其他承包商延误、干扰或阻碍了工程的正常进行。

② 施工进度。如果因承包商的原因造成进度过于缓慢，以至于不能按时竣工或实际进度落后于计划进度的情况，工程师可以要求承包商修改进度计划、加快施工并在竣工时间内完工。由此引起的风

险和开支，包括由此导致业主产生的附加费（如工程师的报酬），均由承包商承担。

（5）工程暂停。

承包商应根据工程师的指示暂停部分或全部工程，并负责保护这部分工程。如果此暂停并非承包商原因导致，则承包商可以：

① 有权索赔因此暂停和（或）复工而造成的工期和费用损失；

② 如果涉及到为业主所进行的设备或材料采购或运输暂停并超过28天，承包商有权按停工开始日时的价值获得对还未运至现场的工程设备或材料的支付；

③ 如果此暂停已持续84天，且承包商向工程师发函提出在28天内复工的要求未获批准，则承包商可以：当暂停工程仅影响到部分工程时，通知工程师把此部分工程视为已削减的工程；或当暂停的工程影响到整个工程时，要求终止合同；或不采取上述措施而等待工程师的进一步的复工指示。

（6）复工。

在接到继续工作的许可或指示后，承包商应和工程师一起检查受到暂停影响的工程、工程设备和材料，并进行修复。

5. 费用控制

（1）测量和估价。

① 测量。工程师应依照合同规定对已完工程进行测量，以核实已完工程数量，计算应付承包商的款额。工程师进行测量前应通知承包商派人参加；若承包商未能派人参加测量，则应承认工程师的测量结果的准确性。当任何永久工程的工程量需要通过记录来计算时，工程师应负责准备这些记录。承包商应按照合同规定对记录进行审查。如果承包商审查后不同意上述记录，则应通知工程师，工程师在复查后应予以确认或修改。若承包商在被要求审查记录14天后未发出不同意的通知，则认为已接受。除合同另有规定外，测量值应为实际净值。

② 估价。每项工作的估价应为该项工作的测量值乘以相应的费率或单价。费率或单价的确定为：

i. 合同中有规定的，取合同规定值；

ii. 合同中未有规定的，首先应取类似工作的规定值；

iii. 不满足以上两种规定的，应依据合同规定对费率或单价进行合理的调整或考虑该工作的合理费用和利润进行重新确定。

③ 删减。若因删减某项原定工程而使承包商发生费用又不能计入剩余工作项目合同款额时，承包商可以通过索赔得到补偿。

（2）变更和调整。

① 变更。在颁发工程接收证书之前，工程师可以通过发布变更指示或要求承包商以提交建议书的方式提出变更。除非承包商马上通知工程师因其无法获得变更所需货物并附有证据，否则承包商应执行此变更并受此约束。工程师在接到承包商的不能执行变更的通知后，应作出取消、确认或修改变更指示的确认。变更的内容可以包括：

i. 改变合同中所包括的任何工作的数量；

ii. 改变任何工作的质量和性质；

iii. 工作工程任何部分的标高、基线、位置和尺寸；

iv. 删减任何工作；

v. 对任何永久工程需要的附加工作、工程设备、材料或服务；

vi.改动工程的施工顺序或时间安排。

没有工程师的指示，承包商不得对永久工程擅自进行变更。如果工程师在做出变更指示之前要求承包商提交对变更的建议书时，承包商应尽快提交建议书（包括变更部分工作安排说明、进度计划、对总进度计划的修改及延期要求、变更估价）或不能执行变更的理由。工程师对承包商的建议书或理由应尽快给予批准或提出意见。在等待答复期间，承包商不应延误任何工作。工程师应向承包商发出每一项变更的指示并要求承包商作好费用记录。变更估价按合同中对测量和估价规定执行。

② 价值工程。价值工程最早是美国为了适应军事工业的需要创立和发展起来的，目的在于确保军事装备的技术性能、并最大可能地节省采购费用，降低军费开支。

若承包商认为采取某建议可以缩短工期、为业主节省工程费用或带来效益，承包商可以向工程师提出，建议书的费用自担，该建议书视为变更建议书并按其规定处理。若因此改变永久工程的设计，则由承包商负责此设计。

③ 暂定金额。暂定金额为业主的工程备用金，只有在工程师的指示下才能动用并加入合同价格中。工程师可以要求：承包商实施工作，按变更进行估价和支付；承包商从指定分包商或他人处购买工程设备、材料或服务时，需要支付给承包商其实际支出的款额加上管理费和利润。

④ 计日工。对于少数零星工作，工程师可以变更的形式指示承包商实施，并按合同中所列的计日工表进行估价和支付。承包商应每日向工程师提交一式两份报表，包括在前一天工作中使用的人员、设备、材料和临时工程，以及使用的工程设备和材料的数量和型号的详细情况。工程师同意并签字后退还一份报表给承包商，作为申请中期支付的依据。

⑤ 调整。因工程实施中法律或对法律的解释发生变化而导致承包商受到了工期或费用上的损失，承包商可以索赔；若合同规定因费用涨落需进行补偿的，则每个月内支付给承包商的款额都要根据合同规定的调价公式或物价变化做相应调整。

（3）合同价格与支付。

① 合同价格。合同价格要通过对实际完工工程量的测量和估价以及因法规或物价变化所进行的调整（不包括合同规定应由承包商支付的关税和税费）。

② 预付款。业主应为承包商开工时的动员工作支付一笔无息付款，并按投标函附录中规定的总额、次数和时间支付，按共同规定的次数、比例和时间扣回。

③ 支付。

i.期中支付证书的申请。承包商在每个月末之后要向工程师提交一式六份报表，同时提交证明文件，作为对期中支付证书的申请。此报表应包括：

a.截止到该月末已完成的工程及施工文件中已进行部分的估算合同价值（包括变更）；

b.由于法规变化和费用涨落应增加和扣减的款额；

c.作为保留金扣减的款额；

d.作为预付款的支付和偿还应增加和扣减的款额；

e.根据合同规定，作为永久工程的设备和材料的预支款而增加或扣减的款额；

f.根据合同或其他规定（包括索赔规定）应增加和扣减的款额；

g.对以前所有的支付证书中已经证明的款额。

如果合同中的支付计划表规定了分期支付的数额，工程师可根据实际情况予以调整；若合同中没有支付计划表，则承包商应提交一份按季度估算的支付计划表。

ⅱ.用于工程的工程设备和材料。在为永久工程配套的工程设备和材料已运至现场并符合规定时，当月的期中支付证书中应加入一笔预支款（为工程设备和材料的费用的80%）；当此类工程设备和材料已构成永久工程时，则应在此时的期中支付证书中将此预支款扣除。

ⅲ.保留金的扣留与支付。对于保留金的扣留一般按投标函附录中规定的百分比在每月支付证书中扣除，直至扣到规定的数额为止（一般为接收的合同额的5%）。在颁发整个工程、某个区段或部分工程的接收时，再按一定比例的保留金退还给承包商；在缺陷通知期全部期满后，再退回剩余部分。

ⅳ.期中支付证书颁发的规定。

a.只有在业主收到并批准了承包商提交的履约保证之后，工程师才能为任何付款开具支付证书；

b.在收到承包商的月报表和证明文件后的28天内，工程师应向业主签发期中支付证书，列出确认的应付金额并提交详细证明材料；

c.当该月应付净金额少于投标函附录中对支付证书规定的最低限额时，工程师可不开具支付证书，而将此金额累计到下月应付金额中；

d.若工程师认为承包商的工作或提供的货物不完全符合合同要求时，可以从应付款项中扣留用于修复或替换的费用，直至修复或替换完毕，但不得因此而扣发期中支付证书；

e.工程师可在任何支付证书中对以前的证书做出修改。支付证书不代表工程师对工程的接受、批准、同意或满意。

ⅴ.支付规定。

a.支付期限。对于首次预付款期限规定为：中标函颁发之日起42天之内，或业主收到履约保证及预付款保函之日起的21天之内，或二者中的较晚者；期中支付的期限为在工程师收到报表及证明文件之日起的56天内；最终支付期限为业主收到最终支付证书之日起的56天之内。

b.支付货币。合同价格应以投标函附录中指定的一种或几种货币并按合同约定的比例和汇率进行支付。若投标函附录中未注明汇率时，应采用工程所在国中央银行规定的在基准日期通行的汇率。

ⅵ.延误的支付如果承包商在规定的期限内未收到支付，则承包商有权对业主的欠款每月按复利收取延误期融资费。无论期中支付证书何时颁发，延误期都从合同中规定的支付日期算起。除非专用条款另有规定，此融资费应从年利率为支付货币所在国中央银行的贴现率加上3%计算。这也算是对业主不履行合同的一种惩罚。

ⅶ.竣工报表。在收到整个工程的移交证书之后的84天内，承包商应向工程师提交一式六份按工程师批准的格式编制的竣工报表及证明文件。列出最终合同总价、未付款额及应另行支付的索赔金额。工程师应对此报表及证明文件进行审核并开具期中支付证书。

ⅷ.最终报表和结清单。在颁发履约证书后56天内，承包商应按规定的格式向工程师提交一式六份的最终报表草案及证明文件，包括最终合同价值及承包商认为根据合同或其他规定还应支付给他的其他款项（如索赔）。如果承包商与工程师达成一致，则承包商提交正式最终报表；否则，工程师可对没有争议的部分向业主签发期中支付证书，将争议提交争端裁决委员会，必要时提交仲裁解决。承包商根据争端解决的结果编制一份最终报表交业主。在提交最终报表同时，应付一份书面结清单交给业主。

ⅸ.最终支付证书。在收到承包商的最终报表和书面结清单之后的28天以内，工程师应向业主签发最终支付证书，表明业主最终应支付给承包商的款额以及业主和承包商之间所有应支付的和应得到的款额的差额。

6.合同终止

（1）业主提出终止。

① 通知改正。如果承包商未履行合同规定的义务，工程师可通知承包商并要求他在一定的合理时间内改正。

② 业主提出终止合同。当承包商发生以下行为时，业主有权终止合同：

ⅰ.未能按要求及时提交履约保证或按照工程师的要求改正其过失；

ⅱ.不愿继续履行合同义务；

ⅲ.无正当理由不按时开工、拖延工期或不及时拆除、移走、重建不合格的工程设备、材料或工艺缺陷，或实施补救；

ⅳ.擅自将整个工程分包出去或转让合同；

ⅴ.经济上已无力履行合同，根据法律规定无力偿还到期债务；

ⅵ.各种贿赂行为。

如果发生上述ⅰ至ⅳ项违约行为，则业主可在向承包商发出通知14天后终止本合同。而发生ⅴ、ⅵ项违约责任，业主可立即终止合同。终止合同后业主可将承包商逐出现场，然后由业主自行或雇佣他人完成此工程。业主和他雇佣的人员有权使用承包商的任何货物和设计等文件。承包商的设备和临时工程可由业主出售以弥补承包商对业主的欠款，但多余的款额应退还承包商。承包商要自负风险和费用安排上述设备和临时工程的撤离，不得拖延。

③ 终止合同后的估价和支付。业主终止对承包商的雇用后，工程师应尽快对合同终止日的工程、货物和承包商文件的价值做出估价，并确定承包商所应得的款项。终止通知生效后，业主可向承包商提出索赔，在得到所有损失赔偿费和业主善后工作补偿费之前，停止对承包商的一切支付。只有在扣除了上述得赔偿费和补偿费还有余额时，才将此余额部分支付给承包商。

④ 业主提出终止合同的权利。只要不是为了自己或安排其他承包商实施工程之目的，业主认为适宜时，有权随时向承包商发出终止合同的通知。此终止以承包商收到终止通知日期与业主退还履约保证日期二者之中较晚者之后28天生效，但此种情况应按业主违约或不可抗力终止合同的情况进行估价和支付。

（2）承包商提出暂停或终止合同。

① 承包商暂停工作的权利。如果工程师未能按合同规定开具支付证书，或业主在收到承包商请求后未能在42天以内提出资金安排的证据，或业主未能按合同规定及时支付，则承包商可以在发出通知21天之后暂停工作或放慢工作速度，并对其损失提出索赔。但在发出终止之前，一旦收到了有关证书、证明或支付，承包商应尽快恢复工作。上述暂停或放慢进度不影响承包商按合同规定对到期未付款额部分收取利息及提出终止合同的权利。

② 承包商终止合同。如果发生以下情况之一，承包商可向业主发出终止合同通知：

ⅰ.业主收到承包商暂停工作的通知后的42天内仍未提供合理的资金证明；

ⅱ.工程师在收到报表和证明文件后的56天内仍未颁发相应的支付证书；

ⅲ.应付款额在规定的支付时间期满后42天以上仍未付；

ⅳ.业主基本未履行合同义务；

ⅴ.业主未在承包商收到中标函后的28天内与其签订合同协议书，或擅自转让了合同；

ⅵ.由于非承包商的原因致使工程暂停84天以上，或提供累计超过140天，且影响到了整个工程的证据；

ⅶ. 业主在经济上无力执行合同，或无力到期偿还债务，或停业清理或破产等，承包商可在发出通知 14 天后终止合同（后两种情况可立即终止），业主应尽快退还履约保证，向承包商支付并赔偿其由此造成的损失。

③ 停止工作及承包商设备的撤离。由业主或承包商提出终止的通知生效后，或由于不可抗力导致合同终止后，承包商应尽快停止一切工作，但仍进行工程师指示其为保护生命财产和工程安全而进行的工作；移交他以得到付款的工程文件、工程设备、材料及其他工作；在撤出现场上所有其他的货物（为保护安全必要的货物除外）后离开现场。

7. 风险管理

（1）风险和责任。

① 保障。承包商要保障业主、业主的人员及他们各自的代理人免受人身和财产损失。如果承包商的人员伤亡或其他事故是由业主方面或合同中规定的保险范围以外的原因而引起，则业主应保障承包商及其人员免于承担责任。

② 承包商对工程的照管。从工程开工之日起到对工程、工程的某个区段或某部分颁发接收证书之日止，承包商应对其承担照管责任。待颁发接收证书之后，照管工程的责任才移交给业主。

③ 业主的风险及其责任。业主风险是指：

ⅰ. 战争、敌对行动、入侵、外敌行动；

ⅱ. 工程所在国内的叛乱、恐怖活动、革命、暴动、军事政变或篡夺政权、内战；

ⅲ. 暴乱、骚乱或混乱，但承包商以及分包商的人员中的事件除外；

ⅳ. 军火、炸药、离子辐射或放射性污染，但使用此类辐射或放射性物质的情况除外；

ⅴ. 以音速或超音速飞行的飞机或其他飞行装置产生的压力波；

ⅵ. 由于业主使用或占用永久工程的任何部分所造成的损失或损害（合同中另有规定除外）；

ⅶ. 因工程任何部分的由业主负责的设计不当而造成损失；

ⅷ. 一个有经验的承包商无法预见且无法合理防范的自然力的作用。

如果出现业主风险并导致了工程、货物或承包商工程文件的损失或损害，则承包商应尽快通知工程师，并按工程师的指示弥补此类损失或修复损害，然后通知工程师进行工期和费用索赔。

④ 知识产权和工业产权。业主应保障承包商免遭因履行合同或并非合同目的使用工程或将非承包商的物品与工程联合使用导致侵权行为而产生的索赔。同样，承包商应保障业主免遭因承包商的任何货物的制造、使用、出售或进口以及承包商负责的设计导致侵权而引发索赔。如果业主或承包商任何一方收到了与侵权有关的索赔，而此索赔事件又应收到另一方的保障，则该方一定要在收到索赔通知后的 28 天内通知对方；否则，视为其放弃了得到保障的权利，保障方应自费处理此索赔，被保障方应予以协助。

⑤ 责任限度。承包商根据合同对业主承担的全部责任不应超过专用条件中所注明的金额。如无此规定，则不应超过已接收的合同款额。

（2）保险。

① 一般规定。

ⅰ. 中标函颁发前达成的条件中规定了承包商应投保的险种、承保人和保险条件，在专用条件中规定了业主作为投保人时的承保人和保险条件。

ⅱ. 如果要求某一保险单对联合的被保险人进行保险，则该保险应适用于每个单独的保险人，如同向每一个保险人颁发了一张单独的保险单一样。

ⅲ.办理的每份保险都应规定，进行补偿的货币种类应与修复损失或损害所需的货币种类一致。

ⅳ.投保方应按投标函附录中规定的期限向另一方提交保险生效的证明及"工程和承包商的设备的保险"和"人员伤亡和财产损害的保险"的保险单的副本。投保方在支付每一笔保险费后应将支付证明提交给另一方，并通知工程师。

ⅴ.若投保方未能按合同要求办理保险或未能提供保险生效证明和保险单的副本，则另一方可办理相应保险并缴保险费，合同价格将因此作相应调整。

ⅵ.合同双方都应遵守每份保险单规定的条件。投保方应将工程实施工程中发生的任何有关的变动都通知给承保人，并确保承保条件与本条的规定一致。

ⅶ.没有对方的事先的批准，另一方不得对保险条款作实质性的变动。

ⅷ.任何未保险或未能从承保人处收回的款额，应由承包商和（或）业主按照各自根据合同规定应负的义务、职责和责任分别承担。若投保方未能按照合同要求办理保险并使之保持有效，而另一方既没有批准删减此项保险，也没有自行办理该保险，则任何通过此类保险本可收回的款项由投保方支付给另一方。

ⅸ.一方向另一方的支付要遵循合同中有关索赔条款的规定。

② 承包商进行保险的险种有工程保险、承包商的设备保险、人员伤亡和财产损害的保险（第三方保险）、承包商保险和分包商的保险。

（3）不可抗力。

① 不可抗力的定义。不可抗力是指一方无法控制，在签订合同之前该方又无法合理防范，而一旦发生该方无法合理回避或克服，且主要不是另一方造成的事件或情况。不可抗力一般是（但不限于）业主风险的前四项和天灾（如地震、飓风、台风或火山爆发等）。

② 不可抗力的通知。由于不可抗力发生而使一方已经或将要无法履行合同义务，该方在认识到此事件后的14天内应通知另一方并对影响程度给予详细说明。当不可抗力的影响终止时，该方也应通知另一方。在此期间，免除该方无法履行的义务。

③ 减少延误的责任。在任何情况下，合同双方都应尽最大的努力减少不可抗力造成的延误。

④ 不可抗力引起的后果。由于不可抗力造成承包商无法履行合同义务，并且按照要求通知了业主，则承包商有权索赔由于不可抗力遭受的工期和费用损失。

⑤ 影响分包商的不可抗力。如果附加的或超出了本款规定的范围之外的其他不可抗力事件发生致使依据有关工程的任何合同或协议免除了分包商的义务，此时承包商应继续工作，其履约义务不得免除。

⑥ 可选择的终止、支付和返回。因不可抗力导致整个工程持续84天无法施工，或累计停工时间超过140天，则任何一方可向另一方发出终止合同的通知，通知发出7天后终止即可生效。承包商按照对合同终止时的规定撤离现场。工程师应估算已完成的工作价值（包括已完工程、已采购的设备和材料、为完成工程而合理导致的费用和负债以及设备返回本国和遣返人员的费用），并向承包商颁发支付证书。

⑦ 根据法律解除履约。如果出现了合同双方无法控制的事件或情况（包括但不限于不可抗力）致使一方或双方履行合同义务成为不可能或非法，或根据本合同适用的法律，双方均被解除了进一步的履约，则在任一方发出通知时双方应被解除了进一步的履约，但不影响任一方因对方以前的违约而享有的权利，并且业主支付给承包商的金额与不可抗力情况下终止合同所包括的款项相同。

8. 索赔与合同纠纷的解决

（1）承包商的索赔。

① 索赔通知。承包商必须在索赔的事件发生后的 28 天内通知工程师并提交合同要求的其他通知和详细证明报告；否则，将丧失索赔的权利。

② 保持同期记录。承包商应随时记录并保持有关索赔事件的同期记录。工程师在收到索赔通知后可监督并指示承包商保持进一步的记录及审查承包商所作的记录，并指示承包商提供复印件。

③ 索赔报告。承包商在引起索赔的事件发生后的 42 天内或由承包商提出工程师批准的时间内，承包商应向工程师提交详细的报告，说明其索赔的依据及要求索赔的工期和费用，并附以完整的证明报告。如果引起索赔的事件具有连续影响时，承包商应在第一份索赔报告提交以后按月陆续提交进一步的期中索赔报告，给出索赔的累计工期和费用，待引起索赔的事件产生的影响结束后的 28 天或由承包商提出工程师批准的时间内，提交一份最终索赔报告。

④ 工程师的处理。在收到承包商的索赔报告及相关证明报告后的 42 天或由工程师提出承包商同意的时间内，工程师应做出批准或不批准的决定。也可以要求承包商提交进一步的证明报告，但一定要在规定的时间内做出表示。

⑤ 索赔的支付。工程师在核实了承包商提交的报告、记录和相关证明资料之后，根据合同规定确定承包商有权获得的延期和附加金额，并在期中支付证书中给予索赔款额的支付。如果承包商提交的报告不足以证实其全部索赔，则对已经证实的部分给予支付，而不应将索赔额全部拖至工程结束后一并支付。如果承包商未遵守合同中对索赔的各项规定，其行为已影响了对索赔的调查，则工程师在做出索赔决定时应考虑这一影响。

（2）争端的解决。

① 争端解决的程序。双方发生争端时应首先将争端提交争端裁决委员会（Dispute Adju-dictation Board，以下简称 DAB），由 DAB 做出裁决，双方同意则执行；当一方或双方不同意 DAB 的裁决时，还可再经过 56 天的期限争取友好解决；不能友好解决，则一方可要求仲裁解决争端。

② DAB 的委任和终止。合同双方应在投标函附录规定的日期内任命 DAB 成员。DAB 由一人或三人组成。若为三人，双方各推荐一名供对方批准，并共同确定第三名作为主席。如果合同中有 DAB 成员的意向性名单，则必须在此名单中进行选择。不论何种原因，如果双方未能就 DAB 成员的任命或替换达成一致，即应由专用条件中指定的机构或官方在与双方协商后确定 DAB 成员的最后名单。合同双方与 DAB 的协议应编入附在通用条件后的争端裁决协议书中，由合同双方共同商定对 DAB 成员的支付条件，并各支付酬金的一半。合同双方可以共同将某事项提交给 DAB 以征得其意见，但不得单方与 DAB 征求意见。

合同双方可任命合格的人选替代 DAB 的任何成员。任何成员委任的终止必须经合同双方一致同意。除非另有协议，在结清单即将生效时，DAB 成员的任期即告期满。

③ DAB 的决定。合同双方产生合同争端时，任一方可以书面形式将争端提交 DAB 裁决，同时将副本递交另一方和工程师。DAB 在接到书面报告后的 84 天内对争端做出裁决，并说明理由。如果任何一方对 DAB 的裁决不满，他应在接到该裁决书后的 28 天内向对方发出表示不满的通知并说明理由，表明他将提请仲裁；如果 DAB 未能在 84 天内做出裁决，则合同双方中的任一方都可在上述的 84 天期满后的 28 天内向对方发出要求仲裁的通知。如果在接到 DAB 的决定书后的 28 天内任何一方都未提出不满的通知，则该决定成为对合同双方都有约束力的最终决定。

只要合同尚未终止，承包商有义务按照合同继续实施工程。在未通过友好解决或仲裁改变 DAB 做出的决定之前，合同双方均应执行 DAB 的决定。

④ 友好解决。在一方发出对 DAB 的决定表示不满的通知后，必须经过 56 天之后才能开始仲裁。这段时间内双方可以协商友好解决彼此的争端。

⑤ 仲裁。如果一方发出对 DAB 决定表示不满的通知 56 天后，又未能友好解决争端，则将此类争端提交国际仲裁机构做出最终裁决。除非另有协议，仲裁应按照国际商会的仲裁规则进行，并按照此规则指定三位仲裁人。仲裁人有充分的权利公开、审查和修改工程师的任何证书、决定、指示、意见或估价以及 DAB 对争端所做出的任何决定。仲裁工程中，合同双方均可提交新的证据和论据，工程师可被传为证人并可提交证据，DAB 的决定可作为证据。不论工程竣工之前还是竣工之后，均可进行仲裁。在工程进行过程中，合同双方、工程师以及 DAB 均不应因仲裁而中断履行各自的义务。

16.3.4 FIDIC《施工合同条件》中关于监理工程师的地位和权限

FIDIC 合同条件下把执行监理任务的机构或人员称为工程师。工程师是由业主聘（雇）用的，为了管理工程合同而进行工作的咨询公司或专业管理公司，即作为一个独立的专业公司接受业主雇用而履行服务的一方，可以是一个专业公司，也可以是一个具有执业资格的咨询工程师。工程师在合同中是一个法人，相当于监理单位或监理机构，不应看成是一个具体的人员。在 FIDIC 合同条件中，具体执行工程师工作任务的是工程师代表。他是由工程师任命的并对工程师负责的，履行和行使由工程师所履行的职责和权力的人员。相当于我国的总监理工程师一职。国外一般称之为常驻工程师。在 FIDIC 合同条件中还有工程师助理一职，他是由工程师代表授权并委托执行所委派的工作。相当于我国的专业监理工程师。

工程师不属于施工合同的一方。但工程师确是在合同管理中处于中心地位。FIDIC 施工合同条件是专门为由工程师代行业主权限管理工程而编写的。换句话说，只有在业主任命了工程师管理合同的条件下才能使用 FIDIC 施工合同条件。工程师在项目进行中起着重要的作用，要想能管理合同和工程，就必须获得与其职责相适应的权力。因此，FIDIC 合同条件中规定了工程师的职责和权限。

工程师应全心全意地为工程项目负责，必须按照合同条款规定兼顾业主、承包商的利益，但始终应代表业主的利益。工程师应教育和带动自己的工作班子，重合同，守信誉，公正地、科学地、独立地进行工作；若监理人员违约，就可能使承包商获得索赔款项和工程延期，给业主带来损失。

在 FIDIC 合同条件中，规定了工程师的如下职责和权限。

① 向承包商发布信息和指令。尽管业主、承包商和工程师之间定期召开会议，但业主和承包商的全部联系还应通过工程师进行，以避免出现可能的混乱和误解，即有关合同范围内的信息和指示只能来自工程师，业主和承包商对对方的任何要求和建议都应经工程师来处理，不允许将工程师抛在一边自行其是。

② 评价承包商对所进行的工作的建议，如工程设计、施工方案、施工计划和合理化建议等，也包括承包商提交工程师审查、验收、批准的各种请示、报告等。

③ 保证材料和工艺符合规定。工程师要严格监督承包商按合同规定的设计、规范、标准和工程师的指示施工并检查验收。

④ 复核并批准已完工程的测量值，向业主递交临时和最终付款证书。没有工程师签发的付款证书，承包商不能得到付款。

⑤ 解释书面合同和管理合同。

从中可以看出，我国目前在监理实践中，监理工程师的权限与 FIDIC 合同条件规定的权限还有差距，主要是合同管理和财务管理方面。FIDIC 合同条件分派了工程师很多财务管理的职责，除了工程师管理常规的计量支付外，FIDIC 合同条件一项基本原则就是工程师有权决定额外付款。

思考题

1. 国际工程的主要特点是什么？
2. 国际工程合同的种类有哪些？
3. 国际工程招标投标的特点是什么？
4. 国际工程招标和投标的一般程序是什么？
5.FIDIC《施工合同条件》中合同文件的优先顺序是什么？
6.FIDIC《施工合同条件》中，业主提出终止合同的条件是什么？
7.FIDIC《施工合同条件》中，承包商终止合同的条件是什么？
8.FIDIC《施工合同条件》中，对不可抗力是如何规定的？
9.FIDIC《施工合同条件》中，工程师的职责和权限是什么？

第 *17* 章 施工索赔管理

17.1 施工索赔概述

17.1.1 施工索赔的概念

索赔是当事人在合同实施过程中，根据法律、合同规定及惯例，对并非由于自己的过错，而是由于应由合同对方承担责任的情况造成的，且实际发生了损失的，向对方提出给予补偿的要求。在工程建设的各个阶段，都有可能发生索赔，但在施工阶段索赔发生较多。

对施工合同的双方来说，索赔是维护双方合法利益的权利。它同合同条件中双方的合同责任一样，构成严密的合同制约关系。

索赔的性质属于经济补偿行为，而不是惩罚。索赔方所受到的损害，与被索赔方的行为并不一定存在法律上的因果关系。导致索赔事件的发生，可以是一定行为造成，也可能是不可抗力事件引起；可以是对方当事人的行为后果原因，也可能是任何第三方行为所导致。

明确了索赔的含义和性质后就可以看到，索赔属于正确履行合同的正当权利要求，而不应是无理争利。索赔和守约并不矛盾，恪守合同是发包人和承包人共同的义务，索赔则是合同内规定的管理内容，坚持双方共同守约才能保证合同的顺利履行。索赔在一般情况下都可以通过协商方式友好解决；只有当双方坚持己见而无法达到妥协时，才会导致争议而提交仲裁解决。即使要求仲裁解决，也应被看成是遵法守约的正当行为。

索赔是发包人和承包人都拥有的权利，但基于合同双方提出索赔的频率，明显的是承包人向发包人提出索赔占绝大多数。另外，从索赔的处理方式来看，发包人处于主动地位，而承包人处于被动地位。因此在工程实践中，又习惯地将承包人向发包人的索赔称为索赔，而发包人向承包人的索赔称为"反索赔"。

17.1.2 索赔的作用和条件

索赔与工程承包合同同时存在的。它的主要作用如下。

（1）保证合同的实施。

合同一经签订，合同双方即产生权利和义务关系。这种权益受法律保护，这种义务受法律制约。索赔是合同法律效力的具体体现，并且由合同的性质决定。如果没有索赔和关于索赔的法律规定，则合同形同虚设，对双方都难以形成约束，这样合同的实施得不到保证，不会有正常的社会经济秩序。索赔能对违约者起警戒作用，使他考虑违约的后果，以尽力避免违约事件发生。所以，索赔有助于工程双方更紧密的合作，有助于合同目标的实现。

（2）落实和调整合同双方经济责任关系。

有权利，有利益，同时又应承担相应的经济责任。谁未履行责任，构成违约行为，造成对方损失，侵害对方权利，谁就应承担相应的合同处罚，予以赔偿。离开索赔，合同的责任就不能体现，合同双方的责权利关系就不平衡。

（3）维护合同当事人正当权益。

索赔是一种保护自己，维护自己正当利益，避免损失，增加利润的手段。在现代承包工程中，如果承包人不能进行有效的索赔，不精通索赔业务，往往使损失得不到合理的、及时的补偿，不能进行正常的生产经营，甚至要倒闭。

（4）促使工程造价更合理。

施工索赔的正常开展，把原来按人工程报价的一些不可预见费用改为按实际发生的损失支付，有助于降低工程报价，使工程造价更合理。

如果合同双方能够认真履行合同的义务，承担各自的风险，及时调整双方的债权债务关系，则工程承包合同能够很好地履行。索赔是经常发生的现象，是正常的；反之，一方不敢索赔，不会索赔，另一方不许对方索赔的现象是极不正常的。索赔是合同管理的重要内容，它应与施工合同的履行同时存在。

索赔的目的在于保护自身的利益，向对方追回损失，避免亏本，但不能滥用。索赔要有一定的条件：

（1）客观性。

施工过程中确实存在不符合合同或违反合同的干扰事件，而且对承包人的工期和成本造成了影响，这是客观事实，而且要确凿的证据证明。

（2）合法性。

发生的干扰事件是承包人自身责任引起的，也不是属于承包人的风险。根据法律法规及合同条件的规定对方应给予赔偿或补偿。

（3）合理性。

索赔量的计算应合情合理，符合实际情况，采用合理的计算方法。

（4）时效性。

索赔要在事件发生后合同规定的时间内提出；若超过时限，则视为放弃索赔权利。

承包人在索赔中注意遵守诚实信用原则，不能为了追逐利润，违反商业道德，采用不正当手段甚至非法手段搞索赔。这会使双方关系紧张，不利于合同的继续实施，也会使承包人的信誉受到损害，不利于将来的经营。若承包人的行为违反了法律，还会受到法律的处罚。

17.1.3 索赔的分类

1. 按涉及的当事人分类

（1）承包人与发包人之间的索赔。

这是水运工程施工合同中最普遍的索赔，通常是承包人向发包人提出费用索赔和工期索赔。有时发包人也向承包人提出经济赔偿的要求，即前述的"反索赔"。

（2）总承包人和分包人之间的索赔。

这种索赔的依据是他们签订的分包合同。分包人向总承包人提出的索赔要求中，涉及发包人责任的，由总承包人一并向发包人提出。而总承包人与分包人之间的索赔问题由他们之间协商解决。

（3）发包人或承包人同出卖人之间的索赔。

施工所用的材料和设备的采购可以是发包人负责，也可是承包人负责。因此，他们与出卖人之间签订了供货合同，在履行过程中可能发生索赔事件。

（4）发包人和承包人向保险公司的索赔。

在施工合同签订之后，发包人和承包人应该分别办理工程、机械设备和人身保险，当发生保险事故时，应根据保险合同向保险公司索赔。

（5）其他索赔。

围绕施工合同还有许多其他合同，如运输合同，供用电、水、气、热力合同，委托合同等，在履行的过程中也会发生索赔事件。

2. 按索赔的依据分类

（1）合同内的索赔。

提出索赔要求在合同文件中能够找到文字依据，有明确的合同条款规定。如工程变更、价格调整、不可抗力等。

（2）合同外的索赔。

提出索赔要求在合同中没有专门的文字条款作依据，但可根据合同中某些条款引申为索赔的依据，也可以依据民法和行政法规进行索赔。

3. 道义索赔

遵义索赔也叫做额外支付。承包人虽然经过了认真努力，但最终还是在经济上受到了损失，发包人可以根据实际情况给予承包人一定的补偿。

（1）工期索赔。

要求批准延展合同工期的索赔，称为工期索赔。工期索赔要求被批准后，承包人可以免除承担因拖期违约被罚款的责任，而且还可能因工期提前得到奖励。因此，工期索赔的目的最终仍反映在经济收益上。

（2）费用索赔。

费用索赔的目的是要得到经济上的补偿。在施工过程中，发生了非承包人的责任而导致工程开支的实际增加，承包人要求对附加开支给予补偿。

虽然索赔有工期索赔和费用索赔之分，但其根本目的最终反映在调整双方的经济利益之上。工期索赔和费用索赔是索赔的最基本分类。

4. 按索赔的处理方式分类

（1）单项索赔。

单项索赔指在合同实施过程中，针对某单一事件提出的索赔。这种索赔原因单一，责任单一，处理起来比较容易。如工程师指令将部分素混凝土改为钢筋混凝土，对此只提出有关钢筋工程的费用即可。

单项索赔报告必须在合同规定的有效期内提交给工程师，由工程师审核后交发包人，由发包人做出答复。

（2）总索赔。

总索赔又称一揽子索赔、综合索赔。

总索赔也是一种常用的索赔方法，一般在工程竣工前，承包人将工程过程中未解决的单项索赔集中起来，提出一份总索赔报告。双方在工程交付前后进行谈判，一揽子解决索赔问题。

但要注意合同规定的时效性。

通常在如下几种场合下采用总索赔：

① 有些单项索赔，原因和影响都较复杂，不能立即解决，而合同双方忙于合同实施，可协商将单项索赔放到工程后期解决；

② 发包人拖延单项索赔的解决，使工程过程中的单项索赔拖延。国际工程中，许多发包人就以拖延的手段对待索赔，导致许多索赔要求集中起来；

③ 工期索赔中，由于对后续工序或项目的影响程度需要以后按实确定且干扰多，一般放在工程后期解决。

总索赔一般有如下特点。

① 处理和解决起来都很困难，由于工程中的许多干扰事件交织在一起，使得原因、责任和影响分析都很困难。

由于解决时间的拖延，会引起利息的支付、违约金的扣留、利润的补偿、工程款的最终结算等问题，加剧索赔问题解决的难度。

② 为了处理索赔问题，承包人要保存全部工程资料和其他作为证据的资料，这使得工程项目的文档管理的任务十分繁重。

③ 总索赔数额较大，双方谈判困难，在最终解决时，往往承包人要作较多的让步。有时重大的索赔谈判一拖几年，花费大量的时间和金钱。

对于索赔额大的总索赔，还应成立索赔小组负责处理。国际工程中，通常聘请法律专家、索赔专家，或者委托专门的索赔公司进行索赔管理。

发包人、承包人和工程师都应当力求将单项索赔在工程进行中陆续加以解决，尽量避免形成或减少总索赔量。这利于承包人资金周转和施工进度，有利于施工合同的履行，对合同双方都有利。

5. 按干扰事件的性质分类

按照施工中干扰事件的性质，可分为以下几种索赔。

（1）工期延长的索赔。

由于发包人未按合同的规定及时提供设计图纸、技术资料、施工场地、道路等造成承包人工期拖延而提出的索赔，这是施工中最为常见的。

（2）工程变更的索赔。

由于发包人或工程师指令增加或减少工程量或增加附加工程，变更施工顺序造成工期延长和费用增加，承包人对此提出索赔。

（3）工程中断的索赔。

由于工程施工受到了承包人不能控制的外界因素的影响（如台风、洪水）的影响而不能继续进行，中断一段时间，承包人提出索赔。

（4）工程终止的索赔。

由于非承包人的原因使工程施工在竣工前被迫停止并不再继续进行，使承包人蒙受经济损失而提出索赔。

（5）其他原因的索赔。

主要是非自然力原因，是由社会原因造成的干扰事件，如货币贬值，汇率变化，物价、工资上涨，当地政策法令变化等原因引起的索赔。

17.2 施工索赔事件

17.2.1 施工索赔的必然性

在水运工程施工过程中索赔经常发生，而且索赔数额又往往较大，这是由于以下的一些原因。

① 水运工程的特点是工程规模大、投资多、结构复杂而质量和技术要求高且工期又长。在施工中又有许多条件的变化，譬如地质条件、水文条件的变化，建设及环保部门对工程新的建议、要求和干涉，建筑市场、建材市场的变化等，会影响工程的成本和工期。

② 合同是在工程开始之前签订的，对如此复杂的水运工程和施工环境，合同中不可能对所有的问题做出预见和规定、对工程的所有部分做出准确地说明，不可能考虑得非常周全。这些都可能导致双方对责任、权利和义务的争执，也会引起对双方经济利益的影响。

③ 在施工过程中，发包人要求的变化将导致工程变更，工程变更的增加将涉及费用与工期的变化。

④ 水运工程一般规模较大，涉及的施工单位较多。各单位之间在技术经济方面互相联系又相互影响。一方失误，不仅给自己造成损失，也会影响其他施工单位，进而影响整个工程。其中，受到损失者将提出索赔。

另外，在国际工程承包中，由于合同双方的语言、法律、工程习惯的不同，也会对责权利的理解不同引起索赔。

总之，由于各种内部或外部的干扰造成工期的延长和成本的增加，是索赔的起因。由于发包人起草合同，承包人处于不利的地位，在招投标中，承包人为了取得施工合同必须降低报价，必须在施工过程中取得不应由自己承担风险的那部分损失的支付。因此，索赔是属于合同履行过程中正常的风险管理。索赔是正常的、不可避免的。

17.2.2 施工索赔的原因分析

施工索赔的原因是多种多样的，以下是主要的一些原因。

1. 发包人的原因

在施工索赔过程中，最主要的大量的是发包人方面的原因造成的。发包人方面的原因中又可以分为以下两个主要方面：

一是发包人违约；

二是发包人应承担的风险。

在水运工程施工中，常见的发包人违约事件有以下几种。

① 发包人没有按合同规定提供施工场地或工作面。发包人没有按合同规定的时间提供施工所需的陆域、水域，办理好土地和水域的征用、拆迁补偿，开通施工场地与城乡公共道路的通道，提供施工

船舶的航道与临时施工码头,接通水、电及通信线路,或其他承包人占用的场地或工作面没有及时给出,致使承包人的施工人员和施工设备不能按时进场,工程不能及时开工,延误工期。

② 发包人没有按合同的规定提供设计资料、设计图纸。发包人没有按合同规定的时间提供设计资料、设计图纸,影响工期,造成窝工,如推迟提供、提供的设计资料出错、合同规定一次提供而实际上分批提供等。

③ 发包人未及时办理水运工程施工所需各种证件。发包人未及时办理工程施工所需的各种证件、批件和临时用地、占道及铁路专用线的申请批准手续,影响施工正常进行。

④ 发包人未及时交付水准点和坐标控制点。发包人未及时将正确无误的水准点和坐标控制点以书面形式交给承包人。

⑤ 发包人未及时提供工程的陆地及海洋地质、水文、气象和地下(水下)管网线路资料。发包人未及时提供这些资料,或者提供的资料数据不符合真实准确的要求。如出现了地质断层、淤泥层加厚,发现了图纸上未准确标明管线,以及沉船、古墓及其他文物,按合同规定应进行特殊处理或采取加固措施。

⑥ 发包人未及时进行图纸会审及设计交底。发包人未及时组织设计单位和承包人进行图纸会审,未及时向承包人进行设计交底。

⑦ 发包人没有按约定供应提供的材料设备。发包人没有按合同的规定按时提供应由发包人提供的建筑材料、机械、设备及进口材料设备,海运时间过长或在港口停置时间过长,以及提供的材料设备质量上不合格。

⑧ 发包人变更工程,如增加项目、变更已实施的工程量,致使费用增加或工期延长。水运工程施工中工程变更是不可避免的,工程量的变化、设计变更、质量标准的改变、改换建筑材料、暂停施工或要求赶工等,均需要工程师通过变更指令来实现。这些都可能引起新的费用或延长工期,承包人可以提出索赔要求,以弥补自己的损失。

⑨ 发包人拖延合同规定的责任。发包人拖延合同规定的责任,如拖延对图纸的批准,拖延对中间工程和隐蔽工程的验收,拖延对承包人提出的有关施工问题的答复等。

⑩ 发包人未按合同规定支付预付款和工程款。发包人未按合同规定的时间和数量向承包人支付预付款和工程款,给承包人造成了经济上的损失,承包人有权提出索赔。拖欠工程款是发包人违约的主要表现形式之一。

⑪ 发包人要求赶工。发包人要求加快水运工程进度,指令承包人采取加速措施,承包人只有在如下两种情况下才能提出索赔:

i. 已产生的工期延长责任完全非承包人引起,发包人认可承包人的工期索赔;

ii. 计划工期没有拖延,而发包人希望工程提前竣工,及早投入使用。

⑫ 发包人提前占用部分永久工程。发包人提前占用部分永久工程,或在保修期中,由于发包人使用不当或其他非承包人原因造成损坏,或在竣工验收前工程尚未交付时发包人使用已完或未完工程造成的损坏。

上述索赔原因能否成为施工索赔的依据还应依据双方达成的水运工程合同,特别是合同协议书及合同专用条款的规定。

2. 承包人的原因

在水运工程施工索赔事件中,主要的和大量的是承包人向发包人索赔。但是,索赔是合同双方都拥有的权利。发包人在承包人违约时，为了维护自身的经济利益也可以向承包人提出反索赔。

承包人应按合同的规定全面履行自己的各项义务。当出现了下面的情况时，就是发包人向承包人反索赔的依据。

（1）工程质量不符合合同期定。

如果承包人的施工质量不符合合同规定的技术规范要求，或者在工程中使用的材料、设备质量不满足要求，以及在保修期满之前未完成工程缺陷的修复工作时，发包人有权向承包人反索赔。这部分索赔包括由此而造成的直接损失，也可以包括与承包人违约行为有因果关系的间接损失。例如，承包人施工质量低劣导致保修期内所施工的码头仓库屋顶漏水，淋坏了库内的货物和电气设备，发包人可以要求承包人自费修理工程缺陷，也可以要求赔偿电气设备和货物的损失，以及仓库延期使用的损失。

（2）工程交付时间不符合规定。

只要承包人没有合法的理由展延工期，而又不能按时竣工，他都要承担延期违约赔偿责任。

承包人延误工期的原因包括两个方面：一是主观上的行为过失，如施工组织不当，管理水平不高等；二是他应承担风险的客观原因导致的，如施工现场不利的气候条件影响等。

水运工程施工中发包人向承包人的反索赔主要表现在上述两个方面。

（3）承包人的其他原因。

除质量和工期之外，承包人引起的反索赔的原因尚有以下几种。

① 因承包人的原因，使发包人受到了管理部门的罚款或第三方投诉的损失，如承包人运输材料设备损坏了道路、桥梁和码头设施，施工过程中违反了环保规定，发包人被处罚金等。

② 承包人以双方共同的名义办理的保险失效，给发包人带来的损失。

③ 承包人在保管材料、设备中的失职，给发包人造成的损失。

④ 因承包人原因工程延期或需加班赶工时所增加监理服务费。

除此之外，在施工过程中，承包人的其他过失给发包人造成的损失，均可以成为发包人反索赔的原因。

3. 工程师的原因

工程师是代表发包人或受发包人的委托进行水运工程施工管理的。从施工合同中工程师的地位来看，他们的失误给承包人造成的损失应由发包人承担。

由工程师原因引起的索赔事件有：

① 工程师委派人员没有按合同规定提前通知承包人，对施工造成不利影响的；

② 工程师发出的指令、通知有误，影响了施工的正常进行的；

③ 工程师未按合同规定及时向承包人提供指令、批准图纸、进行中间工程或隐蔽工程检验、验收等工作，给施工造成不利影响的；

④ 工程师对承包人的施工组织进行不合理干预。

工程师有权对承包人的施工组织进行监督检查，但如果对承包人的施工组织进行超越权限的不合理干预，并影响了施工的正常进行的，承包人有权提出索赔。

当然，工程师原因引起的索赔不仅是工程师的错误或失误原因，有时由于正常的工作也可能引起索赔，如工程的重新检验等。

4. 环境影响及风险因素

水运工程施工期长，施工现场环境的影响，特别是不可预见事件的影响必然对工期和费用造成很大的影响。尽管合同准备工作非常细致，合同条款内容严谨，但是由于工程项目施工的复杂性和人们预见能力的有限性，仍会产生索赔事件。

现场环境的影响，主要指施工条件的变化，如地质、水文条件；地下水，地质断层、地质情况与技术资料有较大差异，航道、水深、水下地形等所提供的资料与实际不符，这些将对工期及费用产生较大影响，必然引起索赔。

对于风险因素，双方以合同中应做出明确细致的规定，有些不可抗力的风险应向保险公司投保。在很多情况下，双方应对风险情况的责任分担做出明确规定，而且大都由发包人承担风险责任，譬如：

① 自然灾害（风、雨、洪水、大潮、地震等）超过了合同规定的；

② 社会动乱、暴乱等；

③ 物价大幅度上涨，造成材料价格、工人工资大幅度上涨；

④ 国家政策及法律法规的变更。

国家政策及法律法规的变更，是指直接影响到工程造价的变更，如限制进口，外汇管制或者税收及其他收费标准的提高。国际惯例规定从投标截止日期之前的 28 天开始，如果工程所在国或地方法律变更导致承包人施工费用增加，则发包人应该向承包人补偿其增加值；相反，如果导致费用减少，则应由发包人受益。国内工程因国务院各部委、地方政府及工程造价管理部门公布的价格调整，如定额、取费标准、税收以及需上缴的各种费用等的变化等，可以调整合同价款。

5. 其他原因

除上述导致索赔的主要原因外，在工程施工中尚有其他导致索赔的情况。

（1）合同文件的缺陷。

由于合同文件的缺陷，特别是技术规范和图纸的缺陷，导致了承包人费用的增加和工期的延长，承包人可以提出索赔。

（2）其他承包人的干扰。

大型水运工程往往会有几个承包人在现场施工，工程师有责任组织协调好各承包人之间的工作。若某个承包人不能按期完成他的那一部分工作，将影响另外的承包人，由于承包人之间没有合同关系，受到影响的承包人将向发包人提出相应的索赔。

（3）其他第三方的原因。

如银行付款延误、发包人材料设备订货迟到、质量和数量与合同不符、水电供应中断等等，承包人也往往会向发包人索赔。

17.3 施工索赔程序

我国施工合同索赔随着建设工程市场的发展、合同法律法规的完善、招标投标工作的正常开展，正在逐渐走向健康发展的道路。经过实践，我国工程建设主体间的关系也有进一步地发展和变化，工程师的作用更加明确，索赔问题与国际接轨。我国的索赔程序分以下几个步骤。

1. 承包人提出索赔要求

（1）索赔申请。

在索赔事件发生后，承包人应迅速做出反应，在 21 天内向工程师递交索赔申请，声明将对此事件提出索赔。如果超过这个期限，工程师和发包人有权拒绝承包人的索赔要求。

（2）提出索赔报告及有关资料。

发出索赔申请后14天内，承包人向工程师提出延长工期和（或）补偿经济损失的索赔报告及有关资料。

为了提出索赔报告，承包人应当对索赔事件进行如下处理工作。

① 事态调查。即寻找索赔机会，通过承包人对合同的管理和对合同实施的跟踪、分析，发现索赔机会；一经发现索赔机会，则应对它进行详细的调查和跟踪，以了解事件的前因后果，掌握事件的详细情况。

② 索赔原因。对干扰事件进行分析，即这些干扰事件是由谁引起的、它的责任应由谁来承担。一般只有非承包人责任引起的损害事件才有可能提出索赔。在实际工作中，损害事件的责任常常是多方面的，故必须进行责任分解、划分责任范围，按责任大小承担损失。这里最容易引起合同双方的争执。

③ 索赔依据。即索赔理由，主要是指合同文件。必须按合同判明这些索赔事件是否违反合同，是否在合同规定的赔偿或补偿的范围之内。例如，某合同规定，在工程总价15%的范围内的工程变更是承包人的风险和机会，则发包人指令增加工程量在这个范围内，承包人不能提出索赔。

④ 损失调查。即为索赔事件的影响。主要表现为工期的延长和费用的增加。如果干扰事件不造成损失，则无索赔而言。损失调查的重点是收集、分析、对比实际和计划的施工进度、工程成本和费用方面的资料，在此基础上计算索赔值。

⑤ 收集证据。索赔事件发生后，承包人应抓紧搜集证据，并在索赔事件持续时间一直保持有完整的当时记录。这也是索赔要求有效的前提条件。如果在索赔报告中提不出证明其索赔理由、索赔事件的影响、索赔值的计算等方面的详细资料，索赔是不能成立的。在实际工程中，许多索赔要求都因没有或缺少书面证据而得不到合理的解决，所以承包人必须对此有足够的重视。

⑥ 起草并提出索赔报告。索赔报告是上述工作的结果，应由承包人的合同管理人员起草，承包人的决策人审定。

2. 工程师审查索赔报告

（1）工程师审查承包人的索赔申请。

接到承包人的索赔意向通知后，工程师应建立自己的索赔档案，密切关注索赔事件的影响。检查承包人的同期记录时，工程师可以对记录的内容提出他的不同意见和他要求承包人需要补充的内容。

工程师接到正式的索赔报告后，应认真研究承包人的索赔报告和证据资料，客观地分析索赔事件发生的原因，对照合同的相关条款，检查承包人提出的索赔证据，并查阅承包人的同期记录。工程师通过对索赔事件的认真分析，依据合同相关条款划清事件中合同双方的责任界限。在必要时，工程师还可以要求承包人进一步提供补充证据资料。特别是对发包人与承包人及工程师均应负有一定责任的事件，更应客观地确定各方应承担的合同责任的比例。最后再审查承包人提出的索赔补偿要求，删除其中的不合理的部分，拟定工程师自己计算的合理索赔款额和展延工期的天数。

（2）索赔成立的条件。

工程师判定承包人索赔成立的条件是：

① 与合同相对照，索赔事件确实已造成了承包人的施工成本的额外支出，或工期损失；

② 造成费用的增加或工期损失的原因，按合同的约定既不属于承包人的行为责任，又不属于承包人应承担的风险责任；

③承包人按照合同规定的时间和程序提交了索赔意向通知和索赔报告。

上述三个条件没有先后主次之分，应当同时具备。而只有工程师认定索赔成立后，索赔事件才能按程序进一步处理。

3. 工程师与承包人协商补偿

工程师核查后初步确定的应给承包人补偿的额度，与承包人索赔报告中要求的额度往往不一致，甚至差额较大，主要原因是对承担索赔事件损坏责任的界限划分不一致、索赔的证据不一致、索赔额计算的依据和方法有较大差异等。因此，双方应就索赔事件的处理进行协商。通过协商仍不能达成共识的话，承包人则仅有权得到所提供的证据满足工程师认为索赔成立那部分的付款和展延工期。不论工程师通过与承包人达成一致，或是他单方面做出的处理决定，批准给予补偿的款额和展延工期的天数均应报请发包人批准。

在经过认真分析研究并与承包人和发包人充分讨论后，工程师应该向发包人和承包人提出自己的索赔处理决定。发包人和工程师收到承包人的索赔报告和有关资料后，应在 28 天内给予答复，或者要求承包人进一步补充索赔的理由和证据。工程师在 28 天内既未予答复又未对承包人做出进一步要求，则视为该项索赔要求已被认可。

工程师的索赔处理决定应站在公正的立场上，以合同条款为依据，充分研究承包人的索赔理由和提供的证据，根据索赔事件的情况实事求是的作出决定。

收到工程师的索赔处理决定后，发包人或承包人如果认为处理决定不公正，都可以在合同规定的时间内提请工程师重新考虑；当工程师最后作出决定，承包人仍不满意，则可以按照合同中的仲裁条款向仲裁机构要求仲裁。

4. 发包人审查索赔处理

工程师的索赔处理决定必须报请发包人批准。

发包人应根据索赔事件发生的原因、责任范围、合同的相关条款审核承包人的索赔申请和工程师的索赔处理决定，同时应考虑工程建设的目的、投资控制、竣工投产日期要求以及承包人在施工过程中的表现，决定是否同意工程师的处理意见。

发包人仔细权衡利弊之后，可能对工程师的处理意见进行改动，比如他可能不同意展延工期，而给承包人增加费用补偿，要求他采取赶工措施，按期甚至提前竣工。这样的决定，只有发包人才有权作出。

索赔报告经发包人批准后，工程师即可签发有关证书。

5. 承包人是否接受最终索赔处理

如果承包人接受最终的索赔处理决定，则索赔事件的处理即告结束；反之，承包人不同意最终的索赔处理决定，就会导致合同争议。通过协商双方达成互谅互让的解决方案，是解决争议的最理想方式。若协商仍不能达成谅解，承包人有权提交仲裁解决。

索赔处理的程序可参考图 17-1 图索赔处理流程图。

以上施工索赔程序也是 FIDIC 土木工程施工合同条件规定的实行多年的索赔程序。在我国按此程序进行施工索赔，尚须合同各方的努力和建筑市场运行机制的进一步规范。

提交索赔申请（C）　←　索赔事件发生后的21天之内提出书面申请

21天内

提交索赔报告（C）　←　1. 索赔理由　2. 索赔依据　3.索赔要求

不同意（14天）
不符合"三有"

审查索赔报告（J）　←　1. 索赔理由是否成立，是否有理（有理）　2. 索赔依据是否有效，是否完备（有据）　3.索赔费用的计算是否正确（有度）　4. 可要求承包人提交补充资料

14天同意　符合"三有"

接受

接受或不接受索赔（F）　—不接受→　谈判（F，C，J）

未达成一致

签署赔偿协议（F，C）　←调整后达成一致

仲裁或诉讼

索赔生效并付款（F）

C：承包人
F：业主
J：监理工程师

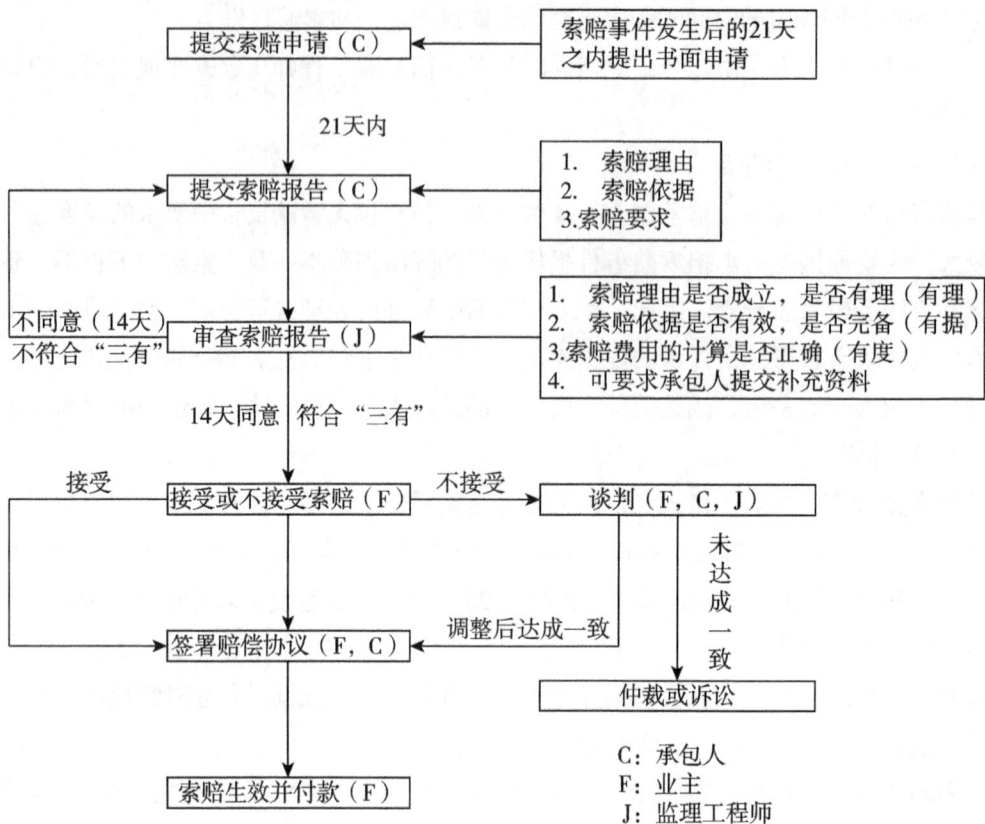

图 17-1　索赔处理流程图

17.4　我国监理工程师的施工索赔管理

17.4.1　监理工程师管理施工索赔原则和任务

在施工索赔过程中，监理工程师是核心人物。要使索赔得到合理解决，监理工程师在工作中应遵守如下原则。

1.公正原则

监理工程师不是施工合同的当事人。作为独立的第三方，监理工程师必须公正行事。由于发包人和承包人的立场和利益不一致，经常会出现矛盾。因此，工程师处理索赔问题的公正性应表现在如下几方面。

① 要按照法律法规和合同约定行事。作为监理工程师应当准确理解、正确执行合同，在索赔的处理过程中按照合同的原则行事。

② 从事实出发，实事求是。监理工程师应按施工过程干扰事件的真实情况，承包人的实际损失和提供的证据，正确公正地做出判断。

③ 从工程的总目标出发，处理索赔问题，要使工程顺利进行，尽早投入使用，保证施工质量。

2.协商一致的原则

监理工程师在处理和解决索赔问题时，应及时地与承包人和发包人沟通，在作出决定、调整价格、决定延展工期和费用补偿时，应充分地与合同双方协商，最好能达成一致，取得共识。

监理工程师应充分认识到这是避免索赔争议的最有效的办法。监理工程师应正确理解合同的规定，对索赔事件有正确的判断，这是发挥监理工程师作用作好协商工作的基础。

3. 诚实信用原则

监理工程师处在发包人和承包人之间，发包人将工程管理的任务委托给他，承包人希望他公正。他的索赔决定将直接影响双方的经济利益，而他的经济责任较小，所以监理工程师的工作在很大程度上依靠他自身工作的积极性和责任心，依靠他的诚实和信用，靠他的职业道德来维持。而这些，只有监理工程师自身有公正的立场、勤奋的工作、良好的合作精神和较强的处理问题的能力和诚实信用的人格才能实现。

4. 及时履行责任的原则

在工程施工中监理工程师必须及时地行使权力，作出决定或下达通知、指令或表示认可和同意等。监理工程师应做好日常的监理工作，对工程质量、完成的工作量、现场检查等情况经常与承包人协调，控制好质量和进度，及时批准支付，正确处理好变更。这样做，有如下作用。

① 可以减少承包人的索赔。因为工程师的工作及时，承包商不易找到索赔依据。

② 制止干扰事件的影响扩大。发生干扰事件，监理工程师要及时作出决定，防止承包人停工待命或继续施工造成更大的损失。

③ 及时解决索赔问题，有利于工程进展。监理工程师收到承包人的索赔意向通知书，应迅速作出反应，认真研究密切注意干扰事件的发展，正确处理索赔问题，加深合同双方的理解，有利于工程进展。

④ 及时解决索赔问题，防止问题复杂化。及时解决单个索赔问题比较容易，多个索赔问题集中起来，分析处理困难又会产生新的问题，容易引起索赔争议。

监理工程师索赔管理的任务是他的主要工作之一，这一工作的基本目标是：通过自己的工作尽量减少索赔事件的发生；如果发生了，应公平、公正、合理地解决索赔问题。所以，监理工程师索赔管理任务如下。

① 作好工程管理工作，减少疏漏。作为工程师在工程管理工作中给承包人造成损失也是索赔的原因之一，所以监理工程师在起草文件、下达指令、作出决定、答复请示时都应注意到完备性和严密性，颁发图纸、做出计划等方面都应考虑到其正确性和周密性。

② 通过有效的工程管理减少索赔事件的发生。监理工程师应以积极的态度和负责的态度管理好工程，为发包人提供良好的服务。在工程施工中，监理工程师应做好协调和缓冲工作，及时发现并提醒双方的违约倾向，使合同双方严格按合同约定行事，特别是发包人义务的履行，以减少承包人提出索赔。

监理工程师对工程施工按合同约定进行有力的控制，及早发现干扰事件，采取措施降低干扰事件的影响，协助承包人做好安排减少损失，从而减少索赔量，也为发包人减少了损失。同时对干扰事件的控制与了解，为合理处理索赔提供了条件。

③ 公正、及时地处理索赔。发生了索赔事件之后，监理工程师应公正、及时地处理索赔，承包人及时得到合理的补偿，发包人又不多支付，合同双方都心悦诚服，对处理的结果满意，继续保持友好的协作关系。

监理工程师及时处理好单项索赔，不使之拖到总索赔中去，不仅减少了处理的难度，也会提高监理工程师的威信，使工程顺利进行。

17.4.2 监理工程师处理索赔的依据

监理工程处理索赔工作是其工程管理工作的一部分，处理索赔的依据如下。

1. 施工监理合同

施工监理合同是指发包人聘请监理单位代其对工程项目进行管理，明确双方权利、义务的协议。合同中应明确发包人授予监理工程师权限的内容，其中，应明确监理工程师在处理索赔工作中的任务和权限，这是监理工程师处理索赔工作的主要依据。

2. 水运工程施工合同

水运工程施工合同是承包人进行水运工程建设施工、发包人支付价款的合同。合同中规定了双方的权利和义务，划定了双方的风险责任，对工程质量、进度和费用也有明确的规定；同时，作为合同组成部分的标准、规范及有关技术文件、图纸、工程量清单、工程报价单或预算书及文件等，都是监理工程师处理索赔工作的主要依据。

3. 有关的法律法规的规定

对于水运工程，交通部是行业主管部门，所以交通部及工程所在地政府有关规定也是监理工程师处理索赔的主要依据。

17.4.3 监理工程师对索赔的审理

1. 审查索赔证据

监理工程师对索赔的审查，首先要对承包人提出的索赔报告进行审查，分析承包人的索赔要求是否有理、有据。监理工程师要审查承包人索赔要求是否符合法律法规和施工合同的规定、受到的损失是否是非承包人自身的原因和应承担的风险、索赔的证据是否充分、索赔量的计算是否合适等。监理工程师通常要审查承包人提供的下列证明材料：

（1）合同文件；

（2）经监理工程师批准的施工进度计划；

（3）合同履行过程中的来往函件；

（4）施工现场记录；

（5）施工会议记录；

（6）工程照片；

（7）监理工程师发布的各种书面指令；

（8）中期支付工程进度款的单证；

（9）检查和试验记录；

（10）汇率变化表；

（11）各种财务凭证；

（12）其他有关资料。

2. 审查工期延展要求

监理工程师对承包人工期索赔要求，在审查中应注意几下问题。

（1）划清施工进度拖延的责任。

因承包人自身原因造成的施工进度的滞后，不能同意工期索赔要求。

只有承包人不应承担任何责任的延期，才能同意工期索赔。

有时工期延期的原因中可能双方均有责任，此时监理工程师应进行详细分析，分清责任比例，适当延展工期。

工期索赔要求，可能是单纯的工期延展要求，也可能是既要求展延工期，又要求费用补偿，监理工程师应进行认真的审查。

（2）被延误的工作是处于施工计划关键线路上的施工项目。

因为只有关键线路上的工作内容的滞后，才会影响到竣工日期。但是，非关键线路上的工作的影响时间较长，超过其总时差，也会导致总工期的拖延，此时监理工程师应充分考虑事件的影响，给予相应的工期延展。

（3）监理工程师无权要求承包人缩短工期。

监理工程师有审核、批准承包人延展工期的权力，但他不可以要求承包人缩短工期。即使指示承包人删减掉某些合同内的工作内容，也不能要求承包人相应缩短合同工期。如果要求提前竣工，则属于合同变更，应由发包人和承包人协商解决。

3. 审查费用索赔要求

费用索赔的原因，可能是与工期索赔相同的事件，也可能是其他事件。监理工程师在审批中，除了要划清合同责任以外，应注意费用索赔的内容、索赔取费的合理性和索赔量计算的合理性。

（1）承包人可索赔的费用内容。

① 人工费。包括增加工作的人工费、停工损失费和工作效率降低的损失费等。

② 设备费。可采用机械台班费、机械折旧费、设备租赁费等。

③ 材料费。

④ 保函手续费。

⑤ 贷款利息。

⑥ 保险费。

⑦ 利润。

⑧ 管理费。包括现场管理费和公司管理费。

（2）审核索赔取费的合理性。

费用索赔涉及的款项较多、内容较杂，而且承包人往往从维护自身的利益出发，取费不尽合理，因此监理工程师应检查取费的合理性，剔除不合理的取费项目或费率。

（3）审核索赔计算的正确性。

监理工程师要对承包人的索赔计算进行审查，既要检查数字计算的错误，也要检查采用的费率是否合理、适度。

4. 监理工程师处理索赔的权限

监理工程师在对索赔的审批中还要注意自己的权限。

① 监理工程师仅有权审核、处理合同内的索赔。承包人提出的合同外索赔和道义索赔已经涉及对合同的修改，应由发包人处理。

② 监理工程师不负责对承包人拖期违约的赔偿处理。

③ 合同内索赔数额超过权限范围时，需报发包人批准后才能执行。

思考题

1. 试述索赔的作用和条件是什么。

2. 根据索赔不同的分类依据，索赔的分类有哪些？

3. 什么是道义索赔？

4. 试分析施工索赔的必然性。

5. 施工索赔中承包人的原因有哪些？

6. 施工索赔的程序是什么？

7. 监理工程师判定承包人索赔成立的条件是什么？

8. 监理工程师管理施工索赔的原则是什么？

9. 监理工程师索赔管理任务是什么？

10. 监理工程师处理索赔的依据是什么？

11. 监理工程师对承包人工期索赔和费用索赔要求，在审查中应注意什么？

12. 承包人可索赔的费用内容包括哪些？

13. 监理工程师处理索赔的权限范围是什么？

第五篇

水运工程费用控制

第*18*章 绪 论

18.1 工程费用概论

18.1.1 投资与投资控制

工程项目投资是投资主体为了实现某一特定的目的，而将其能支配的资源投入到现实社会事业中的一种活动。

1. 水运工程项目投资活动的基本特点

水运工程项目投资是投资主体将资金直接投入水运工程项目，直接参与购、建工程项目，这种投资活动与人们对于消费品的购买，在目的、行为及行为方式上都不同，具有以下明显的特点。

（1）水运工程项目投资巨大。

投资主体无力拿出全部投资额而需要借款，因而在这种活动中存在着筹集资金、债务的偿还问题。水运工程项目投资活动并不完全用投资主体自有资金来进行。

（2）水运工程项目投资必须带来资本商品的增益。

消费者购买消费品只是自己使用，不再形成盈利。而投资主体出于对资本商品的需求，购买、新建、扩建、改建某资本商品——工程项目，力求新增或扩大生产能力，以取得未来更大的收益。

（3）水运工程项目投资是资金价值的长期垫支，有风险，需要预期。

水运工程项目耗资巨大，一旦资金投入建设过程中，其价值就被束缚在建设项目上，不能随意抽走，投入的资金只有靠项目建成后项目营运期间的收益逐步收回投资。这个时间很长，项目建成要几年，使用几十年，因此这种巨额资金的长期垫支具有极大的风险，具体表现在：

① 未来的收益是否可靠？

② 现在的投资是否值得？

③ 建设过程中技术上、费用上是否有保证？

对三个问题中前两个问题的回答就是预期。预期就是在充分把握现有事实的基础上，对未来的预测。投资行为不应是盲目的，投资者对水运工程方面一切现有的认识，包括技术、经济及其他方面的认识与实践须充分把握，如果对拟建项目还有某些认识不足，也应及时补充必要的勘察、试验加以认证。

而对于项目投资未来因素的变化趋势和状态，如经济和社会发展因素等对投资效果的影响以及可能产生的结果，则需要进行科学预测，这种预测也仍然要立足于充分把握经济、社会等方面现有事实的基础上。

如果前两个问题所孕育的风险可以得到控制，做出肯定的回答，那么建设过程中的风险就很突出。如技术问题不能彻底解决，自然条件发生重大变化，经费落实出了问题，出现意外事件等可能会造成质量达不到要求，工期拖延，工程费用大幅度增加。如果建设中的风险超出了预期的风险范围，如工程久拖，费用大增，都将使预期中对风险的估计超出可控范围，从而导致投资活动失败。

因此，项目法人在投资控制各个阶段聘请监理工程师帮助进行控制，是项目法人合理的投资行为，其目的是为了使风险得到有效控制。

（4）水运工程项目投资活动是以盈利或满足特定需求为目的的活动。

水运工程项目投资要消耗大量资源，其目的就是要得到应有的补偿，对于某个方案只要盈利，我们认为可行，不盈利，则认为不可行。我们在评价方案时，还应从国家整体利益出发，往往以满足特定需求为目的。

（5）水运工程项目投资活动必须是合理、可控的行为。

投资活动既有明确的目的，又有风险，为把可能的风险限制在最小的范围，又要尽可能地达到目的，其行为过程和结果都应该是可控的。

对决策风险的控制，规定了投资前期必须认真进行可行性研究，这就为决策阶段的行为制定了合理的标准。

对费用风险的控制，要求在项目实施中参与各方的行为应受到严格的约束。使用 FIDIC 条款，推行监理制度，就是为了使费用发生的过程和结果合理、约束各方行为和创造外部约束条件。

2. 投资的基本要素

根据上述投资活动的定义，投资活动需包含不可分离的三个基本要素，即投资主体、投资目的和投资资源。投资的三个要素互相联系，有机地组成一个完整的投资活动，缺一不可。没有投资主体或投资主体不明，投资就失去了行为的发出者，没有能动性，因而就无人发起这一活动，更无人对其负责。没有目的或目的不明，就会使投资失去方向而成为盲目行为。当然，投资了没可能没有资源；否则，就会成为空中楼阁、无资可投。

目前，水运工程建设项目的投资主体逐步趋向多元化，由过去单一的国家投入转变到国家、企业、个人、外商多方的、独立或联合的投入；水运工程建设项目投资的目的，在于获得盈利或满足特定的需求，促进经济发展；水运工程建设项目投资的资源很多，土地、水域、砂石、钢材、木材等是有形资源，港口经营权、航务管理权、专利技术、资质等是无形资源。

3. 投资控制

投资控制是指对工程建设项目投资活动全过程的控制，即对工程项目设想、筹建、施工、竣工、投入使用直至项目报废退出社会再生产完整的生命周期过程的控制。

从项目设想开始，就要求投资主体认真进行可行性研究，对项目的投资总额和未来的收益进行全面的分析论证，只有确认项目可行，才能立项，才可进入实施阶段。项目实施中要进行设计，设计完后进行实质性的购买活动、施工建造直到项目构建完成。投入正式营运后，要通过良好的经营管理，以取得预期的经济效益。从时间角度，习惯上将其分为三个时期，各个时期都有其相应的投资控制工作。

（1）投资前期。

投资前期也称为项目的筹建时期，指从项目设想开始直到取得下达设计计划任务书为止的时期。在这个阶段，应按一定的程序规范投资主体的行为。要求他必须认真进行可行性研究，确认工程项目的技术上和经济上是有生命力和竞争力时才作出投资决策，这样才能减少风险、获取利润。过去仅用计划任务书不可能进行系统的分析研究，难以保证建设项目的合理性与经济性，往往出现"决策在前，技术经济论证在后"的情况，使设计技术人员在已定项目的大框框内做文章，造成盲目投资、重复建设、经济效益差等弊病。可行性研究就是指在建设前期对工程项目的一种考查研究和系统分析，通过详细的技术经济论证，为判断是要建设还是放弃这个项目提供科学依据。我国交通部制定的《港口建设项目、可行性研究报告编制办法》、《内河航运建设项目可行性研究报告编制办法》（以下简称《办法》）中明确指出，水运工程建设项目必须遵循国家规定的基本建设程序，首先进行可行性研究，编制可行性研究报告。《办法》中规定，港口建设项目、内河航运建设项目可行性研究的任务是：在充分调查研究和必要的勘察、科学试验工作的基础上，对项目建设的必要性、技术可行性和经济合理性提出综合论证报告。

可行性研究按其工作深度和要求不同，分为预可行性研究和工程可行性研究。只有预可行性研究报告经过评估、批准后才可立项，工程可行性研究报告经过评估、批准后才可下达设计计划任务书。

在这个时期，必须从项目设想逐步深入地完成对该项目的短期预期——投资额估算，以及对该项目的长期预期——项目投资经济评价。

（2）投资执行期。

投资执行期包括设计、施工招投标、施工、竣工等阶段。

① 设计阶段。是指下达设计计划任务书开始到设计结束这段时间。在设计阶段，必须正确贯彻工程建设项目的意图，根据工程项目技术功能、质量要求提出正确、合理的技术指标和参数，对工程项目的各个组成部分进行具体的结构、构造设计，并按设计方案做出设计概算，从而达到对该项目投资总额的控制。

② 施工招投标阶段。前阶段的投资控制工作还都停留在纸面上的分析、论证和计算，资金尚未被动用。一旦初步设计结束且被评估、审核、批准，设计概算经审查批准就成为投资控制额，再继续实施该项目就要动用资金。自招投标阶段起，费用控制拉开了序幕。

国内工程建设项目招投标，项目法人在设计概算的基础上编制"标底"，通过投标人的竞争，项目法人从中选出合理的报价和优秀的承包人，通过授权初步实现购买意向；接着再和中标人进一步就价格及合同条件进行谈判，最后确定合同价格并签约。

签约后，中标人即成为负责该工程项目的承包人。招投标过程作为投资行为是纯商业活动，项目法人不开价，投标人竞投，项目法人从诸多竞投者中选择合理的标价授标，完成购买意向，以双方同意的合同价格成交，交易完成。

工程项目的购销活动特点是先销售、后施工，购、销活动在前，施工建造在后，即工程价值具有估算性，价格是通过竞争形成的。这两方面特点决定了工程项目费用控制的特殊性，也更要求交易双方行为的规范性、合理性、可控制性。

③ 施工阶段。施工阶段包括施工准备、正式施工、完工验收等环节。在这一系列环节中，项目法人一方面通过合同价对工程费用进行预算控制，另一方面通过监理工程师按承包合同对工程费用进行结算控制。监理工程师不仅按合同要求控制工程费用，还要尽力控制监理成本。而承包人则根据工程合同及预算成本对施工生产的实际成本进行全力控制。

④竣工阶段。工程竣工后，项目法人通过工程决算，确定工程的实际造价。这一控制阶段也是费用控制的尾声，是确保项目法人购买活动的最后成功，得到合格的永久性工程。保修期满，项目法人得到满意的工程项目，建设工程项目决算后，承包人通过履行合同得到了全部报酬，合同双方权利和义务终止。费用控制过程全部完成。

（3）投资服务期。

投资服务期即建设工程项目进入正式营运直至报废的阶段，少则十几年、多则几十年、上百年。这时期往往被称为投资回收期，实行企业化管理，获取预期利润。将投资服务期除外的投资控制过程也称为狭义的投资控制。

4. 费用控制

我国交通部水运工程实行施工监理，费用控制即对应于前述投资控制过程中自施工招投标阶段起至竣工保修阶段结束为止的投资控制活动。关于投资控制及费用控制的各个阶段如图 18-1 所示。

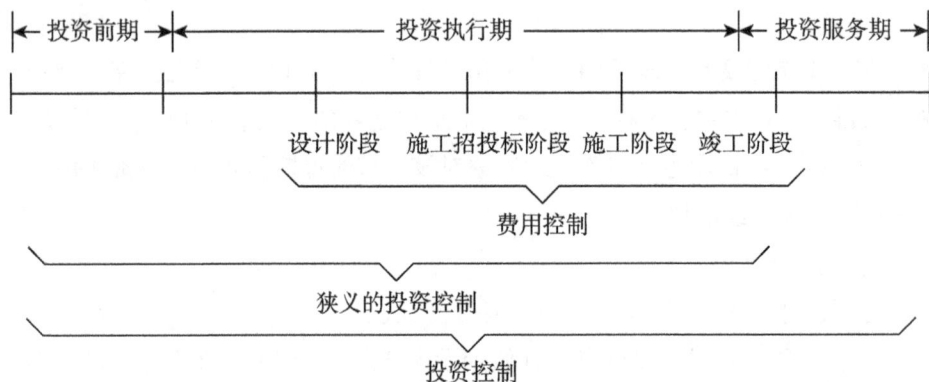

图 18-1　水运工程投资控制阶段划分图

5. 投资额

为了对投资进行有效的控制，就必须使投资数量化，有一个明确的数量指标，这个数量指标就是投资额。投资额是指为实现投资目的所耗费全部资源的总和，它从价值的角度，以货币指标来揭示投资的数量特征。它随着投资活动的逐步展开和深入而发生变化，并经多次计价，形成不同指标。例如，从国民经济和地区社会经济发展的要求产生了在 ×× 地区建设 ×× 港的设想，在预可行性研究阶段就要把建港的设想变成规划，对该港应由哪些主体工程组成，如何布置、生产规模、生产能力及今后效益等反复分析，形成具体的建设意图。在此过程中，每一步都要对投资额进行估算，都要对实现该意图在技术上的可能性和经济上的合理性进行分析。预可行性研究阶段要求主体工程达到方案设计的深度，对该项目的总投资额估算也应达到一定的精度；工程可行性研究阶段则要求主体工程达到初步设计的深度，项目总投资额估算也要达到相应的精度。

不管可行性研究处于哪个工作阶段，对建设项目投资总额的估算，基本上包括以下项目，如图18-2 所示。

（1）固定资产投资。

固定资产直接投资是指为形成建设项目并发挥其功能的永久工程全部费用，即形成该建设项目全部固定资产（永久工程）的全部费用，也就是工程造价。

（2）流动资产投资。

流动资产投资是指直接为该项目服务，使该项目能正常运行并发挥效益所发生的全部费用，也就是需准备的流动资金，主要用于工程维护（养护）和营运成本费用。

例如，新建一港口，为形成该港口所有建筑物实体所发生的费用，即完成该项目的工程造价为固定资产直接投资，包括永久工程和永久设备，如防波堤、码头、堆场、仓库、道路、装卸机械等的费用。而为使这些固定资产正常运行、发挥功能、取得效益而发生的管理人员工资、办公费用、进港航道等设施的维护、养护等费用都属于流动资产投资。

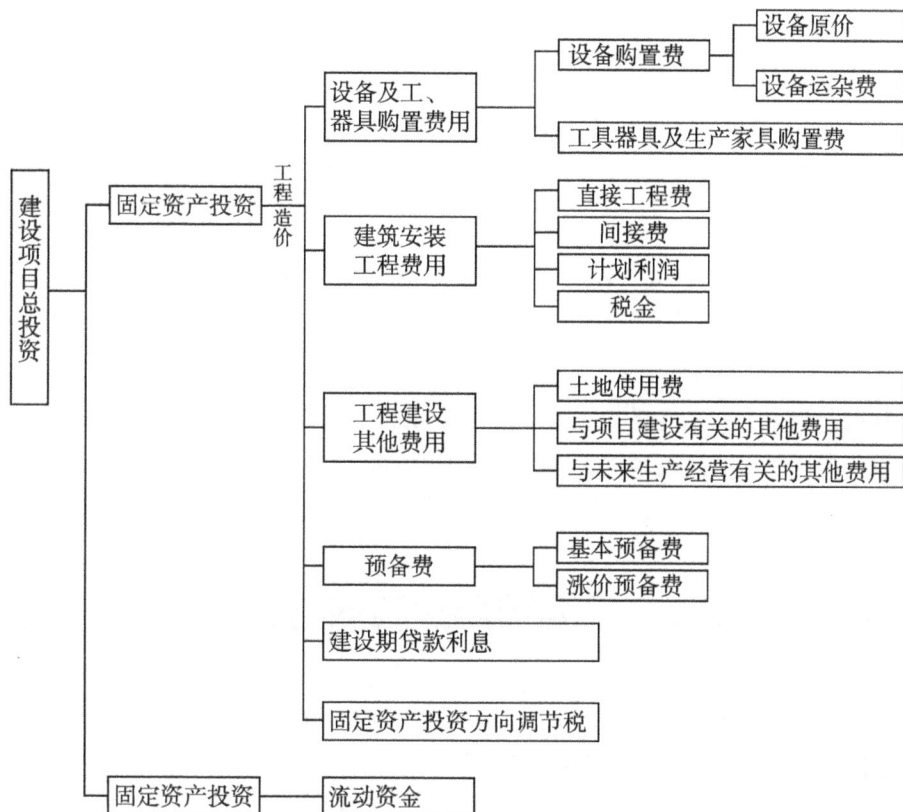

建设项目总投资
- 固定资产投资 — 工程造价
  - 设备及工、器具购置费用
    - 设备购置费
      - 设备原价
      - 设备运杂费
    - 工具器具及生产家具购置费
  - 建筑安装工程费用
    - 直接工程费
    - 间接费
    - 计划利润
    - 税金
  - 工程建设其他费用
    - 土地使用费
    - 与项目建设有关的其他费用
    - 与未来生产经营有关的其他费用
  - 预备费
    - 基本预备费
    - 涨价预备费
  - 建设期贷款利息
  - 固定资产投资方向调节税
- 固定资产投资
  - 流动资金

图 18-2 我国现行建设项目总投资及工程造价的构成

18.1.2 工程费用

1. 工程费用的概念

工程费用是工程造价的组成部分，它是指生产活动中各种资源消耗或费用支出而形成的。

建筑工程费和安装工程费的总和，也称建筑安装工程费。它是工程造价的主要组成部分和直接基础，一般要占总造价的 60% ~ 80%。

建筑工程费即通常所说的土建工程费，它一般包括桩墩、基础、平台、泊位、防护设施等工程的费用。安装工程费，即为使项目正常运作，除土建工程以外的大型装卸机械、设备、工具、器具及办公、生活家具的安装费用。

2. 工程费用的组成

（1）直接工程费。

直接工程费指直接构成建设项目实体的有助于工程形成的各项费用，包括直接费、其他直接费及现场经费。

① 直接费。直接费指完成某一工程建设项目的施工任务而直接体现于工程上的费用，包括消耗在施工中的全部人工费、材料费及机械使用费，即直接使生产资料转移而形成永久性工程所投入的费用。

② 其他直接费。其他直接费指概预算定额中所计列以外的属于直接用于工程实体的费用，包括冬季施工增加费、雨季施工增加费、夜间施工增加费、沿海施工增加费、行车干扰工程施工增加费及施

工辅助费等。不同的工程定额所计列的费用项目不同。

③现场经费。现场经费包括现场临时设施费以及管理费。临时设施费指施工企业所必需的生活和生产用的临时建筑物、构筑物及其他临时设施的修建、维修和拆除或摊销的全部费用，不包括概预算定额中的临时工程。现场管理费指在工地现场发生的有关管理费用，包括以各类工程定额直接费为基数计算的基本管理费用和其他单项费用。

（2）间接工程费。

间接经费指现场以外为工程建设项目提供服务管理的费用,包括企业管理费（含上级机构管理费）和财务费用两部分。企业管理费指施工企业为组织施工生产活动所发生的管理费，包括企业管理人员的基本工资、工资性津贴、职工福利费、差旅费、办公费、固定资产折旧修理费和工具使用费、工会经费、职工教育经费、劳动保险费、职工养老保险费等。财务费用指施工企业为筹集资金而发生的各项费用，如利息支出、金融机构手续费等。

（3）计划利润和税金。

计划利润是按照国家有关规定的施工企业在完成工程建设项目任务后应取得利润。而税金是指综合税金额，按国家有关规定应计入建筑安装工程造价内的营业税、城市建设维护税收及教育税附加。

18.2 工程费用控制的监理原则

工程费用控制是工程监理的主要调控手段，关键性工作环节。根据《水运工程施工监理规范》，在工程费用控制中监理工程师必须遵守以下基本原则。

1. 依法原则

费用控制的监理工作本身是一项政策性、法律性、经济性和技术性都很强的工作，必须依据国家法规、技术标准和合同文件等有效控制工程费用。要严格遵守国家的法律和制度，正确处理国家整体利益、项目法人利益和施工企业利益的关系。监理工程师必须做到经签认的每一笔工程费用都符合我国有关政策的规定和要求，并协调好项目法人与承包人的利益关系。

2. 质量合格原则

工程费用控制与质量控制有着极为密切的关系，它既直接以质量控制为基础，又是质量控制的基本保障。当然，两者的内容和侧重点不同，质量控制是对工程项目施工各环节中的工艺、技术以及所用材料的质量进行全面监督和管理。另外,对承包人所完成工程与设计图纸、技术规范等进行分析对比，并对工程性能进行检测，以判断其是否满足合同规定要求。而费用控制主要通过计量、支付，对承包人的施工活动及成果进行计量并估价。对报验资料不全、与合同文件约定不符或质量不合格的工程，不予进行工程计量。

3. 期限原则

承包人完成工程项目，工程质量经监理工程师检查并确认其合格，工程量的计量结果经监理工程师确认后，承包人提出付款要求，则监理工程师应在规定的期限内签认工程款申请。按 FIDIC 合同条件规定，这一期限为 28 天。

4. 公正原则

监理工程师是作为独立的中介人参与工程项目管理的，工程费用支付的审核、签认直接涉及项目法人和承包人的经济利益，因此，监理工程师必须恪守合理、公正的原则。

保持公正立场，是对监理工程师进行费用控制最起码的要求，如果监理工程师缺乏公正，就不能准确地进行工程计量，不能正确作出判断，从而直接影响项目法人与承包人之间公平交易。特别是当施工过程中发生工程变更、工程索赔等情况时，更要求监理工程师独立而公正地作出判断，既不偏向项目法人，也不偏向承包人。在《水运工程施工监理规范》中，非常明确地指出"对工程费用的索赔应合理、公正"。监理工程师必须以实事求是的精神，认真负责地做好每一项工作，确保自己始终站在客观、公正的立场上。

目前在有些项目监理中，项目法人由于对工程费用控制的监理工作理解不准确，往往认为监理工程师只有使实际支付的工程费用少于承包合同签订的合同价，才算监理工程师在费用监理中做出了成绩，一旦实际支付的工程费用超过了原定的合同价格，就认为监理工程师没有搞好费用控制，其实，这是一种片面的、不正确的看法。因为监理的中立立场决定了其行为的客观性、科学性，费用控制的监理目标是使实际支付的工程费用合理，符合合同的要求，而并不是使实际支付的工程费用等于或少于合同价。影响工程费用的因素很多，其中不少因素是无法预料、无法控制的。

18.3 工程费用控制的监理职责和权限

做任何工作，不明确职责不行，监理工作也是如此。监理工程师受项目法人委托，对建设工程项目的合同、质量、进度、费用等进行全面的监督和管理。因此，必须明确其职责，并围绕这些职责确定其工作目标、工作责任及落实相应的人员和工作条件，从而使整个监理工作职责分明、井然有序。另一方面，在明确职责的同时，还必须明确权限；否则，无论职责如何明确，由于没有明确权限，最终都将无法完成监理任务。

监理工程师在工程费用控制中的职责和权限主要从工程计量和工程费用支付两个方面来体现，也就是说，只有对工程计量和工程费用支付拥有监理权，才能真正搞好费用控制的监理工作。若对工程计量无权过问，就无法准确掌握实际完成的工程量，无从确定工程价值。若对工程费用支付无权过问，就无法保证工程费用支付是否符合合同要求，无法利用经济杠杆协调项目法人与承包人在施工活动中的关系，从而不仅不能完成工程费用控制的监理工作，而且还直接影响监理工程师对工程质量和工程进度进行监理，最终导致无法对整个承包合同实现严格管理。

工程费用控制的监理职责和权限从哪里明确？主要体现在以下两个合同文件中。

1. 项目法人与监理机构签订的工程监理服务合同

该合同全面明确监理工程师和项目法人双方的权利和义务，明确监理工程师的职责范围。监理工程师必须遵守该合同中所规定的职责；否则，他将对自己失职所造成的损失负责。同时，他还必须严格遵守该合同中规定的权限，不得越权；否则，他也同样承担由此而造成的后果。例如，监理工程师不得在项目法人无书面同意的情况下，将监理合同中规定监理方的义务、权力或款项随意转让给他人。又例如总监理工程师认为必要时，可对合同做小的修改，但对实质性的修改，应事先取得项目法人的书面认可，因为实质性的修改将直接涉及项目法人的重大利益，此时监理工程师无权在没有项目法人书面同意的情况下作出决定。再如，对于工程变更，一般也应同项目法人协商并取得同意等。这些方面的约束和限制，都会在合同中明确，并采用由项目法人授权的方式来落实其权限。

2. 项目法人与承包人签订的工程承包合同

项目法人与承包人签订的工程承包合同文件,包括合同协议书、合同条件、工程量清单、技术规范、来往函件等。在合同的通用条件和工程量清单中明确了监理工程师的职责和权力,在专用条件中则明确对权力的限制。

此外,国家法律和政府有关职能部门的相关政策、规章制度也将对监理工程师的职责和权力从外部加以约束和限制。因此,监理工程师在履行合同规定的职责和行使合同所赋予权力的同时必须自觉接受政府的监督。

有关监理工程师在工程计量和工程费用支付中的具体职责和权限将分别在本篇第四章和第五章中详细介绍。

思考题

1. 水运工程投资活动的基本特点是什么?

2. 投资控制的主要时期包括什么? 各阶段投资控制的特点是什么?

3. 我国现阶段建设项目总投资及工程造价的主要构成是什么?

4. 试详细分析水运工程费用的组成。

5. 工程费用控制的监理原则是什么?

第*19*章 工程经济基础

19.1 复利分析

19.1.1 资金时间价值

在技术经济分析和评价中，无论是考察单个方案的技术经济效果，还是对多个方案进行对比评选，当测算每一方案所消耗的人力、物力、资源或所获得的经济效益时，它们最终都是以货币的形式表现出来的。例如，有甲、乙两个方案，寿命期相同，投资及所实现的生产能力也完全相同，所不同的只是甲方案的投产时间比乙方案早2年。这时，根据常识我们可以判定甲方案优于乙方案。因为甲方案投产时间早，投资发挥的作用早，因而对国民经济的贡献大。又如，甲、乙两方案投资数额相同，年收益及寿命期也相同，不同的是甲方案一次全部投入，乙方案分期投入，具体数额见表19-1。

表19-1 甲、乙两方案现金流量表

年末	0	1	2	3	4	5	6
甲方案	-10 000	0	3 000	3 000	3 000	3 000	3 000
乙方案	-5 000	-5 000	3 000	3 000	3 000	3 000	3 000

从现金流量表上可以看出，投资总额与收益总额均相同，不同只是乙方案投资总额中一半的投资时间推迟了1年。不用计算，也可看出，这5 000元在第一年中还可用在别的投资机会中，乙方案是优于甲方案的。

通过以上两个简单例子的分析不难发现，即使是相同数额的资金在不同的时间里，其价值也是不同的，也就是说今天的100元和明年今天的100元，其价值是不一样的。因为今天到手的钱存在着再投资获利的机会或者能够马上满足消费需要的好处，未来的钱存在着到时候拿不到或者拿到时已买不到所需的东西而蒙受损失的风险。不同时间发生的等额资金在价值上的差别称为资金的时间价值。

也就是说，将资金投入到生产或流通领域，随着时间的推移，资金不断运动，从而可产生资金的增值。

在这里需要明确指出的是：资金的时间价值和通货膨胀引起的货币贬值不同。通货膨胀是指国家为了弥补财政赤字大量发行货币，货币的发行量超过商品流通中的实际需要量所引起货币贬值的现象。而资金的时间价值是一个普遍的现象，只要商品生产存在，资金就具有时间价值。

对于资金的时间价值，可以从两个方面理解。首先，资金是属于商品经济范畴的概念，在商品经济条件下，资金是不断运动着的。资金的运动伴随着生产与交换的进行，生产与交换活动会给投资者带来利益，表现为资金增值，资金增值的实质是劳动者在生产过程中创造了剩余价值。从投资者的角度来看，资金的增值特性使资金具有时间价值。其次，资金一旦用于投资，就不能用于现期消费，牺牲现期消费是为了能在将来得到更多的消费，个人储蓄的动机和国家积累的目的都是如此。从消费者的角度来看，资金的时间价值体现为对放弃现期消费损失所作的必要补偿。

资金时间价值的大小取决于多方面的因素，从投资角度看主要有以下三个因素：

① 投资利润率，即单位投资所能取得的利润；

② 通货膨胀因素，即对因货币贬值造成的损失所应做的补偿；

③ 风险因素，即对因风险的存在可能带来的损失所应做的补偿。

19.1.2　利息与利率

在借贷关系中利息反映了资金的时间价值。在工程经济分析中，对资金时间价值的计算方法与银行利息的计算方法相同。实际上，银行利息也是一种资金时间价值的表现方式。广义地说，利息是占用资金（或放弃使用资金）所付（或所得）的代价（或报酬），一般用 I 表示。

利息通常根据利率来计算。利率是资金时间价值占原资金价值的百分率，是在一个计息周期内所得的利息额与借贷金额（即本金）之比，一般以百分数表示。

若用 i 表示利率，P 表示本金，I 表示利息，则：

$$i = \frac{I}{P} \times 100\% \tag{19-1}$$

上式表明，利率是单位本金经过一个计息周期后的增值额。利率根据计息的周期不同，可以用年利率、月利率、日利率表示。以后，除特殊说明外，一般都是指年利率。

利息的计算有单利计息和复利计息之分。

1. 单利计算

单利计息时，每期只对原始本金计息，对所获得的利息不再计息。其利息的计算公式为：

$$I_n = P \times n \times i \tag{19-2}$$

式中：n——年数；

P——原始本金；

i——利率；

I_n——n 年后的利息。

若要计算 n 年后的本利和共为多少，设 n 年后本利和为 F，则：

$$F = P(1 + i \times n) \tag{19-3}$$

2. 复利计算

复利计息时，不仅计算本金的利息，而且本金的利息还要计息，即按规定计息周期结息一次，结息后将上期的利息并入本金作为本周期计算利息的本金继续计息。这是一种"利滚利"的计息方式，这种"利上加利"的计息方式称为复利计息法。

设本金为 P，利率为 i，F 为本利和，利息为 I，n 为计息周期数，则一笔本金 P：

第一期末的本利和　　　　　　$F_1 = P \times (1 + i)$

第二期末的本利和　　　　　　$F_2 = F_1 \times (1 + i) = P \times (1 + i)^2$

第三期末的本利和　　　　　　$F_3 = F_2 \times (1 + i) = P \times (1 + i)^3$

……

第 n 期末的本利和 $\qquad F_n = F_{n-i}(1+i) = P \times (1+i)^n$

于是，复利计算本利和的公式为：

$$F = P \times (1+i)^n \qquad\qquad (19\text{-}4)$$

较单利法而言，虽然复利法的计算烦了一些、复杂了一些，但就资金在整个生产过程中运动的实际情况来看，采取复利计息法计算更符合资金的运动规律。因此，在技术经济方案分析中，对货币资金的时间价值，一般都采用复利法计算。

在经济分析中，按复利计息，资金随时间变化而增值，按复利计息的时间增值，我们称为"动态计算"。而对于按单利计息的时间增值，称为半动态（或半静态）计算。不考虑时间因素（不计时间价值）的计算则称为静态计算。

复利计息有间断复利和连续复利之分。如果计息周期为一定的时间区间（如年、季、月等），称为间断复利；如果计息周期无限缩短，则称为连续复利。从理论上讲，资金是在不停地运动，每时每刻都在通过生产领域和流通领域增值，因而应该采用连续复利计息，但是实际使用中都采用间断复利计息。

在工程经济分析中，一般计息周期与复利周期是相同的，但在实际经济活动中，计息周期也可能有与复利周期不相同的情况，如年利率为12%，每月计息一次。当利率的时间单位与计息期不一致时，就出现了名义利率和实际利率的概念。所谓名义利率，是指计息期利率乘以每年的计息期数。上例中年利率为12%，每年要计息12次，这12%就是名义利率（$1\% \times 12 = 12\%$，1%则为月的实际利率，实际计算利息时1%的月利率是真正有用的。通常所说的年利率都指名义利率。如果利率后面不对计息期加以说明，则表示一年计息一次，此时的年利率既可称为名义利率，也是实际利率。

设名义利率为 r，一年中计算利息 n 次，每次计息的利率为 $\dfrac{r}{n}$。根据复利计算公式，一年末的本利和为：

$$F = P\left(1 + \frac{r}{n}\right)^n$$

上式中 P 为本金，利息应为本利和与本金的差额，即：

$$I = F - P = \left(1 + \frac{r}{n}\right)^n - P$$

又按利率的定义，利息与本金之比为实际利率，则实际利率 i 为：

$$i = \frac{I}{P} = \frac{P\left(1 + \dfrac{r}{n}\right)^n - P}{P} = \left(1 + \frac{r}{n}\right)^n - 1 \qquad\qquad (19\text{-}5)$$

从上式可以看出，当利息周期为一年时，实际利率等于名义利率；当计息周期小于一年时，（即 $n > 1$），实际利率大于名义利率，且名义利率越高、计息周期越短（即一年中计息次数越多），则实际利率与名义利率的差值就越大。当 n 趋于无穷大时，有：

$$i = \lim_{n \to \infty}\left(1 + \frac{r}{n}\right)^n - 1$$

$$i = \lim_{n \to \infty}\left[\left(1 + \frac{r}{n}\right)^{\frac{n}{r}}\right]^r - 1$$

容易证得：

$$\lim_{n \to \infty}\left[\left(1 + \frac{r}{n}\right)^{\frac{n}{r}}\right]^r = e \qquad\qquad (19\text{-}6)$$

则：

$$i = \lim_{n \to \infty}\left[\left(1 + \frac{r}{n}\right)^{\frac{n}{r}}\right]^r = e^r - 1$$

因此：

$$i = e^r - 1 \qquad\qquad (19\text{-}7)$$

式中：e 为 2.71828。

式（19-7）就给出了已知名义利率，欲求实际利率的换算公式。

19.1.3 资金等值计算公式

1. 现金流量

对于任何生产活动而言，对其物质消耗及产品都可以用资金的形式来描述，通常把各个时间点上实际发生的资金流出或资金流入称为现金流量。对于同一个时间点，有资金流出，也可以有资金流入，将资金流出和流入取其代数和，则为该时间点的净现金流量。在一个时间点发生的资金金额换算成另一个时间点的等值金额的过程称为资金等值计算。

在技术经济分析中，为了考虑方案的经济效果，常对方案的全部费用和全部收益进行计算和分析。由于不同时间发生的收入或支出或净现金流量，其数值不能直接相加或相减，只能通过资金的等值计算将它们换算到同一个时间点上进行分析。把将来某一时间点的资金金额换算成前面时间点的等值金额的过程称之为折现，其折现后的资金金额称为现值。与现值等价的将来时间点的资金金额称为终值或将来值（未来值）。

2. 现金流量图

通过利息计算的方法，把不同时间点的资金金额换算成等值，这为建设项目方案经济比较提供了可比的基本手段。实际的方案包含了许多不同时间进出的现金流量。把这些多重现金流量及其发生的时间用简单图示的方法表现出来，此图即为现金流量图（图 19-1）。

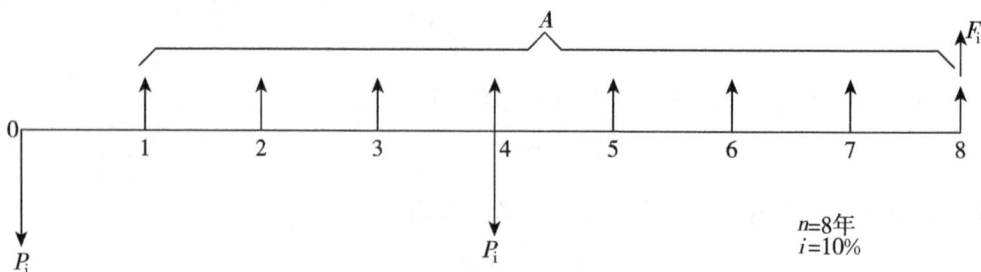

图 19-1 现金流量图示意

对现金流量图特作以下说明。

① 水平线表示为时间坐标，每个分格代表一个时间单位（在图 19-1 中为 1 年），时间的推移自左向右。每一时段末尾标注的号码即为该时间的末尾，图 19-1 中即为某年末。零(0)表示零时段的末尾，即第 1 年的开始，通常对应于"现在"这一时刻。

② 箭线表示现金流量的大小和方向。一般以箭头向上并位于水平线上方为现金流入，箭头向下并位于水平线下方为现金流出，或称投资、支出、费用等。线段长短可与收益或支出的多少成比例（一般不成比例，分析者只看图中表示的数值），箭线起点在水平线上的位置，表示该现金流量发生的时间点。

3. 资金等值计算公式

在进行资金等值计算时，各符号表示的意义如下。

P——本金，指一笔集中的值，表示资金的现值（相对于将来值的任何较早时间点的值，一般出现在时间轴上的零点或任何一点上，定义为年初发生）。

F——终值（将来值、未来值），也是一笔集中的值，表示某一特定未来时间点发生的值。

A——系列年值（或称年金），表示一系列等额的现金流量，每一个 A 值均发生在每一年的年末。

i——表示时间价值的百分率（或表示利率或折现率）。

n——时间，计算期年数。

（1）一次支付类型。

一次支付是指所分析方案的现金流量，无论是流入还是流出，均在一个时间点上发生，如现值 P 和终值 F，均属一次支付型现金。

① 一次支付复利终值公式。

如图 19-2 所示，给定一个现值 P，若复利率为 i，则在第 n 周期末的价值 F 为多少？其实，这类问题是已知 P、i、n 求 F。

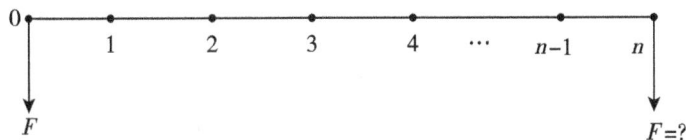

图 19-2 一次支付复利终值计算图示

第一周期末，其本利和为 $P + P \times i = P(1+i)$；

第二周期末，本利和为 $P(1+i) + P(1+i) \times i = P(1+i)^2$；

第三周期末，本利和为 $P(1+i)^2 + P(1+i)^2 \times i = P(1+i)^3$；

……

第 n 周期末，本利和为 $P(1+i)^n$，

即：

$$F = P(1+i)^n \qquad (19-8)$$

式（19-8）给出了终值 F 与现值 P 的关系，其中 $(1+i)^n$ 称为一次支付复利终值系数；也可用函数符号（F/P, i, n）表示，其中斜线右边表示已知因素、左边表示欲求的因素。

【例】某企业为开发新产品，向银行贷款 100 万元，年利率为 6.5%，借期 8 年，问：8 年后一次归还银行的本利和是多少？

【解】8 年后归还银行的本利和应与现在的借款金额等值，其折现率就是银行利率。由式（19-8）得：

$$F = P \times (1+i)^n = 100 \times (1+6.5\%)^8 = 100 \times 1.655 = 165.5 \text{（万元）}$$

即 8 年后一次归还银行的本利和为 165.5 万元。

② 一次支付现值公式。

已知 F、i、n，求 P，这是一次支付复利终值公式的逆运算，由式（19-8）可直接推导出：

$$P = F \times \frac{1}{(1+i)^n} = F \times (1+i)^{-n} \qquad (19-9)$$

系数 $(1+i)^{-n}$ 称为一次支付现值系数，也可记为（P/F, i, n），它和一次支付终值系数互为倒数。

【例】如果银行利率为 12%，为在 5 年后获得 10 000 元款项，现在应存入银行多少？

【解】由式（19-9）可得出：

$$P = F \times (1+i)^{-n} = 10\,000 \times (1+12\%)^{-5} = 10\,000 \times 0.5674 = 5\,674 \text{（元）}$$

即现在应存入银行 5 674 元人民币。

（2）等额支付类型。

等额支付是指一系列连续发生的且数额相等（即各时值相等）的现金流量。

① 等额支付终值公式。从第 1 周期末至第 n 周期末有一系列的等额现金流量，每一年末的金额都为 A，称为等额年值。F 相当于 n 周期等额年值的终值。这类问题是已知 A、i、n，求 F。解决这类问题的思路是把等额系列视为 n 个一次支付的组合，而利用一次支付终值公式推导出等额支付终值公式，如图 19-3 所示。

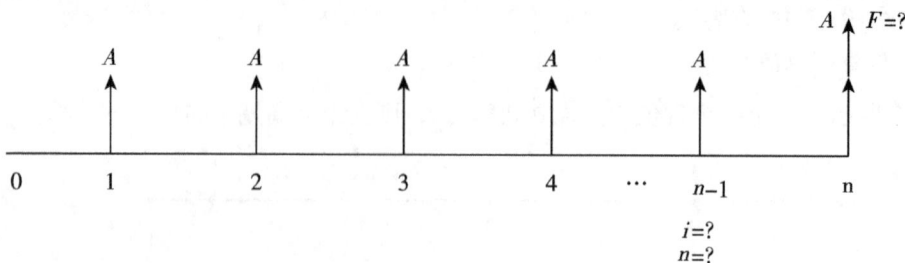

图 19-3 等额支付终值公式图示

第一周期末 A，$n-1$ 年后的本利和为 $A \times (1+i)^{n-1}$；

第二周期末 A，$n-2$ 年后的本利和为 $A \times (1+i)^{n-2}$；

第三周期末 A，$n-3$ 年后的本利和为 $A \times (1+i)^{n-3}$；

......

第 $n-1$ 周期末 A，1 年后的本利和为 $A \times (1+i)$；

第 n 周期末 A，本年的本利和为 A，则：

$$F = A \times \underbrace{(1+i)^{n-1} + A \times (1+i)^{n-2} + A \times (1+i)^{n-3} + \cdots + A(1+i) + A}_{n \text{项}} \quad (19-10)$$

将（19-10）式两边同乘 $(1+i)$，得：

$$F(1+i) = \underbrace{A \times (1+i)^{n} + A \times (1+i)^{n-1} + A \times (1+i)^{n-2} + \cdots + A(1+i)^{2} + A \times (1+i)}_{n \text{项}} \quad (19-11)$$

将（19-11）式两边减去（19-10）式两边，得：

$$F(1+i) - F = A \times (1+i)^{n} - A$$

即：

$$F = A \times \frac{(1+i)^{n} - 1}{i} \quad (19-12)$$

$$= A \times (F/A, i, n)$$

式（19-12）为等额支付终值公式。$\dfrac{(1+i)^{n}-1}{i}$ 称为等额支付终值系数，亦可记符号为（F/A，i，n）。

【例】某校为设立奖学金，每年年末存入银行 2 万元，如存款利率为 5%，第 5 年末可得款多少？

【解】由式（19-12）可得：

$$F = A \times \frac{(1+i)^{n} - 1}{i} = 2 \times \frac{(1+5\%)^{5} - 1}{5\%}$$

$$= 2 \times 5.526 = 11.05 \text{（万元）}$$

即第 5 年末可获得 11.05 万元。

② 等额支付偿债基金公式。

等额支付偿债基金公式是等额支付终值公式的逆运算，即已知终值 F、i、n，求 A。由上式（19-12）可直接导出：

$$A = F \times \frac{i}{(1+i)^n - 1} \qquad (19\text{-}13)$$

式中：系数 $\dfrac{i}{(1+i)^n - 1}$ 称为等额支付偿债基金系数，也可用符号记为 $(A/F, i, n)$。

【例】预计在第 7 年末需要得到一笔资金购一套港口装卸机具，其价值为 1 500 万元，在年利率为 6% 的条件下，在 7 年之内每年年末应支付多少资金储存于银行？

【解】由式（5-13）可得：

$$A = F \times \frac{i}{(1+i)^n - 1} = 1\,500 \times \frac{6\%}{(1+6\%)^7 - 1} = 1\,500 \times 0.1191 = 178.7（万元）$$

即 7 年内每年末支付 178.7 万元存于银行。

③ 等额支付现值公式.

从第一周期末至第 n 周期末有一系列等额现金流，每一年末的金额都是 A，考虑资金时间价值，这些资金相当于时间轴上零年末（或第一年年初）上的价值是 P，P 就相当于等额年值的现值。即已知 A、i、n，求 P。推导公式如下：

根据（5-9）式 $\qquad\qquad P = F \dfrac{i}{(1+i)^n}$

又根据（5-12）式 $\qquad\qquad F = A \times \dfrac{(1+i)^n - 1}{i}$

得：

$$P = A \times \frac{(1+i)^n - 1}{(1+i)^n \times 1} = A \times [1 - (1+i)^{-n}] / i \qquad (19\text{-}14)$$

式中：$\dfrac{(1+i)^n - 1}{(1+i)^n \times 1}$ 或 $[1 - (1-i)^{-n}] / i$ 称为等额支付现值系数，符号记为 $(P/A, i, n)$。

【例】假定预计在 10 年内，每年年末从银行提取 100 万元，在年利率为 6% 的条件下，现在银行应有多少现金？

【解】由式（5-14）得：

$$P = A \times \left[\frac{(1+i)^n - 1}{(1+i)^n \times 1} \right] = 100 \times \left[\frac{(1+6\%)^{10} - 1}{(1+6\%)^{10} \times 6\%} \right] = 736（万元）$$

即现在银行应有现金 736 万元。

④ 等额支付资金回收公式。

等额支付资金回收公式是等额支付现值公式的逆运算，即已知现值 P，求与之等价的等额年值 A。由式（5-14）可直接导出：

$$A = P \times \left[\frac{(1+i)^n \times 1}{(1+i)^n - 1} \right] \qquad (19\text{-}15)$$

式中：$\left[\dfrac{(1+i)^n \times 1}{(1+i)^n - 1} \right]$ 称为等额支付资金回收系数，亦可记为 $(A/P, i, n)$。这个系数表示在考虑资金时间价值的条件下，对应于工业项目的单位投资，在项目寿命期内每年至少应回收的金额。

如果对应于单位投资的实际回收金额小于这个值，在项目的寿命期内就不可能将全部投资收回。

【例】某工程项目投资 1 亿元，年利率为 8%，预计 10 年内全部回收，问：每年年末等额回收资金多少？

【解】由式（5-15）得：

$$A = P\left[\frac{(1+i)^n \times 1}{(1+i)^n - 1}\right] = 10\,000 \times \left[\frac{(1+8\%)^{10} - 8\%}{(1+8\%)^{10} - 1}\right] = 1\,490.3\,（万元）$$

即每年年末等额回收资金至少 1 490.3 万元。

19.2 水运工程建设项目投资经济分析基本方法

19.2.1 概述

1. 经济分析

经济效果分析与评价是对一个投资建设项目或一个方案评价的核心内容，是项目决策科学化的重要手段。任何一个工程项目的投资，都存在着投入的费用和购、建完该项目后所产生效益之间关系的问题。经济效果通常从两方面来评价。

（1）绝对经济效果检验。

即通过对项目方案本身的收益与投入进行分析，得出评价结论。这种投资的经济效益，又可从以下两方面分析：

① 产出 / 投入 ≥ 1；

② 产出 – 投入 ≥ 0。

前者是一个效率概念，可以衡量项目投资或方案的有效性；后者是一个绝对数，通常指效益的大小。两式实际上是等价的。

（2）相对经济效益检验。

即从多个方案中选择最佳方案。在工程经济分析中，两者总是相辅相成的。

2. 方案比较

工程建设项目是为了满足一定的功能、达到特定的目的，而同一种功能或同一个目的可以用不同的技术手段来满足或达到。这就是要求在可行性研究时，在提出的多种可行方案里选择最佳方案。

（1）方案之间的关系。

按照方案之间关系，可分为独立方案、互斥方案和相关方案。

① 独立方案。独立方案指方案与方案之间不具有相关性，任一方案的采用与否均不影响其他方案是否被采用，并且其经济效果可以相加。

② 互斥方案。互斥方案指方案之间互相排斥的关系，几个可行方案进行比较选择时，只能选其中一个，即比较结果是"择一"。

③ 相关方案。常表现为投资排队问题。

（2）方案的可比性。

评价方案经济效果，应根据不同情况和具体条件，以费用最少或收益最大等原则进行，方案比较必须建立在可比的基础上，其可比性表现在：

①满足需要上可比；

②消耗费用上可比；

③价格指标上可比；

④时间上可比。

（3）比较的主要方面。

在定性分析比较、定量分析比较以及全面分析比较中，最基本的是经济分析与比较。如果方案在经济上合理，其他方面比较的地位会上升。如果方案的经济性不合理，该方案一般都应放弃，除非特定要求。

对一个建设项目的评价，一般包括财务经济评价、国民经济评价和综合评价。财务经济评价又称企业经济评价，是一种微观评价，从企业本身利益出发，考察建设项目带来多大的经济效益。国民经济评价是宏观评价，它是从国家整体利益出发，考察建设项目或方案为国民经济带来多大的效益；这种效益不仅指经济效益，还包括社会效益、环境效益等。综合评价则是两者的综合。

19.2.2 经济分析与评价方法

建设项目经济效果可以用一系列的经济指标来反映。根据所采用的指标不同，经济分析与评价方法也不同，常用的有净现值法、净年值法、内部收益率法、投资回收期法等。

1. 净现值法（NPV）

净现值是实践中常用来评价项目方案经济效果的指标，它可以反映出项目在经济寿命期内的获利能力。选定一个百分率(折现率),把每个方案的所有现金流量都换算到基准时间点(分析期的零点处)，各方案收益的总现值与支出的总现值相加减，其代数和为净现值。用净现值对方案进行评价，称净现值法。用公式表示为：

$$NPV = \sum_{t=0}^{n} \frac{CF_t}{(1+i_0)^t}$$ （19-16）

式中：NPV——净现值；

CF_t——t 年的净现金流量，$CF_t = CI_t - CO_t$

CI_t——t 年现金流入；

CO_t——t 年现金流出；

n——分析计算期；

i_0——基准收益率（即选定的百分率）。

NPV 值可以有下述三种情况：

①$NPV > 0$，表示项目实施后的经济效益不仅达到了基准收益率的要求，而且还有富余；

②$NPV = 0$，表示项目实施后的投资收益率正好达到基准收益率；

③$NPV < 0$，表示项目实施后的经济效益达不到基准收益率的要求。

因此，用净现值法对方案评价时，对于单个的独立方案而言，当 $NPV \geq 0$ 时，则认为方案是可取的。对于多个方案，则不仅要求方案 $NPV \geq 0$，且选择一个方案时，应选 NPV 值中最大的。

使用净现值法时，应注意以下几点。

①如果该方案有残值且残值是正的，则表示期末有一笔回收；如果残值是负的，则表示期末要支出一笔拆除、清理费用。

② 折现率越大，其净现值越小。说明在取用的折现率较高时，残值对现值的影响很小，所以在分析年限较长时，对较小的残值可估计为 0（或称不计残值）；反之，亦然。

③ 用净现值法比较方案，有时会出现两个方案净现值相同或相近但投资额却相差悬殊的情况。从净现值的角度看，两方案的净现值可看成同一量级相差不多，但两个方案对投资者的吸引力却截然不同．因此，我们可以从两方案的净现值率（即单位投资所得的净现值）或益本比（效益总现值与费用总现值之比）进一步比较出两方案的优劣。

【例】某企业投资项目设计方案的总投资是 2 500 万元，投产后年经营成本为 500 万元，年销售额 1 500 万元，若计算期为 5 年，基准收益率为 10%，不计残值，试计算投资项目的净现值。

【解】绘制现金流量图（图 19-4）。

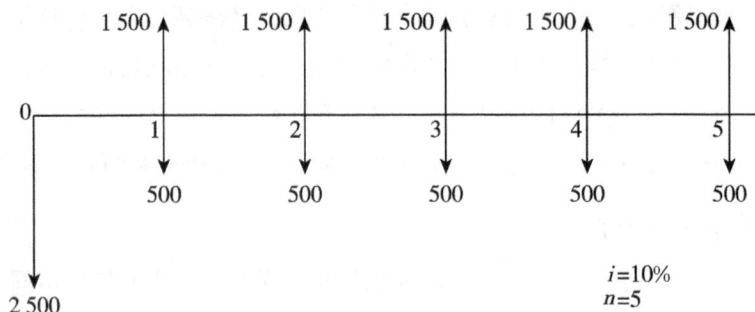

图 19-4　现金流量图

$$NPV = -2\,500 + (1\,500 - 500) \times (P/A, 10\%, 5) = -2\,500 + 1\,000 \times 3.7908 = 1\,290.8 \text{（万元）}$$

该项目净现值为 1 290.8 万元，说明该项目实施后的经济效益除达到 10% 的收益率外，还有 1 290.8 万元的收益现值。

【例】有以下三个互斥方案（表 19-2），基准收益率为 10%，试分析比较。

表 19-2　三个互斥方案的现金流量表

项目＼方案	I	II	III	项目＼方案	I	II	III
投资/万元	2 000	4 000	10 000	残值/万元	0	0	1 000
分析期/年	20	20	20	年净现金/万元	300	500	900

【解】分别绘制上述三方案的现金流量图，如图 19-5、图 19-6、图 19-7 所示。

方案 I：

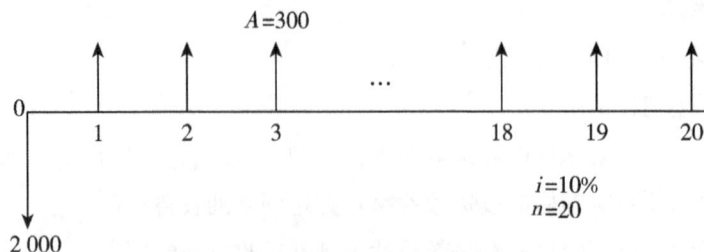

图 19-5　方案 I 现金流量图

$$NPV_1 = -2\,000 + 300 \times (P/A, 10\%, 20)$$
$$= -2\,000 + 300 \times 8.5136$$
$$= 554 \text{（万元）} > 0$$

所以方案 I 可行。

方案 II：

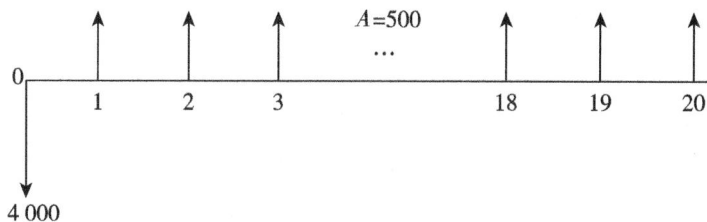

图 19-6　方案 I1 现金流量图

$$NPV_2 = -4\,000 + 500 \times (P/A,\ 10\%,\ 20)$$
$$= -4\,000 + 500 \times 8.5136$$
$$= 257\,（万元）> 0$$

所以方案 II 可行。

方案 III：

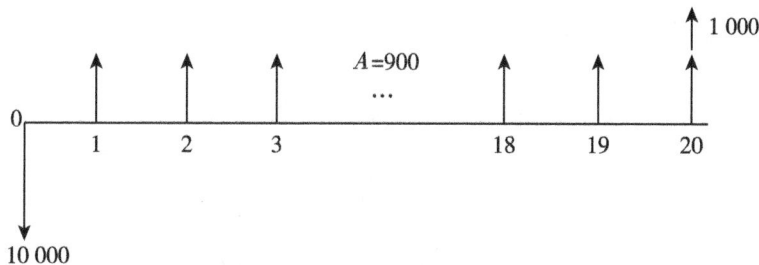

图 19-7　方案 III 现金流量图

$$NPV3_2 = -10\,000 + 900 \times (P/A,\ 10\%,\ 20) + 1\,000\,(P/F,\ 10\%,\ 20)$$
$$= -10\,000 + 900 \times 8.5136 + 1\,000 \times 0.1487$$
$$= -2189\,（万元）> 0$$

所以方案 III 不可行。

将三个方案的净现值进行比较，方案 III NPV 值小于 0，不可行。在可行方案和 I 方案 II 中选取净现值大的，结果方案 I 具有最大的净现值，选取方案 I。

2. 净年值法（NAV）

净年值是通过资金的等值计算将项目的净现值分摊到寿命期（分析期）内各年（从第 1 年到第 n 年）末的等额年值。净年值的计算公式如下：

$$NAV = \left[\sum_{t=0}^{n} \frac{CF_t}{(1 + i_0)^t} \right] (A/P,\ i_0,\ n) \qquad (19\text{-}17)$$

即：
$$NAV = NPV \times (A/P, i_0, n) \qquad (19\text{-}18)$$

式中：NAV—净年值，其余同前。

NAV 值可以有下列三种情况：

① $NAV > 0$，表示建设项目实施后平均每年的经济效益不仅达到了基准收益率的要求，而且还有富余；

② $NAV = 0$，表示项目实施后平均每年的经济效益正好达到基准收益率；

③ $NAV < 0$，表示项目实施后平均每年的经济效益达不到基准收益率的要求。

因此，用净年值法对方案评价时，对于单个的独立方案而言，只要 $NAV \geq 0$，则认为方案是可取的；

对于多个方案，则不仅要求 $NAV \geq 0$，且在互斥方案中，选取 NAV 中的最大值为佳。

用净年值指标对多个方案进行比选时，可按下述步骤进行：

①计算各待选方案的净年值，淘汰净年值小于零的方案；

②余下的方案中，净年值越大，表明方案的经济效益越好。

净年值法与净现值法有许多共同点，都很直观，易于使用。净现值给出的信息是项目在整个分析期内获取的超额收益的现值，净年值给出的信息是分析期内每年的等额超额收益。由于信息的含义不同，而且在某些类型方案（每年的收益相等，成本相等）比选中，采用净年值法更为简便，易于计算，所以净年值指标在经济评价指标体系中占有相当重要的地位。另外，用净年值法比较时，可不考虑不同方案分析期的长短，也就是说，不论方案的分析期长短，都可把该方案的所有现金流量分摊到各年得出净年值，对方案进行分析比较。

【例】某投资案的现金流量如图 19-8 所示，设基准收益率为 10%，求该方案的净年值且对其评价。

【解】绘制现金流量图（图 19-8）。

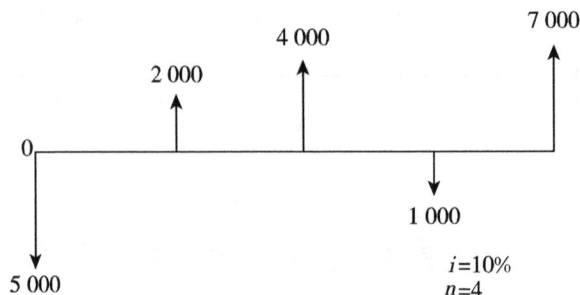

图 19-8 投资方案的净现金流量 / 万元

由公式（19-17）可得：

$$NAV = \begin{bmatrix} -5\,000 + 2\,000 \times (P/F, 10\%, 1) + 4\,000 \times (P/F, 10\%, 2) \\ -1\,000 \times (P/F, 10\%, 3) + 7\,000 \times (P/F, 10\%, 4) \end{bmatrix} \times (A/F, 10\%, 4) = 1\,311(\text{万元}) > 0$$

所以该投资方案可取。

计算结果表明，该项目方案实施后，不仅能达到 10% 的收益率，而且每年还有 1311 万元的富余，因此该方案是可接受的。

3. 内部收益率法（IRR）

如果将净现值、净年值指标作为价值型指标，那么内部收益率就是一个比率型指标。在所有经济评价指标中，除净现值外，内部收益率是另一个重要的指标，该指标是投资项目财务盈利性分析的重要评价依据。所谓内部收益率是指把某项目方案的所有现金流量在某一个折现率（未知）的基础上均折现到基准时间点（分析期的零点处），其收益总现值与支出总现值代数和为 0，这一个折现率即为该项目方案的内部收益率。简单地说，就是项目方案净现值为零时的折现率。项目的内部收益率可以理解为该项目本身具有的收益能力，它是一个无因次量（%），也称内部报酬率、内部回收率、内部获利率等。此项目指标用来评价项目的盈利能力，其数学公式为：

$$\sum_{t=0}^{n} \frac{CF_t}{(1 + IRR)_t} = 0 \tag{19-19}$$

式中：IRR——内部收益率（Internal Rate of Return），其余同前。

式（19-19）是一个"一元多次方程"，要求解这个方程是很麻烦的，通常需要反复试算，再通过近似估算求得。其求解步骤为：

（1）选取一个 i_1，以 i_1 为折现率，求得净现值 $NPV_1 > 0$（NPV_1 为一个接近零的正值），即：

$$NPV_1 = \sum_{t=0}^{n} \frac{CF_t}{(1+i_1)^t} > 0 \tag{19-20}$$

（2）再选取一个 i_2，要求 $i_2 > i_1$，因为随着折现率的增大，其净现值减小，使净现值为一个接近零的负值，$NPV_2 < 0$，即：

$$NPV_2 = \sum_{t=0}^{n} \frac{CF_t}{(1+i_2)^t} < 0 \tag{19-21}$$

（3）因为试算，除要求 $i_1 < i_2$，还要求 i_1 与 i_2 相差甚小，相差越小，其估算越准确。19-19 式的试算过程实际上相当于一条曲线（图 19-9），曲线与横坐标相交的点即为 $NPV = 0$ 时的折现率 IRR，显然 $IRR > i_1$，$IRR < i_2$，IRR 在 i_1 与 i_2 之间。

（4）用线性插值法可近似求得内部收益率 IRR。当曲线上任意两点靠得很近时，我们可近似地用直线代替曲线，即用直线与横坐标交点 G，代替曲线与横坐标交点 E，从图 19-9 中可知：$\triangle ABG \backsim \triangle CDG$，即：

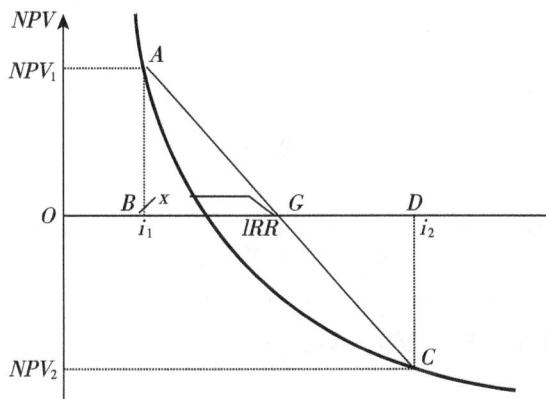

图 19-9　IRR 线性插值法图解

$$AB : CD = BG : DG$$
$$NPV_1 : |NPV_2| = x : [(i_2 - i_1) - x] \tag{19-22}$$

$$IRR = i_1 + \frac{NPV_1}{NPV_1 + |NPV_2|} \times (i_2 - i_1)$$

式中：i_1——试算用的低折现率；

i_2——试算用的高折现率；

NPV_1——用 i_1 计算的项目净现值（正值）；

$|NPV_2|$——用 i_2 计算的项目净现值（负值）的绝对值。

图 19-9 中，直线段 AC 近似净现值函数曲线段 AC，其与横坐标交点 G，即为该项目内部收益率 IRR 的近似值。

设基准收益率为 i_0，项目方案求得的内部收益率为 IRR，则：

① 当 $IRR \geq i_0$ 时，项目在经济上可行合理，即接受该项目；

② 当 $IRR < i_0$ 时，项目不可行、不合理，应予拒绝。

之所以要用项目的内部收益率与基准收益率相比较加以判断，是因为如果投资活动达不到最低期望的收益率（基准收益率），则要冒收不回投资的风险。

【例】某工程项目初投资 130 万元，每年净收益 35 万元，不考虑固定资产的残值，设基准收益率为 10%，试计算该项目投资的内部收益率 IRR，并对项目作评价。

【解】设 $i_1 = 15\%$，$i_2 = 16\%$，计算结果列于表 19–3 中。

表 19–3　净现金流量折现计算表

内容 ＼ 年份	0	1	2	3	4	5	6
现金流出量/万元	−130						
现金流入量/万元		35	35	35	35	35	35
折现系数（$i_1=15\%$）	1.000	0.870	0.756	0.658	0.572	0.497	0.432
现值/万元	−130	30.5	26.5	23.0	20.0	17.4	15.1
折现系数（$i_2=16\%$）	1.000	0.862	0.743	0.641	0.552	0.476	0.410
现值/万元	−130	30.17	26. 01	22.42	19.33	16.66	14.36

设 $i_1 = 15$ 时：

$$NPV_1 = -130 + 35 \times (P/A, 15\%, 6)$$
$$= -130 + 132.5 = 2.5 （万元）$$

设 $i_2 = 16$ 时：

$$NPV_2 = -130 + 35 \times (P/A, 16\%, 6)$$
$$= -130 + 128.95 = -1.05 （万元）$$

则：

$$IRR = 15\% + \frac{2.5}{2.5 + |-1.05|} \times (16\% - 15\%)$$
$$= 15.7\% \geq i_0 = 10\%$$

说明该项目在经济上是有效益的，方案可以接受。

4. 投资回收期法（T）

投资回收期又称偿还期，它是指建设项目以其每年的净收益抵偿其全部投资所需的时间长度。投资回收期是考察项目在财务上的投资回收能力的综合性指标。一般情况下，这一指标越短越好。投资回收期若小于国家规定的标准投资回收期，则建设项目可行；反之，则不可行。

考察投资回收期有静态投资回收期和动态投资回收期两种，常使用的是动态投资回收期。动态投资回收期是指考虑资金的时间价值，以建设项目所产生的净收益来抵偿其总投资所需要的时间长度。其计算公式为：

$$\sum_{t=0}^{T} \frac{CF_t}{(1+i_0)^t} = 0 \qquad （19-23）$$

式中：T——以年表示的投资回收期；

　　　CF_t——t 年的净现金流量；

　　　t——年份。

投资回收期也可根据项目现金流量表中累计净现值和当年净现流量现值计算求得。详细计算公式为：

$$T = 累计净现值开始出现正值的年份 - 1 + \frac{上年累计净现值绝对值}{当年净现金流量现值} \qquad （19-24）$$

求出的投资回收期 T 要与行业的基准投资回收期 T_0 比较。当 $T \leq T_0$ 时，认为项目是可以接受的；当 $T > T_0$ 时，认为项目不可取，应予拒绝。

【例】某投资项目的期初投资额为 1 000 万元，估计每年净收益 230 万元，折现率取 $i = 6\%$，标准投资回收期 T_0 为 8 年，试计算该项目的投资回收期并且加以评价。

【解】列表计算（表 19-4）。

表 19-4

年份	净现金流量/万元	折现系数($i = 6\%$)	净现值/万元	累计净现值/万元	年份	净现金流量/万元	折现系数($i = 6\%$)	净现值/万元	累计净现值/万元
0	−1000	1.0000	−1000		4	230	0.7921	182.18	−203.03
1	230	0.9434	216.98	−783.02	5	230	0.7473	171.88	−31.15
2	230	0.8900	204.7	−578.32	6	230	0.7050	162.15	131.0
3	230	0.8396	193.11	−385.21	7	230	0.6651	152.97	283.97

从表中可知 T 在 5 年与 6 年之间，利用公式（5-24）计算得：

$$T = 6 - 1 + 31.15/162.15 = 5.19 < T_0 = 8 \text{ 年}$$

所以该投资项目可行。

投资回收期作为经济评价的指标之一，其优点在于：

① 它反映了资金的周转速度，以建设项目投资返回的快慢作为决策依据。在我国建设资金短缺的情况下，这是一个较有参考价值的评价依据；

② 它能为决策提供一个原始投资未得到抵偿以前，必须承担风险的时间；

③ 它的概念直观，易于接受。

但是，使用投资回收期对方案进行分析评价，对回收期以后的情况，包括净效益的大小和时间、投资的寿命以及投资盈利率都没有考虑。正是因为有这些不足，回收期法趋向于用在分析期较短的方案。

19.3 水运工程建设项目可行性研究

19.3.1 可行性研究的目的、任务

1. 可行性研究的目的

可行性研究是建设项目投资前期工作中最为重要的组成部分，是建设项目立项、决策的依据。可行性研究是指在建设前期对工程项目的一种考察和鉴定，对拟建设项目进行全面的、综合的技术经济调查研究和系统分析，通过详细的技术经济论证作出要建设还是放弃这个项目的决定（即判断它是"可行"，还是"不行"）的一门综合性科学。

可行性研究之所以受到国内外重视，因为它是多年建设经验的总结，是行之有效的合乎基本建设客观规律的科学的认识方法。它是不以人们的意志为转移的。实践证明，它是在调查研究的基础上，尊重客观实际，反映客观矛盾，减少经济风险以及对工程项目最终是否可行作出预测，按照经济规律办事的一种好方法。

工程建设项目与其他经济活动一样，有其内在规律。投资一个工程项目，它处在一定的自然环境和社会环境之中，与地质、水文、资源等各方面条件有复杂的联系，给社会经济带来新的问题，引起

国民经济各方面关系的一系列变化，打破原有的平衡，建立新的谐调和平衡等。从时间上看，巨额资金的长期垫支，有很大风险。因此，要立项，要进行投资决策，就必须进行可行性研究。

2. 可行性研究的任务

可行性研究的任务是：在充分调查、研究和必要的勘察工作及科学实验的基础上，对拟建项目的必要性、经济合理性、技术可行性、实施条件的可能性提出综合性的研究论证报告。

对建设项目的投资必要性、经济合理性、技术可行性、实施条件的可能性进行论证，作为决策依据。论证的结果可以是"可行"，也可以是"不可行"，或者目前不可行，需要创造某些条件方"可行"。有些地方建设项目，往往在进行可行性研究时带有主观臆测，希望工程上马，有较大倾向性，这是不可取的。

可行性研究的成果是提出综合研究论证报告。其报告文件一般由三部分组成：研究报告（含主要协议）、图纸、附件（主要专题报告）。对承担可行性研究的单位和个人，一定要有资质要求。可行性研究报告必须经国家及有关上级主管部门审查、评估、批复。

19.3.2 项目投资决策科学化

项目投资决策科学化的中心是投资主体认真进行可行性研究，选择和确定能够实现经济效益、社会效益以及环境效益相统一的满意的建设项目或投资方案。衡量建设项目或投资决策科学化水平的基本尺度，应该看其是否有利于提高社会生产力，是否有利于社会经济快速平衡的发展，是否有利于人民生活水平的提高。具体有以下几方面。

1. 预期必须建立在科学论证的基础上

预期是指充分把握现有的事实，加上对未来的预测。投资行为不应是盲目的。水运工程建设项目投资活动与商业活动中的某些冒险活动不同，它首先要充分把握人们对水运工程建设方面的一切现有的认识，包括技术、经济及其他方面的认识与实践。如果对拟建投资项目还有某些认识不足，也要补充必要的勘察、试验；而对于项目投资未来因素的变化趋势和状态，如经济和社会发展因素对投资效果的影响以及可能产生的结果，则需要进行科学预测，特别是对投资项目未来报酬的预测更是影响决策的关键因素。随着我国经济发展的社会化与国际化，预测的规模、内容在扩大，预测的方法与手段也在不断进步。

预期使投资者不仅能对社会经济信息作出直接反应，而且能够对信息进行综合加工，创造新的更加重要的信息，而新的信息经过反馈使投资系统修正其运行轨迹，纠正异常和目标偏离，使投资活动更加稳定地运行和发展。预期使投资者进行主动思考，从被动反应走向主动反应。

2. 决策必须符合国家和社会经济发展根本的、长远的利益

对每一个交通基础设施的建设项目进行预期，如果只从项目本身或企业利益的角度去分析，结论可能会收不抵支，但从国民经济长远发展的根本利益分析，其决策意见可能仍不失为是可行的。例如，京杭运河苏南段的改造，从项目本身的营运效益分析，巨大的投资只靠项目建成后本身的收费可能长期收不抵支，但从该项目承担社会总运量的 65% 份额的角度分析，其现在的作用和对未来发展的影响是显而易见的。这也就是为什么交通基础设施建设项目本身作"企业经济分析"有时结论"不可行"，而作"国民经济分析"的结论则是可行的道理所在。

3. 未来的报酬与近期的投资应进行综合分析

对未来的预测是一个不断受到近期结果影响而随时加以修正的动态过程。分析时，应将当前的利益和长远的利益结合起来，千万不能顾此失彼，要统筹兼顾。因此，预期必须采取动态的分析方法。

4. 决策应反映资源的合理配置

资源的合理配置是社会化大生产的目的，是提高生产力的基础。投资方向不当，投资分散，达不到合理的规模，盲目引进，重复建设等，都是对资源配置考虑不周的结果。

5. 决策程序要科学化

现代决策程序由现代决策者的思维方式来决定，一般应有：① 确定目标；② 收集信息；③ 方案设想；④ 方案比较、分析、论证；⑤ 方案选择和确定（决策）；⑥ 方案实施中的综合平衡及建议。

在方案比较、分析、论证前，要做大量的调查、收集资料、统计等工作。

19.3.3 水运工程建设项目可行性研究

1. 我国开展可行性研究的规定

我国根据实际条件制定了开展可行性研究的有关规定。国家计委颁发的《关于建设项目进行可行性研究的试行管理办法》，把投资前的规划工作分为三个步骤：第一步，根据国民经济的长远规划，编制项目建议书；第二步，对建设项目的必要性和可行性进行比较详细的可行性研究，具体评价项目在技术上和经济上的可行性，并且对不同方案进行分析、比较；第三步，通过编制和审批设计任务书，对是否要上这个项目、何时上这个项目以及采取什么具体方案作出决定。

该《办法》把投资前期工作分为三步，并明确指出可行性研究是基本建设程序的组成部分，这就对于开展可行性研究在法律上予以确认。

2. 可行性研究阶段的划分

水运工程可行性研究分为预可行性研究和工程可行性研究两个阶段。大、中型及重点工程项目或技术上复杂程度较高的建设项目，原则上应按两个阶段进行工作；小型工程和技术上较成熟的项目可简化工作程序，直接进行工程可行性研究。预可行性研究报告主要论证建设项目的必要性、技术可行性、经济合理性和建设规模。经审批的预可行性研究报告是编制项目建议书的依据，即立项的依据。工程可行性研究是确定建设项目是否可行的最后研究阶段，工程可行性研究报告结论是否可行，则作为编制建设项目设计计划任务书的依据。

3. 水运工程项目可行性研究报告的内容

水运工程可行性研究报告的文体格式和内容要求，在交通部颁发的《港口建设项目可行性研究报告编制办法》和《内河航运建设项目可行性研究报告编制办法》中都有明确规定。

4. 可行性研究报告的审批

可行性研究报告应由编制单位的行政领导、总工程师、项目负责人签章并加盖公章送交建设单位。可行性研究报告的评审（项目评估）按以下办法进行。

① 咨询或设计单位提出的可行性研究报告，按项目大小在预审前一至三个月提交预审单位。预审单位认为有必要时，可委托有关方面提出咨询意见。报告提交单位应向预审或咨询单位提供必要的资料、数据等，应密切合作。

② 预审主持单位组织有关设计、科研机构、企业和有关方面的专家参加，广泛听取意见，对可行性研究报告提出预审意见。

③ 当可行性研究报告有原则性错误或基础依据、社会环境条件有重大变化时，应对可行性研究报告进行修改和复审。此工作仍由原编制单位和预审单位进行。

大、中型建设项目的可行性研究报告，由主管部门、省、自治区、直辖市负责预审，报国家发改委审批，或由国家发改委委托有关单位审批。重大项目和特殊项目的可行性研究报告，由国家发改委会同有关部门预审,报国务院审批。小型项目的可行性研究报告,按隶属关系由主管部门、省、自治区、直辖市主管行政部门审批。

19.4 设计阶段投资控制

19.4.1 投资控制的目标系统

水运工程项目的投资过程,一般经过项目的决策、设计、招投标、施工竣工和交付使用等步骤,在这过程中始终都贯穿着投资控制的问题。各投资控制的主要内容(方式)和目标如图 19-10 所示。

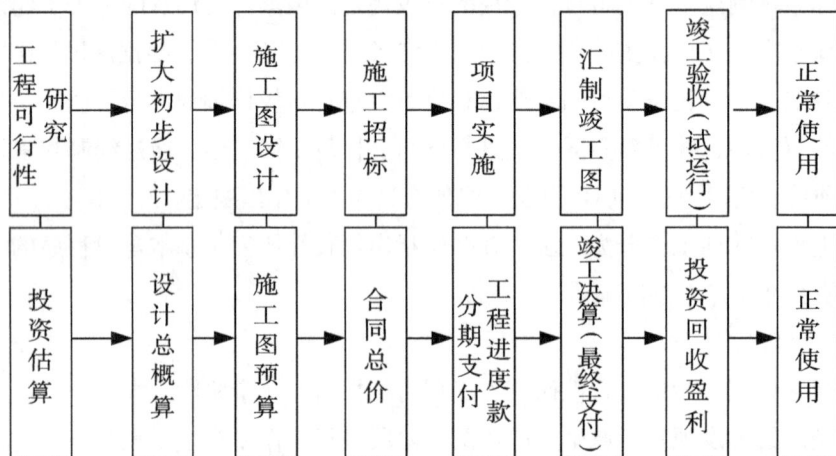

工程可行性研究	扩大初步设计	施工图设计	施工招标	项目实施	汇制竣工图	竣工验收(试运行)	正常使用
投资估算	设计总概算	施工图预算	合同总价	工程进度款分期支付	竣工决算(最终支付)	投资回收盈利	正常使用

图 19-10 项目投资过程示意图

从图中可以看出:

① 水运工程项目的投资过程是一个周期长、内容多、费用大的生产过程;

② 水运工程项目的投资过程是一个由粗到细、由浅入深的渐近过程;

③ 水运工程项目的投资过程是一个程序唯一、各环节相互衔接、管理有序的可控过程;

④ 水运工程项目的投资控制目标是随着项目建设实践的不断深入而分阶段设置的,在投资过程的不同阶段有不同的投资控制目标。

水运工程项目投资控制的目标系统由各分阶段控制目标组成。工程可行性研究的投资估算应是进行初步设计(方案选择)时的投资控制目标;初步设计的设计概算应是进行技术设计和施工图设计时的投资控制目标;施工图预算应是招投标前进行编制标底时的控制目标;标底是与承包人签订工程施工承包合同时的控制目标;承包合同价应是施工期间进行费用控制的目标。各分阶段的控制目标是一个相互制约、相互补充,前者控制后者、后者补充前者的有机整体。

19.4.2 设计阶段投资控制的作用

正是因为水运工程项目投资控制的目标是由分阶段控制目标组成的,各个阶段投资控制目标的制定以及目标对总投资额的影响程度是不一样的。据国外有关统计资料的描述,影响项目投资最大的阶段是在约占工程项目建设周期 1/4 的设计结束前的投资决策和工程设计阶段,项目一旦经过决策立项,控制项目投资的关键在于设计阶段。因此,如何加强在设计阶段的投资控制十分重要,应该引起人们足够的重视。

人们对项目投资控制的认识是随着生产力的发展、商品经济的发展和现代管理科学的发展而不断加深的。工程造价管理发展的第一阶段（从 16 世纪到 18 世纪），设计与施工各自形成一个独立专业，专门由工料测量师对已经完工的工程进行测量和估算项目投资。工程造价管理发展的第二阶段（从 19 世纪初开始）＿工程造价管理逐渐形成独立的专业，在设计图纸上计算工程量、编写标底并进行施工招标。这时项目投资人在工程开工以前，可预先了解到工程项目需要支付的投资额，从而，有可能对施工过程中可能发生的投资变化进行有效控制，此时完成了工程造价管理的第一次飞跃。但在该阶段，项目投资人还无法了解设计阶段（或者在设计过程中）的投资估算情况。为此，工程造价管理发展进入了第三个阶段，即项目投资人在设计阶段可以主动地影响设计、优化设计，从可行性研究就进行投资估算，设计阶段进行工程设计概算，尽早就对工程投资进行有效控制，这是工程造价管理的第二次飞跃。

19.4.3 设计总概算的编制

水运工程造价设计总概算由设备购置费用、建筑安装工程费用、工程建设其他费用、预备费、建设期贷款利息和固定资产投资方向调节税构成。

1. 设备购置费用

设备购置费用由设备购置费和工具、器具及生产家具购置费组成，是固定资产投资中的积极部分。在生产性工程建设中，设备购置费用占工程造价比重的增加，从某种意义上意味着生产技术的进步和提高。

设备购置费用构成为：

$$设备购置费 = 设备原价 + 设备运杂费 \qquad (19-25)$$

设备原价是指固定设备或进口设备的原价，设备运杂费是指除设备原价之外的关于设备采购（设备供销部门的手续费）、运输（运费和装卸费）、包装、仓库保管等方面支出费用的总和。

2. 建筑安装工程费用

建筑安装工程费用是工程造价中的主要费用。水运工程项目的建筑安装工程费用，针对不同的施工特性有不同的概（预）算编制办法。本书中只简单介绍港口工程建安工程费的组成。

沿海港口工程建筑安装工程费的组成如图 19-11 所示。各种费用的取费标准及计算办法，参见中华人民共和国交通部颁发的《沿海港口建设工程概算预算编制规定》；内河港口工程建筑安装工程费的组成及计算，参见《内河航运建设工程概算预算编制规定》。

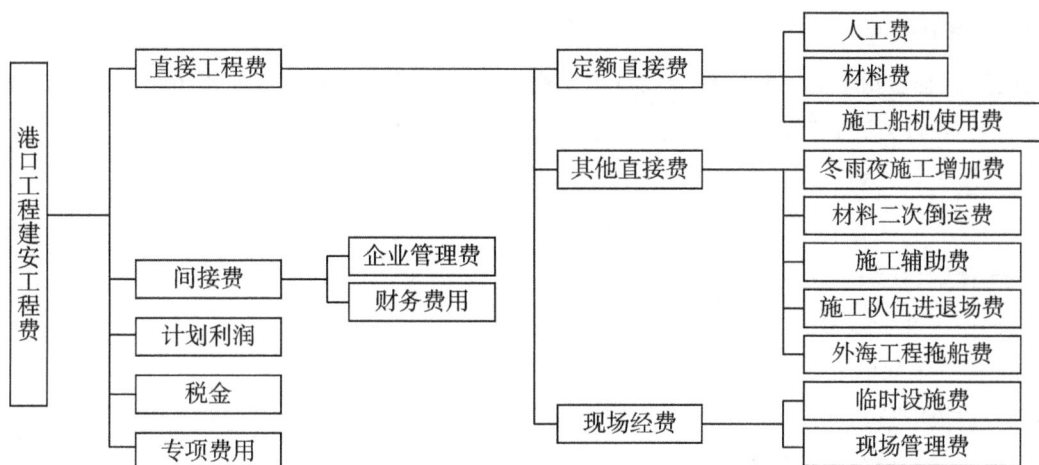

图 19-11 港口工程建筑安装工程费组成示意图

3. 工程建设其他费用

工程建设其他费用，是指从工程筹建到交付使用为止的整个建设期间，除建筑安装工程费和设备购置费以外的，为保证工程建设能顺利完成及交付使用后能正常发挥效用而发生的各项费用。主要有土地使用费、与项目建设有关的其他费用和与未来生产经营有关的其他费用三种。

土地使用费包括土地补偿费、征用耕地安置补助费、征地动迁费、复耕费、水面淹没处理补偿费等。

与项目建设有关的其他费用主要包括建设单位管理费（建设单位开办费、建设单位经费）、勘察设计费（从编制项目建议书到设计工作完成全过程的咨询、评估、勘察、试验、设计费用）、研究试验费、建设单位临时设施费、工程监理费、工程保险费、供电贴费、施工机构迁移费、扫海费、引进技术和进口设备其他费用和工程承包费等。

与未来生产经营有关的其他费用主要包括联合试运转费、生产准备费、办公和生活家具购置费等。

4. 预备费

按我国的现行规定，包括基本预备费和涨价预备费。

（1）基本预算费。

指在初步设计及概算内难以预料的工程费用，如设计变更、局部地基处理等增加的费用。一般自然灾害造成的损失及防灾措施费用，组织竣工验收时必须开挖和修复隐蔽工程的费用。计算时可按下式计算：

基本预备费 =（设备购置费 + 建筑安装工程费 + 工程建设其他费用）× 基本预备费率（19-26）

（2）涨价预备费。

指建设项目在建设期间内由于价格等变化引起工程造价变化的预测预留费用。包括：人工、设备、材料、施工机械的价差费；建筑安装工程费及工程建设其他费用的调整；利率、汇率调整等增加的费用。一般可根据国家规定的投资综合价格指数、采用复利方法计算。计算公式为：

$$PF = \sum_{t=0}^{n} I_t \left[(1 + f)^t - 1 \right] \qquad (19\text{-}27)$$

式中：PF——涨价预备费；

n——建设期（年）；

I_t——建设期中第 t 年的投资计划额，包括设备购置费、建筑安装工程费、工程建设及其费用和基本预备费；

f——年均投资价格上涨率。

6. 建设期贷款利息

建设期贷款利息指本工程建设项目投资中使用银行（国内、国外）或非银行金融机构贷款投资部分在建设期限内应还息的工程贷款利息，按复利计算。

（1）对于贷款总额一次性贷出且利率固定的贷款。

$$q = P \left[(1 + i)^n - 1 \right] \qquad (19\text{-}28)$$

式中：q——贷款利息；

P——一次性贷款金额；

i——贷款年利率；

n——贷款期限。

（2）当总贷款额分年均衡发放时。

计息时可考虑当年贷款按半年计息，上年贷款按全年计息。计算式为：

$$q_j = \left(P_{j-1} + \frac{1}{2} A_j \right) \times i \qquad (19-29)$$

式中：q_j——建设期第 j 年应计利息；

P_{j-1}——建设期第（j–1）年末贷款累计金额与利息；

A_j——建设期内第 j 年的贷款金额；

n——贷款年利率。

7. 固定资产投资方向调节税

为了贯彻国家产业政策，控制投资规模，引导投资方向，调整投资结构，加强重点建设，促进国民经济持续稳定、协调发展，对在我国境内进行固定资产投资的单位和个人征收固定资产投资方向调节税。税率按国家的政策规定在 0 ~ 30% 之间选定。对水运工程建设项目目前的政策一般是零税率。

19.4.4 监理工程师在设计阶段进行投资控制的主要工作

水运工程项目的工程可行性研究批准以后，项目法人或受项目法人委托的工程咨询机构可编制项目设计计划任务书，项目进入设计阶段。在设计阶段，监理工程师在受项目法人的委托下可完成以下工作：

①协助项目法人做好项目设计招标的前期工作；

②协助项目法人并参与对投标人（设计单位）资格的审查，以及评标工作；

③协助项目法人或受项目法人委托实施设计监理，根据水运工程的建设规模，严格按照设计标准、积极推广标准设计。

水运工程设计标准规范和标准设计，来源于工程实践的经验总结和科研成果，是工程设计必须遵循的科学依据。已有大量成熟的、行之有效的实践经验和科技成果纳入标准规范和标准设计加以实施。这是科学技术转化为生产力的一条重要途径，也是衡量工程建设质量的尺度。符合了标准规范、质量就有了保证；不符合标准规范的，质量往往就得不到保证，就会出现工程质量事故。因此，抓设计质量，首先必须审查是否按设计标准规范进行设计，设计标准规范就是技术法规。

对一些设计标准规范没有明确规定的特殊工程，设计时必须进行必要的技术、经济论证，进行必要的试验研究，为工程设计提供科学依据。对具有标准设计的定型产品，应积极推广标准设计，如码头装卸设备及工艺流程设计等，这样有利于降低工程造价。这是因为：

①节约设计费用、加快设计图纸的出图速度（可加快 1~2 倍），缩短设计周期；

②定型产品生产工艺定型，容易提高劳动生产率、节约材料，有利于生产成本的大幅度降低；

③施工单位可提前做好准备、大大加快施工进度；

④有利于工业化生产、能合理利用能源、资源和材料设备，产品质量易于控制。

审查初步设计的工程概算和施工图设计的工程预算。

处理好技术和经济的对立统一关系，是控制项目投资的关键性工作。既要反对片面强调节约，忽视技术上的合理性，使项目达不到设计功能的倾向，又要反对重技术、轻经济，设计保守、浪费、脱离国情的倾向。后一种倾向在设计人员中反映较明显，这和当今建筑市场施工质量不高有关。因此，监理工程师凭借自身的经验和有关规范，在审查工程设计概算的同时，应注意审核有关设计参数的合理性。

思考题

1. 水运工程建设项目投资经济分析与评价的基本方法有哪些？说明不同方法的优缺点。

2. 水运工程建设项目可行性研究的目的和任务是什么？

3. 衡量建设项目或投资决策科学化水平的基本尺度是什么？具体有哪几方面？

4. 水运工程造价设计总概算由哪些部分组成，试分析港口工程建筑安装工程费的组成结构。

5. 监理工程师在设计阶段进行投资控制的主要工作是什么？

6. 某企业向银行贷款，第一年初贷 100 万元，第二年初贷 200 万元，第三年初贷 70 万元，若贷款复利利率为 8%，第五年末一次还清的本利和是多少？

7. 某企业向银行贷款 100 万元，贷款期限为 15 年，名义利率为 6.8%，按月等额本息还款，问每月需要向银行还款多少万元？

8. 某施工企业拟购一台大型设备。该设备投资 100 万元，每年末可得净收益 30 万元。预计该设备使用 8 年，期末残值不计，但第五年必须投入 50 万元大修理费，以便设备能继续使用。问：

（1）若期望收益率为 12%，用净现值法加以评价。

（2）若期望收益率为 12%，用净年值法加以评价。

（3）若基准收益率 $i_0 = 15\%$，求此方案内部收益率，并对方案加以评价。

（4）若期望收益率为 12%，标准投资回收期 T 为 6 年，试计算投资回收期，并对该方案进行评价。

第20章 招标阶段费用控制

20.1 监理工程师在招投标阶段的主要工作

不论项目法人以何种方式聘请监理工程师参与招标工作，监理工程师都应能完成以下工作：

① 协助项目法人审查施工图设计文件；

② 协助项目法人编写施工招标文件（包括评标、决标的有关规定）；

③ 协助项目法人对投标人进行资格审查和业绩评判；

④ 参加招标、评标的各项具体工作；

⑤ 参加项目法人与承包人的合同谈判和起草工程施工承包合同。

监理工程师虽然处于"协助""参与"的地位，但是，要在参加的过程中成为项目法人的参谋与助手，有时还要受项目法人的委托承担编制标底或起草承包合同的具体任务。因此，监理工程师必须掌握招标的业务知识，熟悉招标内容与工作程序，这样才能保证为项目法人提供高质量的服务。

监理工程师为能在施工过程中实现费用控制，必须在招标过程中做好基础工作，为费用监理创造必要条件。这种基础工作包括以下三个方面。

1. 对承包人的要求

协助项目法人努力寻找施工能力强，施工技术、组织、管理水平高，报价合理、信誉好，具有一定的财务抗风险能力的投标人作为项目的承包人，成为工程实施的合作伙伴。

2. 对项目法人的要求

在招标过程中，项目法人处在主动地位，在招标文件中，往往对投标人作出了种种严格的要求和限制，而对项目法人的要求则较少。为了能选到最合适的投标人作为承包人这一目的，监理工程师在招标过程中，应以国家的法律、行业法规、工作惯例及监理工程师自身的工作来影响项目法人，协助项目法人做好招标工作。

3. 对招投标工作的要求

（1）依法办事。

招投标工作应依据国家的招标投标法，交通部的行业规范、规定，各级地方政府制定的工程项目施工招投标实施细则和办法进行，不得出现任何违规操作。

（2）坚持标准。

在招投标前提出一个符合行业标准的统一标准。在开标前应实事求是地制订并公开宣布评标标准和决标办法。在整个招标过程中应严格执行所制订的标准，不得任意更改；否则就违背了公平、公正的原则，就无法达到招标目的。

（3）遵守惯例。

施工招标制在国外推行了几十年，在我国也有近 20 年的历史，已形成了许多国际惯例和国内惯例，这些惯例已收入招标文件的范本，已被广大投标人认同和熟悉；若不是特殊工程的招标，应该遵照这些惯例去进行招标工作，这样有利于招标工作的顺利进行。

（4）安排合理。

招投标工作应按一定的程序进行，时间安排力求合理，在保证项目法人招标准备工作充分的基础上，应给投标人留足投标时间，让投标人能在熟悉情况的基础上，提出最优的施工方案、施工组织和可靠合理的报价，这样有利于项目法人选择优秀的承包人。

20.2　投标报价及费用的控制

20.2.1　工程承包合同类型

水运工程施工承包合同是项目法人和承包人为完成商定的水运工程施工任务而明确双方权利、义务关系的协议。水运工程施工承包合同可采用交通部颁发的统一合同范本。合同条件规定：有关的设计变更文件、洽商记录、会议纪要以及资料、图表等，也是承包合同文件的组成部分。

水运工程施工承包合同根据合同计价方式不同，一般可划分为总价合同和单价合同两种类型。

1. 总价合同

在总价合同中，项目法人支付给承包人的款项是一个"规定的金额"（即总价）。

总价合同的主要特征：一是根据承包人完成工程项目全部工作内容的投标总价确定合同总价；二是待实施工程的性质和工程数量应事先明确，在招标文件中应该明确规定。总价合同一般为固定工程量总价合同，它是指由项目法人或其他咨询单位将发包工程按图纸和规定、规范分解成若干分项工程，并明确各分项工程的工程量，由投标人依据招标文件测算的投标报价作为分项工程单价，然后将分项工程单价与分项工程量相乘得出分项工程总价，再将各个分项工程总价相加得出合同总价。

在固定工程量总价合同的执行中，承包人不需要测算工程量，只需要计算在实际施工中工程量的变更。因此，只要实际工程量变动不大，这种形式的合同较易于管理。例如，船闸的门、机、电工程可以分为三个单独的工程项目进行招标，签订总价承包合同。

总价合同的缺点是：由于为了划分和计算分部、分项工程量将会占用很多时间，从而也就延长了设计周期，拖长了招标的准备时间。

总价合同按其是否可以调整合同价又可分为以下两种不同形式。

（1）不可调价总价合同。

这种合同的价格计算是以图纸及规定、规范为基础，经招投标（或其他方式）确定一个固定的总价，由承包人一笔包死，不能变化。

采用这种合同，合同总价只有在设计和工程范围变更的情况下才能随之做相应的变更，除此之外，合同总价是不能变动的。这就意味着承包人要承担实物工程量、工程单价、地质条件、气候和其他一切客观因素变化造成亏损的风险。在合同执行过程中，合同双方均不能因为工程量、设备、材料价格、工资等变动和地质条件恶劣、气候恶劣等理由，提出对合同总价调整的要求，因此，承包人要在投标时对一切费用的上涨因素都要做出估计，并包含在投标报价之中。又因为承包人将要为许多不可预见的因素可能付出代价，所以承包人往往会加大不可预见费用，致使这种合同的报价较高。这是不利于降低工程造价的因素之一。

这种形式的合同适用于工期较短（一般不超过一年），对最终产品的要求又非常明确的工程项目，这就要求项目的内涵清楚，项目设计图纸完整齐全，项目工作范围及工程量计算准确。

（2）可调价总价合同。

这种合同的总价一般也是以图纸及规定、规范为计算基础的，但它是按"时价"进行计算的，这是一种相对固定的价格。在合同执行过程中，由于通货膨胀而使所有的工料成本增加，因而对合同总价进行相应的调整。可调总价合同均明确列出有关调价的特定条款，往往是在合同特别说明书（亦称特别条款）中列明。调价工作必须按照这些特定的调价条款进行。

这种合同与不可调价总价合同不同之处在于：它对合同实施中出现的风险做了分摊，项目法人承担了通货膨胀和其他不可预测因素的风险，而承包人只承担了实施中实物工程量、成本和工期等因素的风险。

在人力不可抗拒的各种自然灾害、国家统一调整价格、设计有重大修改等情况出现时，均可对合同总价进行调整。

可调价总价合同适用于工程内容和技术经济指标规定很明确的项目。由于合同中列明调价条款，所以工期在一年以上的项目较适于采用这种合同形式。但在实践中，合同标的物往往包括确定工程量部分和不确定工程量部分。因此，对于在工程的实施中出现工程量变更问题，一般情况下，签订合同时都写进特别条款，即规定工程量变化导致总价变更的极限（占合同价的 5% ~ 20%），超过这个极限，就必须签订附加合同作为总价合同的补充。

2. 单价合同

在施工图不完整或发包的工程项目内容、技术经济指标一时尚不能明确、工期较长时，往往可采用单价合同形式。这样，在无法精确地计算工程量的情况下，可以避免项目法人或承包人中任何一方承担过大的风险。工程单价合同可细分为以下两种不同形式。

（1）工程量单价合同。

这种合同是以工程量和工程单价为基础来计算合同价格的。通常是由项目法人委托设计单位或监理工程师提出工程量估算表，即"工程量清单表"，列出分部分项工程量，由投标人以此为基础填报单价（投标报价）。工程的总价应按照实际完成的工程量计算，先用实际完成的分项工程量乘以分项工程单价计算得到分项工程总价，最后累计分项工程总价得出总工程结算的总价。

采用这种合同时，要求实际完成的工作量与原估计的工程量不能有实质性的变更。因为承包人给出的单价是以相应的工程量为基础的，如果工程量大幅度增减可能影响工程成本。当实际工程量与报价表中的工程量相差超过一定值时，允许承包人调整单价。此外，也有些固定单价合同当材料价格变动较大时允许承包人按合同条款调整单价。这种合同一般适用于工程性质比较清楚，但任务不能完全确定的情况。

采用这种合同时，工程量是统一计算出来的，承包人只要经过复核并填上适当的单价（报价）就可以了，承担风险较小；项目法人也只要审核单价是否合理即可，对双方都方便。目前国际国内采用这种合同形式的比较多。

（2）纯单价合同。

采用这种形式合同时，招标人只向投标人给出招标工程的有关分部分项工程以及工程范围，不需要对工程量做任何规定。投标人在投标时只需要对这种给定范围的分部分项工程做出报价即可，而工程量则按实际完成的数量结算。这种合同形式主要适用于没有施工图、工程量不明，却急需开工的紧迫工程。当然，对于工程单价合同来说，招标人必须对工程内容的划分做出明确的规定，以使投标人能够合理地定价。

20.2.2 招标期间的费用控制

招标期间费用控制的中心任务之一是选择一个比较理想的承包人作为完成工程项目的合作伙伴。为此，从费用控制的角度出发，监理工程师应协助项目法人做好以下工作。

1. 审查投标人的资格

（1）对投标人进行资格审查的意义。

在公开招标中，对同一个项目常常会有众多的施工企业作出响应，都想参加项目的投标，在这众多的施工企业中，排除投标报价高低的因素，就其综合实力和综合素质总可以把它们定性地区分出相对较好和相对较差的两类施工企业。监理工程师可根据招标投标法（或地方招投标办法）的规定协助项目法人确定一定数量的、综合实力（素质）相对较好的施工企业作为投标人参加项目的投标。这样做，具有以下意义：

① 不漏掉最优秀的投标人。如果不对投标人进行资格审查，让众多作出响应的施工企业都来投标，那么，那些综合实力（素质）相对较差的企业企图取得竞争优势，就只能在投标报价上做文章——超常规地把报价压低，采取所谓"低标价、高索赔"的战略击败竞争对手，使优秀的施工企业的正常报价失去竞争力。因此，在招标前期很有必要进行投标人的资格审查，首先将不具备相应资质和能力的施工企业筛选掉，让那些具有资质和能力的、综合实力较强的施工企业作为投标人来进行竞标。经筛选参加竞标的投标人都应是有能力（实力）、有资质、能按招标文件的要求完成工程项目的施工企业。

② 减少评标工作量。参加投标的投标人越多，则评标工作量越多，反之则越少。

（2）对投标人进行资格审查的内容。

在投标前对招标响应者的筛选就是对投标人的初审，其审查内容主要是审查投标人对完成工程项目所具备的总体能力。在定标前有针对性地对可能中标者进行的资格审查称为补审（或终审），其审查意见供决标参考。对投标人进行资格审查的主要内容一般包括以下几个方面：

① 生产能力。生产能力是施工质量、施工进度和工程费用目标控制的物质基础，主要由技术水平、专业水平和科研水平来体现。

技术水平：主要是指生产要素的水平，包括拟投入工程施工的工程技术人员的数量、素质、经验及其组织、构成和配套情况，以及为这些人配备的技术手段、工具，拟投入工程施工的机械设备能力及配套情况。

专业水平：主要指专业要求的特殊能力。水运工程往往都有特殊的专业要求，具有特殊的施工机具，如高桩码头的打桩、船闸闸门、阀门及其启闭机械的制作与安装，疏浚工程的挖泥机具等，也包括工程技术人员的专业水平。

科研水平：对于大型工程和设计复杂的项目，还要考虑投标人是否具有消化、吸收、试验、使用新工艺、新材料、新技术等先进科技成果的能力。

② 人力资源。考察拟投入招标工程施工一线人员的数量、素质、经验、构成和来源等，主要是调查投标人基本队伍的素质和构成情况。

③ 管理能力。施工企业转变经营机制并组成为股份制有限公司，是施工企业为适应市场经济的重大改革。推行项目法施工后，项目经理（负责人）在项目管理方面具有全方位的自主权，应该说对项目管理是有益的。因此，在考虑投标人的管理能力时，应注重对拟承担招标工程施工的项目经理管理能力等综合素质的考察，可通过对该项目经理以前（近期）完成工程的情况来反映。

④ 项目经理综合素质。越来越多的工程实践证明，工程项目的三大控制目标实现得好不好，是由项目法人、承包人和工程监理三者的综合素质及其协作关系所决定的。其中，承包人（项目经理）的综合素质起着决定性的作用。因此，对项目经理综合素质的考察是选择优秀承包人的关键工作之一。

对项目经理综合素质的考察可通过以下几方面的考察来反映：

ⅰ. 项目经理的学历、资历、项目经理级别；

ⅱ. 项目经理的质量意识、质量管理（QC）活动开展情况以及已承建（包括在建和完工）工程项目的质量情况等；

ⅲ. 项目经理在重合同、守信誉方面的特点，在已承建工程中和项目法人、监理工程师的配合情况，合同的履行情况等；

ⅳ. 项目经理解决工程中质量难题的能力，以及应付非常情况的能力；

ⅴ. 项目经理的组织、管理、协调能力。

⑤ 周转资金。投标人企图依靠工程预付款和中期支付来维持工程正常施工是不可能的，项目法人提供的工程预付款和中期支付款项，只能解决承包人所需流动资金的一部分，无法满足工程施工正常进行对流动资金的全部要求。因此，应对投标人流动资金的保证程度作考察，重点了解以下几个方面：

ⅰ. 是否有一定量的自有资金或有可靠的资金来源；

ⅱ. 是否同时承包若干工程施工，资金周转情况如何；

ⅲ. 是否具备银行短期信贷条件；

ⅳ. 出现意外事件或事故时，投标人有无破产可能。

2. 审查投标人的报价

对投标人报价的审查，主要是衡量其报价的合理性。衡量标准可从以下几方面来考虑。

（1）单价是否合理。

若各分项工程单价虽呈不平衡状态，但经全面分析考虑仍在合理的范围内，其中主要工程项目或对总价影响较大的项目报价基本合理并可接受时，可以认为所报单价是合理的。投标人在计算分项工程单价时，一方面要计算完成分项工程全部内容（包括包含的工作内容）的费用成本，另一方面要把各种摊销费用分摊到每一个项目单价中去。摊销费用的分摊方法，原则上应根据工程性质、费用成本均衡分摊到每个项目上去，但投标人为考虑自己的利益，往往会采用"不平衡"报价。一方面，通常对初期工程项目多分摊，争取尽早得到期中支付款，后期工程项目少分摊，总的摊销费用不变；另一方面，当实际工程数量与清单工程量差异较大时，前者大于后者报高价或多分摊，前者小于后者报低价或少分摊。

当然，采用"不平衡"报价时，也应控制在一个合理的范围内。对超过常规的合理范围（如最低报价已低于一般情况下的成本水平），监理工程师可以在评标时，要求投标人提供指定分项工程单价计算书，考察其报价的合理性。

（2）摊销费用是否合理。

首先审查摊销费用总额的计算是否准确，包括摊销费用内容、取费标准（费率）等。

其次是摊销系数的计算是否准确，包括摊销方式、各分项工程的摊销数量与摊销总额是否一致等，分析不平衡报价的理由和依据是否可靠、准确。

（3）意外费用的考虑是否合理。

在水运工程施工项目招标的工程量清单汇总表中，一般把计日工总额、预备费和不可预见费等合在一起为暂定金额，通常是以一定的费率取费。当招标文件中没有明确规定取费费率时，投标人应认真分析招标工程的实际情况并同常规费率结合起来分析确定。监理工程师主要分析投标人对不可预见费的用途、内容的解释及数量是否合理。

（4）投标人对利润的追求是否合理。

投标人通过承包招标工程的施工，总是想获得经济利益，则在投标时就为自己设定了利润目标。承包人的利润总额为：

$$利润总额＝计划利润＋经营利润$$

计划利润在水运工程概预算编制办法中有规定，根据施工企业的性质、等级和招标工程的类别有统一的取费标准，但投标人往往为了中标而降低取费标准，压低标价。

经营利润包括投标利润、成本降低利润、索赔利润和销售及提供服务、劳务利润。

① 投标利润：

$$投标利润率＝\frac{中标价格－目标成本}{中标价格}$$

中标价格可以是投标人策略中的高、中、低报价中的一种，目标成本则反映投标人的竞争能力。如果目标成本较低，很有竞争实力，管理水平又高，在成功的投标活动中又以高价中标，则投标人可获得可观的投标利润。

② 成本降低利润。在优秀的项目经理管理下，使预测的目标成本进一步降低，则可获得成本降低利润。

③ 索赔利润。在履行合同过程中，加强合同管理、成功的索赔也会使承包人从中获得利益。

④ 销售及提供服务、劳务利润。承包人可利用其生产要素，为其所承包的工程以外的社会要求提供服务、劳务而获取利润。总之，投标人对利润的追求是多方面的，但是，中标是一切利润的前提，是一切利润生存的依据。投标报价的竞争是最激烈的竞争。监理工程师在审查报价时，要注意两种倾向：一种是零利润报价，另一种是超高额利润报价。

（5）总价是否合理。

对同一招标工程的所报总价是具有竞争性的，在若干投标人中他们的投标报价通常是各不相同的。审查时，首先特别注意最低报价的投标人的情况是否会给工程实施留下种种隐患；其次是分析总价中各分项单价的构成比例是否合理，有些项目明显高于其他投标人报价，有些项目单价又明显低于其他投标人报价，此时，虽然总价具有竞争性，但仍应查询单价构成比例不合理的原因。

3. 招标程序和评标方法

根据招标投标法的规定，招标分为公开招标和邀请招标两种。公开招标是指招标人以招标公告的方式邀请不特定的法人或者其他组织投标；邀请招标是指招标人以投标邀请书的方式邀请特定的法人或者其他组织投标。

（1）公开招标程序。

① 招标人自行组织招标。

ⅰ.招标人持项目立项批文到招标管理机构办理报建登记。

ⅱ.招标人在工程项目首次发包前向招标管理机构提交工程建设项目发包初步方案。

ⅲ.招标人在发布招标公告前5天，向招标管理机构办理招标人自行组织招标事宜备案，提交招标人自行招标事宜备案表，并按规定提交有关资料。

ⅳ.编制（填写）招标公告；采用资格预审的，编制资格预审文件；编制招标文件；设有标底的，编制标底。

ⅴ.招标人在建设工程交易中心发布招标公告，可同时在其他指定媒体上发布。

ⅵ.招标人在建设工程交易中心接受投标报名，也可在当地建设工程信息网上接受报名。报名结束后，通过计算机信息系统确认符合报名条件的投标申请人。

ⅶ.采用资格预审的，对确认的投标申请人进行资格预审。资格预审结束后，向投标申请人分别发出资格预审合格通知书和资格预审不合格通知书。

ⅷ.招标人发放（出售）招标文件，同时将招标文件向招标管理机构备案。招标文件如有修改，招标人在依法规定的时间前发出修改文件，并同时向招标管理机构备案。

ⅸ.招标人组织踏勘现场。

ⅹ.招标人按规定组织评标委员会。

ⅺ.招标人在建设工程交易中心召开开标会。

ⅻ.评标委员会按规定进行评标，推荐中标候选人，也可按招标人授权直接确定中标人。

ⅹⅲ.招标人按规定确定中标人。

ⅹⅳ.招标人编制招投标情况的书面报告，并在确定中标人后15天内，将招投标情况的书面报告报招标管理机构，同时在建设工程交易中心的电子大屏和工程建设信息网上进行中标公示。自公示之日起两个工作日内无异议的，招标人向中标人发出由招标管理机构监制的中标通知书。

ⅹⅴ.招标人和中标人按规定缴纳规费。

ⅹⅵ.招标人与中标人在中标通知书发出后30天内签订书面合同，并将合同向招标管理机构备案。

② 招标代理机构代理招标。

ⅰ.招标人持项目立项批文到招标管理机构办理报建登记。

ⅱ.招标人在工程项目首次发包前向招标管理机构提交工程建设项目发包初步方案。

ⅲ.招标代理机构向招标管理机构提交委托招标代理合同（协议）及授权委托书。

ⅳ.编制（填写）招标公告；采用资格预审的，编制资格预审文件；编制招标文件；设有标底的，编制标底。

ⅴ.招标人在建设工程交易中心发布招标公告，可同时在其他指定媒体上发布。

ⅵ.招标代理机构在建设工程交易中心接受投标报名，也可在当地建设工程信息网上接受报名。报名结束后，通过计算机信息系统确认符合报名条件的投标申请人。

ⅶ.采用资格预审的，对确认的投标申请人进行资格预审。资格预审结束后，向投标申请人分别发出资格预审合格通知书和资格预审不合格通知书。

viii.招标代理机构发放(出售)招标文件,同时将招标文件向招标管理机构备案。招标文件如有修改,招标代理机构在依法规定的时间前发出修改文件,并同时向招标管理机构备案。

ix.招标代理机构组织踏勘现场。

x.招标代理机构按规定组织评标委员会。

xi.招标代理机构在建设工程交易中心召开开标会。

xii.评标委员会按规定进行评标,推荐中标候选人,也可按招标人授权直接确定中标人。

xiii.招标人按规定确定中标人。

xiv.招标人编制招投标情况的书面报告,并在确定中标人后15天内,将招标工作情况书面报告招标管理机构,同时在建设工程交易中心的电子大屏和工程建设信息网上进行中标公示。自公示之日起两个工作日内无异议的,招标人向中标人发出由招标管理机构监制的中标通知书。

xv.招标人和中标人按规定缴纳规费。

xvi.招标人与中标人在中标通知书发出后30天内签订书面合同,并将合同向招标管理机构备案。

（2）邀请招标程序。

① 招标人自行组织招标。

i.招标人持项目立项批文到招标管理机械办理报建登记。

ii.招标人在工程项目首次发包前向招标管理机构提交工程建设项目发包初步方案。

iii.招标人向招标管理机构办理招标人自行组织招标事宜备案。提交招标人自行招标事宜备案表,并按规定提交有关资料。

iv.招标人编制招标文件;设有标底的,编制标底。

v.招标人向拟邀请的潜在投标人发出投标邀请函。

vi.招标人发放（出售）招标文件,同时将招标文件向招标管理机构备案。

vii.招标人按规定组织评标委员会。

viii.招标人在建设工程交易中心召开开标会。

ix.评标委员会按规定进行评标,推荐中标候选人,也可按招标人授权直接确定中标人。

x.招标人按规定确定中标人。

xi.招标人编制招投标情况的书面报告,并在确定中标人后15天内,将招投标情况的书面报告报招标管理机构,并同时在建设工程交易中心的电子大屏和工程建设信息网上进行中标公示。自公示之日起两个工作日内无异议的,招标人向中标人发出招标管理机构监制的中标通知书。

xii.招标人与中标人按规定缴纳规费。

xiii.招标人与中标人在中标通知书发出后30天内签订书面合同,并将合同向招标管理机构备案。

② 招标代理机构代理招标。

i.招标人持项目立项批文到招标管理机构办理报建登记。

ii.招标人在工程项目首次发包前向招标管理机构提交工程建设项目发包初步方案。

iii.招标代理机构向招标管理机构提交委托招标代理合同（协议）及授权委托书。

iv.招标代理机构编制招标文件;设有标底的,编制标底。

v.招标代理机构向拟邀请的潜在投标人发出投标邀请函。

vi.招标代理机构发放（出售）招标文件,同时将招标文件向招标管理机构备案。

ⅶ.招标代理机构按规定组织评标委员会。

ⅷ.招标代理机构在建设工程交易中心召开开标会。

ⅸ.评标委员会按规定进行评标，推荐中标候选人，也可按招标人授权直接确定中标人。

ⅹ.招标人按规定确定中标人。

ⅺ.招标人编制招投标情况的书面报告，并在确定中标人后 15 天内，将招投标情况的书面报告报招标管理机构，并同时在建设工程交易中心的电子大屏和工程建设信息网上进行中标公示。自公示之日起两个工作日内无异议的，招标人向中标人发出招标管理机构监制的中标通知书。

ⅻ.招标人与中标人按规定缴纳规费。

ⅹⅲ.招标人与中标人在中标通知书发出后 30 天内签订书面合同，并将合同向招标管理机构备案。

（3）评标程序与方法。

评标程序及方法，一般应经过审阅标书，统计分析，质询澄清，全面评定四个步骤。

① 审阅标书。对大型水运工程项目，在评委会下可再设置若干个专业评审工作小组，由评委会统一领导，分组详细审阅标书，形成初步意见。审阅时应抓住的主要内容如下。

ⅰ.标书的完整性。标书中有无错漏，是否按招标文件的要求（统一格式）编写，投标文件内容是否齐全，书写是否工整等。

ⅱ.资格与信誉。投标人的资质等级、项目经理的等级及其已完成工程的获奖情况，投标人获奖、资信登记等情况。

ⅲ.投标报价。这是费用控制最关心的问题。投标人所报总价与标底的差异，单价是否合理，有无遗漏，有无潜在的索赔因素。

ⅳ.施工进度。施工进度计划是否合理、可行，有无盲目满足项目法人关于工期要求而任意压缩工期的情况，施工工艺是否合理，人力、财力、船机的计划能否满足施工进度要求，材料供应计划能否满足施工强度要求。

ⅴ.工程质量。施工工艺的先进性，施工质量保证措施的可靠度，投标人积极推行质量保证体系的情况，是否通过（ISO9000 标准）质量体系认证，确保施工质量的岗位责任制如何建立，有无反映主管施工质量技术负责人水平和经验的材料，可靠性如何。

ⅵ.主材用量。按招标文件要求对主要材料用量进行分析，如果是甲方供应材料更应认真审阅分析。

ⅶ.优惠条件。审阅优惠条件是否表达清楚，是将优惠条件已经包含在报价之内，还是中标后在报价的基础上再作出优惠。

通过审阅标书发现并经评委确认具有下列问题之一者，为无效投标文件：

a.投标文件的内容实质上没有响应招标文件的要求；

b.投标文件有重大的漏项、缺项；

c.投标人提出了项目法人不能接受的保留条件。

② 统计分析。对标书的内容根据招标文件的要求和评标标准，以图表的方式进行认真的统计分析；待澄清的问题，由全体评委们集体讨论提出，带到澄清会议上咨询。从费用控制的角度出发，应对以下内容作出重点分析：

ⅰ.对报价的统计分析。从纵横两个方面去分析：纵向是从投标人自身的情况分析其报价（总价和单价）的合理性，有无潜在的索赔因素；横向是投标人之间的横向比较分析，通过比较发现问题，再作重点分析。

ⅱ.对主材用量的统计分析。当甲方供应主材时,标书中所列主材用量直接与费用控制有关,主材用量偏多,项目法人支付的工程费用较多,因此,应作认真的分析比较:一是投标人之间分析比较,二是投标数与标底数之间的比较,三是投标人自身所报材料用量之间的比较。

ⅲ.对工程进度所需财力保证的分析。对投标人财务流动资金的准备及其资信情况作分析。

③ 咨询澄清。

由评标委员会与投标人分别进行书面咨询,对评标中发现的必须澄清的问题,要求投标人进行书面解答、澄清或承诺。

④ 全面评定。

在对投标人标书内容全面了解的基础上,依据招标文件规定的评标办法进行评标。《中华人民共和国招标投标法》明确规定:"中标人的投标应当符合下列条件之一:一是能够最大限度地满足招标文件中规定的各项综合评价标准;二是能够满足招标文件的实质性要求,并且经评审的投标价格最低,但是投标价格低于成本的除外。"前者为综合评标,坚持报价合理、施工方案可行、施工技术先进、确保工期和工程质量的定标原则,依据评标定标方法的规定进行综合评标(报价最低不是中标的唯一条件)。按评标标准,经分析比较后,逐项进行定量打分,累计得分最高者(或前两名)作为中标候选人,由评委会向招标人推荐。后者为经评审的最低报价法评标,主要评定投标文件是否满足招标文件的实质性要求、投标报价是否低于成本;经评审投标文件能满足招标文件的实质性要求、报价为所有投标人中最低且没有低于成本价的投标人可作为中标候选人。

思考题

1. 监理工程师在招标阶段的主要工作是什么?

2. 监理工程师应在招标过程中做好哪些基础工作?其中对招标工作的基本要求是什么?

3. 工程承包合同根据计价方式的不同分为哪些类型?每一种类型的适用范围有何不同?

4. 简述招标期间费用控制的要点。

5. 简述审查投标人资格的意义及主要审查内容。

6. 对投标人报价审查衡量标准从哪几个方面来考虑?

7. 公开招标的程序是什么?

8. 评标的程序和方法是什么?

9. 《招投标法》明确规定中标人的条件是什么?

第**21**章 工程计量

21.1 概　述

在施工过程中，实际完成的工程数量往往和工程量清单所列工程数量不完全一致，费用支付时计算的工程数量是以实际完成的工作量为基础，而实际数量的确认必须经过工程计量这一关，因此在工程费用控制中工程计量是最重要的基本环节之一。

《水运工程施工监理规定》明确将工程计量定义为"按合同文件规定的计算方式与方法，对承包人完成的质量合格的工程或工作进行审核，确认其工程量或工作量"，也对工程计量提出了明确的要求，要求工程计量应符合下列规定：

① 对单价合同，应根据合同文件规定，核实和确认工程实际发生的工程量；

② 对总价合同，应根据承包人中标价，按项目进行分解，并将管理费等其他费用分摊在各项中，形成调整单价，报项目法人批准后执行；

③ 工程计量按合同规定的方法，可每月计量一次，也可按工程部位计量；

④ 工程量的核查应以施工图为依据；

⑤ 监理工程师对承包人填报的工程量有异议时，应会同承包人对工程量进行核定，总监理工程师应对核实的工程量进行签认，并通知承包人。

21.1.1 工程计量的重要性

1. 计量是费用控制的关键环节

水运工程承包合同，一般采用的是单价合同。在合同条件中明确规定，工程量清单所列工程数量是该工程的估算工程数量，不能作为承包人应完成的实际工程数量。因为工程量清单表中的工程量是在制定招标文件时，按设计图纸和技术规格书估算的工程数量，不能作为结算工程价款的依据。在工程价款的计量支付时，应以经过监理工程师计量确认的、不是高估冒算的工程数量作为向承包人支付工程价款的基础依据，从而保证项目法人购买到货真量足的工程商品。因此，监理工程师必须对已完成的工程数量进行计量。

2. 计量是约束承包人履行合同义务的手段

计量不仅是费用控制的关键环节，也是监理工程师控制质量和控制进度的重要手段。首先，对于质量不合格的工程项目和工作内容，监理工程师可以拒绝计量。这样，为质量监理提供了强有力的保障措施，也迫使承包人强化质量意识，严格按合同要求施工，认真履行合同义务；否则，他所完成的工作得不到监理工程师的认可，就得不到相应工程项目的价款。其次，监理工程师可通过按时计量，及时掌握承包人工作的进展情况和工程进度，当发现所完成的实际工程量严重少于计划应完成的工程量时，监理工程师有权要求承包人采取措施加快工程进度，使实际进度和计划进度相当；否则，监理工程师可以向项目法人提出驱逐承包人的报告。第三，监理工程师可利用对各种附加和以外工作所拥有的计量权，指令承包人去完成一些暂定工作，促使水运工程施工在合同条件下正常进行。

21.1.2　工程计量项目

工程计量的任务一方面是正确地测定和计算已完成的工程数量，另一方面是对已完成的工程进行综合评价，在经济费用上给予确认，成为项目法人愿意接受的"商品"。因此，凡需要进行计量的工程项目必须具备以下条件。

1. 计量的项目应符合合同文件要求

合同文件规定计量的项目包括以下三个方面的项目。

（1）工程量清单中的工程项目。

工程量清单中所列的全部项目都须进行计量，包括在报价单中没有填写单价和金额的项目也必须进行计量。因为，在合同文件中已有明确规定，对没有填写单价或金额的项目，其费用已包括在工程量清单的其他项目的单价或金额之中。因此，为了确认承包人是否按合同条件要求完成了该项工程内容，监理工程师仍须对它进行计量。

（2）合同文件中规定的项目。

除了工程量清单中的工程项目以外，在合同文件中通常还规定了一些包干项目（如直接分包的项目等）和其他支付项目。只要是合同文件中有明确规定或监理工程师有明确指示应完成的项目，这些项目在支付前，都必须根据合同条件的规定或监理工程师的指示进行计量。

（3）变更后的项目。

在工程的变更设计中，一般都附有变更清单或对工程变更后工程项目及其数量发生的变化作详细说明，工程变更清单和工程量清单具有相同的性质。因此，对于工程变更清单的项目，同样需要按照合同条件的规定进行计量。

2. 计量项目的工程质量必须达到技术规格书的要求

为保证项目法人购买的"商品"是合格产品，监理工程师必须严格把好质量关，这是监理工程师的主要职责之一。承包人完成的任何工程项目的施工质量都必须经监理工程师检查、检验，确认其质量已达到技术规格书的标准，并签发工程项目的中间交工证书，在此基础上才能对工程进行计量。工程质量没有达到合格标准的任何工程或工程内容，一律不得进行计量；否则，就是监理工程师的渎职。

3. 计量项目的验收手续必须满足合同文件的要求

依据合同文件的规定，对某工程项目或某道施工工序（工程内容）的验收手续及有关资料，包括以下内容：

① 监理工程师批准的开工申请单；

② 承包人进行自检、自测的各种资料和试验数据，即各种质量检验（试验）报告、各种检验（试验）

频率应符合合同文件的要求；

③监理工程师检验（试验）的各种数据，即各种抽检、抽验的成果资料；

④监理工程师签发认可的中间交工证书。

21.1.3 工程计量的依据

工程计量的依据主要有质量合格证书、工程量清单前言、技术规格书中的"计量支付"条款和设计图纸。

1. 质量合格证书

对于承包人已完成的工程数量，并不是全部进行计量，而只是质量达到合同标准的工程量才予计量。因此，工程计量必须与质量监理紧密配合，经过监理工程师检验，工程质量达到合同规定标准后，由监理工程师签发中间交工证书（或质量合格证书），有了质量合格证书的工程才予计量。所以说质量监理是计量监理的基础，计量监理又是质量监理的保障，通过计量可大大强化承包人的质量意识。

2. 工程量清单序言和技术规格书

工程量清单序言和技术规格书是确定计量方法的依据。因为工程量清单序言和技术规格书的"计量支付"条款规定了清单中每一项工程数量的计算方法，同时明确规定了该项目单价所包括的工作内容和范围，它们是工程计量十分重要的依据。例如，关于重力式挡土墙的计量，技术规格书中规定：其计量单位为延长米，工作内容包括基础、墙身、踏步、混凝土压顶、栏杆、扶手等全部结构物的施工和安装工作。承包人在投标报价时，应该根据清单序言和技术规格书的要求将所有工作内容包含在报价之中；监理工程师在计量支付时只能按总的延长米计算，对踏步、混凝土压顶、栏杆、扶手等项目的测量和检查，仅是确认项目是否完成，不再另外计量支付。

3. 设计图纸

单价合同以实际完成的工程数量进行结算，其实际完成的工程量是指被监理工程师计量确认的工程数量，而不是承包人实际施工的数量。监理工程师对承包人超出设计图纸尺寸增加的工程量和由于自身原因造成返工的工程数量，不予计量，即计量的几何尺寸应以设计图纸为准，而不是以工程施工实际尺寸计算。例如，在京津塘高速公路施工监理中，灌注桩的计量与支付条款中规定，按照设计图纸以延长米计量，其单价包括所有材料及施工的各项费用。根据这个规定，如果承包人做了 35m，而灌注桩的设计长度是 30 米，则只计量 30 米，项目法人按 30 米付款，承包人多做了 5 米灌注桩所消耗的钢筋、水泥等材料，项目法人不予补偿。反之，承包人若仅仅做了 28 米，比设计长度少 2 米，则属于不合格工程，整个灌注桩都不予计量。

另外还有合同条件、工程变更令及修订的工程量清单、有关计量的补充协议等都是工程计量的依据。

21.2 监理工程师在计量中的职责与权限

工程计量是一项十分重要的工作，监理工程师为做好费用控制，就必须认真做好计量工作。为此就必须明确监理工程师在计量中的职责和权限，只有这样才能开展正常的计量工作，才能确保费用控制目标的实现。反之，若监理工程师对工程计量不负责任或者无权过问，承包人实际完成的工程数量就无法准确掌握，工程价值就无从确定；没有准确的计量就没有合理的支付，就无法保证工程费用支付完全符合合同要求,无法利用计量支付这个经济杠杆协调好项目法人与承包人在施工活动中的关系,会直接影响监理工程师对工程进度和工程质量的监理工作,最终会导致三大监理目标无法实现。

21.2.1 计量的职责

计量的根本职责就是按照合同文件的有关规定准确测定已完工程的工程数量。《港口工程施工招标文件范本》中明确规定:"经监理工程师签认的工程计量结果是工程款支付额的计算依据。凡因承包人原因超过了图纸所示或未经监理工程师同意的任何长度、面积或体积的计量部分,均不予支付。"《FIDIC合同通用条件》第55.1条规定:"除非另有规定,工程师应按照合同通过计量来核实并确定工程的价值。"对于单价合同,工程数量的多少直接关系到支付金额的多少,直接涉及项目法人与承包人的经济利益。因此,计量既是监理工程师的一项基本职责,也是费用监理最重要的一个方面。

21.2.2 计量的权力

合同条件中明确规定工程计量工作由监理工程师负责。不管采用什么方式、何种方法进行计量,最终确认权归属于监理工程师。《水运工程施工监理规范》和《FIDIC合同通用条件》规定,监理工程师有权对工程的任何部分进行计量,有权要求承包人委派代理人协助其对已完工程进行审核、计量,最终确认工程数量。监理工程师有权拒绝对质量不合格部分的计量,有权核减、删除、调整承包人计量的不合理部分。所谓不合理是指工程质量虽然合格,但没有按照技术规格书指定的计量规则和计量方法计量;或者有多计、冒计现象;或者大部分项目的质量是合格的,其中混入少量不合格的项目等现象。因此,监理工程师的计量权力实际上是对工程计量的确认权和审定权。

21.2.3 对计量权力的限制

监理工程师如何用好计量权力主要靠两条:一是监理工程师及其监理工作人员本身的职业道德和工作责任心;二是行业主管部门关于监理工作的规章制度和项目法人的监理授权范围及其规定。由于监理工程师拥有工程数量的确认权,因此,承包人会千方百计设法让监理工程师多批工程数量,达到多获得工程进度款的目的。为了规范监理行为,保护项目法人的利益,促使监理工程师独立公正地行使监理职权,交通部颁发了一系列的规章制度和管理办法。以下列举部分内容供参考。

《港口工程施工合同范本》第八条中明确规定:甲方(项目法人)应在监理工程师进驻现场前,将监理工程师的职责与权限以书面形式通知乙方(承包人);监理工程师在甲方(项目法人)授权范围内,依据工程施工合同,独立、公正地行使监理职权。

《公路、水运工程监理工程师资质管理办法》第二十七、二十八条规定:对不能自觉遵守监理工程师职业道德、缺乏监理工作责任心的,监理工作失误、造成工程质量事故或经济损失的,将根据情节分别给予通报批评、停止执业、取消监理资格并收缴证书及5年内不得再申报监理工程师的处罚;对丧失职业道德、贪污索受贿赂、玩忽职守或因监理工作失误造成重大工程质量事故和严重经济损失并构成犯罪的,除取消监理资格并收缴证书外,还将由司法机关追究其刑事责任。

《水运工程施工监理合同范本》第六条规定监理工程师的职责与义务:监理工程师应接受交通行政主管部门及其授权的水运工程质量监督机构以及项目法人对监理工作的监督和检查,不得泄露本工程需要保密的技术与经济资料,不得与第三方发生直接或间接的经济关系。

交通部《水运工程施工监理规定》第八、九条规定:监理单位和监理人员应恪守"严格监理、热情服务、秉公办事、廉洁自律"的准则,积极工作,勤奋学习,与建设、设计、施工单位及质量监督部门密切合作,全面履行施工监理的职责和义务;对擅离职守、营私舞弊,造成较大工程事故和经济损失的监理单位及个人，建设单位可视情节扣减工程监理费、终止监理合同、责令其退场；交通工程主管部门可分别给予通报批评、警告、责令停业整顿、降低资质等级、吊销监理资格证书等处罚；对情节严重的依法追究其经济和刑事责任。

21.3 计量工作的程序

工程计量在工程费用控制中十分重要，计量工作的好坏会直接影响项目法人（或承包人）的经济利益，妨碍双方对工程承包合同的正常履行，影响监理工程师的监督权威，妨碍正常监理业务的开展，因此对工程计量的工作程序必须有严格的规定，保证计量工作在合同规定的程序下进行，避免在计量工作中发生偏差。

21.3.1 工程计量方式

工程计量方式按参加计量（或测量）工作人员的组成可分为以下三种。

1. 承包人自行计量

承包人根据监理工程师的指示，对已完成的部分工程项目可自行进行计量，然后将计量的记录及有关资料在规定的时间内报送监理工程师核实确认。承包人自行进行计量时，更应提供翔实可靠的原始计量资料，以便监理工程师审核。

2. 监理工程师独立计量

计量工作由监理工程师单独承担，这样可以改善计量工作的环境，特别是对已计量项目的复合性计量；由监理工程师单独进行计量的结果，一般认为是准确的，除非承包人在得到计量结果的 14 天内，以书面形式向监理工程师提出对计量结果有异议的申辩，监理工程师针对申辩提出的理由可进行复核，并将复核结果通知承包人。

3. 监理工程师和承包人联合计量

在对某项目进行计量前，由监理工程师通知承包人，告诉其计量的时间与计量的内容，并要求承包人派人做好计量准备工作，由监理工程师和承包人双方所派人员组成计量小组，共同对该工程项目（或内容）进行计量，对计量结果双方签字认可。如果承包人在接到监理工程师通知后，不参加或未派人参加计量工作，在这种情况下，监理工程师组织监理人员独立进行计量，经监理工程师批准的计量应认为是正确的工程计量，可以作为支付依据，承包人不能对这种计量及其结果提出异议。

以上三种计量方式各具特点，可在不同的情况下采用。当采用承包人自行计量时，其优点是可以减少监理人员现场计量工作量，但监理工程师审核的工作量会增加，对现场计量控制的力度没有其他两种计量方式强。当采用监理工程师独立计量时，计量准确性、可靠性程度高，但需要的监理工作人员多。现阶段采用监理工程师和承包人联合计量的方式较多，因为共同计量有利于消除双方的疑虑，有利于现场解决分歧、减少争议，能较好地保证计量及其结果的公正性和准确性，同时也简化了程序，节约了计量时间。不管是何种计量方式，其计量方法必须符合合同的要求，计量的结果必须得到监理工程师确认。

21.3.2 工程计量程序

承包人对已完成工程项目或工作内容，认为已具备计量条件，可以提出计量要求并随同有关资料一起报监理工程师，以便监理工程师安排工程计量工作。根据工程项目的特点，有的必须到工地现场进行计量，有的可依据工程设计图纸和有关施工计划、施工记录进行计量，如何计量应有监理工程师安排。

1. 现场计量程序

当监理工程师安排对某工程项目（或某部分）进行现场计量时，应按照通用条件的规定，事先通知承包人或承包人代表，承包人或承包人代表在接到通知后，应准时参加或立即派出合格的代表准时参加，协助监理工程师进行上述计量工作，并按照监理工程师通知要求提供必要的工作条件和一切详细资料，计量工作由监理工程师和承包人双方委派的合格人员在现场进行工程计量，对计量结果双方签字认可。如果承包人拒不参加，或由于疏忽或遗忘而未派上述代表参加，则由监理工程师进行的或由他批准的计量应认为是对该工程项目（或工作内容）的正确计量，可作为支付的依据，承包人不能对此种计量及结果提出异议。

2. 非现场计量程序

对某些永久性工程项目的计量，可采用施工记录和工程设计图纸进行计量。当采用这种非现场方式计量时，监理工程师应准备该工程项目的图纸和有关记录；当承包人被通知要求参加此项计量时，承包人应在14天内同监理工程师一道审查、计算该工程项目的工程数量，双方意见一致时，则双方签名确认。如果双方意见不一致（即承包人不同意计量结果），其计量结果仍将被认为是正确的，除非承包人在上述计量后的14天内向监理工程师提出申辩，说明申辩原由。监理工程师在接到申辩后，应复查相关记录、工程图纸及其计量结果，或者维持原计量结果，或者进行修改，并将复议后的结果通知承包人。如果承包人不出席、不参加此类计量工作，则应认为监理工程师对相应工程项目的计量结果是正确无误的。

21.3.3 监理组织内部管理

水运工程监理组织机构，一般应根据工程项目的大小分成三级或二级管理。前者由驻地监理工程师办公室、高级驻地监理工程师办公室和总监理工程师办公室构成，后者由驻地监理工程师办公室和总监理工程师办公室构成。在监理工作实践中，计量工作主要由驻地监理工程师办公室承担，高级驻地监理工程师负责审核，总监理工程师办公室最后审定。总监理工程师（或高级驻地监理工程师）对驻地监理工程师的计量结果拥有充分的否决权，对计量中的数量问题有权更改或责令驻地监理工程师进行复查；发现被计量的工程中存在质量问题时，有权责令承包人对缺陷部位返工或修补。

高级驻地监理工程师和总监理工程师对工程计量的审核和审定工作，往往是与费用支付的审核、审定工作联系在一起的，一般可同步进行。

交通部《港口工程施工合同范本》的第十三条对工程计量的确认有明确规定：承包人应按合同专用条款中约定的期限，向监理工程师提交已完成工程量的报表。监理工程师收到报表后3天内审核签认。若监理工程师接到报表后3天内未提出异议，承包人所报工程量视为已被监理工程师确认。若监理工程师对承包人所报工程量有异议，承包人应协助监理工程师对已完工程进行核实并重新核报。若承包人拒绝协助监理工程师对已完工程进行核实或不重新核报，则以监理工程师核实的工程量为准。上述规定进一步明确，监理工程师应及时计量，承包人应积极配合。

21.4 工程计量的基本问题

21.4.1 计量的原则

为做好费用控制的基础工作，监理工程师必须认真做好计量工作，严格把好计量关，一般应遵循以下原则：

1. 工程质量不符合合同文件要求的不合格工程，不得计量的原则

工程的施工质量达到合同文件规定的合格要求是计量最重要的前提，是工程计量的首要条件。如果工程质量不合格，或者未经监理工程师质量检验已达合格标准的工程项目，不管承包人以什么理由请求计量，监理工程师均应坚持原则，拒绝对这些工程项目计量。

对于隐蔽工程，应在工程被覆盖之前进行质量检验，驻地监理工程师对其质量认可后，在覆盖前进行计量；对未经质量检验被覆盖的隐蔽工程，监理工程师有权拒绝计量，以此方式迫使承包人重视工程质量的验收、检验，增强工程质量意识。

2. 计量方法、范围、内容和单位应与合同文件（招标文件等）的规定相一致的原则

工程计量的方法、范围、内容和单位在招标文件中都有明确的规定。工程量清单的内容、范围、数量等都是承包人投标报价最基本的数据，在对实际工程计量时，仍然按招标过程中计算工程量的方法、范围、内容和单位进行计量。一方面，要求实际工程数量和工程量清单数量应基本一致，为实现费用控制目标，两者的差距是越小越好。另一方面计量内容、单位的一致性给支付工程款项提供了方便，否则投标竞价就完全失去了意义。

3. 监理工程师在计量中的权威性原则

对承包人完成的合格工程或所完成的工作内容的计量是监理工程师控制进度、控制费用的主要手段。为此，监理工程师对计量工作必须具有权威性，否则就无法保证监理工程师三大监理目标的实现。监理工程师对工程计量的权威性主要表现在：

① 工程计量的结果必须得到监理工程师的确认；

② 监理工程师有权对工程的任何部分进行计量；

③ 工程计量应按监理工程师同意的方式、方法进行；

④ 承包人为计量准备的资料和设备不符合监理工程师要求时，可暂不计量。

承包人为计量应准备的资料和设备，通常在监理实施细则或监理工程师指令(通知)中有明确规定，主要包括三个方面的资料：

① 经监理工程师批准的该单位工程（或分项工程）的开工申请，包括施工组织、流程工艺设计等；

② 对各道工序的质量检验和质量认定资料，从施工放样到最终工程产品检验；

③ 在施工过程中承包人的施工记录和现场监理人员的监理日记、测试资料等，这些资料经驻地监理工程师认可后，可以作为工程计量的原始参数。

21.4.2 工程计量与质量检验的关系

1. 质量检验合格是工程计量的基础

凡反映为计量结果的分部、分项工程，都必须经过检验并已达到合格标准，其中包括施工过程中的工序检验、隐蔽工程检验及质量认可；而未经质量检验，或虽经检验而未合格，或未完成规定工作

内容的分部、分项工程，均不应反映为计量结果。

项目法人对合格产品才给予计量并支付工程款项，因此，工程质量合格是计量工作最重要的前提条件。

2. 监理工程师应及时进行计量

根据合同规定，监理工程师应及时对已经完成且质量合格的工程项目进行计量，对一切正在进行中的工程项目（工期在一个月以上），均须每月粗略计量一次，到这部分工程完工后，再根据合同条款进行精细的计量。例如，疏浚工程的中间计量，在施工的过程中不需要每月都去验收一次后才计算工程量，可根据施工实际进度粗略估计数量（当然粗估数量应小于工程量清单的工程数量），待工程完工后，经检测验收，以交工测图计算工程量。

每月进行计量的目的是掌握工程进度情况及核定月进度款数量（以便进行中期支付），只有用经过计量支付的工程款来反映工程进度才是最实在的、没有水分的工程进度，也只有通过及时计量支付才能及时反映当时工程的实际进度。

3. 必须经过检验的工序、工作或工程内容，不一定都反映为计量结果

为保证工程质量，必须经监理工程师检验的项目和内容远远多于计量的项目和内容，其中有相当一部分工序和工作内容被包容于相应的工程项目之中，对这些项目（或内容）的测量和检验是保证工程质量的需要，而不需要独立计量支付。

4. 工程计量和质量检验的先后顺序原则上是先检验后计量

原则上是先检验后计量，决不允许先计量后检验；但在实际监理工作中，为减少工作环节，对一些项目（如隐蔽工程等），可以考虑质量检验和现场计量（测量）同时进行，但必须在质量合格后才对计量结果给予确认。

21.4.3 计量单位

计量单位可以分为物理计量单位和自然计量单位两类。前者长度常用米、延米、千米表示；面积常用平方米、千平方米表示；体积常用立方米、千立方米表示；质量常用克、千克、吨表示。后者常用个、片、块、座、株、条、套等作为计量单位。

在计量过程中，应该注意实际计量的单位应和工程清单或合同中明确规定的单位相一致，避免给支付款额的计算带来麻烦。另外，需强调的是，在单价合同中规定，所有计量都以净值为准（即设计图纸尺寸为准）。

21.4.4 计量方法

工程计量的方法与工程数量的测量、计算方法不完全相同。工程计量的方法，大概有以下几种。

1. 断面法

水运工程中大量的土石方工程，土石方的挖除和填筑，疏浚开挖运河、挖基坑、炸礁、建筑防波堤及整治工程，拦河大坝等，都可用断面法来计算其工程数量。

断面法计算土石方数量时，首先在轴线上（航道中心线、基坑中线等）按合同规定的间距 D 在同一个位置上测得两个地形断面图，并计算其断面积：一个是工程实施前的地形图，另一个是实际施工过后的测图。其次计算两个测图断面积之差 ΔA，这就是该断面上挖走或回填的面积。再次用上、下断面积的平均值 $(\Delta A_i + \Delta A_{i+1})/2$ 乘以规定的断面间距 D_i 就是第 i 段内的土石方量 V_i，即：

$$V_i = D_i \times (\Delta A_i + \Delta A_{i+1})/2$$

总的体积（土方量）为：

$$V = \sum_{i=1}^{n} V_i$$

2. 图纸法

工程设计图纸是工程计量的主要依据之一。有些工程项目的计量,可直接根据设计图纸进行计算,现场测量主要是为检验其施工质量是否达到要求。例如,现浇混凝土的体积、钢筋的长度、钻孔灌注桩的桩长、通航建筑物的基坑开挖、航道土方开挖等,都可以用图纸法来计量。在实际施工中几何尺寸小于设计值(或超出允许范围)为不合格工程,大于设计值时多出部分不计量。计算净值的工程项目,通常都可采用图纸法进行计量。

3. 分项计量法

对一个相对独立的整体工程项目,施工工期大于一个支付期限（一个月）即对这个工程项目的支付有必要分为几个中期支付,这时可采用分项计量法来计量。分项计量就是将一个整个项目根据工序或部位（分项）分成若干子项,对已完成的各子项先行计量,按各子项所占总量的比例,计算支付款额,但各子项支付的合计款额应与整体项目款额相等。

4. 均摊法

均摊法就是将在合同工期内每月都有发生的费用（且无法准确计算在各个时期发生量的多少）,可按合同工期每月平均分摊计量的方法。这些费用包括临时码头、通航标志、道路及设施、办公室的维修、测量设备的保养等单项费用。

5. 凭证法

凭证法就是根据合同的要求,承包人应提供票据才能计量支付的方法。例如,保险费就是以承包人每次交付费用的凭证或单据才能进行计量支付。又如,对承包人有些索赔项目的计量,有时可根据实际发生的费用进行计量,而实际发生的费用就需要有票据或凭证作证明。

思考题

1. 水运工程计量应符合哪些规定?
2. 为什么说工程计量是工程费用控制的最重要的基本环节之一? 联系实际说明之。
3. 允许进行工程计量的项目必须具备哪些条件?
4. 简述工程计量的依据是什么。
5. 简述工程计量的方式和程序。
6. 简述工程计量的原则有哪些。
7. 监理工程师对计量工作的权威性主要体现在哪几个方面?
8. 如何处理工程计量与质量检验的关系?
9. 计量的方法有哪些? 说明其适用范围。

第22章 工程费用支付

22.1 支付的种类

在工程费用监理过程中，监理工程师处理的工程费用支付就是根据确认的工程量或工作量，按合同文件规定的价款及方法付款给承包人的过程。不同种类的支付分别有不同的支付程序和办法。依据支付的时间、内容和合同的执行情况有三种不同的支付分类办法。

22.1.1 按时间分类

工程费用支付按时间分类可分为前期支付、中期支付、最终支付等。

1. 前期支付

前期支付是指开工之前的费用支付，有动员预付款、履约保函手续费和保险手续费等的支付。其中，动员预付款是由项目法人提供给承包人的无息贷款，按一定的费用标准支付，并按一定的条件扣回。

2. 中期支付

中期支付又称为阶段付款，是指在施工过程中，根据被批准的承包人的支付申请，按合同文件的有关条款，对承包人已完成的工程进行的付款。一般按月进行，由监理工程师开具中期付款证书来实施，其内容有工程进度款、暂定金额、计日工、材料设备预付款、工程变更费用、索赔费用、价格调整费用、保留金、迟付款利息和对指定分包人的支付等项目。

3. 最终支付

最终支付是项目法人与承包人之间的最后一次结算，也就是在签发"工程保修终止证书"后，根据承包人的申请，按合同文件的有关规定，付清全部工程款。正因为它是正常履行合同的最后一次支付，所以监理工程师必须确认承包人的遗留工程及缺陷工程已完成并达到本项目合同标准后，准确无误地签发最终支付证书。

22.1.2 按支付的内容分类

按支付的内容可分为工程量清单内的支付和工程量清单外的支付两种。工程量清单内的支付就是监理工程师首先按照合同条件、技术规格书和工程量清单的有关规定进行计量，确认已完成的实际工程量，然后根据已经确认的工程数量和报价单中的报价，计算并支付工程量清单中各项工程费用，因此简称为清单内支付。工程量清单之外的支付就是监理工程师按照合同条件的规定，根据工程实际进展情况及日常记录，对工程量清单以外的各项费用进行计算和支付，简称清单外支付。不管是清单内还是清单外的所有支付内容，都必须是合同中规定的支付项目和内容。

清单内支付在支付总额中所占比例较大，是主要支付。由于它在合同文件中规定得比较明确，因此操作起来比较容易。清单外支付在支付总额中所占比例较小，但支付难度较大，头绪也比较多。这是因为合同文件中无法对这些项目作出准确估计和详细规定，发生这些支付取决于多方面的情况。如工程施工过程中本身遇到的各种客观意外情况和工程管理中发生的各种问题，以及法规变动、物价涨落等政治、经济和社会环境的影响。由此可见，清单外支付是否合理、准确，完全取决于监理工程师对合同条件的正确理解以及是否及时掌握了现场实际情况。

22.1.3　按合同执行情况分类

按合同执行情况可分为正常支付和非正常支付两类。正常支付是指项目法人与承包人双方共同努力使整个合同得以顺利履行而产生的支付结果。非正常支付是指由于一些非正常情况导致合同无法继续履行而出现的支付结果，也称合同中止支付，如工程遇到战争、骚乱等合同规定的特殊风险，承包人违约及项目法人违约等原因导致合同中止。无论何种原因导致合同中止，监理工程师都应该按照合同条件、技术规格书等有关文件的规定处理好各项费用的支付。

22.2　支付中的职责与权限

根据F1DIC合同条件，工程费用支付就是承包人向监理工程师提出付款申请，并提供月结账单，监理工程师审核后开具付款证书交项目法人，项目法人在规定时间内向承包人付款的过程。

毫无疑问，工程费用支付是工程费用监理的最后一道工序，也是监理工程师进行合同管理的最后一个环节，因此，费用支付就成为最终落实项目法人与承包人经济利益的关键工作。由于FIDIC合同条件下的工程费用支付与一般的工程支付相比，在支付的范围、条件和方式等方面都存在很大差别，所以，为了有效地搞好整个监理工作和圆满完成费用监理的任务，必须根据合同条件的规定明确监理工程师在工程费用支付中的职责与权限。

22.2.1　工程费用支付的职责

监理工程师在工程费用支付中的职责就是定期（一般按月进行）审核承包人的各类付款申请，为项目法人提供付款凭证，保证项目法人对承包人的支付公平、合理。具体的职责就是审核付款申请和开具付款证书。一方面，监理工程师必须按时处理承包人的付款申请，以便承包人能够及时获得各种应得款项；另一方面，监理工程师还必须根据合同文件的要求和原则认真进行审核，开具付款凭证书，向项目法人证明承包人在每一阶段所完成各项工程的实际价值，为项目法人所支付的每一笔资金严格把关。这就要求监理工程师站在公正的立场，确保项目法人和承包人双方的经济利益。

22.2.2　工程费用支付的权限

工程费用支付也是监理工程师在项目法人明确授权的范围内，以及可以直接运用合同规定通过计量和支付手段进行的费用控制活动。项目法人聘请监理工程师对工程实施监督、管理，其授权方式有两种：

1. 全面授权

按工程量清单上的项目进行的中期支付，是以监理工程师的计量结果和合同规定的单价为依据计算的，此时发生争议的可能性不大，同时项目法人也是通过监理工程师的中期支付作为其约束承包人全面履行合同的主要手段，所以项目法人对于这种支付一般全面授权给监理工程师。

最终支付尽管内容很多，工作量大，涉及到各种费用的全面计算，但只要合同正常履行，基本上也只是程序问题，项目法人也是全面授权的。

合同中预付款的支付和扣还，也只是程序问题，监理工程师在合同通用条件和专用条件的有关规定下进行监督、审查，按程序支付和扣还，项目法人同样是全面授权的。

保留金的扣留是程序问题，而保留金的退还是由监理工程师把关的，项目法人往往也全面授权给监理工程师。

2. 有限授权

项目法人在施工阶段聘请监理工程师进行费用控制，而合同条件中明确指出：由项目法人主办工程，项目法人对永久工程项目投资活动的成败负有全部责任，项目法人是施工阶段全部活动的施控主体。因此，除了在程序性控制工作之外，项目法人对涉及费用变动的问题必然对监理工程师的权力具有有限授权的一面。即使在程序性控制的全面授权中，项目法人对监理工程师费用监理的基础工作——质量检查和计量工作仍然进行必要的检查和监督。

在涉及费用变动的支付中项目法人往往采取有限授权的办法来限制监理工程师的权力，以使实际工程费用不致超出其可接受的一定范围。项目法人对监理工程师在费用变动方面的有限授权具有普遍性，然而授权范围的大小对不同的具体合同却有很大差别，授权的限制程度与项目法人的资金状况、项目法人对监理工程师能力的信任以及承包人的素质情况等多种因素有关。

根据《水运工程施工监理规范》，将监理工程师在费用支付方面的权限归纳如下。

① 审查、签发中期支付证书、合同得到正常履行的最终支付证书以及合同中止后任何款项的支付证书。中期支付申请应以核实的工程量和工程费用为准，由总监理工程师签认。中期支付应依据合同文件的规定扣除工程预付款等。

② 对不符合合同和技术规格书要求的工程细目和施工活动，有权暂时拒绝支付，待上述细目和活动达到要求后再予支付。

③ 因工程变更、物价和费率调整等原因引起工程费用的变化，应按合同文件规定，与项目法人和承包人协商确定新的工程费用，并签认变更支付申请。

④ 根据合同文件的规定对承包人提出的索赔报告进行审查，或对承包人造成的工程损失进行测算，并经项目法人和承包人协商一致后签认索赔费用。

22.3 支付的原则

工程费用支付的目标是组织和协调好项目法人与承包人之间的收支行为，使他们双方发生的每一笔工程费用都符合合同的要求，而且公平合理。为了达到这一目标，监理工程师就必须站在公正的立场上，不偏不倚，客观、准确地评价承包人的施工质量，认真进行工程计量，仔细计算各项工程费用，及时地签发付款证书，一方面使承包人及时得到费用补偿，另一方面使已支出费用的项目法人能按时得到质量合格的工程实体。由此可见，监理工程师在工程费用支付中责任重大，为了真正做好这一工作，监理工程师必须遵循以下基本原则。

1. 支付必须以工程计量为基础

准确的实际工程量只有通过计量才能获得。对于单价合同，计量是支付的基础，可以说，没有准确的计量就不可能有准确的支付。由于工程计量最根本的前提是工程质量必须合格，所以工程费用的支付就必须在质量监理和准确计量的基础上进行。因此，在费用支付过程中，应当对这两个环节的工作进行严格检查和认真分析，以确保费用支付准确可靠。

2. 支付必须以技术规格书和报价单为依据

（1）技术规格书。

合同中的技术规格书主要是规定合同工作范围及技术要求，技术规格书对承包人的工作和行为起约束作用，而不仅仅是对质量标准的规定，在解释合同时技术规格书是第一位的。在技术规格书中，对每一个工程细目都有支付的规定，详细说明了各工程细目的工作内容以及要求，对哪些内容不单独计量与支付，其价值已并入到哪一工程细目中，都具体作了规定。同时，在技术规格书中还对每一个工程细目的支付项目进行了划分。因此，技术规格书既是承包人报价时的指导文件，也是监理工程师支付工程费用的依据，进行工程费用支付时，必须认真、细致地阅读和理解。

（2）报价单（有标价的工程量清单）。

工程量清单经承包人填报单价后便成为报价单，它是费用支付时的单价依据。工程量清单中列有清单序言、估算的各细目的清单工程量，它是招标文件中的核心文件，直接体现买、卖双方的权利和义务。对于报价单中没有单价的工程细目，其单价为零，但承包人必须完成技术规格书和图纸所规定的全部工作内容并达到规定的要求。因为根据技术规格书的规定，对于某些没有单价的工程细目，并非真正地没有单价，其费用已作为摊销费摊入到其他细目的单价之中。对于有单价的工程细目，则以此单价计算工程费用，但应注意其单价的包容程度。

单价的包容程度一方面是指单价的价值构成，另一方面是指单价中所包含的工程或工作内容。

单价的价值构成是指完成该细目所需的人工费、材料费、施工机械使用费、管理费、利润、税金及其他摊入费用等。

单价所包含的工程或工作内容是指该细目的单价按规定应包含的内容。报价单中的单价是成品价格，也就是按成品计价，它包含了完成该产品所必需的生产条件和设施。例如，有关的临时工程、必需的准备活动和其他必需的一些生产环节等，这一切都在技术规格书及清单序言中详细规定。

工程量清单中的每一个工程项目，都会有一定的概括性、包容性，概括和包容得最完整的是一些包干的工作项目——工作包干或费用包干。某些需要按实际工程计量结果来支付的项目，监理工程师在解释其包容性和运用合同时，合同中的技术规格书和工程量清单序言是第一位的；而工程项目惯例（国内的现行技术规范、标准、行业规范可认为是国内惯例）也常常作为解释和运用合同的依据，是第二位的。例如，在国内监理实践中遇到国内承包人往往以交通部颁发的定额为依据，用定额中包含的工作内容来理解工程量清单中表列项目的包容性，并就定额工作内容以外的一些工作提出费用要求，这恰恰是颠倒了解释和运用合同依据的第一位与第二位的关系。其实，技术规格书或工程量清单序言中的某几句话，就已经概括了定额工作内容以外的若干辅助工作。

因此，在支付工程费用时，必须将报价单与技术规格书联系在一起，确保支付准确。例如，浇筑河道中的灌注桩，需要搭设施工便桥或租用船只，但搭设便桥和租用船只的费用已包括在灌注桩单价中，不再另外单独支付。

3. 支付必须坚持合同条款和日常记录相结合

对于一个整体工程项目，除了工程量清单内的常规支付工作外，还有许多工程量清单以外的工作内容需要支付，而这些支付内容往往是招标时无法准确估计或者根本不可能预先估计的，因此无法在工程量清单中一一予以列明。但是，这些方面的支付又是工程费用支付中极其重要的内容，通常要花费监理工程师大量的精力。例如，物价上涨或新的法规的颁布、工程变更、索赔等支付内容在工程量清单中没有也无法明确，只能在合同条款中给出些原则性规定。驻地监理工程师只有将合同条款的规定与工程实施中的日常记录结合起来，方能搞好这些内容的支付工作。

4. 支付必须及时

工程费用支付是资金运动中的一个环节，而且还是关键环节。资金的运动，其本质特征之一就是资金具有时间价值，因此，资金运动的内在规律和特征要求监理工程师按时签认和支付工程费用。

同时，工程施工活动的特点也决定了要进行月进度款的支付，其原因在于施工生产需要占用大量的资金，而承包人没有能力垫付如此巨大的资金。因此，监理工程师必须按时进行工程费用的支付。

除此之外，工程费用结算的特点决定了必须由监理工程师出具其签认的支付证书。及时支付工程费用不仅是合同本身的要求，它还是财务部门和银行结算的要求。

5. 支付必须遵循严格的程序

工程费用的支付必须遵循严格的程序。为了确保工程费用支付的合理性、合法性和准确性，每个工程项目的合同文件都对费用支付作出了严格的规定。这些程序具体规定了各项费用的支付条件、支付方法和申报、计算、复核、审批等要求，因而，从组织上和技术上确保支付质量。例如，合同条件第51条规定，承包人在没有得到监理工程师的变更指令前，不得对工程进行任何变动。因此，未经监理工程师的批准，对任何施工项目的改变都是不允许的，不管这种改变是否必要，一律不予进行任何支付。

22.4 清单内支付

清单内支付的项目包括以物理单位计量项目、以自然单位计量项目、以计日工计量项目和以暂定金额方式计量支付的项目四种。结合工程费用支付的主要形式，本节仅对中期支付、最终支付、计日工支付和暂定金额支付作详细介绍。

22.4.1 中期支付

中期支付以月为时间间隔，亦称进度款支付。虽然，其支付内容非常广泛，但大部分还是按照清单细目进行支付的。

1. 中期支付的性质

在工程项目建设中采用中期支付，是由资本商品购建活动特点决定的。招、投标阶段只解决了资本商品的购买意向问题，项目法人尚未见到永久工程实体，只有在履行合同过程中，项目法人才能购到某分项工程、某分部工程、某单位工程，直至最终才能买到全部永久工程。

正因为工程项目的购买特点是先销售后施工，所以项目法人在见到全部永久工程之前始终处于不放心状态，在每次中期支付前，项目法人都要得到确认承包人确实完成了实际工作的证明。中期支付的性质，就是项目法人分次购买商品的付款，必须以见到实物为前提。

2. 中期支付的内容

承包人在向监理工程师提交的支付申请中，所包括的是这一个月完成施工任务的全部工作，以及为这些工作他有权获得的款额。主要内容包括：

① 本月已完成的永久工程价值；

② 所完成工程量清单中其他表列项目的价值；

③ 为永久工程使用而运进现场的设备价值；

④ 为永久工程使用而运进现场的材料价值；

⑤ 按照合同规定他有权得到的其他费用。

3. 中期支付的程序

（1）中期支付申请。

承包人按月向监理工程师提出付款申请。其工作内容就是填月进度报表或月结账单，并附上细目工程质量合格证明和计量证明。应当注意的是，申请中涉及的表格形式须经监理工程师认可。

（2）中期支付的审定。

监理工程师应在合同规定的时间内对承包人的付款申请进行审定。

① 付款申请的格式和内容应满足合同要求；

② 各项证明文件及有关手续齐全；

③ 核对当月完成的工程量；

④ 核对工作量计算的准确性；

⑤ 审查工程量和工作量与合同是否相符；

⑥ 审查无误后总监签字。

审核中若发现所列出的数量不正确或者任何一个工程项目的质量不符合要求，则可调整承包人的月报表。

（3）《中期支付证书》的签发。

监理工程师在接到承包人的中期支付申请后，应及时审核付款申请，并在合同规定的时间内签发中期支付证书。

FIDIC 合同条件对中期支付的程序在时间上明确规定：监理工程师应在接到承包人月报表的 28 天之内对支付申请审查、核定，签发中期支付证书，正本提交给项目法人，副本给承包人。项目法人在收到中期支付证书的 28 天内应向承包人付款，否则将要支付延期付款利息。《港口工程施工合同范本》规定，若项目法人在合同约定的支付日期后 10 天内未予支付，承包人可向项目法人发出催款的通知，项目法人在收到承包人催款通知后仍不能按要求付款，承包人可在发出催款通知 10 天后暂停施工，项目法人承担延期支付的利息和违约责任及承包人的停工损失。

① 监理工程师审核并修正承包人的支付申请后，计算付款净金额。在计算付款净金额时，将需扣留的保留金和扣回的预付款从承包人的应得金额中扣除。

② 将付款净金额与合同中规定的中期支付的最小限额相比较（每次中期支付的最低限为合同总价

的 2% 左右)。若净金额大于最小限额,监理工程师应向项目法人签发《中期支付证书》,副本抄送承包人;若净金额小于最小限额, 则暂不签发中期支付证书, 转入下期支付一并签发。

③ 监理工程师应认真审查、计算支付款额,除了一些特殊项目外,签发的《中期支付证书》中的支付金额应基本正确。

④ 监理工程师可通过后续任何一期《中期支付证书》,对前期已支付的工程款项发现的问题或前期支付证书的错误进行纠正。

(4) 项目法人付款。

项目法人应及时审定支付款额,在合同规定的时间给承包人付款。

根据 FIDIC 合同条件规定,项目法人在收到监理工程师送交的中期支付证书的 28 天内,应付款给承包人。为了不使项目法人延误付款而违约,监理工程师有责任提醒项目法人按时付款给承包人。月进度支付审批的程序如图 22-1 所示。

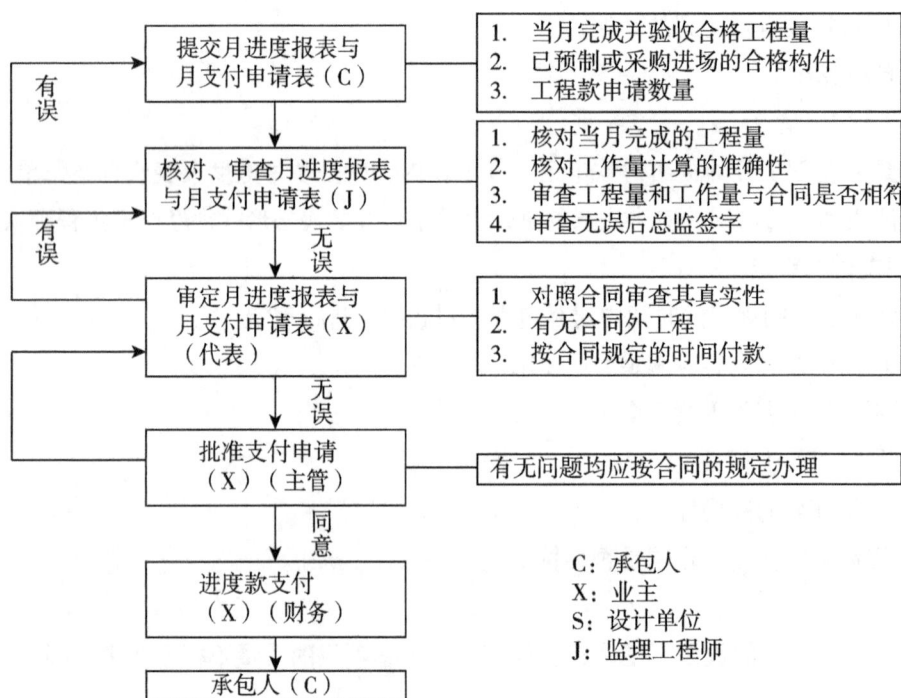

图 22-1　月进度支付审批程序图

22.4.2　最终支付

最终支付发生在工程项目缺陷责任期(保修期)满以后,它是对项目法人和承包人之间工程费用的最后一次结算。

1. 最终支付申请

根据工程承包合同条件,在监理工程师颁发缺陷责任证书后的规定时间内(FIDIC 合同条件规定 56 天),承包人应以监理工程师批准的格式向监理工程师提交一份最终报表和书面结算清单,并附有详细的证明文件,供监理工程师考虑,表明:

① 根据合同所完成的全部工程价值;

② 承包人根据合同认为应该进一步支付给他的任何款项。

如果监理工程师不同意或者不予核实最终报表中的任何一部分,承包人应按监理工程师的合理要求提交进一步的资料,并对最终报表作出协商意见的修改,然后由承包人编制,提交双方意见一致的最终报表。

在提交最终报表时，承包人应给项目法人一份书面结算清单，并抄送监理工程师，确认最终报表中的总金额代表了根据合同规定应付给承包人的全部款项。

2. 最终支付的审定

根据工程承包合同条件，监理工程师在收到承包人提交的最终支付申请的规定时间内（FIDIC 合同条件规定为 28 天），应完成对支付申请的审定：

① 申请的格式和内容，应满足合同规定及监理工程师的要求；

② 相应的最终报表及结算清单必须齐全、完整，相互关系清晰；

③ 相应的系列证明资料均有监理工程师签字认可；

④ 确认所有的计量与支付均没有重复、遗漏，计算准确，汇总无误；

⑤ 若审查中发现还有能够确认的费用，应及时通知承包人，并要求其进一步提供所需的资料与证明。

在开具最终支付证书之前，监理工程师的主要工作就是认真细致地审查承包人的最终支付申请资料，对以往各期的中期支付证书进行全面清查，对各支付项目进行分类汇总，从而确定项目法人与承包人双方应找清的款项以及该工程项目的实际总金额。

3. 签发《最终支付证书》

监理工程师在接到承包人提交的最终报表和承包人给项目法人的书面结算清单后的 28 天内，应向项目法人签发《最终支付证书》，并给承包人一份复制件，说明：

① 监理工程师认为根据合同规定最后应付的款额；

② 监理工程师在对项目法人以前所付的全部款项和项目法人根据合同规定应得的全部款项予以确认后，表明项目法人欠承包人或承包人欠项目法人的差额。此时，监理工程师的费用控制服务全部结束。

4. 项目法人最后付款

根据工程承包合同条件的规定，项目法人收到监理工程师开具的最终支付证书后的规定时间内（FIDIC 规定时间为 56 天），应付款给承包人，工程承包合同终止。

22.4.3 暂定金额

1. 暂定金额的定义

在 1987 年第 4 版的 FIDIC《土木工程施工合同条件》中，第 58 条专门论述了暂定金额。它给出的定义是："暂定金额"是指包括在合同内并在建筑工程量清单中以此名称标明的供工程的任何部分的施工或货物、材料、工程设备或服务的提供或供不可预料事件之用的一项金额。这项金额应按工程师的指示，全部或部分地使用，或根本不予动用。暂定金额主要包括以下几个方面内容：

① 计日工通常被认为是一笔暂定金额；

② 由于对工程的某个部分未作出足够详细的规定，从而不能使投标者开出确定的单价或价格时，可先估计一个暂定金额；

③ 招标时不能决定某一具体工作是否包含在合同中，可先估计一个暂定金额；

④ 决定为一项工作、货物、材料厂、工程设备和各种服务从专业公司分别招标，并将其作为指定分包商合同的内容，可先传达室一笔暂定金额；

⑤ 不可预见费比如设计变更、政策变化、物价、汇率浮动、交通管制、环境保护新规定等等造成的额外费用，一般雇主会针对不可预见因素给出一个固定金额或百分比，列入暂定金额。

2. 暂定金额的性质

暂定金额是包含在合同之内，除用于对指定分包人的支付外，对其他工作内容的支付，在 FIDIC 合同条件中对相应的支付程序和约束条件等都有明确规定。暂定金额的其他用途在性质上相当于备用金。

3. 暂定金额的使用权

暂定金额只能按照监理工程师的指示和决定动用，是由监理工程师直接控制的，因此，未经监理工程师的批准，承包人对暂定金额项目进行的任何工作均不予支付。

动用暂定金额时，监理工程师应审批承包人提交的相应工程的施工组织计划及其所需的人工费、材料费、机械台班费、设备费及相应的计算说明，并与项目法人就暂定金额的支付进行协商。如果该款项全部或部分未经动用，则应从合同价格中减去未动用的暂定金额。

4. 暂定金额的执行者

动用暂定金额进行的工作由承包人或指定的分包人完成。

5. 暂定金额的支付条件

根据监理工程师的要求，承包人应提交有关暂定金额项目开支的全部报价、发票、凭证、账目和数据，经审核后，监理工程师才能开具相应的支付证书，给予费用支付。

6. 暂定金额的支付价格

暂定金额项目的支付价格有两种方式：一是按工程量清单的报价和标书附录中的费率或价格支付，如果由指定的分包人完成这些工作，则按 FIDIC 合同通用条件第 59 条第 2 款规定的办法进行支付；二是按计日工的计价方式进行支付。

22.4.4 计日工

计日工也是工程量清单中标明的支付项目。根据 FIDIC 合同条件规定，监理工程师可指令承包人按计日工完成特殊的、较小的变更工程或附加工程。因此，计日工具有暂定金额性质。

凡以计日工的形式进行的工程，必须有监理工程师的指令。未经监理工程师批准，承包人不得以计日工的形式进行任何工作，当然，项目法人也不会支付任何款项。

监理工程师指令使用计日工时，要认真、负责的检查、旁站、记录，承包人应每日填写有关该计日工工程的下列报表，一式两份送监理工程师审查，经监理工程师签认后方为有效。

（1）用工清单。

包括从事该项工程的人数、工种和工作时间。值得注意的是，用于计日工的劳动力，未经监理工程师的同意不得加班；否则，不支付加班费用。

（2）材料清单。

包括材料名称、单位、单价和实际数量。未经监理工程师认可的材料不得使用。

（3）机械、设备清单。

包括机械、设备类型、实际使用工时和单价。用于计日工的施工机械应有承包人提供，因故障或闲置的施工机械不支付费用。

（4）费用清单。

监理工程师应根据承包人在投标文件中列出的计日工劳务、计日工材料、计日工机械与设备的单价计算其费用，汇总形成费用清单，并附上证明其价值的收据和凭证等资料。

必须注意，除非监理工程师在使用计日工之前同意，否则计日工工作承包人无权任意分包。

22.5 清单外支付

工程费用支付除了清单内支付外，还有许多其他的支付项目，它们虽然没有列在工程量清单内，但是均属工程承包合同条件规定的范围，我们将这些支付内容统称为清单外支付项目。尽管它在工程费用支付中所占比例较小，但其灵活性比清单内支付要大，比较难以把握和控制，这些内容的支付是监理工程师费用监理工作中的重点和难点。

清单外支付项目一般包括动员预付款、材料预付款、保留金、工程变更费用、索赔费用、价格调整以及拖期违约损失偿金、提前竣工奖金、迟付款利息等共九项。图 22-2 所示的为 FIDIC 合同条件规定的清单外支付项目。

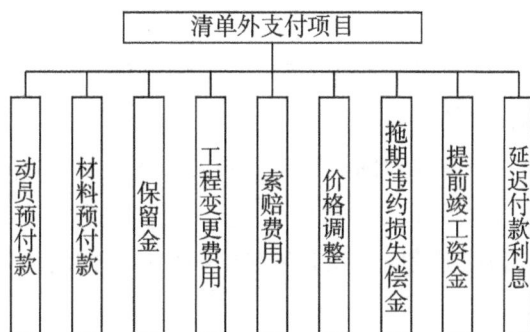

图 22-2　合同支付项目框图

22.5.1　动员预付款

1. 动员预付款的定义

动员预付款是项目法人提供给承包人用作开办费用的款项，是使承包人在合同签约后尽快动员，作好施工准备，并用于工程初期各项费用支出的一笔费用。承包人在合同签约后，为做好施工准备，需要大量的资金投入，在得到项目法人第一次中期支付前，这些资金全靠承包人垫付。由于工程项目投资巨大，一般承包人是难以承受的。此时，项目法人为了工程能顺利开展，除了做好施工场地准备之外，也愿意帮助承包人尽快开始正常施工。项目法人对承包人的这一支持符合双方利益，有助于施工活动形成合理的资金运动过程。但是，承包人不能只靠动员预付款而没有丝毫相应的投入；否则，预付款的作用将显著降低。

2. 动员预付款的性质

项目法人要求承包人提交履约保函作为承包人对项目法人的承诺；承包人中标后得到项目法人支付的动员预付款，也表示项目法人对承包人的一种承诺，对购销双方的交易活动都是正常的。工程项目动员预付款既是项目法人对承包人的承诺，又是项目法人对承包人的支持。动员预付款的支持性与承诺性决定了它是无息的，是有借有还的。

3. 动员预付款额度

动员预付款的额度（占合同总价的比例）在标书或承包合同中有明确规定，一般规定的范围是合同价的（0~20%），最多不超过合同价的 20%。

4. 动员预付款支付依据

根据合同通用条件规定，在承包人完成下述工作后的 14 天内，监理工程师应按投标书附件中规定的额度向项目法人提交动员预付款证书，其副本交承包人保存。承包人应完成的工作内容：

① 签订合同协议书；

② 提交履约银行保函；

③ 提交动员预付款保单。

项目法人在收到监理工程师开具的动员预付款证书后14天内核批，并采用中期支付的形式支付给承包人，支付的货币种类按投标书附件的规定办理。

承包人在提交履约保函的同时，还应向项目法人提交由国内银行，或外国银行通过其驻中国的银行，或承包人指定的、为项目法人所接受的外国银行出具的不得撤销的、无条件的银行保函。银行保函的正本由项目法人保存，该保函在项目法人将动员预付款全部扣回之前一直有效，但其担保的金额将随着动员预付款的逐次扣回而减少，执行上述要求所需费用由承包人承担。

5. 动员预付款的扣回

动员预付款以逐次从中期支付中扣除的方式扣回，常见的扣回方法有两种。

（1）第一种方法是按时间等额扣回。

按时间等额扣回即规定在一定的时间内全部予以扣回。其扣回的时间开始于中期支付证书中工程量清单项目累计支付金额超过合同总价20%的当月，止于合同规定竣工日期前3个月的当月。在这段时间内，从每月中期支付证书中等额扣回。扣回的货币种类和比例与付款的货币种类和比例相一致。其计算公式为：

$$G = \frac{F}{E - (D-1) - 3} \qquad (22-1)$$

式中：G——每月扣除动员预付款数额；

F——已付动员预付款总额；

E——合同工期（月）；

D——中期支付证书中工程量清单项目累计支付额达到合同总价20%的时间（月）。

【例】某建设工程项目合同价为3 000万元，合同工期为36个月，动员预付款在标书附录中规定的额度为合同价的20%，到第4个月时累计支付工程款金额为620万元，试计算扣回动员预付款的金额。

【解】已知$D = 4$，$E = 36$，$F = 3\,000 \times 20\% = 600$（万元）

则

$$G = \frac{600}{36 - (4-1) - 3} = 20 \text{（万元/月）}$$

答：前3个月不扣，从第4个月开始每月扣回动员预付款为20万元，30个月内扣完。

（2）第二种方法是按当月支付金额扣回。

按当月支付金额扣回即在一定的工程支付金额范围内予以扣回。扣回的时间同样开始于中期支付证书中工程量清单累计支付金额超过合同总价的20%的当月，但止于支付金额累计达合同总价80%的当月。在此期间，按中期支付证书当期完成的工程款占合同总价60%的比例，予以扣回。扣回的货币种类和比例与付款时的货币种类和比例相一致。计算公式为：

$$G = M \times B / (\text{合同价} \times 60\%) \qquad (22-2)$$

式中：G——中期支付证书扣回预付款数额；

M——中期支付证书当期完成的工程量清单金额；

B——已付动员预付款金额。

第一种方法，每月的扣回额度是不变的，与每期应支付的工程款多少没有关系，因而简单易掌握。但是，当工程进度缓慢或因其他原因工程款支付不多的情况下，会出现扣回额大于或接近工程款支付额，而使中期支付证书出现负值或接近为零。第二种方法是按支付金额予以扣回，即规定在一定的工程支付金额范围内予以扣回。这种方法与每期应支付的工程款有直接关系，每次扣回额随每次的工程支付额不同而改变，每次都需要计算，比较麻烦；但是，相对于按月等值扣除的方法要合理些。

22.5.2 材料预付款

1. 材料预付款定义

材料预付款是指项目法人提供给承包人用来帮助承包人在工程项目施工过程中购进成为永久工程组成部分的主要材料或设施的款项。

2. 材料预付款性质

同动员预付款一样，材料预付款的提供，也显示了项目法人对承包人的支持和项目法人对承包人的承诺。正因为材料预付款的支持性和承诺性，决定了这笔款项是无息的，是有借有还的。

3. 材料预付款支付的额度

材料预付款的金额应按投标书附件中写明的材料、设备单据所列费用（进口的材料、设备为到岸价，国内采购的为出厂价或销售价，地方材料为到场价）的百分比支付。一般按所购材料、设备支付单据开列费用的 75% 支付。

4. 材料预付款支付的规定

在下列要求满足后，监理工程师签发支付材料设备的预付款证明：

① 该材料、设备将被用于永久性工程；

② 材料、设备已运抵工地现场或监理工程师认可的承包人的生产场地；

③ 材料、设备的质量和储存方法均满足合同要求；

④ 承包人向监理工程师提交了材料、设备的费用凭证或支付单据。

监理工程师应按预付款货币的种类和比例，将此金额作为材料预付款计入下次的中期支付证书中。但是，监理工程师签发的材料预付款不应被视为是对上述材料、设备的质量批准。

5. 材料预付款的扣回

① 当材料、设备已用于永久工程后，材料预付款应从中期支付证书中扣回。

② 已经支付过材料预付款的材料、设备，其所有权应归项目法人。

③ 当工程竣工后，所有剩余材料、设备的所有权应属承包人，承包人应将剩余材料、设备迅速从现场运走。

6. 材料预付款支付与扣回计算方法

对材料预付款的支付与扣回采取逐月同时进行的办法，就是在对本月的现场材料（设备）支付款额的同时，扣回材料（设备）已用于永久工程的材料预付款，其计算方法：

本月付款金额 = 本月末现场材料设备价值的 75% – 上月末现场材料设备价值的 75%

【例】某工程施工期为 5 个月，经监理工程师每月对现场材料的盘点，每月现场材料价值见表 22–1。现将计算出的每月材料预付款支付金额列于表 22–2 中。

表 5–6 中本月支付金额为负数时为扣回金额，例如，第 2 个月扣回材料预付款 150 000 元，这是因为上月已支付 750 000 元，而本月现场材料价值的 75% 只有 600 000 元，因此，扣回 150 000 元，实际是将上月的材料预付款全部扣回后又支付本月现场材料价值 75% 作为材料预付款。这样逐月进行支

付与扣回，当工程项目结束时，可将材料预付款全部扣回。

表 22-1　材料盘点统计表

月份	材料价值	材料价值的 75%	备注
1	1 000 000	750 000	开工的第1个月
2	800 000	600 000	
3	1 000 000	750 000	
4	400 000	300 000	
5	0	0	工程结束

表 22-2　材料支付款统计表

月份	本月末现场材料价值的 75%	上月末现场材料价值的 75%	本月支付金额（元）
1	750 000	0	75 000
2	600 000	750 000	−150 000
3	750 000	600 000	150 000
4	300 000	750 000	−450 000
5		300 000	−300 000
合计			0

7. 材料预付款支付的注意事项

① 必须用于本工程项目的建设。材料预付款的性质决定了该款项的使用用途，承包人必须把预付款用于本工程项目的准备，为本工程项目的项目法人服务，不得移作他用。必要时，监理工程师可审查承包人对材料预付款的使用情况。

② 单项材料预付款价格不应超过清单报价。这样，可以确保材料预付款的支付能紧密结合工程量清单来进行。

③ 累计支付的数量不应超过工程所需的实际总数量；否则，属于不合理支付。所需实际总数量可参考标书附录中材料、设备需求表中的数量。

④ 申请预付款的材料设备的品种应与工程项目计划进度相匹配，换句话说，就是与施工现场的形象进度相一致。例如，当混凝土等构造物工程基本完工，不应该有大量的混凝土材料在施工现场，也不再对混凝土材料支付预付款。

22.5.3　保留金

1. 保留金定义

保留金是项目法人持有的一种保证。为了确保在工程建设中和竣工移交后一段时间内承包人仍然能够完全履行合同义务（修补工程缺陷的义务），使永久工程能正常运用，监理工程师根据合同条件的规定，从支付给承包人的款项中替项目法人暂时扣留的一种款项。

2. 保留金性质

设置保留金的目的在于使承包人能完全履行合同，如果承包人未能履行合同中规定应承担的责任，则扣除保留金成为项目法人的财产，监理工程师可以用保留金支付属承包人义务而发生的费用。

从另一方面讲，保留金对承包人的意义重大。从资金运动过程分析可见，承包人在每次中期支付中都可分离出一定的利润，但在资金需求量大的时候，为了顺利地进行施工，他将所分离出的利润再投入下一阶段工程施工，以改善其资金状况；直到工程后期，其资金状况明显好转，逐渐集中分离利润；到竣工时，项目法人所扣留的保留金总额几乎可以说全都是承包人的纯利润，这部分款项能否尽早取走，对承包人十分重要。因此，保留金对承包人在缺陷责任期继续履行合同义务是很强的约束。

3. 保留金的扣留

① 根据合同条件的规定，扣除保留金的总金额为合同总价的 5%。

② 从第一次工程量清单支付开始，项目法人每次从付给承包人的款额中，按其中永久性工程付款金额的 10% 扣留，直到累计扣留总额达合同总价的 5% 为止。所谓永久性工程的付款是指工程量清单、工程变更、价格调整和费用索赔等四项费用。

③ 如果合同有规定，承包人在提交第一次付款申请，或者在此之前提交一份由项目法人认可的银行保函，其担保金额为合同总价的 5% 时，可不扣保留金，则监理工程师就不再替项目法人从《中期支付证书》中扣留保留金。

4. 保留金的退还

如果承包人按期完成全部工程并通过验收，项目法人应分两次将保留金退还给承包人。

① 当颁发整个工程的交接证书时，监理工程师应开具退还一半保留金的证明书，在退还的保留金中应当扣除已经使用的保留金金额。如果颁发永久性工程的某一区段部分的交接证书时，监理工程师应把由他决定的与永久工程这一区段或部分的价值相应的保留金的一半开具退还证明。项目法人根据监理工程师开具的证书，向承包人退还保留金。

② 当工程项目的缺陷责任期满时，另一半保留金将由监理工程师开具证书退还给承包人；此时，也应当扣除已使用的保留金金额。但是，如果此时尚有应由承包人完成的与工程有关的任何工作时，监理工程师有权在剩余工作完成之前，扣发他认为与需要完成的工程费用相应的保留金余额。

22.5.4 拖期违约损失偿金

拖期违约损失偿金是承包人延误合同工期，使项目法人造成损失而给予的一种赔偿，不是罚款。

1. 关于拖期违约损失偿金的规定

根据工程承包合同通用条件的规定，如果承包人未能在规定的工期内完成合同工程或未能在相应的工期内完成某区段或某单项工程，则承包人应向项目法人支付按投标书附件中约定的金额，作为拖期违约损失偿金，而不是作为罚款。时间自合同中规定的竣工日期起到合同工程或某区段或某单项工程的交接证书写明的竣工日期止，即实际工期一合同工期一批准的延长工期，按天计算。

如果在合同工程竣工之前，已对合同工程内的某区段或单项工程签发了交接证书，且上述交接证书中写明的竣工日期并未延误，而是合同工程中的其他部分产生了工期延误，则合同工程的拖期违约损失偿金应予减少，减少的幅度按已签发交接证书的某区段或某单项工程的价值占合同工程价值的比例计算。但这一规定，不应该影响该偿金的限额。

2. 拖期违约损失偿金的限额

通常规定，每拖期 1 天，赔偿合同总价的 0.01% ~ 0.02%，但赔偿总额不应超过合同总价的 10%，这些都由投标书附件作出明确规定。

3. 拖期违约损失偿金的支付

拖期违约损失偿金应从承包人履约保证金或中期支付证书或最终支付证书中扣除，但要注意，此项扣除不应解除承包人对完成该项工程的义务或合同规定的其他义务和责任。

22.5.5 提前竣工奖金

既然承包人拖延工期要赔偿，那么，提前竣工承包人理应得到奖励。为了调动承包人的积极性，使其合理地加快工程进度，从而提前完成工程施工，使项目法人提早收益，因此在合同条件中设立了与拖期违约损失偿金相对应的提前竣工奖金。

根据 FIDIC 合同通用条件第 43 条规定，承包人提前完成了合同工程或某区段或某单项工程，则项目法人应按投标书附件中写明的金额，发给承包人 ××× 元 / 日的提前竣工奖金。时间自合同工程或某区段或某单项工程的交接证书中写明的竣工日期算起，到按第 43 条规定的有关竣工日期止，即合同工期 – 实际工期 + 批准的延长工期，按天计算。提前竣工奖金不应超过投标书附件中写明的限额。监理工程师应在承包人提交的竣工结账单上核证，并开具付款证书。项目法人在收到监理工程师签认的付款证书后，理应付款给承包人。

22.5.6　延迟付款利息

1. 关于迟付款利息的有关规定

如果项目法人在此规定的时间内没有向承包人付款，则项目法人在以后除了按款额付款外，还应向承包人支付迟付款利息；其费用按投标书附录中规定的利率，从规定的付款截止日期起至恢复付款日止，按照日复利率计算利息。

显而易见，迟付款利息，对于项目法人来说，是一种约束。监理工程师应督促项目法人按合同有关规定及时付款给承包人。

2. 计算公式

迟付款利息按下式计算：

$$迟付款利息 = P\left[(1+r)^n - 1\right] \tag{22-3}$$

式中：P——迟付的金额；

r——日复利率；

n——迟付款天数。

关于日复利率 r，世界银行推荐值为 0.033% ~ 0.04%，具体多少应以所在工程项目的合同文件规定为准。迟付款天数指项目法人的实际付款时间超过规定中期支付或最终支付的截止日期的天数。

3. 计算示例

【例】某工程项目第 8 期中期支付证书，支付净额为 5 650 000 元，监理工程师提交支付证书的日期为 5 月 10 日，而项目法人直到 8 月 5 日才支付该证书的付款，按照合同规定中期付款证书应在 28 天内支付，且 $r = 0.033\%$，那么这笔迟付款利息额为多少？

【解】迟付款天数 $n = (21 + 30 + 31 + 4) - 28$

$$=58 天，$$

$$P：5\,650\,000 元，$$

$$迟付款天数 = P\left[(1+r)^n - 1\right]$$

$$=5\,650\,000 \times \left[(1 + 0.033\%)^{58} - 1\right]$$

$$=10\,9164 元$$

答：迟付款利息额为 109 164 元。

22.5.7　工程变更费用

1. 工程变更的性质

在施工过程中会遇到施工条件的种种变化从而使工程项目实施与设计有所不同，或项目法人为追求完美而变更设计，增添某些不足部分，删除某些多余部分，或者监理工程师按照现场实际情况指令承包人增添、删除、变更某些项目等，都是施工过程中经常发生的正常活动。由于多种不可预见的因素，任何工程项目在施工过程中都会遇到变更问题，因此，工程变更是不可避免的。

同时，工程变更又是可以预料的，它不同于意外情况。首先，对工程变更已在合同条件上有所准备。FIDIC 合同条件规定，由于工程变更引起的费用变化在合同价格的 15% 范围内时，各项工作（工程变更内容）的单价不做调整，这是合同双方所做的约定。其次，对于工程变更，采取主动行动的主要是监理工程师。项目法人提出的设计变更，监理工程师提出的现场变更，都是有准备的，是可控的行动。有些情况下承包人提出的变更常常是对工程项目有利的建议，尽管有时可能发生费用变化，一般情况下，监理工程师和项目法人也会接受合理意见，愿意给予支付。再次，由于各方未能履行合同义务而发生的变更，在 FIDIC 合同条件中也有相应规定，仍属可以控制的范围。最后，由于材料价格上涨，费率、汇率发生变化而导致费用变更，也可以事先约定价格调整方式而得以解决。

总之，工程变更一是不可避免，二是可以预料，这就要求监理工程师根据合同文件和工程实际情况妥善办理；否则，很可能导致承包人因变更提出工程索赔。

2. 工程变更的内容

FIDIC 合同条件第 51 条规定："监理工程师如认为有必要时，可以对本工程或其他任何部分的形式、质量或数量做出任何变更，并为此目的或根据他认为适当的任何其他理由有权指令承包人，而承包人应根据监理工程师的指令进行下述任何工作……" 根据该规定，通过监理工程师的指令而进行的任何形式上的、质量上的、数量上的变动，既包括工程具体项目在某种形式上的、质量上的、数量上的变动，也包括合同文件在形式上的、质量上的、数量上的改动。由此可见，与我国以往仅视设计变更为工程变更有很大区别，FIDIC 合同条件下的变更分为两类：一类是工程上的变更（设计变更），并且当变更金额超过一定的限度后还要对费用进行调整；另一类是合同上的变更，即通过工程变更令对合同文件进行修改。

工程变更涉及多方面内容，但有一个共同点是都发生在项目的实施过程中，而且是项目执行前没有考虑到或无法预测到的。就工程承包合同的双方来说，在保证设计标准和工程质量的前提下项目法人总是力图让变更规模尽可能缩小，以利于控制投资规模；作为承包人，由于变更工程总会或多或少地打乱其原来的进度计划，给工程的管理和实施带来程度不同的困难，所以总是希望以此为由向项目法人索要比变更工程实际费用大得多的金额，以获得较高利润。这是一对矛盾，监理工程师应该站在公正、独立的立场上协调和解决好这一对矛盾，使发生的工程变更有利于工程施工的顺利进行，同时又要使由此产生的费用在合理的范围之内。

3. 工程变更支付的依据

工程变更费用支付的依据是工程变更令和监理工程师对变更项目所确定的变更费用清单（工程变更清单），支付方式采用列入《中期支付证书》的形式进行，支付货币的种类与其他支付项目相同，即按承包人投标时提出的货币种类和比例进行付款。

具体的变更支付依据是：

① 对于项目法人提出的设计变更，要有反映项目法人变更要求的监理工程师的变更令和设计变更图纸及说明；同时，还要有工程变更清单。

② 对于监理工程师提出的现场变更，必须有监理工程师变更令，监理工程师现场口头指示必须在随后 7 天之内以书面指示加以确认。特别指出，工程变更的权力在总监理工程师，一般不得进行委托。

有些合同还在专用条件中对监理工程师行使工程变更的权力作了某种限制，超过一定限度时，必须由项目法人授权。

③ 对于承包人提出的变更意见，必须有监理工程师的确认或批准、批复的文件。

④ 对于因工程变更引起的价格调整，要有双方协商一致的计算办法；协商结果可以用会议纪要等文件作证明。

⑤ 对于某方不履行合同义务造成的变更，要有相应的旁证材料。

鉴于工程变更项目的复杂性和特殊性，监理工程师应对工程变更项目的审批制定严格的管理程序。

4. 合同条件关于工程变更的若干规定

（1）变更指令。

FIDIC 合同通用条件第 51 条第 2 款规定：没有监理工程师的变更指令，承包人不能进行任何变更工程。但是，任何工程量的增加或减少如果不是本条规定引发的结果，而是由于其工程量超过或少于工程量清单中开列的数量，则该项增加或减少不需要任何变更指令。就是说，所计量的实际工程量与工程量清单中开列的数量有部分差异，则不应列入工程变更的范围。

（2）工程变更不改变合同的效力。

任何工程变更，均不应以任何方式使合同作废或无效，从而导致承包人责任的解除。所有这类变更发生的费用应根据通用条件第 52 条规定进行估价。但是，如果发出本工程的变更指令是因承包人过错、承包人违反合同或承包人责任造成的，则这种违约引起的任何额外费用应由承包人承担。

（3）工程变更的估价。

对于合同通用条件第 51 条所指的变更和根据第 52 条要求确定的合同价格的增加额，如果监理工程师认为适当，应以合同中规定的单价或总额价予以估价，如果合同并未包含任何适用于变更后工程的单价或总额价，则合同内的单价或总额价只要合理，也可作为估价的基础。如果不适用，则在监理工程师与项目法人和承包人适当协商后，由监理工程师和承包人协议一个合适的单价或总额价；如果不能达成协议，则监理工程师应根据自己的意见，定出一个他认为合理的单价或总额价，通知承包人，并抄送项目法人。

为了便于中期支付，在单价或总额价上双方未达成协议或确定之前，监理工程师可确定暂时的单价或总额价，将其列入根据通用条件第 60 条规定签发的中期证书中。但是，对由监理工程师根据第 51 条规定指令的变更工程，只有在这种指令发出之后的 14 天内和变更工程开始之前，已经收到承包人要求的额外支付或变更单价或总额价意图的通知，或者由监理工程师将其变更单价或总额价的意图通知承包人；否则，监理工程师将不按照通用条件第 51 条第 1 款和 52 条第 2 款的规定对变更后工程进行估价。

（4）工程变更后价格调整的条件。

① 对整个合同而言。监理工程师在签发整个工程项目的交接证书时，如果发现由于执行了通用条件第 51 条第 1 款和 52 条第 2 款估价的全部变更的工程，以及由于对工程量清单中开列的估算工程量进行实测后所做的各种调整（但是，不包括暂定金额、计日工费用和根据第 70 条规定所作的价格调整），而不是由于其他原因，使合同价格的增加或减少总值超过"有效合同价格"（这里的"有效合同价格"是指扣除暂定金额和计日工费用后的合同价格）的 15% 时，则应在监理工程师与项目法人和承包人协商后，按照监理工程师与承包人的协商结果，在合同价格中加上或扣除一笔调整金额；如果协议不成，则由监理工程师考虑承包人用于本项目合同的现场管理费和上级管理费后，确定此调整金额。同时，

监理工程师应将确定的调整金额通知承包人并抄送项目法人。值得注意的是，这笔调整金额仅限于增加或减少超过有效合同价15%的那一部分数额。

② 对单项工程而言。单项工程变更后的价格调整，应按合同专用条件第52条第2款的规定确定，即如果合同中任何一个工程细目变更后的金额超过合同价格的2%，而且该细目的实际变更数量大于或小于工程量清单所列数量的25%时，才考虑价格的调整。

特别强调，单项工程变更后的价格调整采用双控指标是十分必要的。因为变更数量大于或小于工程量清单所列数量的25%，只是个必要条件，充分条件是该变更的发生确实给承包人的施工成本带来了影响。在实际工作中，单个工程项目的变更往往很容易突破±25%，在这种情况下，会给合理处理变更带来困难，还经常因这突破的部分（有时仅为几元或几十元）而花费大量的时间和人力进行费用调整计算。因此，采用双指标进行控制，既可简化监理工程师的工作，又能保证工程变更费用支付的合理性。

现以一个简单的问题为例进一步说明，某港口工程原设计为100根钻孔灌注桩，变更设计增加30根桩，假定变更后的金额超过合同价的2%，那么，所增加数量中的25根桩使用原单价，而超过100根桩25%的5根桩可采用新单价。

5. 工程变更的单价确定和工程量核算

工程变更支付中最关键的是确定价格，其次就是对变更项目的工程量进行测算。由于工程变更的单价涉及项目法人和承包人的切身利益，所以双方对此都十分关心。虽然FIDIC通用条件就此专门设置了第52条，但也只能是给出了总的原则，没有也不可能给出具体的处理办法。为了公正地对每一个变更项目进行估价，使项目法人和承包人对变更项目的单价满意，监理工程师必须完成大量而详细的测算工作。

（1）单价确定的原则。

根据合同条件第52条，变更工程的单价按下述原则确定。

① 如果工程量清单的单价或价格适宜，就应用于变更工程项目。

② 如果工程量清单的单价没有适合于变更工程的单价或价格，则由项目法人和承包人一起协商单价或价格；意见不一致时，由监理工程师进行最终确定。

③ 当工程变更规模超过合同规定的某个范围时，则单价或合同价格应予以调整。

④ 如果监理工程师认为有必要和可取，对变更工程也可以采取计日工的方法进行估价并支付。特别指出，此条应尽量少用，因为种类单一而价格普遍较高的计日工，是不适合于种类繁杂而难易程度不定的变更工程的。

（2）单价确定的步骤。

对变更项目的单价可按以下步骤来确定，在实践中已取得了较好的效果。

① 收集、整理资料。因工程变更一般要涉及变更费用支付的问题，所以项目法人、承包人以及监理工程师都会特别关注，来往函件和有关支付费用资料较多，同时还有大量的协商记录及其他有关文件和资料，这些资料都能为定价提供依据，因此，必须及时收集各种有关资料并分档归纳，以便使用时查找。

② 查阅资料，提出单价。下面介绍提出单价的顺序。

ⅰ．根据变更项目的特点，采用工程量清单报价。工程量清单上的价格是承包人投标时测算后填报的，用于变更工程，容易为项目法人、承包人及监理工程师所接受，而且从合同意义上来说，也比较公平合理。

采用工程量清单报价，分三种情形。一是直接套用，即直接采用工程量清单上的价格。二是间接套用，即依据工程量清单，经换算后采用。例如，某合同新增附属工程项目，需要浇注 C25 混凝土，在工程量清单中，虽然可以找到 C25 混凝土的价格，但在不同的构造物中，由于几何尺寸、工程部位和施工条件不尽相同，尽管混凝土标号一样，但单价却不一样，并且没有一个明显可与新增的附属工程情况靠近的单价。监理工程师在处理这项变更的定价问题时，首先将工程量清单中所有 C25 混凝土价格取出，然后计算其平均值，并以此平均值作为新增工程中 C25 混凝土的单价；实在不行，还可取其加权平均值为变更工程的单价。三是部分套用，即依据工程量清单，取用其价格中的某一部分。例如，某合同工程中使用的钻孔桩有如下三种：直径为 1.0 米的共计长 1 501 米，直径为 1.2 米的共计长 8 178 米，直径为 1.3 米的共计长 2 017 米。原合同规定选择直径为 1.0m 的钻孔桩做静载破坏试验。显而易见，如果选择 1.2m 的钻孔桩作静载破坏试验，对该工程来说，更具代表性和指导意义。因此，监理工程师决定工程变更，但在原工程量清单中仅有 1.0m 直径桩的静载破坏试验价格。经过认真分析，监理工程师认为钻孔桩静载破坏试验的主要费用由两部分组成，其一为试验费用，其二为桩的成本费用，试验方法和设备并未因试验桩直径改变而发生变化。因此，费用增减主要是由钻孔桩直径的变化引起的，而试验费可以认为没有变化。由于普通钻孔桩的单价在工程量清单中可以找到，故改用直径为 1.2 米钻孔桩进行静载试验的费用 = 直径 1.0 米桩静载破坏试验费 + 直径 1.2 米钻孔桩的清单价格。

ⅱ. 当原报价单中没有相应单价或虽然有却明显不合理时，为了加快进程、减少矛盾、避免纠纷和索赔，应尽量采用既有真实性和代表性又有权威性的价格作为参考价格，如可采用交通部水运工程预算定额来估算其单价。

ⅲ. 当国家部门的价格表也没有相应的单价或虽有却价格明显不合理，在极其特殊的情况下，监理工程师也可用实际发货票据作为定价依据之一。但是，由于市场价格变化太大，再加上地区差价和部门差价，监理工程师必须进行一定的市场调查，以验证发货票据的真实性和与实际发生费用的符合性，而且监理工程师必须认真旁站、监督、真实记录。

ⅳ. 如果采用发货票据价格仍不合理，则监理工程师可根据实际情况，提出一个他认为合适的价格为参考单价。

③ 通过协商，确定单价。协商是估价的一项基本原则，通过协商确定单价是基于上述提出单价中没有一个合适的方法。此时，监理工程师应与项目法人、承包人按上述所提到的顺序共同协商，达成一致意见后，将此单价定为变更工程单价。

④ 监理工程师裁决和确定单价。如果意见不一致，上面单价均没有协商成功，则由监理工程师裁决，确定单价。这一裁决的单价同他原提供协商的单价有所不同。原来所提的价格是供协商讨论用的，现在裁决的单价则是在协商后作出的，可能与原提供的单价相同，但更多的情况是吸收综合了协商意见的结果。特别要注意的是，一旦监理工程师裁决的价格不太合理，或缺乏说服承包人的依据，那么承包人有权就此向项目法人提出费用索赔。因此，监理工程师在协商和决定变更单一价时，要充分熟悉和掌握工地情况及基础技术资料，并通过综合分析，合理判断，做到心中有数。

（3）核算工程量。

核算变更项目的工程量是另一个重要内容。毫无疑问，变更将引起工程量的变化。如果对原工程量清单已有的项目进行变更，则应将变更后的数量与变更前的数量进行对比，从而确定工程量的增加量或减少量并计算出相应的百分比；如果原工程量清单中无此项目，则此变更属于新增加项目，也需要准确计算工程量。总之，不论哪一种情况，都必须通过准确计算工程量形成工程变更清单（即修改的工程量清单），以此作为变更费用支付的依据。准确的工程数量可以从如下三方面获取：

① 设计图纸和合同文件及技术规格书。设计图纸和合同文件及技术规格书是计算变更工程量的基本依据，因为变更前的工程量就是按设计图纸和合同文件及技术规格书计算出来的。

② 监理工程师的记录。在讨论支付原则时就已经强调了日常记录的重要性，驻地监理工程师和旁站人员的现场记录是核算变更项目实际工程量的重要依据，因此，监理工程师应高度重视现场记录和原始证明材料的积累。

③ 承包人提供的工程数量。承包人提供的工程数量如果经过监理工程师审核，也可以作为核算工程量的依据。所以，如果承包人提供的没有经过监理工程师证明和签认的工程量则只能作为参考，不能作为依据。

已经确定了变更的单价，又核实了变更项目的工程量，即可作出总费用的估价。计算同工程量清单项目的支付计算一样。

6. 控制好变更总额

在一个工程项目的实施过程中，各种工程细目的变更会经常发生。监理工程师必须认真分析和计算每一个工程细目的变更费用，才能控制好变更总额。

如前所述，FIDIC 合同通用条件规定：当整个合同工程完成后，如果变更总费用超过或低于有效合同价的 15% 时，应对超过或低于的那部分费用予以调整。客观地讲，15% 是一个经验数值，可理解为承包人在投标时考虑了各种风险并留有一定余地的临界值。因此，当变更小于 15% 时，承包人有责任也有能力分担。但如果变更规模突破这一界限，承包人将难以承受，应由项目法人和承包人共同分担。若强制由承包人一方承担，这样将会给项目法人招标和承包人投标带来很大的困难。

鉴于上述理由，监理工程师必须力争把变更规模控制在有效合同价的 15% 以内，不然的话，调整工作难度极大，FIDIC 合同条件也没有对超出有效合同价 15% 范围以外的费用调整给出一个可操作的模式。

22.5.8 价格调整费用的支付

1. 价格调整的原因

实行价格调整是国际竞争性招标项目中的一则惯例，因为合同中列明的有关价格调整的条款，体现了项目法人和承包人公平、合理地分担价格意外风险，从而即使投标人报价时能够合理地计算标价，并免除其中标后因为发生劳力或原材料等价格上涨带来的风险，又保证项目法人能够获得较真实和可靠的报价，以及在工程结算时能在一个合理的价格水平上承受工程费用。由此可见，合同价并非一经签订便不能再改变，只要符合合同条件规定就可以进行价格调整。价格调整在保证合同双方顺利执行合同方面起着重要的作用，是一条公平、合理的规定。价格调整涉及两个方面：一是工程项目施工中所耗用的主要大宗材料的价格变动，二是后继法规及其他有关政策的改变而产生的费用。将上述两方面费用计算出来后，在"中期支付"中支付。

2. 价格调整的方法

对合同价格调整的做法，根据"世界银行采购指南"中的分类法一般有两种。

① 根据地方劳力和规定的材料等基本价格与现行价格的差值予以某种约定的方式加以补偿，通常称之为票证法或票据法。这里的基本价格意指投标截止日期前 28 天的材料价格；现行价格指在提交投

标书后，工程实施中采购材料的价格。

这种方法与国内基本建设内部管理施工法的材料价差补差方法类似。一般做法是在投标时项目法人应给出明确条件，注明补差材料名称及材料最终数量的限定，并随投标文件提交指定材料合法的基本价格证明文件。同时，项目法人还将注明在项目实施过程中与基本价格组成内容相应的现行价格的组成内容，以及对承包人提交的现行价格文件的合法性提出明确规定。

由于现行价格随市场升、降的不稳定性，将会给监理工程师处理价格调整带来不少的麻烦，因此，某一种材料可能在多次中期支付中都出现调整，有的可能往返出现多退少补的情况，甚至要到最终支付时才能最后解决调价费用计算。特别是证明价格的合法性文件，在遇到票据管理混乱时，会给监理工程师的审查工作带来极大的困难。

② 规定一种固定公式，把全部合同价格分成若干组成部分，然后按各部分的价格指数进行综合调整，通常称之为公式法。

3. 用公式法进行价格调整

（1）公式法的基本思路。

公式法的基本思路是：首先将合同总价定为1，其次确定其价格不变部分所占有的比例，然后找出调价各部分价值占合同总价的比例再乘以相应的现价与基价之比，确定出一个调价指数，最后用合同总价乘以调价指数，即为价格补差额。具体的公式为：

$$调价补差额 = 合同总价 \times 调价指数$$

也可表示为：

$$调整后的价格 = 合同总价 \times （1 + 调整指数）$$

（2）公式法与票证法对比。

公式法比票证法具有更好的操作性，因为公式法的数字均可从现有的合同中获得，而影响调价的基本数据——物价指数一般来自官方材料、公布指数的时间相对固定，如我国目前由国家统计局每年公布一次，因而调价时间也比较固定。这种方法易于被项目法人和承包人接受，而且监理工程师在处理价格调整时证据充分、方便可靠。

（3）公式法调价计算程序

① 先确定基价或基价指数 P_{0i}。基价指数是指投标截止日期所在月份的前1个月，某种材料（或费用）在原产地国家的地区或政府物价局、统计局公布流通使用的价格指数。在我国，国家公布的物价指数通常是一年一次，因此，基价指数常常使用投标截止日期所在年份的物价指数或下一年公布的物价指数。事实上，基本价格就是原合同中规定的某特定时期中某种材料的初始价格。

② 确定现价或现价指数 P_{1i}。现价指数是指出具中期支付证书前1个月中，材料原产地政府机关最新公布流通使用的价格指数。确定现价指数要比确定基价指数困难得多，加上我国的物价上涨指数一般一年公布一次，而使用的现价指数是年平均值，不能准确地反映施工期间的物价上涨情况，并且是全国范围大、各地区差价悬殊，因此，如何确定一个合理的现价指数是一个关键问题。监理工程师要搜集并审查承包人所送交的价格指数的一切资料，包括来源细节，然后通过自己调查分析确定一个合理的现价指数。现价指数应与基价指数的确定方法相一致。

在实际工作中，可根据招标文件的规定，以每年集中进行一次价格调整为宜，这样可以充分利用国家每年公布一次的物价指数。

现价指数按指数选择基期的不同分为定基物价指数和环比物价指数。定基物价指数以某一固定期为基期所计算的相对价格指数;而环比物价指数是以计算期的前一时期为基期所计算的相对价格指数,以一个年度期限编制的环比物价指数为年度环比指数。国际上习惯使用定基物价指数,并且以香港统计局公布的为准。我国每年公布一次该年度相对于上年度的各种物价指数,即环比物价指数,公布时间一般为次年 3 月。例如,某工程于 1995 年招、投标,1995 年底签订合同,工程于 1999 年竣工,要对 1998 年的工程费用进行调整(一次性调整),就必须先将 1998 年与 1995 年相比的定基物价指数算出。若 1996、1997、1998 三年的环比物价指数分别为 110、112、114,那么,1998 年的现价指数 P_{1i} 不是 114,而是 $110 \times 112 \times 114 \times 100^{-2} = 140$。也就是说,以 1995 年为基期(1995 年的定基物价指数为 100),1998 年的定基物价指数为 140。

③ 确定物价比值系数 b_i。物价比值系数为现价指数与基价指数之比,即:

$$b_i = \frac{P_{1i}}{P_{0i}} \qquad (22-4)$$

式中:b_i——第 i 项影响价格因素(如劳动力、某项材料、机械折旧与维修和燃料等)的现价指数与基价指数之比;

　　P_{1i}——第 i 项影响价格因素(如劳动力、某项材料、机械折旧与维修和燃料等)的现价指数;

　　P_{0i}——第 i 项影响价格因素(如劳动力、某项材料、机械折旧与维修和燃料等)的基价指数。

④ 确定固定常数 C_0(总价不变系数)。固定常数是指在支付中不进行调整的金额占合同总价的权重系数,即价格不变部分所占有的比例(也称为总价不变系数),指合同价中一部分不受物价上涨、下调影响的费用占总费用的比例。不进行调整的金额指固定的间接费、利润、税金以及项目法人以固定价格提供的材料等。世界银行在推荐公式时固定价的比例一般为 15% ~ 20%。

⑤ 确定可调系数 C_i。可调系数是指影响价格的各种材料或因素的费用所占合同总价的权重系数,即:

$$C_i = \frac{W_i}{CP} \qquad (22-5)$$

式中:C_i——第 i 项影响价格因素的可调系数;

　　W_i——第 i 项影响价格因素的金额;

　　CP —合同总价;

　　C_0——固定常数。

则有:

$$C_0 + \sum C_i = 1 \text{ 或 } C_0 = 1 - \sum C_i \qquad (22-6)$$

⑥ 确定价格调整指数 PAF:

$$PAF = C_0 + \sum b_i C_i - 1 \qquad (22-7)$$

⑦ 确定价格调整补差额:

$$ADJ = LCP (\text{ 或 } FCP) \times PAF \qquad (22-8)$$

式中:ADJ——价格调整补差额;

　　LCP(FCP)——价格调整内合同基价中人民币部分(外币部分);

　　PAF——价格调整指数。

4. 货币限额与兑换率

国际市场上货币的兑换率不断发生变化,而兑换率的改变就意味着货币价格发生变化。另外,由于工程施工所在国外汇管理条例的改变,实行货币限制或货币兑换限额,也可能使合同价格发生变化。

因此，货币限额与兑换率发生变化也存在着价格调整问题。FIDIC 合同条件本着兼顾项目法人和承包人双方利益的原则，对这方面作出了明确的规定。

（1）货币限额。

通用条件第 71 条第 1 款规定，在送交投标书截止日期之前的 28 天后，如果在本工程施工或拟施工所在国的政府或政府授权机构，对支付合同价款所用的一种或几种货币，实行货币限额和（或）货币兑换限额，则项目法人应赔偿承包人由此而引起的任何损失或伤害，且不妨碍承包人在这种事情发生时有权行使的任何其他权力或应得的补偿。

（2）货币的兑换率及比例。

根据 FIDIC 合同通用条件第 72 条第 1、2 款的规定，如果合同规定以一种或多种外国货币，全部或部分地向承包人支付款项，则此项支付不应受上述指定的一种或多种外国货币于本工程施工所在国货币之间的兑换率的变化影响。其兑换率应当是投标截止日期以前 28 天的当日由本工程施工所在国中央银行确定的通行兑换率，并应于投标之前，由项目法人通知承包人，或在投标书中予以规定。除非合同另有规定，此种兑换率在合同执行过程中保持不变。同样，货币的比例也应按投标书中列明的执行。

（3）支付暂定金额的货币。

如果合同规定以一种以上的货币支付，就用外国货币支付的暂定金额项目而言，当该金额全部或一部分按第 58 条和第 59 条规定使用时，以外国货币支付的比例或数额应按第 72 条第 1、2 款规定的原则予以确定。

22.6　合同中止和工程停工后的支付

任何一个工程项目，在施工过程中都有可能遇到各种各样的意外，而对每一个意外的处理几乎都与费用支付有关。因此，为了严格控制工程费用，确保工程顺利进行，要求监理工程师妥善处理好发生的意外。本节讨论合同中止和工程停工这两种意外的费用支付问题。

22.6.1　合同中止后的支付

工程施工中意外情况十分严重时，将会导致合同中止的局面。合同中止往往是由下述三个方面的原因引起：工程遇到战争、叛乱、骚乱等合同规定的特殊风险；承包人违约；项目法人违约。

1. 特殊风险导致合同中止的支付

在合同执行过程中，如果世界上任何地方发生宣战或不宣战的战争，在财务上或其他方面已对工程施工产生实质性影响，项目法人可根据通用条件第 65 条第 6 款的规定，随时通知承包人中止合同。至于合同中止后双方发生的任何纠纷应按照通用条件第 67 条的规定加以解决，但合同中止后不影响任何一方在合同中止前发生的任何违约应承担的责任。

一旦出现合同中止，监理工程师应帮助项目法人澄清下列内容，同项目法人、承包人协商后，签发合同中止证书。

① 合同中止之日前，承包人已按合同完成工程项目的全部费用，以及项目法人已支付给承包人的款项与细目。

② 承包人依照合同为该工程合理订购的材料、设备及货物的费用。

③ 承包人雇佣的所有从事工程施工的人员在合同中止时的合理遣返费。

④ 承包人机械设备撤离费。

⑤ 承包人为完成整个工程而合理发生的费用，而该费用未包括在其他各项支付之内。

⑥ 承包人应偿还项目法人的有关设备、材料和工程的预付款余额，以及到合同中止之日按合同规定项目法人向承包人收回的任何其他款项。

2. 承包人违约导致合同中止的支付

通用条件第 63 条第 1 款明确规定了可能出现的承包人违约的各种情况，一旦发生这种情况，如承包人严重偏离工程进度计划，经监理工程师提议而被项目法人驱逐时，项目法人可进驻现场，中止对承包人的雇佣，并拥有处理承包人的设备、临时工程和材料的权力。

如果发生由于承包人违约而导致项目法人进驻和合同中止，监理工程师应根据通用条件第 63 条第 2 款的规定，尽快地单方面或通过与各方协商之后，或通过他认为适当的调查和询问之后，确定并证明：

① 在上述进驻和合同中止时，承包人根据合同实际完成的工程已经合理地得到的或理应得到的款额；

② 未使用或部分使用过的任何材料、承包人装备和临时工程的价值。

确定了这两方面的价值后，监理工程师必须开具证书证明。

除此之外，监理工程师还应根据通用条件第 63 条第 3 款的规定尽快查明：项目法人中止对承包人雇佣后，在缺陷责任期终止之日前，由监理工程师对于工程实施、完成与缺陷修复费用，拖期违约损失偿金（如有）以及由项目法人已支付的所有其他款项的支付账目，在查明予以证实前，项目法人没有任何义务再向承包人支付任何款项。此后，承包人仅能有权得到由监理工程师证明原应支付给承包人已完合格工程的款额，并扣除上述应扣款额之后的余额。如果应扣款额超过承包人应得的原应支付给他的已完工程的款额，则当项目法人提出要求时，承包人应将此超出部分款额付给项目法人，并应被视为承包人欠项目法人而应予偿还的债务。

由此可见，承包人违约导致合同中止的支付与特殊风险导致合同中止的情况不同，承包人违约导致合同中止的付款规定对承包人带有惩罚性。

3. 项目法人违约导致合同中止的支付

根据通用条件第 69 条第 1 款的规定，如果项目法人发生下列情况之一时，承包人有权提出中止合同，并通知项目法人，抄送副本给监理工程师，该中止在发出通知 14 天后生效：

① 在根据第 60 条规定的支付期到期后的 28 天之内，未能按监理工程师签发的任何证书向承包人支付应付的款额；

② 干涉、阻挠或拒绝对任何上述证书颁发所需的批准；

③ 宣告破产，或作为一个公司宣告停业清理，但不是为了改组或合并的计划而进行的清理；

④ 通知承包人，由于未预见到的理由和因经济混乱而使项目法人不可能继续履行其合同义务。

当出现项目法人违约导致合同中止时，监理工程师应澄清下述内容，同项目法人和承包人协商后，签发合同中止的支付证书：

① 与特殊风险导致合同中止支付相同的全部款项内容；

② 由于合同中止给承包人造成的任何损失或损害的款额。

应当指出，特殊风险和项目法人违约导致合同中止支付的根本区别在于：前者只补偿成本，而后者除补偿成本外还包括对承包人利润损失的补偿。

22.6.2　工程停工后的支付

对于水运工程建设项目，在其施工过程中，由于诸多影响因素，承包人的管理水平参差不齐，所以在施工活动的组织和安排上难免会出现各种停工现象，使工程无法按进度计划正常进行。毫无疑问，一旦发生停工，将会对工程的投资效益产生严重影响，因此，项目法人会高度重视对这类现象的控制；同样，工程停工也将给承包人造成损失。

由于工程停工的现象和种类较多，不可能在此一全面阐述，因此，下面只简单介绍合同执行过程中需要监理工程师处理的各种停工的支付问题。

首先，应当明确，无论是什么原因导致停工，都将对工程的竣工和交付使用产生不利影响，从而使项目法人的利益受到损害，如现场管理费用和监理费用增加、资金占用时间延长、项目效益推迟产生等。在现金流量图上将表现为建设期加长、成本升高、效益减少、从而使投资回收期延长、投资收益率下降。尽管出现这种情况项目法人可以要求承包人进行适当赔偿，如要求承包人支付拖期违约损失偿金，但也只能在很小的程度上减少所造成的损失，而对项目法人遭受的各种潜在损失是无法补偿的。

其次，一旦停工，承包人也会受到损失，如承包人的人员将窝工、设备将闲置，管理费用将增加等，即使项目法人给予一定的补偿，也只是一部分成本，而无法实现利润。

总之，无论从哪方面来说，停工都是不利的，会直接导致工期延长和费用增加，但相比之下，项目法人将受到更大的损害。

FIDIC 合同条件正是以此为基础而制定了停工费用支付原则及控制的相应条款，并且由停工而发生的赔偿，双方之间一般均只计算成本，不计利润和潜在的各种效益。根据导致停工的原因可将停工分为三类，即项目法人方导致停工、承包方导致停工、特殊风险导致停工；又由于特殊风险在 FIDIC 条件中是按双方分担的原则处理，因而就将风险分成项目法人的风险和承包人的风险而加以归类，确定双方之间因停工而导致的费用支付。

1. 项目法人导致的停工及费用支付

由项目法人造成的停工有多种，下面将其归纳成表格。表 22-3 所列都是指合同中应由项目法人支付的情况。

表 22-3　停工原因及支付处理

条款	内容	支付内容
5.2	合同文件内容出错	只付费用，不付利润
6.4	图纸延迟发出	只付费用（成本）
17	有关放线资料不准确	针对资料出错的补救工程，付成本+利润；若因此停工，只付成本
20	"项目法人风险"造成的破坏	只付成本，不付利润
27	化石、矿石、文物等	根据现场情况，采用不同措施，按12条，只付成本；按40条，只付成本；按51条，付成本和利润
31.1	由于其他承包人的原因	视承包人被要求的工作情况付款，为其他承包人提供服务；成本加利润；由于其他承包人的原因停工，付成本
36	样品与实验	监理工程师下令的附加实验，付成本，无利润
38.2	工程的揭露	合格：成本+利润；不合格：不付费用
40.1 40.2	工程暂停	工程中所产生的费用，不付利润
40.2	工地占用	只付费用，不付利润
70.2	后续法规	只付费用
69.4	延期付款	付延期部分利息及停工费用

表中所指成本分为两类。一类由于发生了各种事情，监理工程师要求承包人进行有关工作，这些工作的成本包括直接费和管理费。另一类是由于出现这些情况，承包人的工作停止进行，此时只付人员窝工的工时费和机械设备的闲置费。总之，由于项目法人方面的原因而造成的停工，应根据合同中相应的规定和条款对承包人给予补偿。这种补偿的具体计算应视现场情况及随后采取措施的内容和设备的闲置情况来定，并且一般只支付成本。

2. 承包人导致的停工及费用支付

由于承包人自己的工作失误或所承担的风险而导致工程停工，其所有费用必须由承包人自己承担。只是往往由于工程情况比较复杂，承包人总是设法将自己应承担的费用说成是由于项目法人的原因，从而要求费用赔偿。因此，监理工程师必须掌握现场情况，对一些问题当机立断，明确其责任在谁。

同时，一旦明确属于承包人责任，他除了自己负担有关损失外，如果停工影响到工程的竣工或影响到其他承包人的工作，则对于影响竣工的情况，他应按第 47 条向项目法人支付拖期违约损失偿金；如果严重影响工作，他还可能被项目法人驱逐。在第二种情况下，他应向被其影响的其他承包人支付相应的款项，只是这种支付也是通过项目法人进行，即由于他的责任而导致了其他承包人向项目法人索赔，则项目法人会根据合同条件将这种支付转由造成停工的承包人支付，一般通过从负有责任的承包人付款中扣减的方式来实现。

最后，还必须指出一点，如果承包人因合同条件第 11 条所指的恶劣气候而停工，则一方面项目法人不但不能要求承包人赔偿，而且还应给予工程延期，另一方面承包人也不能向项目法人提出停工的费用补偿要求。

22.7 索赔费用的计算与支付

22.7.1 索赔费用的组成

索赔费用的主要组成部分同工程款的内容相似，按国际惯例一般包括直接费、间接费和利润。直接费包括人工费、材料费和机械使用费；间接费包括工地管理费、保险费、利息、总部管理费等。承包人可以索赔的费用图 22-3 所示。

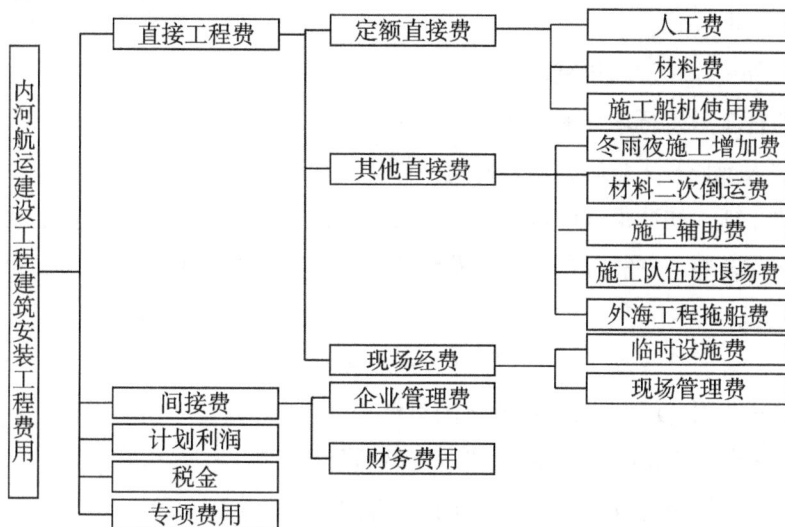

图 22-3 可索赔费用的组成

从原则上说，承包人有索赔权的工程成本增加，都是可以索赔的费用。但是，对于不同原因引起的索赔，承包人可索赔的具体费用内容是不完全一样的。哪些内容可索赔，要按各项费用的特点、条件进行分析论证。

22.7.2 索赔费用的计算

1. 计算原则

索赔费用都以赔（补）偿实际损失为原则，在索赔费用计算中主要体现以下两个方面。

（1）索赔的费用应反映实际损失。

此项即索赔事件对承包人工程成本和费用的实际影响，这个实际影响也就是费用索赔值。实际损失包括直接损失和间接损失两个方面，直接损失是指承包人财产的直接减少，在实际工程中，常常表现为成本的增加和实际费用的超支；间接损失是指承包人可能获得利益的减少。

（2）证明实际损失是索赔事件引起的。

所有索赔事件直接引起的实际损失以及这些损失的计算，都应有详细、具体的证明材料。在索赔报告中必须出具这些证据，没有证据，索赔是不能成立的。

这些证据包括各种费用支出的账单、工资表（工资单），现场用工、用料、用机证明，财务报表，工程成本核算资料等。

2. 计算内容及方法

（1）人工费。

对于索赔费用中的人工费用部分是指完成合同之外的额外工作所花费的人工费用和由于非承包人责任的工效降低所增加的人工费用。计算方法是：

人工费用索赔额 = 各类人员的工资单价（按合同规定、或计日工资）× 各类人员的人工数 × 应赔偿（或延长）的天数

（2）材料费。

由于项目法人修改了工程内容或需要重新施工，致使工程材料用量增加，则承包人可向项目法人提出材料费用索赔。其计算方法是：

材料费用索赔额 = （实际使用的材料数量 — 原来材料数量）× 使用材料的单价

（3）机械使用费。

机械使用费的索赔包括：

① 由于完成额外工作增加的机械使用费；

② 非承包人责任工效降低增加的机械使用费；

③ 由于项目法人或监理工程师原因导致机械停工的窝工费。

台班窝工费的计算，如系租赁设备，一般按实际台班租金加上每台班分摊的机械调进调出费用计算；如系承包人自有设备，一般按台班折旧费计算，而不能按台班费计算，因台班费中包括了设备使用费。其计算方法是：

机械费索赔额 = 新增机械费用 + 工效降低费用 + 停机窝工费用

新增机械费用 = 使用台班 × 机械台班合同单价

工效降低费用 = 合同规定的单价 × 台班 × 工效降低系数

停机窝工费用 = 机械停机数量 × 停机时间 × 合同规定的窝工单价

（4）分包费用。

分包费用索赔指的是分包人的索赔费，一般也包括人工、材料、机械使用费的索赔。分包人的索赔应如数列入总承包人的索赔款总额以内。

（5）工地管理费。

索赔款中的工地管理费是指承包人完成额外工程、索赔事项工作以及工期延长期间的工地管理费，包括管理人员工资、办公费等。但如果对部分工人窝工损失索赔时，因其他工程仍然进行，可不予计算工地管理费索赔。

（6）利息。

在索赔款额的计算中，经常包括利息。利息的索赔通常发生于下列情况：

① 延期付款的利息；

② 由于工程变更和工程延误增加投资的利息；

③ 索赔款的利息；

④ 错误扣款的利息。

至于这些利息的具体利率应是多少，在实践中可采用不同的标准，主要有这样几种规定：按当时的银行贷款利率；按当时的银行透支利率；按合同双方协议的利率。

（7）总部管理费。

索赔款中的总部管理费主要指的是工程延误期间所增加的管理费。这项索赔的计算目前没有统一的方法。在国际工程施工索赔中总部管理费的计算有以下几种。

① 按照投标书中总部管理费的比例计算：

总部管理费 = 合同中总部管理费比率（%）×（直接费索赔款额 + 工地管理费索赔款额等）

② 按照公司总部统一规定的管理费比率计算：

总部管理费 = 公司管理费比率（%）×（直接费索赔款额 + 工地管理费索赔款额等）

③ 以工程延期的总天数为基础，计算总部管理费的索赔额，计算步骤如下：

该工程向总部上缴的管理费 = 同期内公司的总管理费 × 该工程的合同额 / 同期内公司的总合同额

该工程的每日管理费 = 该工程向总部上缴的管理费 / 合同实施天数

索赔的总部管理费 = 该工程的每日管理费 × 工程延期的天数

（8）利润。

一般来说，由于工程范围的变更和施工条件变化引起的索赔，承包人是可以列入利润的。但对于工程延误的索赔，由于利润通常包括在每项实施的工程内容的价格之内，而延误工期并未影响削减某些项目的实施而导致利润减少，所以，一般的费用索赔不包括利润。

索赔利润的款额计算通常是与原报价单中的利润百分率保持一致，即以直接费乘以原报价单中的利润率作为该项索赔的利润。

22.7.3 索赔费用的支付

一旦确定了索赔金额，就应当及时支付给承包人，一般在中期支付证书中将其作为一个支付项目来处理。

然而，由于索赔的争议较大，所以许多索赔项目往往需要经历一段时间才能处理完毕。因此，如果出现整项索赔没有结果的情况，通常可以将监理工程师已经认可的那一部分在中期支付证书中进行暂定支付，这种支付就是一项持续索赔的临时付款。由此可见，索赔的处理过程虽然繁杂，但是索赔费用的支付却十分简单。

总之，索赔在施工合同中是经常出现的且费用可观，监理工程师应针对各种索赔原因采取切实有效的措施，从而达到有效地控制索赔费用、降低工程造价的目的。其中，最关键的一条就是按合同文件要求认真做好各项工作，全面熟悉有关工地环境、工程计划、合同条件、技术规格书以及招投标等方面的业务，使自己在索赔费用支付中处于有利地位。

思考题

1. 工程费用支付有哪些种类？
2. 监理工程师在水运工程项目费用支付中有哪些职责和权限？
3. 工程费用支付的原则是什么？
4. 中期支付的内容有哪些？中期支付的程序是什么？
5. 中期支付证书签发的程序和具体要求是什么？
6. 最终支付的程序是什么？监理工程师对最终支付申请的审定主要内容有哪些？
7. 何谓暂定金额？它主要包括哪几方面内容？它有什么特殊性质？
8. 计日工的使用应注意哪些事项？
9. 清单外支付包括哪些内容？清单内支付包括哪些内容？
10. 何谓动员预付款？额度有多大？支付的依据是什么？如何扣回？
11. 何谓材料预付款？支付时有哪些规定？支付时要注意什么？
12. 何谓保留金？额度有多大？如何扣留和退回？
13. 什么是延迟付款？其利息如何确定？
14. 工程变更的内容是什么？变更支付的依据是什么？
15. 如何确定工程变更的单价？
16. 价格调整的原因是什么？调整的方法有哪些？分析"公式法"调价的优点。
17. 如何用"公式法"对价格进行调整？
18. 合同中止后的支付分哪几种情况？分别说明如何支付及其特点。
19. 分析索赔费用的计算原则和计算方法。

参考文献

1. 王祖志. 水运工程监理培训统编教材：监理概论. 第2版［M］. 北京：人民交通出版社，2005

2. 刘敏. 水运工程监理培训统编教材：进度控制. 第2版［M］. 北京：人民交通出版社，2005

3. 季永华，吴九明. 水运工程监理培训统编教材：费用控制. 第2版［M］. 北京：人民交通出版社，2005

4. 周福田. 水运工程监理培训统编教材：质量控制. 第2版［M］. 北京：人民交通出版社，2005

5. 刘志杰，高仁良. 水运工程监理培训统编教材：合同管理. 第2版［M］. 北京：人民交通出版社，2005

6. 交通部基本建设质量监督站. 水运工程监理培训统编教材：建设管理文件汇编［M］. 北京：人民交通出版社，2005

7. 交通部水运司. 水运工程施工监理手册［M］. 北京：人民交通出版社，2008

8. 中华人民共和国国家标准网络计划技术. GB/T 13400.1–13400.3–92［M］. 北京：中国标准出版社，1992

9. 顾慰慈，张桂琴. 工程建设质量控制［M］. 北京：水利电力出版社，1993

10. 中国建设监理协会. 2001年度全国监理工程师执业资格考试辅导资料［M］. 北京：知识产权出版社，2000

11. 交通部. 水运工程施工监理规范（JTJ216–2000）［M］. 北京：人民交通出版社，2000

12. 交通部. 港口工程施工招标文件范本［M］. 北京：人民交通出版社，1997

13. 中华人民共和国合同法［M］. 北京：中国民主法制出版社，1999

14. 李惠宽. 水运工程费用控制［M］. 北京：国防工业出版社，1995

15. 江景波. 网络计划技术［M］. 北京：冶金工业出版社，1993

16. 北京统筹法研究会. 统筹方法与施工计划管理［M］. 北京：中国建筑工业出版社，1990

17. 中国冶金建设管理协会. 网络计划技术及其应用［M］. 北京：冶金工业出版社，1990

18. 孙锡衡，高拥民等. 建设工程项目监理实务［M］. 北京：水利电力出版社，1995

19. 熊广忠. 工程建设监理实用手册［M］. 北京：中国建筑工业出版社，1999

20. 国际咨询工程师联合会（FIDIC）. 土木工程施工合同条件应用指南［M］. 藏军昌，季小弟，周可荣等. 北京：航空工业出版社，1991

21. 合同监理工程师培训教材编写委员会. 工程建设投资控制［M］. 北京：人民交通出版社，1997

22. 交通部基建管理司. 港口工程施工招标文件范本［M］. 北京：人民交通出版社，1997

23. 何泗南，周福田. 水运工程质量控制［M］. 北京：国防工业出版社，1995

24. 周福田，等. 水运工程施工（二）［M］. 大连：大连海事大学出版社，1998

25. 习应祥. 公路工程质量控制原理和方法［M］. 长沙：湖南科学技术出版社，1993

26. 交通部. 港口工程质量检验评定标准［M］. 北京：人民交通出版社，1999

27. 潘海涛. 中国水运工程项目管理模式应用研究[J]. 中国水运，2009，4（426）：1–6

附表　标准正态分布函数数值表

$$\Phi(Z_i) = \int_{-\infty}^{Z_i} \frac{1}{\sqrt{2\pi}} e^{-\frac{z^2}{2}} dz$$

Z_i	0.00	0.01	0.02	0.03	0.04	0.05	0.06	0.07	0.08	0.09
0.0	0.5000	0.5040	0.5080	0.5120	0.5160	0.5199	0.5239	0.5279	0.5319	0.5359
0.1	0.5398	0.5438	0.5478	0.5517	0.5557	0.5596	0.5636	0.5675	0.5714	0.5753
0.2	0.5793	0.5832	0.5871	0.5910	0.5948	0.5987	0.6026	0.6064	0.6103	0.6141
0.3	0.6179	0.6217	0.6255	0.6293	0.6331	0.6368	0.6406	0.6443	0.6480	0.6517
0.4	0.6554	0.6591	0.6628	0.6664	0.6700	0.6736	0.6772	0.6808	0.6844	0.6879
0.5	0.6915	0.6950	0.6985	0.7019	0.7054	0.7088	0.7123	0.7157	0.7190	0.7224
0.6	0.7257	0.7291	0.7324	0.7357	0.7389	0.7422	0.7454	0.7486	0.7517	0.7549
0.7	0.7580	0.7611	0.7642	0.7673	0.7703	0.7734	0.7764	0.7794	0.7823	0.7852
0.8	0.7881	0.7910	0.7939	0.7967	0.7995	0.8023	0.8051	0.8078	0.8106	0.8133
0.9	0.8159	0.8186	0.8212	0.8238	0.8264	0.8289	0.8315	0.8340	0.8365	0.8389
1.0	0.8413	0.8438	0.8461	0.8485	0.8508	0.8531	0.8554	0.8577	0.8599	0.8621
1.1	0.8643	0.8665	0.8686	0.8708	0.8729	0.8749	0.8770	0.8790	0.8810	0.8830
1.2	0.8849	0.8869	0.8888	0.8907	0.8925	0.8944	0.8962	0.8980	0.8997	0.9015
1.3	0.9032	0.9049	0.9066	0.9082	0.9099	0.9115	0.9131	0.9147	0.9162	0.9177
1.4	0.9192	0.9207	0.9222	0.9236	0.9251	0.9265	0.9278	0.9292	0.9306	0.9319
1.5	0.9332	0.9345	0.9357	0.9370	0.9382	0.9394	0.9406	0.9418	0.9430	0.9441
1.6	0.9452	0.9463	0.9474	0.9484	0.9495	0.9505	0.9515	0.9525	0.9535	0.9545
1.7	0.9554	0.9564	0.9573	0.9582	0.9591	0.9599	0.9608	0.9616	0.9625	0.9633
1.8	0.9641	0.9648	0.9656	0.9664	0.9671	0.9678	0.9686	0.9693	0.9700	0.9706
1.9	0.9713	0.9719	0.9726	0.9732	0.9738	0.9744	0.9750	0.9756	0.9762	0.9767
2.0	0.9772	0.9778	0.9783	0.9788	0.9793	0.9798	0.9803	0.9808	0.9812	0.9817
2.1	0.9821	0.9826	0.9830	0.9834	0.9838	0.9842	0.9846	0.9850	0.9854	0.9857
2.2	0.9861	0.9864	0.9868	0.9871	0.9874	0.9878	0.9881	0.9884	0.9887	0.9890
2.3	0.9893	0.9896	0.9898	0.9901	0.9904	0.9906	0.9909	0.9911	0.9913	0.9916
2.4	0.9918	0.9920	0.9922	0.9925	0.9927	0.9929	0.9931	0.9932	0.9934	0.9936
2.5	0.9938	0.9940	0.9941	0.9943	0.9945	0.9946	0.9948	0.9949	0.9951	0.9952
2.6	0.9953	0.9955	0.9956	0.9957	0.9959	0.9960	0.9961	0.9962	0.9963	0.9964
2.7	0.9965	0.9966	0.9967	0.9968	0.9969	0.9970	0.9971	0.9972	0.9973	0.9974
2.8	0.9974	0.9975	0.9976	0.9977	0.9977	0.9978	0.9979	0.9979	0.9980	0.9981
2.9	0.9981	0.9982	0.9982	0.9983	0.9984	0.9984	0.9985	0.9985	0.9986	0.9986
3.0	0.9987	0.9987	0.9987	0.9988	0.9988	0.9989	0.9989	0.9989	0.9990	0.9990
3.1	0.9990	0.9991	0.9991	0.9991	0.9992	0.9992	0.9992	0.9992	0.9993	0.9993
3.2	0.9993	0.9993	0.9994	0.9994	0.9994	0.9994	0.9994	0.9995	0.9995	0.9995
3.3	0.9995	0.9995	0.9995	0.9996	0.9996	0.9996	0.9996	0.9996	0.9996	0.9997
3.4	0.9997	0.9997	0.9997	0.9997	0.9997	0.9997	0.9997	0.9997	0.9997	0.9998